알기 쉽게 풀어 쓴

북한학 입문서

이강경 · 문은석 · 강소영
윤희철 · 권지민 · 정호경 공저

기문사
www.kimoonsa.co.kr

머리말

북한학은 1948년 9월 9일에 한반도 이북 지역에 수립된 조선민주주의인민공화국에 대한 다양한 측면을 연구하는 학문이다. 한반도 문제를 논할 때 북한에 대한 이해는 선택이 아닌 필수적인 과업이며, 이러한 중요성으로 인해 다양한 대학 및 대학원에서 북한학을 전문적으로 가르치는 기관들이 증가하고 있다. 북한은 한반도와 동북아시아의 안보에 중요한 영향을 미치는 국가이다. 따라서 북한의 정치 체제, 외교 정책, 군사 전략 등을 이해하는 것은 남북한 관계, 한미 동맹, 동북아시아의 안보 환경을 분석하고 예측하는 데 필수적이라고 할 수 있다. 무엇보다 우리나라 헌법 전문에 명시하고 있는 남북한의 통일을 준비하는 과정에 앞서서 북한에 대한 심도 있는 이해가 필요하다. 북한의 경제 구조, 사회 시스템, 문화적 특성을 이해해야 통일 후 사회 통합과 경제 협력을 효과적으로 추진할 수 있기 때문이다.

북한은 현재 국제사회에서 몇 안 되는 사회주의 국가로 김일성, 김정일, 김정은으로 이어지는 현대 사회에서 유일무이한 부자간 세습 독재 체제를 유지하고 있다. 또한 북한은 핵무기와 탄도 미사일을 보유하고 있는데, 이는 한반도뿐만 아니라 전 세계적인 안보 위협으로 작용한다. 따라서 이러한 북한의 독특한 정치 시스템의 이해와 북한의 군사 전략과 역량을 분석하는 것은 우리가 군사적 대비와 외교적 대응 전략을 수립하는데 필수적이다. 이러한 접근과 더불어 북한은 심각한 인권 침해 국가로 알려져 있다. 북한 내에서 자행되는 다양한 인권 문제에 대한 이해가 있어야 통일 과정에서 인도적 지원을 효과적으로 계획하고 실행할 수 있다. 즉, 북한학을 공부하는 것은 이처럼 한반도의 미래와 국제 사회의 안보, 경제, 인권 등 다양한 측면에서 중요한 의미를 갖는다. 이를 통해 보다 평화롭고 안정적인 한반도를 만들기 위한 다양한 방안을 모색할 수 있기 때문이다.

이와 관련하여 본 책은 북한에 대해 객관적이고 다각적인 시각을 제공함으로써, 독자들의 북한 문제에 대한 심도 있는 이해를 돕고자 하는 3사관학교 교수들의 소망에 의해 집필되었다. 본 책은 입문서라는 다소 거창한 제목에 걸맞게, 이론과 실무를 균형있게 다루어 학문적 연구뿐만 아니라 정책 입안과 실무에 필요한 지식도 함께 제공하기 위해 기획되었다. 특히, 각 장마다 역사, 정치, 경제, 군사, 외교, 위협 등 큰 주제에 대한 최신 연구와 데이터를 반영하여 북한에 대한 최신 정보를 독자들에게 전달하고자 노력하였다. 이를 통해 본 책을 접하는 독자들이 북한을 보다 깊이 이해하고 관련 문제를 분석하는 데 실질적인 도움을 얻길 바란다.

한반도 내에서 우리는 북한과 같은 언어와 같은 역사를 공유하고 있지만, 사실 극도로 폐쇄적인 국가인 북한에 대해 우리가 아는 것은 극히 제한적이다. 하지만 한반도라는 지정학적 환경에서 태어나고 생활하는 우리는 북한에 대한 기초적인 소양은 지녀야 할 필요가 있다. 『알기 쉽게 풀어 쓴 북한학 입문서』라는 책의 제목처럼 본 책은 북한 문제를 다루는데 큰 주제를 중심으로 하여 독자들이 쉽게 북한에 대해 이해할 수 있도록 집필하였다. 본 책이 나오기까지 밤낮 시간을 가리지 않고 노력한 육군3사관학교 정치외교학과 교수진들과 이 책의 출판을 도와주신 '기문사' 한재성 대표님을 포함한 관계자 여러분께 깊은 감사의 말씀을 전한다. 마지막으로 모든 독자들에게 본 책이 북한에 대한 학문적 여정과 실무적 활동에 유익한 동반자가 되기를 진심으로 기원한다.

2024년 7월

충성대에서 집필진 일동

차 례

제4부 북한의 군사체제

제5부 북한의 대남도발

제6부 북한의 대외관계

제7부 북한 관련 기타 지식

제1부

북한 정권의 형성과 변화

제1장 해방 이후 북한 정치체제의 형성

제2장 김일성 정권의 북한

제3장 김정일 정권의 북한

제4장 김정은 정권의 북한

제1부에서는 북한이라는 정치체제가 1945년 해방 이후 어떻게 형성되었으며, 어떠한 역사적 변화를 겪었는지 살펴본다. 북한의 역사를 연구하는 다양한 접근 방법이 있지만 이 글에서는 북한을 통치하였던 지도자의 변화를 역사의 중요 국면으로 설정한다. 왜냐하면 북한 정권은 통치 권력이 수령 · 최고 지도자를 중심으로 행사되었으며, 통치 지도자의 변화가 체제 유지를 위협하는 가장 중요한 변수였기 때문이다. 또한 이것이 북한이라는 정치체제의 전반을 이해하는 가장 알기 쉽고 빠른 방법이라 판단했기 때문이다.

제2차 세계대전의 종전과 더불어 제국의 시대가 막을 내리고, 미국과 소련 중심의 양극체제가 형성되는 국제질서의 변화 물결은 해방을 맞이한 한반도의 근대 정부 수립 과정에 매우 큰 영향을 미쳤다. 이 과정에서 1948년 9월 9일 북위 38도선 이북 지역에 수립된 북한 정권은 김일성, 김정일, 김정은으로 3대에 걸친 통치 지도자의 변화를 거쳐 오늘에 이르고 있다.

정권 수립 이후 약 75년 동안 이어져 온 북한 정권은 1990년대 냉전체제의 해체와 더불어 체제 유지의 중대한 위기에 직면하였다. 그 과정에서 1994년 7월 김일성의 사망은 북한 정치체제의 중대한 분기점이었다. 그러나 주변의 예상처럼 북한 정치체제의 큰 혼란은 나타나지 않았다. 1970년대부터 후계자 수업을 충실히 받았던 김정일은 자연스러운 통치 권력 승계로 선군정치의 기치 아래 고난의 행군 속에서도 비교적 안정된 통치 권력을 유지할 수 있었다.

2011년 12월 김정일의 사망은 김정은의 후계자 수업이 완성되지 않은 상황에서 일어난 북한 정치체제 역사의 또 다른 중대한 변화였다. 그러나 그의 후계자 김정은은 짧은 기간의 후계자 수업을 받았음에도 불구하고 통치 권력의 안정화에 대한 세간의 부정적 전망에도 불구하고, 10년 이상 통치 권력을 비교적 안정적으로 유지하고 있다.

수 차례의 핵실험과 무력 도발로 인한 국제사회의 제재 강도가 높아지고 코로나 팬데믹으로 인한 봉쇄정책으로 경제상황이 악화일로에 놓여 체제 유지가 쉽지 않을 것이라는 전망이 끊임없이 제기됨에도 불구하고, 체제 붕괴의 징조는 나타나지 않고 있다. 오히려 우크라이나-러시아 전쟁 발발 이후 러시아와 협력하에 무기 제공과 핵기술의 교환 등으로 인해 자체 핵무장능력을 강화하며, 체제 내 경제위기도 함께 극복하는 양상까지 관측되고 있다.

분단 이후 79년 동안 지속되어 온 한반도 및 국제사회의 안보상황 변화는 시간이 흐를수록 우리가 예측하기 어려운 새로운 국면과 양상으로 흘러가고 있다. 향후 한반도의 평화통일을 위한 연구의 출발은 분단이 시작된 원점으로 다시 돌아가 북한 체제의 형성과 변화의 양상을 보다 면밀히 고찰함으로써 출발해야 할 것임은 분명하다.

제1장

해방 이후 북한 정치체제의 형성

1. 소련 군대의 북한 진주

1945년 7월 28일 대일전쟁 참가 문제를 논의한 포츠담회담에서 미국·영국·중화민국 연합군 정상들은 한반도에서 일본군을 축출하기 위하여 38도선을 경계로 소련군과 미군의 작전구역을 분담하기로 합의하였다. 이 합의에 따라 극동지역에서 소련은 1945년 8월 9일 일본과 전쟁을 개시하였다. 소련은 미국의 히로시마와 나가사키에 원폭투하로 인해 일본의 저항의지가 소멸되는 시기에 일본에 선전포고를 하면서 극동군 약 158만 명을 출동시켰다.

그러나 소련군은 북한에 들어온 이후 북한의 구체적 통치방안을 마련하지는 않았다. 소련 점령군사령부는 입북 당시 북한 지역에 소련에 우호적인 친소정부를 수립한다는 원칙 이외에 북한 정권에 관한 충분한 정치적 계획을 갖지 못했다.[1]

소련은 북한에 대한 구체적 청사진보다도 군사적 측면에서 만주의 관동군을 완전히 괴멸시키는데 제1차적 관심을 가지고 있었던 것으로 판단된다. 소련군은 일본 관동군이 한반도로 퇴각하는 경우를 우려하여 한반도와 만주를 잇는 철도와 교량과 도로 등을 차단하고 그 주변지역들을 점령하는 군사작전이 우선되었지, 한반도에 들어가서 한민족을 상대로 무엇을 어떻게 한다는 구체적이고 치밀한 설계도를 준비하지는 않았다. 아직도 항복하지 않은 수십만의 일본 관동군은 소련군이 제1차적으로 섬멸시켜야 하는 적군이었고 이들을 신속하게 섬멸하여 항복

을 접수하는 일이 긴요하였기 때문이다. 이를 위해서라도 소련군의 북한지역 진주는 서둘러야 했다.[2]

이런 연유로 한반도에 먼저 진공해 온 쪽은 미군이 아니라 소련이었다. 한반도를 38선으로 남북을 분단하여 진주한다는 '일반명령 제1호'에 따라 소련군 극동군 총사령관 바실레프스키 원수는 북한 점령의 책임을 극동군 산하 제1방면군 사령관 멜레치코프 원수에게 맡겼고, 이 명령에 따라 멜레치코프 사령관은 제1방면군 산하의 제25군 사령관 이반 치스챠코프(Ivan M. Chistiakov) 대장에게 북한 점령의 책임을 맡겼다. 치스챠코프 대장에게는 '북조선 주둔 소련점령군사령부 사령관'의 직함이 주어졌다.

총사령관 바실레프스키 원수의 지휘 아래 소련 극동군은 약 70만 명의 일본 관동군을 패퇴시키기 위하여 만주의 동부, 서부, 북부 세 방향으로 포위해 들어갔다.[3] 소련군의 제1차 목표는 만주의 중심부에서 관동군을 포위 · 섬멸한다는 작전을 가지고 있었다. 관동군의 저항이 엄청나게 클 것으로 예상했으나 제1차 전투에서 손쉽게 승리하자 자신감을 가진 소련군은 파죽지세로 만주지역을 밀어붙여 8월 11일 저녁 제25군의 일부가 경흥지방에서 한 · 중국경을 넘었으며, 8월 12일 오후에는 소련 태평양 함대 소속 해병대가 아무런 저항을 받지 않은 채 웅기항을 점령하였다. 8월 14일에는 소련의 해병대가 청진에 상륙, 약간의 격전을 치른 후 청진을 점령하였다. 소련군의 38도선 북방에서의 일본군을 축출하기 위한 대일본전쟁은 일주일도 못되어 일본군이 이렇다 할 저항도 못한 채 8월 15일 항복을 선언함으로써 종료되었다. 그 후 며칠이 지나 소련 점령군은 38도선까지 내려와 공식적으로 38도선을 봉쇄하였다.[4]

소련은 3년에 걸쳐 군정통치를 하면서 북한을 소비에트화하였다. 북한의 공산화 과정에서의 총괄 지휘는 로마넨코(Andreu Romanenko) 소장과 슈티코프(Terenti Shtykov) 상장이 맡았으며, 이그나티에프(Alexandre M. Ignatiev) 대령을 중심으로 한 소련군 정치장교와 소련이 파견한 한국인 2세들이 공산화를 실행에 옮겼다.[5]

그러나 소련군 제25군이 북한 지역에 진주하였을 당시에는 일본과의 전투에만 대비한 결과, 북한 점령군 부대는 소수의 조선어(한국어) 통역을 제외하고는 한반도 문제 특히 북한에 대해 무지하였다. 소련에게는 유럽이 전략적 중심이었고 한반도 문제는 전략의 우선순위가 떨어져 있었다. 이들은 작전준비 과정에서 우선 군사적 행동으로 일본군을 축출하는데 급급했을 뿐 군정 등 장차 다가올 정치적 상황에 대해서는 소홀하였다. 북한에 진주한 소련군 제25군 지휘관들은 군사적 상황 외에는 북한에 대해 무지한 채 38도선 이북 지역에서의 절대 통치자로 군림하게 되었다.

2. 북한 지역의 공산세력

해방 당시 북한지역에는 공산주의 운동이 거의 존재하지 않았고, 주민 대다수는 전통적인 생활양식과 사고방식을 유지하고 있었으며, 해방의 기쁨과 함께 민족정신이 고취된 상태였다. 특히 평양을 중심으로 한 서북지방에서는 기독교 사상이 바탕이 된 서양문화가 조기에 유입되었으며, 조만식을 중심으로 한 민족주의 세력과 종교세력이 절대 다수였으며 공산주의자들은 극소수였다.[6]

당시 유력한 정치세력은 조만식을 중심으로 한 기독교 사상과 조직에 바탕을 둔 민족주의 세력이었다. 북한사회는 전통적인 면이나 사상적인 면이나 정치세력면에서 자생적으로 공산화될 토양은 아니었다. 그러나 1945년 8월 15일 일본의 항복 이후 북위 38도선 이북지역에 공산주의 체제로서의 북한이 등장하게 된 원천은 소련군의 점령 때문이었다. 당시 북한지역은 대일 승전국이며 점령군인 소련의 군정에 의해 통제되고 관리되는 상황이었다. 따라서 조만식을 중심으로 한 민족주의와 기독교 세력은 점령군 소련의 소비에트화 책략에 의해 얼마 가지 못하여 세력을 잃게 되었다.

해방 당시 북한지역의 정치 판도는 출신에 따라 국내파, 연안파, 소련파, 빨치산파의 4개 세력이 혼재되어 있었다.

'국내파'는 대부분 1920년대 조선공산당 시절부터 국내에서 공산주의 활동을 한 사람들을 지칭한다. 이들은 분산적으로 대일투쟁을 하다가 해방을 맞이하였기 때문에 '절대 우위자'를 중심으로 조직화되지 못하고 제각기 분화되고 파벌화되었다. 대표적인 인물로 김용범, 박정애, 오기섭 등이 있으며 파벌과 관계되어 있어서 훗날 김일성에 의해 '종파주의자'라고 비판받는 약점으로 작용하였다.

'연안파'는 중국의 연안지방을 중심으로 중국 공산당 아래서 항일투쟁을 전개했던 세력이다. 중국 본토에서 활동하고 있던 조선인 좌파 인사들은 1942년 7월 '화북조선독립연맹'을 결성하고 그 산하에 '조선의용군'을 두었는데 이들이 연안파의 본산이다. 연안파는 해방공간에서 투쟁경력이나 명망성 그리고 고급인적자원이 풍부한 집단이었다. 그러나 이들은 항일투쟁과정에서 조국과 연계된 적이 없다는 약점을 안고 있었다. 대표적인 인물로 좌익 민족주의자 김두봉, 최창익, 무정, 허정숙, 박효삼 등이 있다.

'소련파'에는 소련군사령부가 북한에서의 정책추진에 활용하기 위해 1945년 가을에 북한으로 파견한 다수의 소련 국적 한인들이 속해 있었다. 소련군이 북한에 진주하게 되자 이들은 통역을 비롯하여 정치, 행정, 군사, 문화 분야에서 전문요원으로 활동하였다. 그러나 이들은 민족해방투쟁 경력이 없는 약점을 안고 있어서 북한 정치과정에서 주력으로 부상하기 힘든 한계를 지니고 있었다. 이들 소련계 한인들은 약 200여 명이 들어왔는데, 대표적인 인물로 허가이, 방학세 등이 있다.

'빨치산'파에는 김일성을 중심으로 만주와 조 · 중 국경지방에서 항일무장투쟁을 전개한 빨치산들이 속해 있었는데 일명 만주파 또는 갑산파라고도 불렸다. 이들 빨치산들은 가난한 빈고농(貧雇農) 출신이었기 때문에 당 활동이 가능한 정도의 경력과 지식수준을 갖춘 자가 많지는 않았다. 김일성을 위시하여 최용건, 김책, 강건, 안길 등 5명은 해방 직후 북한체제를 이끄는 정치 · 군사지도자가 되었으며, 빨치산파를 형성하면서 김일성의 지도자 부상을 도왔다. 이들 4명 중 1947년 안길은 병사했고, 6 · 25전쟁 초반에 강건(인민군 총참모장)과 김책(전선사령관 겸 부수상)이 사망했다. 이들 이외에도 최현, 김일, 최용진, 임경석, 김광협, 이영호, 심태산, 최영석, 전창철, 박낙권, 오진우, 박성철 등이 있다. 이들은 모두 항일 빨치산들로서 김일성을 중심으로 종교 수준의 강한 응집력으로 결속되어 북한을 건국하고 조선인민군을 창군하는데 주역이 되었으며 오늘날에도 이들 빨치산들의 후손들이 북한을 이끄는 파워엘리트를 형성하고 있다. 특히 김일성 휘하에 있던 최현, 최용진, 오진우, 박성철, 김일, 류경수 등은 북한 건국의 개국공신으로서 예우를 받고 있으며 그 후손들도 그에 준한 처우를 받고 있다.[7]

1940년대 말까지 이들 4개 정파 간의 갈등이 소련 군정의 조정으로 극심하게 표면화되지는 않았으나 상호 경계심을 늦추지 않았다. 국내파는 연안파와 소련파를 망명자에 불과하다고 평가절하하였으며, 빨치산파는 소련파를 사이비 조선인으로 간주하여 싫어한 반면, 소련파는 빨치산파를 교육도 받지 못한 무식한 집단으로 업신여겼다.

3. 북한의 소비에트화(소련식 공산화) 과정

1945년 8월 15일 일본의 항복 이후 북위 38도선 이북지역에 공산주의 체제로서의 북한이 등장하게 된 원천은 소련군의 점령 때문이었다. 미군보다 1개월 전에 북한에 진주한 소련 군정은 김일성을 앞세워 북한의 공산화를 서둘러 추진하였다.[8]

소련 점령군에 의한 소비에트화는 외생적인 공산주의 체제 수립의 3단계의 과정에 의해 진행되었다. 제1단계는 '순수연립정부 수립단계'로 공산당 이외의 다른 당도 참가하는 연립정부를 세워 모든 정치세력을 정치체제에 편입시킨다. 이 단계에서의 핵심은 소련에서 잘 훈련되고 조직화된 공산세력에 힘을 실어 정치의 주도권을 장악하도록 만든다. 제2단계는 '사이비 연립정부 단계'로 겉으로는 공산당이 주도하는 연립정부에 다른 당도 참여하도록 하지만 속으로는 이러한 당 내부에 공산당원을 침투시켜 내부적으로 공산당에 예속된 형식적 정당으로 개편시키는 단계이다. 제3단계는 공산당 1당이 지배하는 통일전선 만을 남기는 단계이다.

북한은 이러한 공산주의 통일전선전략전술에 의해 공산화된 전형적 형태로서 소련 점령군은 치밀하게 계획화된 소비에트화 수순을 밟아서 공산화를 이룬 외생적 공산주의 정권이다.[9]

소련은 1945년 8월 6일과 9일 히로시마와 나가사키에 원폭이 투하되어 일본이 항복할 것을 예견하고 8월 9일 대일선전포고를 하였다. 이틀 만인 8월 11일 저녁

경흥지방에서 한만 국경선을 넘은 소련군은 8월 14일에 청진에 상륙하였다. 그 이후 며칠 만에 38도선 이북에서의 일본군 저항은 진압되었고, 8월 15일 일본군 사령부는 항복을 선언하였다.

북한에 진주한 소련점령군은 제1단계로 1945년 8월 26일 해방과 더불어 출현한 '평남 건국준비위원회'를 연립정부 형태로 개편시켰다. 즉 토착 민족주의 세력을 대표하던 조만식의 '조선민주당'을 소련군을 등에 업고 북한에 들어온 김일성 등 공산세력과 좌우 연립정권인 '평남인민정치위원회'를 조직하였다. 이 위원회 밑에 '북조선 5도 행정위원회'라는 정부조직을 발족시켰다. 제2단계로 소련 군정은 1946년 1월 5일 조만식을 감금하고 2월 5일 조선민주당을 개편하여 공산당원을 대거 입당시킨 후 김일성 빨치산파의 최용건이 부수상직을 맡아 당을 장악하도록 하였다. 제3단계로 소련 군정은 모든 공산주의 정당들을 모두 김일성이 주도하는 공산당에 합당시켜 '1당 지배체제'를 구축하였다. 당시 이름뿐인 여러 정당을 1946년 7월 22일에 결성한 '북조선 민주주의 민족통일전선'에 편입시킴으로써 3단계에 걸쳐 북한의 소련식 공산화인 소비에트화를 이룩하였다.

1) 조선로동당 창당

서울에는 박헌영 중심의 '조선공산당'이 이미 조직되어 있었고, 각 도에는 조선공산당 지부가 조직되고 있었다. 소련 군정은 처음에는 한반도 전체를 공산화할 목적으로 '서울의 조선공산당을 중앙으로 인정하고 평양에는 조선공산당 북부조선 분국을 둔다'고 결정하였다. 이에 따라 해방과 더불어 서울에서 재건된 조선공산당은 1945년 10월 10일 평양에 '조선공산당 북조선 분국' 설치를 결의하였다. 이어서 소련 군정은 1945년 10월 13일에 '조선공산당 서북 5도 책임자 및 열성자 대회'를 개최하여 38도선 이북의 조선공산당 5도 책임자를 중심으로 한 '조선공산당 북조선 분국'을 결성하기 시작하였다.10

같은 해 12월 17~18일 이틀 동안 개최된 제3차 중앙확대집행위원회에서는 김일성을 책임비서로 선출하였다. 후에 북조선 분국은 1946년 7월 27일 '북조선공산당'이라는 이름으로 서울에 있던 조선공산당으로부터 분당하였고, 동년 8월 28일 조선민주당, 신민당을 흡수하여 '북조선로동당'으로 개편하였다.

1946년 11월 서울에 있던 조선공산당도 인민당, 신민당 좌파를 흡수하여 '남조선로동당(약칭 남로당)'으로 개편되었으며, 1949년 6월 30일 평양에서 남북로동당의 합당대회를 가지고 두 당을 합당하여 '조선로동당'을 창당하였다. 조선로동당의 초대 위원장은 김일성, 부위원장은 박헌영이었다.[11]

2) 인민공화국의 수립

북한 중앙정권기관의 형성과정은 단선적이고 평면적인 방식으로 진행되지 않았다. 그것은 더욱 복잡한 정세변동과 정치세력의 역학관계에 따라 그 성격을 달리하였다. 그 과정은 북조선 행정 10국(이하 행정 10국), 북조선 임시인민위원회(이하 임시인위), 북조선 인민위원회(이하 북인위), 조선민주주의공화국 내각 등 4가지 단계로 구분된다. 각각의 기관은 유의미한 구성상의 차이를 보이며 고유한 성격과 특징을 지니고 있다.[12]

(1) 행정 10국 : 좌우 연립의 중앙행정기관

소련군 진주 이전부터 결성된 도 · 시 · 군 각급 자치 기관들은 1945년 10월경에 이르러 북한 전역에서 설립이 완료되었다. 해방 직후 소련군 사령부는 북한의 정치, 경제생활에 대한 전반적인 통제를 담당하였고, 소련군의 정책적 조치는 각급 인민위원회를 통해 집행되었다.[13] 1945년 10월 3일 소련군 사령부는 대민 업무를 담당할 민정기관(민정부)을 창설하였다.[14] 당시 우리식 표현으로 '민정부'로 불린 민정기관은 북한의 정권기관 수립 및 정치엘리트에 대한 지도와 협력을 자신의 주요 기능으로 삼았다.

좌우세력의 타협 때문에 개편된 도 인민(정치)위원회는 소련군 사령부의 지도하에 시 · 군 인민위원회의 상부기관 역할을 수행하였지만, 직접적인 지휘체계는 정비되지 않았다. 다만 해방 초 북한의 중심지 평양에 소재한 평남인민정치위원회는 소련군 사령부와의 직접 교섭과 협력을 할 수 있었고 북한의 대표 민족주의자인 조만식을 수장으로 한 까닭에 북한 내 대표성을 지녔다.

1945년 10월 8~10일 북한 주둔 소련군 제25군 군사회의는 북조선 정치 및 경제생활 조직의 통일적 원칙 수립 및 산업, 농업, 상업 등의 질서를 세우기 위해 북조선 5도 인민위원회 연합회의를 소집하였다. 각급 인민위원회 간의 유기적 연락과 통일적 구조 수립을 위한 대책을 마련하는 것도 회의의 주요 목적이었다. '아래에서 위로'의 방식에 의해 중앙정권기관을 수립하려는 소련 측의 시도는 이미 실천에 옮겨지기 시작하였다.[15]

10월 17일 소련 정부는 슈티코프가 이끈 현지 소련군지도부의 제의에 따라 11월 초 평양에 25~30명으로 구성된 '북조선임시민간자치위원회'의 창설에 관한 훈령안을 작성하였다.[16] 이 조직의 우리식 명칭이 바로 '북조선임시인민위원회'이다. 1946년 2월에 창설된 임시인위는 애초에 이때 기획된 것이었다.

그러나 당시 임시인위의 설립은 이루어지지 않았다. 조만식 측근들의 일부 회고록에 의하면 공산측은 조만식에게 임시인위 위원장 취임을 요청했지만 거절당한 것이 중요한 원인이었다.[17] 행정 10국은 임시인위 설립이 무산되자 수장 없이 이를 대체한 기관이 되었다. 이처럼 북한의 최초 중앙행정기관은 본래의 의도와는 다르게 탄생하였다.

행정 10국의 설치 목적은 "경제생활을 급속히 정제시키며 경제생활의 통일적 지도와 관리사업의 만전을 기하며 민정에 관한 협의"에 있었다.[18] 제25군사령관 예하에 조직된 이 기관은 각 부서별로 소련군 민정부 대표들이 파견되어 지도와 자문 역할을 수행하였다. 행정 10국은 북한 각도 및 지방기관, 사회단체, 조합, 전 주민이 행정국의 지시와 지령을 실행할 의무가 있다고 함으로써 중앙행정기관의 위상을 지녔다.[19]

행정 10국 국장단은 정견이나 이념에 따르지 않고 철저히 전문성과 지명도를 기초로 선발되었다. 국장단의 당파별 비율은 형식상 공산계와 비공산계가 5:5로 이루어졌다.[20] 하지만 김일성과 어떤 형태로든 연계를 가진 인물은 보안국장 최용건 외에는 없었다. 행정 10국 조직에서 김일성이 무언가의 주도권을 행사하지 못한 것을 알 수 있다. 주목할 대상은 무소속과 민주당 인사로 이루어진 5인의 비공산계 인사들이었다. 이들 모두는 소련에 우호적 또는 동조적이란 평가를 받았다. 이후에도 북한 권력기관의 간부 등용에 있어 가장 기본적인 원칙의 하나는 이념과 사상보다는 소련에 대한 태도였다. 그렇지만 친소 여부는 과거의 경력을 기준으로 한 것이 아니기에 진실을 판명하기란 쉽지 않았다. 이로 인해 친일 혐의에 자유롭지 못한 사람들이 등용되기도 하였다.

행정 10국의 국장단에 과거 행적이 뚜렷하지 않은 인물들이 등용된 것은 해방 직후 관련 전문가들이 절대적으로 부족한 환경과 무관하지 않았다. 그러나 공산측의 민족통일전선방침이 그것을 허용하였고, 친일문제를 처리하는 법적 규정과 실행기관이 마련되지 않은 것도 한 가지 원인으로 작용하였다.21

(2) 북조선임시인민위원회 : 친공세력의 주도권 확보

1945년 11월 조만식의 거부로 임시인위 수립이 일차적으로 실패하였으나 그 방침이 철회된 것은 아니었다. 12월 말 소련은 북한 중앙정권기관 수립의 필요성을 재차 제기하였다. 소련군 총정치국장 쉬킨은 북조선에 부르주아 민주주의 권력 창설 노선이 단호하게 실행되지 못했음을 지적하면서 북조선 경제의 신속한 복구와 민족 간부 양성을 위해서는 북조선 영토에서 권력을 중앙화하고 이를 조선의 민주 활동가들에게 넘겨주는 것이 반드시 쓰인다고 강조하였다.22 권력의 중앙화에 대한 김일성 지도부의 입장은 알려지지 않고 있으나 그 필요성에 대한 소련과의 공감대는 진작부터 형성되었다고 볼 수 있다.

중앙정권기관 수립의 조건은 이전 상황과 다르게 전개되었다. 모스크바3상회의의 한국 문제 결정은 한반도를 좌우대립의 소용돌이로 몰아넣었고, 이에 대한 지지를 거부한 조만식은 정치무대에서 축출되었다. 그의 퇴장은 공산측이 추구한 민족주의 세력과의 소위 '통일전선'의 폭과 범위를 눈에 띄게 협소화시켰다.

애초 공산측이 중앙정권기관을 세우려는 이유는 행정 통치상의 난맥상을 해소하고 '상향식 권력 구조'를 실현하려는 목적에 있었으나 그 시점에 이르러서는 좌파세력의 입지를 확고히 하여 향후 미국과의 협상을 통해 수립될 임시정부의 주도권을 획득하려는 목적으로 변화되었다. 공산측은 김일성을 중심으로 한 좌파세력의 전진 배치를 통하여 북한 내 입지를 공고히 한 다음 남한 우파세력과 한국 임시정부 내 주도권 경쟁에서 승리할 기반을 갖추어야 했다.

1946년 2월 초 중앙정권기관을 수립하기 위한 발기위원회가 조직되어 활동을 개시하였다. 2월 7일에는 북조선 제 정당, 사회단체, 행정국, 각도 인민위원회 대표 32명이 참가한 협의회가 열렸고, 여기서 김일성은 임시인위 수립을 발의하여 참가자들의 찬동을 얻었다. 2월 8일 157명의 대표가 참가한 확대협의회가 소집되어 임시인위가 북한 최초의 중앙정권기관으로서 발족하였다.[23]

임시인위 구성에 관한 규정은 소련군사령부의 역할을 명시하였다. 이 규정 제10조는 임시인위 각국의 직무로 '임시인위와 소련군사령부에 제출할 법령과 결정의 초안을 작성'하고 '임시인위와 소련군사령부에서 발포한 모든 법령과 결정을 실시할 것'을 언급하고 있다.[24] 이것은 소련군 사령부가 상부 기관임을 법률적으로 명문화하고, 인민위원회 사업에 대한 지도와 개입을 지속적으로 보장한 조항이라 할 수 있다.

임시인위는 전체 인민위원 23명으로 구성되었고, 이들 가운데서 각 국장이 선임되도록 하였다. 정당과 사회단체 소속으로 분류하자면 공산당과 신민당 등 좌파 계열이 12명이며, 나머지 11명은 민주당과 무소속 등 민족주의 계열이라 할 수 있다.[25] 이 시점에서도 공산측은 외견상 통일전선의 기조를 유지하는데 신경을 많이 썼음을 알 수 있다. 소속 정당별로는 공산당이 9명으로 가장 많고, 조만식이 축출된 후 개편된 민주당은 5명, 1946년 2월 연안 독립동맹이 중심이 되어 창당한 신민당이 2명, 사회단체 2명, 무소속 5명이었다.

임시인위는 행정 10국과는 달리 최고책임자를 둔 명실상부한 중앙정권기관으로 탄생하였다. 1945년 12월 18일 조선공산당 분국 제3차 확대집행위원회를 거쳐 북한 공산당 지도자로 공식화된 김일성은 임시인위위원장 자리까지 오르면서 실질적인 북한 내 최고 지도자에 오르게 되었다. 김일성의 등극은 그 개인에 있어서나 향후 북한의 진로에 있어서 커다란 전환점이 되었다. 그는 이로부터 북한 정치에 전면에 나서 토지개혁을 비롯한 각종 정책을 주도적으로 집행하였다. 부위원장으로는 조선독립동맹 지도자로서 1945년 12월 귀국하여 이듬해 조직된 북조선신민당을 이끈 한글학자 김두봉이, 서기장은 민주당 출신의 목사이자 김일성의 외척인 강량욱이 맡았다.

임시인위는 산업국장 이문환과 사법국장 최용달을 새로 선임하였을 뿐 행정 10국 국장단의 근간을 그대로 유지하였다. 하지만 조직적 구성은 행정 10국에 비해 훨씬 확대되어, 기획부, 선전부, 노동부, 총무부 등의 부서가 새로 설치되었다. 각국은 행정 10국 시기 소련군 사령부의 지휘에서 벗어나 공식적으로 임시인위 소속 기관이 되었다. 물론 소련군사령부와 민정기관의 실질적인 지도와 통제는 지속되었다.

임시인위는 친일분자 및 반민주적 반동분자를 철저히 숙청하고, 토지개혁의 준비 기초를 세우는 것을 가장 중대한 당면과업으로 제기하였다.[26] '친일 및 반민주세력'의 청산과제는 새로 충원되는 인물들에 대한 철저한 검증이 이루어지게 하는 등 임시인위의 구성에 직접적인 영향을 미쳤다. 임시인위가 발족한 이후 북한사회를 뒤흔든 토지개혁이 시행되었고, 한편으로는 모스크바 결정에 따라 미소공동위원회가 개최되어 한국 임시정부 수립 문제를 놓고 미소 간의 힘겨루기가 시작되었다. 그러나 미국과 소련은 이에 대한 타협에 이르지 못하면서 남과 북은 독자적인 체제를 강화하는 방향으로 나아갔다.

1946년 하반기 들어 임시인위는 일부 국장과 부장들을 공산당 출신들로 교체하였다. 신임 국장으로 보안국장 박일우, 교통국장 허남희, 상업국장 장시우가, 부장으로는 기획부장 박성규, 선전부장 이청원이 제각각 임명되었다. 동년 10월에는 노동부가 신설되어 오기섭이 책임자가 되었다. 이와 같은 변화는 1946년 8월 말 북조선공산당과 신민당이 북로당으로 합당하면서 좌파세력이 자신의 주도권을 더욱 확대 · 강화한 것과 관련이 있었다. 대외적으로는 제1차 미소공동위원회의 결렬 및 미군정의 좌파 탄압 등 한반도 정세변동에 의해 영향을 받았다고 할 수 있다.[27]

(3) 북조선인민위원회 : 좌파 헤게모니의 확립

한국 임시정부 수립을 목적으로 진행된 미소공동위원회가 결렬되자 미국과 마찬가지로 소련은 북한에 좌파적 기반을 강화하기 위한 정책에 주안을 두기 시작하였다. 임시인위는 선출되지 않은 권력기관이었던 까닭에 '밑으로부터' 공식적인 위임을 받지 못했을 뿐 아니라 이 기관이 내놓은 각종 정책과 조치는 완전한 적법성과 정당성을 담보할 수 없었다. 이에 따라 1946년 9월 5일 임시인위는 제2차 확대 집행위원회를 열고 각급 인민위원회 선거 시행에 관한 결정을 채택하였다.

공산측이 '분단의 고착'으로 오인당할 수 있는 독자적인 선거와 권력의 합법화에 나선 것은 크게는 1946년 초 이래 주장해 온 '북조선 민주근거지론'에 기반을 두고 있다고 볼 수 있다. 우선 북한지역의 통치를 공고히 하고 정치·경제적 기반을 강화하여 전 한반도 차원의 혁명을 완수하겠다는 것이었다.

1946년 11월 3일 먼저 도·시·군 인민위원회 단위의 선거가 북한 전역에서 시행되었다. 선거 결과 도위원 452명, 시위원 287명, 군위원 2,720명 등 총 3,459명에 달하는 위원들이 선출되었다. 이를 당적별로 보면, 북로당이 1,102명(31.8%)이었고, 민주당과 청우당은 각각 351명(10%)과 253명(8.1%), 그리고 무소속이 절반 이상인 1,753명(50.1%)에 달했다. 이와 같은 선출 비율은 정당 소속별 인구비율을 따른 것으로서 표면적으로 당파별 균형을 보장하는 듯이 보였다. 그러나 정권기관의 구성은 그러한 원칙이 사실상 무시되었다.

1947년 2월 17일부터 20일까지 4일간에 걸쳐 평양에서는 각 도·시·군 인민위원회 및 각 정당·단체 대표 1,157명이 참석한 가운데 북조선 도·시·군 인민위원회대회가 개최되었다. 도·시·군 인민위원회대회는 그때까지 임시인위가 내놓은 모든 법령을 법적으로 승인함으로써 임시인위가 취한 정책적 조치의 '정당성'을 뒤늦게 확인하였다. 도·시·군 인민위원회대회를 통해 대표 5명당 1명꼴로 선출된 대의원 237명으로 의회격인 북조선인민회의가 구성되었다. 북조선인민회의는 2월 22일 제1차 회의를 통해 김일성을 수반으로 한 북인위를 결성하였다.

북인위는 이전 임시인위의 과도적 성격을 탈피하고 모든 국가사업을 책임지는 명실상부한 합법적 최고권력기관으로 등장하였다. 북인위의 위상은 '조선에 민주주의 임시정부가 수립되기까지 북조선인민정권의 최고집행기관'으로 규정되었는데 이는 미소 합의에 의한 임시정부 수립까지를 자신의 존속 기한으로 정한 것이다.[28] 임시인위와는 달리 북인위에 관한 규정은 소련군의 역할에 관해 아무런 언급도 하지 않았다. 이로 보건대, 북인위는 최소한 법률적으로는 소련군 사령부의 지휘를 더 이상 받지 않게 되었다.[29]

북인위는 김일성을 위원장으로 하여 모두 22명으로 구성되었다. 선거를 거쳐 합법성을 획득한 북인위의 등장은 김일성의 권력 입지를 한층 공고히 하는 데 큰 도움을 주었다. 북인위 위원장 직위는 그 전 임시인위 위원장에 비해 법률적 위상이 추가되었다. 북인위의 구성은 임시인위보다 훨씬 좌경화되었다. 북인위의 정당별 구성은 북로당 및 남로당 16명, 조선민주당 2명, 청우당 2명, 무소속 2명이었다. 민족통일전선 방침에 따라 비공산계열에 과반수 가까운 자리를 할애한 임시인위와 비교해 볼 때 이와 같은 구성은 커다란 질적 변화였다. 1946년 후반 임시인위가 부분적으로 개편될 때 북로당 편중 현상이 목도되었지만 북인위의 그와 같은 구성은 사실상 북로당이 독점적 지위를 갖추게 된 것을 의미하였다. 조직 편제를 보면 북인위의 구성은 정부 기관을 망라한 진용을 갖추었다고 해도 과언이 아니었다.

북인위는 위원장, 부위원장(2명), 사무장, 그리고 14개의 국과 4개 부로 조직되었다. 직전 임시인위와 비교하면 내무국, 외무국, 인민검열국과 양정부, 간부부가 새로이 창설되었고, 기획부와 노동부는 기획국과 노동국으로 조직을 확대 개편하였다.[30] 북인위의 위상 변화를 이끈 대표적인 부서는 새로 신설된 외무국과 보안국에서 개편된 내무국이었다. 외무국은 임시인위에서도 이루어진 대소교류 등 대외관계를 전담할 필요성에서 신설되었는데, 북인위는 정부적 성격을 띠고 대외관계의 실천을 제도적으로 준비하였음을 보여준다. 내무국은 보안국에서 개편된 경찰 지휘기구이며, 치안 관리뿐 아니라 군대 양성을 위한 준비단계로 설치되었다.[31]

북인위는 실질적인 정부의 위상을 지니고 북한의 변화와 개혁에 박차를 가했다. 외견상 이 노선은 북한의 독자적인 발전 전략을 통한 분단 정부 수립 노선으로 비칠 수 있었다. 이 시기에 북한 측이 취한 모든 정책이 사실상 국가 단위에서 실시하는 내용을 담고 있었기 때문이었다. 그럼에도 불구하고 공산측은 이러한 발전 방향을 오히려 전 한반도 차원의 정부 수립과 연계시켰다. 즉, 먼저 북한 사회를 정치 · 경제적으로 변화시켜 이를 남쪽으로 확대하는 전략을 사용하였다. 가령, 김일성은 미소 합의에 따른 한국 임시정부 수립 시에도 지방 정권기관들은 인민위원회 형태를 보존해야 한다고 강조하였다.[32] 그러나 이러한 전략이 실패했을 때를 대비하여 독자적인 정부 수립에 대한 구상도 구체화해 나갔다.

(4) 인민공화국 수립

한국 임시정부 수립을 목표로 한 미소공동위원회가 미소의 의견대립으로 최종 결렬된 후 미국은 한국 문제를 유엔으로 이관하였고, 소련은 미소 양군 철수와 한국민 스스로에 의한 한국 문제 해결 주장으로 맞섰다. 1948년 2월 26일 유엔 소총회는 남한에서 선거 시행과 분단 정부 창설을 규정한 결의안을 채택하였다. 미국과 남한 단정세력들이 단독선거 준비에 돌입하자 소련과 공산주의자들은 북한에서의 정부 수립을 위한 준비로 응대하였다. 이미 북한은 1947년 11월 '조선임시헌법'의 제정에 착수한 바 있었고, 이듬해 2월에는 조선인민군을 창설함으로써 국가 수립을 향해 나아갔다.

남북 분단이 피할 수 없는 상황으로 치달으면서 공산측은 북한 정부 수립 방식을 모색하는 데 초점을 맞추었다. 1948년 4월에 열린 남북제정 당사회단체연석회의는 남북의 반단정세력들이 분단을 막기 위한 구상에서 비롯되었으나, 공산측은 이를 통해 향후 수립된 북한 정부의 '정당성'을 부여하기 위한 목적도 가지고 있었다.

공산측의 북한 정부 수립을 위한 기본 전제조건들은 다음 두 가지를 들 수 있다. 첫째, 북한 정부는 이전 북한 정권기관을 단순히 계승하는 것이 아니라 한반도의 대표성을 지닌 '통일정부'의 위상을 지녀야 했다.[33] 따라서 정부 구성은 지역과 다양한 세력을 적절히 안배하는 것이 요구되었다. 둘째, 통일전선 형태의 구성에도 불구하고 공산계의 주도권은 전혀 흔들림이 없어야만 했다. 북한 정부 수립의 주체는 남북로동당이며, 통일전선 유지를 위해 취해진 여타 정당 출신 인사들의 인입이 노동당의 주도권을 훼손해서는 안 될 것이었다. 덧붙이자면, 북인위 출신들은 어떻게든 정부 구성에서 주요 부분을 차지하는 것이 필요했다.

1948년 8월 25일 북한 정부 수립의 절차로서 최고인민회의 대의원선거가 시행되었고, 212명의 대의원이 선출되었다. 북한 정부에 '통일정부'의 위상을 부여한 공산측은 7월 중순 남한에서도 대표자 선거를 강행하였다. 남로당의 주도로 실시된 이른바 '지하 선거'에서 선출된 대표자 1,080명은 월북하여 8월 21일부터 26일까지 해주에서 남조선인민대표자회의를 열고 대의원 360명을 뽑았다. 남과 북에서 선출된 총 572명의 대의원은 최고주권기관인 최고인민회의를 구성하였다.

9월 8일 최고인민회의 제1차 회의는 북한 헌법안을 통과했다. 북한 제정헌법은 개인소유 규모를 확대하고 신앙의 자유를 명문화하는 등 여러 가지 측면에서 비사회주의적 색채를 드러냈다. 이것은 이론적으로는 혁명의 단계를 고려한 것이며, 실질적으로는 인구의 다수를 차지하는 비공산계층과 남한과의 관계를 의식한 조처였다.[34]

9월 9일 북한지도부는 김일성을 수반으로 한 내각을 결성하였고, 이로써 북한 정부가 공식적으로 수립되었다. 김일성은 임시인위 위원장 취임 이래 각종 개혁을 진두지휘하면서 정치적 · 대중적 권위를 축적하였고 이를 기반으로 남로당 지도자 박헌영을 제치고 북한 정부의 수반에 오르게 되었다.

북한 정부 구성은 김일성과 박헌영이 먼저 합의한 후 소련군 지도부와 협의를 거쳐 결정되었다. 따라서 내각의 구성은 정치적 세력관계에 따른 배분을 우선하였다. 각 성(省)의 책임자는 전문성을 고려한 측면도 있지만, 그보다는 각 당파와 세력 간 타협의 산물임은 부인할 수는 없다. 구체적으로 북한 내각은 북로당과 남로당을 중심으로 하여 남북의 비공산계 정당의 참여하에 조직되었다. 부수상은 남로당 당수인 박헌영과 민주독립당 당수 홍명희, 북로당의 김책 등 3인이 선출되었다. 하지만 내각의 인선을 둘러싸고 남북로동당 각 계파는 치열한 경쟁을 거쳤고 일부 갈등마저 유발했던 것으로 알려졌다.[35]

북한 초대 내각의 상(相)급 이상은 모두 20명이다.[36] 이를 당파별로 분류하면,

북로당이 8명, 남로당이 4명을 차지하였다. 이를 통해 김일성이 이끈 북로당이 정치적 주도권을 확보하였다. 나머지 8명은 비공산계 소속이었는데, 이 가운데 남쪽 출신이 5명이었다. 북로당이 거의 독점적 지위를 차지하였던 북인위와는 달리 비공산계 출신들의 약진이 두드러졌다. 이는 이론적으로 규정된 '인민민주주의혁명' 단계에 부응한 것이기도 하지만 실질적으로는 북한 정부에 '통일적 중앙정부'로서의 위상을 부여하고자 함이었다. 내각 구성은 남과 북 출신의 세력 균형을 반영한 것처럼 보이나 시간은 이미 북한지역에 확고히 뿌리를 내린 북로당 편이었다.

제2장

김일성 정권의 북한

김일성은 6 · 25전쟁과 8월 종파사건 등을 계기로 반대파를 숙청하고 당과 군을 장악한 뒤 정치적 기반을 넓혀 나갔다. 1950년대에 박헌영, 이승엽, 이강국 등 남로당 출신들을 미제 간첩혐의를 뒤집어 씌워 숙청하였고, 연안파, 소련파 등 정치적 반대세력을 종파투쟁이라는 죄목으로 숙청하였으며, 이들과 직간접적으로 관련이 있는 정치세력들을 당과 군 그리고 국가기구에서 몰아냈다. 1967년 자신의 권위와 유일사상체제에 반기를 든 박금철, 이효순, 김도만 등 갑산파를 숙청하면서 자신의 개인숭배에 위협이 되는 요소를 청산하는 작업도 함께 진행하였다. 1969년에는 자신의 권력 유지와 군에 대한 유일사상체계확립을 위한 목적으로 김광협, 김창봉, 최광, 석산 등 자신과 항일투쟁을 함께 하였던 빨치산 출신 군 고위 장성들까지 대거 숙청하였다. 김일성은 피의 숙청을 통해 북한의 모든 권력을 장악한 뒤 1972년 사회주의 헌법을 제정하여 수령체제를 제도화하였고 권력을 더욱 공고히 다져 나갔다.

1. 김일성의 권력 공고화 과정

북한의 김일성 1인 독재체제는 해방 당시 북한을 점령하였던 소련군의 비호와 김일성 자신이 전개한 치밀한 권력투쟁으로 이루어졌다. 소련 점령군은 국내에 뿌리가 없는 빨치산파의 김일성을 선택하여 북한에 친소정권을 수립하였다. 해방 직후 북한의 정치지형은 국내파, 연안파, 소련파, 김일성이 중심이 된 빨치산파 등 다양한 정파들이 각축하는 구도로 형성되었다. 그러나 김일성은 소련 군정이 만들어 준 기반을 딛고 계속 정치투쟁을 벌여 반대세력을 제거함으로써 1인 독재체제를 구축하였다.

김일성이 비록 소련 군정의 전폭적인 지지를 받고 있었으나 초기에 김일성의 빨치산파는 국내 기반이 전혀 없었다. 따라서 조선노동당과 인민공화국을 창설 및 운영하는데 있어서 조선공산당 잔존세력인 국내파가 주도권을 행사하였다. 이러한 정치 상황하에서 김일성은 1950년 6월 25일 소련의 지원을 받아 '조국해방전쟁(6 · 25전쟁)'을 도발하였다. 그러나 박헌영을 주축으로 하는 남로당 세력이 봉기하여 조기에 한반도를 석권하고자 하였던 남침계획은 실패로 돌아가고 전세가 역전되어 1950년 11월 국군이 압록강과 두만강까지 진격하여 북한 체제의 소멸 위기에 이르자 그 와중에서도 권력장악에 혈안이 되어 이를 빌미로 그 책임을 박헌영 등 국내파에게 물어 이들을 숙청하였다.

김일성은 1인 독재권력을 조기에 구축하고 싶었으나 김일성 자신이 소련점령군에 의해 영입된 지도자여서 소련군정의 통치를 돕는 소련파의 권력을 제어하기도 어려웠고, 조국해방전쟁(6 · 25전쟁)에서 궤멸을 막아준 중국인민의용군의 주둔상태에서 연안파를 제거하기도 어려운 상황이었다. 그 와중에 대내외적으로 김일성이 1인 권력을 구축할 수 있는 노선에 갈등을 일으키는 사건 등이 발생하였다.

대내적으로는 6 · 25전쟁 직후 북한의 권력층 내부에서는 북한의 재건을 둘러싸고 향후 북한의 국가발전전략과 관련, 정파 간 갈등이 발생하였다. 김일성은 중장기 차원에서 중공업을 우선 발전시켜야 한다고 주장한 반면 연안파와 소련파는 피폐해진 인민들의 생활을 향상시키기 위한 경공업과 농업을 우선 발전시켜야 한다고 하면서 대립하였다.

대외적으로는 1953년에 스탈린이 사망하자 치열한 권력투쟁 끝에 집권한 흐루시초프(N. Khrushchev)가 스탈린 격하운동을 전개하였고 그 여파로 헝가리, 폴란드에서도 개인숭배 배척운동이 일어났으며 북한에서도 연안파가 소련파와 손을 잡고 김일성 격하운동을 준비하고 있었다. 이들은 1956년 8월 30일 조선로동당 중앙위원회에서 김일성의 개인숭배와 1인 독재행적을 비판하고 김일성을 당에서 축출하려 하였다. 그러나 이들의 음모가 알려지게 되고 김일성이 윤공흠 등 주모자를 체포하면서 불발에 그쳤다. '8월 종파사건'으로 불리는 이 사건을 계기로 김일성은 연안파와 소련파에 대한 대대적인 숙청을 가함으로써 10년간 지속된 파벌투쟁을 종식시키고 당권을 완전히 장악하였다.

김일성은 '8월 종파사건' 종결 이후 본격적으로 당 정풍운동을 전개하였다. 1959년 5월 30일을 기해 '당 중앙집중지도사업'을 시작하면서 '반당 반혁명분자'의 색출을 본격화하여 당내에 흩어져 있던 연안파와 심지어 빨치산파와 군 내부의 고위 권력층들이 대거 숙청되었다.[37]

김일성은 이제 소련 및 중국공산당과 이어진 인맥을 완전히 제거함으로써 독자적 권력기반을 구축하게 되었으며, 이를 위하여 '주체사상'을 통치이념이자 당 지도이념으로 발전시켰다. 1980년 10월에 열린 제6차 당대회에서 당규약을 고쳐 과거의 마르크스-레닌주의를 버리고 '조선로동당은 오직 위대한 수령 김일성 동지의 주체사상, 혁명사상에 의해 지도된다'라고 규정하였다. 아울러 당 조직을 개편하면서 김정일로의 권력승계를 공식화하였다.

이로서 김일성 유일지배체제가 완성되면서 아들 김정일로의 세습후계 기반까지 구축하여 북한은 수령 절대주의 체제인 김일성 왕조의 모습을 보이게 된다. 그러나 과도한 유일체제화는 북한체제의 안정성은 가져왔다고 하더라도 경직성과 폐쇄성을 초래함으로써 시대변화 및 외부환경에 대한 북한체제의 대응력을 약화시킨 주요인으로 작용하게 된다.[38]

김일성은 권력장악과 더불어 경제발전을 도모하였다. 1950년대 중 · 후반은 파괴된 전후경제의 복구와 더불어 사회주의 경제로의 전이를 위한 토대를 마련한 시기로 특징지을 수 있다. 6 · 25전쟁으로 완전히 와해된 경제 및 사회 환경을 재건하고 전면 재정비해야 하는 상황은, 오히려 북한 정권의 사회주의 체제 구축작업을 진행하는데 도움을 주었다. 북한은 농업 · 상공업 · 수산업 분야를 중심으로 경제생산활동의 협동화를 추진하면서 1950년대 말까지 생산수단을 완전히 국유화하였다. 아울러 신속한 전후 경제건설을 위해 천리마 운동, 청산리 정신과 청산리

방법 등의 군중동원의 정치노선을 강화하였다. 1960년대에는 중화학 공업 위주의 산업기반을 강화하였으나 전체 예산의 30% 이상을 국방비에 쏟아 부으면서 군비 증강을 추구하였다. 경제와 국방을 병행하여 추진한다는 '경제 · 국방 병진' 노선은 실제로는 과도한 국방에 쏠리게 되고 모든 사회조직들도 전시에 즉각 활용가능한 동원체계로 전환되었다. 아울러 북한사회는 김일성 유일지도체계를 구축하면서 광범한 개인숭배 운동 속으로 빠져들어갔다. 결국 김일성의 과도한 권력장악과 유일체제 구축은 사상과 국방력 강화라는 전시체제로 이어져 북한의 국가발전을 가로막는 장애물이 되었다.

2. 김일성 1인 독재체제의 특징

김일성은 정권 운영 초기 조선노동당을 정점으로 하는 권력구조를 구축하였다. 북한의 권력구조를 이야기할 때 그것은 노동당의 권력구조를 의미한다고 해도 과언이 아니다. 노동당 우위의 원칙에 의하여 노동당은 북한의 모든 권력의 원천이 되었으며 다른 모든 국가기관들은 노동당의 정책노선을 집행하는 법체계로 구성되어 있다.39 이러한 맥락에서 북한은 외형상 권력분립을 내세우고 있어도 그것은 사실상 조선노동당에 의한 일당독재의 외형적 기관에 불과하다. 이러한 북한 통치방식은 김일성 개인 독재가 당을 초월하는 강력한 힘을 가지는 방향으로 변화하게 된다.

김일성은 북한을 통치하는 오랜 기간 동안 세계 어느 공산국가에서도 찾아볼 수 없는 개인숭배의 독재정권을 수립하였다. 그는 당총비서, 국가주석, 군통치권을 한 손에 장악하여 명실상부한 1인 독재체제를 완성시켰으며, 그의 지위는 수령으로 묘사되고 있다. 북한에서 수령은 노동계급의 당과 인민대중의 최고 영도자로서 당과 국가를 창건하고 당의 혁명전통과 당의 지도사상을 창조하며 프롤레타리아 독재정당과 전체인민의 통일단결의 유일한 중심이라는 것이다. 김일성은 북한의 공산주의사상을 자신의 유일사상으로 바꿔 놓음으로써 본래 의미의 공산주의를 대폭 약화시켰고, 그의 유일사상으로 하여금 북한을 지배하는 기본원리가 되게 하였다.

1955년 12월 28일 김일성은 당 선전선동일군들 앞에서 행한 연설을 통해 주체사상을 처음으로 제시하였다. 당시 이것은 소박한 의식에 지나지 않았다. 그러나 그는 당 지도권과 자신의 일인독재 우상화 체제를 수립하기 위하여 이데올로기적 무장을 갖추어야 할 절박한 필요에 따라 이 주체사상에 구체적 내용을 부여하고 이론적으로 다듬어 체계화시키려고 하였다.

김일성의 이론에 의하면 주체사상이란 '북한 노동당의 혁명과 건설을 성과적으로 수행하기 위한 가장 정확한 마르크스·레닌주의적 지도사상이며 북한의 모든 정책과 활동의 확고부동한 지침'이다. 주체사상을 통해서 김일성이 목표하는 것은 북한 인민들을 사상적으로 획일화시키고 정치적으로 일인독재자에게 복속시켜 경제건설과 군사력 강화에 총동원시키는 당의 유일사상체계를 확립하자는 데에 있다.

1967년 4월 24일 김일성은 최고인민회의 제3기 7차회의에서 주체사상을 유일사상으로 대치시켰다. 그에 의하면 노동당의 유일사상이란 사상에서 주체, 정치에서 자주, 경제에서 자주, 국방에서 자위의 원칙으로 일관된 소위 노동당의 혁명사상이라는 것이다. 그는 이 사상이야말로 북한의 혁명을 완성하고 북한 인민을 사회주의로 가장 올바르게 이끌 수 있는 북한의 현실에 창조적으로 적용된 마르크스·레닌주의라고 선전하고 있다.[40]

그러나 유일사상이란 결국 북한 노동당 내에 김일성 사상 이외에 다른 어떠한 사상도 존재하거나 허용할 수 없다는 것이다. 당원에게는 김일성의 노선에 충실한 의무만이 있고, 당과 당원은 모두 숨을 쉬어도 수령과 같은 숨을 쉬고 말을 하여도 같은 말을 하고 일치하게 행동해야 한다는 원칙에 철저한 김일성 중심의 생활을 강요하고 있다.

즉 유일사상은 세 가지로 요약할 수 있는데, 첫째, 김일성의 사상으로 노동당 전체를 무장시켜 다른 사상을 일체 허용하지 않는다는 것과 김일성의 사상만을 알고 그 사상과 의지대로만 사고하고 살아가며 그 사상과 어긋나는 온갖 반동사상과는 철저한 반대 투쟁을 전개한다는 것이다. 둘째, 김일성을 중심으로 하여 당의 사상, 의지 및 행동의 완전하고도 무조건적인 통일을 이룩하며 모든 당원들은 김일성 이외에는 그 누구도 모른다는 신념을 갖게 한다는 것이다. 셋째, 김일성의 사상을 유일한 지도적 지침으로 삼고 김일성의 유일적인 지도하에 혁명과 건설을 진행한다는 것 등이다.[41]

따라서 김일성 유일사상에 어긋나는 일체의 사상요소들은 이른바 반당적, 기회주의적, 반동적이라고 해서 말살시키는 한편 당내 반대파를 제거할 논리로 활용되었다. 김일성의 의사는 곧 당의 의사일 뿐만 아니라 당 위에 군림하는 초당적 존재가 된 것이다.

1970년 11월 제5차 당대회에서 채택한 조선노동당 규약 전문에 '조선노동당은 마르크스 · 레닌주의와 우리나라 현실에 마르크스 · 레닌주의를 창조적으로 적용한 김일성 동지의 위대한 유일사상을 자기활동의 지도적 지침으로 삼는다'고 규정함으로써 김일성은 이미 이때 유일사상에 의한 일인독재자로서 지위를 완전히 굳히게 되었다. 이 당규약에서 역사상 처음으로 김일성 독재자의 이름을 명기하고 그의 주체사상이란 것을 당활동의 지도적 지침으로 한다고 명문화하였다. 더구나 북한을 지배하는 김일성의 권력은 이제까지 인간이 가질 수 있는 최고의 권력일 뿐만 아니라 북한 주민들에게는 신적인 존재로서 그 권력은 어느 누구도 감히 도전할 꿈도 못 꾸는 두려운 것이었다.[42]

제3장

김정일 정권의 북한

1. 김정일의 등장

김정일은 1941년 2월 16일 김일성과 그의 전처인 김정숙 사이에 장남으로 소련의 사마르칸트 땅에서 출생하였다.[43] 그는 소련명으로 '슈라'라고 불렸으며, 1945년 해방이 되자 부모를 따라 함경북도 웅기항을 거쳐 입북하였다. 1948년 9월 간부자녀들만 다니는 평양남산인민학교에 입학하였다. 김정일 전기들은 소년 김정일의 총명성을 우상화하기 위해 이 시기와 관련된 다양한 예화들을 소개하고 있다. 어린 시절 김정일에게 다가 온 가장 큰 충격은 어머니 김정숙의 사망이었다. 김정숙은 김정일이 7살 때인 1949년 9월 22일 사망하였고, 김정일 남매는 항일유격대 여성 동료들의 보살핌 아래 성장한 것으로 알려졌다.[44]

김정일은 6 · 25 전쟁 중엔 중국 동북지방으로 피난했으며, 피난 중인 1952년 11월 그곳으로 옮겨와 있던 '만경대혁명자유자녀학원(일명 만경대혁명학원)' 인민반 4학년에 편입하였다. 전쟁이 끝난 직후인 1953년 8월에 평양에 돌아와 평양제4인민학교 5학년에 편입하였고 졸업하면서 1954년 9월 평양제1초급중학교에 진학하였다. 북한의 문헌들은 김정일이 이 학교 2학년 때인 1956년 6월 소년단 위원장으로서 백두산 일대의 항일혁명전적지를 돌아보는 학생 답사단을 조직했는데 이것이 북한 최초의 백두산 혁명전적지 답사단이라고 선전하고 있다.[45] 김정일의 전기들은 예외 없이 김정일의 학업성적이 전 과정, 전 과목에서 최우등이었으며, 그가 학생들 사이에서 탁월한 지도력을 발휘하였다고 선전하고 있다. 김정일이 남산고급중학에 진학한 것이 1957년 9월이었는데도 이때도 초급중학의 전 과정을 최우등으로 마치고 고급중학에 입학했다고 선전하고 있다.46

김정일은 어릴 때부터 정치적 야심이 대단했던 것으로 판단된다. 황장엽의 회고에 의하면 김정일은 17세인 1959년 1월 김일성을 따라서 모스크바를 방문했는데, 매일 김일성의 부관, 의사, 간호사 등 수행원을 모아놓고 하루일과를 보고받고 여러 가지 지시를 했다고 한다. 또한 김정일은 아버지인 김일성 '모시는 일'에 대해서도 극진했다. 일례로 모스크바 여행 중 아침마다 아버지가 나갈 때 부축을 하고 신발을 신겨주었고, 47세의 젊은 아버지 김일성은 아들의 이러한 열성에 마냥 흡족해했다는 것이다. 뿐만 아니라 김정일은 소련의 공업 · 농업전람관을 관람하면서 수행했던 황장엽이 통역에 애를 먹을 만큼 기술적인 문제들을 질문했으며, '웬 기술에 그리 관심이 많으냐?'는 황장엽의 물음에 '아버님께서 관심을 갖고 있는 문제이기 때문입니다'라고 대답했다는 것이다. 황장엽은 이러한 김정일의 모습에서 김정일이 삼촌인 김영주 대신에 권력을 승계할 것이라는 생각을 했다고 전해진다.47

김정일은 남산고급중학교에서 민주청년동맹부위원장을 하였고 1960년 8월에 졸업 후 9월에 김일성 종합대학 경제학부 정치경제학과에 진학하였다. 당시 권력자의 자녀들은 대부분 소련으로 유학했기에 김정일도 해외유학을 떠날 것으로 예상했으나 김정일은 주체의식을 내세우면서 김일성 종합대학에 진학하였다. 북한의 김정일 전기들은 이러한 김정일의 선택을 미화하고 대학시절 김정일은 김일성의 저작을 1년에 만 쪽씩 읽는 '만 쪽 책읽기운동'을 발기하는 등 다양한 학내 정치활동을 선구적으로 전개했다고 밝히고 있다. 48

2. 김정일의 후계 구축과 권력 장악

김정일은 1964년 조선노동당에 입당, 삼촌 김영주가 부장인 조직지도부 지도원으로 시작하였다. 1966년 10월 제2차 당대표자회와 1970년 제5차 당대회를 통해 당권력구조의 대폭 변화와 함께 1971년 11월 당중앙위원회 5기 3차 전원회의에서 김정일 후계문제를 검토하였다. 그러한 후계 구도 속에서 1969년부터 당중앙위원회 핵심부서인 조직지도부와 선전선동부 업무를 맡고 있던 김정일을 1973년 9월 당중앙위원회 5기 7차 전원회의에서 '조직 및 사상담당 비서'로 선출하였다. 이로써 김정일은 공산주의 국가에서 양대 무기라고 할 수 있는 중앙당 조직지도부와 선전선동부를 장악하면서 권력 구축에 본격적으로 나섰다. 1974년 2월 당중앙위원회 5기 8차 전원회의에서 김정일은 북한의 최고 권력기관인 당중앙위원회 정치국 위원으로 선출되어 김일성의 유일한 후계자로 추대되었으며, 마침내 1980년 10월에 개최된 제6차 당대회에서 공식 후계자로 공표되었다.[49]

1980년대 김정일 후계체제를 이끌어간 당 지도부는 항일혁명 2세대와 전문적인 역량을 갖춘 실무형 지도자들이었다. 로동신문을 비롯한 각종 출판 보도물은 '영광스러운 당중앙'의 뛰어난 지도력을 선전하는 데 동원되었으며, 1981년부터는 '친애하는 지도자 김정일 동지'라는 호칭을 사용하였다. 1980년 6차 당대회 이후 김일성의 현지지도 빈도수가 눈에 띄게 줄어드는 반면 김정일의 실무지도와 시찰이 늘어났으며, 그 성격도 '보좌'에서 독자적인 '지도'의 측면이 강해졌다.

1982년 중앙위원회 정령은 김정일을 '김일성 주석이 열어놓은 혁명위업의 완성을 위해 투쟁을 올바르게 인도하는 당의 탁월한 지도자'[50]로 부르면서 '주체의 혈통을 견결히 고수하고 순결하게 계승해 나갈 것'[51]을 슬로건으로 내세움으로써 김정일을 김일성의 권력을 이어받을 후계자로 표면화시켰다.[52] 1983년 4월 최고인민회의 제7기 2차회의 이후 김정일은 당중앙위원회 정치국 상무위원 서열 2위, 당비서 서열 2위, 당군사위원회 서열 2위로서 명실공히 김일성 다음의 실권자가 되었다.

김정일의 후계자 등장 논리는 김일성 우상화 과정의 논리와 맥을 같이 한다.

1973년부터 김정일은 '존경하는, 경애하는 지도자'로 불리기 시작하여 그 후 민족의 앞길을 밝혀주는 '향도의 햇빛', '인류가 낳은 걸출한 영웅', '은혜로운 햇빛' 또는 '민족의 어버이' 등으로 불리었다. 1982년 북한의 방송들은 '향도의 별님이 한 번 빛을 뿌리기만 하면 만물이 소생하고 젊음이 약동한다'고 김정일을 신격화시켰으며, 그 정도는 김일성보다 더 앞서고 있었다.

1990년대 들어서 김정일은 국가기관의 주요 직책도 부여받기 시작하였다. 김정일은 1990년 5월에 개최된 최고인민회의 제9기 1차 회의에서 확대개편된 국방위원회 제1부위원장에 선출되고, 1991년 12월 당중앙위원회 6기 19차 전원회의에서 1950년 7월 이래 김일성이 맡고 있던 조선인민군 최고사령관으로 추대되었다. 이는 실질적인 군권을 완전히 장악하였음을 의미하는 것으로 김일성의 양위에 의한 것이지만 김정일의 실질적인 권력이 김일성을 앞서고 있었다고 볼 수 있다. 이어서 김정일은 1992년 공화국 원수 칭호를 받았으며, 1993년 4월 '군사주권의 최고지도기관'으로 격상된 '국방위원회 위원장'에 취임하였다. 이로서 1994년 7월 김일성 사망 이전에 북한은 이미 김정일 권력체제를 확고하게 갖추고 있었다.

김정일이 최고권력의 후계자가 되기까지는 배후에 많은 지지 세력들이 그를 뒷받침하였다. 첫째, 가장 중요한 기반은 노동당 조직이었다. 1973년 9월 당의 조직 및 선전선동담당 비서직을 맡은 후 함께 승진한 신진 간부들과 기술관료들을 중심으로 추종세력을 구축하였다.53

둘째, 북한군의 핵심을 이루는 군 지도층이었다. 김정일을 권력 후계자로 가장 적극적으로 추진한 군부 지도자들은 빨치산 출신이며, 인민무력부장을 지냈던 오진우, 김일성의 개인 경호책임자인 동시에 호위국장직을 맡았던 전문섭, 노농적위대 사령관직을 맡은 바 있고 김일성 개인 경호책임자였던 오백룡, 특수군단 사령관 김철만, 인민군 총참모장 오극렬 등이었다. 특히 김정일은 오진우를 자신의 후견인으로 대동하고 총참모장을 비롯한 군 주요지휘 계통에 김정일의 추종 인물을 배치함으로써 군부 내 세력기반을 형성하였다.

셋째, 만경대 혁명학원 출신 간부들이었다. 1980년 제6차 당대회에서 선출된 당중앙위원 가운데는 김정일이 다녔던 만경대 혁명학원 출신들이 많았고 그들이

다른 당 핵심 간부직에도 많이 기용되어 김정일의 권력기반을 튼튼히 하였다.[54]

넷째, 3대 혁명 소조원들이었다. 3대 혁명 소조는 1973년 1월 김일성의 지시에 의해 발의된 사상 · 기술 · 문화 등 3대 혁명을 강력하게 추진하기 위하여 운영되는 당의 특수 조직이었다. 이 조직은 청년당원들과 대학 졸업생들을 중심으로 20~50명 단위의 소조를 편성하여 2~3년간 일선 행정기관과 공장기업소 등에 파견되었다. 그리고 현지에서 노동자, 농민들에 대한 혁명성 고양 및 각 산업기관의 생산성 제고를 고취시키는데 주력해 왔다. 그러나 그와 같은 표면적인 활동과는 달리 내면적으로는 김정일의 등장과 때를 같이하여 조직됨으로써 실제로는 김정일의 권력기반 구축을 위한 친위대와 행동대 역할을 담당하여 왔다.

3. 김정일 정권의 선군정치

김일성의 사망 이전에 군권과 실권을 장악하고 있던 김정일은 김일성의 사망으로 곧바로 최고 권력에 공식적으로 취임할 수 있음에도 불구하고 3년 동안 유훈통치를 하였다. 그 후 김정일은 1997년 10월에 '조선노동당 총비서'에 추대되었고 1998년 9월 5일에 헌법을 개정하고 사실상 국가수반의 권한이 더욱 강화된 '국방위원회 위원장'에 취임하였다. 김일성 사후 김정일의 공식 출범까지의 기간에 북한에서는 300만 명이 굶어 죽었다는 '고난의 행군' 기간을 거쳤다. 이 당시 당 조직이 상당히 와해되었기 때문에 김정일은 군을 앞세우는 '선군정치'를 기본노선으로 하여 '사회주의 강성대국 건설'을 목표로 설정한 선군정치체제를 마련하였다.[55]

외형적으로 김일성 사후 17년간 북한을 통치했던 김정일 체제는 국가의 최고지도자가 김일성에서 김정일로 바뀌었을 뿐 신정성을 띤 유일지배체제의 연속이었다.

첫째, 김정일은 군 최고사령관과 당 총비서 및 국방위원장으로서 실질권력인 당과 군을 장악하였다. 김정일은 김일성처럼 항일유격대 경험도 없어서 빨치산파와 같은 동지그룹도 없었다. 군 복무경험도 없어서 군 관련 인맥도 없었다. 그럼에도 불구하고 김정일은 김일성으로부터 생전에 실질 군권인 군 최고사령관과 국방위원장을 양위받았으며, 오진우를 비롯한 빨치산들의 지원으로 군을 확고하게 장악하였다. 김정일은 집권 당시 극도로 피폐해져 아사자가 속출했을 정도의 경제상황과 약해진 당 기구를 대신하여 군을 앞세우는 선군정치를 표방하였다.

둘째, 김정일은 통치 이데올로기로서 선군사상을 주체사상과 함께 당의 지도지침으로 내세웠다. 김정일은 이미 후계시절부터 주체사상을 '혁명적 수령관'으로 끌어올리고 '사회정치적 생명체론'이라는 새로운 논리적 틀을 만들어 강화하였다. 특히 김정일은 주체사상과 개인숭배, 절대권력체계를 결합시켜 교의화한 '유일사상체계 10대 원칙'을 만들어 권력을 더욱 공고히 하였다. 또한 1980년대 말부터 동구권 사회주의 국가들이 몰락하고 심지어 사회주의 종주국인 소련마저 무너지자 이들과 북한을 차별화시키는 논리고 '조선민족제일주의'라는 담화를 만들어 어려운 시기를 극복해 나갔다.

셋째, 김정일은 최초 많은 사람에게 파격적이고 괴팍하며 변화가 심한 성격으로 알려져서 돌발적이고 즉흥적인 정책결정자로 인식되고 있었다. 그러나 김정일의 인사스타일을 살펴보면 김정일 시기 북한 권력층에서 인사이동이 정책부진에 대한 경질 외에 상당히 안정적인 기조 위에서 이루어졌으며 아울러 조직관리 능력도 뛰어났다고 볼 수 있다. 북한의 소위 김정일의 정치를 '통이 큰 정치', 전체 인민을 한 품에 안아주는 '광폭정치'로 묘사하고 있다.

넷째, 김정일은 '칼' 못지 않게 '붓'도 잘 사용하였다. 김정일은 문화예술을 혁명전통과 수령형상화 작업의 수단을 활용하여 김일성과 빨치산들로부터 지지를 얻어냈다. 1970년대 북한을 휩쓸었던 혁명가극 '피바다'와 '꽃 파는 처녀'의 경우 영화 속의 주인공들처럼 살며 일하자는 기치 아래 생산단위에 각각 근위대원이 조직되기도 하였다. 흔히들 김정일을 가리켜 단순한 '영화광' 정도로 말하곤 한다. 그러나 김정일은 문학예술을 적극 활용하여 자신의 후계 및 권력장악과 심지어 생산증대를 위한 경제선동에 적극 이용하였다.

다섯째, 김정일은 경제난에도 불구하고 핵무기와 미사일 개발을 강행하였다. 김정일은 집권 시부터 수백만 명이 죽어나가는 끔찍한 일을 겪었음에도 인민의 삶보다는 김씨 왕조 정권과 '우리식 사회주의 체제'를 고수하기 위한 핵과 미사일 개발에 치중하였다. 그 결과 체제 및 엘리트의 내부결속과 미제의 압살책동에 대항하여 '우리식 사회주의 체제'를 수호하는 수호신으로서 비춰지도록 하였으나 유엔과 국제사회로부터의 대북제재를 자초하였다. 결국 김정일 통치 기간 중 인민들의 삶은 더욱 피폐해지고 탈북자는 증가하였다. 김일성 사후 고개를 들던 북한 붕괴론이 김정일 시대에 다시 회자되었던 점을 고려할 때 김정일의 통치는 사실상 실패작이었다고 해도 과언이 아니다.

제4장

김정은 정권의 북한

1. 김정은 후계체제의 출범

김정은은 1984년 1월 8일 평양에서 김정일과 재일 북송교포인 무용수 출신의 고영희 사이에서 차남으로 태어났다.56 그러나 북한 매체들은 2017년 초에 이르러 김정은의 출생도 김정일과 같이 백두산 자락인 양강도 삼지연군이라고 조작하여 홍보하고 있다. 김정은은 16세 때 스위스 베른의 공립중학교로 유학하였다고 전해진다. 김정은은 북한에서 병사 복무와 김일성 군사종합대학을 졸업했다. 김정은의 출생과 학창시절에 관해서는 베일에 쌓여 있어서 정확하게 알기가 곤란하다.

2008년부터 예상치 못하게 김정일의 건강이 악화되기 시작하자 북한 정권은 김정은으로의 후계체제 확립을 위한 수순에 들어갔다. 2009년 헌법을 개정하여 국방위원장을 국가의 최고 영도자로 명시함으로써 선군정치의 법과 제도적 기반을 강화하였다. 이는 김일성 체제 공고화와 김정일 후계체제 확립을 위한 1972년 사회주의 헌법 제정 당시와 상당히 유사하다. 김정은으로의 후계체제는 44년 만에 열린 2010년 9월 28일 '제3차 당대표자회'에서 공식화되었다. 김정일이 1980년 6차 당대회에서 당정치국 상무위원 및 당 중앙군사위원으로 선출된 것처럼 김정은을 당중앙위원회 위원이자 신설된 당중앙군사위원회 부위원장으로 등장시킴으로써 마침내 전 세계에서 유일하게 3대 세습체제를 완성하였다. 김정일 시대에는 법과 제도보다는 주로 김정일의 교시에 의존하는 인치였다면 나이도 어리고 경험이 짧은 김정은을 위하여 당규약과 헌법을 개정하고 당조직을 정비하는 등 법치의 기반을 마련했다고 볼 수 있다. 그리고 김정일은 자신이 '강성대국의 문을 여는 해'로 설정한 김일성 탄생 100주년인 2012년을 목전에 둔 2011년 12월 17일에 급사하였다.

김정은은 2009년 1월 후계자로 내정되고 2010년 9월 27일 대장 칭호와 함께 9월 28일 후계자로 공식적으로 등극하여 150일 전투, 100일 전투, 화폐개혁 등을 주도하였으나 실패하였다. 후계자로서 능력을 인정받고 업적을 과시하려던 잇단 정책추진이 실패하자 김정은은 시선을 남으로 돌려 천안함 폭침, 연평도 포격도발을 주도하여 대담한 이미지를 구축하려 하였다.

김정일의 급사로 인해 준비되지 않은 상태에서 졸지에 북한의 최고지도자가 된 김정은은 북한 지배 엘리트들의 위기 심리 발동과 김정일의 유훈(2011. 10. 8.)에 따라 신속히 권력을 장악하였다. 김정은은 김정일 장례 직후 노동당중앙위원회 정치국 회의에서 '조선인민군 최고사령관'으로 추대되었다. '당중앙위원회 · 당중앙군사위원회 공동구호' 발표를 통해서는 김정일 유훈통치, 김정은 유일영도체계가 공표되고, 연이어 군과 보위기관에서 김정은 선군영도 결사옹위 등이 강조되었다. 이어 북한은 2012년 신년공동사설에서 '김정은은 곧 김정일'이라는 유훈통치를 선언하였다. 이어서 2012년 4월 11일 제4차 당대표자회와 4월 13일 최고인민회의 제12기 5차회의에서 각각 당규약과 헌법을 보완하여 김정은을 '노동당 제1비서', '당중앙군사위원회 위원장'과 '국방위원회 제1위원장'으로 선임하였다. 이로써 김정은은 김정일이 20여년 간에 후계권력을 구축한 것과는 대조적으로 3년 3개월 만에 당 · 정 · 군의 최고직책에 신속히 취임하였다.

2. 김정은 체제의 공고화 과정

김정은은 후계권력의 신속한 안착과 내부결속, 미국 등 외부압력에 대한 억지력 구비 등 나름대로의 전략적 계산에 의해 2012년 4월과 12월에 걸쳐 대륙간탄도탄급인 장거리 미사일을 발사하였고 2013년 2월 12일에는 국제사회의 거듭된 만류를 무릅쓰고 제3차 핵실험을 단행하였다. 특히 2013년 초부터 김정은은 정전협정의 무효 선언, '1호 전투근무태세'를 발령, 개성공단 폐쇄 등 전쟁 분위기와 전쟁 위협을 최고조로 하면서 외부위협을 구실로 내부결속을 가져오는 극약처방식의 강경책을 구사하였다.

또한 김정은은 집권한 이후 김정일의 유훈통치를 내세우면서도 김정일이 김정은의 세습 안착을 보좌하도록 임명해 놓은 고위간부들을 숙청하는 등 이른바 공포정치로 김정은 체제로의 공고화에 전력하였다. 특히 39년 만에 '유일사상확립 10대 원칙'을 개정하면서 유일영도체제 확립에 안간힘을 쓰고 있다.[57]

김정은은 집권 초기부터 김정일 영구차를 운구하던 7명의 실세부터 숙청하거나 뒷전 또는 명목상 자리만 지키게 했다. 이후 김정은은 당중앙위 정치국 회의를 비상소집하여 김정일이 김정은 세력을 떠받치도록 세운 군총참모장 겸 당정치국 상무위원인 이영호를 전격적으로 숙청하였다. 이후 '공화국 원수'에 등극하여 당권 · 군권 · 국가권력 모두를 장악하였다. 집권 초기 후견인 장성택에 의존하였던 김정은은 장성택마저 처형하였고 인민무력부장이던 현영철도 처형하였다. 김정은은 정적인 이복형 김정남을 대낮에 국제공항에서 화학작용제로 암살하였다.

김정은은 집권 이후 노동당 및 내각의 간부 20~30%, 군 간부 40% 이상을 수시로 교체하고 있다. 특히, 권력핵심 3대 부서의 군 수장인 총정치국장과 총참모부장, 국방상을 자주 교체하고 있다. 이러한 김정은 리더십 특징을 '독단성'과 '조급성'으로 요약할 수 있으며, 공포정치로 조기에 권력을 안착시키려 하는 것으로 볼 수 있다.[58]

그러나 예상과는 달리 김정은은 집권 5년차인 2016년 5월 6일에 제7차 당대회를 개최하여 '노동당위원장'에 추대되고 당 조직을 정비하고 간부직을 대폭 개편하였다. 또한 2016년 6월 29일에 최고인민회의 제13기 4차 회의를 통하여 국방위원회를 폐지하고 국무위원회를 신설하여 '국무위원회 위원장'에 추대되었다. 김정은은 집권 5년 차에 당 · 정 위원장과 군 최고사령관직과 공화국 원수 직함으로 본격적인 김정은 시대를 시작하였다. 또한 김정은은 2019년 4월 당중앙위원회와 최고인민회의를 통하여 더욱 강화된 '혁명무력의 최고사령관'으로 격상되었다.

김정은은 2021년 1월 초순, 제8차 당대회를 개최하여 '당 총비서'로 추대되었다. 집권 초 당 제1비서로 출발한 김정은은 2016년 5월 제7차 당대회에서 '당위원장'으로 추대되었으나 5년만에 김일성-김정일과 같은 '당 총비서'로 환원되었다. 집권 10년 이상을 맞은 김정은은 당 총비서로서 김일성-김정일의 반열에 오르면서 명실공히 사실상 수령으로서 본격적인 김정은 시대를 열었다.

제2부

북한 정치 바로 알기

북한을 제대로 이해하기 위해서 가장 중심이 되는 부분은 바로 북한의 정치에 대한 올바른 이해이다. 따라서 제2부에서는 북한의 정치를 제대로 이해하기 위해 북한의 정치체체와 북한의 통치이념, 그리고 권력구조의 향방을 알 수 있는 북한의 당-군 관계를 살펴본 후 북한의 주요 정치조직에 대해 알아본다.

북한은 사회주의 체제를 기반으로 시작되었지만, 이후 많이 변질이 되어 현재는 '북한식 사회주의'라는 말 외에 기존 정치적 용어로 설명이 힘들다. 이러한 북한을 두고 유격대 국가 · 신정체제 · 종교국가 등 많은 수식어들이 존재하는데, 북한의 정치체제를 쉽게 이해하기 위해서는 민주주의 정치체제와 비교하는 것이 비교적 쉽다. 따라서 1장에서는 북한의 정치체제를 이해하기 위해 사회주의에 대한 개괄적인 설명을 비롯하여 민주주의도 병행해서 설명한다. 이후 북한 정치체제의 특성을 크게 전체주의 국가, 군사국가, 수령국가(유일체제)로 구분하여 설명한다. 또한 북한은 현존하는 국가 중 유일무이한 3대 부자간 세습을 이룬 국가인데, 이 과정에서 권력을 공고화하기 위해 사용한 정치적 수단인 '숙청'에 대해 자세히 알아보면서 북한의 정치에 대한 이해를 돕고자 하였다.

2장에서는 북한의 통치이념을 김일성, 김정일, 김정은 시기별로 구분하여 정리를 하였다. 각각 주체사상과 선군사상, 김일성-김정일주의로 대표될 수 있는 통치이념의 특징이 있기 때문에 시기별로 이해하는 것은 북한의 이해에 있어서 필수적이다. 이어 3장에서는 북한의 당-군 관계에 대해 살펴보며, 북한의 당-군 관계와 중국의 당-군 관계를 비교함으로써 북한만의 특성을 분석한다. 4장에서는 북한의 주요 정치조직인 조선노동당, 국무위원회, 최고인민회의, 사법기관 등에 대해 자세히 살펴봄으로써 북한을 움직이는 주요 기제 역할을 하는 기관들의 역할의 이해를 돕고자 하였다.

북한 문제를 다루는데 있어서 정치적 분야에 대한 이해는 향후 한반도 통일과 연계했을때도 중요한 부분이다. 북한의 정치 체제와 지도부의 성향을 이해하는 것은 통일 과정에서 발생할 수 있는 도전과 기회를 평가하는 데 중요할 뿐만 아니라, 북한 내부에서 일어나는 정치적 변화는 외부 세계에 큰 영향을 미칠 수 있다. 권력 구조의 변화, 지도부의 교체, 정책 전환 등은 북한의 대내외 정책에 중요한 영향을 미치며, 대한민국에도 직접적인 영향으로 작용한다. 따라서 북한의 정치에 대한 이해는 대한민국을 넘어 한반도 미래의 변화를 예측하고 대비하는 데 중요하다.

북한의 정치 부분만 다루더라도 많은 내용을 다룰 수 있지만, '입문서'에 맞는 본 권의 취지에 맞게 이번 장은 크게 정치체제와 통치이념, 권력관계(당-군 관계), 주요 정치조직으로 꼭 필요한 부분만 함축하여 정리를 하였다. 하지만 하위절에 사회주의와 민주주의 등 용어에 미숙한 독자들을 위한 세부적인 설명도 병행하였기 때문에 이해하는데 큰 어려움은 없으리라 판단된다. 북한의 정치를 이해하는 것은 단순한 지식을 습득하는 것을 넘어, 한반도와 국제사회의 평화, 안정, 번영을 위한 전략적 접근을 가능하게 하기 때문에 독자들이 본 장에 대한 이해를 기초로 삼아 북한에 대해 심도 있는 이해에 밑바탕이 될 수 있길 기대한다.

제1장
북한의 정치체제

1. 사회주의 vs 민주주의

1) 사회주의에 대한 이해

사회주의는 개인주의적 원리와 반대되는, 자연법에 근거한 공동적 의지를 강조한 지적 조류, 즉 인간 본성에 내재하는 사회적 심성, 나아가 사회의 근본 원리로서 개인주의가 아니라 공동적이며 사회적인 원리를 옹호한 지적 조류를 지칭하는 개념이었다. 어원적으로 볼 때도 '사회주의(Socialism)'는 사회문제에 대한 관심과 연관된 개념이다. 그래서 사회주의는 그것이 사적 소유체제 변화와의 관계 혹은 어떤 정치적 행동의 추구 여부와 상관없이 사회적 관심에 지향된 개혁과 관련된 어떠한 이념이나 제안에도 적용될 수 있는 것이었다.[1]

어원의 또 다른 측면에서 보면, 사회주의는 개인주의에 반대되는 개념으로 이해되었다.[2] 따라서 발생 연원과 개념 자체의 의미 면에서 볼 때, 사회주의는 특정한 사회운동이나 반(反)자본주의적 의미와 반드시 연관된 것은 아니었다. 그러나 반(反)자본주의라는 지향을 보다 분명히 담은 "근대적 사회주의 개념"의 발생은 오웬, 생시몽, 푸리에 등 이른바 공산적 사회주의자의 시도 및 사상과 관련되어 있다. 이미 1822년에 오웬주의자들 사이에서는 '사회주의자'라는 용어가 알려져 있었다고 하며, 이 용어를 공식적으로 맨 처음 표명한 사람은 1827년 11월 오웬이었다. 그렇다면 이들의 '사회주의'는 어떤 내용을 담고 있을까. 이들은 자본주의의 사적 소유 및 경쟁 체제의 여러 해악을 비판하였으며, 노동의 과실에 대한 노동자의 권리, 과학적 진보와 생산의 증대에 입각한 생산자들의 조화로운 공동체, 노동을 통한 인간의 내적 욕구의 해방을 추구하였다. 이들의 특징이라면, 단순한 정치개혁과 구별되는 사회개혁, 연합 또는 협동 이념을 기반으로 한 생산자 공동체 건설의 시도, 사회개혁 방식에서의 평화적 · 개량적인 지향 등을 들 수 있다.[3]

사회주의와 관련된 연구는 현재까지도 진행 중에 있으며, 여러 학자들마다의 정의와 이론적 토대가 다르기 때문에 명확하게 '사회주의는 ~이다.'라고 정의내리는 것은 힘들다. 다만, 위에서 어원의 측면과 오웬주의자들의 입장에서 살펴보았듯이, 자본주의의 여러 해악에 대한 비판과 노동에 대한 강조, 그리고 공동체에 대한 중요성이라는 공통점을 지니고 있는 것은 의견을 같이 한다. 사회주의가 등장한 계기는 산업화의 진전으로 등장한 사회적 불평등과 경제 가치 배분의 불균형이라고 볼 수 있다. 산업 구조상 자본가가 등장할 수밖에 없었고 이로 인해 자본가와 노동자라는 계급이 자본에 의해서 형성된다. 이렇게 형성된 자본가와 노동자들의 극심한 대립은 두 계급 간의 갈등으로 나타났고, 이들의 갈등이 심화되면서 심각한 사회 문제가 되었다. 이러한 혼란 속에서 새로운 사회에 대한 대안이 모색되었고, 그 중 하나가 사회주의 사회였다.

■ 로버트 오웬

사회주의 사회에서는 경제적 불균형 해소를 위해 생산 수단의 공유화와 국가적 통제를 제시했다. 사회 문제가 사유재산제에서 발생한다고 보아 생산 수단의 공동 소유 또는 국유화가 이러한 갈등을 종식시킬 수 있는 방법이라고 생각하게 되었다. 따라서 생산 수단을 국가 소유로 하고, 각자가 노동을 통해 실현된 이익을 배분하는 방식을 취함으로써 누구나 평등한 사회를 추구하려는 경향을 보인다. 이로써 사회 불평등의 원인이 되는 경제적 불평등을 해소하고, 분배 문제의 형평성을 높임으로써 물질적 결핍으로부터 인간을 해방시키고자 한 것이다. 여기에서 사회주의는 재화의 생산보다는 생산된 재화의 가치 배분에 더욱 관심을 두게 된 것이다.[4]

이러한 대안으로 주장하게 된 사회주의 이론이 등장하게 된 것은 고대 그리스

철학으로까지 거슬러 올라가야 하지만, 본 권에서 말하고자 하는 북한에 대해 이해하기 위한 지식으로서의 '사회주의'를 위해선 오웬주의자들의 사회주의 개념과 사회체제의 대안으로서 사회주의의 이념이 등장하게 된 계기에 대해 이해가 필요하다. 오웬주의자들(오웬, 프리에, 생시몽)은 자본주의 경제 체제로 태동된 산업사회의 현실을 인정하고 이것을 유토피아의 출발점으로 삼아서 새로운 사회모습을 구상하고, 사회운영의 원리를 제시하게 되었다.

■ 19세기 말 자본주의 폐해를 그린 미국의 풍자화

출처 : 미 의회도서관, Edward Bellamy의 'Looking Backward 2000-1887'

사실, 이후 1848년 공산당 선언을 통해 공산주의 이념을 선전한 마르크스의 공산주의에 대해서는 뒤에서 자세히 다룰 것이기에 이번 '사회주의에 대한 이해' 파트에서는 사회주의의 개념과 등장 배경까지만 설명을 한다. 사회주의의 태동과 공산주의의 내용은 그 역사적 맥락과 흐름이 이어지지만, 북한의 경제 부분을 설명하기 위해 필요한 부분이기 때문에 북한의 정치를 이해하기 위한 '사회주의'에 대해선 심도 있는 이해 이전에 북한의 정치를 이해할 수 있을 정도의 기본 소양만 이해하는 것을 본 입문서의 목표로 한다.

간단히 정리하면, 자본주의로 인해 노동자들이 착취당하고 그에 따른 경제적인 불공평으로 인해 반발이 생겼고, 기존의 개인보단 '사회'에 대한 중요성을 강조하는 사상이 발전하게 되었으며 이때 사회주의 이념이 크게 부상하게 된다. 사회주의는 말 그대로 개인보다는 사회를 중요시한다는 주의이다. 이러한 사회주의에선 개인의 사유 재산보다는 국가 계획 경제를 중요시하며, 이렇게 국가가 통제함으로써 새로운 이상적인 사회 구상을 만드는데 중점을 두었다. 단순히 사전적인 정의로만 보았을 때, 사회주의는 '자본주의의 경제적 원리인 개인주의를 사회주의로 대치함으로써 사회를 개초하려는 사상 또는 운동'으로 정의된다.[5] 즉, 개인주의에 배치된 개념으로 이해하는 것이 가장 쉬우며 개인보다는 '사회', 즉 집단의 중요성을 강조하는 이념으로 시작했다고 볼 수 있다. 이러한 사회주의 이념이 사회주의 정치체제의 통치이념으로 받아들여졌을 때, 그들이 말하는 자본주의 사회의 여러 모순과 병폐들을 없애기 위하여 개인보다는 전체 사회를 위한 정치체제, 정치조직, 정치과정 등이 이루어진다고 볼 수 있다.

2) 민주주의에 대한 이해

민주주의의 시작을 이해하기 위해서는 고대 그리스 시대까지 거슬러 올라가야 한다. 고대 그리스에 있어서 민주주의가 널리 시행된 곳에서는 시민 각자가 여러 면에서 현대 민주주의 국가의 시민들보다 많은 권한을 가지고 있었다. 그들은 각종 법안에 대하여 찬반의 투표를 스스로 할 수 있었고, 재판관을 제비뽑기 등의 방법으로 시민 중에서 직접 선출했다. 과거에는 현재처럼 인구가 비대하지 않았기 때문에, 이론상 말하는 직접민주주의가 가능했던 것이다.[6] 이러한 민주주의에 대해서는 여러 논의가 존재하고, 현재까지도 의견이 분분한 것은 사실이다. 민주주의(Democracy)란 말은 기원전 5세기에 그리스의 역사가 헤르도토스가 처음 사용한 Demokratia에서 나온 말이다. 이 Demokratia란 인민을 의미하는 demos와 지배한다는 뜻의 Kratein의 합성어로서 그 어원적 의미에서 볼 때 민주주의(Democracy)의 원초적인 의미는 인민의 지배(rule of people)란 뜻이다.[7]

■ 헤로도토스

인민의 지배란 국가권력을 한 사람이 가지는 군주정치와 소수가 소유하는 귀족정치와 대별되는 정치형태를 의

미한다. 즉, 민주주의는 인민이 국가권력을 가지고 스스로 그 권력을 행사하는 정치형태를 지칭하는 뜻으로 통한다. 현 시대의 민주주의를 이해하기 위해서는 자유주의와 병행해서 이해해야 한다. 자유주의란 개인의 인격의 존엄성을 인정하며 타인에게 피해를 주지 않는 범위 내에서 개인의 경제적, 사회적 활동의 자유를 보장하려는 정치적 사상을 말하며 자유를 최상의 정치 · 사회적 가치로 삼는 사회철학적 이념을 말한다. 현 시대의 민주주의 국가들은 이러한 자유주의 국가 원칙으로 신중하게 경계가 그어진 헌법적 질서에 기반한 토대 위에 다수결 원칙과 자유선거 원칙으로 상징되는 민주주의 체제의 국가 형태로서 자리잡고 있다. 이러한 오늘날 자유민주주의는 다음과 같은 특징을 가진 정치체제로 정의할 수 있다.[8]

1. 정기적인 선거에 의해 입법부가 어떻게 구성되고 누가 정부의 행정권을 갖게 될 것인지를 결정한다. 후보자와 정당 간에 자유롭고 공정한 경쟁이 존재해야 한다. 이것은 '민주주의' 개념 측면이다.
2. 근본적인 시민의 자유는 법률과 헌법적 안전장치에 의해 보호되며, 법령과 규칙은 독립적인 사법부와 법률체계에 의해 평등하고 공정하게 집행된다. 이것은 '자유주의' 개념 측면이다.
3. 헌법은 특정의 공직자들과 정부 부처의 권한, 그리고 그들 간의 관계를 구체적으로 밝힌다.

대한민국 헌법 전문에서도 명시하고 있는 '자유민주주의'가 존재하기 위해서는 '자유주의' 측면과 '민주주의' 측면 양자 모두가 있어야 한다. 자유주의가 사상적인 의미가 크다면 민주주의는 정치 체제를 의미한다. 이러한 민주주의는 현재 전

세계적으로 대다수의 국가들과 사람들에게 지지되고 있고, 일상생활에까지 익숙해진 용어가 되었기 때문에, 막상 그 뜻을 물어보면 선뜻 대답하기 힘들 정도이다. 민주주의는 양차대전에 걸쳐 군국주의와 전체주의의 도전을 막았고 오늘에 와서는 가장 국민의 민심을 잘 반영하는 정치체제로 자리잡고 있다.

제임스 브라이스는 민주주의를 "헤로도토스 시대 이래로 국가의 지배권력이 어떤 특정 계급에게가 아니라 사회 전체의 구성원들에게 합법적으로 부여되고 있는 정치형태"로 정의하였으며,[9] 칼 베커도 "민주주의란 말은 제1차적으로는 정치형태에 관한 말인데, 이것은 언제나 한 사람에 의한 정치에 대립되는 다수자에 의한 정치 즉 폭군, 독재자, 혹은 절대군주에 의한 정치에 대립되는 인민에 의한 정치를 의미해 왔다. 이것이 사람들이 보통 이해해 온 이 말의 가장 일반적인 의미"라고 규정하였다.[10] 또한 링컨도 유명한 게티스버그연설에서 "국민의, 국민에 의한, 국민을 위한 정부는 결코 이 지구상에서 없어지지 않을 것이다."라고 하여 민주주의를 정치형태로서 파악하였다. 이와 같이 민주주의는 원래 정치형태로 정치적인 면에서만 해석되어 왔으나 20세기에 이르러서는 사회의 내재적 요인에 의해 발생하는 행동양식과 생활신조로서의 민주주의 개념이 등장하여 이제 민주주의는 국민이 스스로 통치하는 정치형태 또는 정치원리인 동시에 정치적 민주주의를 가능케 하는 행동양식과 생활신조까지도 의미하기에 이르렀다.[11]

이러한 민주주의의 의미는 현재까지도 학자들마다 정의하는 것이 다른 만큼 논의의 중심에 있지만, 가장 중요한 것은 '주권이 국민에게' 있다는 것에 대해서는 공통된 의견을 지닌다는 것이다. 주권이 국민에게 있다는 것은 곧 권력이 국민으로부터 나오고 국민의 동의에 바탕을 두었을 때만이 그 권력이 정당하다는 것을 의미한다. 민주주의의 제도적인 부분까지 짚고 넘어가면, 직접민주주의 간접민주주의, 대의민주주의, 그리고 최근 논의가 되고 있는 전자민주주의 등의 논의까지 확대할 수 있지만, 본 책에서는 사회주의와 배척되는 개념으로 민주주의 개념을 소개하기에 큰 의미만 파악하는 것을 목적으로 한다.

민주주의에 대해 여러 논의에 대해 살펴보았지만 민주주의를 간단하게 정의하면 "결국 국가의 주권이 국민에게 있고, 국민을 위하여 정치를 행하는 제도"라고 할 수 있다. 이를 위해 현 시대의 대부분의 민주주의 국가들은 투표를 통해 입법권자(대한민국의 경우 국회의원)를 결정한다. 투표는 국민이 국정에 직접 또는 간접적으로 참여할 수 있는 참정권 중 하나로, 대한민국에서는 참정권의 자유가 보장되어 있으며 우리는 이러한 투표를 통해 입법권자를 결정한다. 이러한 민주주의의 반대말로 대부분이 냉전체제를 의식하기 때문에 공산주의로 알고 있지만, 정확히 말하면 독재주의 혹은 사회주의가 반대말이라고 할 수 있다. 이러한 정치제도에서는 특정한 개인, 단체가 모든 권력을 차지하여 모든 일을 독단적으로 처리하기 때문에 민주적 원리로 정치체제가 작동하는 민주주의와 반대된다고 볼 수 있다. 즉, 국가의 주권이 일인 혹은 단체에 있느냐, 국민에게 있느냐의 차이로 줄여서 생각할 수 있다. 이번에는 북한에 대한 이해를 위해 배척되는 개념인 대한민국에서 채택하고 있는 민주주의에 대해 알아보았고, 다음에서는 전형적인 사회주의의 모습과는 다른 북한식 사회주의에 대해 자세히 살펴본다.

3) 북한식 사회주의[12]

현재 김씨 일가의 1인 지배체제로 상징되는 북한의 독재체제는 처음부터 형성된 것이 아니라 시기별, 단계별로 수립되었다. 북한 정권 수립 전에는 소련 군정의 영향으로 마르크스-레닌주의를 전형으로 하는 스탈린식 정치질서가 수립되었고, 이는 정권 수립 후에도 일정 기간 유지가 된다. 이러한 과정에서 공산당이나 공산정권 출현에 반대하거나 장애가 되는 세력들은 강제로 제거되었다. 공산화에 착수한 여타 공산주의 국가들의 경우에도 체제 반대파에 대한 숙청과 테러가 자행되었지만 북한의 경우는 그 정도에 있어 심각하고 무자비했다.[13] 사회주의 계획경제에 따라 관리, 운영되는 신생 국가의 경제현실은 일반인들에게 충분한 물질적 인센티브를 제공할 수 없었다. 결과적으로 지도층을 교체하기 위해선 강제적 물리력을 동원한 테러와 숙청이 일상화되었고 일반 주민들을 상대로 지속적인 교양사업을 전개하게 되었다. 테러와 숙청의 희생이 된 주요 인물들로는 민족주의 지도자인 조만식과 국내파인 현준혁이 있다. 아울러 1948년 제2차 당대회에서 정달헌 등 국내파 인사들이 숙청되기도 하였다. 이러한 과정을 거쳐 북한체제는 공산화, 소비에트화되어 갔다.[14]

■고당 조만식 선생

프롤레타리아 국제주의[15]를 표방한 소련의 공산주의 팽창정책은 북한 정권의 수립과 초창기 북한의 정치체제를 형성하는데 큰 영향을 미쳤다. 따라서 초기의 북한은 전형적인 사회주의 체제의 정치형태인 일당지배체제와 국가계획경제의 모습을 지니고 있었다. 일당지배체제에서 조선로동당의 영도하에 모든 정치조직이 움직이고 있었으며, 북한 수립 당시 김일성이 조선민주주의인민공화국 수상으로 있었을지라도 부수상인 박헌영을 비롯하여 여러 계파들 사이에서 집단지배체제의 모습을 유지하고 있었다. 하지만 이러한 북한의 사회주의는 김일성에 의한 계파 숙청과 여러 사건들을 통해 김일성에 의한 1인 지배체제의 모습을 띠면서, 북한의 사회주의는 북한식 사회주의로 변질된다. 김일성은 1956년부터 1958년까지 국내파(남로당파), 연안파, 소련파 등 여러 종파의 잔재를 완전히 숙청하고 1인 지배체제를 확립하였다.

이렇게 김일성이 1인 지배체제를 확립하게 된 결정적인 계기가 된 것이 국내파 숙청과 8월 종파사건이다. 최초의 북한 정권에 있어서 김일성이 대표하였던 갑산파는 국내에 전혀 기반이 없는 수십 명의 집단에 불과했다. 따라서 조선로동당을 창설운영하는데 있어서 조선공산당 잔존세력이던 국내파가 주도권을 행사했다.

■박헌영과 김일성

출처 : 통일뉴스

이러한 상황에서 김일성은 1950년 6월 25일 소련의 지원을 받아 대한민국에 불법 남침을 하였고, 6.25 전쟁이 벌어졌다. 남한 내의 남로당 세력의 봉기를 기대했던 북한은 대한민국 주민의 철저한 반공투쟁에 실망하였다. 김일성은 남침계획이 실패로 돌아가고 전황이 역전되어 1950년 12월 한국군이 압록강과 두만강까지 진격하여 괴멸 직전에 이르자 그 책임을 물어 박헌영 등 국내파를 숙청하기 시작하였다. 김일성은 전쟁이 종반에 접어든 1952년 말부터 국내파 요원을 체포하기 시작하여 1953년 7월 27일 6.25전쟁 정전이 이루어진 직후인 8월 3일에 재판을 시작하여 국내파 간부 12명 중 10명에 사형을, 2명에게 징역형을 선고했다. 이들의 죄목은 "미 제국주의를 위하여 감행한 간첩행위"와 "공화국정부 전복을 위한 무장 폭력 음모행위"였다. 이때까지 북한의 2인자였던 박헌영은 1955년 12월에 위와 같은 죄목으로 사형을 선고받았는데, 그 뒤 행방을 아는 사람이 없다. 이렇게 국내파(남로당파)가 김일성에 의해 숙청되었다.16

■ 1953년 3월, 스탈린의 사망

이제 남은 것은 연안파와 소련파였다. 김일성은 소련점령군에 의하여 영입된 지도자여서 소련점령군과 함께 북한 통치요원으로 입국한 소련파의 권력을 억지하기 어려운 처지에 있었다. 또한 6.25전쟁에서 공화국의 궤멸을 막아준 중국 인민 의용군의 주둔상태에서 연안파를 제거하기도 어려웠다. 이 시기 소련에서 스탈린이 1953년 사망하고 그 뒤를 이은 흐루시초프 서기장이 소련공산당을 장악하는 정변이 일어나자 당과 당으로 연결된 전 세계의 공산국가 정치에 큰 파장을 미쳤다. 특히 소련의 후견으로 북한의 지도자가 된 김일성에게는 큰 충격을 주었다. 흐루시초프 서기장은 1956년 3월에 개최된 소련공산당 제20차 전당대회에서 개인숭배 배격, 1인 독재비판을 내세운 스탈린 격하운동(de-Stalinization)을 폈다. 그 여파로 헝가리, 폴란드 공산당에서도 개인숭배 배척운동이 거세게 일어났다. 그리고 북한에서도 연안파와 소련파가 손잡고 김일성 격하운동을 준비하고 있었다. 이들은 김일성이 동유럽순방 결과보고를 하기로 된 1956년 8월 30일의 조선로동당 중앙위원회에서 김일성의 개인숭배와 1인 독재행적을 비판하고 김일성을 당에서 축출하려고 준비하였다. 그러나 연안파의 윤공흠이 주동한 이 거사는 사전에 김일성에게 알려져 역전되었으며 김일성은 윤공흠 등 주모자를 체포하여 가택연금을 함으로써 불발로 그쳤다. 이 사건을 '8월 종파사건'이라고 부른다. 김일성은 이 사건을 계기로 대대적인 숙청운동을 벌여 연안파와 소련파를 당의 요직에서 제거하는 데 성공한다. 1956년~1957년 기간에 전개된 '종파근절을 위한 투쟁'으로 연안파는 사실상 거의 전원이 당에서 밀려났고 뒤이은 1958년~1960년 기간에 전개된 소련파 숙청도 순조롭게 진행되어 소련파는 대부분 소련으로 망명하였다. 중국과 소련이 각각 팽덕회와 미코얀(Anastas Mikoyan)을 보내 사태를 수습하려 했으나 개입할 수가 없었다. '8월 종파사건'에서 김일성은 완전한 승리를 거두어 10년간 지속되었던 파벌투쟁을 종식시키고 완전히 당권을 장악하였다. 또한 소련과 중국의 개입을 차단하고 북한만의 독자 노선을 걸을 수 있는 계기를 마련하였다.[17]

6.25전쟁 이후 국내파 숙청과 8월 종파사건을 계기로 북한은 김일성 1인 지배체제의 계기를 마련한다. 이전까지 '수령'이라는 말을 갑산파 내에서 김일성에 대한 존칭으로 썼다면, 1인 지배체제가 확립된 이후부터 김일성은 공식적으로 '수령'이라고 불리며 북한 내부에서 최고 권력자이자 그 어느 누구도 엄두 내지 못할 1인자로 존재하게 된다. 과거 대부분의 사회주의 국가들이 마르크스-레닌주의에 기초한 이데올로기를 지도이념으로 정하고 공산주의를 지향한 것처럼 북한의 건국 초기 이데올로기 역시 마르크스-레닌주의에 기초하고 있다. 하지만 위 사건을 통해 1인 지배과 확립된 이후 북한은 일반적인 공산주의 국가들과는 다른 형태의 정치체제를 지향하게 된다. 본 책의 '주체사상'을 다루는 절에서 자세히 살펴보겠지만, 북한은 1972년 사회주의 헌법에서 주체사상을 조선로동당의 지도적 지침으로 규정하게 된다. 이렇게 시작된 통치이념으로서의 주체사상은, 1980년에 있었던 제6차 당대회에서 채택된 당규약과 1992년에 개정된 헌법의 지도사상 조항에서 마르크스-레닌주의를 삭제함으로써 일반적인 공산주의 국가가 지향하는 것과는 완전히 다른 북한만의 길을 걷게 된다. 따라서 현재의 북한은 일반적인 공산주의 국가, 사회주의 국가와는 완전히 다른 1인 지배체제를 형성하고 있기에 '북한식 사회주의'라는 말로 표현하는 것이 옳다. 이러한 '북한식 사회주의'를 표방하는 북한은 여러 특징을 지니며 다양한 용어로 불리는데, 이는 다음에서 자세히 살펴본다.

▬1인 지배체제 확립 이후 공식적으로 등장한 용어, '수령'

출처 : 우리민족끼리

2. 북한 정치체제의 특성

1) 전체주의 국가

앞에서 살펴보았듯이, 북한의 사회주의 체제는 이론 그대로의 사회주의 체제와는 다른 방법으로 변질되어 왔다. 이것을 통칭해서 '북한식 사회주의'라고 북한의 정치체제를 설명하기도 하지만, 북한의 특수성을 이해하기 위해서는 북한식 사회주의라는 용어의 내면에 숨어있는 여러 특징들을 살펴볼 필요가 있다. 북한의 정치체제를 어떻게 설명해야 하는가 하는 문제는 오랫동안 논쟁거리가 되어 왔다. 그 대표적인 것이 북한을 전체주의적 특징으로 설명하는 것이다.

북한의 정치체제가 내세우는 지배이념은 주체사상이라고 부르는 정교하게 구성된 전체주의 이념체계이며, 이러한 북한은 국가라는 집단을 개인에 앞세우는 전체주의 국가의 특징을 지니고 있다. 전체주의는 사회 전체를 하나의 유기체로 보고 구성원 개개인보다 전체의 안전과 발전을 제1의 목표로 삼는 사상이다. 여기서 개인의 존재는 전체의 부분으로서 주어진 역할을 담당하는 요소로만 의미를 가진다. 전체의 발전을 통하여 개인의 발전이 이루어지며 개인은 전체에서 분리되어서는 살아갈 수 없는 사회적 존재라는 인식이 그 바탕에 깔려 있는 사상이다. 국가 또는 공동체는 집단의 이름으로 개인의 일상생활의 모든 영역을 전체와 조화될 수 있도록 통제한다. 전체주의에서는 개인의 자유도 하늘로부터 부여받은 개개인의 권리가 아니라 "전체와의 바른 관계"라고 규정하고 있다.[18]

이러한 전체주의 정치체제는 필연적으로 독재자가 탄생할 수밖에 없다. 부분의 역할을 가진 사회 구성원이 전체의 의사결정에 참여할 수 없고, 오직 의사결정의 역할을 맡은 지도자만이 의사결정을 할 권리와 책임을 가지기 때문이다. 그리고 그 통치자는 누구에게도 책임지지 않고 어떤 법이나 사례에도 매이지 않기 때문에 독재자가 된다. 전체주의 체제에서는 통치자가 지배정당의 지도자로서 정당의 절대적 지지라는 명목적 확인 절차만 거치고 모든 통치 행위를 자의적으로 행한다. 전체를 위한다는 주관적인 도덕적 정당성을 토대로 전제를 하는 정치체제가 전체주의 정치체제이다. 전체주의는 전제의 근거를 이데올로기로 미화한 것 이외에는 본질적으로 절대왕조시대의 군주주의체제나 다를 것이 없다.[19]

프리드리히(Carl J. Friedrich)와 브레진스키(Zbigniew K. Brzezinski)는 『전체주의 독재와 전제정치』라는 책에서 전체주의 전제정치체제의 공통된 특성을 다음과 같이 여섯 가지로 제시하였다.[20]

▬ 즈비그니에프 카지미에시 브레진스키

① 인간생활의 모든 국면을 규제하는 공식 이데올로기의 존재
② 1인 지배의 유일 대중정당에 의한 통치
③ 당과 비밀경찰에 의한 테러 체제
④ 대중매체의 독점
⑤ 무장력의 독점
⑥ 전체 경제의 중앙통제

북한의 정치체제는 위의 여섯 가지 조건을 모두 충족시키고 있기 때문에, 북한 정치체제는 전형적인 전체주의 체제라고 할 수 있다. 김정은 시기에 와서는 김일성-김정일 주의라는 통치이념을 내세우고 있지만, 북한 통치이념의 근간이 되는 주체사상이라는 공식 이데올로기가 존재하며, 조선로동당이라는 1인 지배의 유일 대중정당에 의해 통치가 되고 있다. 2021년 8차 당대회에서 김정은은 로동당총비서 자리에 오르며, 당의 1인자임을 전 세계에 공표하였다. 또한 총정치국을 통한 각종 감시 구도는 프리드리히와 브레진스키가 말한 비밀경찰의 역할에 해당한다.

대중매체와 같은 부분에서도 북한은 모든 매체에 대한 검열을 진행하고 있으며, 대내외적으로 공표되는 대표적인 매체인 로동신문이나 우리민족끼리 등의 사이트 역시 북한 당국에서 운영하고 있기 때문에, 대중매체도 독점하고 있다. 조선인민군 총사령관을 최고지도자가 겸임하고 있으며, 현대 사회의 여느 공산주의 국가처럼 시장 분야를 개방하지 않고 아직까지도 전체 경제를 중앙통제하고 있기 때문에, 위에서 말한 전체주의 국가의 여섯가지 특징은 북한의 정치체제와 정확히 일치한다고 볼 수 있다.

2) 군사국가

군사국가는 단순히 군대의 규모가 크고, 군인들이 정치와 경제 등 다른 부문에 관여하는 폭이 넓고, 대외적으로 호전적인 정책을 추진하는 성향을 갖고 있다고 해서 그렇게 불릴 수는 없다. 이러한 현상들은 군사국가가 드러내는 부분적인 모습일 뿐 이러한 징후가 보인다고 다 군사국가라고 볼 수 없다. 과거 군부정권 시절 한국이나 중남미와 아프리카의 군부정권들이 이렇게 호전적인 정책을 실시했다고 해도 이들을 군사국가의 범주에 포함시키지는 않는다. 북한을 포함하여 많은 사회주의 국가들의 "당이나 정부기관의 상당 부분이 군사조직으로 되고, 고위간부가 군복을 착용하고 군율에 복종하며, 또 대내적인 경제건설에 있어 군사적인 메타포를 사용하고 대외적인 행동에 있어서 군비경쟁 혹은 전쟁위협 등의 반응을 보이는 것은 공산주의 국가의 공통된 성향"이라는 점에서 단지 이러한 측면을 들어 공산주의 국가들을 군사국가로 규정할 수 없는 것도 같은 이치이다.

류길재 교수는 이러한 측면에서 군사국가에 대한 개념화를 경험적인 요소를 차용하며 설명하였다. 그는 군사국가의 개념화를 위해 다른 공산주의 국가보다 이스라엘의 예를 들며 설명하였다. 이스라엘은 안보를 위협하는 국가들에 의해 둘러싸여 있으며, 강력한 자민족중심주의적 성향을 띠고 있는 작은 나라라는 점에서 북한과 공통점이 있다. 이스라엘은 건국 초기부터 적대적인 국제환경에 직면하여 군대가 발전과 통합의 역할뿐만 아니라 매우 다양한 기능을 수행했고, 그 역할을 민간영역으로까지 확장하였다. 또한 군대는 외국에서 들어오는 유대인 이민자들을 흡수하고, 다양한 출신의 유대인 집단들의 용광로 역할도 수행했다. 심지어는 훌륭한 시민을 교육하고 애국심을 조장하는 교육 · 문화기관의 역할도 수행했다. 이러한 맥락에서 이스라엘에서는 군대가 권력을 장악할 필요가 없었다. 왜냐하면 이스라엘 자체가 '군사국가'이기 때문이다.21

군사국가는 국가 운영을 위한 규범과 의식, 절차, 관행 등 제도적 틀이 군사문화 또는 병영문화에 토대하고 있는 국가를 말한다. 북한체제의 군사적 성격과 관련된 국내외 연구자들의 논의는 대부분 1990년대 이후 체제위기 상황에 대한 대응방식과 관련되어 있다. 특히, 뒤에서 자세히 설명하겠지만 '선군정치'라는 위기관

▬ 김정일의 선군정치 시기 슬로건이 었던 강성대국

출처 : newshankuk.com

리체제를 1990년대 후반 공식화 하면서 군사국가와 관련된 논의가 활발하게 진행되었다. 북한을 군사국가로 규정하지 않는 연구자부터, 군사국가의 시점을 북한 정권 수립 초기부터 상정하는 연구자 등 다양한 정의들이 존재하지만, 분명한 것은 선군정치를 표방했던 김정일 시기에는 '강성대국론'과 함께 군사국가로서의 면모가 확실히 표방되었다는 점이다. 특히 북한 연구의 선구자인 서대숙 역시 김정일의 선군정치 시대를 군인들의 정치개입을 제도화한 정치체제로 규정하였으며, 이는 위에서 말한 군사국가의 정의와 일치한다고 볼 수 있다.

1994년 7월 8일 김일성이 사망하고 김정일이 공식 집권한 1990년대 중반에는 고난의 행군이라 불리는 큰 경제난이 북한을 덮쳤다. 이에 김정일은 김일성 시기 당시 전시조직에 불과했던 '국방위원회'를 북한 최고 권력기관으로 격상시키며 군을 동원해 경제난을 극복하려 했다. 1998년 개정 헌법에서 북한 정부를 대표하는 최고 권력자가 국가 주석이 아니라 국방위원장으로 변경되는 구조적 변화는 이것을 설명하는 직접적인 근거이다. 뒤에서 자세히 다루겠지만 이 시기의 당-군 관계는 큰 변화를 맞는다. 당의 지배가 아닌 군의 지배로 통치구조가 전환되어 과거의 당-국가 체제에서 기형적인 군-당-정 체제로 바뀌었다. 김정일의 선군정치 시기 북한은 외형적으로는 당에 대한 인민의 위임을 기초로 하는 사회주의 체제의 모습을 갖추고 있으나 내부적 모순으로 인하여 1인 독재정권을 무조건 지지하도록 하였으며, 이를 가능케 했던 것이 이때 당시의 조선노동당의 무력부대인 조선인민군이었다.22 이들은 김정일 시기

▬ 북한에서 흔히 볼 수 있는 '강성대국'

출처 : 중국 관광객 촬영(https://blog.naver.com/leekh850/ 221984757396)

북한의 독재정권을 떠받치는 기둥이었고, 군사적 임무에 더해 정치적 역할에 더욱 치중하고 있었다.

이러한 북한의 군사국가와 관련된 논의는 김정은 시기에 와서는 다소 약해진다. 그동안의 최고 권력기관이었던 국방위원회를 폐지하고 국무위원회를 신설하였으며, 김정일 시기 한 번도 개최되지 않았던 당대회를 정상적으로 개최함으로써 당을 정상화하려는 노력으로 군의 정치적 입지가 많이 줄었다. 즉, 북한을 군사국가로 규정하던 기존의 연구들은 사실 선군정치에 국한하여 해석해야 하며, 강성대국과 같은 군사주의적 담론의 유포가 있었던 시기에 걸맞다고 볼 수 있다. 북한에서의 군사국가와 같은 통치 논리가 작용했던 것은 당시 전시상태와 마찬가지였던 위기상황을 극복하기 위해 강력한 정치적 기반을 확보하고자 하는 이유에서 시작되었다. 그러한 정치적 기반은 당을 통해서도 얻을 수 있겠지만 경제난과 식량난이 초래된 상황에서 기존의 명령 경제시스템이 작동할 수 없는 상황에서는 효율성을 담보할 수 없었다. 따라서 북한은 보급이 정상적으로 보장되지 않았던 만주 항일투쟁시절을 자신이 처한 상황에 비유하고 이를 돌파하기 위해서는 유격대 정신과 조직체계가 필요했을 것이다. 군대는 집단성, 효율성, 상명하복의 충성심을 최고의 덕목으로 삼는다. 당시 최고권력자인 김정일에게는 당이든, 군이든, 정부기구든 필요하면 그중 어느 한 부분을 부각시켜 활용할 수 있는 권력자원이 있었다. 그 권력자원을 활용할 수 있는 범위 내에서 북한이 선택할 수 있는 유력한 대안이 바로 군을 부각시키는 군사국가화였던 것이다.

3) 수령국가(유일체제)

북한의 권력구조는 사회주의 국가가 가지는 일반적인 성격과 더불어 북한 고유의 특징이 결합되어 있다. 일반적으로 사회주의 국가는 마르크스-레닌주의라는 공식 이데올로기의 기초 위에 일당지배와 당-국가체제라는 정치구조를 가지고 있다. 북한도 예외는 아니어서 주체사상이라는 공식 이데올로기의 기초 위에 당 우위의 당-국가체제라는 일반적인 특징을 가진다. 그러나 북한은 그 위에다 수령제라는 독특한 정치체제를 만들어 왔다. 그래서 북한의 권력구조를 한마디로 요약하면 "수령의 유일적 지배를 보장하는" 수령제 국가로 규정할 수 있다. 이는 수령이 절대적인 권위와 지도력을 가지고 통치하는 일원적인 권력구조를 의미한다.

수령론은 주체사상의 혁명적 수령관과 사회정치적 생명체론에 입각한다. 주체사상이란 "사람이 모든 것의 주인이며 모든 것을 결정한다."라는 철학적 원리에 기초하고 있다. 이러한 원리에 기초하여 "인민대중은 사회력사의 주체"이며 "인류력사는 인민대중의 자주성을 위한 투쟁의 력사"라는 역사인식을 가진다. 그리고 이러한 투쟁은 자연적으로 이루어지는 것이 아니라 인민대중이 자신의 자주성과 창조성을 고양시키고자 하는 '자주적인 사상의식'에 의해 결정적으로 실현되는데, 이 과정에서 필수적인 것이 '수령의 령도'라는 것이다. 따라서 수령론은 주체사상의 중심명제이고, 위에서 설명한 '북한식 사회주의'의 근간이 되고 있다.23

■ 여전히 수령으로 기억되고 있는 김일성

출처 : 우리민족끼리

이러한 수령제는 수령의 유일적 영도를 실현하기 위해 당-국가기관-사회조직을 하위요소로 가지고 있다. 하위요소들은 수령의 혁명사상과 정치적 지도를 관철하기 위한 정치적 조직으로서의 위상과 역할을 한다. 따라서 수령제는 현실정치에서 나타나는 모든 정치과정이 수령으로 집중되며, 수령이 정치 · 경제 · 대외관계 · 사회의 모든 부문에서의 정책결정과 아울러 결정적 역할을 담당한다. 수령제의 이 같은 논리로 볼 때 북한체제는 수령의 절대적 권위와 역할에 의해, 그리고 모든 것이 수령 중심으로 작동된다는 것은 당연한 귀결이다. 따라서 수령

■ 김일성의 생일인 태양절에 설치된 기념 문구

출처 : 우리민족끼리

은 위대한 정치적 영도자로 지칭되며, 개인숭배와 더불어 신격화 경지로까지 나아간다.

북한을 수령제로 해석한 대표적인 학자로 스즈키 마사유키(Suzuki Masayoki)가 있다. 스즈키에 따르면 수령제 국가체제의 핵심은 수령의 영도 아래 하나같이 움직이는 정연한 조직체계와 규율을 제도와 사상적으로 보장하는 시스템, 또는 수령의 영도를 대를 이어 계속 실현하는 것을 목적으로 하는 체제이다. 북한에 수령제가 형성되기 시작한 시점은 1956년이며, 1960년대 후반에 유일사상체계와 더불어 확립되었다. 이 시기는 주체사상이 형성되는 시기이기도 했다. 유일사상체계의 핵심은 수령의 유일적 영도다. 김일성은 1967년 12월 최고인민회의에 의해 수령으로 공식적으로 승인되었고 이는 북한이 소련형의 당-국가 시스템 위에 수령을 올려 넣는 형태를 취했음을 보여준다. 특히 1972년 12월 29일에 제정된 사회주의 헌법에는 주석제를 도입했는데 이는 수령의 위상이 당 뿐만 아니라 국가제도에서도 법적으로 규정되었음을 보여주는 것이었다. 1948년 헌법에서는 수상이 내각의 수위(首位)였고 최고인민회의 의장이 국가원수에 해당했지만, 1972년 헌법에서는 주석이 국가의 원수가 되었고 모든 권력을 장악하는 구조였다. 즉 주권의 최고지도기관으로 신설된 중앙인민위원회, 행정집행기관 정무원, 그리고 사법기관인 재판소와 검찰을 모두 지도할 수 있는 권한이 주석에게 부여된 것이다.[24]

결국 북한의 수령은 역사 발전의 주체이고 무오류를 가진 신 같은 존재로서 거의 초월적인 존재로 인식되고 있다. 수령에게 초월성과 종교성을 부여함으로써 권력의 영속성을 가정하고 세습적 권력의 승계를 정당화시킨다. 이렇게 위대한 수령이기 때문에 인민대중들의 수령에 대한 충성은 절대적이고 무조건적이다. 수령-당-대중의 통일체인 사회정치적 생명체에서 수령은 뇌수이므로, 수령의 지도에 인민들이 따르는 것은 자연스럽고 절대적이다. 또한 수령론은 가족국가관과 유기체적인 국가관에 기반하여 있다. 수령-당-대중을 하나의 사회정치적 생명체로 만드는 것은 북한사회가 수령을 어버이로 하는 '사회주의 대가정'이기 때문이다. 어버이이자, 뇌수인 수령은 가족과 신체의 수족을 이끄는 절대적인 지도자이다.[25] 비록 이러한 수령제의 기초는 김일성 시기에 굳건화되었다고 하더라도, 아래와 같은 유일사상체계 확립 10대 원칙을 제정한 것은 김정일이며, 김정일 역시 수령의 권한을 그대로 위임받아 통치하였다. 현재 김정은 정권에 와서는 당의 정상화를 위한 노력을 하고 있지만, 실제 통치 기제를 살펴보면 수령제의 통치 구조가 그대로 남아 있다고 볼 수 있다. 통일부의 조사에 따르면 김정은에 대한 수령 호칭은 2020년부터 본격적으로 등장해 매년 증가 수치를 보이고 있다. 김정은 역시 호칭 앞에 '인민의', '걸출한', '탁월한' 같은 수식어가 붙었을 뿐 아니라, 김일성과 마찬가지로 '위대한 수령'이라고도 불리고 있다.[26] 따라서 이러한 수령 유일지배체제의 북한의 통치체제는 앞으로도 지속될 것으로 판단된다.

유일사상체계 확립 10대 원칙[27]

1. 위대한 수령 김일성 동지의 혁명사상으로 온 사회를 일색화하기 위하여 몸 바쳐 투쟁하여야 한다.
2. 위대한 수령 김일성 동지를 충성으로 높이 우러러 모셔야 한다.
3. 위대한 수령 김일성 동지의 권위를 절대화하는 것은 우리 혁명의 지상의 요구며 우리 당과 인민의 혁명적 의지다.
4. 위대한 수령 김일성 동지의 혁명사상을 신념으로 삼고 수령의 교시를 신조화해야 한다.
5. 위대한 수령 김일성 동지의 교시집행에서 무조건성의 원칙을 철저히 지켜야 한다.
6. 위대한 수령 김일성 동지를 중심으로 하는 전당의 사상의지적 통일과 혁명적 단결을 강화하여야 한다.
7. 위대한 수령 김일성 동지를 따라 배워 공산주의적 풍모와 혁명적 사업방법, 인민적 사업작품을 소유하여야 한다.
8. 위대한 수령 김일성 동지가 안겨준 정치적 생명을 귀중히 간직하며, 수령의 크나큰 정치적 신임과 배려에 높은 정치적 자각과 기술로써 충성으로 보답하여야 한다.
9. 위대한 수령 김일성 동지의 유일적 지도 밑에 전당 · 전국 · 전군이 한결같이 움직이는 강한 조직규율을 세워야 한다.
10. 위대한 수령 김일성 동지가 개척한 혁명위업을 대를 이어 끝까지 계승하며 완성해 나가야 한다.

3. 북한 최고지도자의 권력 공고화[28]

1) 숙청을 통한 권력 공고화

숙청은 잘못된 일을 벌인 사람을 없애는 것으로 정당성이나 부당성이라는 가치가 배제된 개념이며, 체제 위기 혹은 사회체제의 구성원들을 동원시켜야만 하는 경우에 나타나는 상징조작의 한 가지 방법이다.[29] 숙청은 권력의 상대적 우위에 있는 존재에 의해 행해지는 일방적인 행위이기 때문에 항상 합리적이지는 않다. 그러나 합리적인 숙청도 존재하고, 설령 비합리적이라고 하더라도 그 과정을 대중 혹은 국민에게 납득시킬 수 있다면 합리성을 인정받는다. 또한 숙청은 위기의 상황에서 주로 발생하는데 '위기의 상황'의 설정도 권력자의 판단에 의해 결정되기 때문에 개인 혹은 소수의 이익을 위해 이용될 수도 있다. 그러나 체제 변혁을 계획하던 세력에 대한 숙청과 같이 숙청의 목적이 체제의 유지 혹은 국가 이념의 공고화 등이 공익일 수도 있다.

숙청은 지도자의 특정 요인에 대한 주관적 기준에 영향을 받기 때문에 후계구도 혹은 승계과정과 연계되어 발생하는 경우가 빈번하다. 사회주의 체제 하에서는 권력의 승계에 대한 제도화가 미비하기 때문에 지도자는 승계과정 혹은 후계구도로부터 받는 권력 위협에 대한 대응책을 항상 준비하고 있다. 사회주의 체제에서는 상호 감시가 일상화되어 있기 때문에 권력 위협의 요소가 쿠데타보다는 지도자 주변 세력에서의 확장일 가능성이 높다. 따라서 승계 혹은 후계 과정과 숙청과의 상관성은 높으며 따라서 승계에 관한 기존 연구들도 살펴볼 필요가 있다.

승계는 다양한 기준과 형태로 분류될 수 있다. 이우정에 따르면 승계발단의 계기에 따라 자연적 승계와 인위적 승계가 존재하고, 권력 이전의 정도에 따라 완전, 부분, 단독, 집단으로 나뉠 수 있으며, 권력승계의 성격에 따라 세습적 혹은 비세습적 승계로 나누어지고, 권력창출의 방식에 따라 혁명적 승계인지, 민주적 승계인지가 결정된다.[30]

사회주의 체제의 권력승계에서의 정통성 획득에 관해 연구한 넬슨(Daniel N. Nelson)은 사회주의체제에서는 제도화된 권력교체의 장치가 없기 때문에 승계권력이 스스로 정통성을 확립해야 한다고 주장한다. 넬슨은 사회주의 체제의 권위 요소로 카리스마, 행정적 통제, 무력에 의한 강압이라는 세 가지를 제시하면서 권위 요소가 통치방법과 연계되는 방식을 설명한다.[31]

사회주의 체제의 경우 특히 권력승계의 제도화가 부재하고, 권력의 의인화 성격이 두드러지며, 폐쇄적인 권력승계가 이루어진다. 후계자 지명의 철회나 숙청의 과정에서도 명목상의 이유는 존재하나 진실성이 결여된 경우가 대부분이다. 이는 강력한 선임자-후계자 관계에서 비롯되었다고 분석되는데 강력한 권력을 행사하는 선임자는 후계자를 지목하는 권한을 지님과 동시에 지목을 철회할 절대적 권한도 소유한다. 실제로 후임자가 선임자를 위협할 정도의 신임이나 칭송을 받을 경우 선임자에 의해 숙청되는 사례가 존재했으며 이는 숙청과 후계구도 사이의 연관성을 높이는 요소이기도 하다.

숙청이 왜 일어나는가에 연관될 수 있는 승계에 관한 연구는 헤르츠(John Herz)의 독재자 승계의 딜레마에 관한 연구이다. 그는 독재자에게 세 가지 승계 경로가 있다고 주장하는데 첫 번째는 독재자는 후계자를 지명하거나 예비할 수 있는데 이는 야망을 가진 후계자가 도전할 위험성이 존재한다. 두 번째는 후계자 지명을 거부할 경우인데, 이 경우는 후계를 비롯한 주요한 시점에 위기나 갈등이 발생할 가능성이 있고, 마지막으로는 후계를 제도화시키는 경우인데 제도화와 독재체제가 공존하는 것이 어렵기 때문에 독재자에 대해 반대하는 집단 혹은 세력이 형성될 위협이 있다.[32] 결국 독재자는 후계 선택에 있어 모든 선택에 딜레마가 존재한다. 헤르츠의 연구에서 드러난 바와 같이 독재자는 필연적으로 권위를 가지고 있는 한 끊임없이 지속적인 위협 혹은 딜레마에 대응할 방안을 생각해야 한다. 소련은 집단지도체제를 권력 체계로 설정했으나, 중국과 북한은 공산당 일당 체제 하에 개인 독재적인 성격을 지닌다. 김일성, 김정일, 김정은 모두 정치적 선택에 있어 개인의 판단과 주관이 매우 큰 영향력을 갖기 때문에 사실상 독재 지배라고 여겨도 무방하다. 따라서 金씨 일가의 3대 승계과정에 있어서 김정일과 김정은은 독재자의 딜레마와 같은 위협을 항시 느끼고 있었을 것이며, 이에 대한 반응 혹은 대응방식으로 숙청이라는 수단을 사용했을 가능성이 높다.

승계과정에 있어 숙청의 연구와는 별도로 이 연구의 목적에 맞는 북한의 숙청에 관한 연구들도 다수 존재한다. 류길재는 김일성 시대 숙청되었던 사례들을 연구하였는데, 특히 1960년대의 숙청의 경우 단지 고위 엘리트들이 제거된 데 그치지 않았다는 점에 주목을 하여 정치구조변화의 결정적인 원인변수라고 분석을 하고 있다.[33] 그의 연구는 권력 공고화를 위한 목적으로 숙청에 주목하였다는 점에서 본 연구의 목적과 부합하는 점이 있다. 스즈키 마사유키는 그의 논문에서 북한에서 일어난 일련의 숙청의 과정이 북한 인민군의 유일사상체계를 확립하는데 도움이 컸다고 정의함으로써 사회주의 체제국에서의 권력 공고화 과정에서의 숙청이라는 것과 맥락을 같이 한다고 할 수 있다.[34] 박형중의 연구는 김정일에서 김정은으로의 권력 세습 과정에서 기관과 엘리트 사이에 권력 및 이권 관련 경쟁에서 장성택이 그 주역이었으며, 그의 숙청이 이와 관련되어 있다고 분석함으로써 '충성 경쟁'을 유발하기 위한 하나의 시도로 숙청을 해석하고 있다.[35] 또한 김홍광의 연구는 김일성 시기에 있었던 8월 종파사건과 갑산파 숙청사건, 김정일 시대의 심화조 사건, 김정은의 장성택 사건을 비교하면서 숙청은 북한식 독재체제의 생존방식이라 정의하여, 본 연구의 목적과 일치하는 면이 있다.[36] 같은 맥락에서 조한범은 김일성과 김정일 모두 자신의 권력 기반으로 활용할 수 있는 측근 세력들을 형성하고 있었지만, 이들에게 충성을 유도하기 위해 언제든지 다양한 방법을 동원하였으며, 또한 이들은 언제든 숙청의 대상이 될 수 있었다고 분석을 하며, 김일성, 김정일은 끊임없는 숙청을 통해서 권력 기반을 강화하였다고 주장하고 있다.[37]

2) 시기별 숙청

(1) 김일성의 숙청

김일성의 숙청에 관한 것은 실제 소련과 중국을 통한 공개 사료로 인해 밝혀진 것이 많기 때문에, 김정일과 김정은의 숙청사건들에 비해 신빙성이 높다고 할 수 있다. 또한 정치적인 맥락에서 보았을 때, 김일성의 숙청은 조선민주주의인민공화국 설립 과정과 설립 후 집단 지도체제에서 1인 지배체제로 가는 과정, 그리고 공고화하는 과정에서 모두 정치적 수단으로 사용했다는 것을 살펴볼 수 있다.

건국 과정에서는 오기섭과 조만식의 숙청을 예로 살펴볼 수 있다. 당시 북한에는 스탈린 지시 하에 훈련을 받다가 북한으로 귀국한 항일빨치산 그룹인 김일성파, 소련계 한인 공산주의자였던 소련파, 해방 전 중국공산당과 함께 했고 연안에서 항일투쟁을 했던 한인 공산주의자인 연안파, 해방 이전까지 국내에서 일제에 대항해서 공산주의 운동을 한 오기섭, 리주하, 박헌영, 이영 등이 속해있던 국내파(박헌영파)[38]로 파벌이 나뉘어 있었다. 4개의 파벌 중 초기 김일성파는 큰 세력을 가지고 있지는 않았으나 소련의 지지와 후견하에 세력을 확장했다. 김일성은 1945년 12월에 이미 자신에게 대항하는 사람들에게 '종파주의자'라는 딱지를 붙였고, 이는 소련의 후견 하에서 조선의 공산당의 지도자로 김일성이 선택되었음을 의미했다.

김일성은 초기 오기섭을 고립시키기 위해 오기섭 추종자를 제외한 모든 파벌을 연합하여 反오기섭 파벌을 형성하는 전략을 사용했다. 오기섭은 경제 체제에 대해 비판적 견해를 가지고 작성한 논문[39]으로 인해 당 중앙상무위원회, 북로당 중앙위 확대회의에서 수 차례에 걸쳐 비난당했으며, 김일성에게도 직접 공격당했다. 결국 그는 '종파주의자'로 낙인 찍혀 숙청당한다.[40] 오기섭의 숙청에 관해서는 김일성과 소련 두 행위자 모두가 영향을 준 것으로 해석된다. 당시 김일성은 이미 소련에 의해 지위가 어느 정도 공고화된 상태였고 소련 공산당의 노선을 수용하여 다른 파벌들에 비해 정치적 우위를 점하고 있었다. 오기섭은 정책 노선에서 소련과 충돌하는 부분이 있었고 소련에서도 오기섭을 숙청하는 것에 지지를 보냈을 것으로 예상되며 김일성이 이러한 기회를 놓치지 않았던 것이다. 김일성은 권력 경쟁 초기에는 동등한 세력을 누리고 있던 오기섭을 소련의 보호와 김일성의 파벌 연합전략을 통해 회생 불가능하게 만들었다.

오기섭 세력이 약화되자 김일성의 다음 타깃은 조만식이었다. 조만식은 김일성과는 다르게 자산계급의 이익을 옹호했고, '조선민주당'을 통해 의회제 민주공화국을 수립할 것을 주장했다. 1945년 12월 모스크바 3상회의에서 한반도 신탁통치안이 결정되었고, 소련은 신탁통치에 찬성해 줄 것을 요구했으나 조만식은 민족통일전선을 주장하며 이를 거부한다. 결국 소련과 김일성에 의해 '가(假) 애국자 민족반역자'라는 이유로 숙청당한다. 조만식의 숙청과정에도 역시 오기섭의 경우와 마찬가지로 소련이 숙청과정에 깊게 관여하고 있다.

■ 연안파 무정

유일지배 확립과정에서 무정, 허가이, 박헌영은 6·25 전쟁을 계기로 숙청을 당한다. 6·25전쟁이 발발하고 반년쯤 뒤인 1950년 12월 조선로동당 중앙위원회 제3차 전원회의가 개최되었다. 회의를 통해 김일성은 무정에게 '전투를 옳게 조작하지 않고, 많은 손실을 가져왔다.'는 명목으로 제 2군단장이라는 직위에서 해임시켰고, 명령불복종, 전투에서의 불성실, 전투의 패배 등 여러 죄목을 덧붙여 숙청하였다.41

무정의 숙청 이후 1951년 1월에 열린 제4차 전원회의에서는 소련파였던 허가이가 숙청된다. 숙청의 명분은 농민들의 로동당입성을 막았다는 '관문주의'와 가혹한 책벌로 인한 당원들의 출당이 잦아져 당의 행적에 부정적 영향을 주었으며, 이는 당을 와해하려는 의도였다는 것이었다. 김일성은 6·25전쟁 시작부터 소련파의 지도자로 여겨졌던 허가이에게는 아무런 직위를 주지 않은 것으로 보아 이전부터 김일성은 허가이와 다른 정체성을 가지고 있었던 것으로 보인다. 김일성은 이념보다는 '당'에 더 많은 정체성을 형성했지만, 허가이는 '마르크스-레닌주의'라는 이념 자체에서 정체성을 형성했다.42 그러나 김일성에게 이보다 중요한 것은 연안파의 대표였던 무정에 이어 소련파의 대표인 허가이를 숙청함으로써 자신의 경쟁자를 제거하려던 목적이었다.

마지막으로 6·25전쟁을 통해 숙청당한 김일성의 경쟁 세력은 박헌영파였다. 박헌영에 대한 숙청의 조짐은 조선로동당 제5차 전원회의에서부터 시작된다. 김일성은 '종파주의자의 잔재'에 대해 지적하면서 이들을 축출해야만 이념적 순결성을 강화할 수 있다고 주장한다. 여기서의 '이념적 순결성'은 이데올로기라기보다는 김일성의 사상에 가까웠으며 이에 대항하는 세력은 '종파주의자' 혹은 '간첩'으로 취급하여 제거했다. 종파주의자 제거를 외치며 박헌영 숙청의 기회를 노렸던 김일성은 박헌영파의 인사들이 정권의 전복을 꾀했고 미제간첩이었다는 죄목으로 체포한다. 이는 파벌 간 권력투쟁의 결과였으며 김일성만이 참여한 것이 아니라 박헌영파를 견제하던 소련파와 연안파의 세력 규합도 영향을 주었는데, 이에 대해서는 제6차 전원회의를 통해 알 수 있다. 회의를 통해 남로당 출신과 민주주의 민족전선 출신의 대부분의 남한 출신 인사들이 숙청당했고, 김일성파의 인사들이 그 자리에 채워졌다. 박헌영의 숙청에 관해서는 여러 가지 이견이 존재하는데, 그 뒤에 소련이 있었다는 증언도 일부 나오고 있다.[43]

■ 김일성의 경쟁자였던 박헌영

김일성의 숙청하면 빼놓을 수 없는 사건이 바로 소련파와 연안파를 숙청했던 8월 종파사건이다.[44] 이 사건으로 인해 김일성의 유일지배체제는 완성기로 접어들게 된다. 1956년 4월에 열린 조선로동당 제3차 대회에서는 같은 해 개최된 소련공산당 제20차 대회의의 스탈린의 개인숭배비판에 대한 내용에 영향을 받아 북한 내 개인숭배 내용을 어떻게 다룰 것인가에 대한 이목이 집중되었다. 그러나 김일성은 개인 숭배에 대한 비판을 피해갔으며[45] 오히려 김일성 유일지배체제가 확립되었다. 더해서 전후 복구를 위한 경제 노선의 채택 과정 또한 단순한 경제 정책을 위한 선택이 아니라 김일성에게 위협이 되는 세력들에게서 권력을 빼앗기 위한 투쟁의 양상을 보였다. 평소에도 김일성의 개인 숭배에 관한 강요 및 김일성의 경제 노선 등에 대해 불만을 가지고 있던 연안파와 소련파에게 이러한 김일성의 태도는 불안을 초래했다.[46]

부수상 겸 재무상을 맡고 있었으며 소련파였던 박의완은 제3차 당대회에서의 김일성의 많은 실수에 대해 소련공산당의 개입을 요청했고, 같은 파벌이었던 박길룡이 소련공산당 인사들과의 대화에서 김일성의 개인 숭배는 지속되고 있으며, 김일성과의 인사들이 무원칙적인 기준을 가지고 있다고 비판했다.[47] 연안파였던 최창익 역시 소련공산당이 북한의 진전과 발전을 위해 소련공산당에게 도움을 요청했는데, 모든 과정은 1956년 5월을 시작으로 김일성이 정부대표단과 함께 원조를 받기 위해 동유럽 및 몽골, 소련을 방문한 시기에 이루어졌다. 그러나 이러한 반혁계획은 누설되었고 김일성은 이에 대항하기 위한 전원회의를 연기했으며 이 사이에 주모자들에 대해 협박 혹은 포용의 전략을 사용했다. 8월 전원회의가 열리기 전 반혁시도를 포기한 몇몇을 제외하고, 주로 연안파였던 최창익, 윤공흠, 서휘, 리필규, 박창옥 등이 '종파적 음모행위'를 했다는 죄목으로 맡고 있던 직책을 철직당하고 당에서 제명당한 이 사건을 '8월 종파사건'이라고 부른다. 숙청당한 이들은 중국으로 도피하여 소련공산당에게 도움을 요청했고 당시 개인 숭배 비판 운동에 힘쓰던 소련은 김일성이 개인숭배를 지지한다고 여겼고, 중 · 소가 함께 김일성의 숙청에 개입하기로 합의했다. 중 · 소공산당의 대표단이 9월 평양에 도착했고 당시 중소의 경제적 원조가 필요했던 김일성은 어쩔 수 없이 '8월 종파사건'에서의 숙청을 철회했고, 9월 전원회의에서 소련파 및 연안파로부터 비판을 받아야 했다.[48]

그러나 김일성은 중 · 소 대표단이 북한을 떠나자 종파를 제거한다는 명목으로 '반종파 투쟁'을 시행하여 '8월 종파사건'에서 숙청되었던 세력을 모두 재숙청한다. 이들은 '반당', '반혁명', '사대주의자'라는 죄목으로 숙청되었고, 대다수의 연안파와 소련파의 빈자리는 김일성파의 인사들로 채워진다. 김일성의 유일지배체제는 이로 인해 강화되었으며, 잔존하던 소련파도 '수정주의자'라는 죄목으로 숙청하거나 소련으로 망명되어 북한에는 김일성파들만이 당에 남게 된다.[49]

'8월 종파사건'이 김일성 유일체제 개척의 계기이자 완성의 단계였다면, 1967년에 시작된 갑산파 숙청은 김일성 유일체제를 확고히 하고 권력을 공고히 하는 과정에서의 숙청사건이라고 할 수 있다. 연안파와 소련파를 몰아낸 김일성의 친위세력인 만주 빨치산파의 권세는 막강하였는데 김일성은 갑산파도 못 믿겠다고 결단한다. 문제의 갑산파는 1966년 이후 김일성의 국방 · 경제 병진노선을 두고 김일성의 친위세력과 대립했다. 한 치의 양보도 없는 갑산파의 김도만 당시 노동당 선전담당비서 겸 선전선동부장은 '인민경제 우선정책'을 주장했고 "기업소에서 당 일꾼의 역할을 줄이자"며 김일성의 '대안의 사업체계'와 '청산리 방법'에도 반대했다. 그는 갑산파의 중심인물인 박금철 당시 내각 부수상을 위해 '일편단심'

이란 선전영화까지 만들면서 갑산파의 권력 강화를 시도했다. 자신의 심복을 통해 철저한 내부조사를 벌인 김일성은 1967년 3월 비밀리에 당중앙위원회 4기 15차 전원회의를 열어 갑산파 숙청을 단행했다. 단서는 유일사상체계에 반한다는 명목이었다. 뜻밖에 터진 갑산파 숙청은 전원회의 직후 시작되어 다음 해까지 계속되었다. 1968년 중반 지방의 중견간부 3분의 2 정도가 숙청될 정도로 규모도 상당히 컸으며, 김일성 유일체제의 기반으로 평가받는 '당의 유일사상체계 확립의 10대 원칙'도 이 시기에 만들어졌다. 김일성에 대한 '수령' 호칭도 정확히 이때부터 시작되었다.[50]

(2) 김정일의 숙청

김정일 시대의 숙청은 알려진 것이 많지 않다. 김정일의 경우 승계나 후계과정에서의 숙청은 적을 수밖에 없는 후계구도를 형성해 왔다. 김정일은 대학 졸업과 동시에 당중앙위원회 조직지도부 지도원으로 들어가 1967년 당 선전선동부장이 되었으며 1972년 12월 당 제5기 제6차 전원회의에서 비밀리에 후계자로 결정되었다. 다음해 1973년 당 제5기 7차 회의에서 당비서에, 그리고 1974년 2월 제8차 회의에서 정치위원에 선출되었고 1980년 10월 당 제6차 전당대회에서 정치국 상무위원, 비서, 중앙군사위원회 위원으로 선출되어 명실공히 제2인자의 자리를 굳혔다.[51] 이후 1994년 김일성 사망하기까지 약 15년이 넘는 시간 동안 후계자로서 정치의 실권을 장악한 김정일의 경우, 김일성처럼 알려진 숙청은 많지 않으나 각종 첩보와 탈북자들을 통해 알게 된 숙청은 존재한다. 이것 역시 자신에 대한 반혁세력들에 대한 숙청으로 볼 수 있기 때문에 지극히 정치적이라고 할 수 있다.

김정일의 숙청에 대해서는 알려진 바가 많이 없다. 누구를 죽여서 없앤다던가 하는 숙청 외에 자신의 후계자에 걸림돌이 되는 친지 숙청을 먼저 실시하였는데, 그의 계모 김성애의 자식들에 대한 정치적 숙청이다. 김성애는 김일성과의 사이에서 딸 김경진, 아들 김평일, 김영일 등 2남 1녀를 두고 있었는데, 김정일은 계모 김성애를 어머니로 인정하지 않았고, 사이도 좋지 않았다. 김정일이 1960년대 말 아버지의 후계자가 되기 위해 혈안이 되어 동분서주하던 시기에 가장 큰 걸림돌은 그의 삼촌인 김영주와 계모 김성애였다. 당시 김영주는 식물성 신경부조화증이라는 병에 걸려 건강이 좋지 않았다. 거기에 김정일과 권력투쟁까지 생기자 악화된 병세를 얻었고, 김정일은 김영주를 자강도로 유배 보낸다. 김평일의 경우 당시 북한의 고위간부들이 '김일성의 후계자는 김평일'이라고 확신할 정도로 김정일에겐 눈에 가시 같은 존재였다. 사실 김평일은 김정일의 정치적 견제가 없었더라면 북한에서 군대의 큰 재목이 됐을 가능성이 높았으나, 1974년 2월 김정일이 정식 후계자가 되면서 1979년 말 김평일을 유고 주재 북한 대사관 무관으로 쫓아내면서 정치적인 숙청을 단행하게 된다. 이후 김평일은 헝가리아 대사, 핀란드 대사로 발령돼 평양에 들어오지 못한 채 해외에 머물고 있다.

김정일의 숙청하면 가장 유명한 사건이 1997년부터 2000년 사이에 일어났던 '심화조 사건'이다. 당시 웬만한 군소도시에서 하루 평균 200~300명의 인민들이 굶어죽어나던 고난의 행군 시기였기 때문에, 눈에 핏발이 선 인민들의 원성이 하늘을 찔렀고 민심이 심상치 않아 김정일에게는 희생양이 필요했다. 그 첫 희생양이 식량담당 최고책임자였던 서관히였다. 서관히를 남조선 안기부에 예속된 첩자, 미국의 고용간첩이라고 덮어 씌우고 잔인하게 숙청하게 되고, 그다음은 이른바 '룡성사건'이라고 불리는 숙청이다. '최고존엄' 암살이 목적인 괴뢰군부대가 적발되면서 여기서 빠져나간 일부 세력들이 오늘날까지 존재하는 간첩망을 이루었다는 말로 간부들의 간첩수사망을 확대하여 나갔고, 없는 것도 만들어서 김정일에게 보고되었기에 수많은 사람들을 숙청하게 되는데, 이때 발견된 간첩들은 대부분 김일성 시대의 사람이었으며 이미 죽었거나 나이가 들어 집에서 쉬고 있던 노인들까지 모두 끌어내 총살하였다. 심지어 1984년에 죽어 혁명열사릉에 묻혔던 당중앙위원회 농업부장 김만금의 무덤까지 파헤쳐 공개재판을 한 후 유골에 사격을 가하는 패륜아적인 정권의 모습도 서슴없이 보여주었다. '룡성간첩사건'의 희생자가 된 사람들 중에는 최고인민회의 법무부장, 농업위원회 부위원장, 청도성 보위부장, 량강도당 조직비서 등 7~8명의 군당책임비서, 안전부장 등이 있었다.

품종개량 기름작물인 '기름골'을 일반화하는데 성공하여 김일성으로부터 노력영웅으로 인정을 받은 백설희의 숙청도 김정일의 수단이었다. 백설희가 서관히의

애첩이며 그와 결탁하여 당의 농업정책에 커다란 해독행위를 가했다고 죄를 덮어 씌우고 백설희는 70고령의 그의 어머니와 동생, 조카들과 함께 강원도 천내군 천내탄 광의 굴속으로 끌려가 숙청을 당하게 된다.52 또한 김정일이 후계지위를 굳히던 시기였던 1976년 김동규 부주석과 장정환 인민무력부 부부장, 유장식 대남사업담당 등 일단의 세력도 김정일의 정책을 공개적으로 비판하다 숙청되었고, 1992년에는 김정일이 소련유학파 장교단 일부가 소련과 내통한 사실을 적발하고 이를 군 장악을 위한 대대적 숙청기회로 삼았다. 쿠데타 음모를 적발했다며 소련 프룬제군사대학 출신 엘리트장교 20명을 처형하고 600여 명을 군복무 연한과 관계없이 강제로 제대시켰다. 이는 원응희 당시 보위사령관이 쿠데타 사건을 적발해 김정일에게 고발함으로써 밝혀지게 된다.53

또한 전직 CIA 요원이었던 마이클 리는 6.25전쟁 영웅이자 김일성의 최측근, 정전협정 당시 북한군 대표부를 맡은 남일 전 부수상도 교통사고를 가장한 김정일의 숙청이라고 단언하였으며, 김일성의 절대적인 신임을 받던 오진우 전 인민무력부장 역시 김정일의 표적이 되어 숙청되었다고 말을 하고 있다. 김정일은 자신보다 먼저 정치적으로 기반을 다져온 원로들의 숙청은 사고를 위장하여 진행을 하였으며, 이는 여러 진술들을 통해 확보되고 있다.54 김정일의 숙청은 반혁세력의 숙청, 자신의 의견에 반대되는 사람의 숙청, 그리고 기존에 확장세력을 비롯하여, 국가위기 상황에 대한 인민들의 불만을 해소하기 위한 수단으로도 사용했다는 점에서 김일성의 숙청과 차이가 있다고 할 수 있다.

(3) 김정은의 숙청

2011년 12월 17일 김정일이 급사하면서 북한 내 권력을 잡은 김정은은 그의 아버지인 김정일에 비해 후계자를 공고화한 상태에서 3대 세습자가 된 것은 아니었다. 김정일의 건강에 악신호가 오자, 후계자 사업은 급속도로 진행되었으며 권력이 승계되는 과정에서는 충분한 준비 기간을 갖지 못했다. 제2대 세습 때와는 달리 제3대 세습에서는 '장자 우선'의 원칙이 지켜지지 않았으며, 차남인 김정철 역시 김정일의 선택받지 못하고 셋째인 김정은이 후계자로 지명된다. 김정일 사망과 동시에 김정은은 인민군 최고사령관에 취임하였고 다음 해 봄에 노동당 제1비서, 정치국 상무위원, 당 군사위원장이 되었으며 헌법을 개정하여 국방위원회에 제1위원장직을 창설하고 이 직에 취임하고 같은 해 여름 인민군 원수에 취임하게 된다.[55]

김정은의 대표적인 숙청은 리영호의 숙청을 시작으로 본격적으로 시행된다. 리영호는 실력있는 작전계통의 군인이었으며, 김정일은 리영호를 우리의 합참의장격인 총참모장으로 발탁했었다. 2010년 9월 제3차 당대표자회에서는 신설된 당 중앙군사위 부위원장에 김정은과 함께 오르면서 군부의 핵심 실세로 급부상했다. 최근 입국한 고위 탈북민들은 최룡해가 군부를 장악하기 위해 사사건건 리영호와 마찰을 빚었다고 증언하고 있는데, 최룡해는 장성택과 손을 잡고 당시 이름을 날리던 리영호 숙청에 점화를 하게 된다. 리영호는 당적 지도 거부와 마약 등 부정부패라는 명목으로 숙청당하고, 리영호 숙청은 당시 군부 내에서 영향력이 컸던 군부 인사들의 몰락으로 이어졌다. 김정일 시대에 이름을 날렸던, 김격식, 김영춘, 현철해, 김정각 등이 나이 등을 이유로 숙청되었으며 오백룡 전 호위총국장의 아들 오철산 등 항일 2,3세대 작전계통 간부들도 군 지휘부에서 쫓겨났다.[56] 김정일 시대 '선군정치'로 북한에서 기득권 행세를 하고 있던 군부세력들을 숙청하고 김정은 세력들을 그 자리에 대체함으로써 김정은은 권력을 더욱 더 공고화할 수 있었다.

■ 김정은에 의해 숙청된 리영호

김정은 시대 '숙청'으로 가장 유명한 사건은 바로 2013년 말 장성택 숙청사건이다. 김정은의 고모부이자 후견인인 장성택 당 행정부장과 그의 세력에 대하여 전격적인 숙청 및 처형사건이 벌어졌다. 결국 장성택은 2013년 12월 12일 국가안전보위부 특별군사재판을 통해 반당 · 반혁명 종파행위 등의 죄목 아래, 판결 직후 처형되었다. 또한 장성택 체포를 전후하여 북한 전역의 당 행정부 및 장성택 일파로 분류되는 간부들이 줄줄이 소환되어 숙청되었다. 리용하 노동당 제1부부장, 장

수길 행정부 부부장 등 핵심측근들은 처형되었으며, 장성택의 측근인 문경덕 전 평양시 당 책임비서도 2014년 2월 경질된 후 정치범수용소 이송 중 음독자살을 기도했던 것으로 알려졌다.57 북한사상 전례 없이 장성택 숙청을 TV를 통해 공개한 것은 섭정정치를 받고 있는 어린 지도자라는 콤플렉스를 세계면전에서 벗어버리려는 김정은의 호전적인 망동이었으며 치밀하게 계획하고 벌인 숙청 작업이었다. 잘된 것은 수령 탓, 잘못된 것은 간부들의 반동적 행위 때문이라는 이분법적 논리가 확실한 북한에서 장성택에게도 늘 쓰던 상투적 수법대로 죄를 뒤집어씌웠다.58 고모부인 장성택의 숙청은 김정은의 권력 공고화에 획기적인 사건이었으며, 이 사건을 계기로 세계언론 및 각종 담론에는 김정은의 통치방법을 '공포정치'로 명명하며 김정은 아래 북한에 대해 집중하게 된다. 인민들을 통제하는 간부들의 부정과 비리는 자칫 지도자인 김정은에게로 번질 수 있는 개연성이 충분히 있다. 김정일 시대에서 저질러던 간부들의 부정부패 비리가 김정은 시대에 들어와서도 계속되고 있다. 장성택의 숙청은 어쩌면 간부들에게 엄중한 경종을 울리는 차원에서 초강수를 든 시범이라고 해도 과언이 아니다.59

▬ 체포되어 끌려가는 장성택

장성택 일파 숙청 후 김정은의 최측근으로 올라선 이들도 숙청의 칼날을 피할 순 없었다. 김정은이 장성택의 숙청을 결정했다고 알려진 삼지연 회동(2013.11.30.)을 수행했던 마원춘 국방위원회 설계국장도 순안공항 건설 부진 명목 아래 일가족과 함께 량강도 지역 농장으로 추방되었다. 2015년 1월에는 변인선 총참모부 작전국장이 대외 군사협력문제와 관련해 김정은에 이견을 제시했다가 해임되었으며, 2015년 4월 30일에는 군부 2인자였던 현영철 전 인민무력부장도 김정은에 대한 불경 · 불충죄를 물어 수백명의 고위 군 간부들이 지켜 보는 앞에서 고사총으로 총살형을 당했다. 김정은은 집권 4년차인 2015년까지 총 70여 명을 총살한 것으로 알려졌다.60

3) 권력 공고화를 위한 수단 – 숙청

숙청과 후계구도에 관한 연구들을 토대로 실제 숙청과정을 분석해보면, 숙청의 원인을 반혁 세력의 제거(8월 종파사건), 이견을 가진 세력의 제거(오기섭, 조만식 숙청사건), 확장 세력의 제거(장성택 숙청)라는 세 가지로 분류해 볼 수 있다.

첫째는 반혁 세력을 제거하기 위해 숙청을 사용하는 것으로 헤르츠의 의견 중 후계자의 야망에 의해 딜레마가 발생하는 경우와도 유사하다. 지도자에 대해 반혁을 시도하려는 세력이 존재하는 경우 숙청을 사용하여 해당 세력을 제거하며 반혁을 시도했거나 혹은 반혁을 계획하고 있던 세력에게도 해당된다. 이 경우의 숙청은 지도자의 지위 자체에 대한 위협이므로 비교적 숙청의 합리적 사용이라고 분석될 수 있다. 북한에 있어 김일성의 경제 노선과 개인숭배체제에 불만을 품고 있던 연안파와 소련파에 의해 일어났던 '8월 종파사건'에서 발견할 수 있다.

김일성의 경제 노선 및 개인 숭배에 불만을 품고 있던 연안파와 소련파가 세력을 규합하여 반김일성 연합을 형성했고, 김일성이 경제 원조를 요청하기 위해 자리를 비운 사이 8월 전원회의를 통해 노선의 변경을 시도하려 했다. 그러나 사전에 김일성에게 발각되었고 그들은 수정주의자 및 자본주의 노선을 추구했다는 명목으로 숙청되었으나 소련과 중국의 개입으로 잠시 복권되었다가 '반종과 투쟁'을 계기로 재숙청당한다. 당시 김일성은 소련과 중국의 지지를 얻던 세력들로부터 위협을 느끼고 있었다. 그는 유일지배체제를 구상하고 설립하기 위해 여타의 경쟁세력들, 혹은 반대세력들을 제거할 준비를 갖추고 있었는데 '8월 종파사건'은 좋은 기회가 되었으며, 소련과 중국이 중소분쟁으로 혼란스러운 시기였기 때문에 '반종과 투쟁'을 통해 숙청을 사용할 수 있게 된다. 김정일에 있어서는 1997년부터 2000년 사이에 일어났던 '심화조 사건'이 이에 해당한다. 이 사건의 서막이라 할 수 있던 '서관히 간첩사건'은 30년 동안 미국의 고용간첩으로 비밀리에 활동하며 노동당의 농업정책을 깡그리 말아먹었다는 김정일의 지시하에 공개처형이 되었던 사건이다.

이렇게 숙청을 반혁 세력의 제거를 위해 사용한 경우에는 비교적 숙청이 정당성을 얻을 수 있다. 반혁 세력은 지도자에게 불만을 품고 있었고 이를 직접적으로 표출하고자 하는 목적을 가지고 있었다. 독재자의 성향을 띠는 지도자에게뿐만 아니라 민주주의 국가의 지도자에게도 반혁 혹은 쿠데타 세력은 제거의 대상이 되는 것은 당연하다. 따라서 김일성은 숙청을 과감하게 실시했으며 '수정주의자, 종파주의자'로 숙청대상자들을 몰아 숙청의 정당성을 인정받는다. 즉, 김일성은(혹은 김정일과 김정은도) 반혁 시도의 결과에 관계없이 자신의 권력에 직접적으로 대응하려 한 세력을 숙청했으며 그 대상들은 이전부터 지도자에게 잠재적 위협 요소로 여겨지던 인물들이었다.

둘째는 지도자의 의견이나 노선과 이견을 가진 세력을 제거하기 위해 숙청을 사용하는 것이다. 이견을 가진 세력은 지도자와는 다른 노선을 택하거나, 지도자의 정치적, 사회적 선택에 부정적인 입장 혹은 이견을 표했던 세력으로 정의할 수 있으며, 이러한 집단이 존재할 경우, 지도자는 자신의 권력에 대한 잠재적 위협에 대응하기 위해 숙청을 사용한다. 예를 들면, 사회주의 국가를 건립하기 전부터 유지되던 다양한 정치적 이데올로기를 가진 집단들과 함께 사회주의 국가 건립을 목표하는 지도자는 비(非)사회주의자들이 자신의 권력 유지에 불안요소가 되기 때문에 이들을 숙청하고자 한다. 혹은 지도자의 집권 시기 내에 지도자의 경제적, 사회적 정책이나 노선에 이견을 표할 경우에도 마찬가지로 숙청의 대상이 될 수 있다.

김일성의 경우 국가 건립 시기에 숙청된 오기섭과 조만식 숙청, 천리마 운동 시기의 조국광복회 출신의 김일성파 숙청이 이에 해당한다. 김일성의 국가 건립 시기의 조만식은 이념 정체성에서부터 김일성과 차이가 있었다. 조만식은 남북한의 통일을 주창했고 분할통치에는 결사 반대한 인물로써 김일성에게 권력 위협의 요소이기보다는 김일성의 지배체제 자체에 부정적인 영향을 주는 인물이었다. 국가 건립 초기에 이념적 분화를 야기할 가능성이 있었고, 기대하고 있는 국가상 또한 김일성과 차이가 있었다. 따라서 조만식은 김일성과 소련의 연합으로 숙청당했으며, 당 내 회의에서 가짜 사회주의자로 몰려 숙청당했다. 건국 초기의 오기섭과 천리마 운동 당시의 조국광복회 세력 역시 유사한 성향을 보인다. 오기섭은 노동력을 활용하는 방안에서 입장 차이를 보였고, 조국광복회 세력은 경제발전 과정에서 이견이 있음을 주장했다. 두 세력 모두 수정주의자라는 죄목으로 숙청당했으며, 당내에서의 숙청의 합리화가 일어났다는 공통점이 있다.

마지막으로 특정 세력의 확장이 지도자에게 위협으로 느껴지는 경우이다. 같은 노선을 지지하고 있다 하더라도 당 내의 지도부 혹은 국민에게 높은 지지와 존경을 받고 있는 세력은 지도자에 대응할 만한 세력을 규합할 가능성이 상존한다. 확장 세력을 제거하는 경우는 앞에서 언급한 지도자에게 이견을 가진 세력을 제거하는 것과는 구별된다. 지도자와 같은 이념과 국가 목표를 공유하고 지도자의 정책적 선택에 동의하며 지지한다고 하여도 특정 세력이 자신의 세력보다 확장되는 것은 지도자에게 위협으로 인식되기 때문이다.

김일성은 6 · 25전쟁 중에 확장 세력들 혹은 확장 가능성이 있는 세력들을 숙청했다. 그는 각 전투의 패배를 숙청 대상들에게 전가했으며, 당의 지시에 복종하지 않는다는 명목을 덧붙였다. 소련과 합작하여 조만식과 오기섭을 제거한 후, 소련파와 연안파, 박헌영파로 나뉘는 경쟁세력들로 인해 권력의 안정화를 꾀하기 어려웠으며 결국 이들을 완전히 숙청한다. 무정과 허가이의 경우, 북한의 내정에 대해 소련과 중국의 간섭을 야기하는 인물들이었고, 두 국가를 배후로 하여 원하는 만큼 득세할 수 있는 위협적 존재였으며, 김일성의 유일지배체제 수립에 방해가 되었기 때문에 숙청을 했다. 김정은에 와서 군의 2인자였던 리영호의 숙청과 김정일이 굳건하게 내각의 수장으로 만들어 큰 세력을 형성하고 있던 장성택을 숙청한 것 역시 권력 공고화를 하는 과정에서 일어난 같은 맥락의 숙청이라고 할 수 있다.

반혁 세력, 이견을 가진 세력, 확장 세력 모두 김일성, 김정일, 김정은이 자신의 권력 안정에 위협이 될 가능성이 있다고 판단했으며 이들을 숙청이라는 정치적 수단을 통해 제거함으로써 자신들의 지위 및 권력의 공고화를 꾀하였다고 볼 수 있다. 반혁 세력은 뚜렷하게 구분이 가능하지만 이견을 가진 세력과 확장 세력의 경우는 중첩되는 부분이 존재한다. 그러나 이견을 가진 세력의 경우 직접적으로 혹은 간접적으로 지도자의 의견이나 선택과는 다른 입장을 표한 반면, 확장 세력의 경우는 지도자와 같은 의견을 표명한다 해도 지도자에 준하는 지지를 받고 있는 경우 지도자에게 위협으로 인식될 수 있다는 측면에서 분류가 가능하다.

위의 세 요인을 종합해보면 숙청 대상의 의도나 의지와는 관계없이 지도자의 숙청 대상에 대한 주관적 견해나 위협의 인식이 숙청에 큰 영향을 미쳤으며, 이는 숙청이 객관적인 진실이나 사실에 영향을 받지 않을 가능성이 있다는 것을 증명한다. 세 가지 요인으로 숙청의 요인들을 분류하였으나, 이는 연구 방향과 사건의 해석 방향에 따라 달리 분류할 수 있을 것이다. '숙청'이라는 것을 정치에 수단으로 활용하는 것은 중국의 마오쩌둥이 국가수립과 문화대혁명 당시 수많은 인원을 숙청을 했던 것이나, 1930년대 스탈린의 대숙청 사건에서도 보듯이 사회주의 체제국에선 보편적인 요인이라 할 수 있다. 북한에서 숙청의 정치적 해석을 하기 위해 김일성 시대 있었던 숙청사건을 예로 많이 들었으나, 이는 김일성 시대의 숙청이 사료적으로 검증된 것이 많고 사전연구가 많이 되어 있어서 그런 것이지 김정일과 김정은이 별개일 수는 없다. 비록, 김정일과 김정은에 대한 연구가 아직까지 미비하긴 하나, 조선민주주의인민공화국 내에서 똑같은 권력 공고화 과정을 거쳐간다고 봤을 때, 숙청이라는 것은 지극히 독재국가 지도자 개인의 정치적 수단인 것이라고 할 수 있다.

제2장

북한의 통치이념

1. 김일성 시기 – 주체사상

1) 주체사상의 개괄

북한에서 주체성 논의가 활발해지기 시작한 것은 1950년대 중반부터이다. 당시 '주체'는 하나의 사상이나 철학으로 제시되었다기보다는 제국주의 사상과 문화의 침투에 대한 민족주의적 대응의 성격이 강하였다. 제국주의 사상과 문화의 침투란 스탈린 사망 이후 흐루시초프의 등장에 따른 스탈린 격하운동과 평화공존노선 채택, 공산권 내부에서 사회주의 체제로의 다양한 길 인정, 마오쩌둥의 영향력 증대에 따른 국제 공산주의 운동 내 또 하나의 중심축인 중국의 등장 등을 의미한다.

정치적 측면에서는 김일성의 1인 지배체제를 구축하기 위한 명분논리로 제시되었다. 대내적으로는 소련파 · 연안파 등 김일성의 반대세력을 숙청하기 위한 논리로서 이용되었다. 대외적으로는 스탈린 사후 소련에서 개인숭배에 대한 비판이 제기되는 상황에서 김일성의 지도력이 도전받게 되는 것을 차단하고, 중 · 소간 이념분쟁이 가열되는 상황에서 중립적 위치를 고수하려는 외교전략적 대응으로 표출된 측면도 있었다.

북한에서 '주체'라는 말이 처음 등장한 것은 1955년 12월 28일 김일성이 노동당 선전 · 선동 일꾼들 앞에서 행한 연설 "사상사업에서 교조주의와 형식주의를 퇴치하고 주체를 확립할데 대하여"에서이다. 그러나 북한은 주체사상의 기원에 대하여 김일성이 1930년 6월 중국 지린성 창춘현 카룬에서 열린 '공청 및 반제청년동맹 지도간부회의'에서 주체사상의 원리를 처음 천명했으며 조선혁명의 주체적 노선을 밝혔다고 주장하고 있다.

북한은 1955년 '사상에서의 주체'를 시작으로, 1956년 '경제에서의 자립', 1957년 '정치(내정)에서의 자주'. 1962년 '국방에서의 자위' 그리고 1966년 '정치(외교)에서의 자주'를 표명하면서 주체사상의 이론적 체계화를 시도하였다. '주체'가 '주체사상'으로 된 것은 김일성의 1인 지배권력의 강화와 밀접하게 관련되어 있다. 1965년 김일성의 "국가의 모든 활동분야에서 자주, 독립, 자위의 노선을 철저히 구현하자"라는 연설, 1967년의 연설을 통해 '주체사상'이 본격적인 사상으로서의 모습을 드러내고, 점차 이론화, 체계화되기 시작했다. 특히, 김일성은 1965년 연설에서 "우리 당의 주체사상은 우리의 혁명과 건설을 성과적으로 수행하기 위한 가장 정확한 마르크스-레닌주의적 지도사상이며 공화국 정부의 모든 정책과 활동의 확고부동한 지침"이라고 밝혔다.

1970년대에 들어서자 주체사상은 당의 유일한 이념으로서 혁명과 건설의 지도적 지침으로 표방되기 시작하였다. 1970년 제5차 당대회에서 주체사상을 당의 공식이념으로 채택하였고, 1972년에 제정된 사회주의헌법은 주체사상을 공식 통치이데올로기로 규정하였다. 그리고 1980년 제6차 당대회에서 주체사상은 마르크스-레닌주의를 대신하여 독자적 통치이념으로 자리 잡게 되었다. 1980년대에 접어들면서 주체사상에는 김일성의 공식 후계자로 등장한 김정일을 우상화하기 위해 수령에 대한 지속적 충성심으로 강조하는 작업이 더해졌다. 대를 이어가며 주체의 위업이 달성되어야 한다는 것이다. 1982년 김정일의 〈주체사상에 대하여〉는 주체사상을 체계화, 이론화하여 '김일성주의'로 정식화하였고, 1986년 〈주체사상 교양에서 제기되는 몇 가지 문제에 대하여〉를 통해 혁명적 수령관과 사회정치적 생명체를 정식화하고 주체사상체계를 완성하였다.[61]

주체사상의 성립 과정 정리

* 주체사상은 북한의 정치, 경제, 사회, 문화, 일상생활 전 영역에 영향력

① 제국주의 사상과 문화적 침투에 대한 민족주의적 대응논리 및 대외적 주체의식을 확보하는데 초점을 맞춤

② 1950년대 중반, 주체성 논의
- 1955 사상에서의 주체, 1956 경제에서의 자립, 1957 정치(내정)에서의 자주, 1962 국방에서의 자위, 1966 정치(외교)에서의 자주

③ 1967년 '주체사상'이 유일사상 체계 확립 차원에서 정립

④ 1970년 5차 당대회 : 노동당 공식 이념으로 채택

(마르크스-레닌주의와 동등한 위상)

⑤ 1980년 6차 당대회 : 주체사상이 독자적 통치이념으로 자리잡음

(마르크스-레닌주의 삭제)

정치적으로는 노동당 내 1인 지배체제 비판의 유입을 차단하고 1인 지배체제를 옹호하는 논리로 작용하였으며, 대외적으로는 북한의 독자적 생존을 위해 중국과 소련 사이에서 중립적 위치를 고수하려는 입장도 내재

출처 : 통일부

2) 주체사상의 변질

위에서도 말했듯이 북한에서 '주체성' 논의가 활발해지기 시작한 것은 1950년대 중반부터이다. '주체'라는 용어는 김일성이 정적 제거를 위한 논리를 구성하기 위하여 1955년 12월 28일 당 선전선동원대회에서 김일성의 "사상사업에서 교조주의와 형식주의를 퇴치하고 주체를 확립할 데 대하여"라는 연설에서 처음 공식적으로 사용하였다. 당시 김일성은 북한의 모든 분야에 소련의 영향력이 지나치게 미치고 있었고, 당내 반대파들을 정리해 원활한 정책 추진을 도모하기 위하여 독자성을 확보해야 할 시점으로 판단했다.

1950년대 중반까지 북한체제의 사상적 기조는 '마르크스-레닌주의'였다. 그렇다면, 체제 시작과 함께 했던 마르크스-레닌주의를 통치이념으로 삼지 않고 주체사상을 내놓은 이유가 무엇일까? 주체사상이란 무엇을 말하는 것인가?에 대한 의문이 생긴다. 따라서 여기에서는 주체사상의 본질에 대해서 간략하게 살펴본다. 주체사상은 '사람이 모든 것의 주인이며 모든 것을 결정한다'는 철학적 원리에 기초하고 있다. 즉 사람이 모든 것의 주인이라는 것은 사람이 세계를 개조하고 자기 운명을 개척하는데 있어 결정적 역할을 한다는 것이다.[62] 이러한 원리에 기초하여 "인민대중은 사회력사의 주체"이며 "인류력사는 인민대중의 자주성을 위한 투쟁의 력사"라는 역사인식을 가진다. 그리고 이러한 투쟁은 자연적으로 이루어지는 것이 아니라 인민대중이 자신의 자주성과 창조성을 고양시키고자 하는 '자주적인 사상의식'에 의해 결정적으로 실현된다고 주장한다.

초기에 지극히 인간 중심적인 철학적 원리에 기초하여 만들어진 주체사상은 이후 변질의 과정을 겪게 되는데, 거기서 핵심적으로 작용하는 것이 바로 '혁명적 수령론'과 '사회정치적 생명체론'이다. '자주적인 사상의식'의 과정에서 필수적인 것이 '수령의 령도'가 있어야 된다는 논리가 뒤에 추가가 된 것이다. 이 시기부터 수령론은 주체사상의 중심명제이며, '북한식 사회주의'의 근간이 되고 있다. 주체사상에서는 인민대중이 수령의 올바른 지도를 받는 것이 매우 중요한데, 그 이유를 다음과 같이 설명하고 있다. "인민대중은 옳은 지도를 받들 때에만 그 개별적 성원들과 계층들의 요구와 리해관계에서의 차이를 극복하고 하나의 지향과 요구를 가지고 통일적으로 활동하는 공고한 집단으로 될 수 있으며, 조직되고 단결된 전일적인 대오로 될 수 있다. 올바른 지도는 결국 인민대중에게 하나의 집단으로서의 조직성과 전일성을 부여함으로써 그들로 하여금 력사의 주체로서의 지위를 차지하고 역할을" 다하기 때문이다. 결국 "인민대중이 어떻게 혁명적으로 의식화, 조직화되는가, 어떻게 자기의 혁명임무와 력사적 사명을 수행하는가 하는 것은 당과 수령의 올바른 령도를 받는가, 받지 못하는가 하는데 달려" 있다고 한다. 따라서 "인민대중이 력사의 주체로서의 지위를 차지하고 역할을 다하자면 반드시 지도와 대중이 결합되어야"하는데, 그러기 위해서는 인민대중은 노동당과 수령의 령도와 결합하지 않으면 안된다고 한다. 여기에서 수령, 당, 인민의 삼위일체 원칙이 나오는 것이다.63

혁명적 수령관은 수령을 '개인'이 아닌 '제도'로 파악한다. 그리고 수령, 당, 대중은 하나의 통일체로 파악된다. 이를 통해 혁명적 수령관은 혁명의 주체가 수령, 당, 대중의 통일체라는 명제 위에 수령에 대한 충실성=당에 대한 충실성=인민에 대한 충실성이라는 단순논법을 만들어내고, 실제 정치 과정에서는 수령에 대한 충실성을 일방적으로 강조할 수 있는 논리구조를 마련할 수 있었다. 또한 이러한 혁명적 수령관을 통해 수령의 핏줄이 수령이 된다는 세습에 대한 논리에도 정당성을 부여하려 하였다. 북한은 수령을 "인민대중의 자주적인 요구와 이해관계를 하나로 통일시키고 인민대중의 창조적 활동을 통일적으로 지휘하는 중심이며 전당과 전체 인민의 끝없는 존경과 흠모를 받고 있는 가장 위대한 영도자"라고 주장하고 있다. 북한은 수령의 사전적 의미를 넘어 통치이념으로 기능하는 개념으로 승화시켰다. 이는 처음에는 김일성을 우상화하여 유일무이한 수령의 존재로 치켜세우기 위한 의도였다. 하지만 이후에는 "사회적 주체인 인민대중이 역사의 주체로서 역할을 다하자면 반드시 수령의 올바른 영도를 받아야 하며 수령에 대한 충실성이 주체 확립에서 핵이 된다"는 혁명적 수령관으로 그 용어 및 내용이 변화를 겪게 되었다. 김일성을 수령으로 부르는 것이 일반화되기 시작한 것은 1960년대 후반부터였다. 이때는 북한 내부의 권력투쟁이 일단락되고 김일성 지배체제가 공고화되던 시점이었다. 1969년 4월 전국 사회과학자 토론회에서는 수령을 "당과 정권기관, 근로단체들을 유일적으로 지도하는 최고 뇌수"로 정의하였다. 1974년에는 김정일이 '당의 유일사상체계 확립의 10대 원칙'을 발표하면서 수령에 대한 절대적 충성심을 강조하였다. 김일성 유일지배를 정당화시킨 수령론은 1980년대 혁명적 수령관으로 발전하게 된다. 이는 김정일에 의해 사회정치적 생명체론이 새롭게 제기되면서, 이에 기초하여 기존의 수령론을 넘어 혁명적 수령관을 재정립했기 때문이다.

수령론의 주창 및 변화는 북한의 정치적 변화와 밀접한 연관을 지닌다. 김일성이 북한에서 권력을 장악한 이래 계속된 권력투쟁은 대체로 1960년대 후반에 일단락되었다. 이후 후계구도마저 윤곽이 확실해짐에 따라 지배구조에 대한 논리적 이념체계를 보다 실질적인 것으로 체계화할 필요성이 대두되었다. 이런 필요성에서 제기된 것이 바로 혁명적 수령관이다. 따라서 혁명적 수령관의 체계화는 자연스레 김정일에 의해서 추진되었다. 혁명적 수령관은 수령에 대한 충실성을 혁명적 신념과 의리로 간직해야 하며, 수령을 옹호보위하고 수령의 혁명사상과 영도를 무조건 받들고 철저히 관철해 나가는 자세와 입장을 요구한다. 북한에서는 노동계급의 수령을 비범한 예지와 과학적 통찰력을 지니고 있고 혁명의 지도사상, 지도이론을 창시하는 위대한 사상이론가로 규정하고 있다. 또한 노동계급의 수령은 풍부하고 세련된 영도방법과 예술을 지니고 수백만 근로인민 대중을 혁명 투쟁으로 조직 동원하는 혁명과 건설의 탁월한 영도자라고 주장한다. 그뿐만 아니라 노동계급의 수령은 인민대중에 대한 열렬한 사랑과 헌신적 복무, 공산주의 혁명위업에 대한 확고한 신념과 끝없는 충실성, 강직한 혁명적 원칙성과 백절불굴의 투지 등 고매한 공산주의적 덕성과 혁명적 풍모를 지니고 있는 인민의 자애로운 어버이라고 주장한다. 이와 같이 북한은 수령을 노동계급의 위대한 혁명가로 규정함으로써 혁명과 건설에서 수령의 절대성을 강조하고 있다. 이것이 혁명적 수령관이다.64

■ 평양 대동강변에 있는 주체사상 탑

주체사상을 통치이념으로 했던 기간 동안의 북한은

혁명과 건설의 최고영도자로서의 수령, 혁명의 참모부로서 노동계급의 당, 당의 노선과 정책의 집행자이자 당과 인민대중을 연결시키는 인전대로서의 국가기관들, 당의 혁명적 무장력으로서 인민군대, 그리고 인민대중 등으로 이루어진 전일적인 조직체이다. 수령, 당, 대중은 유기체적인 구조로 연결되어 있어, 하나의 사회정치적 생명체를 형성한다. 수령은 사회정치적 생명체 위에서 태동하고 정당화된다. 이것이 바로 사회정치적 생명체론이다. 이러한 사회정치적 생명체론은 김정일이 소련 및 동구 사회주의권에서 체제개혁이 시작될 무렵인 1986년 7월 15일 "주체사상교양에서 제기되는 몇 가지 문제에 대하여"라는 담화에서 밝혔다. 혁명의 주체는 수령-당-대중의 통일체이며 운명을 같이 하는 하나의 사회정치적 생명체를 이룬다. 즉 "혁명의 주체는 수령, 당, 대주의 통일체입니다. 인민대중은 당의 지도하에서 수령을 중심으로 조직적, 사상적으로 결속함으로써 불멸의 자주적인 생명력을 갖는 하나의 사회정치적 생명체"를 이룬다고 한다. 여기서 수령은 사회정치적 생명체의 최고 뇌수로 생명의 중심이다. 그리고 개개인의 육체적인 생명은 유한하지만, 사회정치적 생명은 수령, 당, 대중의 통일체를 이룰 경우 사회정치적 생명체를 통해 영생한다고 하여, 종교적인 색채가 가미된다. 이렇게 수령은 사회정치적 생명체론에 입각하여 절대적인 권위를 갖고 인민들의 충성을 받는 유일지배체제를 가능하게 하는 중심이다.

여느 다른 독재국가들이 형성하였던 것처럼 김일성 역시 1인 지배체제를 확고히 하기 위하여 북한만의 통치이념을 필요로 하였고, 그로 인해 탄생한 것이 주체사상이다. 이러한 주체사상은 초기 황장엽의 인간중심사상과 함께 철학적 기틀을 탄탄하게 하려 노력했으나, 결국은 1인 지배체제를 위한 도구로 전락하게 된다. 혁명적 수령관과 사회정치적 생명체론을 통해 수령을 신적인 존재로 만들었으며, 이는 결국 1인 지배체제를 정당화하기 위한 이론적인 뒷받침 하는 역할을 수행하게 됨으로써, 인간중심사상으로 시작하였던 주체사상은 큰 변질을 겪게 되었다. 이렇게 형성된 주체사상은 김정일에 의해 구체화되었으며, 1990년대 중반 북한을 뒤집었던 고난의 행군 시기에 들어와서 인민들의 고난을 해결해주지 못해 큰 난관에 봉착하게 된다. 즉 주체사상은 1990년대 중반 이후로 주체사상에 대한 현실적인 의심과 함께, 당시 고난의 행군이라는 큰 난국을 극복하기 위한 김정일의 선군사상으로 발전하게 된다.

주체사상의 발전과정[65]

① 1967년 5월, 당의 유일사상체계 확립 : 당중앙위원회 4기 15차 전원회의에서 '종파분자' 제거함

② 1974년 2월, 온 사회의 김일성주의화 : "온 사회를 김일성주의화하기 위한 당사상사업의 당면한 몇가지 과업에 대하여"(김정일, 1974.2.19.)

③ 1982년 3월, 주체사상의 정식화 : "주체사상에 대하여"(김정일, 1982.3.31.)

④ 1986년 7월, 사회정치적 생명체론 제시 : "주체사상 교양에서 제기되는 몇가지 문제에 대하여"(김정일, 1986.7.15.)

⑤ 1991년 5월, 우리식 사회주의 정식화 : "인민대중 중심의 우리식 사회주의는 필승불패이다"(김정일, 1991.5.5.)

⑥ 1994년 11월, 사회주의 과학론 및 인덕정치론 제시 : "사회주의는 과학이다"(김정일, 1994.11.)

주체사상의 내용적 변질

① 1960년대, 수령체제 확립을 위해 유일사상 체계로의 이행을 추진

② 1970년 5차 당대회 → 주체사상을 당의 유일사상으로 천명
- 유일적 영도 체계, 혁명적 수령관을 주체사상에 결합
- 주체사상이 김일성의 절대 권력을 합리화하기 위한 통치담론으로 변질

③ 1970년대 김정일은 주체사상 해석권을 독점함
- 주체사상에 대한 '혁명적 수령관'과 '사회정치적 생명체론' 제시

④ 1980년대 말, 체제 생존의 위협
- 동유럽 사회주의권과 소련의 붕괴 → 생존의 위협
- 사회주의 우월성 강조하는 우리식 사회주의 제시 (주체사상을 보강)

⑤ 1990년대 북한의 위기 → 고난의 행군
- 위기를 극복하지 못한 주체사상의 모순적 현실은 주체사상의 영향력을 약화 시킴

⑥ 주체사상의 한계 : 주체사상을 통해 내세운 구호 → 국제적 고립, 경제난, 체제 위기

3) 현실정치에서의 북한의 주체사상(플라톤 국가론과의 비교)[66]

(1) 문제제기와 선행연구

철학은 고대 그리스에서 시작되었고 아테네의 소크라테스, 플라톤, 아리스토텔레스 시대에 이르러 전성기를 맞이했다. 이 당시에 분명히 주목할 만한 철학자는 플라톤이다. 플라톤은 철학에 큰 공헌을 하였으며 모든 시대에 걸쳐 가장 뛰어난 학자라고 말해도 이견이 없을 것이다. 플라톤이 쓴『국가』는 현재까지도 많은 귀감이 되고 있는 위대한 저작이며, 플라톤은 이 책을 통해 고대 그리스를 거쳐 현대까지 인간과 정부, 그리고 도덕에 관한 지속적인 논쟁을 할 수 있는 문제들을 제기하였다. 따라서『국가』는 이 모든 분야들과 관련해서 지금껏 저술된 가장 탁월한 입문서 중에 하나라고 볼 수 있고, 서양뿐만 아니라 동양 교육기관들에서 여전히 폭 넓게 사용되어 오고 있는 교재이다. 하지만 이러한『국가』를 집중적으로 분석해보면 '이상사회'의 구성이라는 측면에서는 현실사회에서 우리가 직관적으로 알 수 있는 그 '이상(an ideal)'과는 다른 점을 발견할 수 있다. 본 절에서 다루고자 하는 것은 플라톤이『국가』에서 주장하고 있는 '이상사회'가 일부 주장에서는 현재의 조선민주주의인민공화국(이하 북한)의 체제의 형성 배경과 비슷한 맥락이 있으며, 김일성을 신격화하기 위해 만든 주체사상의 일부 내용과도 공통점이 있다는 것에 착안해 현재의 악의 축(axis of evil)으로 대변될 수 있는 국가, 또한 인권문제로 국제형사재판소에 기소되어 있는 북한의 최고지도자 김정은, 각종 숙청으로 얼룩지고 있는 북한의 체제를 전격 분석함으로써, 플라톤이 주장한 '이상사회'가 현실로 나타났을 때는 "'이상사회'가 될 수 없을 수도 있다"라는 함의점을 찾아내는 데 있다.

『국가』에서 플라톤은 이상사회를 기술하며 그 사회 내에 조화와 안정을 구축하기 위해서 가장 급진적인 대책들을 보여주고 있다. 플라톤은 통치자들에게 사유재산제도와 가족제도를 폐지하고 엄격한 계율적 삶과 공동체적 삶을 부과하고 있다. 이러한 맥락 때문에 일부 학자들 사이에선 플라톤의 이상사회가 종종 소련 공산주의의 전조라고 간주되었다.[67] 그래서 일부는 그 이상사회를 소비에트 사회주의 국가 연맹(USSR)과 동유럽을 휩쓸었던 "현실적으로 실존하는" 공산 사회와 비교했다. 이러한 접근은 본 연구에서 말하고자 하는 북한의 주체사상과의 비교와 맥락을 같이 한다. 그만큼 플라톤의 『국가』에서 나온 이상사회의 주장은 현실사회에서 공산주의가 보여주는 모습과 흡사한 점이 있다. 지금 체제 전환을 한 국가들 외에도 수많은 공산주의 국가들이 존재했으나, 현재까지 남아있는 국가들 중에 북한을 선택한 것은 북한의 주체사상 중 핵심 내용이 앞서 배운 '사회정치적 생명체론'으로 설명할 수 있기 때문이다. 본 연구는 주체사상의 '사회정치적 생명체론'과 플라톤 『국가』의 '사람은 자신의 천성에 가장 적합한 한 가지 일을 해야 한다'라는 논제를 비교 분석하고 북한체제 속에 어떠한 형태로 정책이 구현되었는지를 살펴봄으로써 플라톤이 말한 '이상사회'의 일부 면모가 현실사회로 구현되면 어떠한 국가 형태가 될 것인지 '상상'해 보는데 그 의의가 있다고 할 수 있다. 물론, 플라톤이 궁극적으로 말한 '철인통치'와 주체사상의 '사회정치적 생명체론'은 다른 개념이지만, 북한 인민들에게 있어서 신격화되어 있는 김일성은 북한에 사는 인민들에겐 최고의 통치자이자 수령, 주체사상을 만든 철학자로 대변될 수 있기 때문에 완전히 다르다고는 할 수 없다.

■ 『국가』에서 철인정치론을 제시했던 플라톤

플라톤의 『국가』에 대한 선행연구나 주체사상에 대한 각각의 선행연구는 지금까지 많았으며 현재도 많이 연구되고 있다. 먼저 플라톤의 정치사상, 그의 정치철학에 대한 선행연구를 살펴보면, 김비환68은 플라톤의 정치사상에서 철인지배와 법치를 '좋은 법질서'를 향한 철학적인 충동이 있다고 주장함으로써, 법철학적인 관점에서 『국가』를 해석하고 있다. 그는 플라톤이 추구한 정치질서의 통일성은 인간의 본성과 개인적 삶의 다양성을 부정할 정도로 과도한 것이었기 때문에 다원주의를 근본 특징으로 하는 현대사회에 그대로 적용되기는 어렵다고 분석하고 있다. 이 연구는 플라톤이 추구한 정치질서가 현실세계와는 맞지 않는다는 함의를 보여주고 있다는 점에서 본 연구의 방향과 일치한다. 문지영, 강철웅69의 연구에 있어서는『국가』8권에 나타난 민주정 비판을 다시 한 번 짚어봄으로써 지금 현실사회의 민주주의가 아니라, 이성 대신 욕망에 좌우되는 정치, 적절히 교육받은 통치자가 부재한 상태에서 멋대로 할 수 있는 자유에 내맡겨진 사회가 필연적으로 갈등과 혼란에 빠지게 된다는 것을 보여줌으로써 플라톤이 무작정 민주정을 비판한 것이 아니라 그때 당시 현실이 그럴 수 밖에 없었다는 것을 다시 상기시키고 있다. 이 연구는『국가』6권에서의 배 비유를 예로 들며, 플라톤에 의해 포착된 아테네 민주정은 그 주인인 민중이 대부분 낮은 교육 수준의 빈한한 계층으로서 곧잘 무분별한 감정적 동요에 휩쓸리거나 쉽게 비이성적인 판단에 치우치는 탓에 선동 정치가에 의해 통치되는 체제라고 분석을 했다는 점에서, 현실세계의 '민주주의'에 대한 비판이지만 그 함축적 의미에 플라톤의 '이상 세계'가 그러한 현실을 넘고자하는 철인통치를 구상했다는 점에서 여기에서 말하고자 하는 플라톤의 철인통치에 대한 개념을 제대로 이해하는데 도움이 되었다. 은은기[70]의 연구는 토마스 모어의 유토피아나 마르크스의 공산주의가 플로톤의『국가』에서 "통치자들에게는 사유재산과 가족이 없어야 한다"고 주장한 사실로부터 영향을 받았다고 주장하여, 본 연구의 주체사상(공산주의 국가 하의 사상으로 보았을 때)과 연계지으려는 목적에 근거를 부여하고 있다는 데에서 의의가 있다고 할 수 있다. 또한 플라톤의 정치철학을 가장 부정적인 시각에서 비판한 연구도 본 연구에 도움이 되었다고 할 수 있는데, 1930~40년대에 자유주의 정치철학자였던 칼포퍼는 당시 전체주의, 파시즘, 제국주의 등을 겪으면서 플라톤의 사상이 그러한 부정적인 사건들의 이론적 기원이 되었다고 주장했다.[71] 특히 포퍼는 자신의 저서인『열린 사회와 그 적들』이라는 저서를 통하여 플라톤과『국가론』을 신랄하게 비판하였다. 플라톤이 꿈꾸었던 이상국가가 전체적인 질서와 통합을 가장 중요한 이상으로 상정하고 있다는 점에서 반민주적이며 전체주의적인 속성을 지니고 있다는 것이다. 이러한 비판적인 연구는 특히 본 절의 작성에 도움이 되었으며 현재 남아있는 전체주의국가로 대표할 수 있는 북한을 설명하는데 유용한 도움을 주었다.

플라톤에 따르면, 전쟁은 인간이 더 많은 소유와 부에의 열망을 해결하기 위해서 자신 안에 감추어져 있던 폭력적인 성향을 여과 없이 분출시키고, 이를 토대로 물질적 소유와 타인에 대한 지배 그리고 권력의 욕구를 동시에 충족시키고자 하는 극단적인 욕망의 장이다. 이런 관점에서 펠로폰네소스의 전쟁을 겪었던 플라톤의 입장에서 『국가』를 연구한 서영식72의 연구는 뜻깊다고 할 수 있다. 플라톤이 생각한 이상국가를 현실적으로 전쟁을 피할 수 없는 경우에 적절한 수단과 방법을 통해 준비하고 대응해야 한다고 보았으며, 그를 위해 국가는 어떻게 전쟁의 가능성에 대비하고 임해야 하는가에 대한 고민으로 '이상국가'가 나왔다고 판단하면서, 위에서 했던 비판적인 시각을 어느 정도 일소시키는 연구라고 할 수 있다. 이외에도 플라톤이 『국가』를 통해 말하고자 하는 것이 수호자 계급들 중에서도 특히 통치계급의 교육에 대한 강조성을 말한 임태평73의 연구도 도움이 되었으며, 비록 주체사상과 비교한 연구는 아니지만 한국의 퇴계 성군사상과 플라톤의 철인정치를 비교를 하면서, 동서양의 철학적 개념을 비교분석한 연구를 했다는 점에서 신귀현74의 연구는 본 글에서 말하고자 하는 플라톤과 북한의 주체사상, 동서양의 철학을 비교했다는 것과 그 방법을 같이 했다는 것에 의미가 있다. 이러한 연구 성과 밖에 플라톤의 국가 내용을 알 수 있는 다수의 단행본을 참고하였으며, 그 중에서도 특히, 숀세이어즈의 『플라톤의 국가해설』과 박동천의 『플라톤 정치철학의 해체』는 플라톤의 사상을 집중적으로 해제한 데 있어서 큰 도움이 되었다. 다음으로 주체사상에 관한 연구이다. 주체사상의 경우 남북이 분단되어 있는 현실 속에서 북한을 알기 위한 노력의 일환, 아니면 그 반대되는 이유로 인해 한국에서는 그 연구가 많이 진행되었다.

특히 정성장75의 연구는 많은 연구자들이 주체사상에 대한 정확한 이해가 중요하다고 강조를 하지만, 정작 주체사상의 기원과 형성 및 발전 과정 그리고 주체사상의 본질과 성격에 대해 냉정하고 객관적으로 접근하고 있는 논문은 없다는 비판을 하면서, 주체사상의 기원과 형성, 발전 과정에 대한 연구를 체계적으로 했다는 점에서 주체사상을 이해하는데 도움이 되었다. 차남희76의 연구는 주체사상을 북한 통치이념의 기반을 이루는 항상성으로서, 그리고 민족주의는 체제유지를 위해 대내외적 상황 변화에 대응하는 변용성으로 규정함으로써 북한사회가 위기에 직면할 때마다 주체사상에 내포된 민족주의가 확장되고 표면화됨으로써 기존체제의 유지나 변화를 정당화하였다고 주장하는 측면에서 주체사상과 인민들의 민족주의를 연계시켰다는 점에서 의의가 있다. 양무진[77]의 연구는 주체사상에서 선군사상으로의 변화과정을 추적하면서, 이러한 변화들이 체제정당화와 어떤 연관을 가지는지, 선군사상이 또 다른 지배이데올로기의 대체 가능성이 있는지를 고찰하였다. 이 연구는 비록 본 연구에서 다루고자 하는 주체사상의 '사회정치적 생명체론'의 내용과는 관련이 없지만, 마르크스-레닌주의에서 시작된 주체사상이 점차 변화할 수 있는 이데올로기라는 것을 분석함으로써, 그 변화 가능성 속에 플라톤의 『국가』에서 보여지는 일부 전체주의적 면모를 발견할 수 있다는 점에서 의의가 있다. 이러한 맥락에서 부승찬[78]의 연구도 주체사상과 선군사상의 상관관계를 밝히면서 주체사상의 철학적 논리 구조를 분석했다는 점에서 비슷하다. 이외에도 주체사상에 관한 연구는 '우리 식' 사회주의의 입장에 맞춰 분석한 정우곤[79]의 연구와 특히 본 연구에서 다루고자 하는 '사회정치적 생명체론'의 입장에서 '사람'을 중심으로 연구한 이태건[80]의 연구가 도움이 되었다. 또한 주체사상의 본질적인 내용을 알기 위해 참고한 단행본으로는 통일정책연구소에서 엮은 『주체사상과 인간중심철학』과 양재인 등이 공저한 『북한의 정치이념 주체사상』, 신일철의 『북한 주체사상의 형성과 쇠퇴』를 참고하였으며, 플라톤의 『국가』와 북한의 주체사상을 비교하는 이론적 구성은 문맥을 자세히 읽으면서 비교하고, 그것이 현대 북한의 어떤 모습으로 재현되었는지는 정책, 제도적인 측면에서 살펴 볼 것이다.

(2) 플라톤의 철인통치와 『국가』의 관점에서 본 북한

그리스 사람들에게 정치사상은 곧 고대 그리스에서 만들어진 독특한 정치공동체인 폴리스를 이해하는 것이었다. 많은 학자들은 상당수의 시민이 정치에 참여하는 아테네 민주정치를 폴리스가 도달한 최고의 정점으로 평가했지만, 이러한 견해에 플라톤은 동감하지 않았다. 모든 시민이 폴리스 운영에 관여할 수 있다는 것은, 정부가 다양한 직업을 가진 많은 사람들에 의해 운영된다는 것을 의미했다. 아테네 사람들은 이 점을 정치적으로 중요한 장점으로 여기고 이를 중시하였는데, 그 이유는 폴리스를 운영하는 데에 그들이 직업에서 쌓은 풍부한 경험을 동원할 수 있다고 믿었기 때문이다. 그러나 정부를 운영하는 데에는 특별한 지식이 필요하다고 생각한 플라톤은『국가론』에서 어설픈 상식에 의해 움직이는 민주적 정부를 결점이 많은 체제라고 비난하였다.81 플라톤의 정치철학은 쇠퇴기에 접어든 아테네의 불안정한 정치사회적 상황과 상업발달로 야기된 광포한 개인주의적 소송문화를 배경으로 형성되었다.82『국가』는 이러한 배경의 집약체라고 할 수 있는데, 플라톤의 스승인 소크라테스와 그의 친구들과의 대화 형식으로 되어 있다. 그 대화는 플라톤이 관심을 두고 있는 정의의 본질을 밝히는 데에 목적이 있다고 할 수 있다.

하지만 본 책에서는 플라톤의『국가』에서 다루는 전체적인 내용보단 북한의 주체사상과 비교를 위하여 철인통치의 측면, 플라톤이 생각하는 이상국가의 측면만 논하려고 한다. 플라톤은『국가』전체에 걸쳐 '정치'를 하나의 특별한 '기술'로 간주하고 있다. 4권에 이르러서는 분명하게 모습을 드러내는 '말로 세우는 정의로운 국가'는 "구성원 각자가 자신의 적성에 적합한 한 가지 일에 종사한다"는 원칙이 실현된다는 점에서 정의롭다. 소크라테스가 대화자들과 함께 그려낸 이상 국가의 구성원들은 누구나 천성에 따라 자신에게 적합한 한가씩의 기술을 가진 자일 것으로 상정되었으므로, 거기서 정치에 종사하는 구성원이 존재한다면 그 역시 정치에 적합한 천성을 갖춘, 정치술에 뛰어난 장인일 것이고, 이로부터 정치가 승마술이나 의술, 목축술 등과 같이 소질과 적성을 필요로 하는 하나의 특별한 기술이라는 점은 자연스럽게 받아들여진다.『국가』에서 통치자 개념이 처음으로 나타나는 부분은 전쟁에 관한 일을 수행하기 위해 선발된 수호자 집단이 엄격한 교육과 훈련을 거쳐 다시 보조자 계급과 완벽한 수호자 계급으로 구분되면서부터이다.

플라톤에 따르면, 이때 완벽한 수호자 계급으로 선출된 자들이 곧 국가의 통치자가 된다. 애초에 수호자 집단은 그 본성상 기개를 이루는 부분의 천성과 철학적 천성이 적절히 조화된 자일 것이 요구되었고, 천성적으로 이런 조건을 갖춘 자들이 다시 체육과 음악으로 엄격하게 훈련되는데, 통치자 계급은 이처럼 천성과 교육면에서 모두 자격을 갖춘 자들 중에서도 "가장 탁월한 자, 도시를 수호하는 기술이 가장 뛰어난 자, 신중하고 능력 있으며 무엇보다도 국가를 위해 근심하는 자,

국가를 사랑하며 국가와 모든 관심이나 이익이 일치하는 자, 국가에 도움이 되는 일은 열심히 하지만 그렇지 않은 일은 결단코 하지 않는 자"가 선발된다.[83] 플라톤의 이상국가에 대한 논의에서 가장 중점이 되는 것은 소크라테스와의 대화이다. 소크라테스가 설명하는 정의는 '한 사람은 그 자신의 천성에 가장 적합한 한 가지 일에 전념하고 다른 사람에게 적합한 일에는 간섭하지 않는 것'이라고 말한다. 도시국가에는 세 개의 집단인 철학가 수호자 집단, 군인인 보조수호 집단, 그리고 장사꾼이 있는데, 이렇게 분류된 사람들은 그들에게 태생적으로 적합한 일만을 반드시 해야만 하고 본인들이 아닌 여타 다른 사람들이 그 자신보다 더 잘할 수 있는 일, 즉 본인을 제외한 다른 이에게 천성적으로 적합한 일에는 결단코 간섭하지 말아야 한다는 것이다. 수호자 집단은 지배하고, 보조적인 수호자는 군인이 되어야 하며, 그 나머지 시민들은 그 자신이 남보다 특별히 잘할 수 있는 일들, 예를 들면 구두를 수선하든지, 포도를 재배한다든지, 또는 칼을 파는 일과 같이 그 자신이 잘할 수 있는 일이면 그것을 해야 한다는 것이다. 모든 사람들이 자신의 고유의 일에 충실하다면 조화가 도시국가에 넘쳐 흐를 것이고, 그렇게 하지 않고 자신이 천성적으로 감당할 수 없는 다른 사람의 일에 참견하려 든다면 그곳에는 혼란과 부정의가 찾아온다는 것이다.

플라톤의 이러한 논의는 현재 북한이 보여주고 있는 계급사회와 그 맥락을 같이 한다. 북한은 김일성족속이 비상식적이고 비정상적인 공산세습왕조의 유지-영구화를 꾀하면서 노동당을 내세워서 수립한 북한의 3계층 64부류 주민성분제도 분류도가 있다. 노동당이 분류한 이러한 핵심 3계층은 핵심계층, 동요계층, 적대계층으로 구성되어 있는데,[84] 계층 간의 이동은 절대불가능하며 태어날 때부터, 어쩌면 태어나기 전부터 미리 계획되어 있는 신분대로, 자기가 해야 하는 일대로 살아야 되는 모습이 플라톤이 주장하는 이상국가의 일부 면모와 일치한다고 볼 수 있다. 플라톤이 말하는 이상국가에서 철학가 수호자 집단은 통치하기에 적합한 사람들이다. 이상적인 도시국가에서 통치할 철학가들은 특별한 지식을 소유해야 한다. 플라톤이 철학가들은 반드시 왕이 되어야 한다는 철인통치론을 내세울 때, 그는 통치자는 어떤 숙고된 지식을 가져야 함을 말한 것뿐만 아니라, 단지 순간적으로 지나가는 단순한 지식이 아닌, 본질에 관한 진정하고 영원한 지식을 가져야 하는 것을 말한 것으로 볼 수 있다. 이러한 지식에 관한 설명 이후에, 플라톤은 장차 통치할 철학자의 의무와 지식의 관계를 설명하기 위해 먼저 선분에 관한 우화를, 그리고 나중에 동굴에 관한 비유를 제시한다. 선분은 네 개 부분으로 분할되는데, 나뉘어진 각 부분은 이해 수준을 말한다. 두 개의 낮은 수준의 이해는 '가시적인 세계'를 감지할 수 있는 '의견'을 구성한다. 그것의 가장 낮은 수준의 이해는 감각인데, 단지 관찰대상의 외관과 잘못된 도덕적 신념만을 파악할 수 있을 뿐이다. 이러한 수준에 머물러 있는 사람들은 무비판적이고 서툰 관찰을 한 결과로 말미암아 아침마다 해가 뜬다고 믿을 것이다. 이것은 북한과 비교해 봤을 때, 적대계층 혹은 동요계층에 속하는 일반 인민들에 비유할 수 있다. 두 번째 낮은 수준의 이해는 경험적 현실과 다소간 정확한 도덕적 신념을 파악하게 한다. 이것은 상식의 선이라고 볼 수 있는데, 이런 수준의 이해를 갖고 있는 인간은 해가 떠오르는 것이 아니라 지구가 태양 주위를 도는 것이라고 설명할 수 있을 것이다. 이는 북한의 인민 중에서도 평양이나 나진-선봉 지구에 살면서 그나마 외부 문물을 많이 접하는 계층으로 분석할 수 있다. 그 다음 상위 수준의 이해는 북한의 핵심계층이 속할 수 있으며, 선분의 비유에서 가장 높은 형상에 관한 이해를 할 수 있는 지식을 가진 인간은 김일성으로 상징되는 '수령' 그 자체로 분석해 볼 수 있다. 플라톤의 『국가』를 분석해 봤을 때 가장 일반적인 해석은 모든 시간과 공간을 통틀어서 오직 하나의 올바른 정의가 있을 뿐이며, 정의에 관한 하나의 설명만 올바르고 그 외 다른 것들은 그른 것으로 판결될 수 있다는 것이다. 선의 이데아로서 설명 가능한 것인데, 여러 논문들을 분석해 본 결과 해석하는 학자들마다 다르게 정의할 수 있는 내용이라 본 절에서는 북한의 통치체제에 걸맞은 쪽으로 해석하고자 한다.

북한에 빗대어 플라톤의 『국가』에서 주장하는 철인통치를 비교해 보았을 때 상당한 유사점을 발견할 수 있다. 첫째, 정의는 하나라는 점이다. 플라톤이 말하는 이데아의 개념은 북한에서의 신격화될 수 있는 유일무이한 존재 김일성이다. 외부 문물과 철저히 배격되어 있고 오직 북한 내에서만 생활하고 있는 인민들에 있어서 영적인 귀감의 만족은 신격화되어 있는 김일성이 충족시켜 주는 것이며, 북

■ 플라톤이 생각한 이상적인 인간과 이상국가

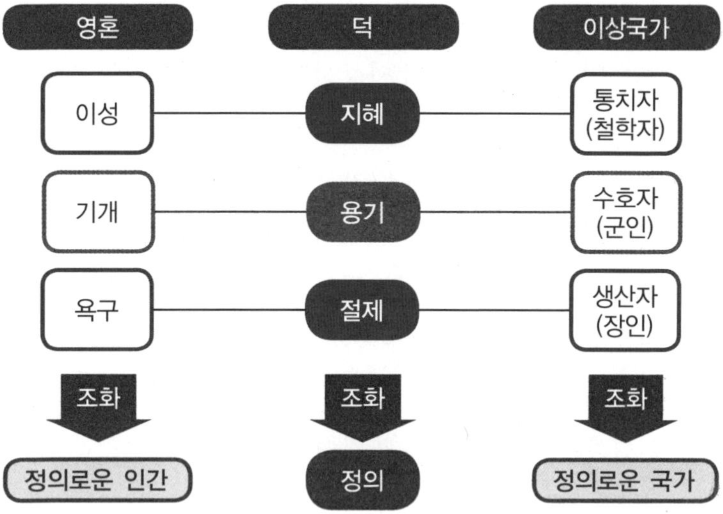

출처 : https://blog.naver.com/kenpa44/221200680165

한의 헌법, 헌법보다 높이 있는 당규약, 당규약보다 먼저인 김일성 교시가 있기 때문에, 김일성 그 자체가 북한의 이데아라고 볼 수 있다. 둘째, 플라톤이 주장한 철학가가 풍기는 영적인 그리고 지성적인 전문가의 느낌은 인민들이 느끼는 김일성의 형상과 김일성에 대한 환상이다. 북한이 보여주는 극악무도한 전체주의체제(혹은 공산주의독재체제) 전체를 설명하기엔 이론적 한계가 분명히 있지만, 인민들의 관념 속에 꾸며져 있는 김일성(전부는 아니라고 할지라도)과 플라톤이 생각한 실수를 절대 하지 않는 지성과 영적으로 완벽한 철학가는 동일하다고 볼 수 있다. 인민들에게 위대한 아버지로 통칭되는 수령 김일성은 죽고 난 이후 현재까지도 신격화 작업이 진행되고 있으며, 그것만 맹목적으로 배운 일반 인민들은 김일성이 실수 하나 하지 않는, 위대한 민족의 영웅으로 기억되고 있는 실정인 것이다. 과거 2003년 대구유니버시아드대회에서 북한 미녀응원단이 파견와서 일어난 일종의 헤프닝이 있었다. 규모는 303명으로 최대였고 미녀들이 김일성대학, 평양음악무용대학 등에서 선발됐다는 것이 알려지면서 젊은이들 사이에 폭발적 인기를 누렸다. 하지만 대회 중간 일부 단원들이 김정일 사진이 담긴 플래카드가 빗속에 방치돼 있다며 끌어안고 통곡하는 장면이 보도되고, 북측 기자들과 보수단체가 충돌하면서 응원이 정치색으로 변질되는 우여곡절을 겪기도 했다. 이것은 방송을 보는 대한민국 국민들과 전 세계인에게 충격을 주는 일이었다. 본 장의 저자도 충격을 받았고 당시 기회가 생겨 여성 탈북민에게 질문을 한 적이 있다. "북한 미녀 응원단이 김정일 플랜카드가 비에 젖으니 단체로 울면서 달려가 대성통곡했던 것이 진심입니까?" 그에 대한 답은 가히 충격적이었다. 진심이었다는 것이다. 일종의 종교개념이기 때문에 그것이 가능하다는 것이었고 본인 역시 북한에 있었을 때는 그랬다는 것이다. 이러한 종교적인 신념이 북한 인민들에게 내재되어 있고, 그들의 마음속에 '철인'인 김씨 일족이 자리 잡고 있는 현실적인 모습을 볼 때 플라톤이 말하는 철인통치는, 적어도 북한 내부 인민들의 인식, 그들의 관념에 있어선 김일성, 김정일로 대변되는 金씨 일족 그 자체이다.

(3) 김일성의 주체사상과 사회정치적 생명체론

북한은 정권수립 초기부터 1960년대 중반까지는 마르크스-레닌주의를 '자기 활동의 지도적 지침'으로 삼았다. 조선민주주의인민공화국 정권을 세우고 유지해 온 조선로동당이 자신들만의 자체의 이념을 만들어 수립된 정당이 아니고 공산주의를 세계화하려던 소련점령군에 의하여 수립된 정당이었으므로 소련공산당의 이념체계를 그대로 수용했기 때문이었다.[85] 조선로동당이 내세운 마르크스-레닌주의도 소련의 국정교과인 『철학교정』에 들어 있는 "변증법적 유물론" 그대로였으며 그 해석도 김일성과 조선로동당의 이름으로만 허용되고 일반 학자들에게는 다른 해석을 허용하지 않았었다. 신일철의 조사에 의하면 대학과 고급당학교에서 가르친 사상 교양과목 교재도 소련공산당에서 만든 "볼쉐비크 당사", 알렉산드로프의 "변증법적 유물론", 콘스탄티노프의 "사적 유물론"이었다고 한다.

이렇듯 북한 정권 초창기의 공식 이데올로기는 교조적인 스탈린식 해석의 마르크스-레닌주의였다. 북한이 자기활동의 지도적 지침인 지배 이데올로기 수정을 시작한 것은 대체로 1950년대 후반이다. 중국과 소련 간에 격화되는 이념분쟁에서 중립을 지켜야 할 정치적 필요성이 생겼고 또한 소련에서 진행되던 스탈린 격하운동과 이에 따른 마르크스-레닌주의의 재해석으로 흔들리기 시작한 1당 지배논리로부터 북한 체제를 지켜야 할 필요성, 그리고 프롤레타리아 국제주의와 애국주의 간의 심정적 갈등을 극복해 나가야 할 필요성 등에 의하여 김일성은 1950년대 중반부터 마르크스-레닌주의를 "우리나라의 현실에 창조적으로 적용"할 것을 지시하여 사상적 주체를 만들어 가는 작업이 시작되었다. 신일철 교수는 북한의 사회과학연구소 산하 철학연구소에서 생산해 낸『조선철학사』(1960년 간)를 사상의 주체화 작업의 첫 작품으로 꼽고 있다. 주체사상을 공개적으로 강조하기 시작한 것은 1960년대 중반이다. 김일성은 1965년 4월 14일 인도네시아 알리 아르함 사회과학원에서 행한 연설에서 중국 공산당의 교조주의와 소련공산당의 수정주의를 모두 비판하면서 사상에서의 주체, 정치에서의 자주, 경제에서의 자립, 그리고 국방에서의 자위를 강조했다. 그리고 1966년 8월 12일자 로동신문 사설 "자주성을 옹호하자"에서 공식적으로 자체이념을 세워 나갈 것을 선언하고, 같은 해 10월 5일에 열린 조선로동당 제4기 제2차 전원회의에서 "오늘의 정세와 우리당의 과제"를 발표하면서 북한의 사상적인 독자노선을 분명히 천명하였다. 이 결의에서 김일성은 시대가 바뀌어 소련이 혁명을 지도하던 때는 지났다는 것을 강조하고 "자주성은 모든 당의 신성불가침의 원리"이며 각 나라의 공산당 간에 높은 당-낮 은당, 지도하는 당-지도받는 당이 없다고 선언했다.[86] 북한은 1966년 사상의 주체를 선언한 후 각 연구기관에 주체사상의 체계화 작업을 지시했으며, 그 결과물로 1970년에 철학연구소에서『철학사전』을 완성하였다. 그리고 1973년에는 새 철학교과서를 만들어 내었고 1974년에는 "당 유일사상 체계확립 10대 원칙"을 발표하여 전 인민이 휴대하도록 하였다. 1980년 10월에 열린 로동당 제 6차 전당대회에서는 당규를 다시 고쳐 과거 마르크스-레닌주의와 김일성 주체사상을 병렬시켰던 지도이념을 "조선로동당은 오지 위대한 수령 김일성 동지의 주체사상, 혁명사상에 의해 지도된다"로 고치면서 김일성 주체사상을 마르크스-레닌주의를 대치하는 새로운 지도이념으로 굳혔다. 그리고 북한은 김일성의 70세 생일에 맞추어 김정일의 이름으로『주체사상에 대하여』라는 체계화된 주체사상 교재를 만들어 내었고 1985년에는 10권의 주체사상 총서를 발간하여 주체사상의 체계화 작업을 마쳤다.[87]

정치적 이념(즉, 이데올로기)로서의 주체사상은 세 가지 사상적 요소로 구성되어 있다. 첫째는 사회적 존재론에 기초한 인간중심주의, 둘째는 근로대중 집단주의를 바탕으로 하는 계급주의, 셋째는 절대적 엘리트주의를 정리해 놓은 수령론이 그것이다.[88] 그리고 이 모두를 관통하는 이론은 본 글에서 다루고자 하는 사회정치적 생명체론이다. 이 이론은 인간은 각각이 하나의 자기완성적 존재인지, 아니면 개미와 벌과 같이 집단을 이루어야만 생존이 가능한 사회적 존재인지에 대한 질문에서부터 시작하는 것 같다. 인간을 독립된 자기 완성적 존재로 보면 자유주의이념으로 귀착되고 사회적 존재로 인식하면 전체주의이념으로 귀착하게 된다. 사람을 개미나 벌처럼 집단의 일원으로만 살 수 있고 또한 집단이 부여하는 역할을 제대로 수행할 때만 존재가치를 가지는 존재라고 본다면 사회가 개개인에 선행하는 1차적 존재로 인식될 수 있다. 사회는 마치 생명을 가진 유기체와 같아서 구성원들이 그 유기체를 구성하는 장기와 세포같이 각각의 기능을 제대로 할 때 전체 사회는 건강하게 생명을 유지하면서 발전하고 그 속에서 개인도 생명을 가질 수 있고 발전하게 된다는 것이 핵심적인 내용이다. 주체사상은 이러한 사회유기체론을 밑바탕에 깐 사회정치적 생명체론을 바탕으로 세워 놓은 이념체계이다.

주체사상의 기초를 이루는 '사회정치적 생명체론'은 인간 개인을 집단의 부분으로 연계시키기 위하여 만들어 낸 특이한 개념이므로 좀 더 설명할 필요가 있다. 주체철학에서는 인간은 동물이 가지는 생물학적 존재로서의 생명 이외에 사회적 생명을 가진다고 가정한다. 사회적 존재로서 인간이 가지는 사회적 속성은 자주성, 창조성, 의식성 및 사회적 협조성 등으로 인간이 다른 인간과의 사회적 관계를 개선하고 합리적으로 관리해 나가는 능력, 즉 정치적 능력을 말하는 것이다. 이러한 사회적 속성을 가지고 계속 사회관계를 발전시켜 나갈 수 있는 힘이 곧 사회정치적 생명이다. 그런데 인간은 개인적인 존재인 동시에 사회적, 집단적 존재여서 고립된 개인의 생명은 유한하지만 사회적으로 결합된 집단의 생명은 무한할 수 있다고 주장한다. 비유하자면 하나의 세포의 생명은 짧지만 그 세포가 다른 세포와 더불어 만들어 내는 인간이라는 집단적 생명체는 개체 세포의 생명보다 더 긴 생명을 가질 수 있다는 논리이다. 이러한 주장을 엮어 주체사상체계에서는 "사회정치적 생명체라는 것은 생명활동을 해 나가고 있는 사회적 집단 가운데서 정치적 영도체계를 가지고 생명활동을 해 나가는 사회적 집단을 말한다"고 정의하고 있다.[89] 그렇다면 이런 철학적 맥락 말고 북한이라는 계급이 분화되어 있는 사회에서 인민대중이 어떻게 바른 집단적 속성을 가질 수 있을지에 대한 의문이 생긴다. 주체사상에서 주장하는 것은 바로 바른 지도를 받을 때 가능하다는 것이다. 수령론의 핵심내용은 결국 한마디로 수령의 뜻을 따르는 당이 지도할 때 인민대중은 역사의 주인이 된다는 이야기를 하고 있다. "공산주의 사회는 온 사회를 수령의 혁명사상으로 일색화하는 과정을 통하여 실현"되고, "수령의 요구대로 사회의 모든 성원들을 교양 개조하여 수령에게 충실한 공산주의자로 만들며 … (중략) … 수령의 요구대로 경제와 문화를 비롯한 사회생활의 모든 분야를 개조하여 공산주의 사회를 실현하는 것"이 혁명인데 "수령의 교시 · 가르침을 충직하게 실천하는 당에 의해 지도될 때만 노동계급은 자주적 혁명계급"이 된다고 한다.[90] 수령은 유기체인 사회의 뇌에 해당하기 때문에 수령의 지시대로 움직일 때만 사회는 건강하게 생명을 유지할 수 있다는 것이 주체사상의 가르침이다. 이렇게 살펴본 주체사상의 계급주의와 수령을 절대시 하는 1인 지배 정당화의 논리인 수령론은 플라톤이 주장하는 철인에 의한 통치와 사람들은 날 때부터 정해져 있는 '천성'에 맞는 일을 해야 한다는 논리와 일맥상통하다. 주체사상이 마르크스-레닌주의를 모태로 했다 할지라도 그 성립과정에서 주체사상연구소에서 철학을 분석할 때 플라톤의 『국가』를 참고했을지도 모른다는 생각이 들 정도로 비슷한 면이 있다. 인민, 시민과 다른 존재인 수령, 철인과 그들의 통치를 받아야만 정의로운 사회가 실현될 수 있다는 플라톤의 논리와 주체사상의 사회생명체 유기체론은 시기와 동서양이라는 차이점 왜 그 내용만 보았을 때는 상당히 흡사하다고 할 수 있다. 물론 김일성 시대 통치이념이었던 주체사상이 김정일 시대에 선군사상과 국방경제와의 병진정책을 추진하였었고, 김정은 시대에 와서는 인민경제와의 병진정책을 시행하고 있어 그 본질이 조금 변화되었지만, 김일성 시대로 국한했을 때는 내용이 플라톤의 그것과 비슷하다고 할 수 있다.

(4) 북한을 통해 본 현실에서의 플라톤의 『국가』

지금까지 『국가』에 대한 개괄적인 내용과 북한과의 연관성, 그리고 주체사상의 개괄적인 내용과 『국가』와의 연관성을 살펴보면서 '사회정치적 생명체론'으로 일반화될 수 있는 둘의 공통점을 찾아내었다. 그렇다면 플라톤이 생각한 이상국가 구성요소 중 일부분은 북한이 충족시킨다고 볼 수 있는데, 현실사회에서 북한은 어떤 모습일까? 이번 장에서는 그러한 형태로 구체화된 북한의 제도와 정책을 제시하면서, 플라톤이 생각한 이상국가 중 철인 외 통치하는 것은 정의롭지 못한 국가라는 내용이라든지, 천성적으로 타고난 일을 해야 한다는 계급론에 입각해서 국가를 세웠을 때 그게 반드시 옳은 모습의 국가는 아니라는 것을 보여주는데 그 목적이 있다. 먼저 물리적 사회통제의 측면에서 살펴보면, 북한은 강력한 물리적 사회통제를 기반으로 하는 독재권력이 앞서는 시스템을 가지고 있는 국가이다. 김일성과 김정일, 지금의 김정은까지 내려오면서 그들을 중심으로 정치권력이 집중되어 있으며, 이를 토대로 국가안전보위부나 인민보안성과 같은 강력한 물리적 억압기구를 통하여 북한주민들을 통제하고 있다. 이러한 물리적 사회통제는 북한의 주체사상으로 대표할 수 있는 이데올로기가 개입된 것으로 볼 수 있으며, 플라톤 역시 『국가』에서 주장했다고 분석한 서영식91의 연구에서 볼 수 있듯이, 전쟁에 대비하기 위한 강력한 지도자에 의해 사회는 어느 정도 통제되어야 하는 부분과 일맥상통하다고 볼 수 있다. 하지만 유사한 권력구조를 유지하였던 여타 사회주의 국가들이 붕괴되었다는 것을 고려한다면 북한이 유지하고 있는 사회통제체제는 올바르지 못한 체제라고 볼 수 있다. 이러한 차원에서 북한의 사회통제 개념과 플라톤이 『국가』에서 주장한 '철인'을 주지로 한 통제 개념은 옳은 통치체제의 모습이 아니다. 두 번째로 사상을 통한 사회통제 측면이다. 북한체제의 사회통제에서 중요한 역할을 수행하는 것은 정치 이념이다.

특히 집단주의와 주체사상이 사상을 통한 사회통제의 핵심이라고 할 수 있다. 북한에서 집단주의는 사회주의와 공산주의 사회생활의 기초이며 정치, 경제, 문화, 도덕 등 사회생활의 모든 분야에 집단주의 정신이 전면적으로 구현된다고 하고 있으며 1998년도에 개정된 헌법 제63조에는 "조선민주주의인민공화국에서 인민의 의무와 권리는 '하나는 전체를 위하여, 전체는 하나를 위하여'라는 집단주의 원칙에 기초한다"라고 규정되어 있다(김계동, 2011). 이러한 집단주의는 앞서 설명했던 '사회정치적 생명체론'의 이론을 배경으로 했으며, 사회정치적 생명체론의 논리는 플라톤이 그의 저서에서 주장했던 이상국가의 논의와 비슷하다. 북한에서는 정치이념을 계획된 절차에 따라 인민들에게 내면화시키는 정치사회화를 수행하고 있다. 예를 들어 TV나 라디오 신문 등의 매스미디어도 지배이념 확산의 중요한 매체로 작용하고 있으며, 문학, 예술작품 역시 정치사회화에 이용하고 있다. 이런 식으로 태어날 때부터 죽을 때까지 쇄뇌 되어 있는 북한 인민들의 관념 속에는 김일성= 수령=신 이라는 게 성립되어 있으며, 적어도 북한인민들에게는 현대사회에서의 플라톤이 주장한 '철인통치자'와도 같은 맥락에서 해석된다. 세 번째, 주체사상과 플라톤의 핵심 내용이라 할 수 있는 차별적인 대우, 즉 계층 정책이다. 현실세계의 북한은 차별적인 사회적 대우를 특성으로 하는 계층정책을 실시하고 있으며, 이것은 플라톤이 그의 저서에서 주장한 수호자, 일꾼 이론과 같은 맥락에서 해석할 수 있다. 북한은 정권 수립 이후 여러 차례에 걸쳐 성분조사 사업을 진행하여 인민들을 출신성분과 사회성분별로 강력하게 분리하여 구분하고 있다. 북한에서 실시한 출신성분 구분작업으로는 1958년 12월~1960년 12월에 실시한 '중앙당 집중지도사업', 1966년 4월~1967년 3월에 실시한 '주민재등록사업', 1967년~1970년 6월에 걸쳐 조사한 '3계층 51개부류 구분사업', 그리고 1980년 4월~10월에 걸친 '외국귀화인 및 월북자에 대한 요해사업', 1981년 1월~4월에 걸친 '북송교포에 대한 요해사업', 1983년 11월~1984년 3월에 걸친 주민증갱신사업 등이 단계적으로 추진되었다. 특히 1980년에 김정일의 지시로 실시된 '외국귀화인 및 월북자에 대한 요해사업'에서는 13개의 부류가 새롭게 추가된 것으로 알려지고 있다. 북한정권은 전 인민을 크게 핵심군중(핵심계층), 기본군중(동요계층), 복잡군중(적대계층) 등 3개의 계층으로 분류하고 있다. 이것은 플라톤이 그의 저서에서 통치 집단, 수호자 집단, 그 나머지 천성적으로 해야 할 일을 해야 하는 집단, 이 3가지로 구분한 것과 비슷하다고 할 수 있다. 실제 북한에서 실시하는 성분구별 정책, 내지 계층 분류는 정치적, 사회적 지위와 직업, 결혼 등의 중대사에 많은 영향을 미치고 있으며, 일반주민들은 사석에서 자신들을 가리켜 '인민'보다 '백성'이라는 단어를 자주 사용하며 당 · 정 간부들을 '양반'이라 부르는 경우가 많다고 증언한 바 있다.

이는 철저한 계급사회의 현실적인 면모를 보여주는 부분이다. 북한당국은 이 같은 성분정책에 대해 대외적으로 공식 인정하지 않고 있는데, 이는 1980년대 중반 이후 김정일의 성분정책 완화지침에 따른 공식 입장을 반영한 것이다. 그러나 여전히 많은 주민들은 성분정책으로 정치적, 사회적 권리를 박탈당하고 있다. 뿐만 아니라 북한의 차별적 대우는 지역적인 차원에서도 이루어지고 있는데 특히 사회적 성분이 우수한 사람들만 평양시민의 자격을 부여받고, 정치 · 경제적으로 월등한 대우를 받고 있다. 핵심계층이라 할 수 있는 건 金씨 일가와 그와 관련된 친지 일가들로 설명할 수 있다. 여기서 플라톤의『국가』에서 말한 수호자 계급이 떠오른다. 북한의 시작도 인민들을 대표하는 당대표자들에 의한 김일성 주석 아래 집단지도체제에서 시작되었다. 하지만, 결국 8월종파사건을 통해 1인 지배를 굳건히 한 김일성은 자신이 수령이 되어 북한을 통치하고 있다. 플라톤의 주장처럼 핵심계층에 있던 수호자들 집단 내부에서 반란이 생기고 철인통치자에게 반기를 드는 상황이 생기면 어떠할까? 물론, 플라톤이 말한 철인통치자는 그들을 훨씬 뛰어넘는, 직관적으로 이해했을 때 인간보다는 신에 가까운 인물을 설명한 것이겠지만, 그가 말하는 논리를 글자 그대로 해석해 보았을 때는 철인은 현대 북한에서 신격화되어 있는 김일성, 천성이 타고난다는 논리는 북한의 계급정책, 철인통치자의 통치 아래 정의사회가 구현된다는 것은 수령 아래 수령의 령도를 받은 당의 지침을 받아 인민들이 하나의 생명체처럼 움직인다는 사회정치적 생명체론과 그 맥락을 같이 한다고 볼 수 있다. 즉, 이러한 지엽적인 조건으로만 분석했을 때 플라톤이 생각한 이상국가는, 현실세계에서 이상국가가 아닌 이상한 국가가 될 수도 있는 가능성을 내포하고 있다.

2. 김정일 시기 - 선군사상

1) 선군정치와 강성대국

북한에서 선군정치가 등장한 것은 김일성 사망 이후 지속된 경제난과 동유럽 사회주의권의 붕괴로 초래된 외교적 고립 등 대내외적으로 처한 어려운 상황에서 비롯되었다. 선군정치는 군이 가진 자원과 역량을 활용하여 경제를 회복하고, 약화된 당의 사회통제 기능을 군 조직을 통해 보완하여 김정일 체제의 안정을 도모하기 위한 것이라고 할 수 있다. 즉 북한이 군대를 전면에 내세워 정권과 체제유지는 물론 사회주의 혁명과 건설의 주력군으로 활용하기 위해 선군정치를 강조하기 시작하였다고 볼 수 있다. 한편 북한은 그동안 자위적 군사력을 강화하여 왔고, 오랜 기간 축적된 거대한 군조직의 존재는 선군정치를 뒷받침하였다.

선군정치라는 용어는 1997년 12월에 처음으로 등장하였다. 북한은 당초 선군정치가 김정일이 1995년 1월 1일 '다박솔 초소'를 방문한 것으로부터 시작되었다고 주장하였다. 2005년 8월 노동신문에 '우리 최고사령관 동지'라는 글을 발표하면서 김정일이 김일성 주석을 따라 105탱크사단을 방문한 1960년 8월 25일 선군혁명영도가 시작되었다며 선군정치의 배경을 앞당겼다. 이에 따라 선군정치의 출발점은 1960년 8월로, 선군정치 시작은 1995년으로 주장하고 있다. 또한 북한은 노동신문, 평양방송 보도를 통해 김정일의 다박솔 초소 방문을 홍보하였다. 한편 북한군 출신의 탈북자는 김정일이 1995년 1월 1일 김정일이 214군부대를 방문했을 때 평양고사포 사령관 남상락 상장이 영접했다는 북한 보도로 미루어 다박솔 초소는 평양 고사포 부대의 예하부대인 평양시 만경대구역의 여성고사포병중대일 가능성도 있다고 추정한다.

선군정치의 개시와 더불어 군은 북한 사회에서 주도적 역할을 담당하였다. 1998년 신년공동사설에서는 사회가 군을 따라 배울 것을 독려하였고, '군민일치 모범군 쟁취운동' 등을 통해 군과 사회의 일체화를 꾀하였다. 2002년부터는 군민일치 · 관병일치 · 군정배합의 실현을 강조하였고, 2004년에는 '선군사상 일색화'를 주창하며 혁명의 수뇌부 결사옹위정신을 사회 전체에 확산시키고자 하였다.

또한 국방위원회의 위상강화, 군인사의 주석단 서열 상승, 사회통제기구의 인민무력부 편입, 김정일의 군부대 현지지도 등을 통해 군의 위상을 강화하였다. 북한은 2009년 4월 개정된 헌법에 주체사상에 더해 "선군사상을 자기 활동의 지도적 지침으로 삼는다"는 규정을 추가하면서 선군사상을 핵심적 이념으로 채택하였다. 또한 "조선민주주의인민공화국의 주권은, 노동자, 농민, 군인, 근로인테리를 비롯한 근로 인민에게 있다"며 이전 헌법에 없던 '군인'을 추가하고 군의 기본적 사명이 선군혁명노선의 관철이며 국방위원회의 첫째 임무도 선군혁명노선 관철이라고 규정하기도 하였다. 북한은 '선군혁명노선'을 '군사 선행의 원칙 하에 국방력 강화에 선차적인 힘을 넣고, 군대를 혁명의 제1기둥으로 내세우며, 군에 의거하여 혁명과 건설을 추진하는 것'이라고 설명한다.

■ 선군정치 선전물

출처 : 한겨레

북한은 선군정치를 군사선행의 원칙에서 국정을 운영해 나가며 인민군대를 혁명의 주력군으로 하여 사회주의 혁명과 건설을 이끌어나가는 정치라고 주장한다. 선군정치에서 군은 단순히 전쟁을 위한 수단만이 아니라 혁명과 건설을 함께 수행해나가는 역할을 담당한다. 전기, 식량, 석탄, 금속, 철도운수를 비롯하여 사회주의 건설의 주공전선에 인민군대를 내세워 경제회생의 돌파구를 마련한다는 것이다. 과거 북한은 경제난, 에너지난으로 경제 전반에 걸쳐 크나큰 위기가 닥쳤을 때 군대가 그러한 정체된 부분을 해결함으로써 경제의 전 분야에서 정상적인 회복의 길을 열어 놓았다고 주장하고 있다. 북한에서는 이 같은 선군정치를 "군대는 곧 당이고 국가이며 인민"으로 확대 해석하고 있다. 또한 김정일을 국방위원장에 추대한 것도 "군 중시정책을 실시하여 불멸의 업적을 쌓아올린 장군님에 대한 전체 인민들의 절대적인 신뢰의 표시였다"고 강조하였다. 이렇듯 북한은 선군정치가 김정일 특유의 영도방식이라면서 "조성된 난국을 성과적으로 타개하고 사회주의 위업을 끊임없는 앙양에로 이끌어 나가는데서 결정적 역할을 하는 것은 바로 영도자의 정치방식"이자, "혁명무력을 혁명의 기둥으로 키우고, 그 역할을 최대한으로 높여 전반적인 사회주의 위업을 줄기차게 이끌어나가는 군 중시의 영도"라고 주장한다.[92]

■ 선군정치와 관련된 포스터

출처 : 조선일보

선군정치에서 가장 강조되는 말은 '강성대국'이다. 1998년 8월 22일 로동신문의 정론「강성대국」을 통해 "사상과 군대를 틀어쥐면 강성대국 건설에서 근본을 틀어쥐는 것으로 된다"고 정치 · 군사중시 사상을 강조했으며, "경애하는 장군님께서는 강성한 국력을 떠난 강성대국이란 사상누각과 같다고 보신다"라고 인용함으로써 군사의 강성대국은 북한을 지탱하는 튼튼한 기둥임을 설명하였다. 이를 위하여 조선인민군을 사회주의 "군사강국의 제일 기둥", "수령옹위의 제일결사대"로 표현하면서, "원쑤들과 단호히 결판을 내고야 마는 무자비성" 등의 정신을 가져야 한다고 요구하고 있다. 이러한 혁명적 군인정신은 김정일 시기 '선군 혁명령도'의 결실이며 인민군대는 이에 보답하기 위하여 수령결사옹위정신, 총폭탄정신, 자폭정신을 더욱 다져 김정일 제일숭배자, 김정일 제일결사대가 되어야 한다고 강조하였다. 또한 군사의 강성대국을 위하여 "전체 인민들은 총대를 사랑하고 군사를 성실히 배우며 온 나라를 소왕청 같은 난공불락의 요새로 만들어야 한다"고 지적하면서 1960년대에 제기된 4대 군사노선인 '전인민의 무장화'와 '전지역의 요새화'를 김일성 시대에 이어 계속 강조하였다. 2000년 공동사설에서도 '총대중시 사상'은 "모든 부문에서 최우선시해야 할 국사중의 제일 국사"이며 "인민군대는 강성대국 건설의 주력군"이라고 강조하였다.[93]

■ 선군정치 시기 북한의 주요모토였던 강성대국

2) 선군사상

이러한 강성대국을 강조하던 선군정치 시기에 나온 사상이 바로 선군사상이다. 주체사상이 김일성 시대의 통치이념이라면, 선군사상은 김정일 시대의 통치이념으로서 주체사상과 함께 노동당의 지도적 지침으로 2009년 개정 헌법에 명시되었다. 북한은 1990년대 사회주의 체제의 붕괴로 인한 국가의 총체적 위기를 극복하고, 체제의 구심적 역할을 하던 김일성의 빈자리를 채우고 김정일 정권의 정당성을 확보해 나갈 대안적 논리가 필요했다. 이에 김정일은 체제 고수와 함께 주체사상의 수령 유일체제 정당화 기능을 보완하기 위해 수령을 중심으로 일심 단결하여 위기를 극복할 새로운 이데올로기로 주체사상을 구현할 선군사상을 제시했다.94

■ 선군사상과 관련된 포스터

출처 : 조선일보

북한은 선군사상이 주체사상을 계승하고 있다는 점과 선군사상이 변화하는 정세에 맞추어 주체사상을 한 단계 발전시킨 창조적인 사상이란 점을 동시에 강조하고 있다. 즉 주체사상의 계승성과 독창성을 동시에 강조하고 있는 것이다. 다음의 글은 북한 사회를 지배하는 사상담론이 선군사상이라는 것이 명확하게 드러난다.

> 선군사상의 독창성과 진리성, 위대성은 그것이 기초하고 있는 철학적 원리와 원칙의 독창성과 정당성, 과학성과 혁명성에 뿌리를 두고 있다. 선군의 위력으로 이룩된 모든 승리와 성과는 다름 아닌 주체사상의 절대적 우월성과 무궁무진한 위력이 안아온 빛나는 승리와 성과인 것이다. 위대한 주체사상이 영생불멸하듯이 그에 뿌리를 둔 선군사상, 선군정치도 인류의 자주위업, 사회주의위업의 승리적 전진과 더불어 영원히 빛을 뿌릴 것이며 그 견인력과 생활력은 더 높이 발휘되게 될 것이다.95

북한은 선군사상의 철학적 기초에 대해 설명할 때 "선군사상의 철학적 기초는 한마디로 말하여 주체사상이다"라는 언급을 하고 있다.96 이 언급은 선군사상이 주체사상을 그 세계관적 및 방법론적 기초로 하고 있으며, 선군사상의 모든 원리와 원칙, 내용들은 다 주체사상의 철학적 원리와 원칙에 뿌리를 두고 그것을 전면적으로 구현하고 있다는 의미로 재해석될 수 있다. 이러한 선군사상은 김정일의 선군정치와 함께 김정일 시기 통치이념으로 자리 잡았으며, 북한의 전 분야에 큰 영향력을 행사했다.

정리하면, 주체사상이 김일성에 의해 창시되고 김정일에 의해 발전되어 오면서 북한의 지배이데올로기로 자리 잡아왔지만 1인 지배체제를 정당화하려는 등 변질되는 과정을 거쳤고, 결국엔 1990년대 북한에게 닥쳤던 주요한 위기를 극복하지 못하면서 큰 위기를 맞았다. 이에 선군사상이 그 자리를 대변하였는데, 선군사상 역시 북한의 중심 이념으로 작용하였던 주체사상을 완전히 대체한 것이 아니라, 주체사상의 명성에 뒤덮는 식으로 적용되면서 완전한 통치이데올로기로 작용할 수 없었던 한계가 있었다.

북한에 있어서 선군사상은 주체사상을 대체할 정도의 통치이념으로 완전하게 작용한 것은 아니다. 체제위기를 극복하고 김정일 정권의 정당성을 확보할 대안적 논리로 통치이념이 필요해서 등장하였다. 수령을 중심으로 일심단결하여 위기를 극복할 새로운 이데올로기에 대한 필요성이 대두되었고, 급변하는 국제적 환경에 대응하는 차원에서 사회주의 강성국가 건설을 위해 선군혁명 원리의 구현을 강조한 통치이념이 선군정치와 더불어 김정일 시기를 대표하게 된 것이다. 이는 북한의 2009년 개정헌법에서 기존의 북한의 전 분야에 가장 크게 작용되었던 '주체사상'과 같은 위상을 차지한 것에서 알 수 있다. 2009년 개정 헌법에서는 '주체사상-선군사상'의 유일지배를 공식화하였고, 이를 통해 김일성에서의 김정일로의 세습체계의 이론적 정당화 작업까지 같이 진행되었다고 볼 수 있다. 과거 김정일이 내부적으로 후계자의 모습을 보이던 시기인 1972년 10월 개정된 헌법에서 마르크스-레닌주의를 '창조적으로 적용한' 주체사상을 지도적 지침으로 공표한 바 있다. 사회주의가 해체된 1992년 수정헌법에서는 마르크스-레닌주의라는 용어가

사라졌고 1998년 수정헌법에서도 마찬가지였다. 그러나 2009년 헌법에서는 주체사상과 선군사상이 나란히 자리를 하게 된 것이다.

3. 김정은 시기 : 김일성-김정일주의

북한은 김정일 사망 이후 2012년 4월 헌법 개정을 통해 "김일성을 영원한 주석으로 김정일을 영원한 국방위원장으로"라고 헌법 서문에 명문화하였으며, 2012년 4월과 2016년 5월, 2021년 1월 당 규약 개정을 통해서 '김일성-김정일주의'를 당의 유일한 지도사상으로 내세웠다.[97] 김일성-김정일주의가 처음 언급된 것은 2012년 4월 6일 김정은이 당 중앙위원회 책임일군들과 한 담화 〈위대한 김정일동지를 우리 당의 영원한 총비서로 높이 모시고 주체혁명위업을 빛나게 완성해 나가자〉에서이다.[98] "김일성-김정일주의를 빛내이"게 된 계기의 내용들은 4월 6일 담화에서 5일 후인 11일 개최될 제4차 당대표자회의 계획을 언급하면서 드러나게 되었다. 즉 조선로동당은 '김일성-김정일 동지의 당'이라는 것을 선포할 것, 그리고 당의 지도사상은 '김일성-김정일주의'이며 "그 실현을 위하여 투쟁하는 영광스러운 김일성-김정일주의 당"이라는 점에 당대표자회에서 제기될 것이라고 논의된 것이다. 그리고 이미 당원들과 인민들이 이렇게 불러왔다고 언급하면서 '김일성-김정일주의'에 대한 자세한 설명을 첨가하고 있다.[99]

김정은 시대의 공식 이데올로기로 채택된 김일성-김정일주의는 기존의 주체사상과 선군사상을 뛰어넘는, 김일성주의를 능가하는 새로운 내용을 제시하기보다 오히려 김정일 시대의 선군사상을 김정일주의로 격상시켜 이를 주체사상과 같은 반열에 올림으로써 선대수령의 사상을 고도로 추상화시키는 의미를 지닌다. 주체사상과 선군사상을 병렬하여 추상화시키는 의미와 함께, 주체사상과 선

군사상으로 이어진 이념의 체계화 과정을 '김일성-김정일주의'로 완성시켰다고 해석할 수도 있다.[100] 김일성-김정일주의를 통해 김정은은 선대수령들의 혁명사상을 체계화하고 정식화함으로써, 우선적으로 백두혈통으로 이어지는 3대 세습의 사상적 정통성을 확보하는 효과를 갖게 되었다. 더불어 선군사상으로 요약되는 김정일 시기의 통치이념을 김일성주의와 동렬로 추상화해 김정은 시대의 북한 발전 전략에 필요한 역동적이고 현실적인 실천이데올로기의 형성을 가능케 할 공간도 확보하는 효과도 거두었다.

■ 조선로동당제8차사상일군대회에 등장한 김일성-김정일주의화 문구

출처 : 조선중앙통신

김정은의 김일성-김정일주의는 사상, 이론, 방법으로 구성되어 있다. 첫째, 김일성-김정일주의는 인민대중의 자주성을 실현하기 위한 혁명사상이다. 이것은 인간의 본성에 내재되어 있는 자주성의 실현을 통하여 사회변혁을 하려는 데 근본 목적을 두고 있다. 그러므로 이는 인민대중의 창조적 활동에 의한 자주성을 완전히 실현시키는 사회를 건설하려는 사상이다. 김일성-김정일주의는 새로운 사회주의사회건설을 위한 것이 아니고, 더 말할 필요도 없이 거기에는 인민 중심의 세계관이 있다. 이같이 김일성-김정일주의는 그 근본을 주체사상에 두고 있다. 주체사상은 사회주의 사회가 인민대중이 주인으로 된 사회라는 데 그 본질이 있다. 인민대중이 주인인 사회는 오직 사회주의 사회뿐이라고 주장하는 것이다. 김정은도 김일성-김정일주의의 본질은 '인민대중제일주의'라고 2013년 동 제4차 세포비서대회에서 밝히고 있다.

■ 2020년 조선노동당 창건 75주년 대집단체조에 등장한 인민대중제일주의

출처 : RFA(자유아시아방송)

둘째, 김일성-김정일주의의 구성체

계는 혁명이론으로 인민대중의 자주성을 실현하기 위한 사회변혁에 관한 이론과 전략전술이다. 혁명이론은 인민대중의 지위와 역할을 바탕으로 해명한 사상의 일반적 합법칙성과 함께, 민족해방과 계급해방을 위한 투쟁, 사회주의 건설, 조국의 통일과 세계의 자주화에 관한 이론이 체계화된 것이다. 북한에서는 김일성-김정일주의의 구성체계와 내용을 다음과 같이 몇 가지로 나누어 설명하고 있다.

① 인민대중의 자주적 지향과 요구에 맞게 투쟁의 목표와 방향 제시
② 사회주의 사회의 본질적 특성과 그 발전의 합법칙성을 새롭게 천명
③ 주체혁명의 새 시대인 선군시대의 요구에 맞게 선군혁명사상과 선군정치 이론의 체계화
④ 조국통일문제의 본질과 성격 · 주체 · 방도 제시
⑤ 자주성에 기초한 국제관계이론과 새 세계건설에 관한 이론을 포함

셋째, 김일성-김정일주의의 지도방법은 사회변혁의 주체인 인민대중의 이익을 옹호하는 역할을 높이기 위한 지도방법이다. 김일성-김정일주의는 과학적인 세계관과 혁명이론과 함께 지도방법을 제기하고 있다. 즉, 혁명과 건설에서 제기된 모든 문제를 인민대중의 혁명적 열의와 창조적 적극성을 불러일으켜 그 역할을 최대한 높이고 동시에 해결해 나가고 있다. 주체사상의 자주성 견지, 창조적 방법, 사상을 기본으로 해야 한다는 지도원리에 더하여 혁명과 건설에 인민대중의 지지를 끌어들이는 방법이 내포되어 있다.[101]

김정은 체제의 공고화 과정에서 새로운 통치이념이 필요했던 북한 정권으로서는 노동당 규약 개정을 통해 주체사상과 선군사상에 사상적 기반을 두고 있는 김일성-김정일주의를 체계화해 사상적 연속성을 확보하려고 하였다. 북한은 '온 사회의 김일성-김정일주의화'를 통치논리로 구현하는 실천담론으로 '김정일 애국주의'를 제시하였고, 2019년에 와서는 신년사에서부터 주체사상의 기초 위에 '우리국가제일주의'를 제창해 왔으며 2020년 자력갱생 기조 아래 집중 부각하고 있는 '인민대중제일주의'를 제시했다. 그리고 2021년 제8차 당대회에서는 김일성-김정일주의를 "주체사상에 기초하여 전일적으로 체계화된 혁명과 건설의 백과전서이며 인민대중의 자주성을 실현하기 위한 실천투쟁 속에서 그 진리성과 생활력이 검증된 혁명적이며 과학적인 사상"으로 제시하였다.

제3장

북한의 당-군 관계[102]

1. 공산주의 국가의 당-군 관계

일반적으로 공산주의 국가의 권력구조의 문제를 다루는데 있어서 가장 빈번하게 논의의 대상이 되고 있는 것이 바로 당-군 관계이다. 당-군 관계를 어떻게 규정할 것인지의 문제에 대해서 이석호는 크게 양자를 적대적 구조의 관계로 가정해서 파악하는 것과 양자를 갈등보다는 조화의 차원에서 보고자 하는 것으로 나누고 있다.[103] 하지만 본 장에서는 당-군 관계를 적대적 구조로 보는 것이 아니라 공산주의 국가는 그 중심이라 할 수 있는 공산당[104] 중심의 일당지배체제로 이루어져 있다는 것에 초점을 맞추어 당에 대한 군의 상대적인 입지를 중심으로 서술한다.

당-군 관계에 대한 가장 유용한 설명을 한 사람은 허스프링(Dale R. Herspring)이다. 허스프링이 제시하고 있는 당-군 관계의 발전모델은 당-군 관계를 전환단계(transformation phase), 강화시기(consolidation period), 그리고 체제유지 시기(system maintenance period) 등으로 나누어 당-군 관계의 특성을 파악하고 있다.[105] 허스프링은 전환단계에서는 당의 리더십과 군부 간의 광범위한 가치의 불균형(wide disparity of values)현상이 나타난다고 보았고, 정권의 최우선적인 목표는 체제에 명백하게 적대적 태도를 취하는 세력을 무력화시키는데 있다고 보았다. 이 시기에 있어서 당과 정치기구의 임무 중의 하나는 새로운 정권에 대해 수동적인 감정을 갖고 있는 군부, 특히 군장교들을 몰아내거나 무력화시키는 것이다.

강화시기는 감독과 통제기능의 강화(intensification)로 특징지워지고 여기 덧붙여 군 생활의 모든 면에 있어서의 정치화에 있어 보다 큰 강조를 두게 된다고 허스프링은 설명하였다. 끝으로 관리기에 들어오면 당의 리더십은 모든 상황에서 군부를 신뢰하는 것은 아닌 반면, 대부분의 상황에서는 군부를 새로운 정권의 지지세력으로 간주하려는 경향을 보이게 된다.106 이러한 허스프링의 모델은 당-군 관계의 역학관계를 단계별로 특징지어 분석하고 있으며, 국가 건국 시기의 북한과 중국의 당-군 관계에서부터 두 국가의 특징을 도출하려고 하는 본 장의 서술 방향에 있어 논리의 근거를 제공하고 있다.

또한 알브라이트(David Albright)는 당-군 관계를 정의하는데 있어서 컨틴젼시 접근법(contingency approach)을 주장하였다. 알브라이트는 공산주의 국가의 서로 다른 당-군 관계를 적절하게 설명하기 위한 7개의 변수를 제시하고 있는데, 그 변수는 권력장악의 과정, 대외관계, 상층 지배 엘리트군의 기능적 전문화의 정도, 통치 엘리트 내의 파벌투쟁의 정도, 정치의 관료화의 정도, 통치 엘리트 내의 파벌투쟁의 정도, 정치의 관료화의 정도, 군사독트린, 국내질서의 정도 등으로 맥락화하였다.107 이러한 알브라이트의 접근법은 각 변수 간의 상관관계를 정확히 파악할 수 없다는 약점이 있으나 당-군관계를 이론화하는데 적절하고 그 수준을 한 단계 진전시키는데 기여하였다. 또한 아델만(Jonathan R. Adelman)은 당-군 관계의 정의에 있어서 역사적 발전모델(historical developmental model)을 제시하는데, 혁명적 발전의 속성과 소련의 관여의 정도가 공산주의 국가의 당-군 관계의 성격을 결정하는 결정적 요인이라고 지적하고 있다.108 이는 북한의 조선인민군의 모체라 할 수 있는 보안대 형성 당시 소련군의 영향을 크게 받았다는 데에서 북한에 적용 가능하다고 할 수 있다.

공산주의 국가에서의 당-군 관계의 역학관계를 연구하려는 시도는 그동안 많이 있었다. 사회주의 국가에서 군대의 정치적 역할을 일반화하고 이론화하려는 작업은 헌팅턴(Samuel P. Huntington)에 의해 시작되었다고 할 수 있으며 그 이후 민-군 관계에서나 당-군 관계에 대한 개념에 자극받은 많은 학자들이 공산주의 혹은 사회주의 군대의 정치적 역할에 관한 이론화 작업을 하려는 많은 시도들이 있었다.[109] 헌팅턴은 직업 장교집단의 등장이 민과 군이라는 두 개의 영역을 분화시키고 이로 인한 두 영역 간 긴장이 민간의 군대통제 문제를 낳았다고 주장했다.[110] 헌팅턴에 따르면 민간의 군 통제 방법은 주관적 통제(subjective control)와 객관적 통제(objective control)가 있다. 주관적 통제는 실적에 의한 진급이나 군 직업주의적 자율성을 허용하지 않고 통제 장치를 통해 모든 군사문제에 개입하고 정치적 교정을 하려 하는 반면, 객관적 통제는 군사부분 고유의 과제인 외부의 적에 대처하는 문제를 군대에게 맡기고 그 이외의 사회 정치적 문제는 민간 정치인의 영역으로 인정받는다는 것이다.[111] 헌팅턴은 군의 정치적 개입 정도를 분석하면서 민-군 관계에 대한 위와 같은 분석적인 이론을 제시하여 민-군 관계를 구체화하려고 하였다. 하지만 헌팅턴의 이러한 연구는 기본적으로 서구를 대상으로 한 것이기 때문에 아시아권의 문화를 지니고 있는 북한과 중국에 적용하기에는 무리가 있다.

헌팅턴의 선구적인 작업으로 시도된 위의 개념의 일부를 수용하고 일부를 수정하면서 공산주의 국가에만 국한된 군대의 정치적 역할을 일반화한 것으로 갈등모델, 제도조화모델, 참여모델 등이 있다. 먼저, 갈등모델은 콜코비츠(Roman Kolkowicz)가 소련 흐루시초프 시대 적군의 정치적 역할을 헌팅턴의 주관적 통제 모델에 기초해서 제시한 당-군 관계의 모델이라고 할 수 있다.[112] 콜코비츠에 따르면 소련 공산당과 적군은 서로 다른 가치와 목적, 이익을 추구하며 대립적 이해관계를 맺고있는 갈등하는 조직이다. 공산주의 국가에서 독점적인 정치권력을 행사하고 있는 공산당은 시민에 대한 제도화된 불신, 잠재적 적대자에 대한 공포로 인해 절대권력 행사에 장애가 되는 개인이나 직업집단을 제거하려 한다.[113] 그에 따르면 군대도 그 권력 독점에 대한 잠재적 도전자로 간주된다. 따라서 공산주의 국가에서 공산당은 군대가 당의 권력으로부터 자립을 추구하는 것을 인정하지 않고 군의 세력이 커지는 것을 반대한다. 하지만, 이에 맞서 군대는 전문직업적인 자율성을 추구하며 당의 통제를 벗어나려는 경향을 갖고 있다.[114] 군대는 당과는 달리 군대라는 조직적 이익과 그들만의 특성이 따로 있기 때문이다. 이런 군대의 특성으로 인해 당은 군대를 당의 방침에 절대 순응하는 조직으로 남도록 다양한 통제 장치들을 동원한다.[115] 다시 말해 두 조직은 '제로 섬' 관계로 "공산당과 소련군 관계는 본질적으로 갈등적이며 이는 소련국가의 정치적 안정을 지속적으로 위협하는 요인"[116] 이라고 평가했다. 이러한 콜코비츠의 갈등모델은 북한의 경우 부자간 권력세습 이후 숙청과정에서 봤을 때 북한의 사례에서 적용 가능하다고 할 수 있고, 중국의 경우 문화대혁명 이후 덩샤오핑 시기 당-군 관계의 정상화를 하였다는 측면에서도 적용 가능하다.

이에 반해 윌리엄 오덤(William E. Odam)은 1920년대 소련 적군의 정치적 역할 분석을 통해 당과 군의 관계의 기초는 갈등이 아니라 조화라는 제도 조화모델을 제시하였다. 오덤은 군대는 당의 일부로서 행정적 기관일 뿐이며 당과 경쟁하는 위치에 있지도 않고 당과 분리되어 있는 조직도 아니라고 주장했다.[117] 이는 당과 군이 정치적 공생 관계라는 것을 말하는 것이다. 기본적으로 당과 군은 사회주의 건설이라는 공동의 목표를 지니고 있으며 군의 주요 요직자인 장교들은 군인이면서 동시에 주요 당 간부이며 당의 집행자라고 할 수 있다. 당-군 관계에서 갈등이 없을 수 없겠지만 그것은 당과 군의 대립이 아니라, 당 내부 혹은 군 내부의 대립이라는 것이 오덤의 주장이다.

위에서 말한 갈등 모델과 제도조화 모델 외에 콜튼(Timothy J. Colton)은 참여 모델을 제시하면서 다른 의견을 제시하였다.[118] 콜튼은 갈등 모델과 제도 조화모델 모두 당과 군의 관계를 갈등이나 조화의 한 관점에서만 접근하고 있다고 지적했다.[119] 콜튼은 소련의 군대와 공산당의 상호작용 과정을 분석하여 당-군 관계가 갈등과 조화 사이의 다양한 위치에 있다고 강조했다. 즉, 당과 군은 갈등 혹은 조화의 양자택일적인 관계에 있는 것이 아니라 다양한 맥락에서 다른 형태를 보일 수 있다고 주장한 것이다. 콜튼의 모델은 앞으로 논술하게 될 본 연구의 방향과 가장 근접하다고 볼 수 있다. 북한과 중국의 조선로동당과 중국공산당은 해당 국가 내에서 최고의 권력기관이며 일당지배체제의 중심이 되고 있다. 본 장에서 말하는 것은 당-군 관계의 역학관계를 비교함에 있어서 당과 군 중 누군가가 우위에 있는 제로섬 게임식의 모델이 아니라, 시기별로 당-군 관계 내부의 역학관계가 변화한다는 것을 밝히는데 있기 때문에 콜튼의 모델과 가장 가깝다고 할 수 있다.

위에서 말한 세 가지 모델은 공산주의 군대의 정치적 역할을 설명하고 맥락화하는데 유용할 뿐만 아니라 분석수준에 있어서 통찰력까지 제공하고 있다. 하지만 비교공산주의 연구에서 북한의 경우 공산주의 국가이긴 하지만 다른 공산주의 국가들과 상당 수준 다른 부분을 보이고 있는 '특수성'이 있기 때문에 적용하기 쉽지 않고, 중국도 일찍이 경제분야를 개방하고 활발한 대외활동을 펼치고 있기 때문에 적용하는 것이 쉽지는 않다. 하지만 냉전시기 이러한 연구들이 활발하게 진행되어 있어 표준화된 공산주의 내부 역학관계 모델에 대해 참조를 할 수 있었다.

공산주의 국가의 당-군 관계를 살펴봄에 있어서 당-군 관계 모델에 대한 연구도 중요하지만 공산주의 국가의 시초라고 할 수 있는 소련 내부의 당-군 관계에 대한 연구도 빼놓을 수 없다. 위에서 갈등모델을 제시한 콜코비츠는 같은 책에서 소련의 당-군 관계에 대한 연구를 체계적으로 하였는데 그에 따르면 소련군의 특징은 첫째, 고도의 전문직주의와 직업적 자율성에 대한 요구, 둘째, 직업적 윤리, 명예와 규율의 엄격한 규범과 군법, 셋째, 조직적인 구조 등으로 요약을 할 수 있다고 하였다.[120] 이러한 군의 성향은 당과 충돌한다. 일당지배체제에서 당의 군 조직에 대한 우위는 그 조직에 침투하기가 쉽고 조종, 통제하기 쉽다는 점이다. 군이 원하는 자율성과 당이 원하는 군에 대한 침투성 등은 한 사회체제 내에서 군과 당이 본질적으로 양립하기 어렵다는 것을 보여준다. 콜코비츠는 이 이유를 서로 다른 기본적 특징과 성향을 가지고 있기 때문이라 보았고, 다음의 표는 콜코비츠가 소련공산당과 적군의 주요 성향 차이를 비교한 내용이다.

■ 소련 공산당과 군의 성향 비교

군	당
엘리트 중심주의 성향	인류평등주의/만장일치주의 성향
전문직업적 자율성 강조	군부의 당에 대한 이데올로기에 복종 선호
민족주의적 성향이 농후	프롤레타리아 국제주의 지향
군 본연의 임무에 충실	비군사적인 사회적 문제에 관여
영웅적 상징주의 선호	익명주의 경향

출처 : Roman Kolkowicz, *The Soviet Military and the Communist Party*(Princeton: Princeton University Press, 1967), p. 21.

콜코비츠는 위의 특성 등을 제시하면서 이러한 경향이 당과 군 사이의 균열과 갈등을 초래하고 있다고 주장하면서 앞서 말한 갈등 모델을 제시하였다.

또한 공산권 국가에 대한 당-군 관계에 대한 연구에 있어 빼놓을 수 없는 인물은 펄뮤터(Amos Perlmutter)이다. 펄뮤터는 공산주의 국가들에 있어 당-군 관계의 전형적 특성인 공산당의 군부 우위와 군부의 활발한 정치참여를 이중역할 엘리트(dual-role elite)의 개념으로부터 설명하였다. 그에 의하면 공산권 국가의 군부는 고도로 정치화된 집단이며 군 고위 장교단은 군사지휘관으로 뿐만 아니라 주요 정치지도자로서의 역할을 동시에 수행하게 된다.[121]

펄뮤터는 민군 관계에 대한 일반적 연구에 있어서 성립되는 두 가지 가정, 즉 민군 간 갈등은 상이한 제도 간의 갈등으로 정의될 수 있다는 점과 민간 엘리트와 군부 엘리트 중 어느 한쪽은 군부가 비정치적이어야 한다는 규범에 동의한다는 점은 공산권 체제에는 적절하지 못하다고 지적하고 있다. 이러한 지적은 자신이 제시한 공산권 국가 장교단의 이중 역할 엘리트로서의 역할을 고려할 때 당연한 것이라 할 수 있다. 펄뮤터는 이에 따라 공산권 국가의 당-군 관계에 있어서는 군부의 민간정권에 대한 개입은 부차적인 문제이며, 오히려 당-군 간의 상호작용으로 인한 다양한 관계를 규명하는 것이 보다 유용하다고 보았다.[122]

2. 북한의 건국 초기 당-군 관계

조선로동당의 초기 모습은 김일성의 실질적인 권력이 보장되는 구조가 아니라 복수의 권위자들에 의해 지배되는 복수연합체적인 모습을 띠었다. 이후 1956년 '8월 종파사건' 이후에 비로소 조선로동당은 김일성 중심의 '수령의 당'으로 변모하였다. 즉, 북한의 건국 초기 모습은 여러 계파로 나뉘어진 공산당의 집단지배체제에 가까웠고, 이 과정에서 당-군 관계의 형성이 마오쩌둥 중심으로 견고히 자리잡고 있던 중국의 당-군 관계와 다른 양상을 띠게 되었다. 이를 자세히 살펴보기 위해 북한의 당-군 관계의 형성 과정을 역사적 배경과 함께 분석할 필요가 있다.

공산주의 국가에서 당-군 관계의 형성을 규정하는 가장 중요한 요인은 역사적 배경이다. 게릴라 조직과 같은 무장조직이 공산주의혁명 과정에서 어떠한 역할을 했는가에 따라 공산주의 정권 수립 이후 군대와 당의 정치적 역할의 수준이 다르기 때문이다. 중국과 같이 장제스의 국민당과 마오쩌둥의 공산당 간에 내전이 일어나 그 내전을 승리로 이끌어낸 중국공산당의 군대는 높은 수준의 정치적 역할을 했다. 반면, 소련의 점령에 의해 공산주의 정권이 수립된 동유럽권의 군대는 정치적 역할이 매우 낮았다. 북한의 경우에도 동유럽처럼 소련에 의해 탄생되었고 무력조직이 정권수립에 아무런 역할도 하지 않았지만 북한은 동유럽형이라기보단 중국의 형태에 가깝다. 이는 북한 정권수립 이전 소규모 게릴라 부대의 역할이 정권수립 이후 정치적 이유로 북한 정권 형성에 결정적 기여를 한 것으로 재규정되었기 때문이다.[123]

해방 이전부터 존재했었던 조선 내 공산당은 1948년 해방 직후 여러 분파로 나뉘어 있었다. 해방 직후 북한 내에 주요한 입지를 장악했던 세력은 조만식을 중심으로 한 국내의 민족주의세력과 국내파 공산주의자, 소련계 한인공산당 세력(소련파), 연안파 공산주의자, 그리고 만주 빨치산 중심의 갑산파 등이었다. 흔히 북한의 초기 모습부터 김일성의 유일지배체제였다고 판단하기가 쉬운데, 이러한 여러 분파로 나뉘어져 있는 일당 내 여러 세력들이 존재했었기 때문에 북한 정권 창건 이후 김일성이 확실한 권력기반을 장악하기까지는[124] 10여년의 시간이 필요했다.

조선로동당이 김일성으로의 일인지배체제를 갖추기 전까지 여러 계파로 나뉘어져 있었다면 군은 과연 어떤 모습이었는지 살펴볼 필요가 있는데, 그에 앞서 조선인민군의 창설 배경에 대해 알 필요가 있다. 1945년 8월 15일 해방이 되자 북한지역에서는 좌우익세력이 따로따로 치안대 · 자위대 · 적위대 등을 조직하여 치안유지에 나섰다. 이러한 치안조직들 사이에 빈번하게 무장충돌이 벌어지자 소련군정 당국은 1945년 10월 12일 '제25군사령관 명령서'를 발표해 치안대 · 자위대 · 적위대를 해산하고 10월 21일에 진남포에서 2천여 명 규모의 보안대를 창설하였다. 김일성을 중심으로 한 지도집단은 각도의 보안대에 이어 보안대원 보충과 훈련을 위한 보안훈련소를 1946년 6월 평남 개천에 설치하고 1946년 1월 11일에는 철도보안대가 창설되었다. 1946년 2월 8일에 당 · 정 · 군의 간부들을 양성하기 위한 평양학원이 설립되었으며, 1946년 7월과 8월에 두 차례의 토론을 거쳐 군사기관들의 통합 지휘를 목적으로 8월 15일에는 보안간부훈련대대부가 창설되었다. 보안간부훈련대대부는 1947년 5월 17일에 북조선인민집단군 사령부로 개칭되고 이때 전 장병에게 계급장을 수여해 사실상 인민군 출범 준비를 마무리하게 된다. 이러한 과정을 거쳐 북한에서 인민군은 '조선민주주의인민공화국'이 수립되기 이전인 1948년 2월 8일 창설되었다.[125] 인민군의 창군 과정에서 중요한 역할을 한 평양학원, 중앙보안간부학교, 보안간부훈련대대부 등에 문화부 혹은 정치부가 설치되었는데 이는 군 창설과정에서 소련군의 정치위원제도(Political Commisar)[126]를 채택하였음을 보여준다.[127]

조선인민군 창설 당시 북조선로동당에는 군대를 담당하는 조직이나 인물이 없었다. 이때 당시는 현재의 모습처럼 군대 내에 당조직이 없었으며[128] 어떤 특정 당의 영향을 인정하지도 않았다. 적어도 외형상으로 조선민주주의인민공화국 창건 시점에 군은 당의 계통적 통제로부터 그 자율성을 보장받은 것처럼 보였고, 당과 군대는 공식적, 조직적 유대 없이 각각 독립적으로 창설되고 발전해 나갔다.[129] 이는 당시 당내 입지보단 군대조직을 장악하고 있었던 김일성의 만주파가 의식적으로 조선인민군을 당군화하려 하지 않은 결과라고 볼 수 있다. 북조선로동당 중앙상무위원회는 1946년 10월 "보안훈련소, 철도경비대는 북조선 인민의 민주개혁을 보장하는 전 인민의 군대인 바 군대의 당군화를 방지하고 군대의 통일적 통솔권을 보장하기 위하여 대오 내에 각 정당조직을 두지 않을 것"을 결정했다.[130] 이 조치에 따라 모든 당원들은 입대할 때 당증을 문화부에 반납하도록 했다.[131] 이는 군대 내에 특정 당의 영향력을 인정하지 않는다는 것으로 해석할 수 있다. 또한 김일성은 1948년 2월 8일 조선인민군 창건 기념 연설에서 조선인민군을 특정 정파의 군대가 아닌 '인민의 군대'라고 공식적으로 성격규정을 하였다. 김일성은 이 연설에서 "오늘 우리가 창건하는 군대는 조선의 노동자, 농민을 비롯한 근로인민의 아들과 딸들로 조직되었으며 조선민족의 해방과 독립을 위하여, 인민대중의 행복을 위하여 외래 제국주의 침략세력과 국내반동세력을 반대하여 싸우는 진정한 '인민의 군대'입니다"라고 선언했다.[132] 즉, 북한 정권 창설 초기의 군의 모습은 여느 공산주의국가처럼 설립 초기에 당-군 관계를 같이 형성해 나갔던 모습과 달리 각기 다른 모습으로 성장하고 있었기 때문에 다르다고 볼 수 있다. 이대근과 이석호는 북조선로동당이 군대를 당에서 분리한 것은 무엇보다도 통일전선을 추구하고 있었던 당시 정치적 조건 때문이라는 설명을 하였다.[133] 북조선로동당이 남조선로동당과 아직 합당하기 직전[134]이었고 그 이외의 정파와 남한 내의 정치세력을 끌어들이기 위해 노력해온 북한 지도부로서는 인민군이 조선반도 전체 인민의 이익을 보호하는 군대임을 내세울 필요가 있었다는 것이다. 이러한 통일전선의 관점에서 군대가 특정 정당의 소유물처럼 보이도록 하는 것은 올바른 정책이 아니었다.[135] 하지만 이러한 이유에서 당과 군이 분리가 되어있다 하더라도 초기 조선인민군은 군내에 당 조직이 존재하지 않았고, 군과 당이 따로 설립되고 발전해왔다는 사실은 변하지 않기 때문에 북한 정권 초기의 당과 군의 모습은 분리된 모습이었고, 군은 당의 군대가 아닌 인민의 군대의 모습으로 존재했다.

위에서 분석한 북한정권 초기 당과 군의 형식적으로 분리된 모습은 북한의 당-군 관계의 형성과정을 해석하는데 중요한 함의를 지니는데, 지금까지의 연구로 분석한 북한의 초기 당-군 관계의 형성과정에서의 특징은 다음과 같다. 첫째, 공화국 수립 이전에 먼저 군이 창설되었다는 점이다. 조선민주주의인민공화국의 창건은 1948년 9월 9일로 흔히 '구구절'이라 불리는 날이다. 반면 조선인민군 창설은 1948년 2월 8일으로 앞서 설명한 보안대를 그 모체로 탄생하였다. 건국[136] 이전에 군이 먼저 설립되었다는 것은 군을 통제하는 규정이나 규율을 결여하고 있었음을 의미한다. 게다가 공산당 중심의 일당 공산주의국가이긴 하지만 김일성의 만주파 외에도 여러 계파가 모여 있었기 때문에 어느 하나의 계파에 속한 군이라고 정의하기도 어려웠으며, 따라서 형식적으로 당과 군이 각기 다른 모습으로 발전해 왔음을 볼 수 있다. 둘째, 조선인민군은 '인민의 군대'로 규정되었다는 점이다. 북한 지도자들은 창건 시기부터 '인민의 군대'를 내세우며 자본주의 국가 군대들과의 차별성을 부각시켰다. 조선인민군은 노동자, 농민의 아들, 딸로 조직되었으며 인민을 위해 제국주의 및 국내 반동세력에 반대하여 싸운다는 것이다.[137] 이는 혁명

전통 강조를 통해 군에 대한 자부심과 정통성을 부각시키려 했던 것으로 볼 수 있다. 하지만 북한 창건 2년 뒤 바로 북한의 남침으로 인한 6.25전쟁이 발발하면서, 당원들이 군에 대거 투입되게 되고 '인민의 군대'에서 '인민의 군대=당의 군대'라는 모습으로 변화하게 된다.[138]

3. 북한의 시기별 당-군 관계

1) 김일성 시기

북한의 정치체제는 다른 공산주의 국가와는 본질적으로 다른 차이를 보이는데 그중에 가장 현저한 차이가 권력 승계에서의 부자간 세습이다. 특히 현재 김정은까지 이어진 3대 세습체제는 과거 제정일치 시대의 신정체제나 중세의 왕권신수설에 바탕을 둔 절대군주제와 유사하다.[139] 즉, 해방 이후 건국과정에서부터 현재에 이르기까지 북한의 통치체제를 되돌아보면 김정일로의 권력 승계과정에서는 김일성의 이름과 권위를 통해 부자권력 세습체제로 유지하고, 김정은으로의 권력 승계 역시 부자간 세습이 이루어지며 현재까지 유지하고 있다. 이는 공산주의 국가뿐만 아니라 근현대 어떠한 국가에서도 유례가 없는 역사적인 '3대 세습 체제'를 북한에서 구축한 것이라 볼 수 있다.

북한을 설명할 때 빼놓을 수 없는 인물인 김일성 시기의 당-군 관계를 설명하기 전에 건국 초기 때의 당-군 관계는 앞에서 다루었다. 소련점령군의 전적인 지원을 받아 다른 공산주의 세력에 비해서 군을 장악하고 있던 김일성은 처음부터 주도권을 장악하여 당을 지배하지 못했다. 김일성이 당을 장악한 것은 1961년 9월에 열린 노동당 제 4차 당대회 이후이다.[140] 앞에서 언급한 바와 같이 김일성은 처음부터 당에서 주도권을 장악하지 못했기 때문에 당을 통한 군의 지휘통제방식을 채택하지 않았는지 모른다. 오히려 김일성은 이미 군에서 확보한 주도권을 바탕으로 열세에 있던 당에서의 위치를 강화하기 위해서 당과 군의 관계를 이원화시켰을 가능성이 매우 크다.[141] 하지만 김일성 시기 건국 초기에 보였던 당과 군의 분리된 모습은 6.25전쟁을 전후로 해서 바뀌게 된다. 상호 독립적으로 성장하던 당과 군이 공식적이고 제도적으로 결합하기 시작한 것이다. 조선로동당 중앙위원회는 1950년 10월 21일 정치위원회를 열어 조선인민군 내 당 조직을 두기로 정식 결정하였다. 김일성은 군 내 당 조직이 인민군대에 대한 당의 영도와 전투력 강화를 위한 것이라고 설명했고, 이 결정에 따라 당중앙위원회는 1950년 11월 29일 '조선인민군 내 당 단체 사업규정'을 비준하고 인민군대 내 당 단체와 정치기관 설치의 근거를 마련했다.142 이후 지휘관의 권위가 정치 부대장의 존재로 위협받기는 했지만 적어도 이때까지는 여전히 부대 최고 책임자였고 당의 통제도 불충분했다. 군대에 대한 당의 실질적인 통제가 이루어지기 위해서는 여러 계파로 나눠져있던 연안파와 소련파의 숙청이 필요하였다. 조선인민군은 당내 권력투쟁을 거치면서 건국 초기 '인민의 군대'에서 '당의 군대'로 당-군 관계를 자리매김하기 시작한다. 김일성이 유일지도체제로 자리매김하는데 가장 결정적인 사건은 1956년 8월에 있었던 '종파143사건'이다. 이를 계기로 당과 인민군 내 연안파와 소련파가 숙청당했으며 김일성 주도의 조선로동당이 자리매김하는 계기가 된다. 이후, 1960년 9월 8일 열린 조선로동당 인민군 위원회 전원회의 확대회의에서 김일성은 당-군 관계를 전면적으로 재규정했다. 김일성은 첫째, 군대 내 당위원회가 군대 내 최고 조직이며 인민군 내 당위원회는 단순한 협의기관이 아니라 집체적인 군사정치적 영도기관임을 분명히 했다. 둘째, 군 내 모든 문제는 당위원회를 열어 결정하도록 했다. 셋째, 인민군대는 바로 노동당이 조직한 것이고 당의 정책을 집행하며 혁명의 전취물을 보위하기 위한 무장력임을 다시 확인했다.144 이로써 군대 내 누구도 '당의 영도'를 벗어나 독자적인 힘을 행사할 수 없게 되어 김일성 시기 북한의 당-군 관계는 자리매김하게 된다. 이때 김일성은 '김창봉 · 허봉학 사건145'으로 인해 다시 한 번 당이 군을 통제할 수 있는 제도적 장치를 도입한다. 바로 현재까지 유지되고 있는 정치위원제의 도입이다. 이는 북한 조선인민군 내 군단, 사단, 연대에 정치위원을, 대대, 중대에 정치지도원을 두는 등 모든 부대 단위에 정치위원, 정치지도원을 두는 제도로 북한이 당의 영도하에 군을 통제하기 위한 제도적 장치이다. 이 결과, 정치 군관의 영향력이 지휘관을 능가하는 군대 내

정치-일반장교 간 관계에 일대 전환이 일어났다. 1969년의 정치위원제 도입을 골자로 한 제도적인 군대 내 당 통제 장치는 1970년 당규약 및 1972년 헌법에 반영됨으로써 완결되었고, 이후 제도적인 군 내 당 통제 장치는 변하지 않았다.146 즉, 김일성 시기 북한의 당-군 관계를 요약해보면, 건국 초기에는 공산당 계열이 여러 계파로 나뉘어져 있어서 당과 군이 분리되어 발전하는 모습을 보였으나 6.25전쟁을 전후로 '당의 군대'로써 당-군 관계가 정립되기 시작한다. 이후, '8월 종파사건'과 '김창봉 · 허봉학 사건'을 거치며 당이 군을 지배하는 제도적인 장치가 도입되며, 김일성 사망 시까지 유지되었다고 볼 수 있다.

2) 김정일 시기

김정일의 공식적인 진출은 1964년 김일성종합대학 졸업과 동시에 노동당 선전선동부 지도원으로 출발하면서부터라고 할 수 있다. 1974년 제5기 제8차 전원회의에서 김정일이 김일성의 후계자로 결정된 후 김정일은 1974년 4월부터 정무원까지 지도범위를 넓혀갔고, 그해 10월에는 당 전문부서 및 정무원으로, 그리고 1975년 5월경에는 정치위원회와 군사위원회를 제외한 전 당을 장악했다.147

이때부터 김정일은 북한의 권력구조에서 김일성의 바로 다음인 제2인자가 되었고 노동당의 모든 활동과 정치문제를 관장한다. 그리고 김일성은 대남사업과 외교문제, 핵개발 등 굵직굵직한 사안을 담당하는 상징적인 존재로 남고 실질적인 통치는 김정일이 도맡아서 하게 된다. 그리고 김일성은 현지지도와 외교사절 접견 등에만 신경을 썼다. 이어 1980년 10월 제6차 노동당 전당대회에서 김일성, 김일, 오진우에 이어 서열 4위로 정치국 상무위원과 당 비서, 군사위원에 선출되어 공식적인 후계자로 내외에 발표한다. 그 동안 '당 중앙'이라는 명칭으로 막후에서 실습통치를 하던 김정일이 공식적인 후계자로 등장한 것이다.

김정일은 1991년 인민군 최고사령관에 임명되었고, 1992년에 원수가 되었다. 1993년에는 최고인민회의에서 북한의 모든 군사력을 통제하고 전쟁 선포권까지 겸비한 국방위원장에 선출되었다. 결국 1994년 7월 8일에 김일성이 심장마비로 사망하자 김정일은 곧바로 국가 주석에 취임하지 않고 3년 3개월 동안 '유훈통치'

기간을 갖고 1997년 10월 8일에 공식적으로 조선로동당 총서기에 취임했다.148 이는 1974년 2월 열린 당중앙위원회 제5기 제8차 전원회의에서 후계자로 결정된 지 23년 만에 공식적으로 북한의 권력을 승계한 것이며, 여느 공산주의 국가에서 볼 수 없었던 부자간의 승계가 완료된 것이라 볼 수 있다. 그렇다면 김일성에서 김정일로의 '부자간 권력승계' 후 당-군 관계가 어떻게 변했는지 살펴볼 필요가 있다.

북한에서 조선로동당은 정치, 경제, 문화, 군사 등 전반 사업을 다 장악하고 그 집행을 조직하며 지도 통제하는 최고지도기관으로 행정경제부문, 군사 부문, 근로단체들의 사업을 통일적으로 지도와 통제를 하는 전사회적 영도의 기능을 수행한다. 그런데 김정일 시대에 들어와 군이 강화된 반면, 당은 상대적으로 그 정치적 기능이 약화되었다.149 김정일 시대의 당-군 관계에서 가장 큰 특징은 군의 전면적 부상이다. 김일성 사망 이후 북한은 모든 언론매체를 통해 군의 중요성을 강조하였다. '군중시사상', '군사적 진지', '군사강국', '선군후로', '선군혁명령도', '총대중시사상', '총폭탄정신', '혁명적 군인정신', '군민일치', '우리군대 제일주의' 등 군 관련 담론들이 매일 같이 생산되었으며 이러한 담론들을 종합하거나 대신할 수 있는 단어가 바로 김정일의 정치방식인 선군정치150(先軍政治)이다.151

선군정치는 김정일의 '군 중시사상'에 기반을 둔 정치방식으로 '군사선행(軍事先行)'의 원칙에서 모든 문제를 해결하는 통치방식이다. 북한은 선군정치의 시작을 처음에는 1998년 10월에 공식화된 것으로 주장했으나 이후 점차적으로 근원을 소급해 올라가 1995년, 더 나아가 1960년에 시작됐다고까지 말한다. 2002년 11월 북한이 선군정치의 시작을 1995년 1월 1일로 소급하여 설명한 데 따르면 "1995년 1월 1일 장군님이 다박솔 초소를 찾은 날은 이 땅 위에 '선군정치'의 첫 포성이 울린 역사의 날"이라고 주장한다.152

김정일은 자신의 통치구호를 공식적으로 '선군정치'로 내걸었고 후계준비과정에서 북한은 김일성의 주체사상과 쌍벽을 이루는 독창적인 사상으로 '선군사상'을 김정일의 업적으로 부각시켰다. 2009년 9월 북한 개정 헌법은 선군사상이 주체사상과 함께 북한의 국가 이데올로기로 확립되었음을 천명한다. 즉 "조선민주주의인민공화국은 사람 중심의 세계관이며 인민대중의 자주성을 실현하기 위한

혁명사상인 주체사상, 선군사상을 자기 활동의 지도적 지침으로 삼는다."(제3조)라고 적고 있다.[153]

그렇다면 김정일에 와서 선군정치를 위시로 한 군의 중시는 당-군 관계에 어떠한 영향을 미쳤는지 본격적으로 살펴볼 필요가 있다. 김일성이 자신의 아들인 김정일로의 후계자 공고화 과정에서 국방위원장 직위와 최고사령관 직위를 준 것은 기존의 당-군 관계에 있어 변화의 조짐을 보일 첫 행태였다고 볼 수 있다. 하지만 1995년 이전까지는 위기를 관리하기 위해 군의 강화를 강조하면서도 군에 대한 당의 영도를 주장하고 있었다. 김정일은 1992년 1월에 당중앙위원회 책임일꾼들과 한 담화에서는 "인민군대는 총을 쥐고 있는 대오인 것만큼 어느 대오보다도 당과 수령에 대한 충성심이 높아야 합니다."[154]라고 주장하였고, 2월 당중앙위원회 책임일꾼들과 한 담화에서는 "주체의 혁명위업을 완성하자면 첫째도 둘째도 셋째도, 열째도 인민군대를 강화하는데 큰 힘을 넣어야 하는데, 이는 인민군대를 수령의 군대, 당의 군대, 인민의 군대로 만드는 것을 의미하는 것이며, 이를 위해서는 인민군대에 대한 당의 영도를 강화하여 모든 군인들을 당과 수령에게 끝없이 충실한 주체형의 혁명전사로 키워야 하며 인민군대에 대한 당의 영도체계를 확고히 세워야 한다"[155]고 역설하였다. 또한 "오늘 우리나라에서는 당이자 군대이고 군대이자 당이라고 말할 수 있습니다. 인민군대에서 당풍에 기초한 혁명적 군풍을 철저히 세워야 합니다. 우리 인민군대는 우리 당을 견결히 옹위하고 당의 령도를 무한히 충실하며 당의 위업을 무력으로 확고히 담보하여야 합니다."[156]라고 말하며 당-군 관계에서 '당의 군대'라는 이미지는 확고해 보였다.

하지만 1995년 이후 이러한 당-군 관계에서 군의 우위는 더욱 확고해진다. 이는 위에서 말했듯이 선군정치의 기원을 1995년 1월 1일 김정일이 다박솔 초소를 찾은 날이라고 말한 것과 깊은 관련이 있다. 군의 우위에 대한 표현은 북한의 대외공식 신문 매체인 로동신문에서 찾아볼 수 있다. 1997년 5월 19일자 로동신문에 따르면 "우리가 지향하는 사회주의는 인민군대의 풍모를 닮은 활력 있는 사회이며 혁명적인 사상과 도덕, 문화가 확고히 지배하는 선진적인 사회이다. 우리 당과 인민은 인민군대를 본보기로 하여 혁명과 건설을 다그쳐 사회주의 위업을 끝까지 완성해 나갈 것이다"[157]라고 게재하여 '군의 우위성'을 제시하였다. 이는 그동안 '당의 군대'로 칭했던 당-군 관계에서 기존보단 군의 영향력이 많이 커졌다는 것을 의미한다. 또한 1996년 12월 당 비서들에게 한 비밀연설에서 당을 비판하면서도 "지금 인민군 군인들의 사상정신 상태는 매우 좋습니다. 모든 군인들이 정치사상적으로 건전하고 혁명적 군인정신이 높습니다. 우리 군인들이 혁명의 수뇌부를 결사 옹위하는 총폭탄이 될 사상적 각오를 가지고 있는데 나는 이에 대하여 만족하게 생각합니다. 사회주의위업 수행에서 혁명군대가 매우 중요한 역할을 합니다. 우리 군인들은 조국의 방선을 지키고 있을 뿐 아니라 사회주의 건설에서도 한몫 단단히 하고 있습니다"[158]라고 말하며 군에 대한 신뢰를 강조했다. 또한 김정일 시기 북한의 당-군 관계에 대해서 가장 적나라하게 드러나는 건 북한에서 출판된 책 등에서도 확인할 수 있다. 북한의 교수인 고초봉이 쓴 『선군시대 혁명의 주체』에 따르면 "김정일 장군님의 선군정치가 전면적으로 실현되면서 혁명의 주체인 수령, 당, 대중의 통일체에서 인민군대의 지위와 역할이 특별히 높아지고 그로하여 혁명의 주체에 대한 규제는 수령, 당, 군대와 인민의 통일체로 정립된다"[159]고 말함으로써, 기존에 비해 인민 군대의 지위가 높아졌다는 것을 직접적으로 암시하고 있다. 또한 "군대이자 곧 당이고 국가이며 인민이라는 선군원리는 군대의 운명이자 당과 국가, 인민의 운명이라는 진리를 담고 있다. 이것은 혁명군대의 위력에 의해 당과 국가, 인민의 운명이 결정된다는 뜻이다."[160]라고 선군정치의 원리를 설명하면서 일반적인 사회주의 국가에서 볼 수 있는 '당의 군대'이기 보다는 '당=군대'라는 공식이 성립된다는 것을 알 수 있다.

위에서 살펴본 김정일의 언행과 로동신문 보도, 북한에서 출판된 책 외에도 김정일의 군 우위 경향은 군 부대 현지지도 추세에서도 잘 드러난다. 북한에서의 현지지도는 수령이 생산현장에 내려가 인민들을 직접 독려하는 지도형태로 수령의 활동반경과 사업의 중요성을 보여준다. 따라서 김정일이 어떠한 지역이나 부문을 몇 번 현지지도했는가는 북한정치에서 중요하다.[161] 김정일은 1994년에는 군부대 시찰이 없었고, 1995년에는 군부대를 11회 시찰, 1997년에는 39회(현지지도 비중 75%)로 대폭 증가하였다. 1998년에는 46회(총 70회 현지순찰 중 46회가 군부대),

1999년에는 41회(총 67회 현지순찰) 등으로 꾸준히 군부대 현지순찰을 강화하였으며, 임기 마지막해인 2011년에 와서는 38회 군부대 현지순찰을 하며 12월 20일 사망하기 전까지 꾸준히 군을 중시하는 김정일의 모습을 볼 수 있다. 이를 표로 정리하면 다음 표와 같다.162

■ 김정일 군부대 현지지도 비율 비교

	1994	1995	1996	1997	1998	1999	2000	2001	2002
현지지도	13	27	50	52	70	67	74	92	99
군 부대	0	11	27	39	46	41	27	51	37
비중	0%	40%	54%	75%	65%	61%	36%	55%	37%
	2003	2004	2005	2006	2007	2008	2009	2010	2011
현지지도	87	95	114	101	87	95	151	156	147
군 부대	63	69	68	72	41	53	43	31	38
비중	72%	72%	59%	71%	47%	55%	28%	20%	25%

출처 : 통일연구원, 『김정일 현지지도 동향(1994~2011)』(서울: 통일연구원, 2011)에 나와 있는 전체 내용을 정리.

현지지도를 정리한 위 표를 보면 선군정치를 공식적으로 내세운 1995년 이후에 꾸준히 군 부대 현지지도 비중이 높다는 것을 알 수 있다. 그중에 2000년(남북정상회담 관련 박재규 통일부장관, 김대중 대통령 접견)과 2002년(고이즈미 준이치로 일 총리와 평양 회담, 박근혜 의원 방문, 러시아 방문해서 푸틴 대통령과 상봉), 2009년(빌 클린턴 전 대통령 접견, 후진타오 특사 접견, 원자바오 총리 접견), 2010년(9월 28일 김정은에게 대장 군사칭호 수여 후, 9월 29일 조선로동당 대표자회의에서 김정은 당중앙군사위 부위원장 되면서 후계자 구도 형성 뒤에는 현지지도 전 분야 중심), 2011년(모든 동행에 김정은 동참. 권력 인계 기간, 군대뿐만 아니라 전반적으로 당, 정 모든 기관 현지지도)에는 현지지도 중 군부대 비율이 50% 아래이긴 하지만, 군부대 시찰 횟수로 보았을 때는 군부대를 우선하는 김정일의 생각이 그대로 반영되어 있다고 볼 수 있다. 이는 그동안의 당 절대 우위의 북한의 당-군 관계에서 김정일로의 권력 승계 이후에는 상대적인 '군 우위'의 모습을 볼 수 있는 것이라 할 수 있다.

하지만, 김정일의 선군정치에 의해 군이 강화되고 상대적으로 당이 약화되었다고 할지라도 당-군 관계가 군-당 관계로 변화한 것은 아니다. 선군정치에 의해 당의 정치적 기능이 상대적으로 약화되었지만 북한은 당의 영도를 상징적으로나마 그리고 명목적으로나마 강조할 수 밖에 없다. 왜냐하면 당 영도의 포기는 곧 북한식 사회주의의 포기를 의미하기 때문이다.[163] 따라서 여기에서 연구자가 말하고자 하는 의미는 군이 당을 초월했다는 것이 아니라, 김일성에서 김정일로의 권력승계 이후 기존보단 상대적으로 군이 강화되었다는 것을 말하고 싶은 것이며, 그로 인한 근거 자료로 김정일의 언행과 보도자료 등을 활용하였다. 북한은 엄연히 일당중심의 조선로동당 중심 체제로 권력구조가 형성되어있기 때문에 와다 하루키 등이 말한 군사화된 국가라 하더라도 '당'을 뛰어넘어서 '군'이 존재하기는 힘들다. 하지만, 앞선 여러 분석 등을 통해 김정일 정권때 와서 '군'이 상대적으로 부상하였다는 것은 당-군 관계에 있어 의의가 있다고 볼 수 있다.

3) 김정은 시기

이러한 김일성-김정일로의 권력승계에서 당-군 관계의 모습은 김정일-김정은으로의 권력승계에서는 또 다른 모습을 보인다. 2010년 9월 28일 북한에서는 제3차 노동당대표자회가 개최되었다. 이 당 대표자회에서 김정일은 27세에 불과한 그의 3남 김정은에게 조선인민군 대장이라는 군사 칭호와 함께 당 중앙군사위원회 부위원장 직함을 부여하며 '김일성 가(家)'의 3대 세습을 공식 표명하였다.[164] 이후, 김정일이 2011년 12월 17일 사망한 뒤부터 현재까지 북한의 제 1인자로 권력을 유지하고 있다. 김정은은 공식 취임한 이후 2012년 4월 15일 태양절 기념식 연설에서 "위대한 김일성 동지와 김정일 동지께서 펼쳐주신 자주의 길, 선군의 길, 사회주의 길을 따라 곧바로 나가는 여기 우리 혁명의 100년 대계의 전략이 있고 종국적 승리가 있다."[165]라고 말했다. 이 연설은 향후 김정은 시대가 추구해야 할 전반적인 국가노선의 방향이 김일성 시대의 '자주노선'과 김정일 시대의 '선군노선'의 가치를 계승할 뜻을 분명히 하고 있음을 밝히고 있다. 또한 "군사기술적 우세는 더는 제국주의자들의 독점물이 아니다"라고 말함으로써 '군 중시'의 김정일의 노선을 그대로 따라 갈 듯 하게 보였다. 하지만, 김정은 정권에 와서 북한의 권력구조는 다시 당-국가 중심의 구조로 개편되는 모습을 보이고 있다.

앞에서 분석한 것과 같이 북한은 1994년 김일성 사망 이후 노동당의 최고지도기관은 작동되지 않은 채, 1998년부터는 국정이 국가기관인 국방위원회를 중심으로 운영되어 왔다. 김정일에 대한 대외적인 직함도 '국방위원장'으로 칭해졌으며 북한 정치에 있어 핵심적인 역할을 해왔다. 상대적으로 북한 조선로동당의 위상이 약해졌는데, 이런 북한 조선로동당의 위상과 역할 회복은 제3~4차 당대표자회의에서 이루어진 최고지도기관들에 대한 충원에서 잘 나타나고 있다. 북한은 제3차 당대표자회를 통해 정치국 상무위원 5명, 정치국 위원 14명, 정치국 후보위원 15명, 비서 10명을 선출하고 정치국과 비서국을 비롯한 당 최고지도기관들을 정상화하였다. 나아가 김정일 사망 이후 개최된 제4차 당대표회에서는 김정은의 제1비서-정치국 상무위원- 정치국 위원- 중앙군사위원장 추대와 함께 정치국 상무위원 1명, 정치국 위원 6명, 후보위원 5명, 비서 2명 등을 충원하였다. 이러한 결과는 김정일이 군을 강화하기 전인 1980년 제6차 당대회의 정치국 상무위원 5명, 정치국원 14명, 정치국 후보위원 16명, 중앙위원회 비서 10명과 유사한 모습을 보여주고 있다.[166]

김정일 사망 이후 북한의 이러한 당-국가체제 복원 노력은 김정은을 중심으로 하는 유일영도체계를 구축하는 것으로 볼 수 있다. 즉, 김정일에서 김정은으로 권력이 승계된 시점에서 김정은이 당을 기반으로 리더십을 확장해야 하는데, 당 조직이 제대로 그 기능을 발휘하지 못하는 상황에서는 유일영도체제가 제대로 만들어질 수 없었고, 김정일 시대 세력이 커졌던 군을 견제할 필요가 있었기 때문이다.

김정은 체제는 아직도 현재진행 중이기 때문에 섣부른 예측은 무리일 수도 있으나, 김정은 체제의 출범과 함께 강조한 당에 대한 중시는 권력의 중심이 군에서 당으로 이동했음을 의미한다. 김정일 시대는 1995년 이후, 선군정치와 군사국가화 속에서 국방위원회를 중심으로 하는 군에 권력의 중심축을 두었다. 그러나 김정은 체제는 당-국가체제의 복원을 통해 당을 중심으로 하는 권력구조를 보여주고 있다. 이러한 현상은 당-군 관계에서 군에 대한 당의 통제를 강화하는 모습에서도 잘 나타나고 있다.[167] 2010년 개정된 당규약은 "조선인민군은 모든 정치활동을 당의 령도 밑에 진행한다"고 명시해 선군시대에 들어 약화된 군에 대한 당의 영도 회복을 제도적으로 보장하고자 하였다.[168] 특히 당의 군에 대한 통제는 민간당료 출신인 최룡해의 당 중앙군사위원회 부위원장 겸 총정치국장 임명과 함께 총정치국을 통해 군에 대한 당의 영도를 실현하는 모습 속에서 잘 나타나고 있다.

북한에서 36년 만에 개최된 제7차 당대회는(2016년 5월 6일~5월 9일까지 나흘간 개최) 당을 더욱 더 강력히 하려는 김정은의 의도를 더욱 적나라하게 보여주었다. 김정일 사망 이후 위 분석과 같이 당을 강화하려는 노력을 한 김정은은 김정일 시기 한번도 개최되지 않은 당대회를 개최함으로써 당에 의한 북한의 통치를 한 번 더 강조하였다. 이 당대회에서 김정은은 당 정무국과 당 중앙위원회 부위원장 직위를 신설하고 비서제와 비서국, 당 중앙군사위원회 부위원장직을 폐지해 당을 김정은 권력의 집중 통로로 기능하도록 조직을 개편하였다. 또한 김정은이 권력의 무게중심을 당이 될 수 있게끔 강화하면서 '노동당 위원장' 직책을 신설하여 친정체제를 강화하겠다는 의지를 드러냈다. 이를 위해 7차 당대회에서 당 중앙위원회 위원 · 후보위원을 선출하면서 절반이 넘는 54.9%의 인물을 새로운 인물로 교체하였다.[169] 특히, 김정일 정권 때 권력의 중심이었던 '국방위원회'를 폐지하고 '국무위원회'를 신설하면서[170] 당-군 제도가 아닌 당-국가 제도로의 권력 중심 이동을 선포하였고, 김정은 자신이 국방위원회 제1위원장이 아닌 국무위원장과 노동당 위원장을 겸직해 당에 의한 정치, 김정은의 당이라는 공식을 성립하면서 당을 이용한 김정은 유일영도체제가 완성되었다고 할 수 있다.

하지만 김정은의 나이를 고려했을 때, 지금까지의 시기를 김정은 정권의 초기라고 본다면 향후 북한의 당과 군의 권력역학관계가 변동할 가능성은 크다고 할 수 있다. 김일성에서 김정일에 권력이 넘어오는 시점에서 김정일이 '당 중앙'으로서, 처음에 당권을 강화하였던 것을 감안하면 충분히 북한의 당-군 관계에 변화가 일어날 수 있는 가능성은 크다. 김정일이 정권 초기에 "인민군대는 어느 대오보다도 당과 수령에 대한 충성심이 높아야 합니다."[171]라고 주장한 사실과, "이는 인민군대를 수령의 군대, 당의 군대, 인민의 군대로 만드는 것을 의미하는 것"이라고 공개적으로 주장한 사실은 처음부터 당보다 군을 내세운 것은 아니라고 볼 수 있다. 그렇다면, '권력 세습'의 이유 말고도 왜 김정일이 군이 1995년을 기점으로 군을 강화했는가에 대한 또 다른 의문이 생긴다. 이 시기 또 다른 권력 역학관계의 원인으로 상정할 수 있는 것이 바로 '중대한 사건'의 유무이다. 김정일 정권 때 당과 군의 권력 역학관계가 변동한 또 하나의 요소로 바로 이 시기 빼놓을 수 없는 사건인 '고난의 행군'이다.[172] 김정일 시기 북한의 당-군 관계가 극적으로 변화한 시점을 고려했을 때 세습이 완료된 시점, 그리고 고난의 행군이 있었던 시점 두 가지가 겹치는 것이다. 이것은 향후 김정은 정권의 권력 역학관계에서 함의를 내포하고 있다. 즉, 김정은이 아무리 정권 초기에 당을 강화하는 모습을 보였다 하더라도 중대한 사건이 발생하여 군의 도움을 받을 수밖에 없는 상황이 발생하였을 때나 또 한번의 권력세습이 일어나 기존에 커져 있던 당의 세력을 견제하기 위한 방편으로 당과 군의 권력 역학관계가 변동할 가능성은 충분히 있는 것이다.

위에서 김일성에서 김정일, 김정일에서 김정은으로의 권력 세습 이후 당-군 관계가 어떠한 변화를 보여왔는지 살펴보았다. '선군정치'를 표방한 김정일은 김일성 시기에 비해 상대적으로 군을 강화한 반면, 김정은은 당을 중심으로 한 권력 체계의 제도적 발판을 만들면서 김정일과는 다른 또 한번의 당-군 관계의 변혁을 가져왔다고 할 수 있다. 김정일 집권 시기, 1995년 이후에는 국방위원회를 중심으로 한 '군 우위'의 모습이 김정일 정권 내내 보여왔던 것처럼, 김정은 시기도 '당 중심'의 권력 구도가 당분간은 꾸준할 것으로 예측되고, 이는 군의 주요 핵심 세력이었던 리영호의 숙청과 군 출신이 아닌 최룡해를 군의 주요 수뇌부 자리에 앉혔던 것에서 확인할 수 있다. 이러한 당-군 관계의 변화 모두 권력의 세습 이후에 있었던 것에서 북한에서의 당-군 관계는 권력의 세습과 무관하지 않음을 알 수 있다. 또한 김정일 시기 중대한 사건(고난의 행군)이 기폭제가 되어 당-군 관계의 역학관계가 급격하게 변한 것처럼 김정은이 집권하는 기간 내에도 고난의 행군과 버금가는 중대한 사건이 발생하면 또 한 번의 권력역학관계가 변할 수 있는 여지는 크다고 할 수 있다. 북한의 최고지도자의 각 집권시기를 구분해서 봤을 때 당-군 관계의 변화사항을 도식화하면 다음 그림과 같다.

■ 북한의 최고지도자를 중심으로 본 당-군 관계

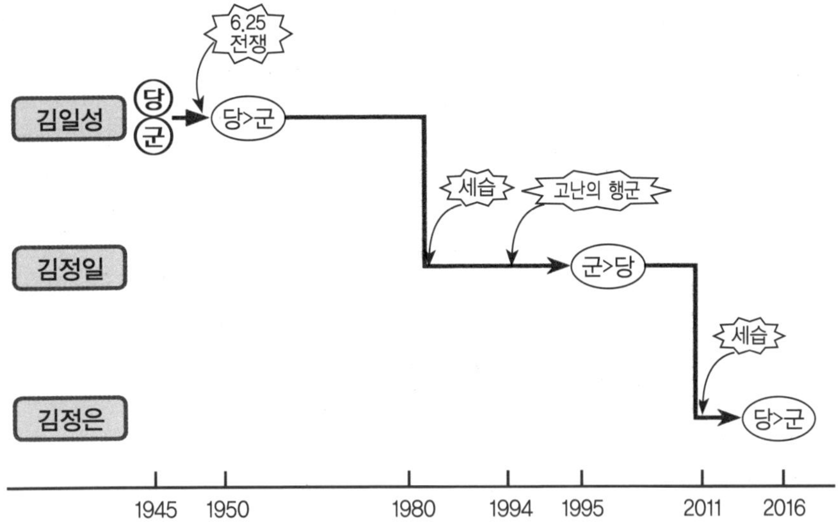

4. 중국의 당-군 관계

본 장에서는 향후 북한의 당과 군의 권력 역학관계를 예측하기 위해 중국의 당-군 관계의 흐름과 비교를 한다. 그렇다면 '비교'란 무엇인가에 대해 살펴볼 필요도 있다. 비교는 사회과학의 연구 방법 가운데 하나로, 사회현상을 관통하는 보편적 법칙을 발견하고 그에 기초하여 사회현상을 설명하기 위한 방법이라고 할 수 있다.[173] 비교공산주의는 위와 같은 맥락에서 발생했고 발전해 왔다고 볼 수 있다. 그렇다면 북한의 당과 군의 권력 역학관계를 예측하는데 그 비교대상이 다른 공산주의 국가들이 아닌 "왜 중국인가?"하는 명확한 기준이 필요하다. 즉, 가장 중요한 건 북한과 중국이 과연 비교대상이 맞는가? 하는 것이다. 본 장의 결론에 앞서 선행되어야 하는 것은 결국 북한과 중국이 당-군 관계에서 보이는 유사성과 차이점을 찾는 것이다. 논리적이고 과학적인 비교를 위해서는 해당 국가가 공통점이 있어야 하며, 명확한 차이점 역시 존재해야 한다. 이를 위해 북한과 중국이 비교 가능하다는 두 국가의 공통점과 다른 공산주의 국가들과는 비교가 어렵다는 당위성을 바탕으로 논리적 근거를 제공하려고 한다.

첫째, 두 국가의 공통점이다. 북한과 중국은 각각 1948년, 1949년에 공산당을 중심으로 한 공산주의 국가가 조선민주주의인민공화국, 중화인민공화국이라는 이름으로 건국된 후 현재까지 공산주의 체제로 유지되고 있다는 점에서 공통점이 있다. 또한 같은 유교 문화권에 속하고 지리적으로 인접한 나라들이다. 공산당의 시작 자체도 거의 같은 시기에 공산주의와 소련의 모델을 수용하여 정권을 수립하였다. 하지만 무엇보다도 국가의 정치체제에 가장 큰 영향을 미치는 것은 국가의 정치문화라고 할 수 있다. 문화는 시간 흐름에 따라 변화하지만, 인간의 욕구로 인해 변하지 않는 부분도 있다. 모든 문화의 형성은 과거와 현재의 융합 과정으로 볼 수 있다.[174] 타 공산주의 국가들과는 다른 '유교 문화권'이라는 공유점을 지니고 있는 북한과 중국의 정치체제는 그 문화를 반영하는 방향으로 발전해 왔다. 즉, 북한과 중국의 전통적인 공통 요소로는 유교적 정치문화가 있고, 현대적인 공통요소로는 단일 대중 정당정치의 엘리트 충원 방식과 모두가 풍요롭게 살자는 사회주의적 정치문화를 꼽을 수 있다.[175] 비록 북한과 중국을 제외한 타 공산주의 국가들이 마르크스-레닌주의를 수용하여 초기 공산당의 역할에 대한 공통점은 많을지 모르나, 역사적으로 같은 정치문화를 공유했던 북한과 중국만큼 정치체제가 비슷하게 형성되었던 것도 아니기 때문에 본 장에서 북한의 당-군 권력 역학관계를 예측하기 위해 비교의 대상으로 중국을 선택한 것은 적절하다고 할 수 있다.

두 번째, 타 공산주의 국가와의 비교가능성이다. 북한의 향후 당과 군의 권력 역학관계를 예측할 때 본 글에서 제시하는 필수적인 조건은 '현재까지' 남아있는 공산주의 국가와의 비교이다. 1900년대 초에 전 세계에 풍파와 같이 몰아쳤던 공산주의 세력에 영향을 받은 국가들은 많다. 이에 가장 선구적인 역할을 했던 구 소련은 체제붕괴로 인해 '예측가능성'의 측면에서 접근했을 때는 적절한 비교의 대상이 아닐뿐더러 북한과는 다른 방향으로 당-군 관계가 발전했기 때문에 비교의 대상에서 제외하였다. 또한 쿠바는 군부세력이 반바티스타 혁명투쟁을 통해 혁명군부로써 정당성과 효율성을 입증하였으나 공산주의 이념은 정권 수립 이후에 도입되었다는 데에서 정권의 시작부터 공산주의로 시작한 북한과 중국과는 다른 케이스로 설명이 가능하다. 물론 북한과 쿠바 모두 공산주의 국가로 현재까지 유지되고 있긴 하지만, 지리적으로도 중앙 아메리카에 위치하고 있는 쿠바는 역사적으로 미국의 식민지였으며 유교문화권이 아닌 가톨릭 문화권에 위치하고 있어 정치체제 자체를 북한과 1:1로 비교하여 북한의 권력 역학관계를 예측하기에는 어려움이 있다. 베트남은 1975년 베트남 공산당이 무력으로 사이공을 함락하고 베트남 전역을 공산화한 이후 현재까지 유지되고 있는 동아시아 내의 유교문화권을 가진 공산주의 국가이다. 그러나 북한과는 다르게 남북 베트남이 상이한 정치체제에서 파생된 경제 · 사회구조를 가지고 있었다는 정치문화적 차이점과[176] 무엇보다 베트남의 공산당과 베트남군에 대한 연구가 전무하다는 점에서 객관적인 비교가 힘들다고 판단하였다.[177] 또한 캄보디아는 공산당 일당체제가 아닌 공산당을 포함한 다당제의 자본주의 시장경제체제를 도입했기 때문에 적절한 비교 대상이 아니다.

비교연구의 의미는 일반성을 축출하는데 그 목적이 있다. 비교공산주의 방법론을 통해 북한의 향후 정책예견을 함에 있어서 중국과 비교를 한다는 것이 모든 것을 이야기해주는 것은 아니지만, 북한과 중국이 많은 것을 공유하고 있고 현재까지 대표적인 동아시아 내 공산주의 국가로 남아있다는 점에서 비교 자체는 의미가 있다. 무엇보다 "북한과 중국이 과연 비교대상이 되는가?"라는 질문에는, 북한과 중국 모두 역사적으로 유교문화권에 속해있었으며, 같은 뿌리를 지니고 있는 공산당이 장기간에 걸쳐 권력을 장악하고 있음에 초점을 맞추었을 때 두 국가를 비교 대상으로 선정한 것은 적절하다고 할 수 있다.

1) 건국 초기 중국의 당-군 관계

중국공산당의 탄생은 소련의 영향을 크게 받았고[178], 중국공산당의 발전과 중화인민공화국의 탄생은 마오쩌둥에 의해 주도되었다. 즉, 중화인민공화국을 말하면서 혹은, 중국공산당과 중국군에서 빼놓고 말할 수 없는 인물이 바로 마오쩌둥이다. 마오쩌둥은 1935년 1월 준의회의(遵義會議)를 통해 당권을 장악한 이후 1949년 10월 건국 시까지 당과 군의 최고지도자로 대장정 및 일본군, 장제스의 국민당군과의 전투를 통해 중국의 공산주의혁명을 성공적으로 이끌었을 뿐만 아니라, 1976년 9월 사망 시까지 중국의 국가건설과정 및 군 내외 주요 정책결정에 거의 절대적인 영향력을 행사하였다.[179] 마오쩌둥은 정치지도부 내에서의 자신의 유일무이한 위상으로 인해 당 · 정 · 군을 통틀어 다양한 정책분야에 자유로이 개입하여 정책결정을 하였으며 기존의 정책도 자신의 의지에 따라 정반대로 전환할 수 있을 정도로 권력이 막강했다. 마오쩌둥은 특히 중국군 창시자, 군사전략가 겸 군 최고지휘관으로서 군사문제에도 지속적으로 개입하였는데, 정치분야와 마찬가지로 군내의 마오쩌둥의 위상과 권위는 타의 추종을 불허하였기 때문에 중국의 초기 당-군 관계 그 중심에는 마오쩌둥이 있었다고 볼 수 있다.

이러한 마오쩌둥 중심의 당-군 관계의 형성 과정을 살펴보는데 있어 중국공산당의 설립과 중국군의 설립을 살피기엔 그 역사가 너무 오래되었기 때문에 본 글에서는 앞서 북한 연구에서 중점으로 잡은 시기인 국가 건국 초기로 제한한 상태에서 연구를 진행하기로 한다. 즉, '중화인민공화국' 건국 초기 때 당-군 관계가 어떠했는지를 분석함으로써 앞서 분석한 '조선민주주의인민공화국' 설립 시기 당-군 관계와 비교를 하여 차이점을 도출하고자 한다. 중국은 공산당이 무력혁명을 통해 공산주의혁명을 성공시켜 이룩된 국가라고 할 수 있다. 중화인민공화국 수립 이전, 중국공산당과 중국군이 먼저 수립[180]되었고 이후 공산당과 중국군은 1949년 중화인민공화국이 수립될 때까지 공산혁명의 승리와 건국 후 당-국가 체제유지에 핵심적인 기능을 수행하게 된다.[181]

중국은 공산당 아래 공산주의 사상으로 무장된 게릴라 조직과 같은 무장조직이 공산주의혁명 과정에서 큰 역할을 하며 정치적으로도 중요한 역할을 수행해왔다. 장제스의 국민당과 마오쩌둥의 공산당 간에 일어난 국공내전에서 그 내전을 승리로 이끌어 낸 중국공산당의 군대는 내전이 없이 소련의 주시 아래 탄생한 북한의 조선인민군에 비해 높은 수준의 정치적 역할을 했다. 실제 1929년 12월 '고전회의'에서 마오쩌둥은 "군사는 정치적 임무를 완수하는 도구의 하나에 지나지 않으며, 중국홍군은 혁명의 정치적 임무를 수행하는 무장집단이다"[182]라고 하였다. 이처럼 마오쩌둥은 군사를 정치적 임무를 수행하고 완수하는 수단으로 생각하였고, 이것이 마오쩌동 군사사상의 기본을 이루고 있으며 당시 당-군 관계를 파악하는데

도 근거를 제공하고 있다. 또한 "우리들의 원칙은 당이 총포를 지휘하는 것이며 총포가 당을 지휘하는 것을 결코 허용하는 것이 아니다"183, 그리고 "중국홍군이란 당의 정책을 집행하는 무장력이다"라고 밝힌 데에서 당-군 관계의 최고결정자 위치에 있는 마오쩌둥이 당과 군의 관계를 어떻게 생각했는지를 엿볼 수 있다. 이러한 마오쩌둥의 당-군 관계 원칙은 군사전략, 조직, 제도와 체제에 그대로 반영되어 이 시기 중국에서는 구조적이나 기능적으로 당이 군을 완전히 장악하고 있었다.

인민해방군은 1927년의 건군 이래 공산당이 지도하는 군대이며 당의 힘의 원천이었다. 중국 내 존재하던 국민당과 공산당과의 오래된 숙별전쟁이라는 역사적 배경도 있었기 때문에 중국에서의 중국군은 공산당에 있어선 반드시 필요한 조직이었다. 중화인민공화국 설립 시기인 1949년 말에는 449만 명의 당원 가운데 군대 내의 당원이 23.9%를 차지했기 때문에 군대 내의 당원은 107만 명이나 되었다184는 것을 보았을 때 중화인민공화국 설립시기의 당-군 관계는 콜코비츠가 말한 '갈등모델'이라기보단 오덤의 '공생모델'에 가까웠다고 볼 수 있으며, 앞선 마오쩌둥의 여러 연설들을 분석해 보았을때도 당과 군은 뗄 수 없는 관계였고 북한 정권 설립시기 당과 군이 각각 따로 발전해왔던 것과는 반대로 역사적으로 같이 발전해왔다는 것을 알 수 있다.

중화인민공화국이 성립될 때 발표된 '공동강령'에서도 설립 당시 당-군 관계에 대해 유추해 볼 수 있다. 공산당은 신중국의 국체, 정체, 국가 구조 형태 및 경제 구성의 최종 기틀을 확정한 후 공동강령에서 다음과 같이 규정했다. "중화인민공화국의 군사제도는 통일된 군대, 즉 인민해방군과 인민공안부대를 건립하고 중앙인민정부 인민혁명군사위원회의 통솔을 받으며 지휘의 통일, 제도의 통일, 편제의 통일, 규율의 통일을 실시한다"185즉, 당의 통제 아래 있는 인민혁명군사위원회의 통솔을 받게 규정함으로써 인민해방군을 '당의 군대'로 규정지은 것이다. 이는 앞서 살펴 본 북한의 모습과는 상반된다. 북조선로동당 중앙상무위원회가 1946년 10월 발표한 "보안훈련소, 철도경비대는 북조선 인민의 민주개혁을 보장하는 전인민의 군대인 바 군대의 당군화를 방지하고 군대의 통일적 통솔권을 보장하기 위하여 대오 내에 각 정당조직을 두지 않을 것"이라는 내용과 반대되는 공동강령을 보았을 때, 중국 설립 초기의 당-군 관계는 북한 설립 초기의 당-군 관계와 다르다는 것을 알 수 있다.

1949년 10월 1일에 중화인민공화국 수립이 선포되었는데, 신중국 정권의 창건 당시의 인민해방군과 당의 위치를 가장 잘 말해주고 있는 것은 1947년 10월 10일에 모택동이 중국인민해방군 총사령부를 위해 발표한 정치선언186이다. 마오쩌둥은 이 선언에서 "규율을 파괴하는 그 어떤 현상도 허용해서는 안 된다. 우리 전군의 장병은 우리가 위대한 인민해방군이며 위대한 중국공산당이 영도하는 군대라는 것을 항상 명심해야 한다. 우리가 언제나 당의 지시를 준수하기만 하면, 우리는 반드시 승리할 것이다."187라고 마지막에 연설하면서 '당의 군대'로 인민해방군을 또 한번 강조하고 있다. 이 선언은 중화인민공화국이 수립 되기 전 중국인민해방군에만 국한된 마지막 선언으로 중국에서 발간된 마오쩌둥 선집에서 중국인민공화국 설립 시기에 가장 가까운 선언으로 설립 당시의 당-군 관계를 잘 보여 주고 있다.

앞서 마오쩌둥이 직접 말한 연설과 선언 등을 분석해보면, 중국 건국 초기의 중국공산당과 중국인민해방군의 관계를 유추해 볼 수 있다. 북한의 경우에도 '공산당'의 시작은 1917년 볼쉐비키 혁명과 그 뿌리를 같이 하고 있지만, 중국과는 다르게 내전을 겪지 않았고 공산당 하부 계파들이 여러 갈래로 분파되어 있었다. 하지만 중국의 경우는 다르다. 중국은 청이 무너진 후 집권당이었던 국민당과의 내전을 겪으면서 공산당이 단합하게 되고, 대장정188을 겪으면서 견고해지는 모습을 보였다. 이런 국가 설립의 역사적 배경의 차이가 건국 초기 당-군 관계의 차이로 나타났다고 볼 수 있으며, 이는 같은 뿌리의 공산주의 국가라 하더라도 역사적 배경과 외세의 개입 정도에 따라 국내 역학관계에서 차이를 보인다고 할 수 있다.

2) 중국의 시기별 당-군 관계

앞 절에서는 북한의 최고지도자인 김일성과 김정일, 김정은 시기의 당-군 관계에 대한 것을 분석하였다. 또한 이들의 권력 승계가 일반적인 공산주의 국가와는 다른 부자간 세습으로 이루어진다는 것과 중대한 사건에 의미를 두어 당-군 관계의 변화 모습을 살펴보았다. 이번 절에서는 중국의 경우 최고지도자를 중심으로 한 집권 시기를 기준으로 봤을 때 어떤 차이점이 있는가를 분석할 것이다. 최고지도자의 권력의지를 중심으로 한 중국의 당-군 관계를 분석하는데 필수적으로 선행되어야 되는 연구는 '제도'적인 부분이다. 제도적으로 보았을 때 중국의 군은 누구에 의해 통솔되고 있는지가 명확해야 한다. 앞서 살펴보았듯이 건국 시기에 중국인민해방군은 중앙인민정부의 인민혁명위원에 의해 통솔되었다고 볼 수 있다. 또한 이후 1954년 헌법에서 국가주석(마오쩌둥)이 "전국의 무장력을 통솔하고 국방위원회의 임무를 맡는다"라고 규정하면서 당과 군을 전체 통치하는 지도자에게로 권력이 공식화되었다. 하지만 1958년의 중앙군사위원회 회의에서 "군사위원회는 당중앙의 군사공작 부문이며, 전군을 통일적으로 지휘하는 통솔 기관이다. 군사위원회의 주석은 전군의 통수이다. 군사위원회 아래에 총참모부, 총정치부, 총후근부를 설치한다"라고 결정하고 군의 통수권이 당의 중앙군사위원회에 있다는 것을 명확히 했다. 이러한 당에 의한 군대라는 명목은 문화대혁명을 통해서 더욱 간단명료하고 직접적으로 명시되었다. 1969년도 4월에 있었던 제9차 당대회의 당규약에서는 "인민해방군은 당의 지도를 받아야 한다"라고 규정되었고, 1975년 헌법 및 1978년 헌법에서는 "인민해방군과 민병은 중국공산당이 지도하는 노동자·농민의 자제병이며 (중략) 중국공산당 중앙위원회 주석이 전국의 무장력을 통솔한다"라고 확정되었다. 이러한 당의 군대라는 제도적인 부분이 변하게 된 것은 1982년의 일이다. 1982년의 헌법은 "중화인민공화국의 무장력은 인민에 속한다"라고 함과 동시에 중앙군사위원회가 "전국의 무장력을 영도한다"라고 규정했다.[189] 이러한 과정은 최고지도자가 바뀌었을 때, 지도자가 누구였느냐를 따라서 조금씩 바뀌는 모습을 보이는데 이에 관해 마오쩌둥과 덩샤오핑, 장쩌민과 후진타오 시기를 중심으로 당-군 관계가 어떻게 변했는지 살펴볼 필요가 있다.

중국공산당의 성장과 중화인민공화국 건국에 있어서 가장 큰 역할을 한 사람은 마오쩌둥이다. 마오쩌둥 시기의 국가 건국시기 당-군 관계는 앞선 절에서 살펴봤듯이 명확한 '당의 군대'의 관계를 형성하고 있었고, 그것은 마오쩌둥의 언행과 당시 상황을 분석해 알 수 있었다. 하지만 마오쩌둥은 1949년 10월 건국 시부터 1976년 9월 사망 시까지 절대적인 권력을 가지고 있던 인물이기 때문에, 이 긴 기간 동안의 당-군 관계의 변천과정을 살펴볼 필요가 있다. 다시 말해, 북한의 김일성 시기와 김정일 시기, 현재 진행 중인 김정은 시기에 큰 변화없이 최고지도자 중심으로 당-군 관계가 형성되었던 반면에 마오쩌둥 시기의 당-군 관계는 문화대혁명을 거치면서 큰 변화를 보인다. '당의 군대'를 표방하면서도 당과 군의 최고위치에 있던 마오쩌둥 시기는 '마오쩌둥의 당, 당의 군대=마오쩌둥의 군대'라는 공식이 성립되기 때문에, 마오쩌둥 시기의 당-군 관계에서는 마오쩌둥의 정치적 입지의 변화가 아닌, 이 시기에 상대적으로 군의 영향이 강했던 시기를 집중적으로 분석한다.

앞선 장에서 분석했던 것처럼 마오쩌둥 시대의 당-군 관계는 '당이 철포를 지휘한다'는 그의 인식으로 알 수 있다. 이러한 그의 원칙과 중국에 있어서 당과 군의 관계는 지금까지도 큰 변함이 없이 이어지고 있다. 이러한 중국공산당의 인민해방군을 지도하는 당의 지도는 군 내부의 정치위원 제도 및 그물망처럼 펼쳐져 있는 당 위원회 등을 통해 행해진다고 볼 수 있다. 이는 6.25전쟁을 거치면서 더욱 더 확고해졌다.**190** 이 후 1960년 9월부터 10월까지 개최된 중앙군사위원회 확대회의에서 린뱌오 국방장관은 '네 가지의 제일(정치요소, 정치공작, 사상공작, 살아 있는 사상의 제일)'을 독촉하고, 특히 마오쩌둥 사상의 한 글자, 한 구절을 학습하는 것이 군의 강화로 연결된다고 하였다. 이 회의의 결의에 따라 1963년 3월에 해방군의 '정치공작 조례'가 나왔다.**191** 이러한 명목 아래에서 제도적으로는 당이 군을 절대 통제하는 '당의 군대'의 형태가 유지되었지만, 마오쩌둥 시기의 당-군 관계에 영향을 미치는 가장 극명한 사건인 문화대혁명 시기에 군은 마오쩌둥의 개인 숭배, 군이 지닌 이데올로기와 물리적 힘에 의해 정치를 결정적으로 좌우하게 된다.

문화대혁명은 중화인민공화국 설립 이후 역사상 유례가 없던 가장 큰 사건이다.**192** 문화대혁명에서 마오쩌둥은 권력 쟁탈과 자신의 혁명 프로그램을 실현하기 위해 처음에는 나이가 어린 홍위병을, 그리고 뒤이어 마오쩌둥 사상으로 무장한 해방군을 활용했다. 1966년 5월, 문화대혁명이 발동된 후 군대의 개입은 1967

년 1월 21일에 마오쩌둥이 린뱌오에게 보낸 "군대를 파견하여 좌파 대중을 지지해야 한다."라는 지시에서 알 수 있고, 1967년 1월 23일에는 중공중앙 · 국무원 · 중앙군사위원회 · 중앙문혁소조의 연대서명으로 "인민해방군이 단호히 혁명좌파 대중을 지지하는 것에 대한 결정"이 나오면서 공식적으로 알려진 것으로도 드러난다.193 문화대혁명 당시 군의 전면적 개입으로 '당이 철포를 지휘한다'라는 중국혁명 이래 고수되어 왔던 철칙은 흔들렸다고 볼 수 있다. 마오쩌둥은 군에 대한 절대적인 권력을 지니고 있었기 때문에 권력 쟁탈 시, 그리고 혼란을 수습하기 위해 군을 사용했다. 특히, 마오쩌둥은 중앙정권이 수립된 이후로는 최초로 자신에게 반하는 성향이 강했던 군구(軍區)의 지방군을 진압하기 위하여 당중앙군사위원회의 직접 지휘를 받는 주력군인 정예사단을 파병하였다. 이 시기에는 문화대혁명 이전의 '당이 군대를 지휘하는' 체제가 완전히 무너졌으며, 이와는 정반대로 군구사령관(軍區司令官)이나 또는 정치위원이 군구당(軍區黨) 제 1서기를 겸직하면서 지방을 통제하는 '군대가 당을 영도하는' 현상이 발생하였던 것이다.194 문화대혁명 시기 군의 부상은 다음 표의 문화대혁명 전후의 당중앙위원회의 세력분포를 보아서도 알 수 있다.

■ 문화대혁명 전후 당중앙위원회의 세력분포

	문화대혁명 이전	문화대혁명 이후(9대)	1973년도(10대)
당 · 정 간부	64%	27%	29%
군사 간부	35%	45%	31.3%
대중조직 및 기타 대표	0%	28%	39.7%

출처 : 이건일, 『中國共産黨의 人民軍隊 統制論』(서울: 다다미디어, 1998), p. 376.

문화대혁명 초기에 직접적으로 군을 개입시키는 것은 마오쩌둥의 의도는 아니었다. 하지만 과격화된 학생들이 기존의 당조직을 공격하고 공세적인 행태를 취하자 당조직을 공격하는 것을 지원하기 위해 군대의 힘, 위신, 그리고 권위를 이용한 것이다. 다시 말해, 인민해방군이 문화대혁명에 개입한 것은 기존의 당과 정부의 조직이 혁명적 세력에 의해 장악되자 이에 대항하기 위해 이루어진 것이라고 할 수 있다. 이러한 시대적 배경과 사건이 있었을 때는 표에서 확인할 수 있듯이 군부의 당중앙위원회 진출도 높았었고 실제로 지방에는 군이 당보다 영향을 많이 미치는 곳도 있었다. 하지만, 마오쩌둥 시기를 전체적으로 돌아봤을 때의 당-군 관계는 '당의 군대'로 인민해방군이 작동했던 기간이 더 길었다. 물론, 문화대혁명 시기에 당의 권위에 대한 중대한 도전을 받은 것은 사실이고 1976년 9월에 마오쩌둥이 사망할 때까지 지방의 당권이 여전히 군의 수중에 있었던 것은 사실이지만, 1978년 6월의 인민해방군 '정치공작 조례'에서 군의 규율 회복, 전투력 강화, 정치위원의 역할 제한, 지방 당위원회의 지도 강화 등의 내용이 삽입됨으로써 군을 전문화된 국방군으로 만들고 정치로부터 분리시켰다.195 즉, 마오쩌둥 시기의 당-군 관계는 문화대혁명을 겪으면서 위기를 겪기는 했지만 기본적으로 당-군 관계는 당의 군대로 50여 년 동안 기본적으로 관철되어 왔다고 할 수 있다.

마오쩌둥 이후 중국에서 최고의 권력실권자는 덩샤오핑이다. 그는 오랫동안 정치위원으로서, 군 간부의 승진을 추천하고 실제로 승인한 당의 총서기로서 군대와 밀접한 관계를 유지해왔다.196 하지만, 당-군 관계의 관점으로 보았을 때 덩샤오핑 시기는 마오쩌둥 시기와는 다른 모습을 보인다. 덩샤오핑은 1978년 12월의 제11기 3중전회에서 실권을 장악한 후 권력 집중과 겸직을 불허한다는 방침하에 '당 · 군 분리' 작업을 추진해 나갔다. 특히, '당 · 군 분리' 작업은 "당의 집단영도는 당 · 정 분리를 가장 근본적으로 보증하는 것이며, 이것을 여하히 견지해 나가느냐 하는 문제의 관건은 당-군 관계에 달려있다"고 한 덩샤오핑의 발언 속에서도 나타났듯이 개혁의 중심과제가 되었다.197 또한 "개인적 야심가의 출현을 방지할 수 있는 관건은 당중앙군사위원회에 있다. 당과 정부기관에 군대가 간여할 수 없도록 하기 위해서는 당중앙군사위원회의 권력을 개선할 필요가 있으며, 금후 당군사위원회의 영도간부가 당의 업무와 정부기관의 업무에 관계하지 못하도록 해야 한다"198고 강한 의지를 보이면서 문화대혁명 이후 급부상했던 군의 위상을 개혁하려는 모습을 보였다. 또한 덩샤오핑은 군현대화작업을 추진해 나가는 과정에서 군에 대한 통제기능을 강화해 나갔다. 5년 동안의 개혁작업을 거쳐 1982년 덩샤오핑의 주도하에 개편된 당중앙위원회의 권력 배분은, 당 · 정 간부가 11대에 비해 21.4%나 증가한 63%로 나타났으며, 이에 반해 군사간부는 21.3%로 12.2%나 감소했다. 1987년의 13대의 경우를 보면 이러한 추세는 더욱 현저하게 나타나고 있음을 알 수 있다.[199]

■ 11대 이후의 당중앙위원회의 세력 분포

	1978(11大)	1982(12大)	1987(13大)
당 · 정 간부	41.6%	63.0%	67.1%
군사 간부	33.5%	21.3%	19.2%
군중조직 및 기타 대표	24.9%	15.7%	13.7%

출처 : 이창형, 『중국의 軍 – 중국군의 정치적 역할』(서울: 대한, 2001), p. 43. 재인용

이러한 모습은 문화대혁명 이후 군권이 가장 컸던 지방군구의 모습에서도 볼 수 있다. 지방군구에 대한 지방당의 통제는 덩샤오핑 집권시기 큰 차이를 보인다. 아래 표에서 보이듯이 군내정치공작계통 출신이 12명, 그리고 군사간부 출신이 3명으로 약 38.5%를 차지하고 있었으나 12대에 와서는 17%로 급격히 감소함으로써 덩샤오핑이 집권초기에 말했던 '당–군 분리'의 작업이 성공적으로 추진되었다고 볼 수 있다.[200] 이는 13대에 와서 36명의 군구제1정치위원 모두가 당무계통 출신으로 대체됨으로써 지방에서의 당과 군의 권력 관계가 제도적 분리가 완료되었다고 볼 수 있다.

■ 大軍區 및 省軍區 정치위원의 출신별 구분

	1978(11大)	1982(12大)	1987(13大)
군내정치공작계통(정치간부)	12명	3명	0명
군사공작계통(군사간부)	3명	2명	0명
당무공작계통(당간부)	24명	25명	36명
계	39명	30명	36명

출처 : 이창형, 『중국의 軍 – 중국군의 정치적 역할』(서울: 대한, 2001), p. 45. 재인용

덩샤오핑 시기 당–군 관계를 요약해보면 군의 현대화를 주창하면서, 문화대혁

명 이후 지방군구를 중심으로 당과 정치에 깊이 관여되어 있던 군에 대해 당과 군을 분리하려는 노력을 보이는 것이라 볼 수 있다. 이러한 모습은 위에서 살펴 본 제도적인 모습뿐만 아니라 덩샤오핑의 주요 연설에서도 극명하게 드러난다. 1985년 6월 4일에 있었던 군사위원회 확대회의에서 한 연설에서는 "이렇게 중요한 회의에서 나는 먼저 군대를 줄이는 일부터 말하고자 합니다. 우리는 중국인민해방군의 정원을 100만이나 감소시킨다는 큰 결심을 내렸습니다."[201]라고 말했으며, 권력에서 물러나기 전인 1989년 6월 9일에 수도 계엄부대 군단장 이상의 장교들을 접견할 때 한 연설에서는 "우리가 아무리 큰 손실을 보고, 어떻게 세대교체가 되든 우리의 군대는 영원히 당 지도하의 군대이고 영원히 나라의 보위자며, 영원히 사회주의의 보위자이고, 영원히 인민의 이익을 지키는 보위자이며, 가장 사랑스러운 사람들입니다."[202]라고 말하였고, 1989년 11월 12일에 한 연설에서는 "우리의 군대가 시종일관 자신의 성질을 견지할 것이라는 것을 나는 확신합니다. 이 성질이란 바로 당의 군대, 인민의 군대, 사회주의 국가의 군대라는 것입니다. 우리의 군대는 시종일관 당에 충성해야 합니다."[203]며 '당의 군대'라는 것을 거듭 강조하였다.

하지만 마오쩌둥 시기처럼 덩샤오핑 집권 마지막 시기에 천안문사태[204]가 발발하면서 또 다시 문화대혁명 당시처럼 국내정치에 군이 개입을 하게 된다. 하지만 문화대혁명과 천안문사태는 다른 모습을 보인다. 시위세력을 진압하기 위해 인민해방군이 동원되기는 했지만 문화대혁명 당시처럼 군의 위상이 커졌다고는 볼 수 없다. 계엄군에 의한 진압작전 후 덩샤오핑은 "반혁명 폭란을 평정하는 가운데 인민해방군, 무장경찰, 공안경찰은 지극히 높은 자각을 보여주어 시련을 견디어왔다. 우리 부대의 간부와 사병들은 생명의 위험이 목전에 닥쳐옴에도 불구하고 인민을 잊지 않았으며 당의 가르침과 국가의 이익을 망각하지 않았다."[205]라고 연설하면서 인민해방군의 무력진압을 정당화 한 것 이다. 또한 1990년 3월 27일자에 있었던 한 논평에서는 인민해방군의 기능을 "사회의 안정을 유지하고 반혁명분자들의 소요를 억제 · 분쇄하고, 평상시 사회에 정치적 · 이데올로기적 영향력을 행사하는 '공화국의 수호자'이며, 당의 명령에 절대적으로 복종하는 것이해방군의 최대의 임무"라고 강조하였다.[206] 즉, 문화대혁명이 당-군 관계에 영향을 미쳤던 것과는 반대로 천안문사태 때는 인민해방군이 동원되었음에도 불구하고 당-군 관계에는 크게 영향을 미치지 않았다고 볼 수 있다. 이는 '군의 현대화'와 '군의 전문화'를 주창했던 덩샤오핑의 군 정책과 관련되어 있다고 볼 수 있다.

마오쩌둥 시기의 당-군 관계와 비교해봤을 때, 마오쩌둥 시기에는 '문화대혁명'이라는 큰 사건으로 인해 군의 위상이 급속도로 부상했던 적이 있었던 반면, 덩샤오핑의 시기에는 시종일관 '당의 군대'로 당-군 관계가 형성되어 왔음을 알 수 있다. 집권 말기에 천안문사태가 벌어지긴 했지만, 당-군 관계에 크게 영향을 미치지 않음을 알 수 있었다. 또한 덩샤오핑은 집권 초기 문화대혁명 이후 커졌던 군부의 위상을 축소하려는 노력을 하였고, 각종 연설에서도 '당의 군대'를 강조하려는 그의 인식을 엿볼 수 있었다.

덩샤오핑 다음으로 중국의 최고 실권을 장악한 사람은 장쩌민이다. 장쩌민은 64세였던 1989년 6월 24일에 중공 13기 4중전회에서 당총서기에 당선되었고 11월 6일에 중앙군사위 주석에 당선되면서 중국의 최고지도자가 되었다.

장쩌민을 포함한 제3세대 중국 정치 지도자들은 과거 마오쩌둥이나 덩샤오핑에 비해 군 경험이나 군과의 유대가 일천하다.[207] 이로 인해 장쩌민이 집권한 90년대에 들어서 군사고유문제에 대한 전문화된 군 지도자들의 역할은 증대되었다.[208] 장쩌민 시기의 당-군 관계는 군사 전문화와 관련된 내용으로 축약될 수 있다. 90년대에 들어서 걸프전과 보스니아 내전 그리고 미국의 유고 공습은 중국으로 하여금 정보, 전자, 정밀무기의 중요성을 재인식하게 하였다.[209] 이러한 인식을 바탕으로 장쩌민은 군 현대화의 방향을 첨단정밀무기의 개발에 돌렸다.[210] 이러한 현대화추세에 맞는 군의 전문화 방책으로 인해 1990년대 이후 현재까지 중국의 군지도자들은 과거에 비해 보다 전문화된 군경력을 갖고 있으나, 거의 대부분 군사분야에서만 종사하였기 때문에 군사 이외 분야에 대한 전문적인 지식이나 경험을 갖고 있지 않았다. 이러한 변화는 결론적으로 군은 지속적으로 당의 영도를 수용하지만, 당과 군의 제도적 이익은 과거에 비해 보다 분명한 차이를 보인다고 할 수 있다.[211]

'당의 군대'로 당-군 관계를 정립하기 위한 장쩌민의 노력은 그의 언행에서도 볼 수 있다. '12大관계'에서 장쩌민은 "당이 총구를 지휘한다는 것은 철칙이다. 현재의 여건에서 전체 국가 운영의 핵심은 경제발전에 집중되어 있다. 또 경제발전을 이끌어 나감과 동시에 중국공산당은 줄곧 군의 건설과 국방 현대화에 지대한 관심을 쏟아왔다. 군도 이러한 당의 노선, 방침, 정책을 충분히 깨닫고 이해해야 하며 당의 기본 노선에 기여할 수 있도록 전력을 다함으로써 중국의 실정에 맞고 시대적 특성을 반영할 수 있는 국방의 현대화를 추진해야 한다"212라고 말하면서 당이 군을 지휘한다는 원칙을 분명히 하였다. 또한 '당이 총구를 지휘한다는 점을 잊지 말아야 한다'라는 연설에서는 "모든 사회업무에 대해 당은 절대적 통솔권을 갖고 있으므로 자연히 군 관련 업무에 대한 지휘권도 갖고 있다.(중략) 중국은 반세기 넘는 역사를 거쳐 '당이 총구를 지휘한다'는 효과적인 모델을 마련할 수 있었다. 이러한 모델은 사실상 이미 헌법에 명시되어 있다.(중략) 결국 '당이 총구를 지휘한다'는 것은 어떠한 상황에서라도 동요될 수 없는 원칙이자 중국 국방건설 최대의 특징이요 장점이다."213라고 말하면서, 당의 절대영도하에 있는 군을 강조하는 모습을 보았을 때 그가 집권하던 시기 당-군 관계에 대한 구체적인 내용을 살펴볼 수 있다.

장쩌민의 언행 외에도 장쩌민 시기 중국공산당 정치국 및 중앙위원회에서 군부 출신 군인점유율을 비교해 봤을 때도, 덩샤오핑이 80년대 이후 재정립하려고 했던 '당의 군대'로써의 당-군 관계의 모습을 살펴 볼 수 있다. 중국 공산당 제8차 전국대표대회부터 제15차 전국대표대회까지 중앙정치국 및 공산당 중앙위원회 위원 가운데 군인이 차지한 비율을 살펴보면 다음 표와 같다.

■ 중국공산당 · 정치국 및 중앙위원회의 군인점유비율표

(괄호 : 군점유비율 %)

구 분	중국 공산당 전국대표대회							
	8대	9대	10대	11대	12대	13대	14대	15대
연 도	1956	1969	1973	1977	1982	1987	1992	1997
정치국 위원	7/17 (41.7)	13/25 (52)	6/21 (28.6)	12/23 (52.2)	11/28 (39.3)	2/17 (11.8)	2/20 (10)	2/22 (9.1)

중앙위원회	위원	30/97 (31)	85/170 (50)	52/195 (26.7)	61/201 (30)	50/210 (23.8)	32/175 (18.3)	46/189 (24.3)	41/193 (21.2)
	후보위원		55/109 (50)	25/124 (20.1)	39/132 (29.6)	25/138 (18.5)	23/110 (20.9)	20/130 (15.4)	26/151 (17.2)
	소계		140/279 (50)	77/319 (24.1)	100/333 (30)	75/348 (21.5)	55/285 (19.3)	66/319 (20.7)	67/344 (19.5)

출처 : 8대에서 13대까지 鄭竹園, 『大陸政經巨變與中國前途』(台北 : 五南圖書出版司, 1992年), p. 149, 14대와 15대는 김태호, "강택민시대 중국의 새로운 당-군 관계", 『현대중국연구』 제2호(1998), p. 34, 오규열, 『중국군사론』(서울: 지영사, 2000), p. 94.에서 재인용.

위 표를 보면 1966년 있었던 문화대혁명 이후 1969년에는 군부가 과반수가 넘는 비율을 점하고 있었으나 덩샤오핑에 와서 당의 군대로 정립하려는 노력 이후 군부의 비율은 급감한 것을 볼 수 있다. 이는 장쩌민 시대에 와서 실시한 중국 공산당 대표자대회인 14대(1992)와 15대(1997)에서도 비슷한 비율로 유지되고 있다는 걸 알 수 있다. 비록 장쩌민이 군 인사가 아니라 군부에 대한 장악능력이 부족했지만, 중국 공산당 특성상 원로들의 영향을 무시 못하기 때문에 덩샤오핑을 비롯한 원로들의 영향으로 제도적인 부분에서도 큰 차이를 보이지 않았던 것으로 분석할 수 있다. 또한 위에서도 말했듯이 군 현대화 정책으로 인해 군의 전문화가 중시되면서 80년대 이후로 군사전문화의 영향에 있었던 군부실세들은 정치 쪽으로는 큰 영향을 발휘하지 못했다는 것도 하나의 요인이라 할 수 있다. 즉, 장쩌민 시대의 당-군 관계를 요약해보면 군의 현대화 정책으로 인한 군전문화로 인해 당과 군의 제도적, 질적 분리가 이루어졌다는 점, 또한 장쩌민의 여러 연설에서도 알 수 있듯이 최고지도자의 인식 속에도 '당의 절대 영도하에 있는 군'으로 당-군 관계가 정립되어 있음을 알 수 있다.

장쩌민 이후 중국의 당과 군을 이끈 최고지도자는 후진타오이다. 후진타오는 2002년 11월 제16차 당대회에서 중국을 이끌어 갈 새로운 당 총서기로 선발되긴 하였지만, 군의 최고영도기구인 당 중앙군사위원위의 주석직에는 장쩌민이 연임을 하면서 2002년 당시에는 당권과 군권이 서로 다른 지도자에게 나눠지게 되었다. 하지만 2004년 9월 16기 4중전회에서 후진타오가 중앙군사위 주석직을 승계해 공식적으로 명실상부한 당 · 정 · 군의 지도자가 되었다.[214]

후진타오시기 당-군 관계는 장쩌민시기의 당-군 관계와 맥락을 같이 한다. 일단, 후진타오 집권 초기에 장쩌민이 중앙군사위 주석직에 선발됨에 따라 장쩌민의 당-군 관계에 대한 노선이 그대로 유지되었다고 볼 수 있다. 그 기조 자체도 덩샤오핑시기부터 유지되어 오던 '군 현대화' 정책기조와 노선을 같이 한다. 마오쩌둥과 덩샤오핑과는 다르게 군과의 관계가 일천한 상태에서 시작한 장쩌민은 군의 전문화 · 현대화를 목표로 하여 군의 이익에 우호적인 입장을 취하면서 군에 대한 영향력을 유지할 수 있었다. 이러한 장쩌민의 대군 통제 전략은, 장쩌민과 같은 후 혁명 세대인 후진타오에게도 유지되었다고 볼 수 있다. 후진타오 집권의 출발인 16차 당대회에서는 15대에 이어 지속적으로 '보다 젊고, 보다 교육수준이 높고, 보다 전문화된' 군인사가 중앙위원 및 후보위원으로 피선되었고, 연령정년도 더욱 정착되는 추세를 보였다.[215] 이와 같은 후진타오 시대 신군지도부의 특성은 중국군의 현대전 수행에 필요한 작전능력과 대외 군사외교를 더욱 확대시키고, 동시에 국내정치에 군이 연루될 가능성을 축소시켜 전문화된 군의 건설을 추진하였다. 또한 16대 당대회에서 신군지도부의 구성내용을 자세하게 분석해보면,[216] 장쩌민의 사람들이 대거 유입되어 있었기 때문에 이러한 장쩌민의 오랜 집권 및 인맥의 잔존으로 인해 후진타오 체제의 당-군 관계는 장쩌민 시기 '당의 절대 영도하에 있는 군'으로 상징되는 당-군 관계와 그 맥락을 같이 했다고 볼 수 있다.

또한 2007년 10월 중국공산당 제 17차 전국대표대회의 군인사의 주요 특징의 하나는 과거와는 달리 중앙서기처에 군인사가 배제된 점이다. 사실, 이는 13대(1987년) 이후 중앙정치국 위원 중 군인사 1명이 중앙서기처 서기를 겸직한 관례를 볼 때, 매우 특이한 현상이다. 이 또한 당과 군 간의 "제도적 분리" 현상을 심화시켰다고 볼 수 있다.[217] 후진타오의 집권 안정화가 된 이후에도 당과 군 간의 이러한 제도적 분리 형상은 군이 국내 정치에 더 이상 개입할 수 없는 제도적 발판을 만든 것이라 볼 수 있으며, 전문화되고 현대화된 군에 맞는 당의 군대로써 작용했다고 볼 수 있다.

이는 14차 전국대표대회 이후 2007년에 있었던 17차 전국대표대회에서의 군 인사 수 · 비율의 변화 추이를 보면 더 자세히 알 수 있다. 다음 표를 보면 중앙위원회 위원과 후보위원 중 군 인사 수의 변화보다 중앙위원회 위원 및 후보위원의 수가 큰 폭으로 변화하고 있기 때문에 상기 비율은 보다 큰 감소세를 보이고 있는 것을 알 수 있다. 이와 같은 추세는 사실상 1990년대 장쩌민 시대 이후 지속·심화되고 있는 군의 전문화 추세를 반영하고 있는 것이며, 장쩌민의 당-군 관계에 대한 정책기조가 후진타오 시기까지 연장되었다는 것을 알 수 있는 근거가 된다.

■ 14대 이후 중앙위원회 군 인사 수·비율의 변화 추이

	14대(1992)	15대(1997)	16대(2002)	17대(2007)
군 인사 / 중앙위원	46 / 189 (24.3%)	41 / 193 (21.2%)	44 / 198 (22.2%)	41 / 204 (20.1%)
군 인사 / 후보위원	20 / 130 (15.4%)	26 / 151 (17.2%)	24 / 158 (15.2%)	23 / 167 (13.8%)
합 계	66 / 319 (20.7%)	67 / 344 (19.5%)	68 / 356 (19.1%)	64 / 371 (17.3%)

출처 : 전성흥·조영남 외, 『중국의 권력승계와 정책노선 – 17차 당대회 이후 중국의 진로』(파주: 나남, 2008), p. 71.

중국에서의 지도부 개편은 공식적으로 당대회를 통해 5년에 한 번씩 이루어지는데, 당과 군의 지도자와 그 역학관계를 분석할 수 있는 근거가 된다. 17대 당대회는 후진타오의 권력 공고화를 확실시 한 인사라는 데에서 그 특징이라고 볼 수 있는데, 군 인사의 중앙위원회 진출 비율을 위 표에서 봤을 때 당의 군대로서의 당-군 관계가 장쩌민 시기 이후로 정립되어 있음을 알 수 있다. 이는 장쩌민과 같은 민간 출신으로 후진타오의 군 인사에 장쩌민의 레거시가 작용했다고 볼 수 있으며, 이러한 추세는 후진타오 집권 말기까지 이어졌다. 즉, 후진타오 시기의 당-군 관계를 요약해보면, 집권 초기 당 총서기로 발탁된 후진타오가 당 중앙군사위 주석직으로는 선출되지 않았지만, 2004년에 장쩌민에 이어서 당 중앙군사위 주석도 승계받음에 따라 장쩌민의 정책 기조를 그대로 물려받았고, 마오쩌둥 시기 문화대혁명과 덩샤오핑, 장쩌민시기 천안문사건과 같은 큰 사건이 없었기 때문에 후진타오시기의 당-군 관계는 '당의 군대'로서의 당-군 관계 기조를 그대로 유지했다고 볼 수 있다.

현재 시진핑 시기에 와서도 당의 군대로서의 당-군 관계는 맥락을 같이 한다고 볼 수 있다. 시진핑은 집권 이후 군부에 관 조치를 취해 군을 휘어 잡았다. 첫째, 신오마진경(新五馬進京)으로 불리는 군 수뇌부 인사다.[218] 권좌에 오른 시진핑은 마오쩌둥의 '오마진경'과 비슷하게 군 수뇌부 인사를 단행하였다. 2013년 10월 말 단행된 4대 총부, 육 · 해 · 공 · 제2포병, 7대 군구 인사의 핵심은 지방의 군부 실력자 5인을 베이징으로 불러들였을 뿐만 아니라 국가주석 취임 전에 주요 직위자에 대한 진급식을 단행하면서 군을 통제했다. 둘째, 군기 잡기다. 시진핑은 집권 초기 중앙군사위 명위로 '작풍(作風) 건설 10대 지침'을 전군에 하달했다. 군 고위층 특권, 과도한 접대, 호화 차량, 지나친 경호, 장황한 연설, 불필요한 해외출장 등을 일거에 금지시켰다.[219] 금주령도 함께 내렸다. 군기 해이를 용납하지 않겠다는 본인의 의지를 강하게 드러냈으며, 이는 결국 이당치국의 전형적인 당-군 관계로 군을 통제하는 것을 의미한다. 무엇보다 시진핑 시기의 가장 큰 특색이라 할 수 있는 것은, 위에서 말한 대대적인 군 개혁과 인사조정에 앞서 '반부패운동'을 전개했다는 것이다. 그 중에서도 군 관련 반부패 운동은 중국공산당의 지도 원칙인 '당의 군 통제 강화'라는 원칙 아래에서 어느 영역보다 깊고 넓게 전개되었다. 2019년 19가 중국공산당 당 대회 이후, 사실상 시진핑 1인 통치체제가 강화된 시점이지만, 당-군 관계의 권력 역학관계의 측면에서 분석해 보았을 때는 시진핑 시기 역시 안정된 당-군 관계가 유지되고 있다고 볼 수 있다.

중국의 당-군 관계를 최고지도자의 권력의지를 중심으로 분석해 보았을 때, 도출할 수 있는 점은 다음과 같다. 첫째, 중국의 경우 북한과 다르게 권력이 세습 형태로 나타난 것이 아니라 당 대회 중앙 투표로 총서기가 선발되기 때문에 개인의 권력의지에 따라 당-군 관계가 변화할 가능성은 크지 않다. 둘째, 마오쩌둥 시기에 문화대혁명으로 인해 당-군 관계의 변화가 나타나긴 했지만 이후 천안문사태 때는 문화대혁명 때처럼 당-군 관계의 권력 역학관계가 변화하는 모습이 나오진 않았다. 이것은 군의 현대화와 전문화 정책을 시행한 이후 군이 정치적으로 전문성을 가지지 못했던 이유라고 분석할 수 있으며, 실제로 덩샤오핑 이후 중국군의 현대화를 천명한 이후, 당-군 관계는 안정된 상태로 유지되었음을 알 수 있다. 중국의 당-군 관계의 특징에 대해 요약한 것을 도식화하면 그림과 같다.

■ 중국의 시기별 당-군 관계

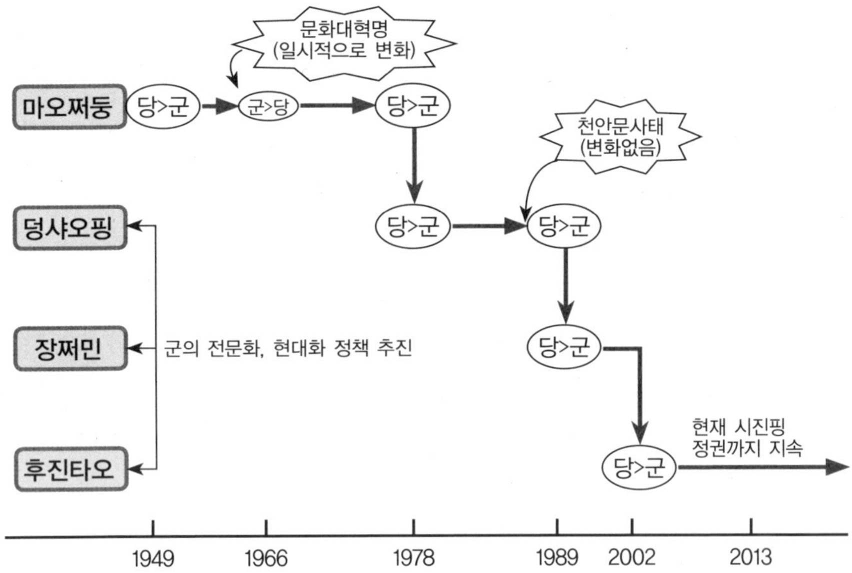

5. 비교를 통해 알아본 북한의 당-군 관계 함의

앞에서 북한의 초기 당-군 관계와 중국의 건국 초기 당-군 관계를 살펴보았다. 북한의 당-군 권력역학관계를 분석하기 위해서 역사적 배경을 살펴보는 것도 필수적인데, 이를 통해 당의 시작점과 군의 시작점을 중국과 비교하여 그 차이점을 도출할 수 있었다. 요약하면, 북한의 경우 당시 북한의 국내 상황과 김일성의 연설 기록 등을 살펴봄으로써 건국 초기부터 6.25전쟁까지의 북한의 당-군 관계는 당과 군이 각기 따로 발전을 해 온 모습을 볼 수 있었다. 이는 당원이 군에 입대하려면 당증을 반납했다는 사실에서 극적으로 드러난다. 반면, 중국의 경우는 중국 인민해방군 이전인 중국 홍군 시절부터 당의 군대라는 것이 명확했다. 이는 마오쩌둥의 여러 선언과 연설등을 통해 살펴볼 수 있었다. 또한 이러한 차이점을 분석하면서 '왜 그런 차이점이 나타났을까?'하는 답을 찾을 수 있었다. 북한과 중국의 국가 설립 초기의 당-군 관계에서 차이점이 나타난 이유는 다음과 같다.

첫째, 역사적 배경의 차이이다. 북한의 경우 1945년 갑자기 해방되면서 각지에 흩어져 있던 공산당원들이 한반도 북부에 집중되게 되었다. 남조선로동당과 북조선로동당이 합당되기 이전엔 한반도 남측 지역에도 공산당원들이 다수 존재했지만, 박헌영 등 국내 공산주의파 지도계층들이 한반도 북반부 지역에 집중되면서 한반도 북반부 지역에 북한 정권이 수립된다. 여기서 당-군 관계의 초기 역학구도를 알 수 있다. 북한의 경우 흩어져있던 계열들이 조선로동당이라는 이름하에 뭉쳤긴 했지만, 김일성의 독보적인 지휘가 보장된 것이 아닌 국내파의 박헌영, 소련파의 허가이, 연안파의 무정 등 여러 지배인사들이 존재했었고, 이로 인해 어느 계파에서 군을 가지는 것이 '통일전선'에 방해된다는 이유로 김일성은 "전인민의 군대인 바 군대의 당군화를 방지하고 군대의 통일적 통솔권을 보장하기 위하여 대오 내에 각 정당조직을 두지 않을 것"이라는 연설을 하며 당의 군대가 아닌 인민의 군대를 제창한다. 이러한 당과 군의 관계는 6.25전쟁을 치르면서 당원의 대거 군입대를 거쳐 '인민의 군대=당의 군대'라는 공식으로 성립되지만, 북한 설립 초기에는 '당의 군대'의 모습이 아님을 알 수 있었다. 반대로 중국의 경우는 달랐다. 당시 집권당이었던 장제스의 국민당과 국공내전을 거치면서 공산당은 여러 지배계층이 존재했던 북한의 초기 모습과는 다르게 마오쩌둥 중심으로 뭉쳐있었다. 대장정을 겪으면서 공산당은 더욱 더 하나가 될 수 있었고 당의 군대로 중국홍군과 이후의 중국인민해방군의 관계는 마오쩌둥의 연설을 분석하며 알 수 있었다.

둘째, 외세의 개입의 차이이다. 북한의 설립 배경은 소련의 신탁통치와 그 맥락을 같이 한다. 미국에 의해 신탁통치를 받고 있었던 자본주의 계열과, 소련에 의해 신탁통치를 받고 있었던 공산주의 계열이 한반도 남과 북에 각각 대한민국과 조선민주주의인민공화국이라는 다른 정권을 수립하면서 북한 지역에는 공산주의 국가가 수립된다. 조선인민군의 초기 모습이라 할 수 있는 보안대가 설립되는 데에도 역시 소련의 영향력이 컸으며, 초기 북한의 수령이자 차기 일인독재를 하게 되는 김일성 역시 소련의 88정찰여단의 대대장으로 근무를 한 소련의 사주를 받은 인물이었다. 북한 정권 수립에 소련의 개입이 절대적으로 영향을 미쳤던 북한의 초기 당-군 관계의 모습은 외세의 개입없이 마오쩌둥 지도하에 영향력을 키웠던 중국의 당-군 관계와 모습을 달리했다는 걸 알 수 있다.

이를 통해 북한의 권력 역학관계에 있어서 유추해 볼 수 있는 것은 같은 공산주의 국가라 하더라도 권력 역학관계의 측면에서 분석하면 중국에 비해 북한의 당-군 관계는 견고해진 역사가 그리 길지 않다고 볼 수 있다. 즉, 견고성을 그 체제의 존속시기와 비례한다고 본다면 1945년을 기점으로 당-군 관계가 견고했던 중국에 비해 북한은 당과 군이 분리되어 발전을 해왔기 때문에 20C 초부터 체제의 마오쩌둥 아래 견고하게 유지되었던 중국의 당-군 관계에 비해 그 결속력 자체가 약하다고 볼 수 있다. 향후 최고지도자의 권력의지에 따라 군부의 위상이 증가할 수도 있고, 반대로 당이 군을 완전히 장악할 수도 있을 수 있는 여지가 있다는 것이다. 건국 초기 두 국가의 당-군 관계를 분석한 내용을 도식화하면 다음 그림과 같다.

■ 건국 초기 북한과 중국의 당-군 관계

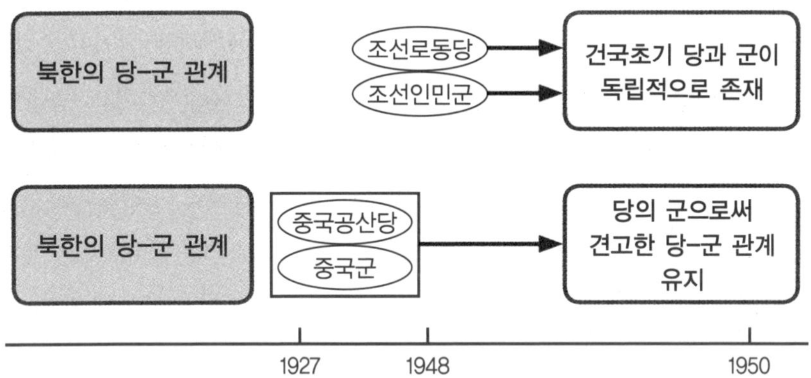

또한 김일성에서 김정일, 김정일에서 김정은으로의 권력 세습 이후 각 최고지도자 집권 시기에 당-군 관계가 어떠한 변화를 보여왔는지 살펴보았다. 세습과 고난의 행군 이후, '선군정치'를 표방한 김정일은 김일성 시기에 비해 상대적으로 군을 강화한 반면, 김정은은 당을 중심으로 한 권력 체계의 제도적 발판을 만들면서 김정일과는 다른 또 한번의 당-군 관계의 변혁을 가져왔다고 할 수 있다. 김정일 시기 국방위원회를 중심으로 한 '군 우위'의 모습이 김정일 정권 내내 보여 왔던 것처럼, 김정은 시기도 '당 중심'의 권력 구도가 당분간은 꾸준할 것으로 예측되고, 이는 군의 주요 핵심 세력이었던 현영철[220]의 숙청과 군 출신이 아닌 최룡해를 군의 주요수뇌부 자리에 앉혔던 것에서 확인할 수 있다. 이러한 당-군 관계의 변화 모두 권력의 세습과 중대한 사건 이후에 있었던 것에서 북한에서의 당-군 관계는 권력의 세습, 중대한 사건과 무관하지 않음을 알 수 있었다.

중대한 사건 측면으로 분석해보면, 북한의 1990년대 고난의 행군으로 일컬어지는 위기상황은 당-군 관계를 변화시키는 계기로 작용하였다. 위기를 관리하고자 군이 부상한 것이라 볼 수 있다. 그 이유에 대해서는 다양한 분석이 존재한다. 먼저 통치력의 공백지대에 의해 군이 부상했다는 점이다. 즉 북한과 같이 사회통제가 잘된 나라에서도 위기상황, 특히 경제위기 때문에 라팔롬바라(Joseph LaPalombara)가 말하는 이른바 통치력의 공백지대(empty territories)가 발생하였다.[221] 이는 영토적 확장에서 오는 통치영역의 공백보다는 기존 영토 내에서의 효율적인 통치력 발휘가 전 영토적으로 이루어지지 않는데서 발생했다고 볼 수 있으며 이러한 경우를 역사적으로 살펴보면, 통치력의 공백지대에 대한 중앙정부의 통치력 강화방안으로는 군의 동원이라는 단순한 물리적·폭력적 수단과 이에 뒤따르는 행정력 동원 수단이 가장 보편적인 수단이었다.[222] 이처럼 경제력 낙후로 인한 전반적인 체제 위기 상황에서 공권력이 하부단위까지 미치지 못하였기 때문에 북한은 이를 보완할 수 있는 수단으로 군을 택한 것이다. 둘째, 기존 정책에 대한 대안세력으로 군이 부상할 수 있다. 북한의 경우 일인 지배체제 설립 이후 북한의 중심이 되어 있던 김일성의 사망은 북한 내부의 큰 혼란을 의미하였다. 이때 변화를 주도할 김정일에게 있어선 자신의 정통성을 뒷받침하는 지지 세력이 있어야만 성공적으로 정책변화를 할 수 있었을 것이다. 북한 군대는 이러한 역할을 수행할 수 있는 중요한 집단이다.[223] 김정일은 선군정치를 표방하면서 '군'을 앞세운 자신만의 일인 독재체제를 만들었다고 볼 수 있다.

북한 당-군 관계 분석 이후에는 중국의 마오쩌둥, 덩샤오핑, 장쩌민, 후진타오, 시진핑 시기를 중점으로 당-군 관계를 분석하였다. 군에 대한 당의 지도를 의미하는 중국식 문민통제는 문화대혁명 시기에 중대한 도전을 받기는 했지만 50여 년 동안 기본적으로 관철되어 왔다는 것을 알 수 있었다. 즉 북한과는 다르게 권력 승계가 되어도 군이 크게 부상하거나, 군 인사를 숙청하여 당을 크게 내세운다던가 하는 흐름은 보이지 않았고, 문화대혁명 전후를 제외하고는 '당의 군대'로써 안정된 제도적 장치 및 인사가 이루어졌다는 것을 알 수 있었다. '당의 지도'를 보장하고 있는 것은 군대 내의 당 조직, 정치위원 제도뿐만 아니라 현재도 존재하고 있는 최고의사결정 기관인 당 중앙군사위원회인데, 중국에서 중앙군사위원회가 만들어진 이후에 '당의 지도'는 현재까지 조금도 흔들리는 모습을 보이고 있지 않다. 이런 의미에서 중국의 군은 '당의 무장 세력'이라 볼 수 있다. 또한 문화대혁명 때 일시적으로 당-군 관계가 변화하는 모습을 보이긴 하였으나, 덩샤오핑이 군의 전문화와 군의 현대화 정책을 주창한 이후에 비슷한 사건인 천안문 사건이 발생했을 때 당-군 관계에 변화가 없었던 것처럼, 중국의 현재 군에 대한 정책기조도 변함이 없기 때문에 향후에도 중국의 당-군 관계는 변하지 않을 것임을 예측할 수 있다.

북한과 중국의 최고지도자의 권력의지를 중심으로 분석한 당-군 관계를 분석해보면 같은 공산주의 국가라 하더라도 각 지도자에 따라서 차이가 있다는 것을 알 수 있다. 그러한 차이가 왜 발생했는지를 분석해보면, 첫째, 권력승계의 유형의 차이 때문이다. 북한의 경우 권력승계가 여느 공산주의 국가와는 다르게 부자간 세습으로 진행되어 왔다. 이는 중국의 경우와 가장 큰 차이점을 유발한다. 중국의 경우 당대회를 거쳐 공식적인 당 총서기의 선발이 이루어지지만, 북한의 경우 부자간 세습이 이루어졌기 때문에 '공산주의'를 표방하는 국가 아래 정체성이 약해질 수밖에 없다. 부자간 세습을 정당화하기 위해서는 당 세력이든 군 세력이든 자신의 세력으로 만들어야 하는 노력을 보여야 되고 부족한 리더십과 정통성을 유지하기 위해 당-군 관계에 변화가 생기는 건 필연적인 요소일 것이다. 즉, 아버지인 김일성으로 권력을 승계받은 김정일에게 기존의 혁명 1세대 세력과 당과 정에 깊숙이 관여되어 있는 고위급 인사들에게 영향력을 행사하기 위해서 군의 도움을 받는 것은 필수였고, 김일성은 그를 위해서 권력세습 직전에 김정일을 조선인민군 최고사령관으로 추대하였고 국방위원회라는 조직을 신설하여 김정일을 국방위원장으로 만들었다. 이러한 흐름은 김정일에서 김정은으로의 권력세습에서도 보인다. 아버지인 김정일의 아래 있던 군부세력의 영향력이 너무 컸기 때문에 김정은으로서는 견제할 필요가 있었고, 이는 국방위원회 부위원장이었던 장성택의 숙청과 군부 핵심세력이었던 현영철의 숙청, 그리고 7차 당대회 이후 국방위원회의 폐지와 국무위원회를 신설한 것에서 알 수 있다. 이에 반해 중국은 공식화되고 제도화된 당대회를 거쳐 권력이 공식적으로 승계되기 때문에 개인의 욕심에 의한 당-군 관계의 변화를 유도할 수는 없는 것이다. 또한 권력의 승계는 제도적 안정성과도 그 맥락을 같이 한다고 볼 수 있는데, 북한의 경우 선군정치를 표방하던 김정일 시기에 북한의 유일당인 조선로동당을 중심으로 한 당대회가 한 번도 열리지 않았다. 또한 북한은 권력 세습 이후에 새로운 제도와 새로운 국가기관들이 신설되거나 헌법의 개정이 수시로 이루어진다. 반면 같은 공산주의 국가인 중국의 경우는 다르다. 중국의 경우 제도적으로 안정된 상태에서 주기적으로 당대회가 진행되었으며, 서열 1순위인 당 총서기가 있지만 제도적으로 안정된 상태에서 인사와 정책이 이루어지기 때문에 일인독재를 할 수 없는 구조적 발판이 마련되어 있다고 볼 수 있다. 이러한 제도적 요인은 북한의 일인지배체제와 중국의 집단지도체제의 차이로 환원에서 생각해도 무방하다.

각 지도자의 집권 시기를 중심으로 보았을 때 북한과 중국의 당-군 관계의 차이점을 나타내는 두 번째 요인은 중대한 사건 이후 당-군 관계의 변화의 차이점이다. 물론, 중국의 경우에도 문화대혁명 이후에 당-군 관계가 변화하는 모습을 보이긴 했지만, 덩샤오핑이 군의 현대화와 군의 전문화를 주창한 이후에 벌어졌던 천안문사건 이후에는 권력역학관계가 변동하는 모습을 보이지 않았고, 이후 같은 군의 정책을 견지했던 장쩌민과 후진타오 정권에 이르러서도 당의 절대 영도하에 있는 군이라는 당-군 관계는 흐트러짐 없는 모습을 보였다. 하지만, 북한의 경우 세습 김일성에서 김정일로의 세습 직후에는 김정일이 각종 연설에서 '당의 중요성'을 강조하는 모습을 보이지만 고난의 행군으로 대표되는 1900년대 중대한 사건은 선군정치의 탄생을 극대화하는 계기가 된다. 이러한 모습은 현재 당을 중시하고 있는 김정은 정권에 주는 함의가 크다. 즉, 중국과는 달리 '군의 전문화'를 강조하여 군을 통제하는 시스템이 아니기 때문에 당과 군이 언제 권력역학관계의 변화의 모습을 보일지 모르는 상태에서 고난의 행군에 버금가는 중대한 사건이 북한에 일어나면 다시 한 번 당과 군의 권력역학관계는 변화할 수 있다는 정책적 함의를 도출할 수 있다.

공산당 중심의 일당지배체제를 유지하고 있는 북한과 중국에게 있어서 '당 우위'냐 '군 우위'냐 하는 근본적인 문제에 대한 접근은 본 장에서 배제를 하고 시작을 하였다. 즉, 두 집단 중 어느 집단이 어떤 시기에는 우위에 있었다를 논의하는 것이 아니라 상대적으로 '군'의 위상이 높아졌던 시기를 당-군 관계에 있어 차이가 있었던 시기로 상정하고 분석을 하였다. 분석을 위해서 각 시기 당과 군의 최고위치에 있었던 지도자들의 언행들을 분석하여 당-군 관계에 대한 인식을 파악하였고, 또한 중요 당대회 등을 통한 제도적인 부분에 있어서 군부의 정치개입 등을 분석하여 당-군 관계의 변화요소를 파악하였다.

정리하면, 이번 장의 분석 내용을 통해 북한의 향후 당과 군의 권력역학관계에 영향을 미칠 요소를 도출할 수 있었다. 첫째, 북한 김정은 정권의 당-군 권력 역학관계가 현재는 로동당위원장인 김정은을 위시로 하는 당우위의 당-군 관계가 형성되어 있지만, 향후 김정일 집권 시기처럼 고난의 행군과 같은 중대한 사건이 발생하게 되었을 때는 또 한 번의 북한의 당과 군의 권력 역학관계는 변동하게 될 가능성이 크다. 중국은 마오쩌둥 당시 중대한 사건인 문화대혁명이 당-군 관계에 영향을 미쳤으나, 덩샤오핑 이후 중국군의 현대화와 전문화 정책기조가 선택되고 현재까지 진행되면서 문화대혁명과 비슷한 중대한 사건은 천안문사태가 발생했을 때는 당-군 관계가 변화하는 모습을 보이지 않았다. 즉, 북한의 군에 대한 정책 기조가 중국처럼 군의 현대화, 군의 전문화를 강조하지 않고 선군정치가 막을 내린 기간이 불과 몇 년이 되지 않기 때문에 향후 중대한 사건이 발생했을 때, 위기관리조치를 위해 김정은은 군을 내세울 가능성이 크다.

둘째, 북한에서 당-군 관계에 큰 변화를 주었던 요소 중 중대한 사건 외에도 권력 승계의 형태가 세습인 것도 큰 이유가 된다. 김정은 정권이 장기집권하여 향후 김정은이 다시 한번 4代 김씨에게 세습을 하게 되었을 때, 아버지세대 때 세력이 컸던 집단을 통제하기 위해 당과 군 사이에 권력 역학관계가 변동될 수 있는 여지가 있다. 이는, 김일성에서 김정일로의 승계와 김정일에서 김정은으로의 승계 과정을 살펴보면서 확인할 수 있었다. 북한에서의 이러한 특별한 권력 계승의 형태가 당-군 관계에 영향을 미친다는 것은, 같은 공산주의 국가인 중국의 경우 권력승계가 투표로 이루어지는 것과 비교했을때도 알 수 있었다. 즉, 중국의 경우 당대회를 통해 총서기의 투표가 이루어져서 최고지도자를 선발하기 때문에, 중국공산당 원로의 영향과 집단지배체제의 제도적 안정성 때문에 1인의 최고지도자의 영향으로 당-군 관계가 변화하기란 어려운 것이다. 이에 반해, 북한은 집단지도체제이기보단 일인지배체제에 가깝기 때문에 한번 더 권력의 세습이 이루어졌을 때 북한의 당과 군의 권력 역학관계가 변동될 가능성은 크다고 볼 수 있다.

제4장

북한의 주요 정치조직[224]

1. 조선노동당

북한의 조선노동당은 '계급 정당'인 동시에 '수령의 당'이라는 특징을 갖고 있다. 북한의 정치사전에 의하면, "당이란 일정한 계급의 리익을 수호하며 그의 요구와 지향을 실현하기 위하여 투쟁하는 계급의 선봉대이다. 로동계급의 당은 수령의 혁명사상을 실현하기 위한 선진투사로 조직되며 수령의 혁명사상을 지도지침으로 하고 수령의 유일적 령도밑에 혁명과 건설을 진행한다."고 언급하고 있고 2021년에 개정된 노동당 규약 전문에서도 "조선로동당은 위대한 수령들을 영원히 높이 모시고 수반을 중심으로 하여 조직사상적으로 공고하게 결합된 로동계급과 근로인민대중의 핵심부대, 전위부대"라고 밝히고 있다. 이를 통해 볼 때 북한에서 노동당은 수령체제 내에서 수령의 영도를 받아 인민대중에 대해 지도적 역할을 수행하는 조직이라고 할 수 있다.

노동당의 위상과 관련해 북한 헌법은 "조선민주주의인민공화국은 조선로동당의 령도 밑에 모든 활동을 진행한다."고 명시하고 있다. 헌법상 독점적 당 지위 규정은 노동당이 북한 권력의 산실임을 명백히 하고 있으며, 당이 여타 기관보다 우위에 있는 권력 구조임을 확인시켜 주고 있다. 따라서 노동당은 "근로대중의 모든 조직들 가운데서 가장 높은 형태의 혁명조직"이며, 기타 각종 정치조직들을 영도하는 주체라고 볼 수 있다.

북한의 노동당 규약은 "당은 민주주의 중앙집권제 원칙에 따라 조직하며 활동한다."고 규정하여 조직운영에서 상의하달의 중앙집권제 원칙을 우선시하고 있다. 이는 북한이 노동당을 수령의 영도를 실천하는 조직 역할에 큰 비중을 두고 있기 때문이다. 노동당의 영도적 역할은 당 생활 지도와 당 정책 지도로 구분되고, 당 생활 지도는 다시 조직생활 지도와 사상생활 지도로 세분화된다. 여기서 조직생활 지도는 당 전문부서 중 조직지도부에서 담당하고 사상생활 지도는 선전선동부에서 담당한다. 노동당 규약에서의 유일지배 이념 강조, 노동당 총비서의 우월한 지위, 조직지도부를 통한 당무 지배 등을 감안할 때, 노동당은 최고지도자를 위해 봉사하며 최고지도자가 전권을 가지고 있는 조직의 성격을 갖는다고 볼 수 있다.

조선노동당의 위상과 역할은 '혁명의 참모부'로 출발하여 "수령의 사상과 영도를 실현하기 위한 정치적 무기이며 혁명의 참모부"가 되었다가, 다시 "수령과 수령의 후계자의 사상과 영도를 실현하기 위한 정치적 무기이며 혁명의 참모부"로 이어지는 일련의 변화를 겪어왔다. 북한에서 당의 위상과 역할을 정확히 파악하기 위해서는 그와 밀접한 관련이 있는 '프롤레타리아 독재'라는 개념에 대한 고찰이 필수적이다. 북한은 수령 개인의 절대 독재를 보장하는 '수령의 유일적 영도체계' 확립을 강조하면서 수령의 유일적 영도는 프롤레타리아 독재체계를 통해 실현된다고 말한다. 그리고 프롤레타리아 독재체계는 수령을 중심으로 당과 정권기관, 근로단체들로 구성된다고 설명한다. 프롤레타리아 독재체계에서 무엇보다 중요한 자리를 차지하는 것은 노동계급의 당이며, 당은 영도체계에서 '향도적 역량'이다.[225]

■ 조선노동당에서 가장 큰 의사결정 기구인 당대회

출처 : 북한 조선중앙TV

노동당의 공식적 최고 의사결정 기구는 당 대회다. 당 대회에서는 당 규약을 개정하여 당 노선과 정책 및 전략전술에 관한 기본문제를 결정(총화)하도록 규정하고 있다. 그러나 실제로는 당 중앙위원회나 정치국이 내리는 결정을 사후적으로 추인하는 형식적 기능을 수행하고 있다. 제3차 당대표자회(2010.9.28.)에서 당규약을 개정하기 전까지 당 대회는 5년에 1회 당 중앙위원회가 소집하는 것으로 되어 있었지만 그 원칙은 잘 지켜지지 않았다. 1946년 제1차 당 대회 이후 1980년까지 총 6차례의 당 대회가 소집되었으나, 이후 35년간 당 대회가 개최되지 못했다. 이에 북한은 44년 만에 개최한 제3차 당 대표자회(2010.9.28.)에서 5년 주기로 되어 있던 당 대회 개최 규정을 삭제하였다. 그러나 북한은 2016년 제7차 당대회 이후 5년 만인 2021년에 제8차 당대회를 개최하였으며, 당규약 개정을 통해 당대회는 5년에 한번씩 당중앙위원회가 소집한다고 재명시하였다.

1) 당 중앙위원회

당 중앙위원회는 당 대회가 열리지 않는 기간 동안 최고지도기관의 역할을 대행하며 모든 당 사업을 주관한다. 당 중앙위원회는 당 대회에서 선출된 위원과 후보위원으로 구성되며 이들이 모두 참여한 중앙위원회 전원회의는 당 내외 문제들을 논의·의결한다. 또한, 당 규약은 당 중앙위원회는 전원회의를 1년에 1회 이상 소집하도록 규정하고 있다. 또한, 당 전원회의는 정치국과 정치국 상무위원회를 선거하며 당중앙위원회 제1비서, 비서들을 선거하고 비서국을 조직하며 당중앙군사위원회와 당중앙검사위원회를 선거한다.

■ 당 중앙위원회

출처 : NEWSIS

2) 당 중앙위원회 정치국과 정치국 상무위원회

당 대회나 당 중앙위원회 전원회의가 장기간 열리지 않는 상황에서 당내 의사결정을 담당하는 권력기구는 1980년 제6차 당 대회에서 신설된 당 중앙위원회

■ 당 중앙위원회 제8기 제3차 정치국 확대회의

정치국과 정치국 상무위원회다. 김정일 집권기간의 경우 정치국은 사실상 거의 운용되지 않았으나, 김정은 집권 이후에는 주요 안건들이 당 정치국 회의 또는 정치국 확대회의를 통해서 결정되고 있다.

3) 당 중앙군사위원회

노동당 중앙군사위원회는 당의 군사노선과 정책을 관철하기 위한 대책을 토의·결정하며 공화국무력을 지휘하고 군수공업을 발전시키기 위한 사업을 비롯하여 국방사업 전반을 당적으로 지도한다. 김정은 집권 이후 당 중앙군사위원회(확대회의)를 여러 차례 개최하고 있다.

■ 당 중앙군사위원회 제8기 제1차 확대회의

4) 당 지방조직

노동당의 지방조직은 수직과 수평의 지배관계가 함께 구조화된 다층 집권체제의 형태를 취하며 전국적으로 형성되어 있다. 다시 말해 각급 당 위원회는 상하의 당 위원회에 대해 철저한 위계구조를 형성하면서 다른 한편으로 여타 기관이나 사회단체에 대해 절대적 지배력을 행사한다. 당 중앙위원회 밑에는 도, 시 및 군 당 위원회를 거쳐 초급당, 분초급당, 부문당, 그리고 당원 5~30명으로 구성된 최하 기층조직인 당세포가 존재한다. 단위별 조직은 해당 관할지역 내에서 중앙당의 축소판인 자체 조직 구조들을 운용하며 절대적 권력을 행사한다.

2. 국무위원회 – 최고 권력기관

국무위원회는 국가주권의 최고 정책적 지도기관으로, △국가 중요정책 토의·결정 △국무위원장 명령, 국무위원회 정령, 결정, 지시 관련 집행 정형(상황) 감독 및 대책 수립 △국무위원장 명령, 국무위원회 정령, 결정, 지시에 위배되는 국가기관의 결정·지시 폐지 △최고인민회의 휴회 중 내각 총리의 제의에 의한 부총리, 위원장, 상(相) 등 임명·해임 등의 임무와 권한을 가지고 있다.

국무위원장은 국가를 대표하는 북한의 최고영도자로서 총사령관이 되며 국가의 일체 무력을 지휘·통솔한다. 국무위원장은 국가사업 전반을 지도하며 국무위원회 사업을 직접 지도한다. 최고인민회의 법령, 국무위원회 중요 정령과 결정을 공포하고, 다른 나라에 주재하는 외교대표를 임명·소환한다. 또한, 국가 중요 간부의 임명·해임, 외국과의 중요 조약 비준과 폐기를 결정하고 특사권을 행사하며, 전시에 국가방위위원회를 조직·지도한다. 북한은 2016년 6월 29일 최고인민회의 제13기 제4차 회의에서 헌법 개정을 통해 국방위원회를 폐지하고 기능이 확대·개편된 국무위원회를 신설하였다. 김정은을 국무위원장으로 추대하였으며, 2019년 4월 11일 최고인민회의 제14기 제1차 회의에서 재추대(국무위원장 임기는 최고인민회의 임기와 동일) 하였다.

3. 최고인민회의

입법권을 행사하는 최고인민회의는 우리의 국회에 해당한다. 북한 헌법은 제87조에서 최고인민회의를 북한의 최고주권기관으로 정하고 있다. 그러나 우리의 국회와 달리 사실상 노동당이 결정한 것을 추인하는 역할을 하고 있다. 최고인민회의의 임기는 5년이다. 최고인민회의는 정기회의와 임시회의가 있다. 정기회의는 1년에 1~2차례 최고인민회의 상임위원회가 소집하여 개최된다. 임시회의는 최고인민회의 상임위원회가 필요하다고 인정할 때 또는 대의원 전원의 3분의 1 이상의 요청이 있을 때 소집한다. 또한, 최고인민회의는 대의원 전원의 3분의 2 이상이 참석하여야 성립된다.

최고인민회의는 헌법 수정 · 보충, 법령 제정 또는 수정 · 보충의 권한이 있으며 대내외 정책의 기본원칙을 세운다. 국무위원장의 제의에 의하여 국무위원회 제1부위원장, 부위원장, 위원들을 선출하고 소환하며, 최고인민회의 상임위원회(위원장, 부위원장, 서기장, 위원들), 내각(총리, 부총리, 위원장, 상 등), 중앙검찰소(소장), 중앙재판소(소장) 등 주요 기관 직위자들을 선출(임명)하고 소환(해임)한다. 그 밖에 국가의 인민경제발전계획 및 국가예산 심의 · 승인과 조약의 비준 · 폐기권을 가진다. 최고인민회의에서 토의되는 법령과 결정은 거수가결의 방법으로 참석 대의원 과반수의 찬성에 의해 채택된다. 다만, 헌법의 경우에는 최고인민회의 대의원 3분의 2 이상의 찬성으로 개정할 수 있다.

최고인민회의는 산하에 예산위원회, 법제위원회, 외교위원회 같은 '부문위원회'를 두고 있다. 부문위원회는 위원장, 부위원장, 위원들로 구성하며, 최고인민회의 사업을 도와 국가의 정책안과 법안을 작성 · 심의하고 집행을 위한 대책을 수립한다. 최고인민회의 휴회 중 최고주권기관인 '최고인민회의 상임위원회'는 위원장, 부위원장, 서기장, 위원들로 구성되어 있다. 주요 임무와 권한으로는 최고인민회의 휴회 중 최고인민회의 소집, 법안 수정 및 보충안 심의 채택, 헌법과 현행 부문 법 · 규정의 해석, 내각의 성 · 위원회의 설치 · 폐지 그리고 조약의 비준 · 폐기, 다른 나라 국회 · 국제의회기구들과의 사업 수행 등이 있다. 최고인민회의 상임위원회 위원장은 국가를 대표하며여 다른 나라 대사들의 신임장 · 소환장을 접수한다. 최고인민회의 상임위원회는 전원회의(위원 전원)와 상무회의(위원장, 부위원장, 서기장)로 구성되며, 정령과 결정, 지시를 내고 부문위원회를 둘 수 있다.

■ 북한의 최고인민회의

4. 사법기관

1) 검찰기관

북한은 헌법에 검찰기관의 구성, 임무 및 내부 관계 등에 관한 규정을 두고 있다. 북한 헌법이 검찰에 관하여 이와 같이 명문화된 규정을 두는 것은 사회주의국가에서 검찰기관이 갖는 특수한 기능 때문이다. 북한의 검찰은 법 집행 기능과 더불어 체제 수호 기능을 수행하고 있다. 북한의 검찰은 중앙검찰소도(직할시) · 시(구역) · 군 검찰소 및 특별검찰소를 두고 있다. 모든 검찰소는 상급검찰소 및 중앙검찰소에 복종해야 한다. 중앙검찰소장의 임명과 해임은 최고인민회의가 담당하고, 각급 검찰소 검사의 임명 · 해임은 중앙검찰소가 담당한다. 중앙검찰소는 최고인민회의(휴회 중 최고인민회의 상임위원회)에 책임을 진다.

■ 북한 중앙검찰소

2) 재판기관

북한에서 재판은 중앙재판소, 도(직할시)재판소 · 시(구역) · 군 인민재판소, 특별재판소가 담당한다. 중앙재판소 소장 및 각급 재판소의 판사와 인민참심원(배심원)의 임기는 해당 인민회의 임기와 같다. 재판은 판사 1명, 인민참심원 2명으로 구성된 재판소가 하는데 특별한 경우에는 판사 3명으로 구성하여 할 수 있다. 중앙재판소

■ 북한 중앙재판소

는 최고인민회의에서 선출된 소장과 최고인민회의 상임위원회에서 선출된 판사와 인민참심원 등으로 구성되며 최고재판기관으로 모든 재판소의 재판사업을 감독한다. 중앙재판소는 최고인민회의(휴회 중 최고인민회의 상임위원회)에 책임을 진다. 북한은 헌법 제166조에서 재판활동의 독자성과 법에 의한 재판을 명시하고 있다. 하지만, 북한의 재판기관은 전적으로 당에 예속되어 있기 때문에 자율적이며 중립적인 사법적 판단을 기대하기 어렵다.

제3부

북한 경제 이해하기

경제체제란 인간의 경제생활을 그 특질에 따라 통일적으로 파악한 것으로서 여러 요소에 의해 특징지어진다. 또한 이러한 경제체제는 그 나라의 사회, 경제, 정치, 역사적 조건에 따라서 규제된다. 북한의 경제체제는 사회주의적 경제체제로서 북한에서 영위되는 경제생활의 조건 위에서 형성된다. 따라서 북한이 어떻게 성립되었는지 1부에서 살펴본 후, 북한의 정치에 대한 이해 이후에 본 장에서 복한의 경제를 이해하는 것은 연계성이 있다.

먼저, 1장에서는 북한 경제의 특징과 시기별 기조에 대해서 자세히 살펴본다. 북한경제의 특징은 크게 국가계획경제로 설명될 수 있는데, 국가계획경제는 정부가 경제 활동을 조정하고 관리하는 경제시스템이다. 일반적으로 국가계획경제는 중앙 집권적인 정부가 생산, 투자, 분배 등의 경제 활동에 대한 결정을 내리고 계획하는 시스템을 가리킨다. 이러한 국가계획경제의 특징에 대해 자세히 살펴본 후, 북한 경제의 기본적 특성에 대해 살펴봄으로써 북한 경제에 대한 큰 그림에서 개괄적인 이해를 돕고자 하였다.

2장에서는 북한의 주요 경제 정책에 대해 정리를 하였다. 먼저 1950년대 후반 제시된 북한의 경제 분야의 기본적 지도방법인 청산리 방법을 시작으로, 1950년대 후반부터 1960년대 북한에서 '사회주의 건설과 혁명을 촉진하는 강력한 추동력, 사회주의 건설의 총노선'으로 작용하였던 천리마 운동에 대해 설명하였다. 이후 북한 경제의 이해에 있어 필수적인 7 · 1경제관리개선조치에 대한 이해를 돕고자 하였다. 7 · 1경제관리개선조치란 북한이 2002년 발표한 가격 및 임금 현실화, 공장 · 기업소의 경영자율성 확대, 근로자에 대한 물질적 인센티브 강화 등의 조치를 의미한다. 북한 경제의 이해 있어 화폐개혁도 빼놓을 수 없기 때문에 화폐개혁에 대해 정리를 하였고, 4대 경제특구 등을 정리하면서 북한 경제에 대한 이해를 돕고자 하였다.

3장에서는 북한 경제의 현재에 대해 다루었다. 1980년대 중후반 계획경제가 정상적으로 작동되지 못한 상황에서 본격화 된 시장화 현상에 대해 살펴봄과 동시에 최근 대두되고 있는 장마당과 돈주에 대한 설명과 더불어 이러한 돈주가 근대화 이론에서 말하는 중산층의 역할을 해낼 것인가에 대한 분석 연구도 소개를 하였다.

한반도의 통일과 번영은 우리 국민들의 염원이었고, 현재 우리 대한민국 헌법에도 명시되어 있는 가치라 할 수 있다. 북한의 경제를 이해하는 것은 남북한 간의 경제 협력을 통해 한반도의 안전성을 높일 수 있는 방안을 찾는데 도움이 된다. 이러한 경제 협력은 상호 의존성을 높여 긴장을 완화하고 평화를 증진시키는 데 기여할 수 있기 때문이다. 북한은 공식적으로는 계획 경제를 유지하고 있지만, 시장 경제 요소들이 점점 더 커지고 있으며 현재는 시장이 없이는 주민들의 삶을 보장할 수가 없다. 이러한 변화를 이해하면, 북한 내부에서 일어나는 경제적 변화를 예측하고, 이를 기반으로 한 정책을 수립하는데 도움이 된다.

제1장

북한 경제의 특징과 시기별 기조

1. 북한 경제의 특징

1) 국가계획경제

비교경제체제론에서는 현대사회의 경제체제를 '생산수단의 소유형태'와 '경제적 과제를 해결하는 조정기구'를 기준으로 구분하고 있다. 생산수단의 사적소유에 대한 인정 여부에 따라 자본주의와 사회주의로 구분하고 경제적 과제 즉 자원의 배분, 생산과 소비 및 이익의 분배 등과 관련된 문제를 조정하는 기구가 무엇인가에 따라 계획경제체제와 시장경제체제로 구분한다.

이에 따라 현대사회의 경제체제는 자본주의 시장경제, 자본주의 계획경제, 사회주의 계획경제, 사회주의 시장경제, 혼합경제의 5가지 유형으로 구분할 수 있다. 자본주의 시장경제는 생산수단의 사적소유가 인정되며 시장의 기능에 의하여 경제적 과제를 조정하는 경제체제로 대부분의 선진국이 여기에 해당된다. 자본주의 계획경제는 생산수단의 사적소유는 인정되나 국가가 일정한 목적을 달성하기 위하여 국민경제에 대하여 직접적인 통제를 가하는 경제체제로 2차대전 기간에 많은 자본주의 국가에서 채택되었다. 사회주의 계획경제는 생산수단의 사적소유가 인정되지 않고 제반 경제적 과제를 국가계획에 의해 조정하는 경제체제로 개혁 · 개방 이전의 사회주의 국가와 현재의 북한과 쿠바가 여기에 해당된다.

사회주의 시장경제는 생산수단의 사적소유가 인정되지 않지만 시장기능에 의하여 제반 경제적 과제를 조정하는 경제체제로 개혁 이후의 중국과 베트남이 여기에 속한다. 혼합경제체제는 생산수단의 사적 소유를 인정하는 자본주의 국가에서 일정한 목적을 달성하기 위하여 경제적 과제 중 일부를 국가계획에 의하여 조정하고 나머지는 시장기능에 의존하는 경제체제로 스웨덴과 같은 복지국가가 여기에 해당된다.[1]

여기에서는 북한의 경제체제의 특징인 계획경제, 즉 국가가 직접적으로 경제를 관할하는 국가계획경제에 대해서 살펴본다. 국가계획경제는 정부가 경제 활동을 조정하고 관리하는 경제 시스템이다. 일반적으로 국가계획경제는 중앙 집권적인 정부가 생산, 투자, 분배 등의 경제 활동에 대한 결정을 내리고 계획하는 시스템을 가리킨다. 국가계획경제는 다음과 같은 특징을 지닌다. 첫째, 중앙 집권적인 계획 수립이다. 계획경제를 채택하고 있는 국가에서는 국가가 경제적 활동에 대한 계획을 수립하고 관리한다. 이는 보통 다양한 경제 부문에서 생산과 소비를 조절하는데 이용된다. 둘째, 자원이 중앙으로 집중되어 있다. 국가는 자원의 배분과 사용에 관여하여 생산량을 조절한다. 이는 특정 산업에 있어서 사회적 목표를 달성하기 위해 이루어지는 영향이 크며 국가의 지시에 따른 생산을 하기 때문에 생산품의 가격과 수량 역시 중앙 집권적인 형태를 띄게 된다. 넷째, 주로 사회주의 국가에서 사용되는 경제체제이다. 국가계획경제는 보통 사회주의 국가에서 채택되는데, 이는 경제의 사회적 공정성과 균등한 자원 배분을 추구하는데 그 목적이 있기 때문이다.

■ 시장경제와 계획경제

출처 : freepik

국가계획경제는 경제의 규모 자체를 키울 수 있고 모든 인력이 국가에 고용되므로 실업이 존재하지 않는다는 장점과, '보이지 않는 손'에 의해 움직이는 시장 경제와는 달리 쉬운 분배가 가능하다는 장점이 있다. 하지만 국가에서 필요한 경제 규모를 정확히 계산하는 것이 불가능할 뿐만 아니라 적극적으로 일할 의욕이 상실되며, 비효율적인 자원 배분, 국가에서 필요를 못 느끼는 분야는 발전이 더디다는 큰 단점이 존재한다. 이러한 국가계획경제를 채택하고 있는 대표적인 국가가 북한이다. 현대 사회에서 많은 국가들이 시장 경제 시스템을 선호하고 있으며 국가의 역할을 최소화하는 시장의 역할을 강화하는 경향을 보이고 있는 반면, 북한에서는 여전히 계획경제를 고수 중이다.

2) 북한 경제의 기본적 특성[2]

(1) 주체적 경제체제

일반적으로 경제체제란 인간의 경제생활을 그 특질에 따라 통일적으로 파악한 것으로서 그것은 경제의식, 경제 질서, 생산기술 등에 의하여 특징지어진다. 이러한 경제체제는 그것이 존립하는 나라의 사회, 경제, 정치, 역사적 조건에 따라서 규제된다. 북한의 경제체제는 사회주의적 경제체제로 북한에서 영위되는 경제생활의 조건 위에서 형성된 것이다. 그것은 첫째, 기본적인 생산수단이 사회적 소유이며 둘째로는 중앙계획기관에 의하여 행정적으로 경제운영이 이루어진다. 특히 생산수단이 국가 소유일 때는 국가에 의하여 경제가 통제되고 운영되지 않을 수 없다. 그러나 그 방법과 내용은 나라에 따라서 차이가 있다. 나라에 따라서 생산력의 발전 수준과 그것을 바탕으로 하는 생산관계의 형태에 차이가 있기 때문이다. 따라서 북한의 경제체제는 북한이 가지고 있는 사회경제적 조건을 기초로 하는 자체적 경제체제를 가지고 있다. 즉 주체적 경제체제는 이른바 주체사상을 기초로 경제를 운영하는 것으로 그것은 경제활동의 주체는 인민 대중이며 자기 운명의 주인은 자기 자신이며 자기의 운명을 개척하는 힘도 자기 자신에 있다고 주장하는 것이다. 즉, 앞서 주체사상에서도 자세히 다루었듯이 인간이 만물의 주인이고 모든 것을 결정한다는 것이며, 모든 것을 인간 본위로 생각하고 행동한다는 것이다. 따라서 모든 사회 운영은 인간의 능력을 기초로 하는 현실을 바탕으로 하지 않으면 안 된다는 것이다. 여기에서 북한의 현실을 바탕으로 하는 북한식 사회주의 이론이 제기되고 그 이론을 바탕으로 북한식 경제체제가 형성된 것이라고 할 수 있다. 이것을 북한에서는 주체적 경제체제 라고 하며 이는 집단주의적 경제 운용체제를 기본으로 하고 있다.

(2) 사회적 소유체제

사회적 소유는 생산수단과 생산물의 사회적 또는 집단적 소유를 뜻한다. 북한에서의 사회적 소유는 생산수단을 국가 또는 사회 및 협동단체가 소유하고 있다. 북한의 경제체제는 사회주의 이념을 기초로 하고 있기 때문에 생산수단은 국가소유이며 사유 재산권은 원칙적으로 허용되지 않는다. 이와 같이 사적 소유를 제한하고 사회적 소유를 강화해 북한경제는 사회주의적 경제체제를 확립하고 사회주의적 생산양식의 발전을 추진하였다. 그러나 사회주의적 생산양식의 형성은 그 내부에서의 생산력의 발전이 뒷받침될 때 순조롭게 진행될 수 있다. 북한은 동구권 사회주의 국가의 붕괴를 계기로 여러 가지 어려움에 봉착하고 있으며 이러한 가운데 사회적 소유 관계에도 부분적인 변화가 이루어지고 있음을 감지할 수 있다.

북한에서 생산수단의 소유형태는 전 인민적 소유, 사회조직에 의한 협동적 소유, 그리고 개인적 소유 등으로 구분되지만 여기서 말하는 협동적 소유는 국가적 소유형태와 구별되며 사회조직으로서의 협동조합 등의 소유로 대표적인 것이 농업협동조합 소유형태가 있다. 이러한 소유는 국가적 소유와 공존하고 있다. 사회주의적 체제가 발전하게되면 국가적 소유가 더욱 확대되고 협동적 소유나 개인적 소유는 축소되는 것이다. 현재 북한에서 국가소유의 주된 대상은 철도, 항공, 항만, 은행 등의 중요시설과 공장, 기업소 등이 있다. 그리고 협동적 소유의 대표적인 것은 협동농장이 있다. 협동농장에서는 토지, 농기계, 중소 공장 등을 협동소유하고 있으며 극히 제한된 범위 내에서 생산물의 사적 소유를 인정하고 있다. 생산물의 개인적 소유는 주민들의 개인적인 소비

출처 : 천재학습백과

목적을 위한 것으로 개인의 부업, 경리에서 발생하는 생산물로 이루어진다. 이것은 소유자가 자유롭게 처분할 수 있으며 장마당과 같은 시장 등에서 개인적으로 거래되고 있다.

(3) 중앙집권적 계획경제체제

북한의 경제는 그 활동이 국가에 의하여 계획 통제된다. 사회주의 사회에서의 경제계획은 국가가 생산수단과 노동력을 경제 각 부문에 계획적으로 배분하여 생산과 분배를 합리적으로 조직하는 과정이다. 이것은 전체적인 경제활동은 물론이고 각 기업소의 경영활동을 유기적으로 연결시켜 사회주의 경제의 균형적 발전을 가져오게 하는 수단이라고 할 수 있다. 따라서 사회주의 사회에서는 경제계획 그 자체가 국가 경제운영의 기본적인 과제라 할 수 있다. 계획의 단일성은 계획의 일원화를 통하여 각 경제 단위의 유기적 연관성을 확립하여 중간적 낭비를 제거하고 국가적 계획 목표를 달성하는 데 있다.

북한에서는 계획 업무를 일원화하기 위하여 국가계획위원회 직속의 지구계획위원회와 시 · 군 계획부 및 공장 · 기업소 그리고 국가 계획부를 설치하고 정무원의 국가계획위원회 그리고 중앙기관과 국민경제의 모든 부문의 계획부서가 해당 기관은 물론이고 국가계획위원회에도 종속되는 이중적 체제를 형성하고 있다. 이러한 국가계획기관의 체계는 중추적인 역할을 하는 국가의 전문적인 계획체계로서 중앙집권체제의 원칙에 따라서 전국의 계획 업무를 통일적으로 지도 통제한다. 그리고 각 경제기관과 기업소의 계획부서는 국가계획기관의 하부구조로서 국가계획기관의 지도하에 통일적인 계획 업무를 수행하는 단위 사업 부문이다.

출처 : 천재학습백과

2. 북한 경제의 시기별 기조

북한은 1960년대 김일성 시대에 사회주의 공업화를 본격화하는 과정에서 '자립적 민족경제 건설 노선', '중공업 우선 발전 노선', '경제 · 국방건설 병진노선' 등을 주요 경제정책 기조로 추진하였다. 북한의 주장에 따르면, '자립적 민족경제 건설 노선'이란 "남에게 예속되지 않고 제 발로 걸어 나가는 경제, 자기 인민을 위하여 복무하며 자기 나라의 자원과 자기 인민의 힘에 의거하여 발전하는 경제건설 노선이다. 또한 '중공업 우선 발전 노선'은 "사회주의 공업화의 중심은 중공업의 선차적 발전에 있다. 기계제작 공업을 핵심으로 하는 강력한 중공업을 창설하여야 자립적 공업체계를 확립한다."이다. 다음으로 '경제 · 국방 건설 병진노선'은 경제 발전과 군사력 강화를 동시에 추구한다는 노선이다. 이는 북한의 산업을 군산복합형(軍産複合形)으로 조성하고 북한 경제 내에 인민경제 외에 군수경제를 독립적 경제구조로 정착시킨 정책이었다.

북한은 김정일 시기에 '선군경제건설노선'을 주요 경제정책기조로 추진하여 김일성 시대의 병진노선을 더욱 강화하였으며, 1990년대 중반 경제난 이후 경제 환경 변화에도 본질적인 정책 기조의 변화를 시도하지 않고 있다.

김정은 정권은 2013년 3월 31일 당중앙위원회 전원회의의 결정을 통해 '경제 · 핵무력 건설 병진노선'을 경제정책의 기조로 채택했다. 당시 북한은 현 시대에서는 핵무력 강화가 '혁명발전의 합법칙적 요구'이므로 이를 결코 포기하지 않고 지속시켜 나갈 것이며, 경제건설도 동시에 병행할 것이라고 주장하였다. 그러나 병진노선은 사실상 국방부문에 대한 과잉 예산배분으로 산업부문의 불균형과 소비재산업의 발전을 위축시켰으며, 국제적인 대북제재를 초래하여 경제적 어려움을 더욱 가중시켰다.

이후 북한은 2018년 4월 20일 당중앙위원회 제7기 제3차 전원회의에서 '혁명발전의 새로운 높은 단계의 요구에 맞게 사회주의 경제건설에 총력을 집중할 것'이라는 새로운 전략노선을 공표하였으나, 핵과 미사일 개발을 지속하여 유엔안보리로부터 강력한 대북제재를 받고 있다. 김정은 집권 이후 북한이 제시한 대표적인 경제목표는 '경제발전 5개년 전략(2016~2020)'과 '경제발전 5개년 계획(2021~2025)'이다. '경제발전 5개년 전략'은 2016년 개최된 노동당 7차 대회에서 제시된 경제 전략으로써 당면목표로 경제발전 5개년 전략 기간 중에 공장 · 기업소의 생산 정상화를 실현할 것과, 장기목표로 경제의 주체화 · 현대화 · 정보화 · 과학화를 높은 수준에서 달성할 것을 강조하였다. 구체적으로는 2016~2020년까지 첫째, 전력문제의 해결, 둘째, 석탄 · 금속 · 철도운수 부문의 획기적인 발전, 셋째, 기계 · 화학 · 건설 · 건재공업 부분의 발전, 넷째, 농업 · 수산업 · 경공업 부문의 발전, 다섯째, 대외무역 · 합영합작 · 경제개발구 등 대외경제관계의 확대 발전, 여섯째, 사회주의 기업 책임관리제의 실효성 제고를 목표로 하였다.

북한은 이러한 목표를 2020년 당 창건 75주년을 맞아 완성하려 하였으며 이를 위해 '정면돌파'와 '자력갱생'을 전면에 내세웠다. 그러나 대북제재와 코로나19, 자연재해까지 겹쳐 북한의 경제목표 달성은 차질을 빚게 되었다. 북한은 이에 대해 '경제정책 실패'를 인정하며 2021년 1월 노동당 제8차 대회를 개최하여 새로운 '경제발전 5개년 계획'을 발표하였다. 북한은 새로운 5개년 계획이 첫째, 경제자립구조의 정비 및 보강, 둘째, 수입의존도를 줄이기 위한 국산제품 생산의 증대, 셋째, 인민생활 향상의 중요한 과제들을 담고 있다고 밝혔다. 새로운 5개년 계획의 중심과업으로 2021년부터 2025년까지 금속 · 화학 등의 기간공업부문에 투자를 집중하여 경제 전반의 생산정상화를 실현하며, 농업부문에서 물질기술적 기반을 마련하고, 경공업부문에서는 원자재의 국산화 · 재자원화를 통해 인민소비품 생산을 늘릴 것임을 강조하였다. 한편 대외경제는 대내의 자립경제 잠재력을 보완하고 보강하는 것을 전제해야 한다고 밝혔다.

김정은 정권은 '자력갱생'과 '자급자족'을 전면에 내세워 5개년 계획 목표를 달성할 것을 독려하고 있다. 2021년 12월 27일 당중앙위원회 제8기 제4차 전원회의에서는 2022년에도 기간산업을 비롯한 생산 부문 전반에서의 증산과 민생 경제문제 해결에 집중할 것을 강조하였으며, 특히 '사회주의 농촌문제의 해결'을 중요 과업으로 제시하고 농업근로자들의 정치의식 제고, 식량문제의 완전한 해결, 농촌 주민들의 생활환경 개선 등의 세부 과제를 제시하였다.

이와 함께, 북한은 2022년 2월 6일 개최한 제14기 제6차 최고인민회의에서 "대외경제 부문에서 국가의 유일무역제도를 환원 복구하기 위한 사업을 계속 추진하겠다."며, 사실상 '기업의 무역자율화' 대신 '중앙집권적 무역시스템'을 복원하겠다는 입장을 표명하였다. 이는 북한이 노동당 제8차 대회에서 제시한 '내각책임제'를 통한 중앙집권적 기업경영관리, 국가의 통일적 지도 및 일원화 통제체계 강화 등의 사회주의 경제관리 원칙준수를 강조한 것과 같은 맥락이다.

이러한 기조는 2022년에도 지속되어 5차 및 6차 전원회의까지 이어지고 있다. 이 과정에서 '식의주'에 해당하는 농업, 경공업 건설에 대한 중요성을 더욱 강조하고 있으며, 다른 산업에 우선하여 성과를 창출할 것을 독려하고 있는 상황으로 보인다. 실제적으로 김정은 정권이 추진해 온 경제정책은 표면상 민생경제를 앞세우고 있으나 실제적으로는 정치체제 유지를 우선으로 한 경제정책으로 평가할 수 있다.[3]

■ 북한의 경제 · 핵무력 건설 관련 선전화

출처 : 북한정보포털

제2장

북한의 주요 경제 정책

1. 청산리방법

청산리방법은 1950년대 후반 제시된 북한의 경제 분야의 기본적 지도방법이다. 청산리방법은 김일성이 1959년 12월 당중앙위원회 전원회의에서 "생산관계의 사회주의적 개조가 완성된 새 환경에 맞게 사업체계와 사업방법을 개선"하도록 지시를 내리고, 이듬해인 1960년 2월 평안남도 강서군(현 남포시 강서구역) 청산협동농장을 현지지도하면서 이를 일반화하도록 지시한 데서 비롯됐다. 즉 '청산리정신, 청산리방법'이라는 명칭은 청산리에서 처음으로 구체화되어 붙여졌다. 청산리정신은 사상적 측면을 강조한 것이며 청산리방법은 구체적 실천방법에 초점을 맞춘 것이다.

북한은 청산리정신의 기본 내용으로 ① 나라의 모든 살림살이와 인민의 생활에 대해 완전히 책임지는 원칙에서 당적 · 국가적 지도를 실현하는 것 ② 사회의 모든 성원들을 교양 · 개조하여 당의 둘레에 묶어 세워 공산주의 사회까지 이끌어 나가는 원칙에서 당적 · 국가적 지도를 실현하는 것 ③ 혁명과 건설에 대한 지도에서 모든 사업을 인민대중 자신의 사업으로 확고히 전환시키는 원칙을 견지하는 것 등을 들고 있다. 청산리방법의 내용은 ① 상급기관이 하급기관을 도와주고 윗사람이 아랫사람을 도와서 서로 합심하여 당의 노선과 정책을 관철해 나가는 것 ② 늘 현지에 내려가 실정을 깊이 알아보고 문제 해결의 옳은 방도를 세우는 것 ③

모든 사업에서 정치사업, 사람과의 사업을 앞세우고 대중의 자각적 열성과 창의성을 동원하여 혁명과업을 수행하도록 하는 것 ④ 일반적 지도와 개별적 지도를 옳게 결합하는 것 ⑤ 사업에서 선후를 가려 중심 고리에 힘을 집중하여 문제를 풀어나가는 것 ⑥ 모든 사업을 계획화하여 힘 있게 밀고 나가는 것 등을 들고 있다.

이처럼 북한은 일선간부들이 범하기 쉬운 관료주의 · 형식주의 · 명령주의의 오류를 퇴치하고 당과 대중을 긴밀하게 연결시켜 간부들의 실무지도능력을 높이기 위한 대중 지도방법으로 청산리방법을 제시하고 있는데, 그 이면에는 당의 지도권한을 강화하기 위한 목적이 깔려 있는 것이다.4

■ '청산리정신, 청산리방법' 제시 중앙보고대회

출처 : 아사히신문

2. 천리마운동

북한의 천리마운동이란 하루에 천 리를 달리는 천리마를 탄 기세로 사회주의 건설에서 생산성을 획기적으로 높이자는 의미로 사용되는 사회주의 노력경쟁운동의 하나이다. 처음에는 사회주의 생산경쟁운동 형태로 시작된 천리마운동은 1950년대 후반부터 1960년대에 북한에서 '사회주의 건설과 혁명을 촉진하는 강력한 추동력, 사회주의 건설의 총노선'이 되었다.

북한에서 천리마운동이 처음 제기된 것은 1956년 12월 당중앙위원회 전원회의에서였다. 당시 북한은 전후 복구건설 시기를 막 벗어나 사회주의 경제 건설에 매진할 때였으나, 1950년대 말부터 소련을 비롯한 사회주의 국가들의 경제원조가 줄어들어 경제 건설의 재원조달에 어려움을 겪고 있었다. 또한 경제 건설노선을 둘러싸고 소련의 간섭이 계속되었는데, 소련은 1955년 김일성의 소련 방문 당시 경제 건설 방향을 중공업 우선정책에서 경공업과 소비재 생산 중심으로 전환할 것을 요구했다. 북한 내부적으로도 여전히 전쟁 전 수준을 회복하지 못했고 소비재 부족과 인민생활 향상이라는 과제가 제기되었다.

1956년 당시 김일성은 전원회의를 통해 "당 일꾼들은 군중 속에 깊이 들어가 대중의 창발성을 최대한 발동시켜 사회주의 경제 건설을 기한 내에 완수하자"고 제기했으며, 직접 강선제강소에 현지지도를 나가 노동자들에게 혁명적 열의를 강조했다. 그 결과 강선제강소 노동자들은 당초 6만 톤의 생산계획을 생산경쟁운동을 통해 12만 톤으로 초과달성하게 되고, 이것이 모태가 되어 천리마운동이 전국 각지로 확산되었다.

1956년 12월 전원회의 이후 강선제강소에서 시작된 천리마운동은 평남청년탄광돌격대, 강계청년발전소돌격대, 청년철도건설돌격대 등 노력동원과 속도경쟁을 통한 대중적 운동으로 확대·발전되었다. 특히 이들 돌격대의 노동강화운동을 모범으로 삼아 발달된 이 운동은 1958년 9월 평양에서 열린 '전국생산혁신자대회'를 계기로 북한 전체 근로자의 노력경쟁운동으로 본격화되었다. 북한은 천리마운동을 단순한 증산운동으로서가 아니라 새로운 공산주의 인간형의 창조를 목표로 한 사상개조운동으로 활용했다. 공장·기업소·협동조합 등 좁은 의미의 생산현장에 국한시키지 않고 사회의 모든 분야를 포괄하는 사회주의 건설에 있어 당의 총노선으로까지 격상시켰으며, 개인 간의 경쟁이 아닌 작업반·직장·공장단위의 집단적 경쟁과 혁신운동으로 발전시켜 이후 천리마작업반운동으로 연결시켰다.

이 운동의 전개로 제1차 5개년 계획(1957~1961년)은 전 부문에 걸쳐 예정보다 빠른 2년 6개월 만에 목표를 달성하였고, 목표를 초과 달성한 사람에게는 '천리마기수', 성과를 낸 집단이나 조직에는 '천리마작업반'이라는 명칭을 부여했으며 뛰어난 성과를 낸 사람들에게는 영웅 칭호가 주어졌다. 천리마운동 과정에서 '천리마작업반'뿐만 아니라 '천리마학교', '천리마직장'도 생겨났다. '천리마체조', '천리마조선' 같은 조어들도 탄생했다. 천리마처럼 앞을 향해 달려 나가는 듯한 느낌의 글자체 '천리마체'까지 만들어졌다. 한마디로 천리마는 1950년대 후반부터 1960년대 전체를 관통하는 북한 사회의 모든 것이 되었다.

그러나 1970년대에 들어서면서 운동의 한계성에 따라 천리마운동이 퇴색하는 기미가 나타나기 시작하자, 1976년부터 '3대 혁명붉은기쟁취운동'이라는 이름의 경쟁운동으로 전환되었고, 이후 '80년대 속도', '90년대 속도' 등의 구호가 내걸리기도 했다. 1999년부터는 '제2의 천리마대진군'의 구호로도 변형되기도 하였으며 김정은 정권 들어서는 만리마속도창조운동으로 이어지고 있다.

▬천리마운동 선전 그림

출처 : mediapen.com

천리마운동은 기본적으로 대중의 혁명적 열의와 높은 창의성, 그리고 자기희생의 헌신성을 끌어내는 운동이다. 이런 대중적 열정을 유발하기 위해서 제일 역점을 둔 것은 도덕적 자극이었다. 즉 유인동기를 물질적 보상보다는 노동자의 명예심과 도덕적 양심을 끌어내는 방법으로 삼았다. 결국 이것은 천리마운동이 사람의 의식을 교양·개조하는 사상교양사업을 중심으로 진행될 수밖에 없다는 것을 의미한다.

그러나 부단한 정치사상교양만으로 노동생산성을 끊임없이 추동하는 방법은 한계를 가질 수밖에 없다. 자본투자와 기술혁신이 제때에 이루어지지 않은 채 노력동원과 속도경쟁에 기초한 경제 건설방식은 초기에는 비약적 성장을 가져올 수 있지만, 점차 피로도 증가와 한계생산체감의 법칙에 의해 성장이 한계에 직면하게 되는 결과를 초

▬김정은 시기 만리마운동 선전 그림

출처 : NK 투데이

래했다. 김정은 체제 등장 이후 천리마가 만리마로 대체되는 등 운동의 상징성이 변화하다가 제8차 당대회 이후 당면한 경제위기를 극복하기 위한 수사로 '전후복구시기'와 '천리마정신, 천리마운동'이 다시 언론지면을 장식하고 있다.[5]

3. 경제관리 개선 조치

7 · 1 경제관리 개선 조치란 북한이 2002년 7월 1일 발표한 가격 및 임금 현실화, 공장 · 기업소의 경영자율성 확대, 근로자에 대한 물질적 인센티브 강화 등의 조치를 의미한다. 이 조치는 기존의 계획경제 틀 내에서 시장경제 기능을 일부 도입한 것이라고 할 수 있다.

북한은 1990년대 들어 외화 및 원유 · 원자재 부족으로 공장가동률이 떨어지고, 식량부족과 연이은 자연재해 등으로 심각한 위기에 봉착하게 되었다. 이에 외부로부터 지원을 얻기 위하여 미국 · 일본과의 관계개선을 시도하였으나 실패하였고, 식량난과 생필품 부족 현상이 심화되고 암시장이 번성하여 공식경제체제를 위협할 수준에 도달하게 되었다.

기존의 계획과 공급 시스템에 기반을 둔 북한의 사회주의 가격제정원칙과 국정가격으로는 치솟는 인플레를 감당할 수 없었고, 더 이상 국가의 재정적 통제와 자원배분 기능이 제 역할을 할 수 없는 상황이 되었다. 2001년 10월 3일 김정일은 당 · 경제기관 일꾼들과의 담화를 통해 변화하는 현실에 맞게 경제관리 방법을 개선할 것을 지시하였다. 김정일의 지시를 계기로 북한은 2002년 7월 1일자로 가격과 임금 인상안 등을 발표하였는데, 이것이 7 · 1 경제관리 개선 조치이다.

7 · 1 경제관리 개선 조치의 주요 내용은 크게 세 가지로 요약할 수 있다. 첫째, 물가와 임금 인상이다. 북한은 계획가격제에 의해 중앙에서 인위적으로 낮은 수준에서 물가를 책정한다. 그러나 경제위기 상황에서 원 · 부자재의 수입가격, 제품 생산가격이 높아짐에도 불구하고 낮은 가격을 고정시켜 놓았기 때문에 갈수록 국가의 재정 부담이 커질 수밖에 없다. 반면 공장 · 기업소는 국정가격으로 판매되는 제품판매방식을 거부하고, 시장에서 높은 가격으로 판매하길 희망함에 따라

시장은 활성화되고, 국정가격과 암시장 가격의 높은 격차, 즉 인플레가 발생하게 된다. 북한당국은 이 같은 문제를 해결하고자 식량, 공산품, 집세, 전력 등 전반적 물가를 수십 배에서 수백 배 올렸다. 그리고 이에 맞추어 임금도 평균 18~25배 올림과 동시에 임금지급방식도 노동생산성과 공장기업소의 수익 등에 따라 차등지급하는 방식으로 바꾸었다.

둘째, 독립채산제 강화와 공장 · 기업소의 자율성 확대이다.[6] 북한은 물가와 임금을 인상한 만큼 공급(생산)증대를 위해 공장 · 기업소의 평가체계를 변화하고, 자율성을 확대하였다. 공장 · 기업소는 이전의 계획목표량 달성방식이 아니라 수익성이 기준인 번수입지표에 따라 평가하는 체계를 도입하였다. 또한 독립채산제 강화방침에 따라 이전에는 공장 · 기업소에서 초과달성한 이윤을 국가에 납부하는 방식에서 기업 자체로 재투자 재원이나 종업원 복지기금으로 활용할 수 있도록 재량권을 주고, 자재공급을 원활하게 하기 위한 기업 간 원자재 거래를 허용하였다. 또한 공장 · 기업소 내 당위원회의 역할을 축소하고 지배인 책임제를 강화하였다. 더불어 공장 · 기업소는 이윤을 많이 남기는 경영을 위주로 하고, 생산성 향상에 따라 각종 물질적 보상을 제공하는 체제를 도입하였다.

셋째, 사회보장 및 배급제 가격보조 혜택의 개편이다. 북한은 과거 식량, 소비재, 주택 등을 거의 무상이나 다를 바 없을 정도로 낮은 국정가격으로 공급해 왔으나, 7 · 1 경제관리 개선 조치를 통해 전반적 물가를 인상하여 식량, 소비재의 가격, 주택사용료에서 국가 가격보조를 배제시켰다. 물론 북한은 무상교육, 무상치료, 사회보험 등 이른바 '사회주의의 우월성'을 보여주는 사회보장제도는 공식적으로 유지하였다.[7]

북한이 단행한 7 · 1 조치의 핵심은 한마디로 가격개혁이다. 이미 2000년 직후부터 북한 당국은 다양한 인센티브 조치를 허용하는 공급 부문의 개혁을 준비해 왔고, 7 · 1 조치 이후에도 종합시장의 개설, 사용료를 전제로 한 이용권 위임 등 추가적인 조치들이 진행되었다. 전문 장사꾼 계층들의 출현을 허용하는 등 변화의 폭이 생각보다 넓다고 평가되고 있다. 7 · 1 조치의 성패를 논하기에는 보는 관점마다 다르지만 7 · 1 조치 자체, 즉 가격개혁에 대한 분석은 북한 당국의 의도를 추정할 수 있다는 점에서 여전히 중요하다고 볼 수 있다. 북한 당국은 7 · 1 조치를 통해 생산자 위주의 가격제정원리를 도입하였다. 그러나 그 본질은 가격자유화를 통한 시장경제도입이라기보다는 기업의 이윤동기를 강조하고 생산효율성을 높여 국가 보조금에 의한 기업운영을 탈피하자는 의도에서 나온 것이라 볼 수 있다.

현재 김정은 시기에 와서의 북한 경제상황은 코로나 사태를 겪으면서 제2의 고난의 행군이라는 말이 나올 정도로 심각한 상황이다. 국가계획경제를 중심으로 하는 북한의 경제체제에 있어, 김정일 시기에 있었던 7 · 1 경제관리 개선 조치는 과거 어려웠던 경제난을 극복하고자 한 큰 노력이라 볼 수 있다. 북한 당국이 계획 경제의 한계점을 인식하고 시장 경제의 요소가 도입된 경제 개혁에 대한 의지를 조금이라도 보여주었기 때문이다. 코로나와 국제사회의 제제로 인해 더욱 힘든 경제상황을 겪고 있는 지금의 경제난을 타개할 또 다른 개혁조치가 필요한 시점이다.

4. 화폐개혁

북한은 해방 이후 1947년, 1959년, 1979년, 1992년, 2009년에 걸쳐 5차례의 화폐개혁을 단행했다. 1차 화폐개혁은 북조선인민위원회 법령 30호에 의해 1947년 12월 6일부터 12일까지 실시되었다. 화폐개혁의 목적은 일제강점기 화폐제도를 철폐하고 사회주의 경제체제의 화폐제도를 확립하는 것이었다. 북한은 보조화폐를 제외한 100원, 10원, 5원, 1원 등 4종의 신권을 발행하고 1:1의 비율로 교환해주었다. 교환 한도는 계층 · 계급별로 차별을 두었는데, 한도초과금액은 예금으로 동결했다. 1949년 5월에는 50전, 20전, 15전 등 보조화폐를 발행하여, 1949년 8월 15일부터 기존 화폐의 유통을 전면 중지시켰다.

2차 화폐개혁은 내각결정 11호에 의해 1959년 2월 13일부터 17일까지 실시되었다. 화폐개혁의 목적은 6 · 25전쟁으로 인한 인플레이션의 누증을 방지하고, 새로운 재정금융 토대 구축 및 새로운 경제계획 실시에 따른 투자재원을 확보하는 것이었다. 북한은 100원, 50원, 10원, 5원, 1원, 50전 등 6종의 지폐와 10전, 5전, 1전 등 3종의 주화를 발행하고, 100:1의 비율로 교환해주었다. 교환 한도는 없었으며, 기관 · 기업소들은 보유 중인 구화폐를 반드시 은행에 전액 입금하도록 했다.

3차 화폐개혁은 중앙인민위원회 정령에 의해 1979년 4월 7일부터 12일까지 실시되었다. 화폐개혁의 목적은 개인은 물론, 기관이나 단체 등에서 보유하고 있는 유휴 화폐를 회수하여 급격한 물가 인상을 방지하고 정부의 부족한 재원을 충당하는 것이었다. 북한은 100원, 50원, 10원, 5원, 1원 등 5종의 지폐와 유통과 계산의 편의를 위해 50전짜리 주화를 새로 발행하여 1:1의 비율로 교환해주었다. 교환 한도는 없었으며, 기관 · 기업소 · 사회협동단체는 4월 8일까지 은행에 입금시킨 다음 필요한 만큼 새 돈을 지불받았다. 10전, 5전, 1전 등 소액 주화는 교환하지 않고 이미 발행한 것을 그대로 유통시켰다. 액면가가 가장 높은 100원 권에는 김일성의 초상이 들어갔으며, 김일성 생가 등을 소재로 활용하여 김일성의 우상화에 활용했다.

4차 화폐개혁은 중앙인민위원회 정령에 의해 1992년 7월 15일부터 20일까지 실시되었다. 화폐개혁의 목적은 화폐제도의 공고화, 화폐유통의 원활화를 통한 재정 확충이었다. 북한은 100원, 50원, 10원, 5원, 1원 등 5종의 지폐를 발행하고, 1:1의 비율로 교환해주었다. 1가구당 399원이라는 한도를 두고 한도초과금액은 예금하도록 하였으며, 30,000원 이상은 예금으로도 받지 않았다.

5차 화폐개혁은 최고인민회의 상임위원회 정령과 그 집행을 위한 내각결정에 의해 2009년 11월 30일부터 12월 6일까지 실시되었다. 화폐개혁의 목적은 인플레이션 억제, 재정 확충, 시장 활동 억제를 통해 계획경제를 복원하여 북한 당국의 사회적 통제력을 회복하는 것이었다. 북한은 5,000원, 2,000원, 1,000원, 500원, 200원, 100원, 50원, 10원, 5원 등 9종의 지폐와 1원, 50전, 10전, 5전, 1전 등 5종의 주화를 발행했다. 교환비율은 현금의 경우 100:1, 은행에 저금한 몫의 경우 10:1이었다. 교환 한도는 최초 1가구당 10만 원으로 알려졌으나 이후 북한 주민의 극심한 반발 등 부작용으로 인해 1인당 5만 원, 1가구당 20만 원으로 한도를 완화했다. 화폐교환 후 전반적인 가격수준은 2002년 7월 1일 수준으로 조정했다. 공장 · 기업소에서 받는 임금은 종전의 금액수준을 새 화폐로 보장했다.

화폐개혁 조치는 7.1 조치 이후 화폐가치가 크게 하락하면서 발생한 인플레이

■ 북한 화폐

출처 : 신화통신

션을 해소하고 암거래 시장에서 유통되는 지하 자금을 끌어내는 한편, 시장과 시장세력을 통제하고 계획경제를 강화하기 위한 것이었다. 화폐개혁은 시행되자마자 북한 경제를 심각한 혼란에 빠뜨리고 북한 당국이 추진해오던 경제정책들에 많은 차질과 타격을 주었다. 우선 무엇보다 북한 원화가치가 추락하고 북한 경제의 위안화, 달러화 현상을 가속화시켰다. 북한 주민들은 화폐개혁 이후 장마당, 종합시장에서 북한 원화보다는 위안화를 선호하게 되었다. 이처럼 북한 원화가치 하락은 가치저장 수단으로서의 북한 화폐기능을 현저히 떨어뜨렸다. 화폐개혁으로 북한의 시장 물가는 마치 주가변동 곡선처럼 심하게 변동하고 급속한 물가 상승이 야기되었다. 이후 화폐개혁 1년이 되는 2010년 11월말에는 화폐개혁 이전 수준으로 복원되었고, 그 이후 계속 상승세를 보이다가 최근에는 북한 당국의 개입으로 시장환율이 조정세를 보이고 있다.

5. 4대 경제특구

북한은 1990년 사회주의 경제권의 붕괴로 산업 간 연결 관계의 단절 현상이 야기되자 대외경제 개방을 모색하기 시작했다. 소련으로부터 우호가격으로 제공받아왔던 원유, 코크스, 기초 원자재 등을 이제는 국제시장에서 정상 교역의 무역관계로 조달해야만 하는 상황에 직면했기 때문이다. 북한은 1991년 12월 처음으로 함경북도 최북단 항구 도시인 나진 · 선봉을 경제특구로 지정하고 외국인 투자관련법 등을 제정하였고 이에 이어 2002년 「신의주특별행정기본법」, 「개성공업지구법」, 「금강산관광지구법」 등을 제정하여 나진 · 선봉 경제특구와 신의주 · 개성 · 금강산까지 합해 4대 경제특구를 지정하였다. 그러나 북한이 당시 계획한 '신의주특별행정구'는 중국의 초대 행정관으로 임명된 화교 사업가 양빈이 중국 당국에 탈세 혐의로 체포되면서 무산되었다. 개성공업지구와 금강산관광지구는 남한 자본이 단독 투자 · 개발하는 형태의 특구로 개설되어 가동되었다. 그러나 금강산관광은 북한군의 남한 관광객 피격사건으로 2008년 8월에 중단되었고, 개성공단은 북한의 지속적인 핵실험과 장거리미사일 시험발사로 2016년 2월 전면 중단되었다.9

■ 나진 · 선봉 경제특구

출처 : 한겨레

■ 북한의 개방지역

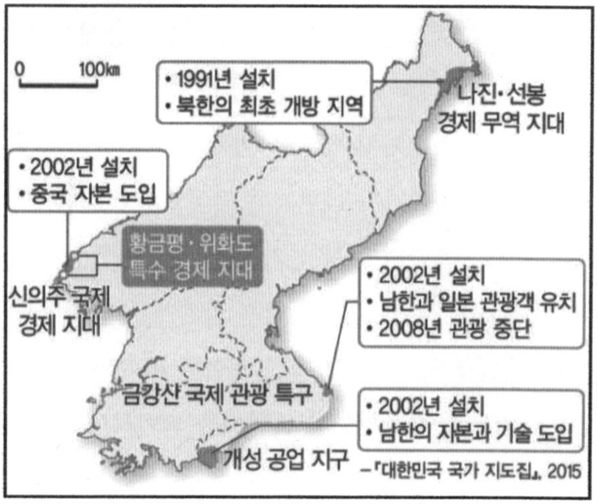

출처 : 비상교육 역사부도

제3장

북한 경제의 현재

1. 시장화 현상

북한 경제에서 시장화 현상은 1980년대 중후반 계획경제가 정상적으로 작동되지 못한 상황에서 본격화되었다. 이후 1990년대 들어서도 공급 부족 현상으로 자재 공급과 배급 제도가 원활히 작동하지 못하자, 2003년 북한 당국은 10일장 형태의 농민시장을 상설시장화하는 정책을 시행하였다. 농민시장은 계획경제 하에 운영되던 공식시장이었으나, 1990년대 중반 경제난 이후 암시장 형태인 '야시장', '장마당' 등으로 발전하여 당시 불법 거래 상품이었던 쌀 · 옥수수 등 식량과 공산품 등을 매매하는 공간으로 거듭났다.

북한 주민들은 처음 배급제가 중단되었을 당시 생존을 위한 식량획득 목적으로 '단순 거래자'로서 농민시장에 등장했지만, 여러 차례의 교환활동을 통해 부의 축적을 경험하며 화폐 자본을 축적해 나갔고, 일부는 상업자본을 축적하여 '돈주'로도 성장했다. 시장에는 공장 · 기업소 자산의 전유, 약탈 · 탈취 등을 통해 유입된 재화, 텃밭 · 소토지 등에서 경작된 농축산물, 개인 자산으로 보유하고 있었던 물품, 국제사회의 지원 물자, 북중 간 공식 · 변경 무역 및 밀수 등을 통해 대규모로 유입된 재화들이 조달되었다.

북한 당국은 1990년대 중반 무렵 심각한 식량난과 계획경제 시스템의 붕괴에 직면하게 되자 북중 접경지대의 통상구를 개방하고, 국가 지정 무역기관 외에 정부 부처인 성省, 기관, 군부대, 지방의 도인민위원회, 공장 · 기업소들도 대외무역 활동에 참여하는 것을 허용해주었다. 그 결과 1990년대 말경에 북한의 시장화 현상은 전국적 규모의 유통 네트워크가 형성되는 현상으로 진전되었다. 주요 시 · 도에 대규모 도매시장과 함께 특화된 시장들이 발달되어 나갔다. 주민들의 장사 형태도 '등짐 장사'에서 출발해 점차 지역 간에 부족한 물자를 유통시켜 이익을 얻는 장사인 '되거리 장사', 철도 · 차량을 이용한 도매 장사인 '달리기 장사' 및 '차판 장사' 등에서 2003년 상설 시장이 도입된 이후 시장에서 앉아서 장사하는 '매대장사'로 분화 · 발전되어 나갔다.

현재 북한의 계획경제 하에 운영되는 시장은 생산물 시장뿐이다. 생산요소 시장(자본 · 노동 · 토지시장)은 공식적 운영을 허용하지 않아 부를 축적한 개인에 의해 비공식적으로 운영 확산되고 있다. 생산물 시장으로 북한 전역에서 운영되는 시장은 사회주의 물자교류 시장과 종합시장이다. 종합시장은 2022년 기준 약 414개 운영되고 있는 것으로 추정되고 있으며, 매일 개장하여 통제 품목을 제외한 거의 모든 공산품 및 식량 등의 다양한 상품이 거래된다.

시장 운영 과정에서 북한은 시장사용료(장세)를 징수하고 있다. 시장에서 매대를 빌려 공식적으로 장사하려면 시장사용료(장세)를 지불해야 하며 상인 1인이 납부하는 시장사용료(장세)는 품목별, 지역별로 다르다. 시장의 과잉확산을 막기 위해 북한은 김정일 통치시기인 2005~2009년까지 시장억제정책을 시행하였다. 그러나 북한의 시장은 확산되는 추세이며 이러한 현상을 김정은 정권은 묵인하고 제도권 안에서 관리하기 위한 정책적 조치들을 취하고 있다.

1990년대 시장화 현상은 '아래로부터의 시장화' 현상으로 북한경제의 제도와 현실 간의 괴리라는 큰 모순을 야기했다. 김정일 통치시기 북한은 선군경제정책을 시행하면서 국가의 통제 밖에서 자생적으로 발전하고 있는 시장을 2002년 '새로운 경제관리 개선 조치(이하 7.1 조치)'의 후속조치인 상설시장화 조치(2003.3.)를 통해 계획경제에 편입시켰다. 이에 따라 7.1 조치에 의해서는 국영기업소, 협동농장 등 각 경제 단위에 분권적 자율 경영 권한이 일부 부여되었고, 상설시장화 조치에 의해서는 기존의 농민시장이 종합시장으로 거듭나 매일 개장되었다. 이와 함께 기업 간 원자재 · 생산재 교류가 가능한 사회주의 물자교류시장과 수입물자 교류시장이 개설되었다.

그러나 시장 기능을 부분 제도화한 상설시장화 조치 이후 계획경제와 비공식 경제 간의 경계가 점점 모호해지는 현상이 나타났다. 주민들은 종합시장 바깥의 장사활동(메뚜기 장사, 주택가 · 골목장사, 방문 판매) 및 개인 경제 활동을 확산시켜 나갔다. 특히 다양한 서비스 업종(노래방 · PC방, 숙박업, 운송, 목욕탕, 식당, 개인 수리업, 자전거 · 오토바이 배달 등) 및 자영업이 발전해 나갔다. 공장 · 기업소들은 기존 업종과 생산 활동을 아예 변경해 국가기업이익금을 납부하거나, '돈주'의 투자를 유도해 '돈주'로부터 수익금의 일정 몫을 받아 국가기업이익금을 내는 현상도 나타났다. 상설시장 도입 조치는 당국의 의도와는 달리, 공식경제와 비공식경제가 상호 공생하는 시스템을 자연스럽게 구축시켰다. 이에 위기의식을 갖게 된 북한 당국은 2005년 하반기부터 점진적으로 시장을 통제해 나갔다. 시장 억제 정책은 김정일이 "시장은 비사회주의의 서식장이요, 자본주의의 본거지"라고 언급한 이후 본격화되어 2009년 11월 30일 화폐개혁 시행 및 종합시장 철폐로까지 이어졌다.

그러나 재정 수입 증대와 시장규제, 중앙집중적 계획경제로의 복귀를 의도했던 북한의 화폐개혁은 2개월 만에 실패로 끝났다. 이미 북한 주민들의 가계 경제가 시장활동을 통해 대부분 유지되고, 계획경제 공간도 시장에 의존해 작동되었으며, 국가의 재정 수입조차 시장의 토대 위에서 상당 부분 달성되는 현실이었기 때문이다. 1980년대 후반부터 발전되기 시작한 북한의 '아래로부터의 시장화' 현상은 합법과 비합법의 혼용으로 결국 계획경제와 시장이 공존하는 구조를 고착시켰다.

화폐개혁의 실패는 북한 경제가 이제는 결코 계획경제 체제로 회귀할 수 없고, 시장이 북한 경제 내에 구조화되어 있음을 보여주는 사건이었다. 김정은 정권은 화폐개혁의 실패를 교훈 삼아 오히려 시장을 적극 활용해 북한 경제를 활성화하고 체제 내구력을 강화하려는 정책을 시행하고 있다. 특히 '돈주' 및 주민들이 보유하고 있는 화폐 자산을 활용해 김정은 정권의 단기 업적을 가시화하는 데 집중하고 있다. 북한에서 '아래로부터의 시장화' 현상이 오늘날처럼 양적 · 질적으로 발전할 수 있었던 것은 이른바 '돈주'가 중심 역할을 하는 사금융 시장의 발달도 한몫했음을 주목할 필요가 있다. 이들은 1990~2000년대 초반 시장화 확장기에는 주로 환전 및 고리대금업 등을 행했지만, 점차 제도적인 상업 금융 시스템이 구축되지 않음을 이용해 자금을 대출 · 융통해 주고, 이자 수익을 획득하는 '북한판' 화폐자본가로 변모해 갔다. 북한이탈주민에 의하면, 2000년대 중후반 이후 돈주들의 사금융 행위는 예 · 송금, 자금 이체, 물자 대금 결제, 담보 대출, 국영기업의 계획 외 신규 사업에 대한 투자, 돈주들 간 대부 등 일반 상업 금융기관들이 행하는 금융 행위로까지 그 역할이 확대되고 있다고 한다. 북한의 '돈주'들은 사금융 분야에서만 역할을 하는 것이 아니라 실물 경제 분야에서의 투자활동을 통해서도 화폐자산을 축적해 왔다. 초기에는 주로 시외버스 · 택시 · 물류 등 지방운수업, 도소매업, 국영상점 등에 투자했는데, 최근에는 건설업, 채굴업, 제조업 분야 등 공식경제 부문에까지 투자 행위가 확대되고 있는 현상이 나타나고 있다. 돈주들은 공식 국영기업소, 기관 · 공장 등의 명칭을 빌려 독자적으로 임노동도 고용하는 등 경영활동을 한 다음 수익금의 일정비율을 해당 기관이나 기업소에 납부하는 방식으로 투자활동을 하고 있다.

김정은 집권 이후 북한은 이러한 돈주들의 역할을 개인유휴자금활용으로 합법화하고, 시장을 활용하는 정책을 시행하고 있어 북한의 시장화 현상은 더욱 확대되고 있다. 구체적인 내용은 다음과 같다. 첫째, 국영기업소와 국영상점과 같은 공식경제 부문들이 돈주의 투자를 받아 직접 시장지향적 경영활동을 행하고, 이 과정에 이익을 창출하여 국가기업이익금을 납부하는 현상이 확대되고 있다. 북한당국이 때때로 돈주들의 영향력이 지나치게 커가는 것을 견제하고 있지만, 공식경제 부문의 경제활동이 돈주와의 협력관계 속에서 이루어지는 현상은 점진적으로 늘어나고 있다. 다만, 최근들어 국영상업망 복원정책에 의해 주민들의 사적 경제활동에 대한 통제가 다소 강화되고 있다. 둘째, 공장기업소의 부분적인 자율 경영에 따라 기업소지표를 개발하여 생산하고 생산된 생산품이 시장에서 판매할 수 있도록 하는 등 당국 차원의 내수시장 견인 조치를 확대되고 있다. 김정은은 의류, 신발, 식품공장 등을 방문하여 국산화를 강조하면서 다양한 소비자 기호를 고려한 상품의 생산 판매를 촉구하였다. 또한 온라인쇼핑몰이나 대형 상점을 건립하는 등 주민들의 소비를 국영부문으로 흡수하려는 노력도 지속하고 있다. 셋째, '새로운 경제관리 조치'를 시행하여 협동농장 경영활동도 시장과 연계되어 농산물 시장 유통을 촉진하도록 하고 있다. 북한은 2012년 6월 28일 이른바 '우리식경제관리방법'이라는 경제관리 개선 조치를 도입해 국영기업소, 국가기관, 협동농장들의 시장과 연계된 활동을 일부분 뒷받침하고 있다. '우리식경제관리방법'이란 "경영권한을 현장에 부여하고", "노동자 · 농민의 일 욕심을 돋우는" 조치, 즉 경제 단위에 대폭 자율성을 부여해주고 물질적 인센티브제를 적극 도입한 조치이다.

'우리식경제관리방법'은 농업 분야에서는 '분조관리제 안에서 포전담당책임제(2013년 전면 도입)', 국영기업 분야에서는 '사회주의기업책임관리제(2014.5.30.)'의 시행으로 구체화되고 있다. '분조관리제 안에서 포전담당책임제'는 협동농장의 하부말단 노동단위인 분조의 규모를 10~15명에서 4~6명으로 축소하고, 1인당 약 1,000평씩 토지를 배분하여 경작한 후, 생산물 중 당국이 제공한 농자재 비용과 국가 몫을 제외한 초과 생산물을 경작 농민들에게 현물로 분배하는 제도이다. '사회주의기업책임관리제'는 공장 · 기업소에 국가계획 외 '기업소 자체 계획'을 허용해 생산량, 생산물의 품질, 가격 · 임금 및 인력 규모 결정 등 일부 권한을 부여하고, 초과 생산품의 시장 판매를 허용한 조치로 협동농장에서는 '농장책임관리제'로 적용하고 있다. 북한은 2021년 12월 당중앙위원회 제8기 제4차 전원회의에서 식량문제 해결을 위해 농업에 대한 국가적 투자를 확대하고 '농장대부 면제' 특혜를 실시하는 등의 농촌 환경 변화를 강조하였다. 다만, 2022년 12월 당중앙위원회 제8기 6차 전원회의에서 '일부 살림집 건설' 외 별다른 성과를 제시하지 못하고, 곡물생산량도 다소 감소한 것으로 나타났다.[10]

2. 장마당

장마당은 북한의 경제난이 심화됨에 따라 기존의 농민시장이 확대되면서 불법적 시장으로 그 성격이 변화된 1990년대 북한 시장을 통칭하는 용어이다. 2003년 북한은 이 같은 불법적 장마당을 종합시장으로 합법화했다. 내용적으로 북한의 농민시장, 장마당, 종합시장은 경계와 구분이 존재하지만 일반적으로 북한 주민들에게는 시장을 지칭하는 광의의 개념으로 사용되기도 한다.

이론적으로 볼 때 사회주의 경제체제에서는 소유의 사회화와 배급제로 인해 자본주의적 거래가 이루어지는 '시장'이 존재할 수 없다. 그러나 현실 사회주의는 수요를 만족시키는 물질생산이 충분하지 못하였기 때문에 국가의 계획적 공급 이외에서도 주민들 간의 물물교환이 이루어지는 '장'이 존재해 왔다. 북한 역시 1958년부터 개인들이 부업을 통해 생산한 농축산물을 농민시장에서 합법적으로 거래할 수 있게 했다. 즉 농민시장을 통해 계획체계 밖의 상품을 교환하거나 판매할 수 있도록 해왔다. 농민시장은 1970년대 후반까지는 대체로 합법적 비공식 경제활동 공간 역할을 해왔다.

1990년대에 들어 공산권의 붕괴와 중반의 대기근 등 심각한 경제난으로 국가의 배급제가 사실상 붕괴됨에 따라 주민들은 스스로 생존 문제를 해결해야만 했다. 이때부터 농민시장은 합법적 공간을 넘어 마비된 계획경제를 대체해 소비경제를 해결해주는 불법적·비계획적 공간으로 성격을 달리하면서 급속히 확대되었다. 이 당시 북한 당국은 계획경제의 와해된 물적 토대를 보완하기 위해 새로운 무역체계(1991)를 도입해 대외무역을 통해 부족한 재화 유입을 도모했다. 이는 북중 접경지역에서의 밀무역과 대외무역기관들의 불법 무역활동 확대를 초래하여 농민시장이 장마당화되었고, 비공식 경제가 유통 부문을 넘어 생산 부문으로 확대되는 환경을 만들었다. 시간이 지나면서 북중 공식무역과 밀무역을 통해 유입된 재화들은 장마당 유통의 주요 공급원이 되었고 시장은 전국적으로 확대해나갔다.

결국 주민들은 생존을 위한 농민시장의 '단순 거래자'에서 점차 대외무역 및 국가재산의 전유·탈취 등을 통해 다양한 물품을 장마당으로 유입시켰고, 수십 번의 교환 활동을 통해 부가가치와 교환가치를 획득하는 원리를 깨닫고 상업자본을 축적해나가기 시작했다. 장마당의 개별주체들도 처음에는 '등짐장사'로 출발했으나 점차 지역 간 부족한 물자를 유통해 이익을 얻는 '되거리 장사'와 철도 · 차량을 이용한 도매장사인 '달리기 장사' 및 '차판 장사' 등으로 전문화 · 분화되었고, 1990년대 말부터는 상설시장에 앉아서 장사하는 '매대 장사'로 정착해나갔다.

2002년 '7.1 경제관리개선조치'와 2003년 3월에 종합시장 상설화를 담은 「내각조치 제24호」가 발표되면서 시장은 공식적인 국가경제 일부로 편입되어 합법화되었다. 농산물만 판매하던 농민시장은 공산품을 비롯한 다양한 상품을 판매할 수 있는 종합시장으로 확대되었다. 김정은 정권 출범 이후에도 김정일 사망 애도 기간을 제외하고는 시장에 대한 통제가 완화되었으며, 최근에는 단속과 통제가 더욱 느슨하게 운영되고 있다.

북한은 1990년대 중반 이후 확산되어 온 장마당에 대해 정책적 필요에 따라 묵인 내지 양성화하기도 하고 통제하기도 했다. 2005년 하반기부터 종합시장의 개장시간과 장사 연령 제한, 매대 장사 품목 수 제한과 메뚜기 장사꾼 단속 등을 통해 시장을 적절한 수준에서 관리 · 통제하고자 했다. 2009년 11월에는 화폐개혁을 통해 시장을 통제하는 계획경제로의 복원을 시도했다. 그러나 시장은 또 다른 변형된 형태로 활성화되었으며, 결국 시장통제정책은 주민들의 반발로 성공하지 못했다. 대다수 북한 주민들에게 공식 임금은 있으나 마나 한 금액이므로 시장을 매개로 한 개인경제활동을 통해 생계를 유지하고 있기 때문이다. 심지어 북한에서 "세대주(남편)는 사회주의를 하고, 아내는 자본주의를 해야 먹고산다"는 말이 있을 정도이다.

■ 과거 북한의 장마당

시장의 발달과 확산은 북한 경제에 많은 변화를 초래하고 있다. 시장의 발달은 주민들의

소득 증대와 삶의 질 향상, 재정확충과 물가 안정 기여 등의 긍정적 측면도 있지만, 이제 북한에서 시장은 생계형적 형태에서 부의 축적공간으로 변화되었고, 이를 활용해 부를 축적하는 새로운 중간계층들도 형성되었다. 자본가 계급 형성에 따른 지역별 · 주민 간 빈부 격차 확대와 계획경제 부문에서의 노동력 이탈, 시장화 확산에 따른 새로운 정보 유입과 지식 교류, 당국에 대한 의존과 집단의식 약화, 자본주의 시장경제와 상업의식 증대 등 주민들의 사회의식 구조에도 큰 변화를 초래하고 있다. 나아가 권력층들은 시장에서 자본을 형성한 돈주들과 결탁하여 각종 부정부패를 일으키기도 한다. 아직은 미약하지만, 이제 북한에서 시장의 역할은 사회주의 계획경제체제 작동의 '보조 기능'에서 계획경제를 유지하는 주요축 혹은 상호의존 및 공생관계로 고착화되어가는 과정에 있다고 할 수 있다. 다소의 속도조절은 있을지언정 시장을 통한 밑으로부터의 변화 물결을 되돌릴 수는 없을 것이란 것이 지배적인 관측이다.11

■ 평양의 최대 시장인 통일거리시장

출처 : 아사히신문

3. '돈주'의 성장과 정치체제 이행 가능성 고찰[12]

북한은 경제난으로 인해 공산주의 체제 계획경제의 핵심이라 할 수 있는 배급이 원활히 이루어지고 있지 않아 자급자족을 구호로 외치며 각종 밀수 · 밀매 및 비공식 시장이라 할 수 있는 장마당이 전국적으로 활성화되어 있다. 이러한 과정에서 북한의 핵심계층이 아닌 다수의 인민들이 큰 돈을 쥐고 신흥부흥세력으로 성장하였으며, 이렇게 성장한 세력을 돈주라 일컫는다. 이러한 돈주들은 북한 핵심계층의 비자금 조성뿐 아니라 장마당 유지에도 큰 역할을 하고 있는데, 근대화 이론을 중심으로 이러한 돈주들에 의해 북한의 정치체제 자체가 흔들릴 가능성이 있을 것인가 예측해 보고자 한다. 근대화 이론은 진화론에 바탕을 둔 이론으로서, 근대화라는 것은 기술 발전, 공업화, 민주주의, 개인주의 확산 등을 거치며 모든 국가가 유사한 근대화 경로를 거친다는 것이다. 본 절에서 적용하고자 하는 근대화 이론은 중산층의 증가가 시장경제의 발전을 도모하고 결국은 민주주의의 이행에 영향을 미친다는 부분이다. 중국과 싱가포르는 북한과 같은 공산주의 정치체제 내에서 시장만 개방한 경제정책을 유지하고 있는 반면, 북한은 아직까지 폐쇄적인 계획경제 체제를 유지하고 있다. 인민들이 압박받고 폐쇄되어 있는 북한과 같은 사회에서 신흥부흥세력의 성장은 정치체제이행에 폭발적인 원동력이 될 수도 있다. 하지만 여기에서 설명하고자 하는 가설은 북한의 견고한 비밀경찰 시스템(국가안전보위부, 인민보위부, 총정치국 예하 정치지도원)과 당-정-군으로 상징되는 권력구조의 견고함과 이러한 세력들과 돈주들의 공존 · 공생 관계로 인해 돈주와 같은 신흥부흥세력들이 아무리 성장을 하더라도 민주주의로의 정치체제 이행 가능성은 제한된다는 것이다. 이러한 독립변수로 지정한 돈주의 성장이 종속변수로 지정한 체제이행에 아무런 영향을 미치지 않는다는 것을 북한 내부 권력구조와 정치시스템을 분석하여 논리를 전개하며, 근대화이론이 적어도 북한에서는 적용되지 않는 이론이라는 것을 주장한다. 하지만 중국의 민주주의로의 정치체제 이행, 서구의 폭발적인 연계(Linkage)와 지렛대(Leverage)의 영향에 따른 북한 내부로부터의 변화가 일어날 경우 정치체제이행이 가능할 수도 있다는 2가지 시나리오를 함께 제시하면서 이러한 2가지 시나리오 상에서 정치체제 이행에 돈주가 어떠한 역할을 할 것인지 고찰한다.

근대화이론은 진화론과 기능주의에서 그 뿌리를 찾을 수 있는데, 진화론이 서구의 전통사회에서 근대사회로의 이행을 설명하는 틀을 제공한다면 기능주의는 이 틀을 개발도상국에 적용시켜 이해하려는 노력이라고 할 수 있다. 이 틀에 의하면 인간의 진화론적 운명이 미리 결정되어 있듯이 사회도 단일방향의 변동과정을 거치면서 좀 더 진보적이고 문명화된 완성단계를 지향한다. 서구 중심적인 사고로 구성된 근대화이론은 전통사회에서 근대사회로의 이행, 즉 진화론에 입각한 정치체제의 이행 자체가 경제적인 부분과 연관되어 있기 때문에 주로 경제학 분야에서 많은 연구가 이루어졌다. Kornai는 체제의 이행 자체를 경제개혁에 이은 정치개혁으로 설명을 하였다. 공산주의 이념으로 시작한 사회주의 국가에서의 장시간에 걸친 시장화는 정치체제 이행 자체에 영향을 미치지는 못하더라도 결국 그 정치체제 내에 살아가는 사람들의 모습과 그것으로 촉발된 여러 제도들, 즉 국내정치적으로는 많은 영향을 미칠 수 밖에 없다. 북한의 경우 1990년대 고난의 행군으로 설명되는 경제난 이후 장마당이 활성화되면서 이러한 파급력은 결국 북한 정부가 운영하는 국영시장의 탄생의 촉발제가 되었고, 이로 인해 시장거래 간에 큰 이익을 취한 돈주가 성장하게 된 계기가 되었다. 본 절은 이러한 측면에서 공산주의 체제 국가인 북한 내에서의 기이한 현상이라고 할 수 있는 장마당의 활성화, 그로 인한 서구 근대화 이론에서의 중산층의 개념이라 할 수 있는 북한의 돈주의 성장에 집중한다. Kornai는 이러한 개혁의 성격을 경제개혁과 정치개혁으로 구분하였는데, Kornai가 정치적 자유화(Political Liberalization), 사적 부문의 부흥(The Rise of the Private Sector), 자주관리(Self-Management), 시장사회주의(Market Socialism)로 경제개혁과 정치개혁을 설명한 내용을 시장화 → 사유화 → 자유화→ 민주화의 4단계로 김근식은 정리를 하였다. 시장화와 사유화가 경제개혁의 단계이면, 자유화와 민주화는 정치개혁을 의미한다. 본 절은 근대화 이론을 중심으로 사회주의체제를 분석한 Kornai의 이론을 토대로 연구설계를 하였다. 북한은 현재 장마당의 활성화로 인해 Kornai의 분류상 시장화 단계에 접어들었다고 분석할 수 있으며, 장마당에서 사고 파는 일부 물품 등과 돈주가 운용하는 자금 등이 일부 사유화가 되었다고 판단할 수 있다. 문제는 이러한 경제적인 영향이 앞으로도 장기적으로 지속될 시 정치적으로도 영향을 미칠 수 있는지에 관한 부분이다. 북한의 경제가 아무리 침체되어 있고 권력엘리트들의 부정부패가 심하다 할지라도 돈주의 성장 자체가 정치체제의 이행으로 귀결될 가능성은 희박하다. 하지만 경제개혁 이후, 정치개혁으로 넘어가는 단계에서 어떤 촉발요인이 발생하게 되면 충분히 가능할 시나리오 2개를 같이 제시함으로써 돈주가 앞으로 북한사회에 어떠한 영향을 미칠지 집중적으로 분석한다. 본 절의 설명을 위한 근대화 이론을 기반으로 Kornai의 4단계 분석을 토대로 구성한 분석틀은 다음 그림과 같다.

■ 북한의 경제개혁에 이은 정치개혁 모델

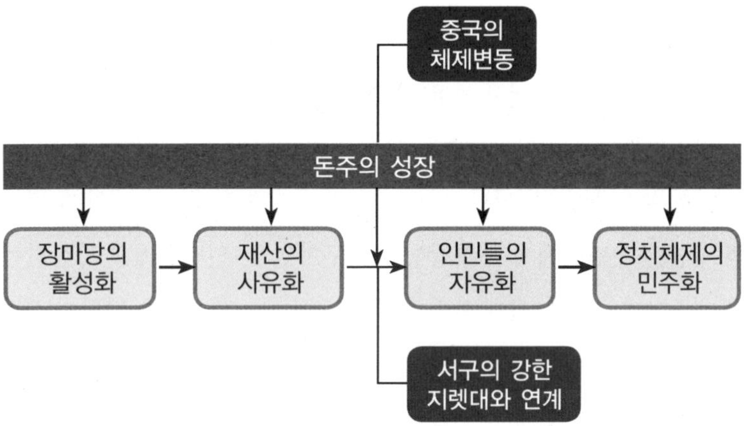

시장화(marketization)를 이해하기 위해서는 시장체제(market system)와 시장(market)의 개념을 이해할 필요가 있다. 시장체제는 거래가 이루어지는 교환행위나 장소만을 의미하지 않는다. 시장체제는 한 사회의 구성원들과 제도, 그리고 사회적 관계가 시장교환으로 서로 관련을 맺고 상호 의존적인 체계를 형성하는 것을 의미한다. 동서고금을 막론하고 현존했거나 현존하는 모든 사회에서는 시장이 형성되고 그것을 이용한다. 과거 현존했던 사회주의체제에서도 시장교환 행위는 소박한 형태이지만 이루어졌고 장터(marketplace) 역시 존재했다. 북한에서도 장마당이라는 장터(marketplace)가 존재해왔다. 본 글에서 칭하는 '장마당'은 북한사회 곳곳에 존재하는 자생하는 모든 시장체제(market system)형태의 장터(marketplace)를 포괄하는 명칭이며 북한이 공식으로 운영하는 종합시장은 시장(market)의 개념이라는 것을 전제한다.

사회주의권의 붕괴로 인해 경제사정이 악화되고 1990년대 북한의 경제난을 상징하는 '고난의 행군'을 겪으면서 북한에는 전국적으로 자생적인 장마당이 급격히 늘어났다. 공산주의 계획경제의 핵심이라 할 수 있는 배급제도가 경제난으로 인해 어려워지자 인민들은 장마당에서 식량과 생필품을 조달하면서 생존을 위한 투쟁에 나설 수 밖에 없었다. 장마당이 번성함에 따라 장마당에서 돈을 번 개인들이 늘어나고 이 중 일부는 자산을 확대재생하는 사업가로 진화하였다. 이렇게 큰 돈을 번 세력들이 '돈주'라고 불리며, 이러한 '돈주'들이 알려진 것인 2000년대 초반 무렵이다.

돈주들은 북한의 시장에서 보유한 자본을 활용해 상업활동을 한다는 측면에서 북한의 상업자본가라고 할 수 있다. 그들은 해외친척 등으로부터 받은 돈이나 '자력갱생'하여 모은 돈으로 '고난의 행군'을 계기로 본격적으로 시장에 뛰어들었다. 고난의 행군은 인민들에게 자력갱생을 요구하였고, 인민들에게 시장활동은 가장 유력한 생존방법이었다. 그에 따라 확대된 시장에서 돈주들은 떳떳이 시장에서 활동할 수 있게 되었다. 그들은 전국적 상품유통을 가능하게 하고, 중소상인들에게 종자돈을 제공한다는 점에서 북한 시장의 확대에 기여하였으며 이 과정에서 많은 부를 축적했다는 점에서 근대화 이론에서 말하는 '중산층'의 역할을 한다고 볼 수 있다. 즉 북한의 인민들과 권력엘리트들 사이에서 시장을 통한 '상업'의 중재를 담당하는 역할을 한다. 이러한 돈주들은 주로 북한의 계층구조상 토대나 성분이 좋지 않은 주로 동요계층이나 적대계층에 속한다. 이들은 대부분 화교나 주로 자본주의 국가에 재외교포 친척이 있는 주민들로 근본적으로 토대가 나빠 북한의 계층구조상 상층부를 점하기 힘든 사람들이기도 하다. 따라서 계층구조상 중 · 하층에 속하는 돈주들은 자본을 축적하는 과정에서 관료들과 긴밀한 관계를 유지하려 노력하며, 뒤에서 언급할 co-optation으로 권력과 유착되어 있다고 볼 수 있다.

북한 내부 자료에 대한 접근의 한계성 때문에 이러한 '돈주'들의 규모는 명확히 알려진 1 · 2차 사료가 전무하지만, 통일연구원 연구보고서에서 알려진 종합시장 관련 전체 종사자 수가 109만 명으로 추정된다고 보았을 때, 그에 상당하는 인원이 공식 · 비공식적으로 활동할 것이라 예측해볼 수 있다. 장마당의 확산은 상점, 식당 등 서비스업에 개인 자본이 진출할 기회를 제공하였고 동시에 시장 판매를 위한 수공업 제품의 생산을 가능케 하였다. '돈주'들은 소규모 개인 서비스업에 직접 뛰어들거나 개인 수공업자에게 자금을 대기도 하였다. '돈주'들은 북한 내에서 획득 가능한 것은 '원거리 장사'를 통해서라도 시장에 물건을 공급했고, 일부는 강을 사이에 두고 중국과의 합법 · 비합법 무역(혹은 밀수)을 통해 공급했다. 이렇게 초기에 축적한 부를 기반으로 '돈주'들은 더 확대된 규모의 상업을 발전시켰고, 사적 금융망을 통해 일종의 고리대금업과 유사한 활동을 벌이면서 자신의 부를 키워나갔다. '돈주'는 위에서 설명한 상업을 위주로 장사에 성공한 사람, 권력기관의 뒷받침을 받는 사람, 해외 친인척들로부터 자금을 지원받았던 사람 등 여러 유형이 존재한다. 이들의 공통점은 모두 시장에서의 '성공'을 기반으로 하고 있다는 점이다.

'돈주'의 활동범위는 장터개념인 장마당에서부터 시장 개념인 북한의 국영 종합시장에 이르기까지 다양하다. 장마당의 성공과 함께 성장한 '돈주'들은 축적된 부를 통해 자산을 관리하면서 일종의 '시장계층의 위계질서'를 만들어냈다. '돈주'들은 국가권력과의 결탁을 통해 자신들의 활동을 보장받고자 했고, 이로부터 장마당과 연계된 '부패의 사슬고리'가 발생했다. 즉, '간부–돈주–상인'으로 연결되는 부패의 연계망이 형성되었다고 볼 수 있다. '돈주'들이 이렇게 경제적으로 성장하고 정치세력과도 결탁할 수 있었던 주요 배경은 바로 장마당이라는 공간의 확장이다. 북한의 장마당은 전국에 약 400여 개, 여기에 종사하는 상인의 수도 약 10만 명 정도로 추산된다. 북한의 시장정책으로 인해 여러 어려움을 겪긴 했지만, 배급이 원활하지 않은 문제가 풀리지 않고 인민들의 생활상 역시 '장마당'을 기반으로 형성이 되면서 더 이상 이를 축소하거나 폐쇄하는 것은 현 시점의 북한에서 불가능해졌다.

이러한 흐름 속에 북한에서는 2002년 7 · 1조치로 알려져 있는 경제관리개선조치가 시행되었고, 2003년에는 북한이 국영으로 운영하는 시장개념인 종합시장이 등장하였다. 이렇게 북한정권이 시장을 합법화하는 것을 계기로 장마당은 급속도로 확대되었고, 국영시장이 등장하면서 국가가 운영하는 기업도 일부 자재와 품목의 시장 조달을 허용하였고, 생산물에 대한 장마당 판매도 허용하였다. 이것은 다시 말하면 그동안 '돈주'들이 상업과 금융업 중심으로 세력을 키웠다면, 7 · 1경제관리 개선 조치 이후에는 기업에도 투자해 사업의 규모를 확장할 수 있게 된 것을 의미한다. 2000년대 후반까지 '돈주'는 대규모 유통업자로 발전하였고 공장·기업소, 상점, 무역회사 등 국영부문에 투자해 자산을 더욱 불릴 수 있었다. 하지만 이러한 '돈주'들이 북한 내에서 경제활동을 자유롭게 할 수만 있는 것은 아니다. 이른바 '생계형 시장경제활동'에 대해서는 북한당국이 인민들을 위해 관용을 베풀 여지가 있을 수 있지만, 그 차원을 넘어서는 '부의 축적형 시장경제활동'에 대해서는 국가가 언제든지 철퇴를 내릴 수 있다.

김병연과 양문수(2012)에 따르면 2008년에 '6·18담화'를 통해 사회주의 원칙 고수와 시장에 대한 통제 강화를 지시한 이후 시장에 대한 단속과 통제는 더욱 강화되었다. 시장에 대한 단속은 계획경제를 복원하려는 시도와 함께 진행되었다. 북한당국은 일정 연령 이하인 여성의 상행위를 금지하는 조치와 함께 이들 인력의 공장 복귀를 종용하였다. 하지만 이러한 조치들이 성행되었음에도 불구하고 '돈주'들이 직접적인 피해를 입는 경우는 그리 많지 않다. 평소에 단속 주체와 사람들에게 뇌물을 바치면서 관계를 돈독하게 맺어 놓았기 때문이다. 이러한 단속들은 주민들의 직접적인 반발에 부딪히기도 한다. 시장에 대한 단속의 한계를 단적으로 보여주는 사건으로는 2009년 초로 예정되었던 농민시장 환원 조치의 연기를 들 수 있다. 2008년 11월 북한 당국은 내각 상업성 지시문과 도 지시문을 통해 2009년 1월부터 전국의 시장을 농민시장으로 개편한다고 통보한 바 있다. 하지만 이 조치는 시행이 연기되었으며, 배급시스템이 제대로 작동하지 않는 상황에서 종합시장을 없애면 주민들의 반발이 클 것이라는 우려가 작용한 것으로 보인다. 북한 내 전국 어디에나 규모의 차이는 있지만 종합시장이 개설되어 있으며, 거의 모든 주민들이 거의 모든 소비재를 이곳에서 거래한다.

소비재 국영기업은 종합시장을 비롯한 시장을 대상으로 상품을 개발, 생산 및 공급하고 있으며, 이들 시장을 대상으로 하는 소비재 기업에 대해 자본재 기업들은 시장가격으로 설비와 중간재를 공급해 생산을 지속한다. 종합시장 전체의 면적은 183만 9,582㎡(55만 6,474평)로 추정된다. 이는 남한의 일산 신도시(157만 4천㎡)보다 약간 크고 여의도(290만㎡)의 3분의 2 정도에 해당하는 면적이다. 종합시장 1개당 이용하는 고객 수는 평균 5만 6,696명이고, 종합시장 관련 전체 종사자 수는 109만 9,052명으로 추정된다. 통일연구원에서 분석한 자료는 북한의 공식시장을 중심으로만 분석한 것이며, 인민들의 자생적 시장개념은 남한의 새벽시장 및 장날 개념처럼 전국 각지에 분포되어있고 이는 추산할 수 없을 정도로 많은 수로 확장되었다. 이러한 상황에서 이들 장마당을 유지 및 확대시키는데 '돈주'들의 역할은 필수적이며 이러한 '돈주'들은 장마당이 활성화되고 북한에서 시장이 확대되는 만큼 그 역할이 커지고 있다.

'돈주'의 활동범위는 장터개념인 장마당에서부터 시장 개념인 북한의 국영 종합시장에 이르기까지 다양하다. 김정은은 '12 · 28 담화'에서 "당의 령도를 철저히 보장하면서 세상에 제일 좋은 것이라고 소문을 내고 있는 경제관리방법들을 다 참고하여 우리식의 경제관리방법을 창조해야 한다"고 했으며, '1 · 28 담화'에서는 "자본주의 방법 운운하며 딴죽 걸기"를 재차 비판했다. 이러한 김정은의 경제개발에 관한 인식은 북한에서의 시장확대에 대한 제재의 모습은 보이지 않으며 오히려 확대하여 인민들의 삶을 더 낫게 지속하려는 취지로 해석할 수 있다. 이러한 측면에서 볼 때 수요자와 상인들 사이에서의 '돈주'의 성장은 앞으로도 지속될 것으로 보인다.

사회주의체제에서는 정치자본이 다른 형태의 자본보다 우위에 있고 다른 형태의 자본을 내포하고 있다. 사유화 측면에서 정치자본은 경제자본으로 직접 교환되기도 하고 그 속에 내포된 관료자본으로 전환되었다가 경제자본과 교환되기도 한다. 정치자본을 사적 자본으로 전환할 수 있는 사람들은 북한에서 상류층으로 분류되며 정치적 권력에 접근해 있는 핵심계층과 군 실세 세력을 비롯해 외화벌이를 하는 사람들이다. 이들의 공통점은 사적 경제활동의 먹이사슬 구조의 최정점에 위치한다는 것이다. 이와 같은 북한 내 상류층이 7.1경제관리 개선 조치 등과 같은 시장화 촉진 정책과 더불어 성장할 수 있었고 정치자본의 경제자본화는 부패의 과정을 거치게 된다.이러한 상류 세력들은 인사권이나 각종 권한을 이용해 자신을 지지해 줄 인적기반을 형성하고 개인적으로 경제적 이득을 취한다. 지역 내 재력가들에게 특혜와 보호를 제공하는 대신 사적 경제 이득을 취하는 공생

관계가 형성되게 되는데, 이러한 권력층과 연계되어 사적 자본을 가지고 등장한 주체가 바로 '돈주'라고 할 수 있다.

Kornai의 분류처럼 사회주의체제 내에서 시장(북한의 경우 장마당)의 활성화는 곧 화폐의 유통을 의미하며, 이 과정에서 필연적으로 재산의 사유화 과정은 나타날 수 밖에 없다. 북한에서 '돈주'들의 사유화는 계획하거나 예정하지 않은 상태에서 이루어졌다. 1990년대 경제위기로 인해 계획경제가 붕괴되면서 장마당이 활성화된 것이 사유화의 배경을 제공했다. 북한 정권은 개별 경제주체에게 자력갱생을 요구했다. 자력갱생은 곧 시장활동을 의미하였고, 장마당은 기하급수적으로 증가하였다. 이러한 시장을 매개로 하는 사적 경제활동에서 비합법 또는 합법적인 활동의 영역 확장이 화폐자산의 축적을 가져왔다. 예정되지 않은 장마당의 활성화에 따른 돈주의 성장, 그리고 북한 상류층과 돈주의 재산 사유화 속에 얽힌 부패로 상징되는 권력 구조 역시 현재 북한 경제의 모습이라고 볼 수 있다. 여기까지의 북한의 흐름은 다음 그림과 같다.

■ 장마당의 활성화와 재산의 사유화

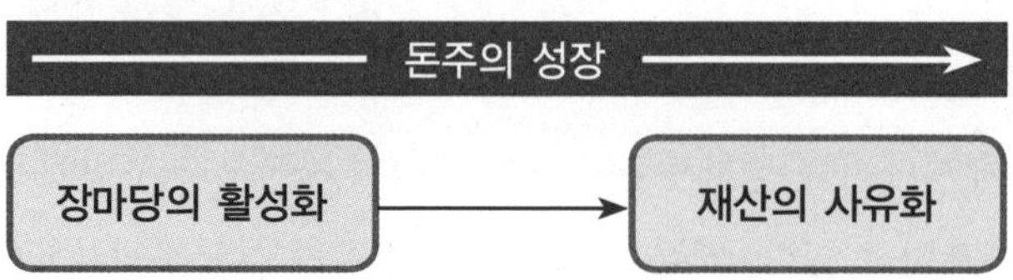

북한과 같은 폐쇄적인 국가에서 상업활동이나 기타 모든 활동을 하기 위해서 중요하게 작용하는 것은 직접적으로 권력을 행사하는 핵심계층, 즉 권력엘리트들과의 관계이다. 특히 개인적 상행위를 하기 위해서는 국가보위부와 인민보안부 등과의 관계가 결정적으로 작용한다. 돈주들이 활동하는 범위는 국내외를 막론하고 넓다. 또한 북한에 대한 국제사회의 강력한 제재속에서 외화를 획득하기 위한 불법적 상행위를 위해서는 국경 인근 지역이나 중국, 제3세계에 대한 유통이 활성화되어야 하는데, 이를 위해선 북한의 외화 획득기관인 39호실과의 연계와 국가보위부와의 돈독한 관계가 필수적이다. 이러한 포섭(co-optation)관계가 원활해져야만 '돈주'들의 활동범위가 넓어지고 무엇보다 활동영역을 보장받을 수 있기 때문이다.

현재 북한에서 시장이 없는 경제는 상상하기 어렵다. 국가가 인민들이 먹고사는 문제를 해결해 줄 능력이 없는 상황에서 국가는 시장의 힘을 빌릴 수 밖에 없기 때문에 국영부문의 시장 의존은 심화되어 왔다. 이 과정에서 시장의 산물인 돈주와 국가 권력층과의 유대는 공생 · 공존관계로 발전했다. 이런 서로 간의 이권을 매개로 한 사회적 결속이 강화되고 있기 때문에, 돈주는 북한의 국가 권력이 지금과 같이 유지되는 한 북한 경제를 뒤에서 움직이는 실세라고 할 수 있다. 돈주들은 국가권력으로부터 신변의 안전을 보장받기 위해서 막대한 양의 공채를 사거나 뇌물을 주기도 한다. 현재 돈주는 시장에서 독점적 가격결정권을 기반으로 이익을 전유하고 있다. 독점적 시장이 형성된 이유는 국내에서의 공급이 제한되어 있기 때문이다. 돈주들은 이렇게 공급이 제한되어 있는 상황을 이용하여 거래와 생산을 독점하고 있다. 또한 북한의 권력엘리트들이 돈주와 함께 가담하고 있는 부정부패의 유형은 공공물자 유용, 외화벌이 이익금 유용, 뇌물 수수 등이다.

권력엘리트들이 화폐적 이익을 추구하는 방식은 암시장 등 사적 부문에 기생하여 과외수입을 얻는 등 다양하다. 돈주는 위와 같은 권력엘리트들과의 결탁을 통해서 경제적 이익을 챙기고 있기 때문에 급진적인 정치적 개혁이나 체제전환을 요구하기 어렵다. 이러한 서로 간의 공생관계 때문에 서구 근대화이론이나 Kornai가 제시한 시장화-사유화 이후 정치개혁까지 가는 것은 기대하기 어렵다. 돈주와 북한 권력엘리트 사이의 유착관계 형성으로 발생하는 체제적 부패는 현상유지가 서로에게 큰 이득이 되는 이해관계가 일치된 결과라고 할 수 있다. 이런 이유들 때문에 비록 돈주들이 시장화를 주도하고 있다고 할지라도 독과점을 통해 이윤을 극대화하려고 할 것이다. 이것은 서구 근대화 이론에서 중산층의 증가가 북한 사례에는 적용되지 않는 결정적인 이유라고 할 수 있다. 개인 수준의 합리적 선택이론으로 생각해 보았을 때도 돈주들은 현재 권력엘리트들과의 공생관계로 본인들의 이익을 극대화하는 것이 가장 합리적인 선택일 것이며, 돈주들의 활동영역을 보장만 해줘도 화폐벌이를 할 수 있다는 입장에서 권력엘리트들에게도 합리적인 선택지가 될 수 있다. 즉, 이러한 부패의 연결고리가 획기적인 계기로 인해서 끊어지지 않는 이상 서구에서 민주화를 촉발시켰던 중산층의 역할을 돈주들이 하기란 기대하기 어렵다고 분석할 수 있다. 이러한 관계를 도식해보면 다음 그림과 같다.

■ 돈주와 권력엘리트의 유착관계

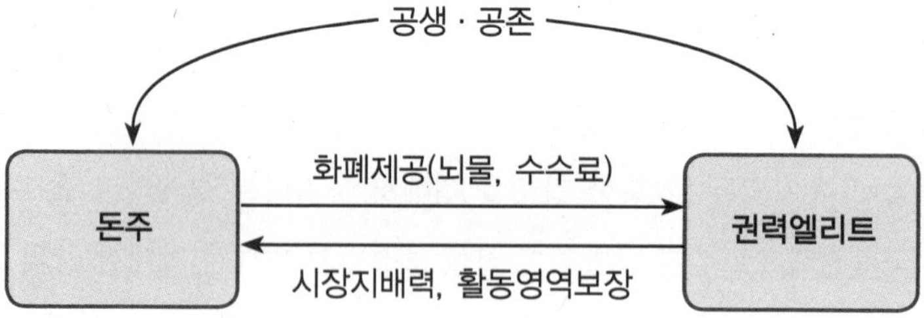

현재까지 북한의 돈주와 권력엘리트의 관계를 토대로 돈주들의 성장이 북한의 정치체제 이행에는 큰 역할을 하지 않을 것이라는 분석을 하였다. 하지만 현재 북한의 모습이 향후에도 계속 지속된다는 보장은 없다. 따라서 북한이 돈주들의 영향으로 인한 정치체제 이행이 가능할 2개의 시나리오를 이어서 제시함으로써 본 글을 정리하고자 한다.

시나리오 #1. 중국의 체제변동

현존하는 권위주의 국가 중 중국은 G2라는 단어가 상징할 정도로 경제적, 정치적으로 막대한 영향을 미치고 있다. 'G2'의 용어는 처음에는 경제적인 측면, 즉 국제사회에서 중국과 미국이 상호 의존하여 2008년 이후의 금융위기를 공동으로 관리하는 개념으로 사용되었지만 현재는 외교, 안보, 경제, 환경, 테러, 지역분쟁, 에너지 등 포괄적인 사안에 대해서 중국과 미국이 상호 공조 · 협력하는 개념으로 사용되고 있다. 경제적 영역에서 촉발된 중국의 급부상은 미국 주도의 국제질서에 충격과 변화를 가할 수 있는 배경이 되고 있고 이것은 동북아 지역과 한반도 내에서도 마찬가지다. 중국은 한반도와 북한의 정권유지에 절대적인 영향력을 지닌 행위자라고 할 수 있다. 그만큼 북한의 사회주의 정권의 유지는 중국과의 전략적 이해관계 그리고 이들 사이의 역동적 상호관계에 의해 규정될 가능성이 있으며 갈수록 증가하고 있는 중국의 영향력 확대는 한반도의 역학구도에 불안정성을 초래할 가능성이 크다. 이러한 중국이 어떤 촉발요인으로 인해 정치체제가 변동될 경우 북한에 미칠 영향력은 클 것이며, 지정학적으로 서로 간의 이득이 되고 있는 북한에게 권위주의 국가의 '흑기사(black knight)'로서 역할을 하고 있는 중국의 체제변동은 그 자체로 북한에게 엄청난 파장을 일으킬 것이다.

북한과 같은 사회주의국가의 체제전환은 정치 · 경제 · 사회의 영역에서 총체적인 변화를 의미하며, 정치에서의 민주화, 경제에서의 시장화, 사회에서의 개방화 정도로 축약해 볼 수 있다. 그 중에서 경제에서의 시장화, 즉 시장경제 건설은 자유화, 안정화, 사유화로 집약된다. 자유화는 국가가 통제했던 계획경제를 시장에 맡기는 작업으로 '가격'의 자유화가 핵심을 이룬다. 안정화는 체제전환 과정에서 발생하는 인플레이션과 대량실업 등 여러 사회경제문제에 적절하게 대처하는 일을 말한다. 사유화 · 민영화는 국가 · 집단 소유의 기업을 개인 · 민간 소유로 전환하는 과정을 의미한다.

북한의 체제이행에 대한 주요 변수로서 중국은 큰 의미를 지니고 있다. 위 장에서 기술했듯이 이미 북한에서는 장마당이 활성화되면서 국내 경제적인 측면에서 시장화의 흐름을 막을 수는 없으며, 북한 당국 역시 이러한 장마당을 위시로 한 종합시장, 국영시장 등을 운영하며 많은 부분을 의존을 하고 있다. 실제로 북한에서 지속해서 성장하고 있는 돈주들은 시장에서 가격결정권을 독점하고 있다. 시장경제 측면에서 분석해 보았을 때 북한은 이미 계획경제의 많은 부분을 시장에 맡기고 있으며 가격의 자유화 측면에서는 돈주들이 큰 역할을 하고 있다. 또한 이러한 돈주들을 비롯하여 북한 경제 내부의 모습은 권력엘리트들과 공생하여 재산의 사유화가 진전되고 있다.

여기서 중요한 부분은 바로 '정치에서의 민주화가 가능한가'라는 부분인데, 중국의 정치체제 변동은 북한에서의 정치 민주화를 촉발시킬 수 있는 주요 요인이 된다. 북한이 중국과는 완전 별개의 독립된 사회주의 국가, 중국이 없어도 스스로 자립하여 국가의 생존을 영위할 수 있는 역량이 되는가라는 부분에서는 많은 이견이 있을 수 있지만, 중국이라는 거대국가에 의존하여 근근히 체제유지를 하고 있다는 것은 모두가 동의할 만한 일이다. 물론 지금 중국은 공산주의 국가, 사회주의 국가에 대한 정치체제 이행에 대한 연구에서도 논외로 적용될 정도로 공고하고 안정된 정치시스템을 유지하고 있기 때문에 중국의 자유민주주의 체제로의 정치체제 이행 가능성은 희박하다. 근대화 이론에 기초한 정치발전론은 정치체제가 권위주의에서 민주주의로 전환할 것이라고 전망한다. 그러나 중국은 개혁개방 이후 급속한 경제발전에도 불구하고 권위주의 정치체제를 유지하고 있다. 중국이 권위주의 정치체제를 유지하고 있는 원인에 대한 분석은 다양한 시각에서 이루어지고 있다. 그 원인을 정치권위에 대한 중국의 인식론 · 사상론적인 부분에서 접근해 도덕성을 강조했던 전통의 영향에서 찾는 연구자도 있으며, 지배엘리트의 정치경제적 이해관계와 대외관계, 사회운동등의 영향으로 사회주의 국가들의 체제전환 가능성을 논하는 연구자도 있는데, 이러한 여러 기존연구를 검토해 볼 때 중국의 체제전환 가능성은 크게 중국 인민들에게 '자유화'와 '민주화'라는 사상적인 분야의 만연이 사회운동으로 이어져 아래로부터의 체제 이행 시발점이 될 수 있는 가능성을 배제할 수 없다. 역사적으로 봐도 중국의 문화대혁명과 천안문사태는 '인민대중들의 봉기'가 중국에서는 없는 일이 아니라는 것을 보여주는 단적인 예이다.

어떠한 형태로든 중국에서 체제변동이 이루어진다면 그 과정에서 북한에서의 정치 민주화를 이끌어 낼 가장 큰 역할을 할 세력이 바로 돈주이다. 돈주는 북한 국내 시장에서 소매와 도매뿐만 아니라 건설, 고리대업, 무역 등 그 활동 범위가 다양하다. 특히 밀수업과 관련해서는 중국과 깊은 연계가 있고 중국에서 들여온 많은 상품들을 도매 형태로 북한 국내에 보급하여 소매로 가격을 결정하는 주된 역할을 한다. 중국이 어떤 촉발요인으로 인해 체제변동이 된다면 북한은 시장개방 이후 정치변동이 이루어진 중국 사례를 경계해 북한 내에서 시장의 활성화가 결국 정치변동까지 진전되는 것을 막기 위해서 장마당을 필두로 한 북한 내 시장활동에 금수조치를 내릴 가능성이 크다. 이러한 과정에서 중국에 의지해 큰 부를 늘려가고 있는 돈주에게는 큰 타격이 될 것이며, 그동안 본인들이 쌓아온 재산과 영향력을 보호하기 위해 정권에 대한 반기를 들 가능성이 크다. 이 과정에서 그동안 돈독하게 권력엘리트들과 쌓아온 공생 · 공존관계는 정치 민주화에 유리한 방향으로 작용할 것이며 중국이 민주화를 할 수 밖에 없었던 원인과 더불어 북한의 정치체제 변동에 큰 힘을 실어 줄 것이다. 날로 커져만 가는 돈주의 영향력은 중국이 체제변동으로 인해 북한의 흑기사 역할을 해 줄 수 없을 때, 본인들에게 유리한 방향으로 작용할 것이며 돈주들의 재산과 위치를 보호해 줄 주요 명분이 생긴다면 재산을 잃는 방향으로 영향력을 발휘하지는 못할 것이다.

시나리오 #2. 서구의 강한 지렛대(levarage)와 연계(linkage)

1990년대 이후 권위주의 체제에서 민주화로 이행에 있어서 국제적인 수준의 요인들이 주목을 받기 시작하였다. Levisky와 Way는 국제 환경적인 요소로 서구의 지렛대(Western leverage)와 서구와의 연계(linkage to the West)를 지목한다. 서구의 지렛대란 외부의 민주화 압력에 대한 정부의 취약성 정도를 뜻하는데, 압력을 받는 국가의 힘과 경제력, 서방국가들의 외교적 목적, 압력을 행사하는 서구 국가에 대항할 수 있는 다른 헤게모니 국가의 존재 여부가 주요 요인으로 작용한다. 서구와의 연계는 서방국가들과 경제적, 정치적, 외교적, 사회적, 조직적 유대의 정도와 초국경적 자본이나 용역, 정보 등의 유입이 주요 요인으로 작용한다. 이러한 연계는 정부의 잘못된 행위가 서방국가들의 주목을 받을 확률을 높임으로써 독재자의 활동공간을 축소시키고 국내 구성원들에게 서방국가들과 연결된 이익의 기회를 창출함으로써 권위주의 체제를 더욱 지탱하기 어렵게 만든다. 또한 서구와의 연계는 권력과 자원의 재분배를 유인함으로써 권위주의 체제에 반대하는 세력들을 비롯하여 여러 행위자들이 독재자에 대항하여 자신들의 공간을 확보할 수 있는 기회를 제공한다.

물론 북한에 있어서 서구의 이러한 연계는 완전하지 않으며, 여전히 수많은 행정적 제한을 받는다. 하지만 돈주와 장마당이라는 매개체를 통해 개인들이 서구 세계와 맺는 모든 형태의 관계, 예를 들면 사회주의 국가의 시민과 자본주의 국가의 친구 및 친척 사이에 이루어지는 편지 교환, 전화 통화, 무엇보다 개인적 만남, 그리고 양방향으로 일어나는 사적 관광과 공적 여행(사업, 학술, 문화 등)은 더욱 확대되고 심화된다. 이러한 간접적으로 쌓은 북한 인민들의 개인적 경험들이 일반대중에게 전파되는 파급력은 클 것이다. 북한의 인민들이 서구의 문학, 영화, 정기간행물에 대한 접촉을 비공식적으로 할 수 있는 곳이 장마당이다. 물론, 여기서 큰 역할을 하는 것이 바로 '돈주'이다. 장마당을 통한 채널을 통해 서구의 연계와 지렛대, 즉 자본주의 체제를 인민들이 간접적으로 비교할 기회를 많이 갖게 되면서 북한의 체제이행에 하나의 씨앗이 될 가능성은 분명히 있다.

북한에서 돈주들의 영향력의 증대는 현재진행 중이다. 현재 북한에 대한 세계적인 경제제재 속에서 중국과의 국경 인근 지역에서 성행되고 있는 여러 밀수 형태의 돈주들의 사업수단은 예측하기가 힘들고 그 활동영역도 방대하다. 국제적인 변수로 북한의 제재가 완화되고 돈주들의 활동 범위가 서구까지 확장되었을 때 서구에 의한 강한 지렛대와 연계의 영향은 돈주를 매개로 북한 내부에 작용할 가능성이 크다. 대한민국에 대한 정보가 북한 내로 유입되는 것뿐만 아니라 서구의 '자유'와 정치적 참여의지를 촉발시킬 수 있는 여러 요인들에 대한 정보가 북한 내로 유입되는 것을 가장 두려워하는 북한에서 돈주들이 사업을 확장시키고 재산을 더 쌓기 위해 서구의 여러 문물들이 북한 내 시장에 유입되는 것은 시기의 문제이다.

위에서 기술했듯이 현재 북한의 돈주는 권력엘리트들과 포섭(co-optation)되어 있어 체제변동에 영향을 미치는 것을 기대하기 힘들다. 이번 시나리오에서 서구의 지렛대와 연계에 있어 '강력한'이라는 글자를 붙인 이유는, 그만큼 북한의 체제이행을 위해서는 기존과는 다른 방식의 연계가 있어야 되기 때문이다. 여기서도 가장 중요한 변수는 바로 돈주이다. 북한과 같은 폐쇄되어 있는 사회 내에서도 돈의 힘을 통해 본인들의 주요 이익을 확장했던 경험을 가진 돈주들은 권력엘리트 그 이상의 더 큰 영향력을 발휘할 수 있는 기회를 언제든지 획득할 준비가 되어 있을 수도 있다. 시장경제의 힘으로 쌓아온 부와 명예는 서구의 강력한 연계와 함께 더 큰 희망을 가져다 줄 수 있다. 북한이 완전한 시장개방을 통해 정치적인 부분 역시 민주화가 된다면 가장 큰 이득을 볼 세력은 돈주이다. 그동안 확장해왔던 본인들의 부를 민주화된 북한에서는 더욱 더 확장할 수 있는 계기가 될 수 있기 때문이다.

■ 복잡하게 얽혀있는 돈주와 장마당 세대

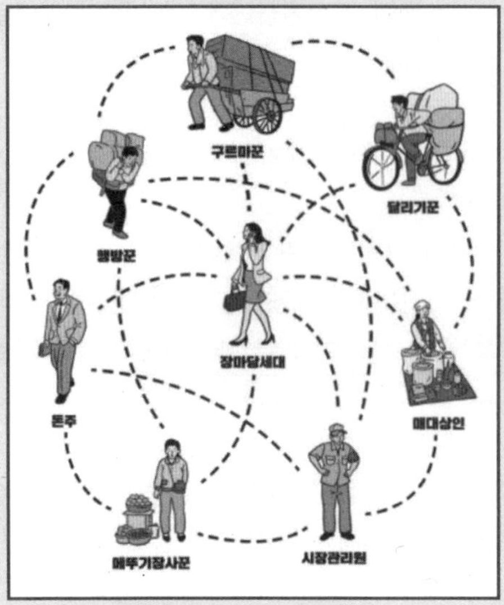

출처 : 한국사진방송 블로그

북한의 정치민주화는 돈주들에게 또 하나의 기회이자 큰 희망이 될 수 있다. 그러한 희망은 현재와 같은 제재국면 속에서는 기대하기 쉽지 않으나, 강력한 서구사회의 문물과 정보들이 대량 유입되는 순간 그러한 희망은 현실이 될 가능성이 크다. 본인들이 사업을 확장하고 더 이상 폐쇄된 북한 내에서 부를 쌓을 수 없다는 불안이 생기는 순간 이 과정에서 돈주들은 그동안의 사업수완을 바탕으로 북한과 국제사회 사이에서 경제를 주축으로 큰 역할을 할 것이며 그것을 계기로 더 큰 부를 쌓게 될 것이다.

제4부

북한의 군사체제

제4부에서는 정전협정(停戰協定) 체결 이후 구조사(構造史)로 자리잡은 남·북 분단체제와 군사적 대결구도 하에서 3대 세습 정권을 실질적으로 뒷받침해 온 북한의 군사체제를 살펴보겠다. 역사적 관점에서 북한군은 해방 이후 소련의 군정통치와 친소(親蘇) 정권 수립 과정에서 조직된 '조선인민군[1]'에 뿌리를 두고 있으며, 1948년 9월 9일 '조선민주주의인민공화국'(이하 북한)이 수립되기 전 같은 해 2월 8일에 창군되었다. 이는 독립국가 건설 이전에 정규군이 창설되었다는 점에서 역사적으로 유례를 찾아볼 수 없는 매우 특수한 사례로 평가할 수 있다. 북한은 정부수립 이후 소련의 체계적인 군사지원 하에 조선인민군의 조직과 역량을 대대적으로 확대했으며, 1950년에는 남한의 적화통일과 국토 완정(完整)을 목표로 6.25 전쟁을 일으켰다. 한국전쟁 이후 김일성은 대대적인 숙군(肅軍) 과정을 거쳐 유일지배체제를 확립했으며, 김정일과 김정은으로 이어지는 3대 세습체제의 기반을 구축했다. 1953년 7월 27일, 정전협정 체결 이후 분단상황이 고착화하면서 남북관계는 본격적인 체제경쟁에 돌입했으며, 오늘날까지 휴전선을 중심으로 군사적 갈등과 대립을 이어오고 있다. 이른바 '상시전비국가(Nation-in-arms)[2]', '병영국가(Garrison state)[3]', '유격대국가(遊擊隊國家)[4]' 등 오늘날 북한체제를 상징하고 있는 '군사국가화'의 기원은 북한군의 창군 과정과 밀접하게 연계되어 있다고 볼 수 있다.

분단 이후 북한의 군사체제 발전과정을 간략히 살펴보면, 북한은 '무력에 의한 적화통일'이라는 대남전략 목표를 유지한 가운데 남한과 군비경쟁을 지속해 왔으며, 냉전기와 탈냉전기를 거치며 변화된 안보환경 속에서 체제생존을 위해 강력한 군사력을 건설해 왔다. 냉전시기 이데올로기적 대결구도 하에서 생존의 길을 모색했던 김일성은 이른바 '군사적 자위 노선'을 추구하며 자력갱생(自力更生)을 추구했다. 탈냉전기 이념적 대결이 종식되고 사회주의체제의 구심점이 사라진 안보상황 속에서 후계자 김정일은 고난의 행군을 감수하며 '선군정치'를 통해 유일지배체제를 더욱 공고하게 유지·발전시켰다. 미·중 전략경쟁이 심화된 전환기적 안보상황 속에서 집권한 김정은은 자위적 핵무력을 강화 · 발전시키고 사회주의 강성국가 건설을 동시에 달성하는 '핵 · 경제 병진노선'을 추진하며 생존의 길을 모색했다. 특히 북한은 제6차 핵실험을 통해 핵무기를 소형화 · 경량화하고 다양한 투발수단을 개발했으며, 2022년 핵독트린을 선언하고 핵무력 정책을 법제화하였다.

김정은 집권 이후 북한은 핵 · 미사일 등 대량살상무기를 고도화하였고, 진영간 대결양상이 구조화된 신냉전의 국제질서에서 중국 · 러시아와 전략적 협력을 강화하고 있다. 2023년 북한은 우크라이나를 무력으로 침공한 러시아에 미사일과 탄약을 제공했으며, 그 대가로 러시아의 첨단 군사기술을 전수받은 것으로 평가된다.[5] 러시아-우크라이나 전쟁이 장기화하고 이스라엘-하마스 전쟁이 확전 양상을 보인 2023년 12월~2024년 1월, 북한은 대남정책의 근본적인 전환을 선언했다.[6] 특히 북한군은 고체연료를 이용한 극초음속 탄도미사일과 장거리 전략순항미사일 시험발사 등 무력시위를 강화하며 최근 한반도에서의 군사적 긴장을 높이고 있다.

최근 남북관계에 대해 '교전 중인 적대적 관계'로 규정한 북한이 '조국통일 3대 원칙'[7]을 폐기하고 '남조선 전 영토의 평정'을 내세우며 군사위협을 고조시키고 있는 안보상황에서 북한의 군사체제를 이해하는 것은 매우 중차대한 함의를 갖는다. 따라서 제4부에서는 최근 변화된 북한의 군사조직과 군사력 발전동향을 짚어보고, 김정은 집권 이후 변화된 북한의 군사전략과 각종 군사제도를 살펴보겠다.

제4부의 내용은 다음의 학술논문에 게재된 글을 정리하였다.

① 이강경 · 설현주, "북한의 군사전략 변화와 국방력 강화 동향 고찰", 『대한정치학회보』 제32집 제2호, '24.5월.

② 이강경, "신냉전의 국제질서와 북한 군사위협 고찰", 『한국군사학논총』 제13집 제2권, '24.6.30.

③ 이강경, "북한의 대남전략 변화와 시사점 고찰", 『한국군사』 제15호, '24.6.30.

제1장

북한의 군사조직

1. 북한군의 정체성

1) 북한체제의 군사국가화(軍事國家化)

세계유일의 분단체제가 고착화된 한반도에서 남한과 북한은 155마일 휴전선을 중심으로 군사적 갈등과 긴장관계를 유지해오고 있다. 역사적으로 한반도는 주변 강대국들의 이해관계가 상충해온 지정학적 요충지로서 탈냉전 이후 이념적 대립이 종식된 이후에도 안보딜레마가 상존하고 있으며, 최근 신냉전의 국제질서에서는 군비경쟁이 더욱 심화하고 있다. 북한은 6.25 전쟁 이후 남한과의 체제경쟁 속에서 세계유일의 3대 세습체제를 유지해 왔으며, 그 과정에서 이른바 '군사국가화' 된 체제로 변화되었다. 냉전기와 탈냉전기를 거치며 북한이 군사국가화된 배경에는 장기간 지속된 한반도의 분단체제와 열악한 대외환경, 체제생존의 문제 등이 중요한 요인으로 작용했다. 특히 3대 세습이라는 특수한 지배체제를 안정적으로 유지하고, 인적 · 물적 동원을 포함하여 사회적 통제를 강화하기 위해 북한은 정치 · 경제 · 사회의 군사화가 절실히 필요했다.

이와 관련하여 북한학자 김용현은 북한의 군사국가화 기원을 역사적 · 구조적 관점에서 다음과 같이 제시하였다.[8] 먼저 북한이 군사국가화된 역사적 배경은 항일무장투쟁과 6.25전쟁, 정전협정 체결 이후 지속된 분단체제와 대외환경의 변화이다. 건국 초기부터 항일무장투쟁의 역사적 전통은 중요한 통치이데올로기가 되었으며, 동시에 북한체제가 군사화하고 지배엘리트 세력을 구축하는 과정에서 중요한 기제로 작용했다. 또한 6.25전쟁은 김일성의 단일 지배권력을 구축하는데 결정적 토대가 되었고 인민군이 북한 사회의 중심축으로 자리잡는 조건을 형성했다. 특히 전후에는 미국과 남한의 군사적 위협으로부터 체제를 수호해야 한다는 명분하에 군대의 양적 · 질적 확대가 이루어졌다. 냉전시기의 한반도 분단체제는 북한군의 존재감을 높이고 군사화를 가속화시킨 구조적 요인이 되었다. 6.25전쟁과 정전(停戰) 이후의 분단체제는 북한사회의 군사화와 남북 간 군비경쟁을 심화시킨 핵심요인으로 작용했다. 장기적으로 지속된 분단구조는 북한사회를 내부적으로 강력하게 통제하고 외부 위협에 대한 항구적인 통제기제로 작용했다. 한편 북한의 군사화를 촉진시킨 대외적 환경요인을 살펴보면, 미국의 지속된 군사위협과 중 · 소분쟁, 베트남 전쟁, 舊 소련과 동구권(東歐圈) 공산진영의 붕괴 등이다. 지정학적 차원에서 오늘날까지 지속되고 있는 북 · 중 · 러 삼각동맹과 한 · 미 · 일 삼각동맹의 진영적 대결구조는 북한의 위기의식을 한층 고조시키는 요인이 되었으며, 결과적으로 핵 · 미사일을 중심으로 한 대량살상무기(WMD) 개발 등 국방력 강화로 이어졌다. 다음으로 북한 군사국가화의 구조적 배경은 체제 작동의 메커니즘과 연계하여 행위자적 측면과 구조적 측면으로 구분할 수 있다. 행위자적 측면은 김일성 중심으로 권력이 확립되는 과정에서 군사화가 진행되었다는 것이다. 즉, 정치권력을 유지 · 안정화하고, 사회적 · 경제적 동원을 보장하기 위한 기제로 군사화가 활용되었다는 점이다. 구조적 측면은 전후 북한의 경제발전 추진과정에서 노동력 중심의 산업화 전략이 노동의 군사화, 경제시스템의 군사화로 연계되었다는 것이다. 북한의 군사국가화 과정은 다음의 그림에 제시된 바와 같다.

오늘날 북한체제를 실질적으로 뒷받침하고 있는 북한군의 정체성을 파악하기 위해서는 전술한 바와 같이 군사국가화의 역사적 맥락을 정확히 이해하는 것이 필요하다. 김일성과 김정일, 김정은으로 이어지는 3대 세습체제의 안정적 유지와 사회적 · 경제적 동원시스템의 원활한 가동을 위해 북한은 군사국가화의 길을 모색해 왔다. 결론적으로 북한의 군사화는 냉전시기 분단체제가 지속되면서 정치적

■ 북한의 군사국가화 과정

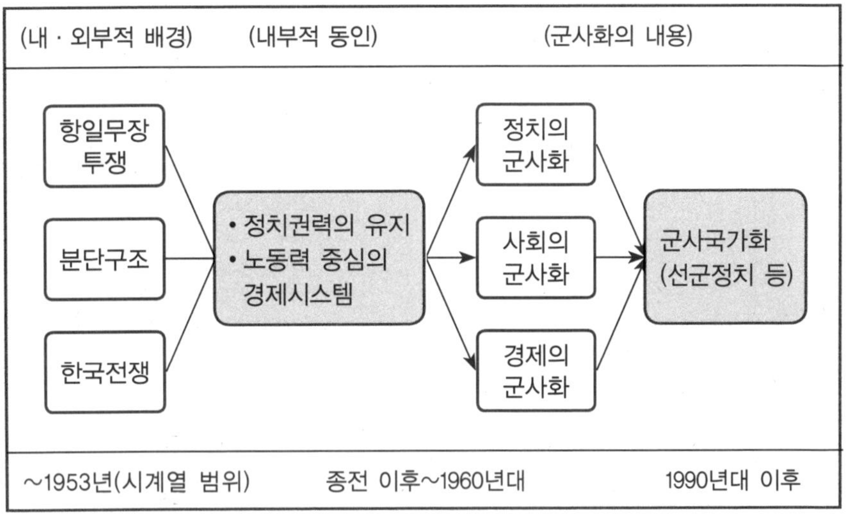

출처 : 김용현(2003), p.184.

으로 구조화되었고, 탈냉전기 이후 국제적 고립이 심화하는 과정에서는 사회적 · 경제적 측면에서 더욱 제도화된 것으로 평가할 수 있다.

2) 북한군의 성격과 역할

군사화된 북한체제에서 군대의 성격과 역할을 이해하기 위해서는 '조선민주주의인민공화국 사회주의헌법(이하 '북한헌법')9과 '조선노동당 규약'(이하 '당규약')을 살펴볼 필요가 있다. 먼저 북한 사회주의헌법에 명시된 북한군의 사명은 다음의 표에 제시된 바와 같다. 북한의 헌법은 주요 국가기구의 권한과 임무 등을 규정하고 있으며, 대내 · 외적 정책 방향을 법적으로 제도화하는 기능을 갖는다. 2023년 9월 개정헌법은 국방영역을 다룬 제4장 58조에서 "북한은 책임있는 핵보유국으로서 국가의 생존과 발전, 전쟁 억제, 세계평화와 안정을 위해 핵무기의 고도화를 추진할 것"임을 명시했다. 또한 제59조에서는 북한군의 사명으로 "국가주권과 영토완정(領土完整)을 추진하고, 강력한 군사력을 통해 전방위 위협으로부터 사회주의제도와 혁명 사수, 조국의 평화와 번영을 이룩할 것"임을 천명했다.

■ 최근 개정된 북한 사회주의헌법의 주요 조항

구분	2019년 8월 개정 사회주의헌법	2023년 9월 개정 사회주의헌법
第58条	• 조선민주주의인민공화국은 전인민적, 전국가적방위체계에 의거한다.	• 조선민주주의인민공화국은 국가방위에서 전인민적, 전국가적방위체계에 의거한다. • 조선민주주의인민공화국은 책임적인 핵보유국으로서 나라의 생존권과 발전권을 담보하고 전쟁을 억제하며 지역과 세계의 평화와 안정을 수호하기 위하여 핵무기발전을 고도화한다.
第59条	• 조선민주주의인민공화국 무장력의 사명은 위대한 김정은동지를 수반으로 하는 당중앙위원회를 결사옹위하고 근로인민의 리익을 옹호하며 외래침략으로부터 사회주의제도와 혁명의 전취물, 조국의 자유와 독립, 평화를 지키는데 있다.	• 조선민주주의인민공화국 무장력의 사명은 국가주권과 령토완정, 인민의 권익을 옹호하며 모든 위협으로부터 사회주의제도와 혁명의 전취물을 사수하고 조국의 평화와 번영을 강력한 군력으로 담보하는데 있다.

출처 : 이승현, "북 '책임있는 핵보유국' 등 개정 '사회주의헌법' 전문 최초 확인," 통일뉴스, '23.11.23. https://www.tongilnews.com/news/articleView.html?idxno=209494.

다음으로 조선노동당 규약[10]에 명시된 북한군의 성격과 역할을 살펴보겠다. 북한은 조선노동당을 중심으로 이른바 '당-국가체제'를 운영하고 있는 대표적인 사회주의 국가로서 헌법에 우선하는 당규약을 제정하고 있다. 일반적인 사회주의 국가들과 다르게 북한은 수령제를 채택하고 있기 때문에 사회를 통제하는 규범은 ① 유일사상체계 10대 원칙, ② 조선노동당 규약, ③ 사회주의 헌법 순으로 위상이 정해진다.[11] 북한은 2021년 1월 제8차 당대회를 개최하여 당규약을 개정했으며, 다음과 같이 당 · 군관계를 강화함과 동시에 조선인민군의 성격을 규정하였다.[12] 첫째, 개정 당규약은 당 총비서와 당중앙군사위원장의 지위를 일체화시키고 당중앙군사위원회의 위상과 지도적 권능을 강화했다. 특히 당중앙군사위원회에 조선노동당의 최고군사지도기관의 위상을 부여했다. 둘째, 조선인민군의 성격을 '당의 혁명적 무장력'으로 명확히 규정하였고, '당중앙의 유일적 영군체계', 즉 조선인민군의 모든 군사정치활동은 당의 영도하에서 진행한다는 점을 명시했다.

다음으로 북한군의 역할을 이해하기 위해서는 당규약에서 제시하고 있는 조선노동당의 당면목적과 대남전략을 살펴볼 필요가 있다. 제8차 당대회 이후 개정된 당규약에서는 '민족해방민주주의혁명'이라는 문구가 삭제되었고, 군에 대한 당의 통제가 강화되었으며, 기존의 경제 · 핵 병진노선을 자력갱생으로 대체하였다.13 개정 당규약에서는 조선노동당의 당면목적을 "공화국북반부에서 부강하고 문명한 사회주의 사회를 건설하는 것"으로 규정하고 최종목적을 "인민의 이상이 완전히 실현된 공산주의 사회 건설"이라고 명시했다. 또한 조선노동당은 "자력갱생의 기치 아래 경제건설을 추진하되 공화국무력을 정치사상적으로, 군사기술적으로 부단히 강화하고 자립적 국방공업을 발전시켜 나라의 방위력을 끊임없이 다져나갈 것임"을 강조했다. 특히 조선노동당은 "강력한 국방력으로 근원적인 군사적 위협들을 제압하여 조선반도의 안전과 평화적 환경을 수호하며 조국의 통일을 앞당기기 위해 투쟁할 것임"을 명시했다. 따라서 북한군의 역할은 조선노동당의 당면목적과 대남혁명전략을 완수하기 위한 혁명적 무력수단이라고 할 수 있다.

3) 김정은 집권 이후 북한 군부의 정치적 위상 변화

북한군의 성격과 역할은 일반적인 사회주의 국가들에서 공통적으로 보여지는 특징과 북한에만 존재하는 수령제 국가의 독특한 특징을 동시에 반영하고 있다. 또한 북한군의 정치적 위상은 3대 세습체제가 구축되는 과정에서 조선노동당의 대남혁명노선에 따라 변화되어 왔다. 북한군은 조선노동당의 혁명적 무장력이며 북한체제를 군사적으로 뒷받침하고 있다는 점에서 매우 특수한 지위를 갖는다고 볼 수 있다. 그런 관점에서 사회주의 체제의 군대 유형에 관한 주요 개념을 살펴보면 다음과 같다.14 먼저 펄뮤터(Amos Permutter)는 제도화된 민간권력의 유형에 따라 다음과 같이 3가지 형태의 군 조직이 형성될 수 있다고 보았다. 첫째, 전문직업군(Professional Soldier)은 산업화된 자본주의국가에서 현대 관료제의 확산과 함께 발전한 군 조직으로서 폭력의 관리에 대한 고도의 전문성과 사회적 책무, 군사적 마인드 등을 공유한다. 둘째, 집정관적 군대(Praetorian Soldier)는 농업국가 또는 과도기적 상황에 놓인 국가의 군 조직 유형으로, 군대가 장기간 권력을 획득하고 현실정치에 참여하거나 개입하는 경우가 많으며 이로 인해 군의 전문성이 떨어지고 쿠데타 등의 부작용을 수반한다. 셋째, 혁명군(Revolutionary Soldier)은 혁명세력의 무력수단으로 역할을 수행하는 군 조직으로 정치적 영향력에 종속되는 경향성을 가진다. 혁명군은 당과 혁명세력의 이익을 수호하기 위해 정치적으로 동원되는 경우가 많으며, 이를 위해 군의 자율성과 전문성을 일정 부분 유보해야 한다. 특히 혁명군은 구성원 간에 비계급적 동지관계를 선호하기 때문에 보다 대중적이고 군사화된 국가의 군대유형으로 발전한다. 한편 바라니(Zoltan D. Barany)는 과거 동유럽 국가들의 민군관계에 대한 비교 분석을 통해 사회주의 국가들에서 일반화된 군대의 모습을 다음과 같이 2가지 유형으로 제시하였다. 첫째, 사회주의 혁명군대는 지배정당과의 정치적 동지관계를 바탕으로 혁명적 · 사상적 전통의 수호자 역할을 수행한다. 이때 지배정당은 군부에 대한 통제력을 강화하기 위해 군 조직 내부에 당 기구를 설치하고 정치장교를 배치하며 군인에 대한 정치사상 교육을 제도화하는 기능을 수행한다. 둘째, 전문화된 직업군대는 현대전의 양상 변화를 고려하여 군사교육과 훈련을 중시하는 경향이 강하며, 상대적으로 군대 내부의 정치사상학습은 경시하는 특징을 보인다.

다음으로 정규군으로서 북한군이 갖는 정치적 위상에 관한 주요 연구를 간략히 살펴보겠다. 먼저 백학순은 북한정치에서 군대의 성격과 위상, 역할을, ① 창군시기와 6.25전쟁기의 국가의 군대, ② 조선노동당 제4차 당대회 이후 '당의 무장력'으로서의 군대, ③ 수령과 후대수령의 군대, ④ 선군사회주의의 군대로 구분하여 설명했다.[15] 즉, 북한군이 통일전선의 군대에서 당의 군대, 수령의 군대로 변화되는 과정과 선군정치기에 혁명의 주력군으로 위상과 역할이 강화되는 과정을 고찰하였다. 다음으로 정성임은 북한의 민군관계를 중심으로 군의 성격을 고찰했으며 북한체제는 군(軍)에 3가지의 새로운 성격, 즉 '혁명성과 인민성, 당성(黨性)'을 부여해 왔다는 점을 제시했다.[16] 여기서 이 3가지 성격은 상호 연계되어 있으며 당성이 목적이라면 혁명성과 인민성이 수단의 관계에 놓여있다는 점을 강조했다. 한편 김성주는 북한군을 '수령 · 당 · 인민의 군대'로 규정하고 이러한 성격이 혁명정당과 프롤레타리아 계급의 이익을 위해 복무하는 사회주의 혁명군대의 전형적 특성과 수령제를 근간으로 하는 북한 정치체제의 특징이 결합되어 형성되었다고 설명했다.17 또한 김정은 집권 이후 북한의 군사분야 담론을 분석하여 북한군이 전통적인 사회주의 혁명군, 현대화된 혁명군으로서의 성격을 유지함과 동시에 현대화된 정규군의 특성을 강조하고 있다고 평가했다. 즉, 북한은 김정은 중심의 수령체제와 조선노동당에 절대 복종하는 군대의 성격을 유지하면서 현대전의 발전추세를 따라가기 위해 보다 현대화된 군사력을 건설하고 있다는 것이다.

▬사회주의체제 군대 발전경로상의 성격 유형

사회주의 혁명군	현대화된 혁명군	현대화된 정규군	사회주의 전문직 업군
• 혁명노선에 충성적(혁명의 도구적 역할) • 정권과 공동운명체 인식 • 집단적 배타성 미추구 • 내부위협 억제 및 비군사적 역할 수행 • 정치사업 강조(당사상 주입에 초점)	• 인간/사상 중시 • 정치사업 강조 • 동지적 일체성 추구(장병일치, 상하일치, 군민일치 등) • 비군사적 역할 수행(전투대, 공작대, 생산대) • 혁명군대의 성격 유지 및 현대화 추진	• 물질/병기 중시 • 과학기술 강조 • 전문적 군사기술 중시 • 실전적 훈련과 정규화된 편제 강조 • 후방사업의 강조 • 비전투부대의 민간 전환 • 현대전에 부응하는 국방군으로 육성	• 사회주의 혁명을 지향(정치적 중립 태도) • 집단적 배타성, 제도적 자율성, 조직적 유대성 추구 • 외부위협 대응 중점(내부위협 대응에 소극적) • 군사교육, 훈련 중시 • 정치사업 형식화(군 통제에 중점, 사기 및 복지에 관심)

출처 : 김성주(2019), p.10

2. 북한의 군사조직

1) 북한군의 구성

북한군의 무력은 크게 정규군 부대와 준군사부대, 예비전력으로 구성되며 세부 조직은 다음과 같다.18 정규군은 조선인민군을 지칭하며 준군사부대는 호위사령부와 조선인민내무군(舊 조선인민경비대), 인민보안부 공병총국, 군수동원지도국, 속도전청년돌격대 등을 포함한다. 예비전력은 교도대, 노동적위군(舊 노동적위대), 민방위대, 붉은청년근위대 등이다. 이 중 교도대는 정규군과 함께 교육훈련을 실시하며, 노동적위대와 민방위대, 붉은청년근위대 등은 당 민방위부의 통제를 받는다. 한편 북한군의 무력을 정규무력과 민간무력으로 구분하면 다음과 같다.[19] 북한의 정규무력은 조선인민군과 조선인민내무군이며, 민간무력은 교도대, 노동적위군, 붉은청년근위대 등이다.

북한군의 상비병력은 2022년 12월 기준으로 육군 110만여 명, 해군 6만여 명, 공군 11만여 명, 전략군 1만여 명을 포함하여 총 128만여 명 규모로 추정된다. 또한 북한군은 정규군 이외에도 교도대 62만여 명, 노동적위군 572만여 명, 붉은청년근위대 94만여 명, 호위사령부 등 준군사부대 약 34만여 명을 포함하여 동원가능한 병력이 762만여 명에 달한다. 북한의 예비전력에 대해 간략히 살펴보면 다음과 같다.[20] 교도대는 동원예비군과 같은 성격으로 17~50세 남성, 17~30세 미혼 여성이 소집대상이며, 노동적위군은 직장예비군으로 17~60세 남성, 17~30세의 교도대 미편성 여성을 대상으로 한다. 붉은청년근위대는 고급중학교의 군사조직으로 14~16세의 남녀로 편성된다.

북한군은 한국군의 합참의장격인 총참모장이 육군과 해·공군, 전략군과 특수작전군을 포함하여 군에 대한 전반적인 군령권을 행사하며 주요 특징을 간략히 살펴보면 다음과 같다.[21] 북한군에는 육군사령관이 편제되어 있지 않으며, 총참모장이 육군의 정규군단과 기갑·기계화보병·기계화포병사단을 직접 지휘·통제한다. 이러한 독특한 지휘체계는 북한군이 약 86%를 차지하는 육군을 중심으로 구성되어 있고 평양-원산 이남 지역에 육군 전력의 약 70%를 배치하고 있는 특수성을 고려한 것으로 판단된다. 따라서 북한군은 육군 정규군단을 전구사령부로 하여 관할지역 내에 있는 전력을 통합적으로 운용하는 '통합군 체제'로 운용된다. 북한군의 구성에서 주목해야 할 부대는 전략군과 특수작전군이다. 2014년 전략로켓사령부를 확대·개편하여 제4군종으로 창설된 전략군은 13개의 미사일여단으로 편성되어 있다. 또한 북한군의 특수전부대는 전시 땅굴을 활용하거나 잠수함, 공기부양정, AN-2기, 헬기 등 다양한 수단을 통해 남한의 전·후방 지역에 침투하여 배합작전을 수행할 수 있는 핵심전력이다.

■ 남북한 군사력 비교

남북 군사력 현황

2022년 12월 기준

구분				한국	북한
병력(평시)	육군			36.5만여명	110만여 명
	해군			7만여 명 (해병대 2.9만여 명 포함)	6만여 명
	공군			6.5만여 명	11만여 명
	전략군			-	1만여 명
	계			**50만여 명**	**128만여 명**
주요전력	육군	부대	군단(급)	(해병대 포함) 12	15
			사단	(해병대 포함) 36	84
			여단(독립여단)	(해병대 포함) 32	117
		장비	전차	(해병대 포함) 2,200여 대	4,300여 대
			장갑차	(해병대 포함) 3,100여 대	2,600여 대
			야포	(해병대 포함) 5,600여 문	8,800여 문
			다련장 / 방사포	310여 문	5,500여 문
			지대지 유도무기	발사대 60여 기	(전략군) 발사대 100여 기
	해군	수상함정	전투함정	90여 척	420여 척
			상륙함정	10여 척	250여 척
			기뢰전함정(소해정)	10여 척	20여 척
			지원함정	20여 척	40여 척
		잠수함정		10여 척	70여 척
	공군		전투임무기	410여 대	810여 대
			감시통제기	(해군 항공기 포함) 70여 대	(정찰기) 30여 대
			공중기동기(AN-2포함)	50여 대	350여 대
			훈련기	190여 대	80여 대
	헬기(육·해·공군)			700여 대	290여 대
예비병력				310만여 명 (사관후보생, 전시근로소집, 전환/대체 복무 인원 등 포함)	762만여 명 (교도대, 노농적위군, 붉은청년근위대 등 포함)

* 남북 군사력 비교를 위해 육군 부대·장비 항목에 타군 부대·장비도 포함하여 산출
* 남북 군사력 현황은 양적 비교만 제시하였음. 군사력을 실질적으로 비교하기 위해서는 양적 비교뿐만 아니라 장비성능 및 노후도, 훈련수준, 합동전력 운용개념 등을 종합적으로 고려 시 차이가 있을 수 있음.
* 육군 여단 비교의 경우 군단급 이상 제대에 편성된 독립여단인 포병, 공병, 항공여단 등을 포함하여 비교한 것임.
* 북한 특수작전군 병력은 육군·해군·공군 등에 포함되어 있음

출처 : 국방부, 『2022 국방백서』, p.334.

2) 북한군의 군사지휘구조

북한의 군사조직을 전반적으로 이해하기 위해서는 최고지도자인 김정은을 중심으로 한 군사지휘구조를 살펴볼 필요가 있다. 현재 김정은은 국가의 3대 핵심요직을 맡아 북한의 당(黨)·군(軍)·정(政)의 실권을 장악하고 있다. 즉, 국가주권의 최고정책적 지도기관으로 알려진 국무위원회[22]의 위원장과 조선인민군의 최고사령관, 조선노동당 중앙군사위원회[23]의 위원장직을 겸하고 있다. 최고사령관을 정점으로 한 북한군의 군사지휘기구를 간략히 살펴보면 다음과 같다.[24] 총정치국은 군 내부적으로 당조직과 정치사상 사업을 관장하고, 총참모부는 군사작전

을 지휘하는 군령권을 행사하며 육군 · 특수작전군 · 해군 · 공군 · 전략군과 같이 5개 군종을 통합군제로 운용하고 있다.

■ 북한의 군사지휘기구도

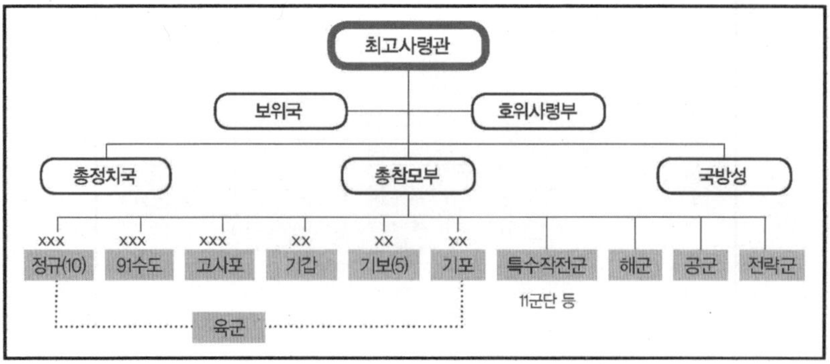

출처 : 국방부, 『2022 국방백서』, p.26.

과거 민족보위성, 인민무력부, 인민무력성을 거쳐 새롭게 개편된 국방성은 북한의 군정(軍政) 기관으로서 대외적으로는 북한군을 대표하며 군사외교, 군수, 예산 등 군정권을 행사하는 기구이다. 보위국은 군 내부의 감시와 통제, 군사범죄 활동에 대한 수사 등을 관장한다. 한편 호위사령부는 최고지도자인 김정은과 가족들의 신변보호, 숙소경계와 관리 등 전반적인 경호임무를 수행하며 쿠데타 등 유사시에는 반란세력을 진압한다.

북한의 군사지휘구조를 정확히 파악하기 위해서는 당의 정치 · 사상적 통제와 군정 · 군령권[25]을 이해할 필요가 있다. 하지만 한 가지 유의해야 할 사항은 군정 · 군령권이 이원화되어 있는 한국군과 달리 북한군은 건국 및 창군 과정에서부터 특수하게 형성된 당-군관계에 따라 '군사지도 · 지휘'[26] 개념을 중심으로 운용된다는 점이다. 즉, 사회주의 국가에서 일반화되어 있는 것처럼 북한군 역시 군 내부에 정치사업과 군령기능을 담당하는 조직을 편성하여 이원화된 체계로 운영되고 있다. 이와 관련하여 북한군의 군사지도 · 지휘 실무기구인 총정치국과 총참모부, 국방성의 주요 기능과 상호관계를 간략히 살펴보겠다. 첫째, 군 내부의 당기관인 총정치국의 역할과 주요 특징은 다음과 같다.[27] 북한은 대표적인 당-국가체제이기 때문에 군대도 당의 통제를 받는다. 이를 위해 조선노동당은 당중앙위원회 산하에 당중앙군사위원회를 편성하고, 인민군에는 최고사령부 예하에 총정치국을 두고 있다. 북한군 내부에 당조직이 만들어지기 시작한 것은 6.25전쟁 시기부터이다. 당시 김일성은 군대 내 정치기관을 정비하여 군 간부들에 대한 정치 · 사상적 통제와 당적 지도를 강화했다. 이후 김정일 시대에는 이른바 '정치교양사업'이라는 명분하에 인민군을 사회주의 사상으로 무장시키는데 핵심적인 역할을 수행했으며, 이러한 전통은 김정은 집권 이후에도 유지되고 있다. 총정치국의 주요 업무는 전군의 주체사상 무장, 군대 내 당의 유일사상 확립, 장교 보직 · 보충 · 이동 · 승급 · 제대 등을 수행한다. 둘째, 총참모부는 군 최고집행기관으로서 군종의 군사작전을 총괄 지휘하는 조직이며 주요 기능과 역할은 다음과 같다.28 총정치국이 인민군의 당조직과 정치사업을 관장하면서 실질적인 군정권을 행사하는 조직이라면, 총참모부는 군사작전을 지휘하는 군령권을 행사하기 때문에 한국군의 합동참모본부에 해당하는 조직이라고 할 수 있다. 북한군은 총참모부 예하에 각 군종 · 병종별로 편제된 통합군 체제이며, 모든 제대와 부서들은 총참모장의 명령과 지시에 복종해야 한다. 다만 당의 정치사업과 보위사업, 간부사업 등에 대해서는 총정치국, 보위사령부 등 관련 조직의 소관 분야로 간섭할 수 없다. 셋째, 국방성은 군과 관련된 대외업무, 군수, 재정 등 군정권을 행사하는 기관으로 주요 기능과 역할은 다음과 같다.29 국방성은 북한의 헌법상 최고정책적 지도기관인 국무위원회의 산하 기관으로 외형상 대한민국의 국방부에 해당하는 것처럼 보이지만 조직의 기능과 권한의 측면에서는 매우 상이한 조직이다. 국방성은 총정치국, 총참모부와 수평적 관계를 유지하면서 대외적으로는 북한군을 대표하는 기능을 수행하지만 주로 후방사업을 전담하고 있다. 북한이 정치사업으로 규정하고 있는 후방사업에 대해 간략히 살펴보면 다음과 같다.30 북한에서 후방사업(또는 후방공급사업)은 각종 근로자와 군인 등을 대상으로 생활의 편의를 보장해주기 위해 추진하는 사업을 말하며, 당국이 배급망을 통해 기본적인 의식주에 관한 사항을 제공해주는 것을 말한다. 후방사업은 근로자에 대한 부식물 공급사업, 연료 공급과 노동보호물자의 공급을 비롯해 합숙과 식당, 이발소, 목욕탕, 탁아소 편의시설

관리 등이 포함된다. 북한은 후방사업이 당과 수령에 대한 충성도를 높이고 실생활에서 사회주의 제도의 우월성을 체득할 수 있도록 해준다는 점에서 중요한 정치사업으로 규정하고 있다.

■ 북한 최고지도자를 중심으로 한 군사 삼위일체

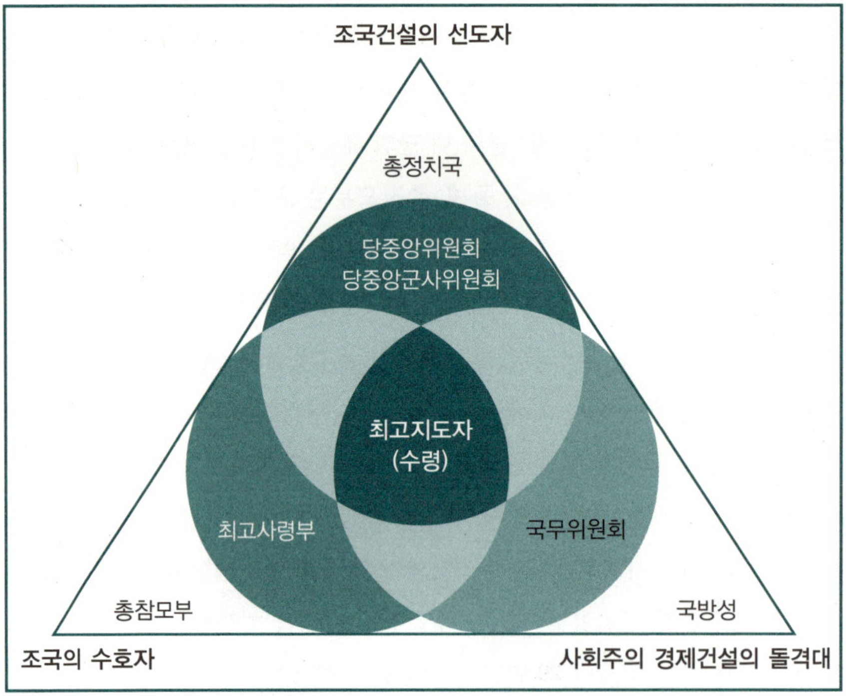

출처: 김동엽(2013), p.105.의 그림을 개편된 조직을 토대로 수정함.

제2장

북한의 군사력 현황

1. 북한군의 재래식 전력

1) 육군

현대전에서 육군은 지상전을 수행하고 군사작전을 주도하는 핵심전력이다. 미국의 저명한 국제정치학자인 미어셰이머(John J. Mearsheimer)는 육군력의 중요성을 다음과 같이 제시하였다.31 국제정치에서 국가 간 차별화된 힘과 권력(Power)은 특정 국가가 보유한 군사력의 산물이다. 이러한 관점에서 국력을 평가하는데 유용하게 활용될 수 있는 군사력은 '① 육군, ② 독립적 해군, ③ 전략공군, ④ 핵무기'이며, 이 중 현 국제질서에서 가장 압도적인 형태의 군사력은 육군이다. 한 국가의 군사적 힘은 해 · 공군력에 의해 뒷받침되는 육군력에 근거하며, 가장 막강한 국가는 강력한 육군을 보유한 나라이다. 따라서 경쟁국들의 상대적 힘을 측정하는데 육군력은 좋은 평가지표로 활용된다. 미어셰이머는 핵위협이 상존하는 오늘날에도 육군력은 군사력을 구성하는 핵심요인이 될 수밖에 없다고 강조했다. 그것은 육군이 영토를 정복하고 안정화 작전을 수행하는데 가장 중요한 전력이기 때문이다. 특히 미어셰이머는 강압적 방식의 군사력이라고 할 수 있는 해 · 공군만의 독자적인 작전수행으로 강대국 간의 전쟁을 승리로 귀결시킨 역사적 사례가 없다는 점을 근거로 제시하며 육군력의 중요성을 강조했다. 다시말해,

해 · 공군력만으로는 강대국에 대한 강제력을 발휘할 수 없으며 적국을 신속하게 파괴할 수 없다는 것이다. 결론적으로 미어셰이머는 육군이 공격작전을 시작하는 가장 중요한 수단이며, 한 국가의 잠재적인 공격력은 주로 육군에 근거를 두고 있다고 평가했다.

『2022 국방백서』에 제시된 북한군 육군의 주요 군사능력을 살펴보면 다음과 같다.[32] 육군은 군령조직인 총참모부 예하에 10개의 전 · 후방군단, 91수도방어군단, 고사포군단, 1개 기갑사단, 5개 기계화보병사단, 1개 기계화포병사단 등으로 편성되어 있다. 이 중 기계화포병사단은 기존의 기계화보병사단과 포병사단을 개편 · 통합하여 창설된 부대이다. 북한군 육군의 특징은 약 70%의 전력이 평양-원산선 이남 지역에 배치되어 남한에 대한 기습공격 태세를 갖추고 있다는 점이다. 또한 최전선 일대에 집중 배치된 170mm 자주포와 240mm 방사포 등은 한국의 수도권을 위협하고 있다. 한 가지 주목할 사항은 최근 북한군이 사거리 연장 및 정밀유도가 가능한 300mm 신형방사포와 600mm급 단거리탄도미사일을 개발하여 한반도 전역을 타격할 수 있는 막강한 화력을 구축했다는 점이다. 또한 북한군 육군의 기갑 및 기계화부대는 아래의 그림과 같이 다량의 전차와 장갑차를 보유하고 있다. 최근 북한군은 기동성과 생존성 향상에 중점을 두고 무기체계 연구개발을 진행 중이며 일부 노후전력을 대체하고 있다.

■ 북한군 육군의 주요 장비

출처 : 국방부, 『2022 국방백서』, p.27.

북한은 군사력 현황을 공개하지 않는 폐쇄적인 체제이기 때문에 군종별 병력현황을 정확하게 파악하는 것이 사실상 제한된다. 따라서 국방부와 국내외 군사전문기관이 추정하고 있는 북한군 병력은 조금씩 상이할 수 있다. 본서에서는 북한군의 군종별 병력현황을 『2022 국방백서』, 『Jane 연감』, 『Military Balance 2024』, 『Global Firepower 2024』에서 제시된 추정치를 참고하였다.

■ 북한군의 병력 규모

구 분	총인원 (①+②+③)	육군 (①)	해군 (②)	공군 (③)	비고	
					준군사부대	예비전력
2022 국방백서	128만여 명	111만여 명	6만여 명	11만여 명	34만여 명	728만여 명
Jane 연감[33]	127만여 명	110만여 명	6만여 명	11만여 명	34만여 명	732만여 명
Military Balance 2024[34]	127만여 명	110만여 명	6만여 명	11만여 명	18.9만여 명	570만여 명
Global Firepower 2024[35]	154만여 명	137만여 명	6만여 명	11만여 명	10만여 명	569만여 명

2) 해군

해군력은 지상작전 시 육군의 힘을 배가시키며 적국에 대한 해상봉쇄를 통해 경제적인 타격을 가하고 전쟁수행능력을 약화시키는 역할을 수행한다. 이와 관련하여 미어셰이머는 적국에 군사력을 투사하기 위해서는 우선 해군력을 통해 제해권을 장악할 수 있어야 하고 이것이 해군의 기본적인 사명이라고 강조했으며, 해군력의 중요성을 다음과 같이 제시했다.[36] 먼저 해양통제(Command of the sea)의 개념과 연계하여 국가는 전략적으로 중요한 해상항로를 확보해야 하며, 적국이 전략적 요충지를 침략하는 것을 저지할 수 있는 능력이 필요하다고 지적했다. 미어셰이머는 해군이 상륙공격(Amphibious Assault)과 상륙(Amphibious Landing), 병력수송(Troop Transportation)을 통해 육군의 전력투사를 지원할 수 있으며, 해군에 의한 포격(Naval Bombardment)을 통해 독립작전을 수행할 수 있다고 평가했다. 즉, 해군은 전투함과 잠수함, 항공모함을 사용하여 적국의 주요 도시와 핵심 군사목표에 대해 함포사격과 미사일공격, 공중폭격을 가할 수 있다. 특히 미어셰이머는 강대국 간 전쟁에서 승리하기 위한 해군의 최고 전략으로 봉쇄(Blockade)의 중요성을 강조했다. 군사적 측면에서 봉쇄의 목표는 적국의 대외무역을 차단하여 경제력에 타격을 입히고 결과적으로 전쟁 지속능력을 약화시키는 것이다.

『2022 국방백서』에 제시된 북한군 해군의 주요 군사능력을 살펴보면 다음과 같다.37 북한군 해군은 해군사령부 예하에 동 · 서해를 관할하는 2개 함대사령부와 13개 전대, 2개의 해상저격여단38으로 편성되어 있다. 육군과 마찬가지로 해군도 전체 전력의 약 60%를 평양~원산선 이남에 집중배치하여 기습공격이 가능한 태세를 갖추고 있다. 현재 국방부의 판단에 따르면, 북한 해군은 대부분 소형 고속함정 위주로 편성되어 실질적으로 원해(遠海) 지역에서의 작전수행 능력은 제한된 것으로 추정된다. 북한 해군의 수상전력은 유도탄정, 어뢰정, 소형경비정, 화력지원정 등이며, 소형 고속함정은 육군의 지상작전 수행을 지원하고 연안방어 임무를 수행한다. 한 가지 주목할 사항은 최근 북한이 신형 함정을 건조하여 실전배치하고 있으며, 일부 함정에 사거리가 100km에 달하는 신형 대함미사일을 장착하여 원거리 공격능력을 향상시키고 있다는 점이다. 다음으로 수중전력은 로미오급(Romeo-class) 잠수함39과 소형 잠수함정 등 약 70여 척으로 구성되어 있으며, 전시 해상교통로 차단, 기뢰부설, 수상함 공격, 특수작전부대 침투 지원 등의 임무를 수행한다. 특히 최근에는 잠수함 발사 탄도미사일(SLBM)의 탑재가 가능하도록 로미오급 잠수함을 개조하는 등 수중전력 증강에 박차를 가하고 있다. 북한 해군의 상륙전력은 공기부양정40, 고속상륙정 등 약 250척으로 편성되어 있으며 주로 수상전력의 엄호 하에 특수작전부대를 남한의 후방지역에 은밀 침투시켜 군사목표를 타격하고 상륙해안을 확보하는 임무 등을 수행할 것으로 예상된다. 해안방어전력은 동 · 서 해안선을 따라 각종 해안포와 지대함미사일을 배치하여 북한 해상으로 접근하는 적 함정을 공격하거나 대상륙작전 방어임무 등을 수행한다. 최근 북한 해군은 지속적으로 지대함미사일 성능을 개량하고 있으며, 사거리를 연장하여 연안방어 능력을 향상시키고 있다. 2018년 9월 9일, 북한은 정권 설립 70주년 기념 행사에서 신형 지대함미사일을 공개한 바 있으며, 이후 조선노동당 설립 75주년 행사 시에는 사거리 200km로 추정되는 개량형 지대함미사일(발사관 4개 증가, 신형 이동식 발사차량에 탑재)을 공개하였다.

북한군 해군 전력의 주요 특징을 간략히 살펴보면 다음과 같다.41 북한군은 한국군에 비해 상대적으로 많은 수상함정을 보유하고 있으나, 대부분 경구축함, 경비함, 유도탄정, 어뢰정과 같이 소형 고속함정 위주로 편제되어 있다. 최근 북한 해군은 잠수함 전력을 지속적으로 증강하고 있으며, 지대함 · 함대함 유도탄과 신형 어뢰 등에 역점을 두어 개발하고 있다. 잠수함정은 로미오급 · 상어급 잠수함을 포함하여 침투용 잠수정 약 70여 척을 보유하고 있으며 주로 기뢰부설, 수상함 공격, 특수전부대 작전지원의 임무를 수행한다.

■ 북한군의 주요 해군 전력

출처 : 국방부, 『2022 국방백서』, p.28.

3) 공군

항공기의 등장 이후 제공권(Air Supremacy)의 장악은 현대전에서 전쟁의 승패를 좌우하는 핵심요인이 되었다. 제1차 세계대전 이후 항공기가 결정적 무기로 등장하면서 확립된 제공권의 전술적 개념은 공중에서 행동의 자유를 확보하는 것이다. 즉, 적 항공력의 간섭을 배제할 수 있도록 절대적인 공중우세(Air Superiority)를 점하는 것을 의미한다. 이와 관련하여 미어셰이머는 공군력의 중요성을 다음과 같이 강조했다.42 전시에 공군력은 적국의 지상군 혹은 본토를 공격하기에 앞서 반드시 공중우세를 달성해야 한다. 만약 공군이 제공권 장악에 실패할 경우 아군의 공격력은 심각한 손실을 입게 되며, 적에 대한 전력투사가 매우 제한되고 어려워질 수 있다. 공군은 지상작전을 수행하는 육군을 지원하기 위해 다음과 같이 4가지 형태의 군사작전을 수행할 수 있다. 첫째, 근접항공지원(Close Air Support, CAS)은 전장에서 상공을 비행하며 지상작전을 수행하는 우군에 대해 직접적인 전술지원을 수행하는 것이다. 둘째, 항공차단(Air Interdiction)은 공군이 적의 후방을 공격해 전방의 적에 대한 병력증원, 군수지원을 차단 혹은 지연시키는 작전임무이다. 셋째, 공중수송(Air Lift)은 전투지역에 병력과 물자를 이

동시키는 작전으로 육군의 전투력을 증강시키기 위한 임무이다. 넷째, 전략폭격(Strategic Bombing)은 적국의 본토를 직접 공격하여 적의 전쟁수행능력을 조기에 분쇄하는 작전이다.

『2022 국방백서』에 제시된 북한군 공군의 주요 군사능력을 살펴보면 다음과 같다.[43] 북한 공군은 2022년 4월 기존의 '항공 및 반항공군사령부'를 개편한 공군사령부 예하에 5개 비행사단, 1개 전술수송여단, 2개 공군저격여단, 방공부대 등으로 편성되어 있다. 북한 공군은 북한 전역을 4개 권역으로 구분하여 전력을 배치하고 있으며, 현재 약 1,570여 대의 항공기를 보유하고 있는 것으로 추정된다. 북한 공군의 전투임무기는 약 810여 대이며, 이 중 40%를 육·해군과 마찬가지로 평양~원산선 이남에 전진배치하여 기습공격 태세를 갖추고 있다. 특히 AN-2기와 헬기를 이용하여 특수작전부대를 침투시킬 수 있는 능력을 갖추고 있다. 국방부의 분석에 따르면, 북한 공군은 노후된 훈련기 도태, AN-2기와 경항공기의 추가 생산·배치, 다양한 정찰 및 공격용 무인기 개발 등 공군전력의 효율화 및 현대화를 위해 노력을 지속하고 있다. 특히 신규 전투임무기 도입이 제한됨에 따라 신형 지대공미사일의 개발·배치조정 등을 통해 취약한 방공능력을 보강하고 있는 것으로 보인다. 다음으로 북한 공군의 방공체계는 공군사령부를 중심으로 항공기, 지대공미사일, 고사포, 레이더 부대 등으로 통합 구축되어 있다. 국방부는 전방지역과 동·서부 지역에 SA-2·SA-5 지대공미사일[44]이 배치되어 있으며, 평양지역에는 SA-2·SA-5 지대공미사일과 고사포를 집중적으로 배치하여 대공방어망을 구축하고 있을 것으로 분석하고 있다. 또한 국방부는 북한 공군이 GPS 전파교란기를 포함하여 다양한 전자교란장비를 개발하여 대공방어에 활용하고 있을 것으로 추정하고 있다. 북한 공군은 지상관제요격기지, 조기경보기지 등 다수의 레이더 방공부대를 북한 전역에 분산 배치하여 한반도 전역을 탐지할 수 있을 것으로 예상된다. 특히 레이더 방공부대의 탐지 정확도를 높이고 작전 반응시간을 단축하기 위해 자동화방공지휘통제체계를 구축하여 운용하고 있다는 점도 주목할 점이다.

북한 공군 전력의 주요 특징을 살펴보면 다음과 같다.[45] 북한 공군의 비행기지는 약 20여 개의 작전기지를 포함하여 예비기지, 비상활주로 등 다수의 기지들로

운용되고 있으나 대부분은 지하격납고 등 대피시설을 갖추어 유사시 피격에 대비하고 있다. 북한 공군이 보유하고 있는 항공자산은 MIG-23, MIG-25, SU-25 등 과거 舊 소련으로부터 지원받은 전투기이며, 대부분 노후되어 성능이 매우 저조한 것으로 평가된다. 하지만 북한의 전투기는 수적인 측면에서 한국군 전투기의 2배를 보유하고 있어 기습 공격시에는 위협적인 피해를 유발할 수도 있을 것으로 예상된다. 특히 AN-2기와 같은 공중기동기는 대규모의 특수전 부대를 고속으로 은밀 침투시킬 수 있는 위협적인 항공자산이다. 하지만 감시정찰기와 헬기 전력은 한국군의 편제장비에 비해 수량과 성능면에서 매우 열세한 것으로 평가된다. 최근 북한 공군은 방공부대의 생존성 향상과 효율적인 대공방어 작전수행을 위해 이동식 미사일 발사대(Transporter Erector Launcher, TEL)를 개발하여 전력화하고 있다.

■ 북한군의 주요 공군 전력

출처 : 국방부, 『2022 국방백서』, p.29.

4) 전략군

북한의 핵무력 강화 및 투발수단의 다종화와 연계하여 주목해야 할 군종은 2012년 3월 3일 김정은의 현장시찰을 통해 확인된 전략군이다. 북한은 핵 · 미사일 부대를 통합한 중국의 로켓군, 러시아의 전략로켓군 모델을 참고하여 육 · 해 · 공군과 별도의 군종인 전략군을 창설했다. 미사일 지도국과 전략로켓군을 모체로 하는 전략군의 창설은 이미 다수의 핵탄두와 다종다양한 투발수단을 확보한 북한이 체제 생존을 위해 핵무기를 활용할 수 있는 전략국가로 변화되었음을 상징적으로 보여주며 다음과 같은 군사적 함의를 갖는다.[46] 핵 · 미사일 전담부대를 별도의 군종으로 창설한 것은 핵무기에 대한 통제를 단순화하고 지휘체계를 일원화하기 위한 것으로 볼 수 있다. 이는 최고사령관인 김정은의 명령을 신속 · 정확하게 이행할 수 있도록 핵전력에 대한 명령구조를 일반적인 군사적 지휘체계로부터 분리하여 보다 단순한 구조의 핵전력 지휘통제체계를 구축하기 위한 것으로 해석할 수 있다. 따라서 북한군의 군사지휘구조에서 살펴본 바와 같이 전략군은 표면적으로 총참모부의 지휘를 받는 것으로 보이지만, 사실상 최고사령관의 직접적인 지휘통제를 받아 운용되는 것으로 추정된다.

『2022 국방백서』에 따르면, 전략군의 편제병력은 1만 명 규모로 추정되며, 예하부대로는 스커드 · 노동 · 무수단 등 13개 미사일여단이 편성되어 있다.47 최근 북한은 전략군을 중심으로 신형 ICBM과 다양한 탄도미사일을 개발하고 있다.

■ 북한이 보유 중인 탄도미사일 종류

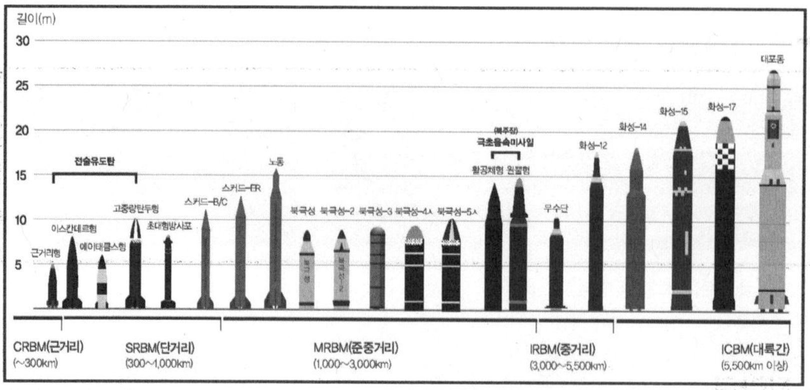

출처 : 국방부, 『2022 국방백서』, p.31.

2. 북한의 비대칭 전력

1) 핵 · 미사일 위협

최근 미국의 핵과학자협회(Bulletin of the Atomic Scientists, BAS)는 핵무기, 기후변화 등으로 인류가 직면한 위험을 상징하는 2024년 '지구종말시계(The Doomsday Clock)'를 발표했다. 지구종말시계는 핵위협, 기후변화 등의 리스크 요인으로 인류가 사라지는 시점을 자정으로 표시하며, 자정에 가까워질수록 위험 증가, 자정에서 멀어질수록 위험이 완화된 것을 의미하는 지표이다. 美 핵과학자협회는 러시아-우크라이나 전쟁의 장기화와 세계 핵 군축체제의 붕괴, 중동분쟁의 확산 가능성, 기후변화, 진화하는 생물학적 위협, AI의 위험성 등의 요인으로 인해 2024년 지구종말시계가 '23시 58분 30초', 즉 '자정 90초 전(It is still 90 seconds to midnight)'을 가리켰다고 발표했다.[48] 美 핵과학자협회의 발표에서 한 가지 주목할 사항은 러시아와 중국의 핵능력 확장과 더불어 잠재적인 핵위기로 북한의 핵 · 미사일 개발 문제를 지적했다는 점이다.

북한은 전통적으로 '강성대국(强盛大國)'이라는 국가목표를 추구하기 위해 3대 세습체제를 구축 후 국가전략적 차원에서 핵무력을 건설해 왔으며 주요 추진현황을 살펴보면 다음과 같다.[49] 북한이 국제적 고립을 감수하면서까지 핵개발을 추진해 온 것은 핵무기가 '정치적 상징가치', '군사적 사용가치'를 가지며, 대외적으로는 '외교적 교환가치'를 갖기 때문이다.[50] 따라서 북한은 체제의 생존수단이자, 미국과의 협상에서 외교적 레버리지로서 활용가능한 핵무력을 보유하기 위해 핵 고도화와 함께 다양한 투발수단들을 개발해 왔다.[51] 2019년 2월, 제2차 북 · 미 정상회담의 실패(No deal in Hanoi) 이후, 북한은 바이든 행정부와 외교적으로 교착상황에 직면했으며, 그 과정에서 핵무기의 고도화에 집중해 왔다. 2022년 4월, 북한은 조선인민군 창설 90주년 기념식에서 '핵 선제 공격(First use)' 가능성을 대외적으로 선포하며, 이른바 '핵 독트린'을 발표했다. 또한 2022년 9월에는 '핵무력 정책의 법제화'를 단행하여 헌법에 핵무기의 목적과 핵사용 권한 등을 명시했다.[52] 2022년 12월, 조선노동당 중앙위원회 제8기 제6차 전원회의에서 북한은 남한을 '명백한 적'으로 규정하며 대남전략의 변화를 예고했으며, '전술핵 다량 생산과 핵탄두 보유량의 기하급수적 증대'를 기본 중심방향으로 하는 〈2023년 핵무력 · 국방발전의 변혁적 전략〉을 발표했다.[53] 향후 북한은 신냉전의 국제질서 속에서 체제생존을 도모함과 동시에 핵보유국 지위를 확보하기 위해 핵무기를 고도화하고 투발수단을 더욱 다양화해 나갈 것으로 전망된다. 최근 북한은 美 본토까지 위협할 수 있는 핵무력을 건설했기 때문에 향후 미국과의 협상과정에서 비핵화 방식이 아닌, 핵보유국 입장에서 핵군축을 요구할 가능성이 높아졌다. 결론적으로 북한은 최근까지 핵무기를 소형화 · 경량화하고, 투발수단을 다종 · 다양화함과 동시에 2차 보복능력을 확보해 한반도 작전환경을 근본적으로 변화시켰다고 평가할 수 있다.

김정은 집권 이후 북한은 핵보유국 지위와 정체성을 확립하기 위해 핵무기의 소형화 · 경량화와 다양한 투발수단을 확보하기 위해 총력을 기울였다. 특히 북한은 불법적인 핵실험에 대한 국제사회의 비난여론을 정당한 자위적 조치라고 호도(糊塗)하며, 경제 · 핵무력병진노선을 새로운 국가전략노선으로 추진했다. 김정은 시대에 북한의 핵무력은 대미억제와 협상의 수단, 지배권력을 확립하기 위한 방편으로 활용되었으며, 이는 다음과 같은 3가지 근거를 통해 확인할 수 있다.**54** 첫째, 북한은 2012년 개정헌법에 자국을 '핵보유국'으로 명시했으며 이를 통해 북한의 핵보유가 불가역적임을 국제사회에 과시하고자 했다. 둘째 북한은 핵보유국들이 일반적으로 채택하는 핵정책들을 발표하여 국제사회에 핵보유국임을 인지시키고자 했다. 이는 북한이 '침략 · 공격행위에 가담하지 않는 이상 비핵국가들에 대해 핵무기를 사용 · 위협하지 않겠다는 것'을 천명한 소극적 안전보장 선언(Negative Security Assurance)을 통해 확인할 수 있다. 셋째, 북한은 핵 · 미사일을 전담하는 전략군을 창설했으며, 이를 통해 명실상부한 핵보유국으로 기능적 편제를 완성했다. 이는 김정은이 전략군을 당의 '친솔군종'으로 지칭하고 당의 결심에 따라 언제든지 실전에 돌입할 수 있는 작전태세를 강조한 점에서 확인할 수 있다. 넷째, 북한이 핵무력 정책을 법제화하여 핵무기 사용 조건과 권한을 천명한 점에서 뚜렷한 근거를 확인할 수 있다.

▬ 북한의 핵개발 주요일지

구 분	주 요 추 진 현 황
1985.12.12.	핵비확산조약(NPT) 가입
1991.12.31.	남 · 북한 간 「한반도 비핵화 공동선언」 합의
1993.03.12.	NPT 탈퇴 선언
1994.10.21.	미 · 북 간 「제네바 합의」 체결

1994.11.01.	핵 활동 동결 선언
1995.03.09.	한반도에너지개발기구(KEDO) 설립
2002.10.03.	켈리 미 국무부차관보 방북
2002.12.12.	핵 동결 해제 발표
2003.08.27.	제1차 6자회담 개최
2005.02.10.	핵무기고 증대 대책 강구 주장
2005.05.11.	영변 5MWe 원자로에서 폐연료봉 8천 개 인출 완료 발표
2005.09.19.	6자회담에서 '모든 핵무기와 현존 핵계획 포기' 등 '9.19공동성명' 채택
2006.10.09.	제1차 핵실험 실시
2007.02.13.	6자회담에서 영변 핵시설 폐쇄 · 봉인 등에 대한 「2.13 합의」
2007.07.15.	'영변 핵시설 가동중지 및 IAEA 감시 허용' 발표
2007.10.03.	6자회담에서 영변 핵시설 불능화 및 핵 프로그램 신고 등 「10.3 합의」
2008.06.27.	영변 5MWe 원자로 냉각탑 폭파
2008.09.02.	영변 핵시설 복구작업 개시
2009.05.25.	제2차 핵실험 실시
2009.11.03.	폐연료봉 8천 개 재처리 완료 선언
2013.02.12.	제3차 핵실험 실시
2013.04.02.	연변 원자로 재가동 발표
2016.01.06.	제4차 핵실험 실시, 조선중앙TV '첫 수소탄 시험 성공적 진행' 발표
2016.09.09.	제5차 핵실험 실시
2017.09.03.	제6차 핵실험 실시, 조선중앙TV '수소탄두 시험 성공적 진행' 발표
2018.04.20.	핵실험 · ICBM 시험발사 중지 및 핵실험장 폐기 선언
2018.05.24.	풍계리 핵실험장 공개 폐기
2021.01.08.	제8차 당대회에서 핵무력 고도화를 위한 투쟁 선언
2022.09.08.	최고인민회의에서 핵 보유를 공식화하고, 핵무기 사용 원칙 등을 담은 법령 채택

출처 : 통일부, 『2023 북한 이해』, p.122.

2) 화학 · 생화학무기, 전자기펄스(EMP) 등 대량살상무기

북한은 핵 · 미사일 이외에도 화학 · 생화학무기(CW · BW), 전자기펄스(EMP) 등 대량살상무기(WMD)를 지속적으로 개발해 왔다. 남북 간 재래식 전력의 격차가 확대되는 과정에서 북한은 대남억제력을 확보하기 위해 비용 대비 효과가 큰 비대칭전력 확보에 매진해 왔다. 향후 북한은 재래식 전력의 한계를 상쇄하고 한 · 미 연합전력을 억제하는 등 다양한 군사적 목적을 달성하기 위해 비대칭 전력을 사용할 것으로 전망된다.[55] 북한군이 보유하고 있는 화학 · 생화학무기, 전자기펄스 등 대량살상무기의 특징을 살펴보면 다음과 같다.[56] 먼저 화학 · 생화학무기는 1980년 이후부터 본격적으로 개발되기 시작했으며, 북한군은 최근까지 다양한 화학무기와 운반체계를 확보했다. 현재 북한의 생화학무기 보유량은 약 2,500~5,000톤 규모의 화학무기를 보유한 것으로 추정된다. 美 육군은 북한이 재래식 공격 시 미사일과 장사정포를 활용하여 대량의 화학 · 생화학무기를 사용 후 서울을 고립시키고, 남한 내부로 고속침투를 전개할 것으로 예측하고 있다. 특히 북한군은 전자기펄스 능력을 강화하고 있으며, 핵무기를 활용한 핵 EMP 능력과 무선주파수를 활용한 비핵 EMP 역량을 동시에 확보 중인 것으로 추정된다. 과거 핵무기 보유량이 10기 이내였을 시기에는 북한의 핵 EMP 공격 가능성이 상대적으로 낮았으나, 핵탄두 보유량이 증가할 것으로 예상되는 2027년 시점에는 소량의 핵무기를 EMP 공격에 사용할 가능성이 높다.[57]

■ 북한의 핵개발 주요일지

<table>
<tr><th colspan="2">구 분</th><th>핵 EMP</th><th>비핵 EMP</th></tr>
<tr><td colspan="2">폭발고도</td><td>30~500km</td><td>지표면 근방</td></tr>
<tr><td colspan="2">영향반경</td><td>수백 또는 수천 km</td><td>수백 m</td></tr>
<tr><td colspan="2">사용단계</td><td>전시 초기>중반>전쟁 종식</td><td>위기 시 또는 전시 초기</td></tr>
<tr><td colspan="2">주요표적</td><td>사회기반시설(통신 · 전력 시스템 등)</td><td>군사목표(C4I 시설, 레이더 기지 등)</td></tr>
<tr><td rowspan="2">예상
피해</td><td>군사분야</td><td>군사작전 및 전략자산 운용 제한</td><td>C4I 및 조기경보시스템 운용 제한</td></tr>
<tr><td>비군사분야</td><td>정전 · 화재, 통신장애, 교통혼잡 등</td><td>일시적 정전 · 통신장애, 행정체계 마비</td></tr>
</table>

출처 : Bruce W. Bennett, 차두현 등(2022.2월), p.48.

3) 특수작전군

북한의 핵 · 미사일 위협과 더불어 한반도 안보에 심대한 위협을 가하고 있는 비대칭 전력은 별도의 군종으로 분류된 특수작전군이다. 군사적 관점에서 비대칭

전략은 "적이 예상하지 못한 수단과 방법을 동원하여, 적의 강점을 무력화하고 약점을 이용하며, 이를 통해 전략적 우세를 달성하고 전쟁목적을 달성하기 위한 전략"으로 정의할 수 있다.[58] 비대칭 전략의 특징은 적의 강점을 약화시키고 약점을 공략할 수 있지만 그 자체로는 결정적인 결과를 가져올 수 없고 반드시 다른 수단과 방법을 융합하여 시너지 효과를 창출할 수 있는 군사전략이라는 점이다.[59] 이러한 관점에서 북한의 특수작전군은 수단과 방법의 융합을 통해 승수효과를 극대화하기 위해 운용되는 비대칭전력으로 볼 수 있다.

북한 특수작전군의 주요 특징과 위협요인을 간략히 살펴보면 다음과 같다.[60] 북한군은 특수전부대의 위상을 강화하기 위해 특수작전군을 별도의 군종으로 분류했다. 주요 특수전 부대는 전략적 특수전부대(일명 폭풍군단)로 지칭되는 11군단과 예하 특수작전대대, 전방군단의 경보병 사·여단 및 저격여단, 해·공군에 소속된 저격여단, 전방사단의 경보병연대 등 각 군종 및 제대별로 다양하게 편성되어 있다. 약 20만 명 규모로 추정되는 특수작전군은 전시 땅굴 침투, 잠수함·공기부양정·고속상륙정·AN-2기, 헬기 등 다양한 수단을 통해 남한 전역에 침투하여 주요 부대·시설 타격, 요인암살, 후방교란 등의 임무를 수행하며 배합작전을 수행할 것으로 예상된다. 최근 북한 특수작전군은 지상·해상·공중 침투훈련과 남한의 주요 전략목표에 대한 모형을 구축하여 타격훈련을 실시하고 있으며, 무기체계를 현대화하는 등 특수전 전력을 강화하고 있다.

■ 북한 특수작전군의 주요 활동

출처 : 국방부, 『2022 국방백서』, p.27.

4) 사이버 위협

핵 · 미사일 위협, 대량살상무기, 특수전부대와 함께 북한군이 한층 더 강화하고 있는 비대칭 역량은 사이버 위협이다. 김정은 국무위원장은 사이버전을 핵 · 미사일과 함께 북한군의 무자비한 타격능력을 담보하는 '만능의 보검', '3대 전쟁수단'으로 평가했다.61 북한군의 사이버 전력 강화 동향을 간략히 살펴보면 다음과 같다.62 북한은 1986년 '지휘자동화대학(일명 미림대학)'을 설립한 이후 사이버 인력 양성을 본격화하고 데이터 해킹 등의 기술교육을 실시해 왔다. 북한군이 사이버 전력을 집중적으로 육성해온 배경은 ① 사이버공격의 낮은 진입비용, ② 책임 귀속 규명의 어려움, ③ 효과적인 억제력 부족 등의 특성을 갖기 때문이다. 이러한 장점을 활용하여 북한군은 2000년대 이후부터 남한에 대한 사이버공격을 지속해오고 있으며, 최근에는 국제 결제시스템과 암호화폐 거래소에 대한 해킹을 통해 불법적으로 디지털 자금을 탈취하고 있다.

최근 북한은 사이버전 수행능력을 강화하고 있으며, 美 Microsoft는 〈동아시아 지역에서의 디지털 위협에 관한 보고서〉에서 북한의 사이버전 수행능력이 매우 정교해졌다고 평가했다.63 이 보고서는 중국이 남중국해와 미국의 주요 산업부문에 초점을 두고 매우 광범위한 사이버전(Cyber and Influence Operations)을 전개하고 있으며, 북한이 다음과 같이 3가지 목표를 중심으로 사이버전을 수행하고 있다고 분석했다. 첫째, 최근 안보협력을 강화하고 있는 한 · 미 · 일 3국의 주요 군사활동에 대해 핵심정보를 수집하기 위한 것이다. 둘째, 북한군의 군사력을 강화하기 위해 다른 국가의 군사정보를 수집하기 위한 목적이다. 셋째, 낙후된 북한 경제를 지원하기 위해 암호화폐를 탈취하여 통치자금을 확보하기 위한 목적이다. 또한 이 보고서는 북한의 사이버전 우선순위를 수중 드론에 의한 해군 운용능력 향상, 러시아의 방위산업 관련 첨단 기술의 확보라고 분석했다. 특히 Microsoft는 최근 북한의 해킹조직인 Ruby Sleet와 Diamond Sleet, Onyx Sleet가 러시아의 항공우주연구소와 방산업체, 대학연구소 등에 대한 사이버 공격을 단행하여 정보수집을 시도했다고 분석했다. 또한 Microsoft는 향후 중국과 북한이 동아시아에서 전개되고 있는 지정학적 긴장을 호기로 삼아 사이버전 활동을 강화할 것이며, 특히 북한은 정치 · 경제 · 군사분야에서 전략적 이익을 극대화하기 위해 사이버전에 집중할 것으로 전망했다.

3. 북한군의 신형 전략무기

1) 전술핵무기 개발 동향

김정은 집권 이후 북한은 독자적인 핵무력 건설에 매진해 왔으며, 최근 핵무기의 소형화 · 경량화, 투발수단의 다종화에 성공하면서 전술핵무기 개발에 박차를 가하고 있다. 실제로 김정은 국무위원장은 2021년 1월에 개최된 노동당 제8차 당대회에서 '핵무기의 소형화 · 경량화, 전술무기화'에 방점을 둔 신형 전술핵무기 개발을 지시했다. 북한군은 2023년 이후 전술핵 운용부대를 편성해 한국의 주요 군사목표들을 타격하기 위한 '전술핵공격 가상 발사훈련'을 지속해 오고 있다. 북한은 2022년 4월에 개최된 조선인민군 창설 90주년 기념식에서 선제 핵 공격(first use) 개념이 담긴 '핵 독트린'을 발표했으며, 2022년 9월에는 핵무력 정책을 법제화해 핵무기에 대한 선제 사용 조건을 명시한 바 있다. 특히 2023년 핵무력 및 국방발전의 변혁적 전략의 기본 중심방향으로 '전술핵 다량 생산과 핵탄두 보유량의 기하급수적 증대'를 강조하고 대남 공세에 초점을 맞춘 국방력 강화 4대 목표를 다음과 같이 제시했다.[64] ① 핵독트린 차원에서 억제와 공세성 재확인, ② 고체연료 추진 대륙간탄도미사일 개발, ③ 전술핵 투발 수단의 다종화 및 핵탄두 보유량 확대, ④ 무인 정찰위성 개발이다.

북한은 정찰위성, ICBM과 더불어 전술핵무기를 결합해 '북한판 핵 · 미사일 3축 체계'의 완성을 추구하고 있다. 2023년 2월, 북한군 창건 75주년을 맞이한 건군절 야간 열병식에서 북한은 발사 전 단계에서 탐지가 불가능한 고체연료 방식의 신형 ICBM을 공개했다. 북한 당국은 건군절 열병식에서 북한판 이스칸데르로 불리는 KN-23[65] 등 단거리탄도미사일과 초대형방사포(KN-25)[66], 장거리 전략순항미사일[67]을 운용하는 부대를 '전술핵 운용부대'라고 언급했다.[68]

최근 북한이 전술핵무기의 개발 및 실전배치를 강조하는 것은 전술핵이 다음과 같은 군사적 사용가치와 특징을 갖고 있기 때문이다.[69] 첫째, 전술핵무기는 작전적 유연성(Operational flexibility)을 갖는다. 즉, 재래식 전쟁에서 군사적 패배가 예상될 경우 사거리가 짧은 저위력 핵무기 사용을 고려함으로써 위기상황에서 정책결정자들의 유연한 대응을 가능하게 해 줄 수 있다는 것이다. 둘째, 전술핵무기는 과거 냉전시대에 확인된 바와 같이 군비통제의 대상이 아니라는 점이다. 역사적으로 전술핵은 유럽대륙에서 舊 소련의 재래식 군사위협에 대응하고 확장억제 공약을 실행하기 위한 수단으로 활용되었다. 이러한 전술핵무기의 특성과 전술적 효용성 등을 고려하여 북한은 기존에 축적해온 핵기술을 더욱 고도화하고 핵무기의 전술무기화를 추진하고 있다.

■ 전술핵을 탑재할 수 있는 북한의 최신 무기체계

유형		사거리(km)	주 요 특 징
지상 기반 미사일	KN-23 (신형전술유도탄)	420~600	• 북한판 이스칸데르[70] • 1단 고체연료 사용
	KN-24 (화성-11나)	400	• 북한판 에이태킴스(ATACMS) • 1단 고체연료 사용
	KN-25 (초대형 방사포)	220~380	• 2019년 8월 24일 첫 비행 • 1단 고체연료 사용
	신형전술유도무기 (북한식 명칭)	110	• KN-23과 KN-24 개량형 • 2024년 4월 16일, 김정은 참관하 시험발사 • 1단 고체연료 사용
	중장거리 순항미사일	1,500~1,800	• 2021년 1월 22일, 평북 구성시에서 시험발사 • 제재 대상에서 제외, 50~10m 저고도 비행
해상 기반 미사일	미니 SLBM (새형의 잠수함발사 탄도탄)	420~600 이상 (추정)	• 2021년 10월 19일, 첫 비행 • 풀업(Full-up)[71], 상하기동 가능성 • 소형화를 통한 여러발 탑재 의도 추정

출처 : 김보미, "북한의 전술핵무기 개발과 안보적 함의," 『INSS 전략보고』 제182호, '22.9월 p.14.

2) 첨단 재래식 전력 개발 동향

김정은 집권 이후 가장 두드러진 북한군 무력변화의 특징은 ① 핵무기, ② 미사일, ③ 잠수함, ④ 방사포, ⑤ 특수전부대를 중심으로 한 대남 비대칭 전력의 강화라고 할 수 있으며 주요 내용은 다음과 같다.[72] 먼저 북한군 무력변화의 특징을 살펴보면 크게 3가지로 요약할 수 있다. 첫째, 북한은 핵탄두를 비롯하여 전략적 투발수단을 중심으로 전략핵무력 건설에 집중해 왔다. 둘째, 북한은 대남 비대칭 재래식 전력을 중심으로 군사력을 집중적으로 개발해 왔다. 셋째, 북한의 무력변화는 특수작전군, 신형 방사포병, 자주포병 등 소수의 정예부대에 초점을 맞추고 있다는 점이다. 다음으로 북한군 무력변화의 양상을 살펴보면, 크게 4가지 차원에서 변화된 모습을 확인할 수 있다. 첫째, 북한군은 비재래식 전력 중 핵탄두와 미사일을 결합한 '전략핵무력' 증강에 집중해 왔다. 둘째, 북한은 다종 · 다양한 단거리 미사일을 개량하고 신형 방사포의 개발을 추진해 왔다. 셋째, 북한군은 재래식 전력 중 대남 비대칭 전력인 잠수함, 특수부대, 기타 전력의 확충과 개량에 주력해 왔다. 넷째, 북한군은 특수전부대의 장비를 개선하고 확충하기 위해 총력을 기울여 왔다.

2021년 1월 노동당 제8차 당대회 보고에서 북한 김정은 국무위원장은 전술핵무기 개발을 지속적으로 강조했으며, 아래 그림과 같이 초대형 방사포와 신형 전술미사일, 중 · 장거리 순항미사일 등 대미(對美) · 대남(對南)용 신무기 개발을 강조했다.[73] 현재 북한이 개발하고 성능을 고도화하고 있는 첨단 무기체계들은 핵탄두와 재래식 탄두를 혼용 장착할 경우 치명적인 위협이 될 수 있다.

■ 김정은이 강조한 대미 · 대남용 6대 신무기

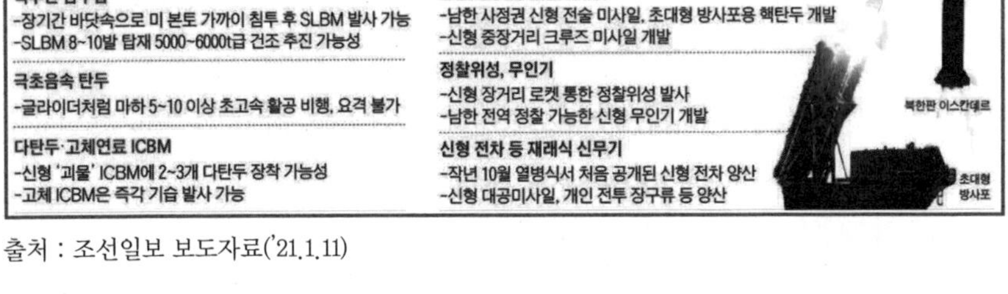

출처 : 조선일보 보도자료('21.1.11)

한편 2023년 12월 28일, 노동당 중앙위원회 제8기 제9차 전원회의에서 북한 김정은 국무위원장은 2024년 주요 국방목표를 다음과 같이 제시했다.[74] ① 핵무기 증산 및 핵 시설 정비 · 가동, ② 고체연료 대륙간탄도미사일(ICBM) · 중거리탄도미사일(IRBM) 발사 및 기술개발, ③ 3기의 군사정찰위성 추가 발사, ④ 해군의 잠수함 등 수중 · 수상 전력 제고, ⑤ 무인기 등 무인 무장장비 및 전자전 수단 개발 · 생산, ⑥ 노동적위군의 훈련 내용 · 방식의 혁신이다. 이러한 국방목표를 추진하기 위해 북한은 2024년 이후 전술핵을 탑재할 수 있는 장거리 전략순항미사일과 잠수함발사 전략순항미사일(SLBM)을 시험발사하고 전력화를 서두르고 있다.[75] 북한은 아래의 그림과 같이 한반도의 작전환경을 근본적으로 바꿀 수 있는 첨단무기를 개발, 시험발사 및 전력화하고 있다. 북한의 신형무기들은 미군의 전략자산과 한 · 미 연합전력의 군사작전을 억제하는 반접근/지역거부(A2/AD) 전략의 핵심수단이 될 것으로 예상된다. 특히 북한은 핵 · 미사일 기술의 고도화와 연계하여 플랫폼을 다양화해 전략 · 전술무기의 효용성을 극대화하고 한반도에서 군사적 주도권을 확보해 나갈 것으로 전망된다.

■ 최근 북한이 개발한 첨단 무기체계

출처 : NEWPIM 보도자료('24.2.9.)

제3장

북한의 군사전략

1. 북한의 국가전략

1) 김일성 · 김정일 집권기의 국가전략노선

오늘날 북한은 세계에서 유래를 찾아보기 힘든 봉건 왕조적 3대 세습체제를 이어오고 있다. 독일의 정치사상가인 막스 베버(Max Weber, 1864~1920)는 권위가 스스로를 정당화하는 근거에 따른 지배유형을 '① 합법적 권위에 의한 지배, ② 관습적 권위에 의한 전통적 지배, ③ 지도자의 권위에 의한 카리스마적 지배'로 분류한 바 있다.[76] 북한은 헌법 서문에서 조선노동당의 영도하에 김일성 · 김정일의 사상과 업적을 계승 · 발전시켜 사회주의 혁명을 이룩하겠다는 국가목표의 방향성을 명확히 제시했다. 이를 통해 북한은 선대의 지도자인 김일성과 김정일의 혁명적 후계자로 김정은의 유일적 영도체계를 정당화했다. 따라서 북한의 3대 세습체제는 막스 베버가 제시한 3가지 지배유형으로는 설명하기 어려운 매우 독특한 형태의 권력구조라고 할 수 있다. 한편 당 규약 서문에는 다음의 표와 같이 조선노동당의 당면목적을 구체적으로 명시하고 있으며, 우리는 이를 통해 김일성과 김정일 집권 시기 북한의 국가전략[77]을 이해할 수 있다. 먼저 김일성 시대의 국가전략을 간략히 정리하면 다음과 같다.[78] 6.25전쟁의 종식 이후 냉전체제가 심화하는 가운데 수령유일체제를 확립한 북한은 대외적으로 진영외교를 통해 체제의 안정화를 도모함과 동시에 한반도의 공산화라는 국가전략을 추구했다. 하지만 1950년대 중반에 중·소분쟁이 촉발되면서 북한은 舊 소련과 중국을 상대로 등거리 외교노선을 추구하였다. 특히 국제공산주의와는 구분되는 자주노선을 내세웠으며, 북한식 사회주의 이념인 주체사상을 체계화하였다. 대남전략 차원에서는 남한과의 재래식 군비경쟁에 치중하며, 사회주의혁명노선을 중심으로 한반도에서의 주도권 확보를 추진했다.

다음으로 김정일 시대의 국가전략을 간략히 살펴보겠다. 1994년 7월, 김일성 사망 이후 후계 권력자로 등장한 김정일은 조선인민군 최고사령관을 시작으로 1997년 10월 조선노동당 총비서로 추대되었다. 이후 1998년 9월에는 당권과 군권을 모두 장악한 실질적 국가지도자인 국방위원장에 등극하며 '선군정치'[79]라는 군사적 통치체제를 확립했다. 약 4년 간의 유훈통치 기간을 보내고 김정일은 이른바 '강성대국 건설론'을 국가전략으로 제시했으며, 주요 내용을 간략히 정리하면 다음과 같다.[80] 강성대국 건설론은 1998년 8월 22일 로동신문 정론으로 발표되었으며, 아래와 같이 크게 4가지 강국을 건설하겠다는 전략을 담고 있다. 첫째, 사상강국은 사회주의를 굳건히 수호하고 사회주의의 우월성을 발양할 수 있는 강력한 사상적 담보가 된 나라를 만들겠다는 것이다. 둘째, 정치강국은 국제사회에서 그 누구도 무시할 수 없는 강력한 영향력을 행사할 수 있는 나라를 건설하자는 것이다. 셋째, 군사강국은 주체적인 군 중시의 정치를 구현함으로써 어떤 침략세력도 감히 북한을 침략할 수 없는 무적필승의 나라를 만들자는 것이다. 넷째, 경제강국은 경제분야에서 사회주의 우월성이 발양되는 나라를 건설하자는 것이다. 당시 김정일 정권은 북한이 美 제국주의와 대치하고 있는 현실적 조건을 명분으로 자주독립을 지키고 국력을 강화하는 핵심수단으로서 '군사강국'을 강성대국 건설의 주요과제로 삼았다.

■ 북한의 헌법 및 당규약에 제시된 국가목표

구분	세 부 내 용
헌법 서문	"(중략)...조선민주주의인민공화국과 조선인민은 위대한 김일성동지와 위대한 김정일동지를 주체조선의 영원한 수령으로 높이 모시고 조선로동당의 령도밑에 위대한 수령 김일성동지와 위대한 령도자 김정일동지의 사상과 업적을 옹호고수하고 계승발전시켜 주체혁명위업을 끝까지 완성하여 나갈 것이다...(후략)"
당규약 서문	"(중략)...조선로동당의 당면목적은 공화국북반부에서 부강하고 문명한 사회주의사회를 건설하며 전국적 범위에서 사회의 자주적이며 민주주의적인 발전을 실현하는데 있으며 최종목적은 인민의 리상이 완전히 실현된 공산주의사회를 건설하는데 있다...(중략)...조선로동당은 남조선에서 미제의 침략무력을 철거시키고 남조선에 대한 미국의 정치군사적 지배를 종국적으로 청산하며 온갖 외세의 간섭을 철저히 배격하고 강력한 국방력으로 근원적인 군사적 위협들을 제압하여 조선반도의 안전과 평화적 환경을 수호하며 민족자주의 기치, 민족대단결의 기치를 높이 들고 조국의 평화통일을 앞당기고 민족의 공동번영을 이룩하기 위하여 투쟁한다. 조선로동당은 자주, 평화, 친선을 대외정책의 기본리념으로 하여 반제자주력량과의 련대성을 강화하고 다른 나라들과의 선린우호관계를 발전시키며 제국주의의 침략과 전쟁책동을 반대하고 세계의 자주화와 평화를 위하여, 세계사회주의운동의 발전을 위하여 투쟁한다...(후략)"

출처 : 국가정보원, 『북한법령집 상권』, pp.34, 54~56.

2) 김정은 집권 이후 북한의 국가전략 변화

2024년 1월 15일, 평양 만수대의사당에서 개최된 북한 최고인민회의 제14기 제10차 회의에서 김정은 국무위원장은 시정연설을 통해 헌법개정과 전통적 남북관계에 대한 단절을 대외적으로 선언했다. 최근 북한 당국은 전통적인 통일노선과 대남전략을 근본적으로 전환하여 기존의 남북관계를 '적대적 두 국가 관계', 즉 '전쟁 중에 있는 두 교전국 관계'로 규정했으며, 특히 대남정책에서는 '민족'과 '통일'의 개념을 삭제했다. 북한은 최근 전개되고 있는 신냉전의 국제질서에서 남한을 '제1의 적대국', '불변의 주적'이라고 재정의하며 전략순항미사일 시험발사 등 군사적 도발을 더욱 강화하고 있다.

2011년 12월 김정은의 집권 이후, 북한은 대내적으로 정치권력의 안정화와 체제 결속을 강화함과 동시에 대외적으로는 글로벌 안보환경의 변화와 국제사회의 압박에 대응하기 위해 국가전략의 변화를 시도해 왔다. 김정은은 선대의 지도자인 김정일 시대의 선군정치 노선을 과감히 탈피하여 2013년 3월 '경제 · 핵무력 병진노선'을 추진했으며, 2018년 4월을 기점으로 '사회주의 경제건설 총력 집중노선'으로 변화를 꾀했다. 집권 이후 당군관계의 조정, 핵무력 강화 등 다양한 군사정책의 변화를 시도했던 김정은 시대의 북한 국가전략 변화 추이를 간략히 살펴보면 다음과 같다.[81]

첫째, 북한의 3대 후계자인 김정은은 집권 초기 세습의 정당성을 확보하고 안정적인 권력기반을 구축하기 위해 선대 지도자의 유산인 선군정치 노선을 적극 활용했으나, 2012년 4월 제12기 제5차 최고인민회의를 기점으로 선군노선을 희석시키기 시작했다. 이후 북한은 당-국가체제를 중심으로 한 사회주의 정상국가로 변화를 시도했다. 2016년 6월, 최고인민회의 제13기 제4차 회의를 통해 북한은 김정일 시대의 최고결정기구였던 국방위원회를 확대 · 개편하여 국무위원회를 신설했다. 이후 김정은은 국무위원회를 중심으로 국가영도체계를 확립해 나갔으며, 이를 통해 북한이 정상국가임을 대외적으로 표방했다. 둘째, 북한은 2013년 3월 당중앙위원회 전원회의를 통해 '경제 · 핵무력 건설 병진노선'을 발표하여 핵무력을 기반으로 군사력을 강화하되 경제건설과 인민의 삶을 향상시키겠다는 전략적 노선을 제시했다. 2013년 4월 1일자 로동신문에 따르면, '경제 · 핵무력 건설 병진노선'은 "나라의 방위력을 철벽으로 다지면서 경제건설에 더 큰 힘을 넣어 사회주의 강성국가를 건설하기 위한 가장 혁명적이며 인민적인 노선"임을 강조했다. 이와 관련하여 북한 당국은 2012년 4월 개정헌법에서 '핵보유국'을 명시함으로써 핵보유에 대한 전략적 모호성을 제거하는 사전 조치를 단행했다. 하지만 김정은 시대에 추구했던 병진노선은 균형적인 자원배분이 아닌 핵무력 건설에 초점을 둔 것으로 실질적인 경제성장과 인민의 삶 개선과는 거리가 멀었으며 결과적으로 핵 · 미사일 역량의 강화로 이어졌다. 따라서 국제사회의 대북제재와 압박은 북한의 고립을 더욱 심화시켰으며 경제난을 가속화시키는 요인이 되었다. 셋째, 북한은 2018년 4월 당중앙위원회 제7기 제3차 전원회의를 통해 '사회주의 경제건설 총력 집중 노선'을 발표했으며, 이를 통해 국가핵무력 완성 이후 경제발전에 집중하겠다는 접근법을 취했다. 이러한 전략노선의 변화를 바탕으로 북한은 두 차례에 걸쳐 미국 트럼프 행정부와 비핵화 협상을 추진한 바 있다.

김정은 집권 이후 북한의 국가전략 변화에서 가장 중요한 요인은 핵무력 건설을 통한 대미(對美) 억제력의 확보와 체제생존이라고 할 수 있다. 이와 관련하여 북한은 2016년 제5차 핵실험 이후부터 '전략적 지위'라는 용어를 사용하기 시작했다. 이를 통해 북한은 핵무력의 고도화에 기반하여 핵보유국 지위를 대외적으로 강조하고 있다. 북한이 핵기술의 향상과 연계하여 제시하고 있는 '전략국가' 담론의 주요 내용을 간략히 살펴보면 다음과 같다.[82] 먼저 전략적 지위의 개념은 "핵보유국가로서 미국과 대등한 지위를 갖게 되었다는 것"을 의미한다. 또한 2017년 11월 29일 대륙간탄도미사일인 화성-15형의 시험발사 성공 이후부터 사용한 '전략국가'의 개념은 "미국 본토를 핵무기로 타격할 수 있는 국가"라는 의미를 갖는다. 김정은 시대의 북한은 핵무기의 기술적 발전과 전략적 지위의 향상을 연계하여 아래의 그림과 같이 "강대한 국력과 정치구도, 국제정세에서의 영향력을 가진 전략국가"로의 변화를 시도하고 있다.

■ 북한의 전략국가 개념도

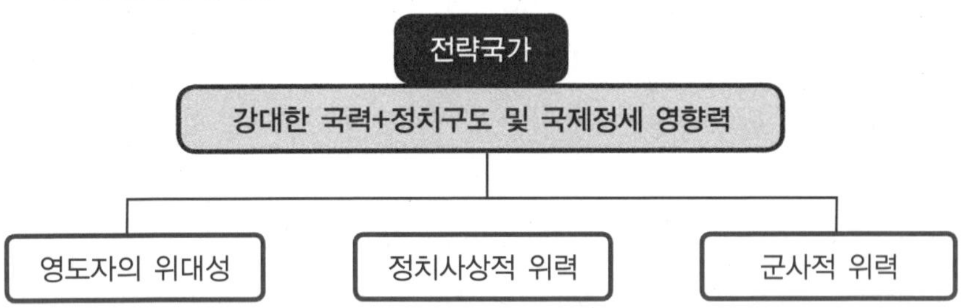

출처 : 홍민, "북한의 전략국가론과 핵무기 고도화,"(2022), p.53.

2. 최근 북한의 대남 전략노선 변화

1) 북한의 공세적 대남전략 선언

최근 러시아-우크라이나 전쟁이 장기소모전 양상으로 전개되는 가운데 이스라엘-하마스 분쟁이 격화하면서 글로벌 안보환경의 불확실성이 고조되고 있다. 또한 미 · 중 전략경쟁의 한복판인 대만해협과 한반도를 중심으로 군사적 갈등이 심화하면서 국제사회에서는 다중전쟁에 대한 우려가 커지고 있다. 특히 전통적인 안보딜레마가 상존해온 동북아 지역에서는 신냉전의 국제질서가 한층 구조화되고 있다. 이러한 전환기적 안보상황 속에서 북한 김정은 체제는 진영을 중심으로 한 대결구도에 편승하여 대남전략 노선을 보다 공세적인 방향으로 전환함으로써 한반도의 안보지형을 뒤흔들고 있다. 한편 2019년 2월에 개최된 제2차 북·미 정상회담이 실패(No deal in Hanoi)로 끝난 이후 북한은 대미관계의 교착상황에 직면하게 되었으며 국제적 고립이 심화되었다. 이후 러시아-우크라이나 전쟁 발발, 한국의 보수정권 출범, 일본의 재무장 추진, 한·미·일 안보협력체제 강화, 중동분쟁 등 신냉전의 국제질서를 체감하며 북한은 최근 대남전략 노선의 대전환을 선언하였다. 본서에서는 북한의 전략노선 변화를 2023년 12월에 개최된 조선노동당 중앙위원회 제8기 제9차 전원회의 확대회의(이하 전원회의) 결과와 2024년 1월에 개최된 최고인민회의 제14기 제10차 회의 결과를 중심으로 살펴보고자 한다.

2023년 9월 북·러 정상회담을 계기로 러시아에 대한 북한의 군사지원이 가속화하고 양국 간 전략적 협력이 강화된 이후 북한의 대미·대남 전략은 변화의 조짐을 보이기 시작했다. 2023년 11월 23일, 북한은 제3차 남·북 정상회담 결과 부속합의서로 채택되었던 '9·19 군사합의'의 전면적인 파기와 함께 "지상·해상·공중에서 중지했던 모든 군사적 조치들을 즉시 회복한다"고 선언하면서 대남전략 변화의 신호탄을 쏘아올렸다. 특히 2023년 12월 26일~30일에 개최된 조선노동당 중앙위원회 제8기 제9차 전원회의에서 북한 김정은 조선노동당 총비서는 남북관계를 적대관계로 규정했으며, 한반도에서의 전쟁발발 가능성을 기정사실화함과 동시에 남한 전 영토를 점령하기 위한 군사적 준비를 강구해 나가겠다는 방침을 천명했다. 전원회의 시 김정은 총비서가 '2023년도 당 및 국가정책 정형에 대한 총화와 2024년도 투쟁방향에 대하여'라는 보고에서 제시한 대외 및 대남정책 방향의 주요 내용을 살펴보면 다음과 같다.83 첫째, 국가 방위력의 급진적 발전 가속화 계획을 천명하였다. 김정은 총비서는 신냉전의 국제질서에서 한반도 정세가 위태로운 안보환경에 놓여 있다고 평가함과 동시에 미국과 그 추종세력들의 적대시정책이 지속되고 있으며, 미국이 군사적 위협을 가하고 있기 때문에 국방력을 발전시켜야 한다고 강조했다. 특히 북한이 직면한 주요 안보위협으로 2024년 4월 한·미 양국이 채택한 워싱턴선언과 핵협의그룹(NCG) 가동, 미국의 초대형전략핵잠수함과 핵전략폭격기 등을 지적하였다. 둘째, 조선인민군에게 한반도에서의 전쟁준비 강화를 지시하였다. 김정은 총비서는 "전쟁이 추상적 개념이 아닌 현실적 실체"임을 강조하고 인민군에 "유사시 핵무력을 포함한 모든 물리적 수단과 역량을 동원하여 남조선 전 영토를 평정하기 위한 대사변을 준비"하라고 당부했다. 특히 국방력 발전 5대 중점 목표와 관련하여 성과가 미진했던 과업의 수행을 강조함과 동시에 무인항공기 및 탐지부문의 개발 및 확대를 2024년 주요 과제로 제시했다. 셋째, 반제(反帝)·자주(自主)적 국가들과의 관계 발전을 강조했다. 김정은 총비서는 한반도 정세 분석을 토대로 대미 적대 투쟁에서 사회주의 국가들과의 관계에 집중하고 협력을 강화해 나간다는 정책 방향을 제시했다. 넷째, 남북관계를 적대적 교전국의 관계로 규정함으로써 대남정책의 근본적인 방향 전환을 선언했다. 김정은 총비서는 "남북관계는 더 이상 동족관계가 아닌 적대적 두 국가관계, 두 교전국 관계"로 고착되었다고 평가했다.

다음으로 2024년 1월 15일 최고인민회의 제14기 제10차 회의 결과 제시된 대남정책의 변화를 살펴보면 다음과 같다.84 김정은 총비서의 시정연설은 2024년 12월에 개최된 당 전원회의에서 제시한 공세적 대남전략에 대한 후속조치를 강조하는데 방점을 두었다. 최고인민회의에서 강조된 대남정책의 방향은 크게 2가지 사항으로 요약할 수 있다. 첫째, 통일 관련 조직을 대대적으로 해체하여 남북 소통채널을 완전히 차단하고 남북관계 개선의 여지를 없애겠다는 것이다. 둘째, 북한헌법에 영토조항을 신설하고 대한민국을 '제1의 적대국', '불변의 주적'으로 명시하겠다는 것이다.85 다음의 표에 제시된 바와 같이 북한은 국권수호와 국익사수를 위해 적대적인 대남정책을 실시할 것임을 강조하였다. 특히 신냉전의 국제질서가 심화하는 가운데 최근 강화되고 있는 한·미 연합훈련과 한·미·일 안보협력을 명분으로 북한의 군사력 강화와 핵무력을 활용한 전쟁 억제력 확보의 필요성을 주장하였다.

■ 대남전략 노선의 변화86

구 분	주 요 내 용
당 중앙위원회 제8기 제9차 전원회의	• 2024년 대남 · 대미 투쟁 방향 선언 - 남북관계를 전쟁 중에 있는 두 교전국 관계로 규정 - 강대강 정면 승부의 대미(對美) 대적 투쟁원칙 강조 * 한 · 미 · 일 안보협력을 한반도 군사적 긴장의 원인으로 지적 • 대남 무력 적화통일 선언, 인민군에게 전쟁준비 지시 * 한반도의 전쟁가능성 기정사실화, 남한 영토완정 • 美 패권에 도전하는 국가들과 연대 방침 천명 * 미국 대통령의 北 정권 종말 발언, 한 · 미 핵협의그룹(NCG)을 가장 큰 체제 위협으로 강조 • 통일 관련 대남기구 정리 · 개편 지시 * 조국평화통일위원회, 민족경제협력국, 금강산국제관광국 • 2023년 국방력 강화의 주요 성과 제시 - 국가핵무력강화정책의 헌법 명시, 우주정찰자산 확보 등 - 핵무기 생산 가속화, 3개의 정찰위성 추가발사 계획 강조
최고인민회의 제14기 제10차 회의 시정연설	• 대외정책 방향 제시 - 반제자주(反帝自主) : 반제국주의 국가들과 협력 강화 * 절대불변하고도 일관한 제1국책으로 '반제자주' 강조 - 국권수호, 국익사수를 위해 적대적 대남정책 실시 강조 - 한 · 미 연합훈련과 한 · 미 · 일 안보협력 강화를 비난 * 북한의 군사력 강화와 핵전쟁 억제력 확보 명분으로 주장 • 북한 헌법에 없었던 '영토조항'을 신설 • 남북교류와 관련된 상징물 철거 * '통일, 화해, 동족'이라는 개념을 완전히 제거 • 통일 관련 대남기구들의 폐지 가결 • 변화된 남북관계를 헌법에 반영하기 위한 법제화 촉구 • 평화통일 3대 원칙을 삭제하는 헌법 개정 촉구 * 7 · 4남북공동성명에서 합의한 '자주, 평화, 민족대단결' 원칙

2) 북한의 준거점 변화 요인 분석

구성주의(Constructivism) 패러다임을 이론적으로 체계화시킨 웬트(Alexander E. Wendt)는 왈츠(Kenneth N. Waltz)로 대표되는 구조적 현실주의에서 간과했던 국제정치의 관념적 차원에 주목함으로써 탈냉전기 이후 새로운 대안이론으로 등장했다. 구성주의는 국제체제와 주요 행위자인 개별 국가 간에 이루어지는 상호작용의 중요성을 강조하며 다음과 같은 3가지 가정(假定)에 기반하고 있다.87 첫째, 국제체제의 구조를 물질적 변수가 아닌 관념적 요인으로 이해한다는 점이다. 웬트는 국가행위자들이 국제정치적 상황을 인식하는 과정에서 이해관계를 재정의하며 상대국에 대한 신뢰와 기대를 중심으로 한 사회적 맥락(Social context) 속에서 국제관계를 이해한다고 보았다. 둘째, 국제체제에서 국가행위자와 구조는 상호작용한다는 점이다. 웬트는 무정부상태라는 국제체제의 속성이 개별국가의 인식과 의지에 따라 달라질 수 있다는 점을 강조했다. 셋째, 국제체제에서 개별국가의 정체성과 이익은 상호작용의 과정 속에서 형성되며 이를 통해 국가별 행동을 이해할 수 있다는 점이다. 웬트는 국제체제의 실제 모습이 객관적인 실체라기보다는 개별 국가들의 인식에 따라 정체성이 결정되는 '상호주관적(Intersubjective)' 개념이라는 점을 강조했다.

구성주의 패러다임은 북한이 가치와 진영을 중심으로 대결구도가 뚜렷해진 신냉전의 국제질서에서 한 · 미 양국에 대한 정체성과 이해관계를 재정의하고 이를 토대로 대미 · 대남전략을 수정하는 과정을 설명해 줄 수 있다는 점에서 이론적 함의가 크다. 특히 구성주의에서 강조하는 '상호주관성'은 북한이 '대남전략 노선의 전환'이라는 중요한 의사결정을 내리는 과정에서 준거점(Reference point)[88]의 변화를 분석하는데 매우 유용한 개념으로 활용될 수 있다.

구성주의적 관점에서 북한의 전략환경 인식과 준거점 변화에 영향을 미친 핵심요인은 크게 2가지로 요약할 수 있다. 첫째, 러시아-우크라이나 전쟁 이후 구조화하고 있는 신냉전의 국제질서와 중국 · 러시아를 중심으로 한 권위주의 진영과의 연대 강화이다. 유럽과 중동지역에서 전개되고 있는 다중전쟁의 시기에 미국과 서방진영이 단일대오(單一隊伍)를 형성하며 결속을 강화하자, 북한은 중국 · 러시아와의 전략적 협력을 도모하였고 7차 핵실험을 준비하며 핵무력의 고도화와 투발수단의 다양화를 추진하고 있다. 최근에는 우크라이나와 이스라엘 분쟁에 깊숙이 개입하고 있는 미국의 대외전략이 중국과 러시아 견제에 초점을 맞추고 있는 상황에서 북한의 전략적 자율성은 더욱 확대되었다. 특히 러시아에 대한 군사지원을 계기로 북 · 러 간 군사협력이 공고화되면서 북한의 전략적 위상이 강화되었고, 그 결과 북한의 준거점은 손실영역에서 이익영역으로 변화된 것으로 판단된다. 둘째, 북한의 핵무력 완성과 첨단 무기체계 개발을 중심으로 한 국방력의 획기적인 발전이다. 러시아-우크라이나 전쟁과 이스라엘-하마스 분쟁의 전훈분석을 토대로 북한은 전쟁의 양상을 바꿀 수 있는 게임체인저급 첨단 무기체계 확보의 중요성을 절감했을 것이다. 특히 드론과 인공지능(AI)이 전쟁의 패러다임을 바꿀 수 있다는 점을 인식한 가운데 하이브리드전(Hybrid Warfare)과 연계된 첨단 무기체계 개발을 가속화해 나갈 것으로 전망된다.

■ 북한의 준거점 변화와 대남전략 변화

안보환경 평가	준거점 변화	전략적 선택
• 위협증가 요인 – 한미동맹 강화 * 워싱턴선언, NCG 가동 – 한 · 미 · 일 안보협력 강화 – 일본의 재무장 추진 등	• 손실영역 – 국제적 고립 심화 – 국제사회의 대북제재 – 경제난 심화 – 김정은 권력기반 약화	• 위험회피(Risk-aversion) – 남북관계 개선 노력 – 북미관계 개선 노력 – 비핵화 협상 참여 ※ 현상유지 선호
• 위협감소 요인 – 북 · 러 군사협력 강화 – 다중전쟁으로 인한 미국의 대북 압력 완화 – 北 전략적 위상 강화 * 국방력의 획기적 발전	⬇ • 이익영역 – 중 · 러와 전략적 연대 – 경제적 이익 극대화 – 국제적 고립 해소 – 첨단 군사기술 확보	⬇ • 위험감수(Risk-seeking) – 공세적 대외전략 추구 – 핵 보유국 지위 확보 – 군사적 도발 강화 ※ 현상변경 시도

3) 시사점 및 함의

2023년 12월에 개최된 조선노동당 제8기 제9차 전원회의와 2024년 1월에 개최된 최고인민회의 제14기 제10차 회의를 기점으로 남북관계는 새로운 전환기를 맞이하고 있으며, '9 · 19 군사합의'가 백지화된 이후 한반도에서의 군사적 충돌 가능성은 더욱 커진 상황이다. 2018년 4월 27일, 제3차 남북 정상회담이 개최된 이후 '판문점선언 이행을 위한 군사분야 이행합의서'로 채택되었던 '9 · 19 군사합의'는 상호 적대행위의 종식과 전쟁위험 제거를 위해 남 · 북한이 합의하여 채택한 부속합의서였다. 하지만 2023년 9월 북 · 러 정상회담 이후 북한은 전략환경을 새롭게 인식하게 되었으며, 공세적 대남전략 전환의 첫 번째 신호탄으로 '9 · 19 군사합의'의 전면적인 파기를 선언했다. 가치와 진영을 중심으로 한 대립구조가 뚜렷해진 신냉전의 국제질서에서 북한은 핵무력 완성 이후 변화된 전략적 위상을 바탕으로 보다 공세적인 대남 전략노선을 추구하고 있다. 특히 중국, 러시아와 전략적 협력을 강화하고 있는 상황에서 북한은 국제적 고립을 탈피할 수 있었고, 대북제재가 느슨해진 틈을 호기로 삼아 2022년~2023년에 약 50여 회의 미사일 시험발사를 단행하며 현상변경을 시도하고 있다.

최근 국제질서가 다중전쟁의 흐름으로 전개되면서 향후 신냉전의 국제질서가 더욱 가속화할 것으로 전망된다. 러시아-우크라이나 전쟁 이후 국제질서는 진영 간 네트워크를 중심으로 결속하고 대립하는 기조가 더욱 뚜렸해졌으며, 국가 및 진영 간 경쟁영역은 군사분야를 넘어 경제 · 외교 · 기술분야를 망라하는 복합경쟁의 양상으로 확대되고 있다.89 신냉전의 국제질서는 전통적 안보딜레마가 상존해 온 동북아의 지정학을 매우 불안정하게 만드는 요인이 될 수 있으며, 한반도 안보환경의 불확실성을 높이는 변수가 될 것으로 판단된다. 한반도와 동북아는 미 · 중 전략경쟁의 핵심지대로서 주변 열강들의 이해관계가 상충하며 가치와 진영 선택을 강요받을 수밖에 없다는 점에서 매우 특수한 지역이다. 러시아-우크라이나 전쟁 이후 한 · 미 · 일 안보협력체제가 강화되고 북 · 중 · 러를 중심으로 한 전략적 연대가 공고화되고 있는 것은 이러한 지정학적 특수성을 반영한다고 볼 수 있다. 특히 미국이 통합억제 전략을 추진하고 중국 · 러시아가 다극적 질서를 요구하는 상황에서 다중전쟁 시대의 진영 간 대립구조는 더욱 심화될 전망이다.

다음으로 최근 북한의 대남전략 변화가 한반도 안보환경에 미치는 영향을 살펴보겠다. 전술한 바와 같이 북한이 대미 · 대남 전략의 근본적인 전환을 선언한 배경은 신냉전의 국제질서에서 한층 강화된 러시아와의 전략적 협력이 중요한 요인으로 작용했다. 최근 러시아 대통령 선거에서 푸틴(Vladimir Putin)이 5선에 성공하여 종신집권의 길을 열어놓은 상황에서 약 24년만에 북한을 방문했으며, 러시아 정보수장의 방북 등 북 · 러 양국 간 군사협력에 속도가 붙고 있다. 특히 2024년 3월 13일, 푸틴 대통령은 러시아 언론과의 인터뷰에서 "북한이 자체 핵우산을 갖췄다"고 언급하며 러시아의 대북 군사기술 이전에 대한 국제사회의 우려를 차단했다. 푸틴의 인터뷰 발언은 북한의 핵보유국 지위를 인정하는 듯한 발언으로 핵 비확산에 대한 국제사회의 우려를 더욱 증폭시키는 결과를 초래했다. 또한 북한과 러시아의 밀착관계는 국제사회의 대북제재 시스템에도 균열을 형성하고 있다. 2024년 3월 28일, 러시아는 '유엔 안전보장이사회 대북제재위원회의 전문가 패널'에 대한 1년 임기 연장안에 거부권을 행사하여 이를 부결시켰으며, 그 결과 2024년 4월 30일 부로 전문가 패널의 활동은 중단되었다.[90]

마지막으로 북한의 공세적 대남전략이 향후 한반도와 동북아 안보에 미치는 영향과 대응방향을 간략히 살펴보겠다. 최근 북한이 남북관계의 성격을 '교전 중인 두 국가 관계'로 규정한 것은 역사적으로 유지되어 온 남북관계의 특수성을 부정하는 것으로 교류와 협력, 대화와 소통을 통한 남·북한 신뢰형성의 가능성을 근본적으로 차단하는 조치이다. 특히 제3차 남·북 정상회담 시 한반도에서의 군사적 긴장 완화를 위해 체결되었던 9.19 군사합의가 백지화됨으로써 휴전선 일대에서 우발적인 군사적 충돌을 선제적으로 예방할 수 있는 안전장치가 사라졌다. 따라서 휴전선 일대와 서해 완충수역을 중심으로 우발적인 군사 충돌이 발생할 수 있으며 확전 가능성도 높아졌다. 한편 북한은 2023년 12월 당 전원회의에서 대미정책과 관련하여 '고압적이고 공세적인 초강경 정책'을 펼치겠다고 선언했다. 하지만 북한은 최근까지 대선을 앞두고 있는 미국에 대해 상대적으로 비난의 수위를 조절하는 모습을 보여 왔다. 이는 美 대통령 선거 결과 출범하는 차기 정부와의 협상 여지를 남겨두기 위한 조치로 해석된다. 북한은 트럼프(Donald J. Trump) 전 대통령이 재집권에 성공할 경우 미국과의 대화채널을 재개함과 동시에 보다 강화된 방식으로 '통미봉남(通美封南)' 정책을 추진할 것으로 예상된다.

2024년 4월 3일, 북한은 '신형 중·장거리 극초음속미사일 화성포-16나형의 시험발사'에 성공했다.[91] 2023년 12월 당 전원회의에서 김정은 조선노동당 총비서가 국방력 발전의 5대 중점 목표의 미진한 과업 수행을 강조한 상황에서 북한의 고체연료 극초음속미사일 시험발사 성공은 한반도 작전환경 변화에 시사하는 바가 매우 크다. 최근 북한의 핵무력 완성과 탄도미사일 고도화를 중심으로 한 국방력 발전은 공세적인 대남전략 노선을 실효적으로 뒷받침하는 군사적 수단이다. 북한의 실존적 군사위협이 강화되고 있는 전환기적 안보상황에서 한국의 대응방향을 제시하면 다음과 같다. 첫째, 국방혁신 4.0 추진과 연계하여 북한의 군사위협 억제 능력을 한층 강화시켜 나가야 한다. 이를 위해 러시아-우크라이나 전쟁, 이스라엘-하마스 분쟁에서 중요성이 대두되고 있는 사이버전, 정보심리전, 전자전, 인지전 등을 포괄하는 하이브리드전 대응능력을 강화해 나갈 필요성이 있다. 둘째, 글로벌 포괄적 전략동맹으로 격상된 한·미동맹 강화와 연계하여 연합작전 태세를 확립해 나가야 한다. 이를 위해 한·미 상호운용성을 강화하고 실전적인 연합연습을 추진할 필요성이 있다.

신냉전의 국제질서에서 '자강(自强)'과 '동맹(同盟)'은 가장 중요한 생존전략이라고 할 수 있다. 자주국방 차원에서는 현재 추진하고 있는 국방혁신 4.0과 Army TIGER 체계 전환을 성공적으로 구현함으로써 북한의 핵·미사일 대응능력을 획기적으로 강화하고 AI를 기반으로 한 첨단전력 확보에 박차를 가해야 한다. 특히 미래전의 새로운 패러다임인 다영역작전 수행 능력을 구비하기 위해 유·무인 복합전투체계를 조기에 구축하고, 사이버·우주 영역에서의 작전수행능력을 강화해야 한다. 동시에 유럽과 중동지역 분쟁을 통해 중요성이 입증된 하이브리드전 관련 위협 대응 및 수행 능력을 획기적으로 강화할 필요성이 있다. 또한 최근 '글로벌 포괄적 전략동맹'으로 격상된 한미동맹을 더욱 강화하기 위해서는 미국이 추진하는 '통합억제(Integrated deterrence)' 전략에 적극 참여할 필요성이 있다. 이를 위해 미국이 주도하는 소대자 안보협력체에 적극적으로 참여하고, NATO와의 전략적 협력을 강화해 나갈 필요성이 있다.

3. 북한의 군사사상 및 군사노선

1) 주체적 군사사상

북한은 3대 세습을 중심으로 이른바 '우리식 사회주의'93를 고수하며 폐쇄적인 통치체제를 유지해 오고 있으며, 김일성 시대의 주체사상으로부터 김정일 통치기의 선군사상을 거쳐, 김정은 집권 이후의 4대 강군화 노선까지 그 명맥을 이어오고 있다. 먼저 북한 군사사상의 뿌리라고 할 수 있는 김일성 시대의 주체사상에 대해 간략히 살펴보겠다. 북한은 1972년 헌법에 마르크스-레닌주의를 명문화한 이후 중 · 소대립 과정에서 표면화된 국제공산주의 진영의 이념적 갈등을 경험했다. 당시 김일성은 중국과 舊 소련의 영향력으로부터 정치적 자율성을 회복함과 동시에 국내적으로 취약한 정치권력의 기반을 강화하고 정당화하기 위해 주체사상을 제기하게 되었다. 이를 위해 북한은 1955년 '사상에서의 주체'를 시작으로 1956년에는 '경제에서의 자립'을 내세웠고, 1957년에는 '정치에서의 자유'를 주장하고 1962년에는 '국방에서의 자위', 1966년에는 '대외관계에서의 자주'를 통해 1967년에 주체사상의 이론적 틀을 갖추게 되었다.94

김일성 시대의 통치이념이었던 주체사상은 전통적 군사사상과 결합하여 이른바 '주체적 군사사상'으로 발전했으며, 후대 김정일의 '선군사상'과 김정은 시대의 '4대 강군화 노선'으로 계승되고 있다. 북한학자 유판덕은 북한군의 전쟁관과 양병에 관한 군사이론을 분석하여 주체적 군사사상의 개념 체계를 다음의 그림과 같이 제시하였다. 즉, 북한의 주체적 군사사상은 주체사상의 제 원리 · 원칙이 사상적 · 이론적 기초가 되어 ① 전쟁관과 연계된 '혁명전쟁이론', ② 양병사상에 해당하는 '자위적방위력건설이론', ③ 용병사상과 관련된 '군사전법과 군사예술'로 구성되어 있다고 분석하였다.95

북한학자인 김태현은 북한의 독자적인 군사사상인 주체적 군사사상의 역사적 기원을 '자주의 모색과 이념의 굴절'의 관점에서 고찰했으며, 변화과정을 다음과 같이 제시하였다.96 첫째, 북한의 군사사상은 마르크스-레닌주의를 북한체제의 특수한 상황에 창조적으로 적용하려는 과정에서 '자주'와 '독자성'에 중점을 둔 실천적 군사지침으로 발전하였다. 둘째, 1960년대 후반 김일성이 지배권력을 구축하는 과정에서 '자위 사상'은 유일 지배체제를 강화하는 '정치 전략적 지침'으로 굴절되었다.

■ 주체적 군사사상의 개념 체계도

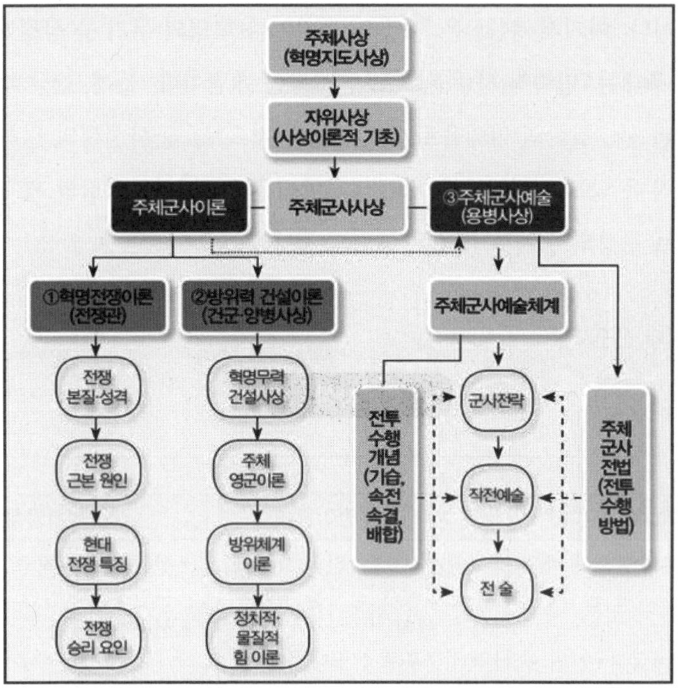

출처 : 유판덕, "북한 '주체군사사상'의 실체와 특징,"『北韓』 제557호, 북한연구소, '18.5월, p.98.

2) 선군사상

북한에서 김일성 시대의 주체사상은 3대 세습의 과정에서 자연스럽게 선군사상으로 계승·발전되었으며, 이러한 사상적 담론의 전환 과정은 2003년 3월 21일자 로동신문에서 "선군사상이 주체사상의 이론실천적 업적을 계승한 사상이자, 새로운 높은 단계의 혁명이론"이라고 보도한 이후에 대외적으로 공식화되었다. 선군사상의 철학적 뿌리는 선대의 통치이념이었던 주체사상이었으며, 선군사상의 주요 구성체계는 다음과 같다.97 첫째, 선군철학은 과거 舊 소련의 몰락 과정에서 얻은 교훈을 통해 정립된 개념으로 당이 자기의 사명을 완수하기 위해서는 군대를 통제해야 하며, 군대는 당의 영도를 통해서만이 혁명적 성격을 고수하고 역할을 다할 수 있다는 것이다. 즉, 선군철학은 '수령-당-인민'의 통일체를 중심으로 하는 주체사상의 원리를 계승하여 '군대=당=국가=인민'의 '총대철학'으로 재정립된 것이다. 여기서 총(銃)은 '계급의 무기이자 혁명의 무기'를 상징하며, 국력을 뜻하는 총대는 '민족적 자주권'으로 인식되는 개념이다. 둘째, 선군혁명이론은 앞서 제시된 선군철학의 이데올로기가 투영된 것으로, '군사선행의 원칙'과 '선군후로의 원칙'을 담고 있다. 셋째, 선군정치방식은 크게 '선군영도의 원칙'과 '선군영도체계'로 구성되며 세부 내용은 그림과 같다.

■ 김정일 시대 선군사상의 체계도

선군사상

선군철학(=총대철학)	선군혁명이론	선군정치방식
• 혁명은 총대에 의해 개척되고 전진하며 완성된다는 원리 • '군대=당=국가=인민'이라는 원리	• 군사선행의 원칙 : 혁명건설에서 군사를 앞세우는 원칙 • 선군후로 : 군대를 혁명의 핵심부대로 주력군화	• 선군영도 원칙 : 혁명적 군인정신의 일반화 • 선군영도체계 - 최고사령관의 유일영도 - 국방중시의 국가관리

출처 : 김광수(2012), p.95.

3) 4대 군사노선

북한은 6.25전쟁의 종전 이후 분단상황 하에서 경제발전을 추진함과 동시에 남한과의 군비경쟁을 중심으로 체제 간 대결구조를 심화시켰다. 창군 이후 한국전쟁을 거치며 소련과 중국의 군사지원을 통해 군사력이 양적 · 질적으로 확장된 북한은 중 · 소분쟁 시기의 안보리스크를 극복하기 위해 이른바 '4대 군사노선'을 추진했다. 김일성 시대의 대표적인 군사정책으로 평가할 수 있는 '4대 군사노선'은 "인민경제에 대한 희생을 감내하면서 제한된 자원을 중공업 중심의 국방분야에 투입하는 일종의 국가전략 차원의 군사력 강화노선"이었다.[98]

북한은 1992년 개정헌법 이후부터 국방 관련 조항에 4대 군사노선을 '자위적 군사노선'으로 명문화하여 군사적 의미를 격상시켰으며, 세부내용은 아래의 표와 같다. 북한은 4대 군사노선을 추진하며 '경제 · 국방 건설 병진노선'과 '국방에서의 자위' 원칙 아래 국가의 모든 영역을 군사화했다. 이 과정에서 북한은 민수산업 대신 군수산업을 집중적으로 육성하는 정책을 추진했으며, 그 결과 경제성장률의 급격한 저하를 초래했고 현재까지 만성적인 경제난으로 이어지고 있다.[99]

■ 북한의 4대 군사노선

노 선	주 요 정 책 목 표
전군 간부화	• 모든 군인들을 정치사상적, 군사기술적으로 단련하여 유사시에 한 등급 이상의 높은 직무 수행
전민 무장화	• 인민군대와 함께 노동자, 농민을 비롯한 전체 근로자 계급을 정치사상적 · 군사기술적으로 무장
전군 현대화	• 군대를 현대적 무기와 전투 기술 기재로 무장, 최신 무기를 능숙하게 다루고 현대적 군사과학과 군사기술을 습득
전국 요새화	• 방방곡곡에 광대한 방위시설을 축성하여 철벽의 군사 요새로 건설

출처 : 통일부, 『2023 북한 이해』, p.94.

4) 김정은 시대의 '4대 전략적 노선'

북한 헌법 제4장(국방)의 제60조에는 '자위적 군사노선'을 관철하기 위해 "국가는 인민들과 인민군 장병들을 정치사상적으로 무장시키는 기초위에서 전군간부화, 전군현대화, 전민무장화, 전국요새화를 기본내용으로 한다"고 명시되어 있다.[100] 앞서 살펴본 바와 같이 북한은 김일성 시대에서부터 확립되어 온 '자위적 군사노선'에 따라 군사력을 건설해 왔으며, 이후 김정일 통치시기까지 남한과의 군비경쟁 및 군사적 대결을 이어왔다. 하지만 김정은 집권 이후 변화된 국제질서와 한반도 전략환경 하에서 북한은 2015년에 인민군대의 강군화(군력 강화)를 위해 '4대 전략적 노선'을 제시하였다. 김정은 시대를 특징짓는 군사력 건설의 새로운 접근노선은 '① 정치사상 강군화, ② 도덕 강군화, ③ 전법 강군화, ④ 다병종 강군화'이다.[101] 김정은 국무위원장은 2019년 신년사를 통해 국가방위력을 다지기 위한 첫 번째 과제로 '4대 강군화 노선'을 제시했으며, 특히 정치사상 · 도덕 강군화를 중심으로 사상적 무장을 강조했다. 또한 김정은 집권 이후 북한군이 강력하게 추진하고 있는 핵무력 건설과 재래식 군사력 증강은 '전법 강군화'와 '다병종 강군화'의 일환으로 볼 수 있다.

■ 4대 강군화 노선의 내용

구 분	주 요 내 용
정치사상 강군화	• 군대의 정치적 역할, 즉 당의 군대로서의 역할을 지속적이고 강력하게 추진 • 김정은은 "적과의 대결은 물리적 힘의 대결이기 전에 사상과 신념, 도덕의 대결이며 정치사상적, 도덕적 우월성은 혁명군대의 최강의 무기"라고 규정(로동신문 2016년 4월 25일자)
도덕 강군화	• "군인의 도덕성을 강화하여 민간인과 군인 사이에 서로 돕고 단결하는 기풍을 만들기 위한 노선"(자주시보 2019년 1월 8일자) • 주요 목적은 ① 군대의 도덕의리적 품성을 강화하여 수령옹위와 당정책 관철을 자발적으로 수행하도록 유도하고, ② 건전한 군민관계의 중요성 강조
전법 강군화	• 현대전의 요구에 맞게 주체전법과 김일성 · 김정일 전략전술, 육 · 해군, 항공 및 반항공군, 전략군을 유기적으로 연계하는 새로운 전략전술 체계 발전
다병종 강군화	• 군종 · 병종 · 전문병들 사이의 협동동작 완성, 다병종화 · 다기능화된 전투원 육성 • 각종 병종의 능력 강화와 배합능력의 향상, 병종 간 유기적 협동전술 체계 구축

출처 : 김성주, "북한의 '4대 강군화 노선' 연구,"『국방정책연구』 제36집 제3호, 2020, pp.159~165.

4. 북한의 국방전략과 군사정책

1) 공세적 국방전략

김정은 시대의 북한군은 선대의 '자위적 군사노선'을 계승한 가운데 대미억제력 및 남북관계에서의 주도권 확보를 위해 국방력을 강화하고 있다. 특히 2019년 제2차 북 · 미 정상회담의 실패(No deal in Hanoi) 이후 북한은 대미관계의 교착상황을 타개하기 위해 핵무기 고도화와 투발수단의 다종화 등 군사력 증강에 방점을 둔 공세적 국방전략을 추진하고 있다. 구체적으로 북한은 2021년 1월 조선노동당 제8차 당대회에서 〈국방력 발전 5개년 계획〉의 핵심 과업으로 '① 극초음속 무기 개발, ② 초대형 핵탄두 생산, ③ 1만 5,000km 사정권 안의 타격 명중률 제고, ④ 수중 및 지상 고체연료 대륙간탄도미사일(ICBM) 개발, ⑤ 핵잠수함과 수중 발사 핵전략 무기 보유'를 제시했다.102 최근 북한 당국은 '로동신문'과 '조선중앙 통신' 등의 관영매체를 통해 첨단 무기체계들의 시험발사 과정과 주요 성과 등을 집중적으로 보도하고 있지만 아직까지 그 실체가 공개되지 않는 무기체계들도 많은 것으로 판단된다. 북한의 〈국방력 발전 5개년 계획〉을 통해 연구개발 중인 첨단 무기체계들의 개발 동향과 2023년 기준 중간평가 결과를 살펴보면 아래의 그림에 제시된 바와 같다.

■ 국방력 강화 5개년 계획의 중간평가

	2021년 제시 당시 북한이 밝힌 개발 상태	2023년 현재 평가
다탄두	연구 마감 단계	2023년 4월 시험 발사한 '화성-18형'이 다탄두 대륙간탄도미사일(ICBM)일 가능성을 국내 전문가가 제기
극초음속	시험 제작 준비	2021년 9월, 2022년 1월 총 3회 시험발사
핵잠수함	핵잠수함 설계 끝나 최종심사	-
수중발사 핵전략무기 보유	-	2023년 3, 4월 2차례 핵무인수중공격정 '해일'의 수중폭파 시험
각종 전자 무기들	-	일반적 레이더, 전자파 방해무기 등으로 기보유 추정
무인 타격 장비	-	공중·수중 드론 유사 추정
정찰 탐지수단	-	2022년 12월 드론 서울 용산 대통령실 인근까지 침투
군사정찰위성	설계 완성	2023년 4월 발사 준비 완료
핵무기 소형화·전술무기화	다양한 수단으로 적용할 전술핵무기들 개발 예정	2022년 1월 철로 위 열차에서 단거리탄도미사일(SRBM) 시험발사, 2023년 3월 사일로(지하 격납고)에서 SRBM 발사, 2023년 3월 전술핵탄두 '화산-31' 실물과 8종 투발 수단 공개 등
초대형 핵탄두 생산	지속 진행	기보유 기술
1만5000km 사정권 안 명중률 제고	-	위성 발사와 연계
수중 및 지상 고체엔진 대륙간탄도로켓	계획대로 추진	2023년 4월 첫 고체연료 ICBM '화성-18형' 발사

주황색 글씨= 아직 북한 매체 등에 등장하지 않은 부문

출처 : 세계일보 보도자료(2023.5.10.), https://www.segye.com/newsView/ 20230509519685.

제8차 당대회 사업총화보고에서 김정은 국무위원장은 "향후 핵무력을 질량적으로 확대하기 위해 국방력 강화정책을 추진하겠다"고 강조했으며, 이러한 국방

전략은 〈국방공업 발전 및 무기체계 개발 5개년 계획〉으로 명칭이 부여되었다.[103] 美 바이든 행정부 출범 이후 북·미관계가 교착되고 남북관계가 악화된 상황에서 북한은 공세적 국방전략을 추진하며 한반도의 군사적 긴장을 높이고 있다. 특히 2022년 핵독트린 선언과 핵무력정책 법제화 이후 각종 전술·전략무기 개발 및 시험발사와 함께 한반도에서 '전술핵무기'의 운용가능성을 시사하는 등 북한의 군사위협은 지속적으로 증가하고 있는 추세이다. 북한이 미국의 압박과 국제사회의 제재 등 현실적인 어려움 속에서도 핵무력 건설을 중심으로 한 공세적 국방전략을 강력히 추진하는 이유는 핵무기가 담보하고 있는 이중적 기능 때문이다. 즉, 신냉전의 국제질서가 심화하는 가운데 국제적 고립과 경제난에 처한 북한의 입장에서 핵무력은 '① 억제(Deterrence)의 수단'임과 동시에 '② 강압(Coerciveness)의 수단'으로 활용할 수 있는 카드라는 점이다.

김정은 집권 이후 북한체제가 UN을 중심으로 한 국제사회의 제재 속에서도 경제·핵 병진노선을 추진했던 것은 핵무력 건설을 통해 다음과 같은 경제적·군사적 효과를 기대했기 때문이다.[104] 첫째, 경제적 측면에서는 "① 핵무기라는 강력한 억제수단을 확보해 재래식 군비경쟁과 대규모 병력 유지의 필요성 감소, ② 경제발전에 필요한 노동력 확보, ③ 군수공장의 민수 전환 혹은 병행, ④ 장기전 대비 필요성 감소에 따른 전쟁예비물자 반출" 등이 가능하다는 점이다. 둘째, 군사적 효과로는 "① 핵무기를 활용하여 전쟁 억제력을 강화할 수 있고, ② 국방비의 증가 없이도 경제건설과 인민생활의 향상을 추진할 수 있다"는 점이다. 실제로 북한은 코로나19 팬데믹과 국제사회의 대북제재로 피폐해진 경제 회복을 위해 북한군의 전쟁예비물자 방출, 병 복무기간 단축, 재래식 무기의 생산 감소 조치를 취했다.[105]

2) 북한의 핵독트린 및 핵무력 정책

선대의 지도자들과 다르게 김정은 시대를 특징짓는 북한 군사정책의 특징은 '핵무력 정책의 변화'라고 할 수 있다. 김정은 집권 이후 북한의 핵정책 변화는 2022년에 단행된 '핵독트린 선언'과 '핵무력정책 법제화'를 통해 확인할 수 있다.

먼저 2022년 4월 25일 조선인민혁명군 창건 90주년 기념 열병식 연설에서 김정은 국무위원장은 북한의 핵무기 사용 기준을 제시하는 '핵독트린'을 선언했다. 김일성과 김정일 시대에 제시되었던 '방위적 성격의 핵 사용 원칙'을 뛰어넘어 김정은은 미국의 '핵 사용 원칙 변화'와 연계하여 선대의 지도자들과 차별성을 드러내기 위해 공세적 핵 운용에 관한 독트린을 천명한 것으로 판단된다.[106] 즉, 핵보유국이 된 북한의 입장에서 고도화된 핵무력을 전쟁억제용으로만 사용할 수 없으며 '국가의 근본이익'이 침탈될 경우 언제든지 핵을 사용해야 한다는 전략적 필요성을 반영하는 것으로 볼 수 있다.

다음으로 북한의 핵무력 정책은 크게 2단계의 법제화 과정을 통해 추진되었다. 먼저 북한은 핵보유국 지위를 선언하기 위해 2014년 4월 1일 최고인민회의 제12기 제7차 회의를 통해 '핵보유국법'을 제정하였다. 이후 핵무기의 소형화·경량화, 투발수단의 다종화에 성공한 북한은 2022년 9월 8일 최고인민회의 제14기 제7차 회의를 통해 핵보유국임을 재확인하며 핵무기 정책을 법제화했다. 북한의 핵정책이 핵보유국법에서 핵무력정책법으로 강화된 배경은 2017년 11월 수소폭탄 실험과 화성-15형 등 신형 ICBM 시험발사에 성공한 이후 '국가 핵무력의 완성'을 선언했던 자신감이 반영된 것으로 볼 수 있다. 북한은 '핵보유국법'에 명시되어 있던 핵무장의 정당화 관련 해명성 조항을 삭제하는 대신 '핵무력정책법'에 북한이 '책임적인 핵무기보유국'임을 명시하였고, 핵무력의 임무와 핵 지휘통제, 핵무기 사용의 원칙·조건, 핵태세 평가, 핵비확산 등 구체적인 핵사용 정책을 제시하였다.[107] 2013년 핵보유국법과 2022년 핵무력정책법의 주요 내용을 정리하면 다음과 같다.

■ 핵보유국법과 핵무력정책법의 주요 조항 비교

구 분	2013년 핵보유국법	2022년 핵무력정책법
전문	(전문) 공화국은 침략세력을 일격에 물리치고…당당한 핵보유국가이다. (9항)…핵군비경쟁을 반대하고 핵군축 국제활동을 지지한다.	(전문) 핵무력은 국가주권, 령토완정, 근본리익을 수호하고, 조선반도와 동북아에서 전쟁을 방지하며, 세계의 전략적 안정을 보장하는 위력한 수단이다.

핵무력 임무	(1항) 핵무기는 미국의 지속적으로 가증되는 적대시정책과 핵위협에 대처하여 부득이하게 갖추게 된 정당한 방위수단이다. (1항) 핵무력은 공화국에 대한 침략과 공격을 억제, 격퇴하고 침략 본거지들에 대한 섬멸적인 보복타격을 가하는데 복무한다.	(1항) 핵무력은 국가방위의 기본력량이다. (1항-1) 핵무력은 적대세력으로 하여금 공화국과의 군사적대결이 파멸을 초래한다는 것을 명백히 인식하고 침략과 공격기도를 포기하게 하여 전쟁을 억제하는 것을 기본사명으로 한다. (1항-2) 핵무력은 전쟁억제가 실패하는 경우 적대세력의 침략과 공격을 격퇴하고 전쟁의 결정적 승리를 달성하기 위한 작전적 사명을 수행한다.
핵 지휘 통제	(4항) 핵무기는 적대적인 다른 핵보유국이 우리 공화국을 침략하거나 공격하는 경우 그를 격퇴하고 보복타격을 가하기 위하여 조선인민군 최고사령관의 최종명령에 의하여서만 사용할 수 있다.	(3항-1) 핵무력은 국무위원장의 유일적지휘에 복종한다. (3항-2) 국무위원장은 모든 핵무기 관련 결정권을 가진다. 국무위원장이 임명하는 국가핵무력지휘기구는 핵무기 관련 결정과 집행의 전 과정에서 국무위원장을 보좌한다. (3항-3) 핵지휘통제체계가 적대세력 공격으로 위험에 처할 경우, 사전 결정된 작전방안에 따라 도발원점과 지휘부 등 적대세력을 괴멸하기 위한 핵타격이 자동적으로 즉시 단행된다.
핵무기 사용원칙 · 사용조건	(5항) 적대적인 핵보유국과 야합하여 우리 공화국을 반대하는 침략이나 공격행위에 가담하지 않는 한 비핵국가들에 대하여 핵무기를 사용하거나 핵무기로 위협하지 않는다.	(5항-1) 국가와 인민 안전을 엄중히 위협하는 침략과 공격에 대처하여 최후 수단으로 핵무기를 사용하는 것을 기본원칙으로 한다. (5항-2) 비핵국가가 다른 핵무기보유국과 야합하여 공화국을 반대하는 침략이나 공격행위에 가담하지 않는 한 이 나라들을 상대로 핵무기로 위협하거나 핵무기를 사용하지 않는다.
핵태세 평가	(3항) 핵억제력과 핵보복타격력을 질량적으로 강화하기 위한 대책을 세운다.	(9항-1) 외부 핵위협과 국제적 핵무력태세 변화를 항시 평가하고, 그에 상응하게 핵무력을 질량적으로 갱신, 강화한다. (9항-2) 핵무기 사용전략을 정기적 갱신한다.
핵 비확산	(8항) 적대 핵보유국과 적대관계가 해소되는데 따라, 상호존중과 평등의 원칙에서 핵전파방지, 핵물질의 안전한 관리를 위한 국제노력에 협조한다.	(10항) 책임적인 핵무기보유국으로서 핵무기를 다른 나라에 배비하거나 공유하지 않으며, 핵무기와 관련기술, 설비, 무기급핵물질을 이전하지 않는다.
핵군축	(9항) 핵전쟁 위험을 해소하고 궁극적으로 핵무기가 없는 세계를 건설하기 위해 투쟁하며, 핵군비경쟁을 반대하고 핵군축을 위한 국제적인 노력을 적극 지지한다.	• 삭제

출처 : 전봉근(2022), pp.8~10.; 국가정보원, 『북한법령집 상권』, pp.114~116, 124.

5. 북한의 군사전략

1) 전통적 군사전략

인류사는 전쟁의 역사라고 해도 과언이 아니며, 근대 이후 민족국가들은 전쟁에서 승리하기 위한 접근법으로서 군사전략(Military Strategy)을 발전시켜 왔다. 따라서 군사전략은 전쟁의 역사와 본질, 전승의 요체를 연구하는 군사학도들에게 매우 중요한 연구주제라고 할 수 있다. 따라서 본문에서는 북한군의 전통적 군사전략을 간략히 짚어보고 김정은 집권 이후 군사전략의 특징을 고찰한 후, 최근 북한군 군사전략의 변화 요인을 살펴보겠다. 먼저 북한군의 전통적 군사전략을 살펴보기에 앞서 군사전략의 이론적 개념을 간략히 정리하면 아래의 표와 같다.

■ 군사전략의 개념적 정의108

구 분	주요 개념적 정의
Karl von Clausewitze	• 전쟁목적을 달성하기 위한 수단으로서의 전투의 전개
B. H. Liddell Hart	• 전시 정치적 목표의 달성을 위해 군사적 수단을 분배 · 적용하는 기술
Colin S. Gray	• 정책목표를 달성하기 위한 군사력 또는 군사적 위협의 사용
John M. Collins	• 국가이익과 국가목표를 달성하기 위해 모든 국력을 결합시키는 기술
J. C. Wylie	• 목적달성을 위해 강구되는 제반수단과 방법을 포함한 행정계획
Robert E. Osgood	• 외교정책을 효과적으로 지원하기 위한 무력의 전반적인 사용계획
Arthur F. Lykke	• 군사전략은 군사목표, 군사전략개념, 군사자원과의 상호관계임
U.S. Joint Chiefs of Staff	• 국가정책의 목표 달성을 위해 군사력을 운용하는 술(Art), 과학(Science)
한국군 국방부	• 국가목표 달성을 위해 군사적 수단을 효과적으로 준비 · 계획 · 운용하는 방책
북한군	• 무력배치, 전투조직 및 진행 등 전쟁 전반을 영도하는 작전방침

최근 신냉전의 국제질서가 구조화하고 가치와 진영을 중심으로 한 대결 구도가 뚜렷해지면서 북한의 군사전략도 변화하고 있다. 러시아-우크라이나 전쟁, 이스라엘-하마스 전쟁 이후 분쟁의 패러다임이 빠르게 변화하는 상황에서 북한의 군사전략은 첨단 과학기술과 연계된 현대전의 특징과 미래전의 모습을 적극적으로 반영하며 빠르게 진화하고 있다. 특히 북한군은 '기습공격, 배합전, 속전속결'에 중점을 둔 전통적 군사전략을 중시하면서 보다 강력해진 핵무력에 기초하여 다양한 전략·전술을 모색하고 있으며, 향후 대내·외적 환경변화와 여건을 고려하여 지속적인 군사전략의 변화를 꾀할 것으로 예상된다.[109] 따라서 본문에서는 북한군의 전통적 군사전략이 형성되어 온 역사적 과정을 시대별로 간략히 짚어보고, 특히 핵개발 이후의 군사전략 변화를 살펴보겠다.

북한군의 군사전략은 중국의 유격전 사상과 舊 소련의 정규전 사상을 적극 받아들인 김일성이 이른바 '주체전법'을 제시하면서 태동하였고, 냉전시기 한국전쟁과 베트남전쟁, 중동전쟁 등의 국지전 경험을 통해 얻은 전훈이 반영된 것으로 다음과 같은 3가지 요체로 구성되었다.[110] 첫째, 선제기습전략은 전혀 예상치 못한, 예상하더라도 대응시간을 박탈할 수 있는 시기와 장소, 방법을 택하여 상대방을 공격하는 전략이다. 선제기습은 최소한의 노력으로 최대의 군사적 효과를 달성하기 위한 접근전략으로 이를 위해서는 무엇보다도 시간의 이점을 극대화하고 모든 군사작전을 신속하고 은밀하게 수행하는 것이 중요하다. 김일성 시대에 선제기습전략을 선택한 이유는 ① 북한의 전쟁수행 개념이 공세적이고, ② 한반도 작전환경이 산악지형 위주이며, ③ 경제력과 인구규모 등의 측면에서 북한이 한국에 비해 열세하고, ④ 사전 예고된 전쟁도발 시 공격효과가 감소하여 전쟁의 목적달성이 어렵다고 판단했기 때문이다. 둘째, 배합전략은 하나의 전투에 2가지 이상의 작전형태를 혼합해서 전투를 수행하는 전략으로 김일성이 제시한 주체전략과 동일한 군사전략이라고 할 수 있다. 북한군이 배합전략을 선택했던 주된 이유는 ① 배합전이 공산주의 국가들의 전형적인 전쟁수행 개념이고, ② 당시의 국지전 양상을 고려했을 때 정규전 부대와 비정규전 부대의 배합은 상호 미비점을 보완해 주고 작전 템포를 가속화할 수 있는 이점이 있었으며, ③ 국토의 약 70%가 산악지형으로 이루어진 한반도는 유격전을 전개하기가 유리했기 때문이다. 셋째, 속전속결전략은 우세한 병력을 집중적으로 운용하여 적의 주력부대를 각개격파하고 단기간에 승리를 달성하기 위한 전략이다. 북한군이 속전속결전략을 채택한 이유는 ① 한국전쟁의 교훈으로 美 증원군이 도착하기 전에 전쟁을 종결하지 못할 경우 전쟁목적 달성이 어렵고, ② 단기결전에 실패할 경우 국제적인 비난여론과 군사적 제재에 봉착할 가능성이 크며, ③ 장기전으로 전환 시 전쟁물자 조달에 어려움을 겪는 등 전쟁 지속능력이 현저히 약화될 수 있기 때문이다.

김일성 · 김정일 시대의 전통적 군사전략은 기본적으로 냉전시대 이데올로기의 대립과 재래식 전력에 의존하고 있으며, 현대전 양상과 첨단 무기체계의 발전 모습을 반영하지 못한 근본적인 한계가 있다. 즉, 북한의 전통적 군사전략은 6.25 전쟁과 같이 재래식 전력에 의존하여 한반도 전역을 석권하고자 했던 접근법으로 지역 확보에 중점을 둔 전략개념이었다. 따라서 탈냉전 이후 가속화된 서방진영의 군사혁신과 미래전 양상의 변화를 반영하지 못한 문제점을 가지고 있었다.

■ 북한 군사전략의 형성 과정

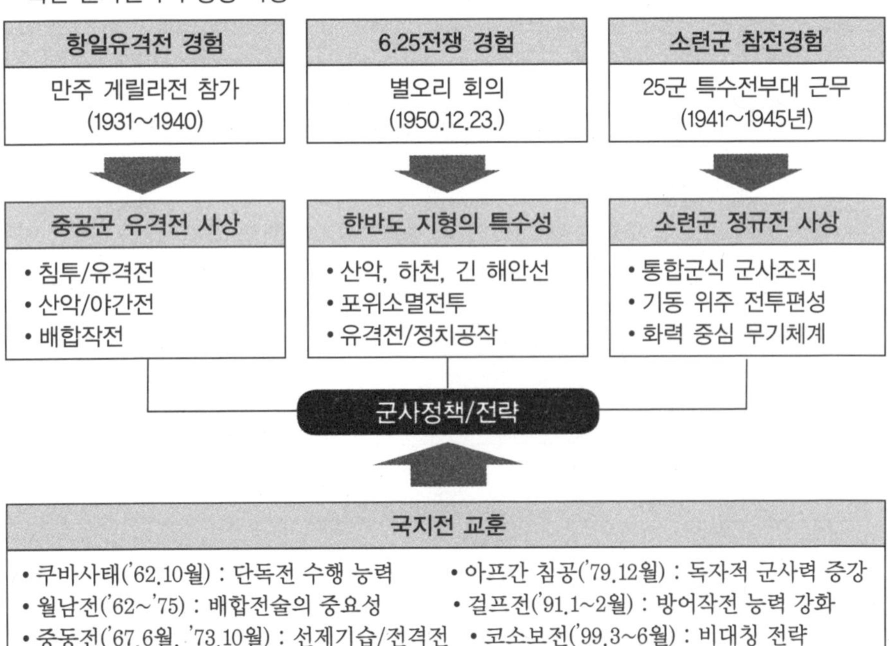

출처 : 박용환(2010), p.123

2) 북한의 군사전략 변화

현대전과 미래전의 패러다임을 이해하기 위해서는 군사과학기술, 첨단 무기체계 등과 함께 군사전략의 개념을 이해하는 것이 무엇보다도 중요하다. 특히 남·북 분단체제가 고착화된 한반도에서 장기간 군사적 대립과 갈등을 이어오고 있는 한국군의 입장에서 북한군의 군사전략을 정확히 이해하는 것은 현 군사위협에 대응하고 미래전을 준비하는 과정에서 안보적 함의가 매우 크다고 할 수 있다. 본 항에서는 김정은 집권 이후 핵·미사일 위협 등 대량살상무기에 기반하여 공세적으로 변화된 북한 군사전략의 특징과 향후 추진방향을 전망해 보겠다. 이를 위해 김일성과 김정일, 김정은으로 이어지는 3대 세습 과정에서 구체화된 시대별 군사전략을 짚어보고, 핵개발 이후 변화된 군사전략의 특징을 간략히 살펴보겠다.

먼저 북한군의 시대별 군사전략의 변화과정과 특징을 간략히 살펴보겠다. 군사학자 이상택은 라이케(Arthur F. Lykke)의 군사전략 개념을 적용하여 북한의 시대별 군사전략을 아래의 표와 같이 제시하였고, 북한 군사전략의 특징을 '① 군사목표의 불변성, ② 군사전략개념의 공세성, ③ 군사자원의 공세성과 절대성' 측면에서 다음과 같이 평가하였다.[111] 첫째, 군사목표의 불변성 측면에서 북한의 군사전략은 한반도 전역 점령, 美 제국주의의 지배를 청산하는 것에 초점을 두고 있다는 점에서 한반도의 공산화라는 군사목표가 일관성있게 유지되고 있다고 볼 수 있다. 둘째, 북한의 군사전략개념은 김일성 시대 이후 현재까지 방어적이라기보다는 매우 공세적인 성격을 보여주고 있다. 셋째, 군사자원의 측면에서는 분단 이후 지속된 군비경쟁 과정에서 공세적 성격이 강화되었으며, 특히 핵무기를 개발하는 과정에서 절대성을 갖추게 되었다고 평가할 수 있다는 것이다.

■ 북한의 시대별 군사전략

구 분	김일성 시대 (1948~1994)	김정일 시대 (1994~2011)	김정은 시대 (2011~현재)
국가목표	한반도의 공산화	한반도의 주체사상화와 공산화	한반도의 김일성-김정일주의화
군사목표	한반도 전역 점령	한반도 전역 점령	강력한 국방력으로 근원적인 군사위협 제압

군사전략개념	공세전략	공세전략	공세전략
군사자원	재래식 무기, 화생무기, 미사일	재래식 무기, 화생무기, 미사일	핵 · 미사일, 재래식 무기, 화생무기

출처 : 이상택(2019), p.139. 김정은 시대의 군사전략은 최근 北 개정헌법, 당규약 참조 후 필자가 재작성.

다음으로 핵개발 이후 북한의 군사전략 변화 양상을 살펴보겠다. 박용환은 북한군이 한반도 작전환경을 근본적으로 변화시킨 핵무기를 개발한 이후에 선택하게 된 군사전략을 다음과 같이 5가지 접근법으로 제시하였다.112 첫째, 비대칭전략이다. 이는 적의 강점을 회피하고 약점을 공략하여 군사적 목표를 달성하는 전략으로 북한은 한국군이 보유하지 않은 무기체계 등 비대칭 수단을 선제적으로 확보하여 유사시 결정적 타격수단으로 사용하고자 할 것이다. 김정은 집권 이후 북한이 추구해 온 핵무력 건설과 화생무기, 전자기펄스(EMP)와 같은 비핵 재래식 전력은 대표적인 비대칭 무기이다. 북한군은 비대칭 무기를 '① 개전 초기 주도권 장악, ② 美 증원군과 같은 외부세력의 개입 저지, ③ 평시 남북관계의 주도권 장악'을 위해 중점 활용할 것으로 예상된다. 둘째, 대량보복전략은 선제공격을 하지 않은 상태에서 적의 공격에 대응하여 피해를 주는 것으로 일종의 억제전략으로 볼 수 있다. 북한은 이미 고도화된 핵무력을 통해 외부의 위협에 대응하고 체제생존을 모색할 것이다. 셋째, 공세적 공격전략은 기동성을 갖춘 부대들을 집중적으로 투입하여 신속 · 과감한 군사행동을 통해 군사적 목표를 달성하는 전략이다. 북한군이 공세적 공격전략을 사용할 것으로 예상하는 이유는 '① 한국군에 비해 다수의 기갑 및 기계화부대와 포병전력을 보유하고 있으며, ② 휴전선 일대의 전방군단에 특수전부대를 집중 배치하여 배합전 수행능력을 향상시켰고, ③ 북한군의 주력이 대부분 전진배치되어 있기 때문'이다. 넷째, 중심타격전략은 적의 중심을 타격함으로써 결정적인 피해를 입히고 기능을 마비시켜 효과적인 대응을 거부하는 전략이다. 북한군이 효과적인 중심타격전략을 수행할 수 있을 것으로 판단되는 근거는 한국군의 핵심표적을 타격할 수 있는 포병 · 미사일부대와 특수전부대를 보유하고 있기 때문이다. 다섯째, 사이버전략이다. 북한군은 회색지대(Grey zone) 전술의 일환으로 군사적 충돌은 회피하면서 사이버 해킹과 같은 유 · 무형의 소규모 공격을 통해 군사적 목표를 달성하고자 할 것으로 예상된다. 김정은 집권 이후 북한군이 핵 · 미사일, 군 정찰위성 개발과 함께 사이버 해킹 역량을 강화하고 있는 것은 사이버전략의 일환으로 볼 수 있다. 2023년 8월, 북한의 해커집단이 러시아의 주요 미사일 개발업체의 방화벽을 뚫는 데 성공했던 사례는 북한군의 사이버 작전 능력이 상당한 수준에 도달했다는 점을 시사하고 있다.[113] 최근 美 마이크로소프트사에서 발표한 "동아시아 지역에서의 디지털 위협에 관한 보고서"에서는 북한의 사이버전 수행 목표를 '① 한 · 미 · 일 3국의 주요 군사활동에 대한 핵심정보 수집, ② 북한군의 군사역량 강화를 위한 타국의 군사력 정보 수집, ③ 암호화폐 탈취를 통한 통치자금의 확보 목적'이라고 분석했다.[114]

3) 북한 군사전략의 변화요인

전술한 바와 같이 김정은 집권 이후 북한의 군사전략은 핵무력에 기반하여 보다 공세적인 성격으로 변화되었다. 본문에서는 신냉전의 국제질서에서 가시화된 북한의 군사전략 변화 요인을 살펴보겠다. 송세관은 북한 군사전략의 대내 · 외적 변화요인을 분석하여 김정은 시대의 북한 군사전략을 고찰했으며 주요 내용을 살펴보면 다음과 같다.[115] 먼저 북한 정권은 열악한 안보환경에 직면해 있으며, 대외적으로는 핵개발로 인한 한 · 미 양국과의 지속적인 마찰, 전통적인 북 · 중관계의 훼손, 인권문제를 중심으로 한 비우호적인 국제여론 형성의 문제가 노정되었다. 또한 대내적으로는 김정은 집권 이후 지속되어 온 경제난으로 인해 군사력 건설 및 운용에 큰 어려움을 겪고 있다는 것이다. 이처럼 열악해진 안보환경 속에서 북한은 한반도에서의 전쟁을 '정의의 전쟁'으로 합리화해 왔으며, 김정은 집권 이후 보다 공세적인 방향으로 통치리더십이 변화됨과 동시에 비대칭 군사력이 강화되면서 다음과 같이 두 가지 축으로 군사전략의 변화가 이루어졌다. 즉, 북한군은 평시에는 김정은을 결사옹위하기 위해 전쟁을 억제하는 '체제유지 전략'과 한반도 전면전에 대비하기 위해 '공세적 결전전략'을 추구하고 있다. 첫째, 체제유지 전략은 미국으로부터 선제공격을 억제하고 핵 · WMD를 기반으로 대화와 압박을 동시에 실행하는 '실존억제와 화전양면전략'을 의미한다. 둘째, 공세적 결전전략은 한반도에서 전면전이 발생할 경우에 대비한 전쟁수행 전략으로 '선제기습 속전속결전략'과 'WMD를 결합한 전략지역 확보전략'을 공세적으로 결합하는 개념이다.

한편 김태현은 북한군 군사전략의 변화를 '전략불균형'에 대한 '위험관리'를 중심으로 분석하여 군사전략의 결정요인이 '안보환경의 변화와 자원의 제약'으로 변화되었다고 규명하였다.[116] 최근 북한은 경제난이 가중되는 상황에도 불구하고 비대칭 전력과 재래식 전력을 동시에 강화했는데, 이는 전략불균형을 해소하기 위한 위험관리 차원에서 선택되어진 군사전략이라는 점이다. 여기서 전략불균형(Mismatch of strategy)은 '군사전략의 3요소인 목표와 방법, 수단 간에 발생하는 차이 또는 불일치에서 발생하는 위험'으로 간주할 수 있다. 김태현은 북한군이 김정은 집권 이후 전략환경의 악화와 자원의 결핍으로부터 유발된 전략불균형을 해소하기 위해 새로운 군사전략을 모색하게 되었다고 평가했다.

다음으로 향후 김정은 시대를 특징지을 북한 군사전략의 변화 방향에 대해 전망해 보겠다. 임철균 등은 군사전략의 3대 요소인 '목표-방법-수단'을 중심으로 김정은 집권 이후의 분기점을 3단계로 구분했으며, 북한군의 미래전 구상과 연계하여 군사전략의 변화 방향을 다음과 같이 전망했다.[117] 먼저 김정은 집권 이후 북한군은 군사전략을 변화시킨 두 개의 분기점, 즉 ① 2011년 김정일로부터 김정은으로의 권력 승계 ② 핵 · 미사일 역량 강화와 연계된 정밀타격역량을 확보했으며, 향후 우주전 역량을 포함하여 '첨단 전투기재에 기반한 지능화전 역량'을 확보하는 세 번째 분기점을 맞이하고 있다. 북한군은 새로운 분기점을 준비하기 위해 중국, 러시아와의 전략적 협력을 강화하는 동시에 군사정찰위성을 개발하는 등 군사혁신을 추진하고 있는 것으로 판단된다. 임철균 등은 향후 북한군이 추구할 군사전략의 변화방향을 군사혁신과 연계하여 크게 3가지 접근법을 취할 것으로 전망했다. 첫째, 북한군은 공세적 목표를 달성하기 위한 게임체인저급 수단 확보에 총력을 기울일 것이다. 최근 북한군이 시험하고 있는 정찰위성과 무인체계 등이 대표적인 첨단전력이라고 할 수 있다. 둘째, 재래식 전력의 열세를 극복하기 위해 '핵 지상주의' 노선을 유지할 것이다. 북한은 향후 핵무기를 억제뿐만 아니라 강압적 수단으로 활용할 가능성이 크다. 셋째, 극단적 비대칭성을 활용하여 상대적 우세를 추구해 나갈 것이다.

김정은 집권 이후 구조화된 신냉전의 국제질서와 연계하여 북한의 군사전략 변화 요인을 살펴보면 다음과 같다. 북한이 보다 공세적이고 강압적인 군사전략을 추구하도록 이끈 추동요인은 크게 3가지 측면으로 요약할 수 있다. 첫째, 전략적 차원에서는 진영 간 대결구도에 놓인 북한이 변화된 지정학적 가치를 바탕으로 전략적 위상 강화를 모색하게 되었다는 점이다. 이는 다음과 같은 2가지 사례를 통해 구체적인 근거를 확인할 수 있다. 최근 북한은 우크라이나와 장기전을 수행하고 있는 러시아에 재래식 무기체계와 탄약을 지원하며 후방기지 역할을 수행하고 있다는 점이다. 또한 북한이 다극적 국제질서를 요구하며 대미 저항의 축을 형성하는 있는 중국 · 러시아와 전략적 협력을 강화하고 있다는 점이다. 둘째, 군사적 차원에서는 국방력 강화를 통해 강압적 외교를 구사할 수 있는 군사적 기반을 확보하기 위한 목적이다. 북한이 2022년 핵독트린 선언 및 핵무력정책 법제화 이후 제7차 핵실험을 통해 사실상의 핵보유국 지위를 확보하고자 하는 것은 이러한 군사적 목표를 상징적으로 보여주는 사례로 볼 수 있다. 셋째, 외교적 차원에서는 미국과의 협상 과정에서 보다 유리한 조건을 형성하고 남북관계에서 대남전략의 주도권을 확보하기 위한 목적이다. 북한은 비핵화와 연계하여 교착상황에 봉착해 있는 대미협상에서 돌파구를 마련하고, 대남전략에서의 확고한 우위를 점하기 위한 차원에서 핵무력의 완성과 공세적인 군사전략 변화가 필요했을 것으로 판단된다.

4) 북한의 핵전략 변화와 전망

앞서 살펴본 바와 같이 최근 북한은 핵무기의 고도화, 투발수단의 다종화와 함께 핵보유국이 취할 수 있는 핵독트린을 발표하고 핵무력 정책을 법제화함으로써 한반도의 작전환경을 근본적으로 변화시켰다. 북한의 핵무력은 남 · 북한 재래식 군비경쟁의 성격을 송두리째 뒤흔들 수 있는 일종의 게임체인저로서 북한군이 가시화하고 있는 핵전략은 군사적 함의가 매우 크다고 할 수 있다. 따라서 본서에서는 핵전략과 관련된 주요 이론에 대해 간략히 짚어보고, 김정은 집권 이후 본격화된 북한의 핵전략 변화와 시사점을 살펴보겠다.

북한의 핵전략 변화를 이해하기 위해 핵 확산에 대한 역사적 논쟁과 핵무기 획득 · 운용전략에 대한 이론을 간략히 살펴보면 다음과 같다.[118] 먼저 핵확산 관련 논쟁을 짚어보면, 제2차 세계대전 당시 일본에 원자폭탄이 투하된 이후 핵무기의 가공할 위력을 실감한 국제사회는 앞다투어 핵개발에 뛰어들었고, 미 · 소 냉전기를 거치며 수직적 · 수평적 확산을 거듭해 왔다. 핵확산 관련 논쟁을 살펴보기 위해서는 우선 핵시대에 대한 개념적 정의가 필요하다. 학문적으로는 미국과 소련을 중심으로 한 초강대국 간 핵경쟁 시기인 제1핵시대와 탈냉전기 이후 보다 유동적인 전략환경 속에서 더 많은 핵주체가 개입하는 제2핵시대로 구분하는 것이 일반적이다.[119] 핵무기의 수직적 확산을 특징으로 하는 제1핵시대는 미국과 소련이라는 초강대국을 중심으로 군비통제와 핵군축 노력을 통해 비교적 안정된 세계질서를 유지할 수 있었다. 하지만 비국가행위자의 핵무기 보유 가능성이 증대된 제2핵시대에는 핵무기의 수평적 확산에 대한 우려와 함께 두 가지의 논쟁이 야기되었다. 첫째, 핵무기의 확산이 세계질서에 안정을 가져다 줄 것인가에 대한 문제였다. 둘째, 핵무기의 확산이 국제관계의 안정을 위협할 것인가에 대한 논쟁이었다. 핵확산에 대한 낙관주의와 비관주의 간 논쟁은 저명한 국제정치학자인 Kenneth Waltz와 Scott Sagan에 의해 주도적으로 이루어졌다. 먼저 신현실주의를 주창한 Waltz는 핵무기의 점진적 확산이 다음과 같은 6가지 요인으로 인해 세계평화를 촉진하고 국제질서의 안정성을 강화시킨다고 주장했다.[120] ① 국제정치의 기본원리인 자조시스템(Self-help system) 가동, ② 보복공격 능력의 한계, ③ 상대국 힘에 대한 추정의 용이성, ④ 핵무기의 가공할 위력이 지닌 억제력(계산착오의 방지), ⑤ 방어적 목적의 핵무기 사용, ⑥ 핵국들의 책임감있는 핵무기 사용이다. 한편 핵확산에 대해 비관주의적 입장을 견지했던 Sagan은 관료정치(조직) 이론을 바탕으로 수평적인 핵확산이 결국은 핵무기의 사용 가능성을 높일 것이라고 주장했다. 즉, 강력한 문민통제가 이루어지지 않는 한 군사조직은 일반적인 편견과 융통성없는 과업 수행, 편협한 이익 추구로 억제에 실패할 확률이 높으며 고의적 또는 우발적 전쟁을 야기할 수 있다고 보았다.[121] 특히 Sagan은 핵무기의 수평적 확산이 핵전쟁의 개연성을 높일 수 있음을 지적하며 다음과 같은 위험요인들을 제시했다. ① 핵 테러리즘과 불법적 네트워크의 증가, ② 핵사고의 가능성과 지휘통제상의 문제, ③ 예방전쟁의 가능성, ④ 2차 보복능력 구축의 문제점이다.

다음으로 핵전략 관련 주요 이론인 핵무기 획득전략과 핵무기 운용전략에 대해 간략히 살펴보겠다. 먼저 핵무기 획득전략에 대해 정리하면, Sagan은 "Why do states build nuclear weapons?: Three Models in Search of a Bomb"이라는 논문의 서론에서 핵무기 추구의 동기를 규명하는 것이 2가지 측면에서 중요한 의미를 갖는다고 주장했다. 즉 핵추구의 목적을 정확하게 이해하는 것이 '① 국제안보의 장기적인 미래를 예측하고 ② 핵확산 방지를 위한 외교정책 추진'에 도움이 된다는 것이다. 상기 논문에서 Sagan은 국가행위자들이 핵무기를 개발하고 보유하는 과정을 다음과 같이 3가지 모델로 제시했다.[122] 첫째, 미국의 정책입안자들과 대부분의 국제관계 학자들이 오랫동안 견지해온 국가안보 모델(Security model)은 개별 국가들이 대응할 수 없는 심각한 핵 위협에 직면할 때 핵무기를 개발하게 된다고 설명한다. 둘째, 국내 정치모델(Domestic politics model)은 국내정치적 목적 달성, 특정 세력의 관료적 명분과 필요성을 충족시키기 위해 핵개발을 추구한다는 관점이다. 셋째, 규범모델(Norms model)은 국제사회에서 개별국가가 점유하는 정치적 위상과 정체성 등 상징적 가치를 드러내기 위해 핵무기 개발을 추구한다고 설명한다.

한편 Vipin Narang은 핵무기 획득전략을 다음의 그림과 같이 4가지 유형으로 제시했다.[123] Narang은 심각한 안보위협의 존재 여부로부터 이를 완화해 줄 강대국의 체제보장 가능성, 국내적 합의수준, 군사적 · 경제적 취약성, 강대국의 용인이라는 변수에 따라 다음과 같이 핵무기 획득이론을 제시했다. 첫째, 위험회피형 전략(Hedging)은 군사용 핵무기 개발을 유보하되 민수용 핵에너지 프로그램을 가동하여 핵원료를 추출할 수 있는 능력을 갖추는 것이다. 위험회피형 전략은 핵분열 물질의 생산능력과 무기화 작업수준 및 의도에 따라 기술헤징(Technical hedging)과 보험헤징(Insurance hedging), 하드헤징(Hard hedging)으로 구분된

■ 핵무기 획득 관련 이론

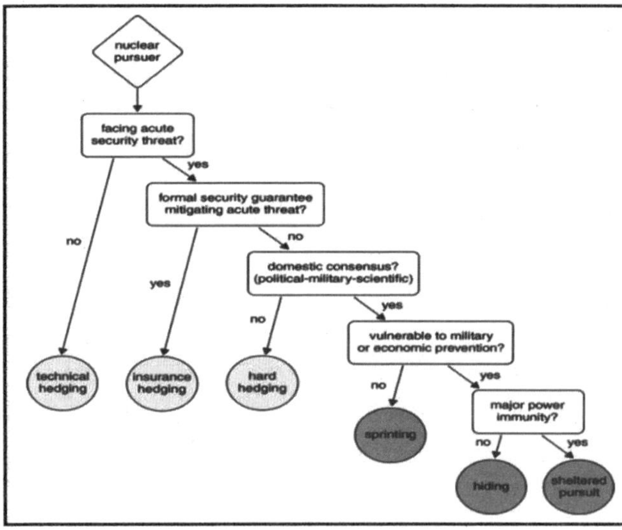

출처 : Vipin Narang(2016/2017), p.126.

다. 둘째, 전력질주형 전략(Sprinting)은 역사적으로 강대국들이 채택했던 전략이며 단기간 내에 핵무기를 개발하는 것이다. 셋째, 은폐형 전략(Hiding)은 과거 이란과 리비아, 북한과 시리아 등의 국가들이 시도했던 전략으로 비밀리에 핵개발을 추진하는 것이며, 노출 시에는 국제사회로부터 강력한 제재와 비난에 직면할 수 있다. 넷째, 방호추구형 전략(Sheltered Pursuit)은 이스라엘의 사례와 같이 강대국의 지원 하에 핵무기를 개발하는 전략이다.

다음으로 핵무기 운용전략에 대해 살펴보겠다. 앞서 제시한 핵무기 획득전략이 군사용 핵무기를 개발하고 완성하는 것이라면 핵무기 운용전략은 정치적 · 군사적 목적을 달성하기 위해 핵을 전략적으로 사용하는 것을 의미한다. Narang은 지역별 핵보유국들이 채택 가능한 핵무기 운용 전략을 다음과 같이 3가지로 제시하였다.[124] 첫째, 촉매형 전략(Catalytic posture)은 이스라엘과 파키스탄과 같이 소수의 핵무기를 제조할 수 있는 국가가 체제상 위협에 직면했을 때 강대국의 지원을 유도하기 위해 핵무기 사용 가능성을 시사하는 전략이다. 둘째, 확증보복형 전략(Assured retaliation posture)은 중국과 인도의 사례와 같이 1차 핵공격으로부터 생존하여 2차 보복 공격을 가하는 전략으로, 이 경우에는 핵무기 보유의 투명성이 요구된다는 특징을 갖는다. 셋째, 비대칭 확전형(Asymmetric escalation posture)은 신뢰할 만한 후견국이 없고 적국의 재래식 전력이 우세할 경우 선제적인 핵공격을 감행하는 전략으로 핵무기의 능력과 배치의 투명성을 필요로 한다. Narang은 신뢰 가능한 후견국 지원 여부와 재래식 전력이 우세한 인접국가의 공격위협 여부, 민·군협의 수준, 자원의 제약 여부 등의 변수에 따라 위와 같이 3가지 핵무기 운용전략을 제시했다.

다음으로 북한의 핵전략 변화 동향과 시사점을 간략히 살펴보면, 김정은 집권 이후 북한은 남한과의 국력 격차 및 재래식 전력의 열세를 극복하기 위해 핵무력 건설에 사활적 노력을 기울였다. 제6차 핵실험 이후 북한은 사실상(De facto)의 핵무기 고도화에 성공하게 되었다. 그리고 이러한 자신감을 바탕으로 핵 투발수단의 다종화를 위해 다양한 ICBM을 시험발사하고 전술핵 부대 운용을 공언하는 등 핵보유국 지위를 기정사실화(Fait accompli)하고 있다. 2023년 12월 기준으로 미국은 유엔과 국제사회의 강력한 제재에도 불구하고 군사위협을 고도화하고 있는 북한의 핵·미사일 프로그램 개발 동향을 다음과 같이 평가했다.[125] 첫째, 최근 북한의 탄도미사일 시험발사는 미국이 주도하는 지역 탄도미사일 방어망을 회피할 수 있는 억제능력과 강압적인 외교 수단을 확보하기 위한 목적이다. 미국의 정보당국은 2023년 연례위협평가 보고서에서 북한의 최고지도자인 김정은이 핵무기와 대륙간탄도미사일을 체제수호의 마지막 보루라고 믿기 때문에 핵·미사일 개발 프로그램을 포기할 의사가 없다고 평가했다. 특히 국제사회로부터 고립이 심화된 북한의 입장에서 핵보유국 지위를 확보하는 것은 정치적 이점이 클 것으로 분석했다. 둘째, 북한의 핵무기 프로그램은 다종의 투발수단에 탑재할 수 있도록 핵탄두의 크기와 무게를 줄이는 것을 주요 목표로 한다는 것이다. 이와 관련하여 북한 김정은 국무위원장은 2021년 1월에 "핵무기를 소형화·경량화·표준화하여 전술무기화할 수 있다"고 주장했으며, 2023년 1월 1일 신년사를 통해 북한이 "핵무기를 기하급수적으로 확대하고 전술핵무기를 대량으로 생산할 것"을 지시한 바 있다. 셋째, 최근 북한의 미사일 개발 목표는 비행중에 요격이 쉽지 않도록 신뢰성과 효율성 및 생존성을 향상시키는 것이다. 즉, 북한의 탄도미사일은 미국의 패트리어트 미사일, 탄도미사일 방어체계(BMD), 고고도미사일방어체계(THAAD) 등으로 구성된 미국의 미사일방어망을 무력화하거나 효율성을 저하시키는데 초점을 두고 있다.

아직까지 북한은 국제사회로부터 핵보유국의 지위를 인정받지 못했지만 제7차 핵실험을 통해 핵무력을 한층 고도화시킬 수 있다는 점에서 이미 '확률론적인 핵보유국(A stochastic nuclear-armed state)'으로 평가받고 있다. 그런 차원에서 북한은 핵무력을 지렛대로 삼아 보다 강압적인 방식의 군사전략을 추구해 나갈 것으로 전망된다. 2023년 1월, 美 국가정보위원회(National Intelligence Council, 이하 NIC)에서 발표한 정보평가보고서(National Intelligence Estimate)에 따르면, 북한은 향후 2030년까지 다음과 같이 3가지 시나리오를 축으로 핵무력을 활용할 수 있다고 전망했다.[126] 첫째, 강압적 차원(Coercive purpose)의 시나리오는 북한이 주변국을 군사적으로 위협하고 외교적 차원에서 양보를 이끌어내며 통치체제를 강화하기 위해 치명적인 비핵(非核) 도발을 감행할 것으로 평가했다. 이때 북한은 미국과 한국의 대응을 억제하기 위한 차원에서 핵무력을 사용할 수 있다고 분석했다. 둘째, 공세적 차원(Offensive purpose)의 시나리오는 북한이 무력을 사용하여 한반도에서 힘의 균형을 변화시키고자 할 것으로 예측했다. 이때 북한은 남한을 지배하기 위해 핵무력을 직접 사용하거나 사용 위협을 가할 것으로 예상된다. 셋째, 방어적 차원(Defensive purpose)의 시나리오는 북한이 핵무력을 억지의 수단으로만 활용할 것으로 전망했다. 이 경우 북한은 방어적인 목적의 핵독트린을 채택하고 외교적인 강압정책을 포기할 수 있으며, 진정성있는 신뢰구축에 참여할 수 있다고 분석했다. 美 NIC 정보평가보고서의 핵심내용을 요약하면, 북한은 향후 한반도에서의 정치적 · 군사적 우위를 확고히 다지기 위해 공세적으로 핵무력을 사용하지는 않을 것이며, 다만 억지의 수단으로 핵을 사용할 수 있다고 평가했다.

전술한 바와 같이 북한은 고도화된 핵 · 미사일 능력을 토대로 체제생존을 모색함과 동시에 대미 · 대남관계에서도 핵무력을 협상의 지렛대(Leverage)로 삼아 전략적 주도권을 확보해 나갈 것으로 전망된다. 이와 관련하여 벨(Mark S. Bell)

은 국제정치에서 핵무기가 촉진하는 국방 · 외교정책의 특징을 다음과 같이 제시하였다.[127] 첫째, 핵무기는 침략을 촉진한다. 둘째, 핵무기 보유는 영토확장과 국제적 위상 강화에 대한 욕망을 자극하여 침략의 범위를 확장시켜 준다. 셋째, 핵무기는 자주성을 촉진하여 동맹관계에서도 독자적인 행위를 가능하게 해준다. 넷째, 핵무기는 동맹의 힘을 강화시켜 준다. 다섯째, 핵무기는 국제관계에서 특정 사안에 대해 확고한 태도와 행동을 취할 수 있게 해준다. 국가의 확고한 대응옵션으로는 '① 상대국을 억지하기 위해 위협을 가하거나, ② 타국의 침략에 대응하기 위해 신속히 전력을 투사할 수 있고, ③ 위기상황 또는 분쟁 시 호전적인 수사를 사용하며, ④ 군사적 도발에 대응하는 것'을 예로 들 수 있다. 벨이 제시한 핵무기의 촉진효과를 토대로 향후 북한의 핵전략 변화를 예측해 본다면 다양한 시나리오를 상정해 볼 수 있을 것이다. 먼저 북한은 국제사회에서의 핵보유국 지위를 인정받기 위해 제7차 핵실험을 감행하고 다양한 투발수단을 고도화하기 위해 미사일 시험발사를 지속할 것이다. 또한 핵무력을 활용하여 군사도발을 감행하거나 대미 · 대남전략에서의 전략적 우위를 확보하기 위한 지렛대로 핵 · 미사일 위협을 강화할 것으로 전망된다. 전술한 바와 같이 북한은 김정은 집권 이후 '전략국가'의 위상을 확립하기 위해 핵무력 강화에 사활을 걸고 있다. 사실상의 핵보유국 지위를 꿈꿔온 북한은 국제사회에서 전략적 지위를 강화하기 위해 핵전략을 다양한 목적으로 활용할 것이며, 아래의 그림에 제시된 바와 같이 '① 대등한

■북한의 전략국가론 의미체계

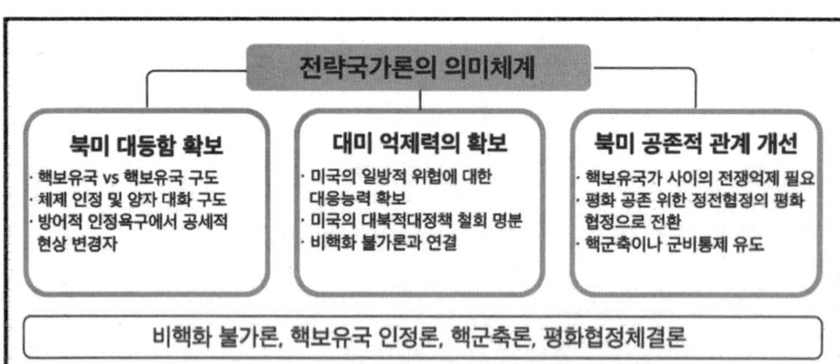

출처 : 홍민, "북한의 전략국가론과 핵무기 고도화," p.72.

북 · 미관계 구축, ② 대미 억제력 확보, ③ 미국과의 공존적 관계 개선'에 초점을 맞출 것으로 예상된다.

5) 북한군의 하이브리드전 위협과 전망

최근 전장환경의 가장 큰 변화는 경쟁의 영역이 지상, 해상, 공중을 넘어 사이버 · 우주 공간까지 확장되고 있다는 점이며, 다가올 미래에는 다영역작전이 전쟁의 새로운 패러다임으로 자리잡을 것으로 예상된다. 이러한 전장환경의 변화와 미래전 양상은 이미 러시아-우크라이나 전쟁과 이스라엘-하마스 전쟁을 통해 그 실체적 모습을 드러내고 있다. 최근 개전 후 2년을 넘기며 장기전 양상으로 전개되고 있는 우크라이나 전쟁에서는 제1차 세계대전 당시의 참호전과 소모전이 재현되고 있으며, 첨단 드론과 인공위성, 네트워크를 활용한 알고리즘 전쟁[128]이 동시적으로 진행되고 있다. 특히 이스라엘-하마스 전쟁에서는 재래식 전투와 함께 인공지능을 활용한 정보심리전(Information & Psychological Warfare), 소프트 타깃 테러(Soft Target Terror)[129], 인지전(Cognitive Warfare) 등을 포함한 하이브리드전(Hybrid warfare)이 새롭게 주목받고 있다.

다음 그림과 같이 하이브리드전은 사이버전과 정보심리전, 인지전 등을 포함하여 다양한 방식을 혼합하여 적용하는 전쟁수행개념이다. 하이브리드전은 학자에 따라 다양하게 정의되고 있지만 본서에서는 美 해병대 출신의 안보전문가인 호프만(Frank G. Hoffman)이 제시한 개념을 참조했으며 세부 내용은 다음과 같다.[130] 호프만은 초기 연구에서 하이브리드전의 개념을 "국가 또는 정치집단이 재래식 전쟁수행 능력, 비정규전 전술과 조직, 무차별적인 폭력과 강압을 동반하는 테러행위, 그리고 범죄 행위 등의 다양한 전쟁방식을 사용하여 수행하는 전쟁"이라고 정의했다. 또한 호프만은 기존 개념에 동시성을 강조하여 "정치적 목적을 달성하기 위해 전장에서 재래식 무기, 비정규전 전술, 테러행위, 그리고 범죄행위를 융합하여 동시에 적절하게 운용하는 형태의 전쟁"으로 정의했다.

한편 윤정현은 하이브리드전 시대에 주요국들은 군사적 효용을 극대화하기 위해 사이버전략과 정보심리전 역량을 강화하고 있음에 주목하여 현대전의 양상이

■ 북한의 전략국가론 의미체계

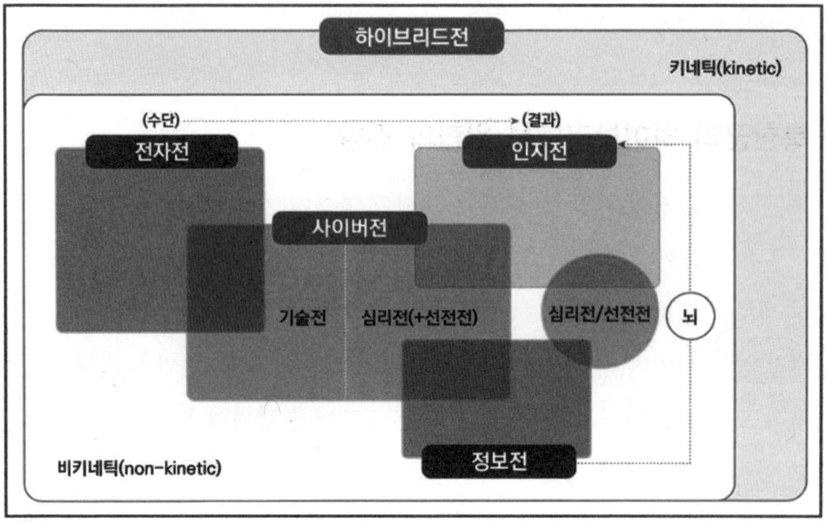

출처 : 윤정현, "정보심리전의 진화 양상과 대응방안,"『INSS 전략보고』제 196호, '22.11월, p.6.

정보전과 심리전, 선전전이 결합된 '인지전'으로 진화하고 있다고 평가했으며, 주요 개념을 다음과 같이 제시하였다.131 먼저 정보전은 "사이버 · 오프라인 공간에서 유포되는 방송, 통신, 도서, 영화, 공연 등 모든 정보컨텐츠의 흐름을 통제하기 위한 공격 · 방어"를 뜻한다. 또한 심리전은 "개인이 특정 사건이나 정보를 관찰 · 인지하고 이를 통해 인식 · 생각 · 감정을 형성하는 과정에 개입 · 조작 · 통제하여 상대방의 생각과 감정, 행동에 영향을 미치려는 시도"를 의미한다. 다음으로 인지전은 '제6의 미래 전장'이라고 일컬어지는 개념으로 "인간의 인식을 조작하여 인간의 결심과 행동을 바꾸려는 행위 및 이와 관련된 모든 노력을 포함하는 개념이자, 정보의 소비 · 해석 · 인식을 포함하는 정신적 과정"을 뜻한다. 특히 인지전은 "기존의 심리전과 정보전 수준을 뛰어넘어 오늘날 전쟁의 궁극적 전략목표인 '마음과 생각의 장악'을 위해 인지조작과 프로파간다, 반응통제, 사회공학 등의 다양한 부문을 포괄하는 복합 활용술"을 의미한다. 윤정현은 최근 인지전의 개념이 부상한 배경에 대해 "인간의 정보습득–의사결정–행동 메커니즘에 대한 광범위한 데이터의 축적뿐만 아니라 인공지능을 통한 분석 역량이 극대화됨으로써 이를 각 분야에 적용, 활용할 수 있게 되었다"고 평가했다.

하이브리드전은 물리적 · 비물리적 환경과 국가 · 비국가 행위자, 정치외교 · 정보 · 군사 · 경제 등 DIME 요소를 모두 포괄하는 복합적인 개념으로 전쟁과 평화의 경계선을 모호하게 만든다는 점에서 '회색지대 전쟁(Grey Zone Warfare)'이라고도 불린다. 박지영 등은 하이브리드 위협의 종류를 아래의 표와 같이 구분하고, 사이버 공간에서의 활용 비중이 높아지고 있는 하이브리드전이 최근 정교한 도구와 전략을 사용하는 정치적 레버리지로 부상하고 있다고 평가했다.132

■ 하이브리드 위협의 종류

구분	전략	하이브리드 위협 사례
사이버전	사회불안 조장	• 러시아 우크라이나 전력망 공격 • 북한의 디도스(DDos) 공격(2009년) • 언론 · 금융기관 전산망 마비(2013년) • 랜섬웨어 워너크라이 해킹(2017년)
	정치적 목적 달성	• 북한의 소니픽쳐스사 및 영국의 지상파 방송국인 채널 4(Channel 4) 공격
	억제	• 미국의 이란 나탄즈(Natanz) 사이버 공격 • 북한에 대한 미국의 Left of launch(발사 직전 교란) 작전
정보전	정치적 개입	• 러시아의 2016년 미국 대선 개입
	기업 기밀 탈취	• 중국의 미국 기업 해킹/정보 탈취
	비대칭전	• 북한의 한미 유사시 계획 등 국가기밀 해킹(2016년) • 테러 단체들의 조직원 모집, 프로파간다 전파
무역분쟁	외교적 압박	• 미 · 중 무역 전쟁/미국의 화웨이 압박

출처 : 박지영 · 김선경(2019), p.3

향후 북한군은 러시아-우크라이나 전쟁, 이스라엘-하마스 전쟁의 양상과 전훈(戰勳)을 토대로 사이버전, 정보심리전, 인지전 등 하이브리드전 수행능력을 극대화해 나가고 실제 군사도발에 활용할 것으로 전망된다. 이미 북한은 2022년 12월 26일, 5대의 무인기를 활용하여 대한민국 수도권의 비행금지구역까지 침투시킨 사례가 있다. 특히 2023년 7월 27일 전승절 기념 열병식에서 전략무인정찰기와 다목적 공격무인기의 비행장면을 공개하는 등 향후 북한군은 첨단 무인기 개발과 전술적 활용을 강화해 나갈 것으로 예상된다.133

제4장

북한의 군사제도

1. 병역제도

1) 군 복무제도

제2장 북한의 군사력 현황에서 구체적으로 살펴본 바와 같이, 현재 예비전력을 포함하여 지상군 병력의 규모 면에서 북한군은 인구절벽 시대를 맞이하고 있는 한국군에 비해 압도적인 우위를 점하고 있다. 따라서 본서에서는 병력자원의 수급과 직접적으로 연계되어 있는 북한군의 병역제도에 대해 간략히 살펴보겠다. 한반도 분단체제라는 특수한 안보환경으로 인해 군비경쟁의 당사국인 북한군의 병역제도를 정확히 파악하는 것은 매우 제한적일 수 밖에 없기 때문에 본서에서는 국방부와 통일부에서 공식 발간한 문건과 안보분야 연구기관의 보고서를 참조하였다. 먼저 통일부 발간자료를 토대로 북한군 복무제도의 변천 과정을 시대순으로 살펴보면 다음과 같다.[134] 6.25전쟁 이후 북한군은 전후 재건과정 속에서도 남한과 군비경쟁을 지속해 왔으며, 일정 수준의 병역자원을 확보하기 위해 1956년 민족보위성 명령으로 '인민군 복무조례'를 발표하고 사실상의 징병제를 시행했다. 1958년부터는 내각 결정 제148호에 의거 군 복무연한을 병종별로 차등 적용하였다. 이후 몇 차례의 개정을 통해 1993년 4월 '10년 복무연한제'를 시행했으며, 1996년에는 '복무연령제'로 전환하였다. 2003년 이전까지 북한군은 형식상으로 지원병제에 해당하는 '초모

제(招募制)'를 시행해 왔다. 특히 탈냉전 이후 변화된 안보환경에 대응하기 위해 북한은 2003년 3월 26일 최고인민회의 제10기 6차 회의에서 '군사복무법'을 제정하였고, 이러한 법적 토대 위에서 전민군사복무제[135]를 시행하였다.

북한군은 전 · 평시 환경 변화에 따라 아래의 표와 같이 복무기간을 탄력적으로 조정해 왔으며, 전민군사복무제의 주요 특징을 살펴보면 다음과 같다.[136] 첫째, 북한군의 군 복무 형태와 성격은 헌법과 관련 법률로 규정하고 있으나, 중요한 것은 최고지도자의 교시와 지시에 따라 변경될 수 있다는 점이다. 실제로 김정은 집권 이후 징집대상자가 감소하고 입대자들의 신체검사 기준이 하향됨과 동시에 북한군의 복무기간이 조정되면서 전민군사복무제와 복무기간이 변화될 조짐을 보이고 있다. 둘째, 징집과 동일한 개념인 '초모(招募)'는 중학교 졸업년도에 2회에 걸쳐 실시되지만 군사적 위기상황이 조성되거나 부대 증 · 창설, 대규모 병력충원이 필요할 경우 수시 초모도 실시될 수 있다. 셋째, 직업군인 개념의 하사관 제도가 마련되어 있지 않은 조직 · 편제 상의 문제로 초급병사로부터 특무상사까지 장기복무가 불가피하다. 넷째, 북한군은 의무징집제를 시행하고 있지만 군복무 제외자에 대해서도 정치사상적 기준을 적용하고 있다. 다섯째, 북한군은 정신질환자 또는 중환자가 아닐 경우 경미한 신체검사 불합격자와 독자 등 군 입대 면제자라고 할지라도 의지만 있다면 입대할 수 있다.

다음으로 김정은 집권 이후 북한군의 복무기간 변화요인을 살펴보겠다. 일반적으로 한 국가의 병역제도와 복무기간은 해당 국가의 특수한 안보환경과 군사전략, 군 구조 및 인구비율의 변화 등을 반영한다. 고재홍은 과거 북한군의 복무제도가 연한제에서 나이제로 전환된 것은 제대군인에 대한 사회적 수용대책의 결핍 때문이라고 평가하였고, 약 11여 회에 걸쳐 이루어진 군 복무기간의 변화를 다음과 같이 4가지 요인으로 설명하였다.[137] 첫째, 출생률에 따른 인구변화이다. 북한의 군사복무법에는 군사인원에 대한 수요와 초모대상을 고려하여 복무기간을 정한다고 명시되어 있다. 북한도 6.25전쟁 이후 1970년때까지 한국사회와 마찬가지로 베이비붐이 지속되어 1993년까지 안정적인 병력수급이 가능했다. 하지만 1994년 이후 고난의 행군이 지속되면서 출생률이 감소하기 시작했고, 2015년을 전후로

■ 북한군의 복무기간 변화(1946–2017)

구분	복무형태	연도	남성	여성	비 고
1	지원	1946~1950	규정 무	규정 무	• 지원병제로 특별한 규정 없음
2	형식지원 · 전시징집	1949~1953	규정 무	규정 무	• 1950년 7월, 전시동원령에 의한 징집 • 1953년 8월, 전시동원령 해제
3	지원 · 징집	1955~1956	지상군 3.6년 해 · 공군 4년	–	• 실제 군 복무기간은 5~9년
4	〃	1965	5년	5년	–
5	〃	1972	5년	5년	–
6	〃	1976	7년	7년	–
7	〃	1978	9년	7년	–
8	〃	1983	10년	7년	• 특수병과 13년
9	〃	1993	10년	7년	• 복무연한제 실시
10	〃	1997	만 30세	만 26세	• 무연령제 실시
11	〃	2002	10년	6년	• 전민복무제 실시
12	〃	2014	11년	7년	–
13	〃	2016	10년	5년	• 인민무력성의 제대방침

출처 : 이휘성, “조선인민군의 조직적 특성과 상징체계에 대한 연구,” 서울대학교 박사학위논문, '17.8월), p.112.; 고재홍(2018), p.9.에서 재인용.

100만 명 이상의 상비병력을 유지하기가 어려운 상황에 직면했다. 둘째, 사회 · 경제적 환경 요인이다. 대표적인 사례로 1996년에 복무기간이 '10년 연한제'에서 '연령제'로 전환되었던 것은 고난의 행군 시기에 대량 아사자(餓死者)가 발생하고 신체허약자가 급증한 것에 따른 사회적 · 경제적 부작용이 이른바 '제대정체' 현상으로 이어졌다. 또한 2003년 이후 전민군사복무제를 실시하게 된 요인은 연령제 실시 이후 장기복무에 대한 부정적 영향을 차단하기 위한 조치로 해석할 수 있다. 셋째, 군사안보환경의 변화이다. 북한은 1958년 말 중공군의 철수와 1976년 판문점 도끼 만행 사건, 1983년 미얀마 아웅산묘지 폭파사건, 1993년 NPT 탈퇴 등 한반도에서 군사적 긴장이 고조되거나 군사력 증강정책에 따른 부대개편으로 병력확충이 필요해질 경우 복무기간을 조정해 왔다. 넷째, 최고지도자의 정책적 의지이다.

2012년 김정은 집권 이후 북한군은 의무교육 기간을 11년제에서 12년제로 개정하면서 2014년에 군 복무기간을 1년 연장했다. 특히 2016년에는 인민무력성의 제대방침을 조정하여 군 복무기간을 다시 10년으로 축소하고 지원여성의 복무기간도 7년에서 5년으로 축소함으로써 병역기간 단축에 대한 정책적 의지를 보여주었다.

2) 계급구조

북한군의 계급구조는 서방국가뿐만 아니라 사회주의 국가들과도 다소 상이한 특징을 보여주고 있으며, 주요 특징을 살펴보면 다음과 같다.[138] 북한에서는 군인의 계급을 이른바 '군사칭호'로 부르고 있으며, 『조선말대사전』에서 명시한 사전적 정의에 따르면 "군사칭호란 군인의 군사적 전문 부문과 자격 및 상하급 관계를 규정하기 위해 국가가 제정하는 칭호"이다. 북한군의 군사칭호는 1952년 12월 31일 최고인민회의 상임위원회에서 제정되었고, 대분류는 원수, 장령, 군관으로 구분되며 세부 계급구조는 다음과 같다. 첫째, 원수급은 '① (대)원수, ② 차수'이다. 둘째, 장령급은 한국군의 장관급장교에 해당하는 계급으로 '① 대장, ② 상장, ③ 중장, ④ 소장'으로 구성되어 있다. 셋째, 군관급은 한국군의 영관장교에 해당하는 좌급군관과 위관장교에 해당하는 위급군관으로 구분된다. 먼저 좌급군관은 '① 대좌, ② 상좌, ③ 중좌, ④ 소좌'로 서열화되어 있으며, 위급군관은 '① 대위, ② 상위, ③ 중위, ④ 소위'로 구성되어 있다. 북한군의 사병집단은 크게 한국군의 부사관에 해당하는 하사관과 병사로 구성되어 있다. 사관은 '① 특무상사, ② 상사, ③ 중사, ④ 하사'로 서열화되어 있으며, 병사는 '① 상등병, ② 전사'로 구분된다. 1998년 4월 북한군은 사병의 계급체계를 세분화하여 기존의 2단계 계급구조를 '① 전사, ② 초급병사, ③ 중급병사, ④ 상급병사'로 구성된 4단계 계급구조로 개편했다. 참고로 북한군은 위에서 설명한 기본 계급구조와 별도로 '초기복무사관' 제도를 운영하고 있다. 1957년 이후부터 시행 중인 이 제도는 별도의 계급체계는 아니지만 레이더, 통신기기 등 특수분야에 복무한 사병들을 제대시키지 않고 장기간 복무시켜 관련 기능분야의 공백을 방지하고 전문성을 유지하기 위해 만들어진 제도이다.

■ 북한군의 계급구조

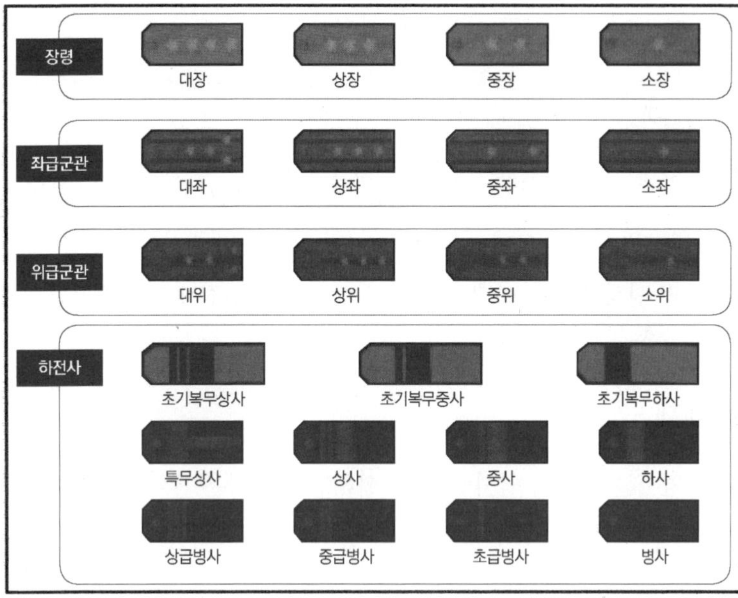

출처 : 통일부, 『2023 북한 이해』, p.119.

다음으로 김정은 집권 이후 북한군의 주요 변화 중 하나인 군 간부구조의 변화에 대해 간략히 살펴보고 군사적 의미를 짚어보겠다. 이와 관련하여 고재홍은 김정은 집권 이후 북한군의 변화와 전망에 관한 연구에서 최근 두드러진 북한군 간부의 변화상을 분석하고 다음과 같이 그 의미와 영향을 고찰하였다.[139] 김정은 집권 이후 북한군은 최고위급 인사와 당중앙군사위원회 위원들을 포함하여 고급 간부들을 빈번하게 교체했으며 다음과 같은 특징을 보이고 있다. 첫째, 북한군의 주요 간부교체는 군내 주도세력의 성격이 변화되고 있다는 점을 보여주고 있다는 것이다. 이는 군 출신의 당 간부들과 군사지휘관들이 당 출신의 군 간부들과 정치지휘관들로 대체되었다는 것을 의미한다. 특히 이것은 북한군의 모든 정치군사 활동이 당의 통제와 지시를 통해 이루어지고 있다는 사실과 군부의 주도세력이 당 출신 인사들로 대체되었다는 것을 의미한다. 둘째, 북한군의 간부교체는 전면적 세대교체의 성격을 띠고 있다는 점이다. 김정은 집권 이후 자연교체 이외에도 경질과 해임, 숙청 등 다양한 형태로 세대교체를 단행했으며 기존 군의 전통과 서열을 해체하는 방식의 파격적인 인사가 이루어졌다. 군 간부에 대한 계급 강등, 강직 등의 징계와 복권 조치는 창군 이후 일반화된 현상이지만, 김정은 집권 이후에는 군 간부들에 대한 강등, 복권 조치들이 매우 광범위하고 반복적으로 이루어졌음을 지적했다. 셋째, 군 간부들에 대해 복합적인 인사조치를 단행할 때 대상 간부들의 신상이 낱낱이 공개되고 있다는 점도 큰 특징으로 분석되었다. 향후 북한군은 김정은 국무위원장의 군부 장악과 권력의 공고화 등 지배권력을 강화하기 위한 차원에서 군 간부의 신상필벌과 세대교체를 더욱 강력히 추진해 나갈 것으로 전망된다.

3) 동원체제

인류의 역사는 전쟁의 역사였으며, 현대전의 양상은 제2차 세계대전을 기점으로 이른바 '국가총력전(Total War, 이하 총력전)' 개념의 전쟁수행 방식이 일반화되었다. 국가의 모든 자원과 수단을 총동원하여 전쟁에서의 승리를 추구하는 총력전의 개념은 "국가 비상사태 또는 전쟁 발발 시 승리하기 위해 우선적으로 사용할 수 있는 군사력으로부터 인적 · 물적 자원, 모든 수단과 능력까지 동원하여 전쟁에서 승리하는 것"을 의미한다.[140] 냉전시대의 전초전이 된 6.25전쟁 이후 북한은 70년 이상 지속된 분단체제 하에서 한반도 적화통일을 목표로 유사시 총력전 수행이 가능하도록 인적 · 물적 동원체제를 구축해 왔다. 북한은 일반 사회주의 국가들과 다르게 3대 세습체제를 구축한 가운데 체제생존을 위해 핵무력을 건설해 왔다. 오늘날 김정은 시대의 북한체제는 여전히 국제적 고립 속에서 외부세계와 철저히 단절되어 존재하는 '국경독재체제'[141]로 남아있다.

최근 북한은 신냉전의 국제질서 속에서 남북관계를 교전국 관계로 규정하여 군사적 긴장을 고조시킴과 동시에 '한반도에서의 령토완정'을 언급하며 전쟁준비를 가속화하고 있다. 따라서 본서에서는 북한의 총력전 개념을 이해하기 위해 전시상태와 동원령, 비상사태의 선포와 해제, 인적 · 물적 자원의 동원체제를 간략히 살펴보겠다.[142] 먼저 전시상태와 동원령의 선포 권한은 2009년 헌법 개정을 전후로 국방위원회(現 국무위원회)에서 국방위원장(現 국무위원장)으로 변경되었다.

또한 당중앙군사위원회는 '전시사업세칙'[143]을 통해 전시상태의 선포 · 해제 권한이 최고사령관에게 있음을 명시하고 있다. 북한에서 비상사태 시 선포되는 작전명령은 5단계로 '① 전시상태, ② 준전시상태, ③ 전투동원태세, ④ 전투동원준비태세, ⑤ 전투경계태세'로 구분된다.[144] 다음으로 인적 · 물적 동원체제를 간략히 살펴보면, 북한은 최고사령관이 전시동원령을 선포할 경우 도 · 시 · 군 · 구역 군사동원부를 통해 24시간 내에 병력 소집태세를 갖추고 있다. 또한 북한은 전시 소요량을 확보하기 위해 유사시 동원시스템에 의존하기보다는 평시 '비축(備蓄)'에 우선을 두고 있으며 산업동원체제도 갖추고 있다.

북한의 동원체제를 가동하고 있는 전담기구는 군수동원총국(군수동원지도국)과 국방성 산하의 군사동원국이며 주요 기능과 역할을 살펴보면 다음과 같다.[145] 첫째, 군수동원총국의 주요 임무는 해당 도 · 시 · 군 · 구역 산하의 사유기관을 포함하여 일체의 공장 · 기업소에서 생산된 모든 재화를 관리 · 비축 · 운용하는 것이다. 특히 북한의 연유(장비운영용 유류), 식량, 군복류, 자동차, 타이어 등 군대와 민간부문에서 사용하는 전시보급물자의 비축을 담당한다. 군수동원총국은 각 도에 관리국을 운영하고 있으며, 관리국은 각 군에 2~3개의 관리소를 두고 있다. 전시 북한군의 비축물자를 관리하는 최하위 조직인 관리소는 비밀 물자나 대량의 보급물자 비축을 담당한다. 둘째, 국방성 산하 기관인 군사동원국은 한국군의 병무청에 해당하는 조직으로 북한군의 병력을 징집하는 임무를 담당하며, 연간 초모계획에 따라 신체검사와 기초 체력검사 등을 수행한다. 이를 위해 군사동원국은 각 지역에 한국군의 지방병무청에 해당하는 군사동원부를 편성하여 운영하고 있다.

■ 북한군의 전쟁 비축물자 유형

물자명	관리기관	저장 장소	용도 및 품명
2호	내각	시 · 군 창고	• 전시 주민용 물자(벼, 옥수수, 밀 등)
4호	내각, 시 · 군 민방위부	시 · 군 창고	• 전시 주민용 생필품 • 식료품, 피복, 섬유, 일용품 등
5호	제2경제위원회	기업소	• 군수품 생산 원자재 • 폭약, 장약, 신관 등 수십여 종
10호	내각 보건성	시 · 군 진료소	• 의약품류
520호	국방위 군수동원지도국	전쟁물자 관리소	• 최고사령관의 전략예비물자 • 유류, 곡물, 강재, 자동차부품, 시멘트 등 수십여 종

출처 : 권양주, 『김정은 시대 북한 군사의 이해』, 2014, p.277.

4) 교육훈련

로마제국의 군사저술가였던 베게티우스(Flavius Vegetius Renatus)는 오늘날 군사학의 고전(古典)으로 인정받는 『군사학논고(De Re Militari)』에서 "전쟁에서의 승리는 숫자와 용기만으로 결정되는 것이 아니며 기술(技術)과 군기(軍紀)만이 승리를 보장한다"고 기록했으며, 특히 "로마인들이 세계를 정복할 수 있었던 것은 무엇보다도 지속적인 군사훈련, 엄격한 군기 준수, 꾸준한 전쟁술의 함양 등에서 비롯되었다"고 강조했다.146 또한 베게티우스는 이 책의 「제3권 전투를 위한 부대배치」의 서문에서 당시 로마 황제에게 고하는 글을 통해 다음과 같은 군사명언을 남겼다. "평화를 원하는 자는 전쟁을 준비해야 합니다. 승리를 원하는 자는 군인들을 훈련시키고 노고를 아껴서는 안됩니다. 성공을 원하는 자는 원칙으로 싸워야 하고 행운만 바라보고 싸워서는 안됩니다. 아무도 감히 전투력이 우세한 강국을 침범하거나 모욕을 주는 일은 없을 것입니다."147 이처럼 동 · 서양을 막론하고 수많은 군사전문가들은 공통적으로 강력한 군대와 전승(戰勝)의 요체가 '실전적인 교육훈련'에 있음을 강조하고 있다.

한반도의 분단체제에서 한국군과 지속적인 군비경쟁을 벌이고 전쟁을 준비해 온 북한군의 입장에서도 교육훈련은 매우 중요한 분야라고 할 수 있다. 따라서 본서에서는 북한군의 교육훈련 체계를 교육훈련 정책 기조와 시대별 중점, 신분별 훈련체계를 중심으로 간략히 살펴보겠다.[148] 먼저 북한군의 교육훈련 정책 기조는 냉전시기 남 · 북한의 재래식 전력의 격차를 고려한 것으로 "적의 양적 · 군사기술적 우세를 정치 · 사상적 우세와 전략 · 전술적 우세로 승리할 수 있는 혁명군대의 육성"에 중점을 두고 있다. 이러한 정책 기조를 구현하기 위해 북한군은 '정치사상교육의 강화, 실전 위주의 군사훈련 강화'라는 2대 교육훈련 목표를 수립했다. 이에 따라 북한군은 교육훈련의 중점으로 '① 사상무장 강화로 혁명전사 육성, ② 간부화 교육으로 지휘능력 배양, ③ 정규전과 유격전의 배합전술 발전, ④ 체력단련 및 사격훈련 강화, ⑤ 야간전투 · 산악전투 및 동계훈련 강화, ⑥ 속전속결 위주의 공세적 대부대 훈련 강화'를 추진하고 있다.[149]

다음으로 시대별 안보환경의 변화에 따른 북한군의 교육훈련 중점을 살펴보겠다. 1967년 이후 북한군은 군의 현대화를 추진하는 과정에서 한반도 작전환경의 변화와 특성을 고려한 맞춤형 전술 개발에 치중했으며, 그 결과 야간훈련과 동계훈련을 강화하게 되었다. 1969년 제8군단을 창설한 이후에는 특수전 훈련을 포함하여 배합전술과 연계된 교육훈련을 강조했다. 1970년대 이후부터는 비대칭 전력을 강화하면서 각종 훈련 시 화생방 훈련을 실시함과 동시에 김일성 지배체제를 정당화하기 위해 정치사상교육을 강화하기 시작했다. 특히 베트남의 공산화 이후 한 · 미 연합작전 태세가 강화되고 1976년 이후 팀스피리트(Team Sprirt) 훈련이 시행되자 북한군은 1979년 이후부터 대부대 지휘소 기동훈련을 실시했으며, 1982년 이후부터는 전방사단 지역에서 도하훈련을 강화하기 시작했다. 이후 김정일 집권 시기에는 선대의 지도자인 김일성이 제시했던 '5대 훈련방침'을 계승하여 이른바 '4대 훈련원칙'을 제시하였다. 1975년 김일성이 제시한 훈련방침은 주로 군사전투기술에 중점을 두었지만, 1990년 5월에 김정일이 하달한 '4대 훈련원칙'은 정신무장을 강조하고 있다.[150]

다음으로 북한군의 신분별 교육훈련체계를 살펴보면, 먼저 군관교육은 한국군의 장교 양성과정과 유사하게 크게는 '① 학교교육과 ② 부대훈련'으로 구분할 수 있다. 군관 양성과정은 군 간부 외에도 다양한 신분을 대상으로 교육을 시키며,

보수교육 과정은 초급 · 고급 군관과정으로 구분하여 병과별 군사학교와 김일성 군사종합대학에서 교육을 진행한다.151 하전사 교육 중 일반 · 기술부사관 양성교육은 한국군과 유사하게 부사관학교와 각종 병과학교에서 주관하며, 입교자격은 해당 병종의 병사로서 당성(黨性)이 강하고 열성적인 자로 근무성적이 뛰어나고 통솔력과 발전성이 있는 인원 중 당 조직이 추천한 자를 위주로 선발한다. 마지막으로 북한군의 신병교육에 대해 살펴보면, 총참모부 군사대열국 및 동원국이 수립한 계획에 따라 행정단위별 군사동원부가 징집 6개월~1년 전에 징집통지서를 발급하며, 대상자는 각 단위부대의 신병교육대로 입소하게 된다. 신병교육은 군 복무에 필요한 사항들을 단기교육을 통해 습득시키며, 특기교육은 자대배치 후에 자신의 직책에서 복무하면서 숙달한다.152

2. 군사문화

1) 북한군의 전략문화

냉전시대 안보이론의 특징은 어떤 국가의 전략적 의사결정과 행동을 게임이론, 합리적 선택이론과 같은 '행태주의적 방법론'에 따라 예측하고 분석한다는 점이다. 하지만 탈냉전 시대 이후 국제질서가 재편되고 글로벌 안보환경이 변화하면서 테러리즘, 기후변화 등 비전통적 안보위협이 새롭게 대두되었고 다양한 비국가 행위자들이 등장하게 되었다. 특히 신냉전의 국제질서에서는 북한, 이란 등 국제규범을 무시하고 불법적인 핵개발을 추진하며 비확산체제를 위협하는 불량국가들이 다수 출현하면서 자유주의 국제질서에 저항하는 새로운 축을 형성하고 있다. 이처럼 국제질서의 성격이 바뀌고 글로벌 안보환경이 변화하면서 안보연구의 패러다임에도 새로운 접근법이 등장하게 되었다. 그것은 특정국가의 전략적 행동을 현실주의와 같은 전통적 국제정치 이론을 활용하되 해당 국가의 역사적 경험과 지정학적 특징, 정치문화 등 내부요인에 주목하여 '전략문화(Strategic Culture)'의 관점에서 분석하고자 하는 시도였다. '전략문화'란 군사력의 사용에 대한 특정

국가의 전통적 가치와 태도, 행동패턴, 관습 등을 상징하며, 안보환경에 대응하고 문제를 해결해 나가는 독특한 방식을 의미한다.

전략문화를 연구한 대표적인 학자로는 스나이더(Jack L. Snyder)와 존스턴(Alastair I. Johnston), 칼츠너(Kerry Kartchner) 등이 있으며, 이들은 공통적으로 냉전시대의 종식에 대해 설명력을 갖지 못했던 현실주의 패러다임의 문제점을 극복하기 위해 전략문화 이론을 발전시켰다. 전략문화에 대한 주요 연구결과를 간략히 살펴보면, 스나이더는 냉전시기 핵전략에 관한 연구에서 처음으로 '전략문화'라는 개념을 제시하였다. 그는 역사적 맥락에서 소련이 미국과는 상이한 상황적 · 기술적 제약에 대응하기 위해 군사교리를 발전시켰으며, 특히 핵전략에 대한 신념과 태도, 행동패턴은 소련 특유의 전략문화에 기초하여 사회화되었다고 분석했다.[153] 다음으로 존스턴은 전략문화의 핵심기능으로 "의사결정자로 하여금 행동을 예측하게 해주고 전략적 선택을 할 수 있도록 다양한 옵션을 제공하는 것"이라고 주장했다. 존스턴은 전략문화를 "논증구조, 은유 등 일종의 상징체계로 정의하였고, 국가 간 정치적 문제에서 군사력의 역할과 효과에 대한 개념을 공식화하고 전략적 선호(Strategic Preferences)를 확립시켜주는 기제"라고 설명했다.[154] 한편 칼츠너는 전략문화가 국가의 행위를 추동하는 조건으로 다음과 같이 5가지 결정요인을 제시하였다.[155] 첫째, 특정 집단이나 국가가 외부의 강력한 위협에 노출되어 있다는 인식이 형성되어 있는 경우 또는 타국에 비해 결정적인 열세에 놓여 있다고 믿는 경우이다. 둘째, 특정 집단이나 국가의 정체성에 관해 확고한 문화적 기반이 존재하는 경우이다. 셋째, 지도자가 국가목표를 달성하기 위한 수단으로서 문화적 상징을 자주 활용하는 경우이다. 넷째, 특정 집단이나 국가의 전략문화 내부에 매우 높은 수준의 동일성이 형성되어 있는 경우이다. 다섯째, 역사적 경험이 특정 집단이나 국가의 위협인식을 강력히 규정하고 있는 경우이다.

전략문화는 특정 국가의 지정학적 환경, 역사적 경험, 정치문화 등을 통해 형성되는 상징체계이기 때문에 매우 특수한 북한체제를 이해하고 연구하는 과정에서 매우 유용한 분석틀을 제공해 줄 수 있다. 관련 연구를 간략히 살펴보면, 홍용표는 북한 전략문화의 형성과정을 다음과 같이 5가지 요인으로 제시하였다.[156] 첫째, 지정학적 요인이다. 한반도는 대륙세력과 해양세력이 교차하는 전략적 요충지로서 주변국의 위협에 시달리고 빈번하게 침략을 받을 수밖에 없었다. 이러한 지정학적 영향으로 한반도의 지도자들은 전통적으로 새로운 영토의 획득 · 확장보다는 기존 영토의 보존, 주변국의 영향력 축소 등 주로 방어적 전략을 지향하게 되었다. 둘째, 역사 · 경험적 요인이다. 한반도는 역사적으로 900회 이상 외세의 침략을 겪었으며, 이러한 경험은 외세에 저항하는 강력한 집단의식과 민족주의 정서를 형성시켰다. 셋째, 분단체제의 영향이다. 북한 정권 수립 이후 김일성은 소련을 민족의 해방자로 내세운 반면, 미국을 일본과 동일한 제국주의 세력으로 비난함과 동시에 남한의 지도자들을 민족반역자로 규정했다. 특히 1948년 9월 10일 발표한 조선민주주의인민공화국 정부 정강에서 민족통일의 주요 화두로 '국토완정(國土完整)'론[157]을 제시했다. 넷째, 6.25전쟁의 경험이다. 한국전쟁은 전쟁 이전에 수사적으로만 되풀이되었던 반미 · 반제국주의 사상을 실제화하고 강화시키는 역할을 했다. 김일성은 미국의 참전으로 한반도 무력 적화통일이 실패했다고 인식했으며, 이러한 좌절감은 미국에 대한 적대감으로 전이(轉移)되었다. 특히 한국전쟁의 경험은 미국의 폭격으로 인해 전쟁피해를 경험했던 북한 주민들에게 반미감정을 내면화시키는 기제로 작용했다. 북한체제에서 6.25전쟁은 인민들에게 반미의식을 확대 · 재생산시키는 역사적 경험이 되었으며 정전협정 체결 이후 북한의 안보전략을 보다 공세적으로 추동하는 핵심요인으로 작용했다. 다섯째, 주체사상을 중심으로 한 정치문화이다. 북한은 1960년대 이후 주체사상에 기반한 자위적 국방력 건설을 강조했으며, 1970년대 이후에는 주체사상과 대남전략이 연계된 '남조선혁명을 통한 공산화 통일' 노선을 추구해 왔다. 특히 북한은 미국을 중심으로 한 제국주의 국가들과의 전쟁을 이른바 '정의의 전쟁'으로 규정하였고, 반제국주의 투쟁이 필요한 이상 지구상에서 전쟁은 불가피하다는 입장을 고수해 왔다.

다음으로 황일도 등은 김일성의 회고록인 『세기와 더불어』를 분석하여 북한 전략문화의 특징을 다음과 같이 제시하였다.[158] 첫째, 미국과 일본 등 제국주의 국가들의 위협은 압도적이며, 북한은 이러한 위협에 상시적으로 포위된 국가이다. 특히 북한은 국제기구들이 제국주의 국가들의 이익을 대변하고 있기 때문에 신뢰할 수 없다고 인식한다. 둘째, 북한은 외교적 수단으로는 평화와 자주노선을 달성할 수 없으며, 오로지 무장투쟁만이 절대적으로 중요하다고 인식한다. 셋째, 반제국주의 투쟁 과정에서 낙관적 의지와 견고한 사상 등 관념적 자산이 물리적 능력 못지않게 중요하다고 인식한다. 넷째, 북한군은 적의 사기를 꺾고 아군의 의지를 강화해 줄 수 있는 전략 · 전술과 무기체계를 선호하며, 특히 적의 핵심목표와 후방을 타격해 심리적 충격을 가할 수 있는 전략과 능력을 선호한다. 다섯째, 객관적 상황이 불리할수록 예상치 못한 공세적 태도를 과시해 이러한 효과를 극대화할 필요가 있다고 인식한다. 또한 황일도 등은 2000년대 이후 발간된 북한의 군사문헌에서 김일성 시대의 전략문화가 계승되고 있다는 점을 확인했으며 그 핵심내용을 다음과 같이 제시하였다.159 첫째, 북한은 제국주의의 위협에 포위되어 있다는 상황적 정체성을 강화함과 동시에 주체사상과 같은 관념적 자산의 중요성을 강조하였고, 그 결과 공세적 태도가 전략적 선호로 이어졌다는 것이다. 둘째, 북한의 전략문화는 2000년대 초반 북미갈등의 과정에서 더욱 증폭되었으며, 결과적으로 핵 · 미사일을 중심으로 한 비대칭 전력 강화, 남북관계에서의 군사적 대결구도 강화 등 극단주의적 행태와 공세적 대외전략을 추동하는 요인이 되었다는 점이다.

한편 국방대학교 김태현 교수는 북한의 지리적 특징과 지정학적 특수성을 연계하여 북한군의 공세적 전략문화의 형성요인을 고찰했으며 주요 내용을 제시하면 다음과 같다.160 먼저 북한의 전략문화에 영향을 미친 요인으로 '① 지리적 · 지정학적 이점, ② 대체불가능한 완충지대, ③ 열린 후방과 강력한 저항지대'라는 3가지 특징을 제시하였다. 첫째, 지리적 · 지정학적 관점에서 북한은 한 · 미 연합전력의 위협으로부터 멀리 이격되어 있는 반면, 중국 · 러시아 등 후원세력으로부터는 근접해 있다. 둘째, 북한은 중국의 입장에서 미국과 일본 등 해양세력을 첨단에서 저지할 수 있는 전략적 완충지대이기 때문에 북한으로 하여금 중국의 이익에 반하는 모험주의적 행동을 추동할 수 있다. 셋째, 북한의 후방거점은 중국대륙으로 연결되어 천연의 방어요새를 형성하고 있으며, 이는 북한의 지도층에 심리적 · 물리적 지탱점이 된다. 이러한 지리적 특징과 지정학적 특수성에 따라 형성된 북한의 공세적 전략문화는 다음의 표와 같이 3가지 특징을 갖는다.

■ 북한의 공세적 전략문화

구 분	세 부 내 용
북한의 전격전과 군사적 모험주의	• 북한은 한반도 지형이 기습효과를 달성하기에 적합하다고 인식함 • 김일성은 소련군 기갑부대의 전격전 전술을 한반도에 적용함 • 북한의 속전속결 전략과 군사적 모험주의를 추동한 요인 – 한 · 미간의 공간적 이격성, 유사시 미군의 증원시간 – 상대적으로 짧은 남한의 지리적 종심을 장악하는데 소요되는 시간
열린 후방지대를 이용한 장기항전 체제	• 북한의 후방지역이 중국대륙으로 연결되어 북한군의 안전판으로 역할 * 후방의 강력한 방어지대 구축은 게릴라 항전주의와 결부됨 • 북한은 미군의 첨단전력이 비정규전 상황에서 매우 취약하다고 인식 * 걸프전, 아프가니스탄전, 이라크전 분석을 통한 전훈 도출
계산된 제한전쟁	• 중국의 입장에서 북한은 완충지대로서 지정학적 가치가 매우 높음 – 대중관계는 북한의 대외적 공세성과 자율성을 확대하는 기제로 작용 – 북한붕괴, 한반도의 국제전化 가능성은 중 · 러의 개입과 중재를 유도 • 위협을 통해 체제생존과 정치적 목적을 달성하는 제한전략을 발전시킴

출처 : 김태현(2019), pp.228~237.

2) 북한군의 병영생활과 군대문화

북한은 전통적인 병영국가로서 인민군이 반드시 지켜야 할 사항을 '군무생활 10대 준수사항'으로 구체화했으며, 세부 내용을 살펴보면 다음과 같다.161 1977년 11월 30일, 조선인민군 제7차 선동원대회 연설을 통해 김일성은 "정치사업162을 잘하여 인민군대의 위력을 더욱 강화하자"는 내용의 '군무생활 방침'을 발표했다. 이후 후계 지도자인 김정일은 이를 더욱 구체화하여 군무생활 10대 준수사항으로 제시했다.

북한군의 병영생활 모습을 간략히 살펴보면 다음과 같다.163 먼저 일반 병사들의 평일 기준 하루 일과는 기상으로부터 아침운동, 세면 및 청소 후 한국군의 일일정신교육과 유사한 독보회(또는 시사보도청취)를 실시한다. 다음으로 대열검사를 실시하고 아침식사 후 오전상학이 끝나면 점심식사를 하고 오후상학을 실시한다. 이후 조준연습 및 무시청소를 실시하고 저녁식사를 한다. 야간에는 분대생활총화, 군중문화시간, 중대장 일일총화, 저녁점검 후에 취침에 들어간다. 북한군 병영생활 일과의 특징은 정신무장과 군의 기율을 강조하는 활동들이 다수 반영되어 있다는 점이다. 북한군은 아래의 표와 같이 군이 지켜야 할 기본과제인 '인민군 군인선서'와 '전투력 강화 5대 방침', '군무생활 10대 준수사항'을 제정하여 이를 병영생활간 철저히 준수하도록 강조하고 있다. 만일 이러한 병영생활 수칙들을 위반할 경우 동지심판, 경고, 권한정지, 출당 등 강력한 처벌을 받게 된다. 또한 북한군 병사들의 일과는 일반 내무생활과 군사훈련 외에도 매우 강도 높은 정치학습, 사상교양 시간이 편성되어 있다. 북한군의 병영생활은 철저히 통제된 상태에서 이루어지며 사상적 무장을 강화하기 위해 매일 정치상학과 독보회를 실시한다. 정치상학은 주로 소대장이 교관이 되어 당과 최고사령관의 방침, 총참모부 지시사항, 군인의 의무사항 등을 교육하는 것이다. 또한 독보회는 북한사회에서 주민들의 정치사상 교육을 위해 김일성과 김정일, 김정은의 저작물을 비롯해 당에서 지정한 필독도서, 신문, 잡지 등을 읽고 독후감을 발표하게 하는 교육시간이다. 독보회는 주로 소대 선동원들이 로동신문과 군보 등 교양자료를 이용하여 시행한다.

■ 북한군의 병영생활 수칙

구분	세 부 내 용
군인선서 5개항	• 정부와 인민에게 생명의 마지막 순간까지 충실할 것 • 사회주의제도와 전취물을 헌신적으로 보위하고 혁명투쟁에서 모든 힘과 생명을 아낌없이 바칠 것 • 고상한 전우애와 일치단결의 정신을 백방으로 발산할 것 • 자기 무기와 군대 재산을 수호하고 비밀을 엄수하며 명령을 절대적으로 집행할 것 • 선서에서 끝까지 충실할 것을 당과 혁명동지들 앞에서 굳게 맹세함
전투력 강화 5대 방침	• 강인한 혁명정신 • 기묘하고 영활한 전술 • 무쇠같은 체력 • 백발백중의 사격술 • 강철같은 기율
군무생활 10대 준수 사항	• 군사규정의 철저한 준수 • 무기의 정통과 철저한 관리 • 군사명령의 철저한 이행 • 당 및 정치 조직들에서 부여한 임무의 어김없는 집행 • 국가기밀 · 군사기밀, 당조직 비밀의 엄숙한 지킴 • 사회주의 법과 질서의 철저한 준수 • 군사정치훈련의 어김없는 참여 • 인민에 대한 사랑, 인민의 재산 침해 금지 • 국가재산과 군물질의 철저한 보호 • 군대 안의 상하 일치단결

출처 : 남만권, 『북한 군사체제: 평가와 전망』, p.165.

최근 북한군의 군대문화는 장기복무의 영향과 최고지도자에 대한 우상숭배 중심의 사상무장 교육, 경제난 심화 등 다양한 요인들로 인해 군기와 사기가 많이 저하되었다. 특히 북한이 고난의 행군 이후 핵개발에 집중하면서 경제난이 심화하고 중앙집권적인 통제시스템이 약화되었으며, 1990년대 중후반 이후부터 '비사회주의적 행위'가 확산되었다. 황의정은 '경제위기와 국가적 통제체계이완'이라는 사회적 맥락을 토대로 북한군에서 비사회주의적 행위가 심화 · 확산되고 있는 배경을 다음과 같이 제시하였다.**164** 첫째, 경제위기의 측면에서는 '① 배급체계의 붕괴와 장마당을 중심으로 한 암시장 발달, ② 사회주의 규범과 생존윤리와의 충돌, ③ 외부문화와 가치관의 충돌, ④ 관료들을 중심으로 기승을 부리는 부정부패'가 영향을 미쳤다. 둘째, 국가통제체계 이완의 측면에서는 '① 북한당국의 사상적 통제 이완, ② 식량배급 등 물질적 통제체계의 이완, ③ 단속요원의 부패행위 등 법적 통제체계의 이완'을 핵심요인으로 제시했다.

3. 북한의 군사혁신

1) 군사혁신의 개념

근 · 현대 전쟁의 역사를 살펴보면 주요 패권국가들은 전쟁에서 승리하기 위해 새로운 군사기술을 적용하여 첨단 무기체계를 개발하고, 창의적인 전술(戰術) · 전기(戰技)를 연마함으로써 전장을 지배해 왔다. 다시 말해 전쟁사는 끊임없는 군사혁신의 과정이었다고 해도 과언이 아니다. 나폴레옹 전쟁과 양차 세계대전 이후 수많은 현대전에서 주요 강대국들은 군사혁신을 통해 전쟁의 양상과 패러다임을 변화시켜 왔다. 냉전시기에는 미국과 소련을 중심으로 한 군비경쟁이 심화하면서 양국 모두 군사혁신을 추진했으며 군사력의 상대적 우위를 추구해 왔다. 탈냉전기 이후 신냉전의 국제질서가 구조화되고 있는 오늘날에도 미국과 러시아, 중국, 일본 등 주요 열강들은 사이버 · 우주공간을 포함하는 다영역의 전장환경에 효과적으로 대응하기 위해 군사혁신을 지속하고 있다. 이러한 흐름은 북한도 예외일 수 없으며 김정은 집권 이후 핵무력 건설을 위한 국방력 발전계획과 연계하여 북한식 군사혁신을 추진하고 있다. 따라서 본서에서는 군사혁신의 이론적 개념을 짚어보고, 북한이 추진해온 군사혁신 과정을 살펴보겠다.

역사적으로 군사혁신(Military Revolution)의 개념은 舊 소련의 오가르코프(N. V. Ogarkov)가 제시한 정찰-타격 복합체(Reconnaissance-Strike Complexes) 이론에 기반하고 있으며, 1990년대 이후 인터넷 혁명과 첨단 과학기술의 급속한 발전 속에서 미국을 중심으로 활발히 전개된 군사적 변화를 지칭한다.165 냉전의 종식 이후 미국은 1990년대부터 '군사혁신(Revolution in Military Affairs)'과 '군사변혁(Military Transformation)'을 중심으로 전개된 논쟁 과정을 거쳐 군사혁신의 이론적 개념을 발전시켰다. 특히 미국은 2001년 9.11테러 이후 군사변혁에 박차를 가했으며, 그 결과 지상군을 경량화하고 신속기동화함으로써 합동성을 강화할 수 있었다. 舊 소련과 미국의 군사전문가들이 제시한 군사혁신의 개념을 간략히 정리하면 다음과 같다. 먼저 러시아 연방군 총참모대학원의 과학연구부장 출신의 슬립첸코(Vladimir I. Slipchenko)는 전쟁의 세대를 아래의 표와 같이 6단계의 축으로 구분하였고 군사과학기술이 세대변화를 촉진하는 핵심요인이 되었다고 평가했다.166

■ Slipchenko가 제시한 군사혁신의 구분

구 분	시기	전쟁의 양상	전투수단	전투방식
1세대	봉건시대	근접백병전	창, 칼, 활	밀집대형 전투
2세대	절대군주 시대	상동	활강총(흑색화약)	용병술의 변화 (산개대형)
3세대	프랑스혁명	상동	소총, 야포	대군주의(Mass army), 국민군 개념 등장
4세대	산업혁명	기동과 화력 중심전	자동화기, 전차, 전투기, 수송 및 통신수단	전장의 확대 (지상, 해상, 공중)
5세대	제2차 세계대전 이후	핵전쟁	핵 · 미사일 등 대량살상 무기	총력전 + 제한전
6세대	21세기	항공 · 우주 · 전자전	지휘통제기술, 정밀유도 무기 등	우주기반 전쟁

출처 : Vladimir I. Slipchenko(1993), pp.38~41.; 황진환(2000), p.7.에서 재인용.

다음으로 미국의 군사분야 전문가인 크레피네비치(Andrew F. Krepinevich)는 군사혁신의 과정이 새로운 과학기술의 출현으로 군사전략 · 전술 · 조직 등 전쟁 양상이 근본적으로 변화될 때 구현되며, 군사혁신의 결과 전투력의 승수효과가 창출된다고 보았다.167 또한 美 RAND 연구소의 헌들리(Richard O. Hundley) 박사는 군사혁신의 개념을 군사작전 시의 핵심역량(Core competencies of a dominant player)을 중심으로 정의했다. 즉, 적의 핵심역량을 진부하게 만들거나 아군이 새로운 핵심역량을 창출할 때 군사혁신이 이루어진다고 보았다. 특히 군사혁신을 달성하기 위해서는 첨단 과학기술과 핵심역량을 확보하기 위한 집중 · 도전이 필요하며, 그러한 혁신의 노력을 수용할 수 있는 조직문화가 요구된다고 강조했다.168 한편 비트징어(Richard A. Bitzinger)는 군사혁신을 '전쟁수행 방식에서의 변화'라는 관점에서 개념화하였다. 즉, 화약 · 철도 · 내연기관 · 집적회로(IC) 등 군사기술의 발달을 통해 혁신이 촉발되지만, 군사교리 · 전술 · 조직분야의 혁신과 융합될 때 구현되는 군사적 변화라고 강조했다.169

2) 북한의 군사혁신

북한군의 군사혁신 동향을 살펴볼 수 있는 국가행사 중의 하나가 당 창건 및 조선인민군 창군을 기념하여 열리는 열병식이다. 역사적으로 북한의 열병식은 단순한 군사 퍼레이드 개념을 넘어 최고지도자의 육성 연설을 통해 군심(軍心)을 장악하고 민심(民心)을 결집함으로써 유일지배체제를 확고히 다지는 공식 행사였다. 특히 김정은 집권 이후에는 각종 열병식 행사에서 북한이 역점을 두어 개발한 핵 · 미사일 전력과 첨단 무기체계들을 선보이며 대내 · 외적으로 군사력을 과시하는 대외정치적 장(場)이 되고 있다. 2023년 7월 27일 개최된 전승절(6.25전쟁 정전 협정일) 70주년 열병식에서 북한군은 전략무인정찰기(샛별-4형), 다목적 공격형무인기(샛별-9형)를 포함하여 수중핵어뢰(해일), 극초음속미사일, 대륙간탄도미사일(화성-17형, 화성-18형), 전술핵무기(KN-23, KN-24, KN-25) 등 최신 전략 · 전술무기들을 공개하며, 북 · 중 · 러 3국의 연대와 군사협력을 과시함과 동시에 한 · 미 양국을 향해서는 공세적 무력 행사 의지를 보여주었다.170

북한의 군사혁신 추진과정과 최신 동향을 이해하는 것은 한반도 작전환경에서 전쟁의 양상을 바꿀 수 있는 첨단 무기체계의 발전 추세와 북한군의 군사전략 변화를 가늠할 수 있는 지표가 된다는 점에서 군사적 함의가 매우 크다고 볼 수 있다. 따라서 본서에서는 김일성과 김정일 시대의 군사혁신 과정을 간략히 살펴보고, 핵무력 완성 이후 첨단 군사력을 건설하고 있는 김정은 집권 이후 북한군의 군사혁신 특징과 동향을 짚어보겠다. 먼저 김일성과 김정일 시대의 군사혁신 추진 현황과 주요 특징을 살펴보겠다.

황진환은 북한군의 군사력 건설과 운용전략이 한 · 미 연합전력에 대응하는 차원에서 변화 · 발전되어 왔다고 평가하였고, 1980년대 중반 전후 군사혁신의 주요 특징을 다음과 같이 제시하였다.[171] 냉전 말기에 북한이 나름의 방식으로 군사혁신을 추진하게 된 배경은 남한의 경제성장으로 인해 남 · 북한 간 국력의 격차가 심화되었고, 한 · 미 연합전력에 비해 상대적으로 군사력의 열세에 놓였기 때문이다. 특히 1990년대 이후 북한은 극심한 경제난으로 체제 위기에 직면하게 되었으며, 이를 극복하기 위한 생존전략의 차원에서 군사혁신을 추진하게 되었다. 당시 북한군은 특수한 안보환경 속에서 다음과 같이 2가지 분야에 중점을 두고 군사혁신을 추진했다. 첫째, 북한은 양적 우위에도 불구하고 한 · 미 연합전력에 비해 질적으로 열세에 놓여 있는 분야를 만회하기 위해 새로운 군사전략을 개발하고 군 조직의 편제를 조정했다. 둘째, 북한은 한 · 미 연합군과 경쟁할 수 없는 취약분야를 선택적으로 상쇄하기 위해 비대칭 무기체계를 개발하고 이와 연계하여 전쟁수행 개념을 발전시켰다. 한편 냉전시기 북한의 군사혁신은 낙후된 경제여건과 과학기술 수준으로 인해 기술적 우위를 확보하기 위해 미국이 추진했던 상쇄전략(Offset strategy)[172]과는 성격이 달랐다. 따라서 북한군이 지향했던 군사혁신의 방향은 한반도 작전환경과 미래전 양상에 대응하는데 초점을 두었으며 다음과 같이 3가지 접근방식을 취했다. 첫째, 북한은 전략적 중심에 대한 방공체계를 강화함과 동시에 남한의 중심인 수도권을 기습적으로 집중 타격할 수 있는 역량을 강화했다. 이를 위해 북한은 4대 군사노선의 일환으로 전국토의 요새화를 추진하여 전 지역에 8,000여 개의 지하시설과 요새를 구축하고 소련제 지대공미사일(중

고도용 SA-2, 저고도용 SA-3, 고고도용 SA-5)을 배치했다. 특히 남한 수도권을 겨냥하여 휴전선 일대에 170mm, 240mm 방사포를 전진배치했다. 둘째, 북한군은 작전개념과 조직개편을 통해 군사력의 운용 효과를 극대화시키는 혁신전략을 추진했다. 이를 위해 북한은 총참모부를 중심으로 단일군 체제를 도입하여 합동성을 강화함과 동시에 기갑/기계화부대 개편을 통해 대남 속전속결 전략을 한층 강화했다. 셋째, 북한은 화학무기와 미사일 등 대량살상무기를 선별적으로 개발함으로써 노후화된 재래식 전력에 시너지 효과를 창출하고자 했다. 이 시기 북한은 핵개발을 시도했으며 전략적 모호성을 유지함으로서 체제생존을 모색하는 등 고도의 심리전을 전개했다.

다음으로 김정은 집권 이후 북한의 군사혁신 동향과 주요 특징을 살펴보겠다. 임철균은 북한의 군사혁신과 군사전략의 변화 가능성을 고찰한 연구에서 2018년 개최된 당중앙군사위원회 제7기 전원회의를 기점으로 북한이 군사혁신을 위한 정책적 · 제도적 노선과 전략무력의 운영 방침을 결정했다고 평가했으며 주요 내용을 살펴보면 다음과 같다.[173] 2012년 김정은 집권 이후 북한은 체제결속과 국제사회의 제재 · 압박에 적극적으로 대응하기 위해 지속적인 군사혁신을 추진해 왔으며, 그 결과 북한은 핵 · 미사일을 포함하여 재래식 전력을 현대화하였다. 북한은 첨단 무기체계 개발을 포함하여 상부 지휘구조 개편과 지상군 강화 등 광범위한 군사혁신을 단행했다. 북한은 김정은 국무위원장을 중심으로 최고사령관의 군 장악 능력을 담보하기 위해 당중앙군사위원회의 통제력을 강화시켰으며, 2020년에는 다섯 번째 군종인 특수작전군을 창설하여 미래전을 준비했다. 특히 2018년 7월에 개최된 당중앙군사위원회 제7기 5차 확대회의를 통해 '군수생산계획 지표'를 승인함으로써 향후 북한군의 군사전략 변화 가능성을 시사했다.

김정은 집권 시기에 두드러진 북한 군사혁신의 특징은 핵무력 완성 이후 핵을 투발하기 위한 다종의 투발수단 확보에 주력하고 있으며, 최근 열병식에서 공개한 바와 같이 비용 대비 효과가 탁월한 첨단 무인기 개발에 박차를 가하고 있다는 점이다. 이와 관련하여 임철균 · 손한별 등은 김정은 시기 북한의 군사혁신을 3단계 전략시기로 구분 · 평가했으며, 세부 내용을 살펴보면 다음의 표와 같다.[174]

■ 김정은 집권 이후 북한의 군사혁신 평가

구분	주 요 내 용	
전략시기별 군사혁신 추진현황	적극방어 전략시기 (2012~2016년)	• 대대적인 무력현대화 추진 : 무기체계 개발 · 시험 * 맞춤형 대응전력 개발 : 대전차 유도무기, 장거리 방사포 등 • 평양방어 및 제한전에서의 우세 확보를 위한 혁신 추진
	판가리 결전 전략 시기 (2017년~현재)	• 선택과 집중 : 전략군의 핵심 무기체계 현대화 • 공세적 전력 개발 및 시험에 집중 * 정밀타격 공격수단, 위력한 저격무기, 땅크 · 장갑차 등
	첨단 전투기재 기반 지능화 전략 시기	• 첨단 전투기재 현대화 : 정찰위성, 드론, 인공지능 전력 등 • 국가 우주개발국 확대 개편을 통한 우주력 강화
북한의 군사혁신 평가	공세적 목표달성을 위한 수단 확보에 총력	• 한반도 전영역 석권을 목표로 다양한 위협수단 확보 • 핵 · 미사일 정밀화 및 현대화, 땅크 · 기계화부대 증강 등
	재래식 열세 극복을 위한 핵 지상주의	• 재래식 전력의 열세를 극복하기 위해 핵무력 완성 • 전략군을 중심으로 다종 · 다양한 핵 투발수단 개발
	극단적 비대칭성을 활용한 상대적 우세 추구	• 전력의 열세를 상쇄하기 위해 비대칭 반타격 역량확보 추구 • 한반도의 주도권 장악을 위해 '판가리 결전 전략'[175] 수행

출처 : 임철균 등(2023), pp.48~66.의 내용을 정리.

4. 북한의 군수산업 및 방위산업

1) 북한의 국방력 강화 동향

북한은 상시전비국가이자 군사국가화된 특수한 체제로 정전(停戰)협정 체결 이후 분단상황 하에서 남한과 군비경쟁을 지속해 왔다. 또한 체제수호와 생존을 위해 국제사회의 강도높은 제재와 압박, 지속된 경제난에도 불구하고 핵무력을 건설했으며, 이를 대남 · 대미관계에서 강압적 수단으로 활용하고 있다. 냉전기와 탈냉전기 한반도 군비경쟁의 양상이 재래식 전력을 중심으로 이루어졌다면, 김정은 집권 이후 신냉전의 국제질서에서 북한은 게임체인저인 핵무력을 완성함으로써 한반도 작전환경을 근본적으로 변화시켰다. 따라서 북한의 군사력 건설을 가능하게 해준 핵심요인으로 군수 · 방위산업 현황을 살펴보겠다. 이를 위해서는 김일성과 김정일 시대의 군수산업 정책, 김정은 집권 이후 북한의 국방력 발전계획을 짚어보겠다.

6.25전쟁 이후 남한과 북한은 전후재건과 경제발전을 추진했으며, 분단체제라는 특수한 안보환경에서 군비경쟁을 통해 군사적 대결을 지속해 왔다. 전후 미 · 소를 중심으로 한 이념적 대립과 중국의 개혁 · 개방, 공산진영의 붕괴 등 국제질서의 변화를 경험하며 김일성과 김정일 부자는 자위적 군사노선을 추구하며 체제 생존의 길을 모색했다. 냉전기와 탈냉전기 남한과 재래식 군비경쟁에 치중했던 북한의 군수산업 정책을 간략히 정리하면 아래의 표와 같다.

■ 냉전 · 탈냉전기 북한의 군수산업 정책

구분	주 요 내 용
김일성 시 기	• 1960년대 : 재래식 무기 생산기반 구축 – 6.25전쟁의 교훈을 바탕으로 중공업 재건을 통한 군수산업 발전 추진 – 무기 · 장비의 질적 향상 도모, 자체 개발 또는 기술도입 생산품 양산체제 구축 * 전시전환 준비 : 전략물자와 원자재 비축, 민수공장의 평시 동원지정 등 – 1962년 '경제 · 국방건설 병진' 방침, 4대 군사노선 채택 → 국방력 강화 추진 * 군수산업 기반 확충 : 국방공업발전기구 창설(제2기계공업성, 국방과학원) – 화학무기 양산시설 구축, 핵무기 기초연구 착수 • 1970년대 : 주요 전투장비 양산체제 구축(전차, 자주포, 장갑차, 잠수정 등) • 1980년대 : 국방공업의 질적 향상(항공기, 유도무기 생산능력 강화)
김정일 시 기	• 1990년대 : 재래식 무기의 양산체계 구축, 정밀무기체계 개발(노동미사일 등) • 2000년대 : 핵무기 개발 · 실험, 장거리 미사일 등 대량살상무기 개발

출처 : 권양주, 같은 책, pp.313~326.의 내용을 정리함.

미 · 중 전략경쟁과 신냉전의 국제질서가 본격화된 시기에 등장한 김정은 체제는 국방력 강화를 통해 대미억제력을 확보하고 남북관계에서 전략적 우위를 추구해 왔다. 이러한 전략적 노선은 2021년 1월 조선노동당 제8차 당대회에서 제시된 '국방과학발전 및 무기체계개발 5개년 계획'에서 구체적으로 확인할 수 있다. 북한은 2021년부터 2025년까지 초대형핵탄두를 포함하여 극초음속 무기와 원자력추진잠수함, 정찰위성 등 첨단 전력을 개발해 나갈 것으로 전망된다. 김정은 집권 이후 북한의 국방력 강화 동향에 대해 북한전문가인 김보미는 아래의 표와 같이 3단계 시기로 구분하여 주요 추진현황을 제시하였다. 첫째, 핵보유국 지위 확립기에는 경제 · 핵무력병진노선의 추진과 연계하여 핵무력의 고도화를 추진했다. 둘째, 국가핵무력 완성기에는 핵실험과 투발수단의 확보를 통해 대미 · 대남억제 역량을 강화했다. 셋째, 불가역적 핵보유국 선언기에는 공세적 핵태세를 채택하여 첨단 무기체계 개발에 박차를 가해 왔다.

■ 김정은 집권 이후 북한의 국방력 강화 동향

구 분	주 요 내 용
핵보유국 지위 확립기 (2012~2015년)	• 2012년 5월, 북한의 개정헌법에 '핵보유국' 명기 • 2013년 2월, 3차 핵실험 : 핵탄두의 소형화 · 경량화에 성공 • 2013년 3월, 경제 · 핵무력병진노선 채택 • 2013년 4월, 핵무력 정책에 관한 법령 채택 • 2014년 핵 · 미사일을 담당하는 별도의 병종인 '전략군' 창설 공식화 • 2015년 5월, 잠수함발사탄도미사일 시험발사
국가핵무력 완성기 (2016~2020년)	• 2013년 3월, 북한의 유일사상 10대 원칙 개정 * '핵무력 중추의 자위적 국방력 강화' 방침 명시 • 2016년 5월, 핵선제불사용(No First Use) 원칙 선언 • 2016년 1월 · 9월, 제4~5차 핵실험 실시 • 2017년 7월, 대륙간탄도미사일 화성-14형 시험발사 • 2017년 9월, 제6차 핵실험(수소탄) 실시 • 2017년 11월, 대륙간탄도미사일 화성-15형 시험발사 • 2018년 4월, 병진노선의 승리 선언, 국가경제개발 5개년 계획에 매진 • 2019년 5월 이후, 단거리탄도미사일 시험발사(KN-23 · 24 · 25) • 2019년 7월 이후, 잠수함발사탄도미사일 개발
불가역적 핵보유국 선언기 (2021~2025년)	• 2021년 1월, 노동당 제8차 당대회 사업총화보고 시 핵무력의 질량적 강화 방침 재확인, 국방공업발전 및 무기체계개발 5개년계획 발표 * 핵무기의 '소형경량화, 규격화, 전술무기화' 선언 • 2021년 2월 이후, 전술핵무기, 중장거리 장거리순항미사일, 정찰위성 개발 • 2022년 9월, 핵무력정책 법령 채택

출처 : 김보미, "김정은 시기 북한의 국방력 발전계획," '23.2월, 『INSS 연구보고서』 2022-02호, pp.45~85.

2023년 12월, 북한은 제8기 제9차 당 전원회의를 통해 국방력 발전에 대한 세부 과업을 아래의 표와 같이 구체적으로 제시하였다. 김정은 국무위원장이 남북관계를 동족관계가 아닌 '교전 중인 적대국 관계'로 선언하고, 핵무력을 포함하여 '무력에 의한 영토완정'을 강조한 상황에서 향후 북한은 핵 · 미사일, 정찰위성, 무인기 개발 등 국방력 발전 과업을 중점적으로 추진해 나갈 전망이다.

■ 2024년 북한의 국방력 발전 세부 과업

구 분	내 용	의 도	예상행보
군수공업 부문	• 무장장비 개발 · 생산 확충 • 당 국방발전전략 성공적 실행 담보	• 군수생산 우선순위 • 자체 전력화 수요 • 러시아 공급 물량 • 해외 무기판매	• 중요 기계공장 현대화
핵무기 부문	• 핵무기 생산계획 수행	• 핵물질, 핵탄두 증산	• 핵물질 추출 확대 • 핵실험 가능성 • 핵탄두 양산체계
미사일 개발 및 생산 부문	• 중점목표와 전투적 과업 제시	• 미사일 완성형 모델 다종화	• 고체형 중거리 탄도미사일 • ICBM 완성도 제고 • SLCM, SLBM • 공대지 · 공대공 미사일 기술 고도화
우주개발 부문	• 3개의 정찰위성 추가 발사	• 한국 개발일정 의식, 경쟁적 우위 과시 목적	• 4월 한국 발사일정 고려 2호기 선행 발사 가능성 • 북 · 러 기술협력 가능성
선박공업 부문	• 제2차 함선공업혁명 • 해군 수중 및 수상전력 제고 • 국방력발전 5개 중점목표 중 미진한 과업 빠른 기간 집행(중심과업)	• 해군 현대화 10년 계획 시작 • 국방력 발전계획 성과 최대화	–
무인항공 공업 부문	• 각종 무인무장장비 개발 생산	• 무인정찰기, 전투용드론 등 전력화 및 수출	• 무인정찰기, 전투용 드론을 이용한 지상 · 공중 · 해상 위협비행 과시 • 러시아, 중동에 공급 가능성
탐지전자전 부문	• 전자전 수단을 개발 생산	• 전술핵 실전화에 따라 EMP 목적 구체화	–
민방위무력 부문	• 노동적위군 싸움준비 완성	• 전쟁준비 차원의 긴장 조성, 주민통제 · 결속	–

출처 : 통일연구원 북한연구실, "북한의 제8기 제9차 당 전원회의 분석과 함의," '23.12.31, p.3.

2) 북한의 과학기술정책과 무기체계 연구개발

김정은 집권 이후 북한은 핵무력 건설을 중심으로 국방력 강화를 지속적으로 추진해 왔으며, 이를 위해 첨단 과학기술에 기반한 무기체계 연구개발을 강조하고 있다. 최근 북한은 각종 열병식에서 다종 · 다양한 전략무기와 핵투발수단 등을 대외적으로 공개하고 있으며, 유엔 안보리의 강력한 대북제재에도 불구하고 미사일 시험발사 등 군사도발을 지속하면서 제7차 핵실험을 앞두고 있다. 제3장 5절에서 살펴본 바와 같이 핵전략 관련 전문가인 세이건(Scott D. Sagan)은 특정 국가의 핵 개발 이유를 크게 안보모델(The Security model)과 국내정치 모델(The Domestic Politics model), 규범적 모델(The Norms model)로 설명했다.[176] 북한이 3대 세습체제를 이어오며 핵무력 건설을 포함하여 국방력을 강화해 온 이유를 세이건이 제시한 3가지 모델을 적용하여 설명하면 다음과 같다. 첫째, 안보모델에 따르면 북한은 신현실주의적 차원에서 냉전기와 탈냉전기를 거치며 심화된 한 · 미 연합군과의 전력 격차를 상쇄하기 위해 핵 · 미사일을 중심으로 비대칭 전력을 강화해 왔다. 특히 비대칭적 억제(Asymmetric deterrence)의 차원에서 북한은 전술핵무기와 초대형방사포, 전략순항미사일 등의 첨단 무기체계를 개발해 왔으며 다양한 군사위협에 대응하기 위해 선제적인 전술핵무기 사용 가능성을 대외적으로 선언했다고 볼 수 있다. 둘째, 국내정치 모델의 차원에서 북한은 김일성의 항일무장투쟁을 혁명 전통으로 강조하며 3대 세습체제를 유지해 왔고, 김정은 집권 이후에는 당 · 군 · 정을 장악한 가운데 중앙집권화된 권력체제를 구축했다. 따라서 김정은의 통치체제에서 핵무기는 선대의 유산으로 간주되었고 핵무력을 완성하기 위해 북한은 과학기술정책과 무기체계 연구개발을 통해 국방력을 강화하는 정책을 추진하게 된 것이다. 셋째, 규범모델의 관점에서 북한은 국제사회에서 핵을 보유한 '전략국가'의 정체성을 갖추기 위해 핵무력 건설과 국방력 강화를 추구해 왔다. 김정은 집권 이후 북한이 국가우주개발국을 창설하고, 우주개발을 자주적 권리라고 주장하며 정찰위성 시험발사를 추진한 최근 사례는 이러한 정체성 변화 시도를 설명해 준다.

2021년 1월, 제8차 당대회에서 북한은 향후 5년간 핵무력 고도화에 방점을 둔 국방력 강화 방안으로 '국방과학발전 및 무기체계 개발 5개년 계획'을 발표하였다. 이에 따라 북한은 핵무력 강화와 연계하여 전술핵무기와 핵투발수단, 극초음속 미사일 등을 개발해 나갈 전망이다. 북한이 추진하고 있는 탄도미사일, 우주발사체 병행 개발 계획은 아래의 그림에 제시된 바와 같다.

▬북한의 탄도미사일 및 우주발사체 병행 개발 로드맵

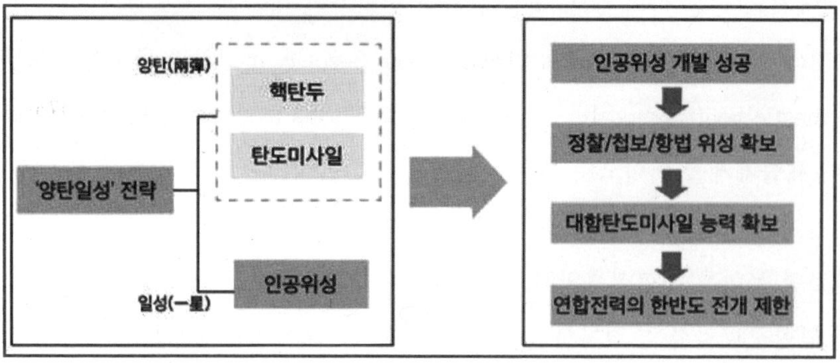

출처 : 홍민, "북한의 전략국가론과 핵무기 고도화,"(2022), p.39.

'국방과학발전 및 무기체계 개발 5개년 계획'에서 주목할 점은 북한군이 핵무력 강화 전략으로 탄도미사일과 우주발사체의 병행 개발을 추진하고 있다는 것이다. 한국국방연구원 이상민 박사는 향후 북한군이 우주발사체용 대형 액체 · 고체 연료엔진을 개발하고 ICBM용 고체연료 엔진과 다탄두 기술 전환, 위성기반 원격 탐지추적 기술 확보 등을 추진할 것으로 전망했다.[177]

3) 북한의 전쟁 지속능력

북한의 전쟁 지속능력을 가늠하기 위해서는 국방비 지출 현황을 면밀히 분석할 필요가 있다. 하지만 북한은 경제 관련 수치를 발표하지 않고 있으며, 이에 따라 경제활동 추세가 반영된 추정치를 분석자료로 활용하고 있는 실정이다. 美 국방정보국(Defense Intelligence Agency, DIA)의 공개자료에 따르면, 북한의 경제성

■ 북한의 탄도미사일 개발 로드맵

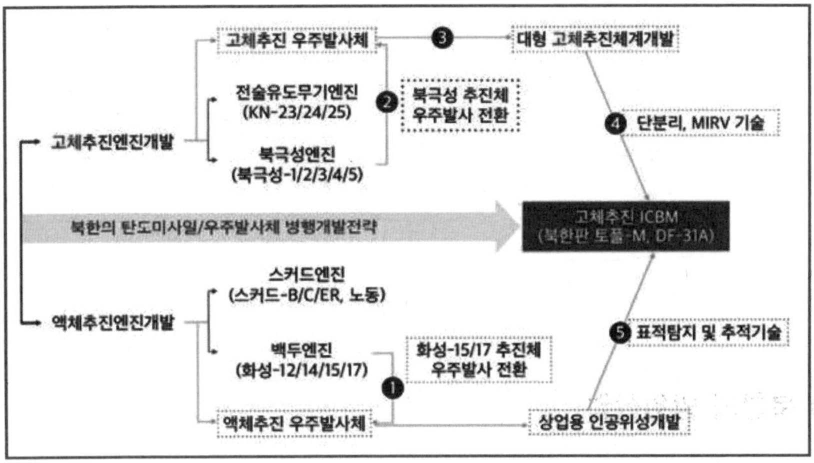

출처 : 이상민(2022), p.8.

장률과 국방예산 활용 관련 추정현황은 다음과 같다.[178] 최근 북한의 경제상황은 유엔 안보리의 대북 경제제재 여파로 2018년에 경제성장률이 약 4% 감소했으며, 2019년 소폭 성장세를 유지했지만 2020년 코로나19 팬데믹에 따른 무역차질로 인해 더욱 위축되었다. 또한 국방비 지출 규모를 살펴보면 약 70억 달러에서 110억 달러로 추정된다. 북한은 GDP의 약 20~30%를 국방예산으로 지출하고 있기 때문에 GDP 대비 국방비 사용비율은 세계에서 가장 높은 수준이다. 특히 북한은 제7차 핵실험을 준비하면서 다종 · 다양한 미사일 개발 프로그램을 진행 중이기 때문에 연구개발 및 무기생산 자금을 조달하기 위해 암호화폐 탈취, 해외 무기거래 등 다양한 수단을 총동원하고 있다.

2002년 2월 12일, 美 국방장관이었던 럼스펠드(Donald Rumsfeld)는 테러와의 전쟁 초기 이라크에 대량살상무기(WMD)가 없다는 정보와 주장들이 난무하는 가운데 미국의 군사적 조치가 필요한 이유를 이른바 '알려진 것(Knowns)'과 '알려지지 않은 것(Unknowns)'의 비유를 통해 정당화한 바 있다. 당시 이라크 전쟁을 준비하기 위한 백악관 브리핑에서 럼스펠드는 이라크의 대량살상무기 보유 여부를 묻는 기자의 질문에 대해 다음과 같은 논리를 제시했다.[179] 첫째, 이라크가 어느 정도의 재래식 군사력을 보유하고 있는지는 '미국도 잘 아는 알려진 사실(Known knowns)'이었다. 둘째, 이라크의 정예병력과 무기체계들이 어느 지역에 얼마나 배치되어 있는지는 '미국이 정확히 알지 못하는 알려진 사실(Known unknowns)' 이었다. 셋째, 이라크에 대량살상무기들이 존재하는지의 여부는 '미국이 모르는 알려지지 않은 사실(Unknown unknowns)'이었다. 북한의 전쟁 지속능력은 정확한 군수산업 규모와 방위산업 역량을 정확히 확인하고 선불리 예측할 수 없다는 점에서 럼스펠드가 비유했던 '알려지지 않은 사실(Unknown unknowns)'의 영역이라고 할 수 있다.

4) 북한의 방위산업

최근 러시아-우크라이나 전쟁이 장기소모전 양상으로 전개됨에 따라 2023년 이후 북・러 양국의 무기거래와 군사협력이 확대되고 있는 추세이다. 특히 UN과 국제사회의 강력한 제재에도 불구하고 전쟁특수(戰爭特需)를 맞이하고 있는 북한은 주요 관영매체를 통해 김정은 국무위원장의 군수공장 현장지도를 대대적으로 공개하며 방위산업의 중요성을 부각시키고 있다. 한 가지 주목할 점은 북한 당국이 군사보안의 차원에서 최고지도자의 행선지를 '기계공장' 방문으로 위장 발표해온 기존의 보도관행을 깨고, 최근에는 김정일 국무위원장의 군수공장 현지지도를 대외적으로 공개하고 있다는 점이다. 실제로 북한『로동신문』은 2023년 8월 김정은 국무위원장이 자강도와 평안남도 일대의 군수공장을 현지지도했다는 소식을 보도했다. 통일부 발표자료에 따르면, 김정은 국무위원장은 군수공장을 현지지도하면서 '현대화(16회)', '생산능력(12회)', '전쟁준비(10회)', '정밀화 및 질 제고(10회)', '계열생산(5회)' 등을 강조했으며, 이러한 공개 행보에는 다음과 같은 전략적 의도가 담겨 있다고 분석했다.[180] 첫째, 군수공장 현지지도는 핵・미사일 고도화와 연계하여 보다 강경한 대외정책 노선으로의 전환 의도를 시사한다는 점이다. 둘째, 김정은 국무위원장의 현지지도 메시지는 무기를 제품화하는 생산능력의 확대, 즉 무기의 대량생산을 강조하고 있다는 점이다. 셋째, 무기 대량생산의 목적으로 '전쟁준비 완성'을 강조한 것은 '① 최근 한・미동맹 강화에 따른 압박감과 초조함의 반영, ② 국제정세 긴장의 원인을 한・미에 전가하여 중국・러시아와의 협력 강화에 활용, ③ 대미 · 대남 심리적 압박 효과'를 노리는 것으로 평가된다. 향후 북한은 군수산업이 전쟁준비와 직결된다는 관점에서 방위산업 육성정책을 더욱 강화해 나갈 전망이다.

북한의 방위산업을 이해하기 위해서는 대량살상무기의 생산 · 관리를 담당하는 관련 조직을 살펴볼 필요가 있다. 아래의 표에 제시된 바와 같이 국방성과 총참모부에서 소요를 제기하면, 당 중앙군사위원회는 군수산업 전반에 대한 정책을 수립하고 당 기계공업부와 내각의 업무를 지도한다. 기계공업부는 각 군수공장의 무기생산과 군수생산자재의 공급실태를 지도 · 감독하며 핵무기 개발을 주관하는 등 북한의 방위산업에서 핵심적인 역할을 담당하는 조직이다. 또한 제2경제위원회는 무기체계 생산, 기술지원, 연구개발, 수출업무 등을 관장한다. 제1자연과학원은 우라늄 정제 등 무기체계 연구개발 관련 기초연구를 수행하며, 제2자연과학원은 미사일, 전차 등을 개발하는 각종 연구소로 구성되어 있다.

■ 북한의 대량살상무기 생산 관련 기본업무 분장

기 관	주 요 업 무
국방성 / 총참모부	• 소요제기 및 시제품 검사
당 중앙군사위원회	• 군수산업 정책 수립 및 전반적인 업무 조정 · 통제 • 당 기계공업부와 내각의 군수산업 관련 업무 지도
기계공업부	• 제2경제위원회 산하 군수공장 무기 생산 및 내각의 군수생산자재 공급 실태 지도 · 감독 • 핵무기 개발 주관
제2경제위원회	• 무기생산 및 기술지원, 신형 무기 연구개발 • 무기 수출업무 관장 • 제4총국 : 미사일 생산 • 제5총국 : 생화학무기 생산 • 핵무기 개발 및 생산은 관여하지 않음
제1자연과학원	• 우라늄 정제 등 기초연구
제2자연과학원	• 모방개발, 역설계 등 • 공학연구소 : 미사일 개발 * 정밀기계연구소(포탄, 포신 등 개발), 재료연구소, 탱크연구소, 전자연구소 등 산하 연구소들이 편성되어 있음
내각의 각 성	• 무기 생산에 소요되는 원료 및 자재 공급 • 관련기관 : 원자력총국, 전자공업성, 화학공업성 등

출처 : 권양주, 『김정은 시대 북한 군사의 이해(2014)』, p.217.

북한의 방위산업은 전쟁준비와 연관된 무기생산에 가장 높은 우선순위를 두고 있기 때문에 민간부문의 경제를 희생시키면서 발전해 온 구조적 특성과 한계를 갖고 있다. 냉전시기 북한의 방위산업은 대규모의 지상전력을 강화하는 데 초점을 두었지만, 탈냉전 이후에는 비용 대비 효과가 뛰어난 탄도미사일을 개발하는 것으로 정책이 전환되었다. 북한의 방위산업 특징을 간략히 살펴보면, 무기체계 연구개발 · 생산의 자립화를 추구하고 있지만 여전히 기술적 · 경제적 한계로 인해 첨단기술과 원자재 수급 관련 대외의존도가 높은 편이다. 또한 북한이 보유하고 있는 재래식 전력은 대부분 노후화되어 있기 때문에 지속적인 유지 · 보수와 성능개량이 불가피한 측면이 있다. 최근에는 한국의 방위산업 역량이 강화됨에 따라 한국군 전력의 기술적 우위를 상쇄하고 한 · 미 연합전력에 대한 억지력을 구비하기 위해 비대칭 전력의 강화에 총력을 기울이고 있다.

북한 방위산업의 핵심인프라인 핵 · 미사일 생산시설은 북한 전역에 분산되어 있으며, 지역별 운영시설은 다음의 표에 제시된 바와 같다. 각 군수공장들은 전문분야별로 특화되어 있으며 기본적으로 협동생산을 통해 주요 무기체계를 생산하고 있다. 핵개발 관련 인프라는 주로 영변에 밀집해 있으며, 대부분 은폐된 시설에서 운영 중인 것으로 판단된다. 다음의 표와 같이 영변에는 각종 원자로와 핵연료 생산시설, 재처리시설 등이 밀집되어 있으며, 그 외에도 핵무기 연구 · 제조 · 저장시설과 고폭 실험시설, 우라늄 농축 시설 등 위치를 추정할 수 없는 다수의 미확인 시설을 운영 중인 것으로 판단된다. 특히 표에 제시된 '비대칭디메틸히드라진(UDMH)'은 장거리 미사일에 사용되는 액체연료이다.

■ 북한의 핵 시설 현황

구분		시설명	위치	비 고
확인 시설	채광 및 정련시설	평산 우라늄 광산	황해도 평산	운영 중
		순천 우라늄 광산	평남 순천	
		평상 우라늄 정련시설	황해도 평산	
		박천 우라늄 정련시설	박천	가동중지('92년)
	원자로	IRT-2000연구로	영변 핵물리연구소	운영 중
		5MWe 흑연로	연변 핵물리연구소	
		50MWe 흑연로	영변	건설중지
		200MWe 흑연로	평북 태천	
		100MWe 경수로	영변	건설 중
	핵연료 생산	핵연료봉 제조시설	영변	시설 재건
		농축시설	영변	가동 중
	재처리	방사화학실험실	영변	운영 중
	연구시설	동위원소가공시설	영변	?
	핵무기 개발	핵 실험장	함북 길주군 풍계리	1~6차 핵실험
미확인시설		핵무기 연구시설	?	분산되어 존재할 가능성이 높음
		고폭 실험시설	?	
		핵무기 제조시설	?	-
		핵무기 저장시설	?	분산되어 존재할 가능성이 높음
		우라늄 농축 연구시설	?	
		우라늄 농축시설	?	영변시설 이외에 시설 존재 여부 불확실

출처 : 통일연구원, "북한 분야별 실태 평가 및 변화 가능성 전망,"『경제인문사회연구회 협동연구총서』제 19-15-01호, '19.6월, p.73.

■ 북한의 미사일 생산 시설

공장명	소재지	종업원수	주요 생산품
제26호공장	자강도 강계	1만 명	SAM-7 지대공미사일
제38호공장	자강도 강계	6천 명	?
만경대약전기계공장	평양시 용성	-	지대지미사일(노동 1·2·3호), 실크웜대함미사일
만경대보석가공공장	평양시 만경대	5천 명	탄두 및 폭약

평양1월25일기계공장 (평양 돼지공장, 125호공장)	평양시 용성	4천 명	지대공미사일 실크웜대함미사일
동해약전공장	함북 청진	–	SAM-7 지대공미사일, 대전차유도탄(유 · 무선)
입불동미사일공장	평양시	–	?
67호공장	–	–	–
만경대공작기계공장	–	–	–
로동리공장	함북 길주	–	–
대포동공장	함북 화대	–	–
태성기계공장 (잠진미사일공장)	평남 남포	–	스커드미사일, 대포동 2호 미사일, 중거리탄도미사일(화성-10형), 장거리미사일
1월18일기계종합공장 (118호공장)	평남 개천	1만 명	로켓, 미사일, 어뢰, 전차용 엔진, 탄도미사일 엔진
제301호공장	평북 대관	–	지대공미사일
제38호공장 (청년전기연합기업소)	자강도 희천	1만 5천 명	미사일 제어기기, 각종 계기류, 탐지기
산음동병기연구소	평양시	–	탄도미사일 예비조립
평양반도체공장	–	–	2극소자직장, 조업식전자일용품, 집적소자, 반도체소자, 각종 미사일 전자부품
56호공장	평북 대관	–	로켓
평양약전기계공장	평양 만경대	–	미사일 폭약과 관련 부품
2.8비날론공장 일용분공장	함북 함흥	–	비대칭디메틸히드라진 (UDMH)
727호공장(아오지화학공장)	함북 은덕	6~8천 명	
함흥비료공장	함남 함흥	–	
선천화학공장기업소	평북 선천	–	
봉화화학공장	평북 피현	–	
선천인산비료공장	평북 선천	–	
제81호공장(성간강철공장)	자강도 성간	7천~1만 명	미사일 발사대
제118호공장 (1월18일기계종합공장)	평남 개천	5천~8천 명	
제67호공장	평남 성천	5천~7천 명	미사일 부품

금성트랙공장	남포시	-	각종 자주포 궤도장치 및 주행장치
승리자동차공장	평남 덕천	-	?
기계공장(명칭 미상)	평북 의주	-	?

출처 : 통일연구원, "북한 분야별 실태 평가 및 변화 가능성 전망,"『경제인문사회연구회 협동연구총서』 제19-15-01호, '19.6월, p.71.

김정은 집권 이후 북한은 핵무력 건설과 재래식 전력의 현대화를 위해 군사과학기술 발전의 중요성을 강조해 왔으며, 이를 토대로 방위산업의 인프라를 확충하고 역량을 강화해 왔다. 그 결과 북한군은 핵탄두를 소형화 · 경량화 · 전술무기화하고 ICBM · SLBM 등 각종 탄도미사일과 장거리 순항미사일을 개발했다. 향후 북한은 제7차 핵실험과 함께 ICBM의 대기권 재진입 기술 확보, 정찰위성 개발 등 국가전략산업인 방위산업 역량 강화에 매진할 것으로 전망된다.

■ 북한의 주요 무기 생산현황

구 분	주 요 생 산 현 황
1960년 이전	• AK 소총
1960년대	• AK 소총(68년식), RPD 경기관총(62년식, 64년식), 14.5mm 고사기관총 • B-10 비반충포, RPG-2, 107mm 방사포, 소형어뢰정(P-4, P-6), 고속경비정
1970년대	• 102mm / 122mm 방사포, 122mm / 152mm 곡사포, 130mm 야포 • 120~170mm 자주포, T-59/62 전차, M-1973 장갑차, K-61 수륙양용장갑차 • RPG-7, AT-3, SA-2/7 • 각종 고속정, Komar급 유도탄 경비정, 1,500톤급 호위구축함, R급 잠수함
1980년대	• SCUD-B, Mi-2 헬기, MIG-21 전투기, Yak-18 훈련기
1990년대	• T-72 전차, MIG-29 전투기 생산협정 체결, 노동 · 대포동 1호 시험발사
2000~2011년	• 제1~2차 핵실험, 대포동 2호 · 광명성 3호 시험발사

2012년 이후	• 핵실험 : 제3~6차 핵실험, 6차 핵실험시 수소폭탄 검증 • 중거리탄도미사일(IRBM) : 화성-12형 • 대륙간탄도미사일(ICBM) : 은하-3호, 화성-14 · 15 · 16 · 17 · 18형 • 잠수함발사탄도미사일(SLBM) : 북극성-1 · 2 · 3 · 4 · 5형 • 해군전력 : 잠수함, 핵무인수중공격정(해일) • 무인기 - 전략무인정찰기 : 샛별-3형(美 RQ-4 글로벌호크와 유사한 형상) - 다목적 공격형무인기 : 샛별-9형(美 MQ-9 리퍼와 유사한 형상) • 전차 : 선군호(선군-915) • 전략순항미사일 : 화살 1 · 2형 • 극초음속미사일 : 화성-8형 • 신형 단거리 정밀타격미사일 - KN-23 : 북한판 이스칸데르(최대사거리 약 400km, 목표지점에서 변칙기동) - KN-24 : ATCMS와 유사, 고체연료를 기반으로 핵탄두 장착 가능 - KN-25 : 초대형 방사포, 연속사격, 고도억제와 궤도 조종 능력 탑재 • 우주발사체(SLV) : 광명성 3호-2호기, 광명성 4호, 천리마 1형 • 군사정찰위성 : 만리경 1호

출처 : 권양주(2014), p.335.; 국방부 · 통일부 공개자료 등을 참조하여 작성함.

제5부

북한의 대남도발

인간은 누구나 평화롭고 안전하게 생을 영위하기를 바라며, 국가 또한 마찬가지이다. 인위적인 사고나 자연재해같은 위험(danger)으로부터 안전(safe)하고자 하는 노력은 안전관리이고, 특정 행위자의 의도적인 위협(threat)으로부터 자유로운 것은 안전보장(안보, security)이라고 한다. 우리 군은 북한군의 위협으로부터 국가를 보호하는 안보의 주체이다. 북한은 6 · 25 전쟁 이후 지난 70여 년 동안 막강한 재래식 무기와 핵에 대한 위협, 대량살상무기, 테러리즘, 사이버공격 등 다양한 수단과 방법으로 대한민국을 위협해 왔다.

제5부에서는 북한의 위협 중 남북관계에 결정적인 변화를 초래하고 대한민국사회에 영향을 미친 도발에 대하여 살펴볼 것이다. 먼저, 제1장에서는 도발에 대한 추상적인 용어들을 정치적, 군사적으로 알아본다. 본서에서의 도발은 그 수단이 군사적인지 비군사적인지, 도발의 공간이 지상, 해상, 공중, 사이버인지를 막론하고 북한의 위해행위에 대해 상대방인 대한민국의 영향을 미치고 대응을 끌어낸 사건을 포괄하고 있다. 제2장에서는 북한의 도발양상을 시대적으로 살펴본다. 6 · 25 전쟁 이후 남한과 대화국면으로 전환되기 전까지는 도발의 빈도를 높이고, 대화의 빈도가 높게 나타난 시점부터는 횟수를 줄이기를 하나 도발의 강도를 낮추지는 않았고, 도발의 유형을 다변화하기는 했으나 도발이 완전히 멈췄던 적은 없었다. 도발에 대해 김일성, 김정일, 김정은 시대별로 분류할 수도 있고, 도발의 형태, 수단, 주체 등으로 다양하게 분류할 수 있으나 이를 시대별로 살펴본 이유가 여기에 있다. 제3장에서는 과거 북한이 일으켰던 도발 중에서 비교적 위협이 심각했던 대표적인 사건들 13건을 선별해서 살펴보고자 한다.

제1장

북한의 대남도발 개념

6 · 25 한국전쟁 이후 지금까지 북한의 도발은 끊임없이 자행되어 왔다. 2022년 국방백서 기준 2,002건의 침투와 1,119건의 국지도발 등 총 3,121건의 대남도발을 일으켰으며, 이 중 507건은 2000년 남북정상회담 이후에 일으킨 것이다.[1]

■ 연대별 침투 및 국지도발 현황

구분	계	1950년대	1960년대	1970년대	1980년대	1990년대	2000년대	~2022년 12월
계	3,121	398	1,336	403	227	250	241	266
침투	2,002	379	1,009	310	167	94	16	27
국지도발	1,119	19	327	93	60	156	225	239

출처 : 국방부, 『2022 국방백서』, p. 352.

북한의 도발을 알아보기 위해서 먼저 도발에 대한 개념 정의가 필요하다. 도발의 사전적 의미는 남을 집적거려 일이 일어나게 하는 것이고, 법률적 의미는 적이 특정임무를 수행하기 위하여 대한민국 국민 또는 영역에 위해를 가하는 모든 행위로 정의된다.[2] 그러나 군사적, 정치적 의미의 도발은 일방적인 사건이 아닌 상대방의 반응을 전제로 한 양방향적 의미를 지니고 있다. 홀(Todd H. Hall)은 도발을 '격분한 반응을 이끌어냄으로써 국가행위자를 성급하고 공격적인 대응으로 이끄는 사건 또는 행동'이라고 정의했다.[3] 즉, 도발은 도발하는 자의 행동이나 사건

뿐 아니라 이를 당한 국가의 반응이 존재하는지 여부와 그 반응에 대한 상호작용이 중요하다. 상대국이 성급하고 공격적인 반응을 할 때 그 원인인 행동이 도발로서 성립하기 때문이다.[4] 지금까지 북한의 도발은 겨우 형성된 남북 간의 평화무드, 화해와 협력 분위기를 깼을 뿐 아니라 한반도의 군사적 긴장관계를 고조시키는 직접적인 원인으로 존재했다. 또한, 북한의 도발은 도발을 통한 대화 시도, 보상요구, 재도발이라는 일종의 패턴을 통해 국면전환의 수단으로 사용됐다. 유사한 형태를 찾아보기 어려울 정도로 매번 다양한 종류의 도발을 시도하고 점차 강도를 고도화하는 것은 북한의 대남도발의 특징이다. 즉, 북한의 도발은 시기별로 도발형태가 다양하지만 화전양면전술을 구사한다는 점과, 도발행위를 은폐하려고 한다는 점은 일치한다.[5]

현재 육군의 교리상 북한의 도발은 군사적 도발과 비군사적 도발, 전략도발 등으로 구분한다. 이 중 군사적 도발을 침투와 도발로 구분하고 있다. 침투는 첩보수집과 사회혼란 조성을 목적으로 하고, 도발은 정치 · 경제 · 군사 등 특정 목적 달성을 목적으로 한다. 도발은 통상적으로 국지도발로 지칭되기도 한다. 국지도발대비작전 교범에 의하면 침투는 적이 특정 임무를 수행하기 위해 은밀하게 우리 영역에 침범하는 상태로 때에 따라서는 국지도발의 선행단계로 이루어지며, 지상 · 해상 · 공중침투로 구분한다. 이에 비해 도발은 적이 특정 임무를 수행하기 위해 지상 · 해상 · 공중으로 우리 영역에 위해를 가하는 행위로 정의한다.[6] 비군사적 도발은 북한 주민의 의도적인 대량 탈북과 귀순자 발생, 선박 및 항공기, 댐과 같은 기반시설, 사이버 공격, 파업 · 폭동 · 군사력 이외의 테러행위 등이며 군사적 도발에 비해 아주 다양한 유형이 존재한다. 최근에 북한이 핵 · 미사일 개발과정에서 핵실험 및 미사일 시험발사를 통해 전략적 메시지를 보내왔으므로 핵 · 미사일 개발을 노출하는 행위도 전략도발로 분류된다. 전략도발은 북한의 영토나 공해상에서 발생하므로 대한민국의 영역에 위해를 가한다고 보기는 어렵지만, 잠재적 위협으로서 한국 정부의 대응을 유도하기 때문에 도발로 보는 것이다.

국지도발은 국지와 도발의 합성어이다. 국지는 일반적으로 일정하게 한정된 지역을 의미한다. 그러나 정치 · 군사적 의미에서 사용하는 국지의 개념은 복잡한 의미를 내포한다. 군사용어에서는 국지라는 단어를 단독으로 정의하지는 않지만,

전면전에 대응하는 국지전(Local War)이라는 용어는 존재한다. 국지전은 전면전을 회피하면서 제한된 지역에서 특정 조건 하에 국가정책과 국가목적을 달성하기 위하여 행해지는 전쟁이다.[7] 따라서 여기서 국지는 한정된 정치적 · 군사적 목적 하에 수단, 목표, 공간 등을 제한하기 위해 사용된 용어이다. 그러나 육군 교리에서 국지도발은 그 수단이 군사적인지 비군사적인지 구분하지 않으며 목표와 공간 면에서 전면전에 이르지 않은 제한전을 의미한다고 볼 수 있다. 육군 교리상 국지도발이란 적이 특정 목적을 달성하기 위해 대한민국 국민과 국가 영역의 한정된 지역에 가하는 일체의 위해행위로 정의되며,[8] 따라서 국지도발대비작전은 적이 특정 목적 달성을 위해 대한민국의 영역을 침투하거나 대한민국 국민과 국가영역에 가하는 일체의 위해행위에 대비하여 수행하는 작전이다. 국지도발대비작전은 장소 및 수단에 따라 지상 · 해상 · 공중 국지도발 대비작전, 미사일 시험발사 및 핵 실험 도발대비작전으로 구분되며 지상국지도발 대비작전은 다시 접적지역도발 대비작전, 화력도발 대비작전, 기타도발 대비작전으로 구분한다.[9]

격년제로 발간되는 국방부의 『국방백서』에서는 북한이 자행한 이러한 위해행위를 연도별로 다소 다르게 사용하고 있다. 최초로 발간된 1967년에는 북한 간첩의 침투를 비정규전투의 일종인 "간접침략"이라고 정의했다.[10] 이후 1988년에는 "대남도발"이라는 제목 하에 군사도발과 대남 심리전을 구분하고 군사도발을 다시 국지도발, 침투도발, 테러로 구분하였다. 1998년부터 침투, 도발, 테러를 포괄하는 용어로 "국지도발"을 사용했고, 2000년에는 "침투 및 국지도발", 2016년에는 다시 "국지도발"로 일원화, 2022년에는 "대남 침투 · 국지도발"로 다시 구분하여 표현했다.[11]

남북관계가 분단과 그 이후의 대립구도로 고착되어 왔기 때문에 북한의 특정한 행위가 도발인지 판단하는 여부와 이에 대한 한국의 대응도 제도화되어 있다. 이는 북한으로서도 특정한 행위를 할 때 한국 정부의 반응을 예측하고 자행한다는 뜻이다. 북한의 대남도발은 6 · 25전쟁 이후부터 북한이 남한에 대해 행해온 불법적인 위해행위이다. 사관생도 교육용 목적상 본서에서는 광의의 의미로서 침투 및 국지도발의 군사적 의미와 정치적 의미의 양방향성을 포함하여 북한의 대남도발이라고 통칭할 것이다.

북한의 시대별 도발 양상

1. 1960년대 이전

6 · 25전쟁 이전부터 38선에서의 침투 및 도발, 인민유격대의 침투 등 대남도발이 존재했다. 광복 후 38선 접경지역에서는 남북 강제분할로 농민들은 왕래에 어려움이 있었다. 소련군이 철수한 후 북한의 38선경비대가 창설되고 수시로 38선 침범과 약탈이 빈번했지만, 미군의 확전방지 노력과 남북의 무장이 빈약하여 크게 확대되지는 않았다. 1948년 12월부터 38선 지역에서 미군이 철수하였으나, 국군의 창설이 늦어지고 군내 좌익세력의 반란과 소탕작전 등 경비에 전력을 다하기 어려웠다. 미군의 철수 후 38선에서의 충돌이 매우 격화되고 대규모 무력충돌이 발생했다. 또한, 북한은 남한 각지에서 산악으로 도피하거나 지하로 잠입한 공산당을 재건하고 지원하며 후방교란을 위한 인민유격대를 양성하고 침투시켰다. 유격대의 남침경로를 보면 강원도 지역 산악지형을 이용하여 침투했으나 이들 중 6 · 25전쟁 직전까지 남한 내 계속 은거하며 활동한 병력은 거의 없었던 것으로 평가된다.

1950년 6월 25일 전면 남침을 개시한 북한은 38선 전 지역에서 지상공격을 가하며 동시에 해상을 통한 후방침투를 감행했다. 전쟁 직후 대한민국 영토의 대부분이 북한군에게 점령되자 공비 잔당들도 다시 활동을 시작했다. 1950년 9월 낙동강 전선에서 북한군이 후퇴하기 시작하고 유엔군의 진격으로 퇴로가 차단되자 미처 후퇴하지 못한 정규군을 포함한 남한 점령지역의 잔당들은 입산하여 빨치산 활동을 전개했다. 휴전 이후 공비들은 고립된 상태였고 소탕대상보다는 정보경찰의 수배대상으로 관리되었다.[12]

1953년 7월 27일 휴전협정이 체결되며 6 · 25전쟁이 중지되면서 외면상의 평화를 되찾았지만, 북한은 6 · 25전쟁 이전과 전쟁 기간 중 후방교란이 잘 전개되지 않은 점을 지적하며 무장공비와 간첩을 남파하고 테러 및 납치를 적극적으로 전개하였다. 1956년 노동당 전당대회에서 평화통일선언문과 신 5개년 계획을 발표하는 등 위장평화공세를 전개하면서도 무장간첩 남파를 계속하였고, 우리 어선에 대한 납치, 테러를 계속 자행하였다.[13] 한편 1958년에는 대한항공의 전신인 KNA 소속 여객기 창랑호 납북사건도 발생했다. 미국 군사고문단원, 독일인 부부도 포함되어 있던 탑승객들은 납치범과 가족을 제외하고 모두 송환되었지만, 북한 무장간첩에 의한 최초의 여객기 피랍사건으로 큰 충격을 남겼다.[14] 창랑호 납북사건 불과 한 달여 만에 공군 수송기(C-46) 납북시도도 발생하여 격투 끝에 이를 저지했으나 1명이 순직했다.

■1958년 창랑호 납북사건

피랍된 KNA기와 동종인 DC-3형 쌍발기

납북인사 귀국보고 강연('58.3.9)

출처 : 국방부, 『국군 50년사』(서울 : 국방부), 1998, p. 289.

2. 1960년대

1960년대의 국제정세는 미국을 중심으로 한 자유진영과 소련을 중심으로 한 공산진영의 첨예한 대립의 냉전시대였다. 50년대 6 · 25전쟁과 60년대 베트남전쟁을 겪으며 대결 구도가 심화되었다가 프랑스, 중국 등이 미 · 소의 지도력에 도전하면서 다극화 현상이 본격화되었다. 60년대 말부터 냉전이 다소 완화되는 데탕트 현상이 나타났고, 1969년 미국의 세계전략구상 변화에 따른 닉슨 독트린[15]에 의해 주한미군이 일부 철수하면서 국가안보에는 큰 위협이 되었다. 당시 국내정세는 전후복구와 경제적 빈곤으로 국민의 생활은 궁핍했다. 한국은 경제적 어려움에 더하여 정치적으로도 지극히 부족했고, 이승만 대통령의 자유당 정권은 권위주의로 치닫고 있었다. 1960년 3 · 15부정선거는 4 · 19혁명으로 이어지고 장면 내각의 제2공화국이 출범했다. 이어진 사회혼란과 장면 정부의 실정으로 1961년 5 · 16 군사정변을 통해 대통령중심제의 제3공화국이 탄생했다. 이렇게 탄생한 박정희 정권은 반공(反共)을 국시로 삼고 국가안보와 경제발전을 최우선으로 추진했다.[16]

한편 북한의 김일성 정권은 전후 정적 숙청과 주민 집중 지도를 통하여 1인 독재체제를 구축했고 60년대에는 연안파 등 정적은 물론 측근 세력이었던 갑산파까지 숙청하면서 1인체제를 더 확고히 했다. 남한에 강력한 반공정권이 등장하자 북한은 1961년 소련 및 중국과 군사조약을 체결하고 1966년 4대 군사노선을 채택하는 등 전쟁준비를 더욱 강화하였다. 이때를 기점으로 북한의 도발이 특히 증가하는 고조기를 맞는데 이는 북한의 대내외 정책과 연관성이 있다. 김일성의 1인 지배를 강화하면서 북한의 군사정책의 기본 골격도 성립되었다. 1966년 경제국방 병진노선의 채택으로 국방비 비중이 급증했고 비정규전 부대를 증강하면서 대남 침투 및 도발 능력도 강화했다. 또한, 북한은 베트남 전쟁에 미국이 개입하는 상황에서 한국에 대한 도발을 강화하여 한반도에 제2의 전선을 형성하려고 했다. 대외전략 측면에서도 베트남과 같은 사회주의 세력과의 연대가 필요하다고 느낀 것이다. 60년대 중반 김일성은 그동안의 전후복구와 군사력 강화의 성과에 자신감을 내비치며 지도자로서 대외에 인정받으려 했다. 이러한 이유로 60년대 특히 1967년부터 데탕트 분위기에 발맞추어 남북관계에도 변화가 생기기 전까지 도발 사례가 급증한 것이다.[17]

6 · 25전쟁 전부터 1950년대에는 전후복구와 유엔 정전위원단의 활동 등으로 대남도발은 빈번하지 않았다. 본격적인 대남도발은 1960년대부터이며 특히, 육상

침투도발이 많았다. 휴전선 지역에서는 거의 매일 침투도발이 있었고, 수도권에 근접하며, 베트남전쟁에 집중한 미국의 정세와 관련해 미 2사단 지역에 집중되었다. 단순한 공작원 침투뿐 아니라 게릴라전식의 침투도발도 감행했다. 아군 지역에 침투하여 경계초소나 막사, 수색 및 매복작전 병력에 대한 무차별 습격을 통해 아군시설 파괴, 병력에 대한 살상을 저질렀다. 수중 침투도발은 60년대 초반에는 주로 한강과 임진강 하구를 이용했고, 65년 이후에는 임진강 상류에 집중되었다. 이때의 수중 침투는 수영에 의한 것이었으나 소형 잠수정이나 소형 선박도 이용되었다. 1968년 남방한계선 전 전선에 철책이 구축되면서 땅굴 침투가 시도되었고 이때 구축한 땅굴은 1970년대에 발각되었다. 이외에도 해상에서 우리 어선에 대한 불법 납치사건도 빈번했다.18

60년대의 대남도발은 다양한 침투에 집중되어 있는데, 기관별, 부대별 기록이 상이하다. 이는 당시 군사분계선을 침범하여 DMZ 내에서 아군의 작전활동을 방해하고 군사정찰과 습격 및 납치를 자행한 사건들은 전투로 보고 침투현황에 포함되지 않은 사건이 많았기 때문이다. 당시 너무 빈번하다 보니 이를 일상적 사건으로 여기고 전과나 아군의 피해가 없는 경우는 별도의 기록을 남기지 않는 일도 있었다. 미 2사단 지역에서 발생한 사건은 빠지기도 하고 하루에 여러 번 있었던 사건을 한 건으로 기록하기도 했다. 60년대의 대표적인 대남도발은 1968년 당포함 격침사건, 경원선과 경의선 철로 폭파사건, 1968년 1·21 청와대 기습 사건과 미 해군 정보함 푸에블로호 나포사건, 울진·삼척 무장공비 사건, 1969년 EC-121기 격추사건, KAL기 피랍사건, 1970년 국립묘지 현충문 폭파사건, 해군 방송선 나포사건 등이 있다.19

■ 1970년 해군 방송선 나포사건

출처 : 국방부, 『국군 50년사』(서울 : 국방부), 1998, p. 293.

3. 1970년대

1960년대부터 나타난 데탕트로 70년대에는 다극화 현상이 두드러지고 미 · 소 양 진영 간의 교류와 협력이 증진되며 화해무드가 나타났다. 그러나 70년대 중반부터 소련의 군비증강과 팽창정책으로 미국의 포드 대통령은 1976년 소련과의 관계에서 데탕트라는 용어를 사용하지 않겠다고 발표했고, 1980년 대통령으로 당선된 레이건도 반소(反蘇)체제를 구축하고자 했다. 국내에서는 제3공화국의 경제개발계획이 어느 정도 성과를 나타내며 국민 생활이 경제적으로 윤택해졌다. 남북관계에서도 단절되었던 고위급회담이 추진되고 1972년 7 · 4 남북공동성명이 발표되는 등 긴장이 다소 완화되었다. 그러나 유신헌법으로 1972년 제4공화국이 출범되면서 남한 정국의 혼란이 시작되었고, 1979년 10 · 26사태로 박정희 대통령이 서거하면서 유신체제가 무너졌다. 전두환의 신군부는 12 · 12사태로 군권을 장악하고, 1980년 간접선거로 전두환 대통령이 추대됨으로써 제5공화국이 탄생했다. 이러한 국내 · 외 정세 속에서 주한미군의 철수와 이를 계기로 협상을 통해 얻어낸 특별 군사원조로 한국군의 현대화가 추진되었다.[20]

북한은 이 시기 데탕트에 편승해 미군 철수를 끌어내기 위한 남북대화를 시도했고 남북이 대화하는 기간에는 도발이 매우 감소했다. 그러나 북한의 의도가 명백한 이상 남북대화가 오래 지속될 수는 없었다. 위장평화공세로 화해 무드를 조성하는 동시에 남침을 준비하는 화전양면전술을 사용했다. 키신저 미국 국무장관의 방중(訪中) 직후인 1971년 8월 남북은 이산가족 문제 해결을 위해 적십자회담 예비회담을 했고, 1972년 7월 4일 남북공동성명을 통해 이후락 중앙정보부장과 박성철 부수상의 교환 방문 사실을 밝히고, 자주 · 평화 · 민족대단결의 통일 3대 원칙을 밝혔다. 대화국면은 1973년 경색국면으로 접어들었다. 북한은 평화협정 체결자를 남북에서 북미로 바꿔 미국에 제의했고, NLL을 부정하기 시작했다. 1972년 대화 기간에 땅굴 침투도발이 노출되며 70년대에만 3개의 땅굴이 확인되어 침투준비가 만천하에 드러났다. 60년대 북한의 도발중점이 게릴라전을 위한 것이었다면 70년대에는 전쟁준비를 위한 군사정찰 활동으로 설명된다.[21]

■ 북한 남침 땅굴

제1땅굴 발견 후 국내외 기자들 취재

제3땅굴 발견('75. 3. 19)

출처 : 국방부, 『국군 50년사』(서울 : 국방부), 1998, pp. 296-297.

■ 발견된 땅굴 현황

구 분	제1땅굴	제2땅굴	제3땅굴	제4땅굴
발견일시	'74. 11. 15.	'75. 3. 19.	'78. 10. 17.	'90. 3. 3.
위치	고랑포 동북 8km	철원 북방 13km	판문점 남방 4km	양구 동북 26km
높이×폭	1.2×0.9m	2×2m	2×2m	1.7×1.7m
깊이	지하 45m	지하 .05~1.6m	지하 73m	지하 145m
총길이	3,500m	3,500m	1,635m	2,052m
침투길이	1,000m	1,100m	435m	1,028m
예상기습로	고랑포-의정부-서울 65km	철원-포천-서울 101km	문산-서울 44km	서화-원통-영동 고속도로 기습

출처 : 국방부, 『국군 50년사』(서울 : 국방부), 1998, p. 297.

60년대에 비해 도발건수는 줄어들었지만 각 사건의 영향력은 지대한 굵직한 사건들도 있었다. 북한은 체제유지를 위한 긴장조성을 위해 1974년 대통령을 시해하려고 저격하다가 대통령 영부인을 사망케 하였고 1976년에는 판문점 도끼만행 사건을 저질러 미군 장교 등을 무자비하게 살해했다. 영부인 살해사건은 국민적 공분을 불러일으켜 반공의식을 고조시키고 안보의식을 고양하는 계기가 되었다. 판문점 도끼만행 사건은 북한이 전 세계적 비난을 받고 전쟁 직전 위기상황까지 초래되었다. 결과적으로 주한미군의 일부 철수에도 불구하고 미국이 북한의 대남도발에는 강력하게 대응한다는 것을 보여주기도 했다.

침투전술면에서는 특히 해상침투에서 더 발전한 모습을 보여줬다. 침투기도를 노출시키지 않도록 은밀하게 침투하기 위하여 장비를 개량하고 발전시켰으며 간첩선의 모선으로부터 해안에 침투할 때 레이더에 탐지되지 않고 고속으로 도주할 수 있도록 소형 보트형 자선이나 반잠수정을 사용하기 시작했다. 또한, 해안에 상륙할 때 초병의 눈을 피해 신속하고 은밀하게 접안할 수 있는 수중 추진기도 사용되었다.[22] 그 외 70년대의 주요 도발사례로는 1971년 추자도 근해 간첩선 침투, 1978년 광천지구 무장간첩 침투사건, 1978년 최은희, 신상옥 납치사건, 1980년 경남 남해도 침투도발 등이 있다.

4. 1980년대

1980년대는 세계적으로 테러리즘이 난무하고 중동지역에서의 전쟁 등으로 국제적 긴장이 고조된 시기였다. 특히 1983년에 벌어진 소련의 대한항공여객기 격추사건[23]이나 아웅산 테러, 1987년 대한항공 KAL-858기 폭파사건은 공산주의의 폭력성을 전세계에 알리는 사건이었다. 미국이 소련의 팽창전략에 더 강경하게 대응함으로써 국제사회의 긴장상태가 더 높아지고 불확실한 시기였다. 국내에서는 경제성장과 86 아시안게임, 88 서울올림픽 등 국제 대회의 유치를 통한 국제적 지위의 성장이 동시에 나타났다. 이를 토대로 비동맹국가들과의 외교 강화에도 주력하고 있었다. 그러나 대내적으로 민주화 운동이 증가하면서 과격시위, 공공기관 점거 농성 등 심각한 이념 갈등이 초래된 시기이기도 하다.

한편 북한은 정치적으로는 김정일 후계체계를 구축하기 위해 당 조직의 기능과 역할을 더 강화하고 반대세력을 숙청함으로써 김일성 부자에게 무조건 복종을 유도하는 데 주력했다. 경제적으로는 제2차 7개년 인민경제계획 (1978~1984년)의 실패로 초래된 경제침체를 벗어나기에 급급했다. 군사적으로는 남침전쟁 준비를 위해 소련으로부터 군사무기를 대량으로 도입했다. 대남정책면에서는 김정일 세습구축을 위한 남북대화를 통한 위장평화공세와 동시에 86 아시안게임과 88 서

울올림픽을 방해하기 위한 테러와 무장공비 침투 등 대남도발도 지속하는 화전양면전술을 구사하였다.24

1980년대 초반 북한의 도발은 높은 수준으로 고조되었다. 그 이유는 북한의 우방국들이 한국과 외교관계를 확대하는 데탕트 추세에 반발하고 이탈한 우방국의 대남접근을 방지하는 데 있었다. 그러던 와중에 1983년 가을 남북미 3자회담의 개최를 주선하던 중국은 북한의 아웅산 테러 등 도발에 불신과 불쾌감을 표명하며 대북 비판 성명을 발표하면서, 북한에게 도발을 자제하고 남북대화에 나설 것을 압박했다. 그에 따라 1980년대 중반에는 남북대화를 추진하기도 했다. 1984년 9월 한국에 수해물자 지원 의사를 밝히고 전두환 대통령이 전략적으로 수용하면서 1985년 남북 간의 비밀특사 교환이 진행되기도 했으나, 팀 스피리트 훈련 중단 등 북한의 무리한 요구로 결렬되었다. 누적된 불신과 대립으로 남북관계의 교착국면은 타개되기 어려웠다. 한국은 88 서울올림픽을 동서 양 진영이 모두 참여하는 평화올림픽으로 개최하기 위해 사회주의 국가들을 향한 올림픽 참가를 적극적으로 추진했다. 소련도 참가하기로 한 올림픽이었지만 1987년에 남북한 올림픽 공동개최 협상마저 북한 스스로 무리한 요구로 좌초시켰다. 1989년에는 한국-헝가리 수교가 이루어지고, 1990년에는 한소(韓蘇) 수교까지 이어지면서 북한의 수세적 반대도 계속되었다. 1988년을 기점으로 북한의 대남정책에도 변화가 있었다. 남한과 공존과 화해를 모색하려는 움직임이 있었고, 1988년 신년사에서 남북불가침 선언을 제시하고, 1990년에는 최초로 북남최고위급 회담도 제안했다.

1980년대의 비군사적 도발은 건수가 많지는 않으나 굵직한 사건들이었고, 한국의 정부 요인 및 무고한 민간인을 상대로 했다는 점에서 이후의 남북관계나 다른 나라의 대북정책에 큰 영향을 주었다. 국제정세가 변화함에 따라 대남정책의 효과성에 관한 판단은 테러리즘을 정책적 수단으로 사용하게 했다. 미 · 소의 신냉전, 한미일 삼각동맹의 강화, 긴밀해진 한중 경제관계, 강화된 한국의 리더십 등에 위협을 느낀 북한은 한국의 집권 엘리트를 제거하거나 국민의 공포감을 극대화하기 위해 제3국에서의 테러를 적극적으로 사용한 것이다. 1960년대, 1970년대와 달리 미국과의 관계수립에 적극적 입장을 띤 결과 미국에 대한 직접적인 도발은 전개되지 않았다.25 그 외 80년대의 주요 도발사례로는 1981년 필승교 무장공비 침투사건, 1983년 임월교 무장공비 침투 사건, 1985년 청사포 간첩선 격침사건, 1986년 김포국제공항 폭탄테러 등이 있다.

■ 1987년 KAL-858기 폭파

발견된 폭파잔해

폭파범 김현희 기자회견

출처 : 국방부, 『국군 50년사』(서울 : 국방부), 1998, pp. 296-297.

5. 1990년대

1990년대 들어서서 공산 체제가 붕괴되었고 소련이 해체되면서 미 · 소로 대표되는 양극체제가 무너지고 사실상 냉전이 종식되면서 새로운 질서가 형성되었다. 소련의 위상은 쇠퇴하고 군사력도 감소했지만, 중국은 급격한 경제적 성장을 바탕으로 국제사회에서 중요한 영향력을 행사할 정도로 급부상했다. 이 시기 국가 간의 이념적 대립은 약화하고 대신 국익을 위한 실리주의 외교정책이 주류를 이루는 시대로 변화했다. 미국은 제2차 세계대전 후 40여 년간 추구한 봉쇄정책을 종료했고, 이를 위한 미군의 전략도 수정이 필요했다. 주한미군은 공군을 주축으로 유지하되 지상군 병력은 단계적으로 철수할 것을 발표했다. 1991년에는 한국 영토에 배치된 전술핵무기도 전면 철수했다. 국내에서는 노태우 정부와 김영삼 정부로 이어지며 북방외교를 통한 소련, 중국과의 교역과 경제협력 등 많은 변화가 있었다. 정치, 경제적으로 발전을 계속하다가 1997년 IMF 외환위기를 겪기도 했으나, 그 이전까지의 고도성장을 바탕으로 북한보다 상당한 국력의 우위를 달성했다. 북한과의 평화공존 정책을 토대로 남북기본합의서도 채택되고 통일정책에서도 대북 유화정책을 추진하다가 1994년 김일성 사망 시 조문 파문으로 경색된 관계도 겪었다.[26] 김일성 사후 3년여 동안 김정일이 국방위원장과 인민군 최고사령관으로 북한을 통치하는 군부 위주 위기관리를 거치게 되었다. 북한은 다른 공산권이 모두 몰락했음에도 우리식 사회주의를 계속 고수하였다.[27] 1998년 김대중 정부 출범 이후 한국은 햇볕정책 기조에 따라 적극적인 대북 포용정책이 추진되었고 남북관계가 호전되었다. 2000년 남북정상 간 6 · 15 공동선언 이후 경제협력과 교류도 증대되었다.

북한은 김일성 사망 이후 1990년대 중반 수차례의 홍수와 가뭄으로 식량 생산에 큰 타격을 받았고 내부적으로 체제 안정성이 흔들리는 상황이었다. 김정일은 유훈통치를 통한 권력 공고화를 시도했고, 고난의 행군을 통한 내부 수습 과정에서 남북관계 뿐 아니라 미북관계 등에서 일관되지 않은 과도기 성격을 보였다. 동시에 제네바 합의를 준수하는 척 하면서 핵 미사일 능력을 강화시킬 준비도 축적하고 있었다. 김정일은 1997년 당 총비서로 취임하면서 조건부 남북화해 노선을 채택하는 것 같더니 1998년 국방위원장으로 취임하면서 선군정치를 발표하고 도발이 다양화되며 도발의 강도를 높여갔다.[28]

1990년대 이후 대한민국의 경계태세가 강화되어 침투는 더 어려워졌고 인공위성, 항공기를 활용한 한미연합감시자산이나 인터넷을 통한 정보수집이 쉬워지면서 군사정찰의 필요성도 감소했다. 따라서 군사정찰과 침투로 개척 등 목적으로 수행된 침투는 많이 감소했다. 특히 GOP를 통한 지상 침투는 아군의 감시 장비 증가로 시도하기 어려워졌다. 바다에서도 기존에는 공해상에서 간첩선 모선이 우회하여 우리 영해에 침투한 후 쾌속정인 자선을 해안선에 접근시키는 전술을 주로 사용했지만, 레이더, 감시자산, 해군 전력 강화 등으로 이도 쉽지 않았다. 따라서 안전하고 은밀하게 침투하는 잠수함

■ 1998년 여수 반잠수정 격침

출처 : 서울신문 보도자료('11. 8. 6.)

침투가 시도되었고, 지상과 해상을 통한 침투보다는 해외를 통한 우회침투나 탈북자를 가장한 간첩 남파로 방향이 전환되었다. 그러나 해상도발이 줄었을 뿐 연평해전 이후 북한은 NLL을 부정하고 NLL 침범을 전략적으로 활용했다. 또한, 1998년 대포동 1호를 발사함으로써 미국을 협상으로 유도하기 위한 전략도발도 진행했다.[29] 90년대의 주요 도발 사례로 1992년 은하계곡 무장공비 침투사건, 1996년 강릉 무장공비 침투사건, 1998년 강화도 간첩선 침투 사건, 여수 반잠수정 격침사건, 1999년 제1연평해전 등이 있다.

6. 2000년대 이후

1990년대 이후 걸프전쟁, 코소보전쟁, 아프가니스탄 전쟁, 이라크전쟁 등 강도 높은 전쟁과 소말리아, 리비아, 시리아 사태 등 다양한 요인에 의한 내전 혹은 분쟁이 지속되었고 미국의 세계무역센터에 대한 9 · 11 테러 등 전쟁 이상의 테러리즘도 계속되었다. 2000년대의 국제정세는 군사적 위협부터 비군사적 위협 및 잠재적 위협까지 초국가적 안보영역으로 변화되는 시기였다. 국가 간 전쟁은 감소하고, 테러리즘의 확산, 핵 및 대량살상무기의 위협 증가 등 소규모, 저강도, 국지적 폭력행위는 증가하였다. 동북아 정세는 북한의 핵개발로 인해 한반도를 중심으로 중국, 러시아, 북한 그리고 미국, 일본, 한국의 새로운 대결구도가 형성되었다. 국내에서는 김대중 정부의 햇볕정책 속에 2000년도 남북정상회담과 6 · 15 공동선언이 있었다. 노무현 정부에서도 대북지원 정책을 계승하며 정상회담과 개성공단 등 남북한의 교류가 지속되었다. 이명박 정부가 들어서면서 상호주의에 입각한 대북정책이 전개되었다.[30]

북한은 대외정책을 실용주의적 전방위 외교로 전환하여 대서방 관계정상화를 지속 추진했다. 그러나 미국과는 2002년 북한 핵문제에 대해 강력한 경고를 보내며 갈등이 심화되었다. 북한은 결국 2002년 NPT 탈퇴를 선언하며 강경대응했고 지금까지 해결의 실마리가 보이지 않는다. 주체사상과 선군사상으로 대표되는 김일성-김정일주의를 이념적 기반으로 독재체제를 유지하면서 여전히 한반도 적화통일이라는 전략목표를 지속 추구하고 있다. 김정일 사망 이후 등장한 김정은 정권은 그 폭력성과 잔악성이 더 심화되고 있어 더 큰 우려를 낳고 있다. 김정은 정권은 핵 · 경제 병진노선을 추구하며 국제사회의 경제제재에도 불구하고 핵과 미사일을 통한 무력시위와 군사도발을 계속하고 있다. 2006년 처음 시작한 핵실험도 6차까지 실시하고 투발수단인 미사일도 수시로 발사하면서 도발의 강도를 높여나갔다.

2000년대 북한은 직접적인 침투는 최대한 자제하고 탈북자를 가장한 우회침투를 시도했지만, 더 강도 높은 국지도발로 한국의 사회 혼란과 긴장 조성을 기도하였다. 특히, 서해 5도에서는 그 강도가 더 심화되어 2002년 제2연평해전, 2009년 대청해전, 2010년 천안함 폭침과 연평도 포격사건을 연달아 일으켰다. 한편, 2007년 관광객으로 북한 금강산을 찾은 주부 박왕자 씨가 북한군의 총격을 받아 현장에서 숨지는 민간인 피살사건도 있었다. 시대와 환경의 변화에 따라 새롭게 진화된 방법의 도발도 계속했다. 2009년 대규모 디도스 공격으로 대한민국과 미국의 주요 사이트에 사이버 공격을 감행했고, 사이버전 부대에서 전문인력을 양성하여 상시 공격을 감행하고 있다. 그 외에도 2014년에 북한이 침투시켰다 추락한 무인기가 발견되면서 북한이 무인기 개발 추세에 편승하여 시험한 것이 드러나 우리에게 큰 위협으로 존재한다. 북한은 최근 재래식 도발도 다시 시도하고 있다. 2014년 연천에서 민간단체의 대북 전단이 담긴 풍선 부양에 고사총 도발을 가해 왔고, 2015년에는 파주 비무장지대에 침투하여 목함지뢰를 매설하여 우리 수색병력을 공격했다.[31]

2012년 김정일의 사망 이후 김정은은 정권 출범기에 새로운 지도자의 군사적 권위를 제고할 필요가 있었다. 선군정치를 표방한 김정일의 후계자로 권력승계를 정당화하기 위해 업적을 과시했어야 할 것이다. 따라서 김정은 정권 출범 이후에는 전략도발의 비중이 압도적으로 높게 나타나고 있다. 북한이 핵기술의 발전을 바탕으로 핵 · 미사일을 대외정책 및 군사전략 수단으로 활용하고 있다는 것이다.[32] 북한은 체제의 안정성을 유지하고 대외협상에서 유리한 상황조성과 도발을 통한 보상을 추구하는 전략을 위해 극심한 경제난과 식량난에도 끊임없이 도발을 계속하고 있다.

제3장

주요 도발 사건

1. 1 · 21 청와대 기습사건

1) 사건 개요

1968년 1월 21일, 북한은 31명의 무장공비를 남파해 박정희 대통령을 암살하려 했다. 청와대를 습격하기 전 무장공비의 정체가 노출되면서 도발은 실패로 끝났다. 31명 중 28명은 사살, 1명은 생포, 2명은 월북한 것으로 추정된다. 생포된 공비의 이름을 따 일명 '김신조 사건'으로도 불린다.

당시 무장공비들은 청와대 습격 지령을 받고 1968년 1월 16일 황해도 연산에서 출발했다. 1월 17일 23시경 한국군 군복을 입고 연천군 장남면 반정리의 미 2사단 경계지역 남방한계선을 은밀하게 통과했다. 1월 19일 오후 2시경 파주 법원리 초리골에서 나무를 하던 민간인과 만나게 되면서 정체가 발각되었고 이들이 파주경찰서에 신고하면서 무장공비의 침투 사실이 알려졌다. 이때까지만 해도 최종 목표가 청와대 습격이라는 것은 알지 못했다. 이후 군 · 경 검문활동이 강화되었지만, 공비들이 시속 10km라는 빠른 속도로 이동했음을 간파하지 못해 행적이 한동안 확인되지 않았다. 1월 21일 밤 10시경 자하문 고개에서 검문 중이던 종로경찰서장 최규식 총경과 첫 교전이 이루어지면서 본격적인 공비소탕작전이 전개되었다. 2월 3일까지 15일간 지속된 작전에 16개 부대 19,186명이 참가했고, 이 과정에서 31명이 전사하고 51명이 부상을 입었다.[33]

2) 청와대 기습배경과 습격계획

북한이 청와대 기습을 시도한 것은 몇 가지 정치적 동기에서 기인한다. 1965년 한일 국교 정상화와 이로 인한 한미일 3각 동맹에 위기의식을 갖게 되었고 당시 한국과 미국이 베트남전에 집중하면서 상대적으로 취약한 점에 착안했다. 북베트남군의 게릴라전에 고무된 김일성은 게릴라전을 통한 폭력투쟁으로 대한민국을 전복시키려 했다. 4 · 19혁명으로 이승만 정부가 무너진 것처럼 혼란한 시기가 다시 오면 적화통일을 할 수 있다는 환상도 있었다. 당시 제1차 7개년경제계획(1961~1967년)이 실패하면서 경제적 위기에 직면했고, 노동당 내에서도 군사파와 당료파의 대립이 초래되는 등 북한체제 내부 불만을 외부로 돌려야 할 필요도 있었다. 또한, 1967년 대남사업총국장에 임명된 허봉학은 전임자인 이효순이 대남공작을 적극적으로 하지 않아 숙청된 사실을 잘 알고 있었다. 따라서 취임 후 124부대를 창설하고 무장 게릴라를 양성하며 남파작전을 수행할 준비를 했다.[34]

1 · 21 사건 당시 침투한 무장공비들도 민족보위성(현재 국방성) 정찰국 소속의 특수부대 124부대원이었다. 김신조의 증언에 의하면 북한은 열성 당원 2,400명을 남쪽에 보내기 위해 특수부대를 창설했는데, 2,400명이라는 숫자는 제주도를 제외한 남한의 8개도에 각각 300명을 내려보내기 위한 것이었다고 한다. 청와대 목표로 한 이유는 박정희가 대남공작을 탄압하여 남한 내 지하 공작망 다수가 파괴되었는데, 박정희를 살해함으로써 간첩들의 사기 진작과 4 · 19혁명 이후와 같이 무질서한 정국을 조성하기 위해서였다. 남파 직전에는 황해북도 사리원의 노동당 청사를 청와대로 간주하고 훈련하였는데, 실전처럼 진행된 훈련의 강도는 12명이 죽고 40여 명이 부상을 당할 정도였다. 1968년 1월 2일 124군부대 부부대장 우명한 상좌로부터 받은 최초 지령에는 청와대 외에도 미국대사관, 육군본부, 서대문형무소, 방첩대 서빙고 분실 등 목표물이 더 있었다고 한다. 그러나 1월 13일 정찰국장 김정태가 31명이 청와대만 공격하는 것으로 계획을 변경했다고 한다.[35]

■ 1968년 1 · 21 청와대 기습사건

생존자 김신조

북한산에 설치된 124부대원 마네킹

출처 : 중앙일보 보도자료('20. 11. 14.)

3) 대한민국에 미친 영향

사건 발생 3일 후 1968년 1월 24일 북한의 노동신문은 이 사건에 대해 대대적으로 보도했으나 무장공비를 자신들과 관계없는 남한의 자작극이라고 발표했다. 사건 이후 4년이 지난 1972년 김일성은 평양을 극비리에 방문한 이후락 중앙정보부장에게 비공개 유감 표명으로 사과의 뜻을 전했다. 이 사건의 책임자인 민족보위상과 정찰국장은 사건 직후 아무런 처벌도 받지 않고 건재했다. 그러나 1968년 북한 내에서 사건이 재론되며 책임자가 숙청되었다. 이는 사건에 대한 책임이 아닌 권력투쟁의 명분이 작용한 것으로 보인다. 즉, 북한은 다른 대남도발과 마찬가지로 이 사건에 대해 진정한 반성을 하지 않았다.

1 · 21 사건은 우리 사회에 여러 변화를 가져왔다. 1968년 4월 1일 향토예비군을 창설했고 4월 5일에는 전국 고등학생, 대학생에게 군사훈련을 실시하기로 했다. 정부 차원의 전시대비훈련 필요성에 따라 현재도 매년 실시하는 을지연습과 주민등록번호와 주민등록증의 도입도 이 사건으로 비롯되었다.[36]

2. 당포함 사건

1) 사건 개요

1967년 1월 19일 동해 북방한계선 부근에서 남한 해군 동해경비분대 소속의 당포함(PCE-56, 650톤급[37]이 북방한계선 부근에서 조업하는 우리 어선들을 북한 경비정의 나포 위협에서 보호하는 어로 보호 작전 중 북한 해안포의 기습공격으로 침몰한 사건이다. 사건 당일, 당포함은 70여 척의 명태잡이 어선을 보호하는 임무수행 중이었고 일부 어선이 북방한계선 근처까지 올라가 조업하던 중 북한 경비정 2척이 나포 시도했다. 이에 대응하여 당포함이 우리 어선들을 남하시키는 과정에서 북한 해안포의 기습적인 집중공격을 받았다. 20여 분간 280여 발의 집중포화에 맞서 당포함은 170여 발의 함포를 쏘며 응전했지만 결국 침몰했다. 교전으로 79명의 승조원 중 39명이 전사하고, 30명이 중경상을 입었다. 인근 해군함정이 함께 대응하며 지원하고 공군 전투기도 투입되며, 확전 없이 사건이 종결되었다.[38]

■ 1967년 당포함 사건

침몰하는 당포함

당포함 전몰장병 충혼탑

출처 : 국방부, 『국군 50년사』(서울 : 국방부), 1998, p. 291., 연합뉴스 보도자료('16. 1. 19.)

2) 북한의 사전계획과 사건이후 대응

북한은 당포함이 자신들의 영해를 침범했고, '정당하고 자위적인 조치'였다 주장했다. 그러나 당포함 사건이 있기 6개월 전인 1966년 7월 29일에도 동해에서 유사한 사건이 있었다. 당시 북한 무장선박 9척이 어선으로 가장해 북방한계선 남쪽에 침범한 후 해군 초계정 PCS-202호[39]를 나포하려고 시도했고, 교전 결과 북한 선박 1척이 침몰했다. 1966년 11월 22일에는 동해상에서 초계 중인 우리 해군함정을 향해 해안포 40발 발사, 11월 29일에는 우리 측 어선 2척에 기관총 사격을 하는 등 공격적인 태도를 보였다. 이러한 일련의 해상 충돌 과정 속에서 북한의 보복공격으로 당포함 사건이 발생한 것이다.

사건 이후 북한은 당포함을 경호임무를 하는 군함이라며 경호함 56호로 불렀고 심지어 한국이 아닌 미국 군함이라고 우겼다. 모든 책임을 미국으로 돌리며 위기를 고조시킴으로써 체제결속과 경제국방 병진노선의 추진을 강조한 것이다. 일각에서는 북한이 중국, 소련과 소원해진 시점에 미국을 억지로 끌어들여 중 · 소의 관심을 끌고 북 · 중 · 소 3국의 결속력을 다질 목적이었다고 평가하기도 한다. 결과적으로 당포함 사건은 1차적으로 대한민국에 대한 계획된 기습 보복공격이었으며, 2차적으로는 미국을 공격함으로써 내부체제결속과 선전전을 위한 것이었다.[40]

3. 푸에블로호 사건

1) 사건 개요

푸에블로호(The USS Pueblo, AGER-2)[41]사건은 1968년 1월 23일 낮 2시경 원산 앞바다에서 미 해군 소속의 정보수집함을 강제로 나포한 사건이다. 당시 푸에블로호는 1월 11일 일본 사세보를 출항하여 북한과 소련지역의 전자정보를 수집하고, 청진, 원산 등에서 북한 해군 활동을 조사 후 2월 4일 다시 사세보로 돌아올 예정이었다. 북한 해안에서 40km 떨어진 공해상을 지나던 중 북한의 위협에도 불구하고 계속 항해를 하다가 원산항으로 끌려갔다. 나포 당시 푸에블로호에는 83명의 승무원이 타고 있었고, 2월 23일 송환되기까지 북한에 억류되었다. 이 중 1명은 나포 당시 총격으로 사망했으며, 배는 현재까지 돌아오지 못하고, 평양의 전승기념관에 선전물로 전시되어있다. 사건 직후 미국은 승무원 송환을 위해 가능

한 모든 수단을 강구했으며, 탈북자들의 증언에 의하면 북한 전역에는 전쟁의 공포가 들이닥쳤다고 한다.42

2) 북한의 의도와 인질의 활용

북한이 푸에블로호를 나포한 이유는 베트남 전쟁 중이던 미국의 군사적 관심을 한반도에 쏠리게 하여 베트남을 지원하려고 했다는 점, 1 · 21 사건의 관심을 다른 곳으로 돌리기 위해서였다는 점, 북한 창건 20주년을 맞아 경제침체와 주민 불만을 외부로 돌리기 위해서였다는 점 등으로 분석된다. 일각에서는 소련의 지시에 의한 사주설도 주장된다. 첫 번째 이유인 베트남을 지원하려는 의도보다는 김일성 스스로 관심을 받기 위함이라는 주장도 있다. 1 · 21 사건의 경우처럼 당시 갈등 관계에 있던 중국, 소련으로부터 지지를 얻으려 했다는 분석도 힘을 얻고 있다. 분명치 않은 동기보다 확실한 것은 북한의 도발이 의도적이었다는 점이다. 북한은 적어도 사건 2일 전에 푸에블로호의 존재를 확인했고 나포할 계획도 수립했다. 특히, 이 과정에 김정일이 직접 개입해 해군사령관에게 나포 방법까지 일러주었다는 것이 북한 문헌과 고위 탈북자의 공통된 증언이었으며, 북한도 이 사건을 김정일 선군정치의 심화발전과정이었다고 선전한 바 있다.

북한은 억류한 승조원을 인질로 활용하여 미국과 협상했고, 미국이 군사적 대응 대신 협상에 적극적으로 임한 것은 승조원을 구하기 위해서였다. 승조원들은 나포 당일 야간기차로 원산에서 평양으로 옮겨졌다. 북한이 주장한 영해 침범이었다면 적어도 얼마간은 원산에서 머물렀을 것이다. 나포 직후에는 열악한 시설에서 구타와 고문, 협박을 당했지만, 미국과의 협상이 진행되면서 대우가 좋아졌다. 협상기간 동안 승조원에게 강요하여 자백서, 청원서를 작성하게 하여 노동신문에 보도하거나 미국 본토의 승조원 가족과 언론사에도 보냈다. 9월 12일에는 북한의 대본에 따라 외신을 대상으로 기자회견도 개최했다. 승조원을 대상으로 사상교육과 6 · 25 당시 미국에 의한 학살이라고 북한이 주장하는 신천대학살 기념관도 견학시켰다.43

■ 1968년 푸에블로호 사건

평양 대동강에 전시된 푸에블로호

선전용으로 사용된 승조원 사진

출처 : 국방일보 보도자료('11. 1. 6., '23. 7. 21.)

3) 사건의 영향

이 사건 이후 북한은 미국에 대해 자신감을 느끼게 되었다. 미국의 친북인사들을 평양으로 초청해 인민외교도 전개했고 매년 나포일인 1월 23일에는 미국을 향해 푸에블로호 사건에서 교훈을 찾으라고 선전하기도 한다. 이후 대미협상에서도 푸에블로호의 경험을 활용했다. 2009년 두만강 지역을 취재하던 미국 기자 2명을 인질로 잡고 미국 고위인사의 평양 방문을 요구한 바 있다. 인질 뿐 아니라 핵, 미사일 등 미국의 관심을 끌고, 협상과 보상요구, 재도발의 행태도 이 사건 이후 북한의 패턴이 되었다. 1968년 12월 23일 승조원들은 미국 측 대표가 영해 침범 사과문에 서명하고서야 석방되었고 그들이 소환되면서 사건은 일단락되었다.[44]

4. EC-121기 격추 사건

1) 사건 개요

미국의 대북 공중정찰은 동해지역을 중심으로 진행되었는데 푸에블로호 나포 사건 이후 더 강화되었다. 미국은 대형정찰기 EC-121을 통해 북한군의 병력이동과 배치에 관한 정보를 수집했으며 미 해군 제7함대 소속이었다. 1969년 4월 15일에는 약 8시간 동안 대북정보를 수집할 계획으로 일본 아츠기 기지에서 이륙하여 동해 북동쪽에서 남서쪽으로 약 193km 정찰임무 수행 후 남한의 오산 공군기지로 돌아올 예정이었다. 이러한 정찰경로는 1968년 이후 8차례 수행된 바 있었으나 북한에 의해 격추되어 북한 연안에서 90NM(약 166km) 떨어진 지점에 추락했고 미군 승조원 31명은 전원 사망했다.

■ 1969년 EC-121기 격추 사건

추락하는 EC-121

출처 : 조선일보 보도자료('05. 11. 16.)

이날은 김일성의 57세 생일이었고, 축제 분위기였던 북한은 일순간에 긴장 상황으로 돌변했다. 북한은 정찰기를 격추한 896부대 장병들을 치하했고 전쟁준비 태세를 갖추게 했다고 전해진다. 이는 북한의 치밀한 기습공격으로 1969년 김정일은 EC-121기의 영공침입에 대해 보고받고 격추를 지시했다. 한편 미국도 피격 이전에 북한군의 움직임을 파악하고 있었다. 평양 인근 북창비행장에 있던 MiG-21 전투기 2대가 함경북도 어랑군 회문비행장(현재 어랑비행장)으로 이동한 것을 확인하고도 이를 교육훈련 목적으로 오판했다. 당시 회문비행장은 조종사 훈련 부대로 전투기를 보유하고 있지 않았고, 북한이 미군의 레이더를 피하기 위한 자체 훈련을 한 것도 밝혀졌다.[45]

2) 미국의 대응과 미소 공동구조작전

사건 발생 직후 미 국방부는 소련, 중국, 쿠바 등지에서의 정찰비행을 일시적으로 중단했고, 항공모함 4척을 포함 40척의 전력을 동해로 보내 무력시위를 전개했다. 푸에블로호 나포 당시 닉슨은 당시의 존슨 대통령의 미온적인 대응을 비난했으나 정작 본인이 대통령이 된 상황에서 별다른 대책을 내놓지 못했다. 미국의 이러한 대응은 미국이 당시 중국과의 관계 개선을 추진하고 있었고, 닉슨 행정부 출범 3개월이 채 되지 않아 조직이 미숙했기 때문이며, 미군전력 중 이동 가능한 전력이 없었다는 점, 베트남 전쟁 중이었다는 점 때문이었다. 결국, 미국은 보복이나 별다른 배상 없이 5월 8일 이후 전투기의 엄호를 받으며 정찰기에 대한 비행을 재개하는 것으로 사건을 일단락 지었다.

미국은 외교채널을 통해 소련에 공동구조요청을 전달했고, 소련이 이를 즉각 수용하면서 냉전 시기 한반도 지역에서 미소 해군 간 첫 협력이 이뤄졌다. 공동구조작전을 위해 교신문제, 언어문제, 정보교환, 구조지역의 분할 문제, 수거한 항공기와 승조원 시신 인계문제 등 해결할 문제들이 있었다. 교신을 위해 미군의 무전기를 소련에 건네주고 러시아어 가능한 승조원을 오산 공군기지에서 사건 현장으로 보냈다. 소련이 수거한 파편을 미국이 수시로 확인할 수 있도록 소련 함정 위로 미 항공기의 저공비행과 사진 촬영이 협조되었는데, 이는 당시 두 국가의 관계를 감안할 때 매우 이례적인 조치였다. 바람과 해류로 인해 잔해가 북쪽으로 흘러가고 있었고 북한 해안에서 가까운 지역에서 파편 일부가 발견되었는데 북한의 영해를 침범할 가능성을 고려하여 소련 측에서 요청하는 등 작전지역에 대한 협의도 있었다.46

3) 대한민국에 미친 영향

EC-121기 격추사건은 푸에블로호 사건과 달리 포로는 없었지만, 미국에게 31명 사망이라는 큰 인명 손실을 안겨주었다. 그런데도 닉슨 행정부는 별다른 보복 없이 사건을 마무리했다. 이후 1976년 판문점 도끼만행 사건에서의 적극적인 태도와도 대비되었다. EC-121기 격추사건의 경우에는 북한의 군사행동이 불법이라는 확고한 증거를 제시하지 못했고, 증거가 불명확한 상황에서 미국이 성급하게 대북 군사적 보복 조치에 나섰다면 한반도 위기는 훨씬 더 가중되었을 것이다.

다만 한국으로서는 미국의 한국 비상계획을 재검토하고, 세밀하게 재수립하는 계기가 되었다. 닉슨 행정부는 EC-121 사건 처리 과정에서 강력하고, 정밀하고, 적극적인 행동을 강조하는 비상 계획안이 필요했다. 그들은 한반도 비상상황에 대한 통합적인 외교-군사적 대응안을 수립했고, 다양한 수준의 대북 선제타격안과 핵 공격안 역시 논의했다. EC-121기 격추사건이 잠잠해진 이후 마련된 미국의 한반도 위기 대응 구상은 더욱 호전적으로 변화했다.[47]

5. 판문점 도끼만행 사건

1) 사건 개요

1976년 8월 18일 오전 10시경 판문점 공동경비구역에서 미군 장교 2명, 병사 4명, 한국군 장교 1명, 병사 4명 등 11명이 '돌아오지 않는 다리' 남쪽 유엔군 경비초소의 시야를 가리는 미루나무 가지를 자르는 한국인 노무자 5명을 감독, 경비하고 있었다. 가지치기 작업은 이전부터 정례적으로 해오던 것인데, 북한군 장교 2명과 15명의 하전사가 작업중지를 요구했다. 이를 무시하고 작업을 계속하자 11시경 북한군 수십명이 트럭을 타고 와 몽둥이와 노무자가 사용하던 도끼를 휘두르며 기습 공격했다. 이들은 유엔군을 집중공격하여 보니파스 대위와 바렛 중위가 북한군이 휘두른 도끼에 중상을 입고 후송 중 사망했다. 이는 정전 이후 판문점에서 북한군에 의해 미군 장교가 사망한 첫 사건으로 미군 병사 4명, 한국군 장교와 병사 4명이 중경상을 입고 유엔군 트럭 3대가 파손되었다. 북한군의 만행이 찍힌 사진은 전 세계에 보도되었고 무기가 도끼였다는 점은 보도를 지켜본 사람들을 충격에 휩싸이게 했다.[48]

2) 한미연합 대응 작전(폴 버니언)

사건 직후 유엔군은 세가지 대응을 계획했다. 먼저 군사정전위원회를 개최하여 북한군 최고사령관에게 항의 전문을 전달하는 것과 전투준비태세(DEFCON)를 4단계에서 3단계로 상향조정하는 것, 마지막으로 미루나무를 제거하기로 했다. 이를 전달받은 한국정부도 강력한 대응의지를 표명했다. 8월 19일 일부 데프콘 3단계로 상향되었는데 이는 6 · 25전쟁 이후 처음 있는 일이었다. 8월 21일 한미 양국은 본격적인 군사작전에 돌입하며 국군 제1공수여단, 제1사단, 미 2사단 전투공병단 등 813명을 투입했다. 작전명은 미국 전설 속의 거인 나무꾼 이름을 따 폴 버니언(Paul Bunyan)으로 정했다. 항공모함 3척과 F-4 팬텀대대, B-52 전략폭격기, F-111 전폭기 등이 한반도에 전개했다. 미루나무 제거 작전이 개시된 7시부터 한미 제1군단과 관련 작전부대에는 데프콘 2단계가 발령된 전시상황이었다. 미루나무는 작업 개시 28분 만에 완전히 제거되었고, 이 작전에서 국군 특전사 64명은 미루나무 근처 북한군 초소 4개를 때려 부쉈으나 별다른 대응은 없었다.

3) 작전 성공요인

사건 초기 소식을 접한 포드 행정부는 상당히 격앙되었으나 북한에 직접적인 군사보복은 하지 않았다. 그 이유는 미국이 이 사건을 북한과 전면전을 불사할 만큼의 심각한 위협으로 인식하지 않았다는 점이다. 미루나무 가지 제거를 못 하게 할 수많은 방법이 있음에도 사건을 벌인 것은 의도적인 도발이었지만, 그렇다고 해서 북한의 의도가 전면전이라고는 판단하지 않은 것이다. 두 번째 이유는 북한에 대한 강력한 군사적 보복의 효과를 확신하지 못했기 때문이다. 북한의 주요 군사시설을 정밀공중타격하거나 특공대 침투, 지뢰부설, 북한 선박의 나포 등 군사적 대응에는 역효과와 부작용 가능성이 있었다. 따라서 단지 미루나무를 제거하는 폴 버니언 작전을 계획하고 미국의 강력한 결의를 과시하고 한미연합전력을 위협적으로 투입하여 실행한 것이다.

이는 향후 북한의 도발로 유엔사의 권리가 무시되는 것을 방지하는 효과도 발생시켰다. 성공적인 한미연합전력은 당시 한미 간 균열을 통해 주한미군 철수를 유도하고 싶었던 북한의 기대도 좌절시켰다. 국제사회의 여론이 북한에게 불리했던 것도 작전이 성공한 주요 요인이 되었다. 소련과 중국은 도발의 책임이 미국에 있다는 북한의 주장이 설득력이 없다고 판단했고, 이 사건으로 전쟁이 발발하기를 원치 않았다. 30개 비동맹 회원국들도 북한에 대한 지지 결의안을 유엔 총회에 상정하는 것을 철회하자 북한도 절대 미국에 강경하게 대응할 수 없었다.

또한, 대규모 무력시위로 북한에 대한 확전 우세를 점한 미국에 북한 지도부도 굴복한 것이다. 미국은 사건 초기 군사적, 정치적 목표를 간결하게 구체화하고 추락한 위신을 회복시켰다. 이러한 조치는 북한이 오인으로 인한 과잉 대응을 자제하도록 유도했다. 미국이 요청한 북한의 공식적 사과, 재발 방지 약속, 책임자 처벌, 희생자들에 대한 보상은 북한으로서도 큰 부담 없이 수용 가능한 수준이었다. 그 결과 북한은 폴 버니언 작전 종료 5시간 뒤, 그들의 요구로 소집된 군사정전위원회 수석대표 간 비공개회의에서 김일성의 위임을 받아 성명서를 대독하면서 공식적으로 유감을 표명했다. 김일성에 의한 유감 표명은 1 · 21 사건 이후 두 번째로 발생한 일이었다. 이후 9월 8일 데프콘이 4단계로 환원되고 증원전력이 철수함으로써 한반도를 전쟁의 위기로 몰아넣을 수 있었던 안보위기는 종료되었다.49

■ 1976년 판문점 도끼만행사건

도끼만행 현장

폴 버니언 작전

출처 : 국방일보 보도자료('23. 7. 21.)

6. 아웅산 테러

1) 사건 개요

1983년 10월 9일 일요일 오전 10시 28분, 미얀마(당시 국명 버마)의 국립묘지격인 아웅산에서 대한민국 대통령을 살해하기 위한 폭탄테러가 자행되었다. 미얀마를 공식 방문 중인 전두환 대통령을 시해하기 위해 북한이 벌인 계획적인 사건으로 대통령은 무사했지만, 테러행위로 서석준 부총리, 이범석 외무부장관 등 17명의 외교사절과 수행원이 사망하고, 14명이 부상을 입었다. 당시 대통령은 사건 하루 전인 10월 8일 호주, 뉴질랜드, 인도, 스리랑카, 브루나이, 미얀마 등 6개국 순방을 위해 서울을 떠났고, 미얀마는 이 중 첫번째 순방국이었다. 사건 직후 범인 2명이 생포되었다. 인민무력부 정찰국 소속의 소좌와 대위로 이들은 수류탄으로 자폭을 시도하여 중상을 입긴 했지만, 살아있었다. 개성의 특수부대에서 전 대통령을 미얀마에서 살해하라는 지령을 받고 9월 9일 황해도에서 공작선을 타고 출항하여 9월 17일 미얀마에 도착했다. 대통령의 아웅산 참배를 작전 개시일로 정하고, 사전에 원격조종 폭탄 2개와 폭발 후 화재를 일으키기 위해 소이탄 1개 설치했다. 그러나 대통령이 아웅산에 도착하기 1.5km 전에 폭탄이 폭발함으로써 작전이 실패했다. 실패한 원인은 미얀마 주재 한국대사였던 이계철 대사의 외모가 전 대통령과 흡사하여 이 대사의 도착과 동시에 행사를 알리는 나팔소리가 있었는데 이것을 공작원들이 행사의 시작으로 착각했기 때문이었다. 두 번째 이유는 원격

■ 1983년 아웅산 테러

아웅산 테러 직전 묘역참배

폭파된 아웅산 국립묘지

출처 : 국방일보 보도자료('14. 10. 6.), 국방부, 『국군 50년사』(서울 : 국방부), 1998, p. 298.

조종 폭탄이 여러 무전기 전파들과 혼선을 일으켜 오작동한 것으로 추정된다. 북한이 전두환 대통령을 살해하려던 이유에 대해 귀순자 증언에 의하면, 군인 출신으로 우직하고 강한 성격으로 평가받은 전 대통령이 진짜 전쟁을 일으킬지도 모른다는 위협 때문이었다고 한다.[50]

2) 남북한과 국제사회의 대응

사건 발생 다음날인 10월 10일 미얀마 수사당국은 혐의자 2명을 생포하고 신기철을 사살하였다. 일주일 후 10월 17일 생포한 2명의 혐의자가 사건의 범인임을 확인하고, 11월 4일 이들이 북한정부의 지령 하에 테러를 자행하였다고 발표하였다. 이 과정에서 한국 측은 공동 수사를 제안했지만 불공정 수사라는 비판을 차단하기 위하여 단독 수사를 실시했다. 한국 정부의 신속한 대응은 한국 국민들에게 전두환 정부에 대한 위기관리 대응 측면에서 우호적 반응을 이끌어낼 수 있었고 북한의 위협을 막기 위해서는 강력한 군부가 필요하다는 논리를 만들어냈다. 그리고 테러 이후에도 남은 순방 일정을 강행하여 북한의 테러 위협에도 굴복하지 않는다는 강인한 지도자의 이미지를 형성시켰다.

북한은 초기에는 테러행위 자체를 부인하고, 남한 내부 싸움의 결과라며 책임을 회피했다. 10월 20일 전두환 대통령이 북한에 대한 응징을 주장하자 사건책임을 북한에 전가하고 있다며 비난했다. 그러나 당사국인 미얀마는 수사 결과에 따라 북한과 단교했고 그 외 10개국이 대북한 수교불가 원칙과 자본주의 진영 25개국의 공식규탄 성명이 있었다. 특히 일본은 대북제재 조치로 북한 경제에 부정적인 영향을 주었다.

그러나 북한 외교에 중요한 사회주의 국가들과 비동맹국가들의 비판은 그리 크지 않았다. 아웅산 테러로 자본주의 국가들에게 많은 비난을 받았음에도 북한 외교가 완전히 고립되지는 않았다. 소련은 북한의 주장을 수용하고 북한의 입장에 대해 보도했고, 중국도 직접적 비난을 피하고 중립적으로 사건 내용만 보도했다. 북한의 비동맹 외교도 잠시 위축되었지만 여파가 오래 가지 않았다. 북한

은 국제사회의 비난은 감수하고 더 큰 안보위협을 해소하기 위하여 테러를 자행한 것이다.[51]

아웅산 테러는 한국의 대통령 암살을 통해 한국사회의 혼란을 유도하고 국민의 공포를 극대화하려는 사건이었으나 한국 정부의 단호한 대응으로 직접적 목적은 달성하지 못하고 실패로 끝났다. 그럼에도 북한은 한국 사회의 희생자들에게 폭력을 수단으로 공포를 전달하려는 목표는 일부 달성했다. 테러국가의 이미지를 전 세계에 알리고 많은 국가들로부터 비난을 받았음에도 소련으로부터 안보 지원을 확보하였고, 소련과의 안보 협력 강화를 견제하기 위한 중국과의 경제협력도 확대시킨 계기가 되었다.

7. 강릉무장공비 침투사건

1) 사건 개요

1996년 북한의 인민무력부 산하 정찰국 소속 상어급 잠수함이 강원도 강릉시 동해안 일대에 침투하여 정찰 공작 활동을 벌이고 복귀를 시도하던 중 해상 복귀가 불가능해지자 육로를 통한 복귀를 위해 상륙하면서 일어난 사건이다. 북한의 잠수함은 1996년 9월 14일 오전 5시 부대가 있는 함경남도 락원군에서 정찰국장의 환송을 받으며 출발했고, 휴전선 경계 5마일 정도까지는 문제없이 이동했고, 이 지점부터 수중 공기관과 잠망경을 내린 채 해저 60~70m 깊이로 침투했다. 강릉에서 5마일 정도 떨어진 거리에서 잠수함을 부상시켜 잠망경으로 위치를 확인하며 접근하여, 9월 15일에 해안 3~400m 거리에서 잠수함을 바닥에 가라앉혀 정찰조를 상륙시켰고, 이후 물속에서 대기하다 17일 정찰조를 태우기 위해 들어가던 중 좌초했다. 당시 공비 중 유일하게 생포되고 이후 전향한 이광수의 증언에 따르면 대부분 잠수정이 후진하다 암초에 걸린 것으로 알고 있으나 사실은 앞으로 들어왔으나 파도가 너무 쳐서 옆으로 밀리면서 암초에 걸렸고 프로펠러가 망가지면서 좌초된 것으로 추정된다. 정찰만 하고 임무를 마쳐서 모두 복귀하려던 것은 아

■ 1996년 강릉무장공비 침투사건

강릉침투 상어급 잠수함　　　　　강릉 무장공비 노획물

출처 : 국방일보 보도자료('10. 12. 17.), 연합뉴스 보도자료('23. 5. 19)

니고 후에 침투 목표가 대통령 암살이라는 것도 공개되었다. 저격조만 상륙하고 승조원과 잠수함은 복귀하려다 실패하자 전원 상륙한 것이다. 당시 국가안전기획부 조사에 따르면 10월 7일 김영삼 대통령이 춘천에서 개막된 전국체전 개막식에 참석할 경우 저격할 목적이었음을 진술했다고 한다.[52]

2) 대침투작전 결과와 북한의 반응

1996년 9월 18일, 강릉시 강동면 안인진리 해상에서 68사단 초병과 택시기사 이진규가 50m 해상에서 좌초한 북한 잠수함을 발견하면서 무장공비소탕작전이 시작되었다. 11월 5일 인제군 연화동에서 특전사 장선용 상사가 마지막으로 잔존 정찰조 2명을 사살하고 작전을 최종 종결시킬 때까지 총 49일이 소요되었다. 침투 무장공비는 26명, 중 13명이 국군에 의해 사살, 11명이 함께 침투한 공비에 의해 처형, 1명(이광수)이 생포, 1명은 생사 여부가 불확실했다. 소위 이철진은 아군이 사살하지도, 시체로 발견되지도 않았으나 북한은 이철진을 전사자에 포함하였다. 따라서 잠수함에서 이탈할 때 해상에서 실종되었거나 육상 도주과정에서 실종된 것으로 추정된다. 이들로부터 노획한 노획품은 상어급 잠수함[53] 1척을 포함하여 367종 4,380점에 달하였다. 이러한 전과에도 불구하고 아군 피해도 상당했다. 전사 11명, 아군의 오인 사격으로 전사 1명, 부상 28명을 포함하여 민간인 4명,

경찰 1명, 예비군 1명의 사망이 있었다. 강원도 지방의 특수성으로 주민들의 경제적 피해도 매우 커서 관광객 미 유치와 생산활동 위축으로 인한 피해가 있었다.

북한은 사건발생 초기 유엔군사령부의 항의문 접수를 거부하며 자신들과 무관한 일이라고 주장했다. 국제적 비난에 직면하자 9월 22일 인민무력부 대변인 성명으로 북한의 훈련용 소형 잠수함의 정상훈련 중 갑작스런 기관고장으로 표류 중 좌초된 것이며 인민군 병사를 남한이 살해한 것은 인도주의 위반 살상행위라고 발표했다. 그러나 북한은 훈련용 잠수함을 보유하지 않으며 잠수함은 특수 침투공작용으로 개조된 것이다. 정상훈련 중이라면 승조원이 북한군 복장이었겠으나 이들은 민간복장 및 국군 복장으로 위장하고 있었다. 잠수함 기관고장이었다면 침몰에 대비해 수면으로 부상했을 것이고 동해안 조류 특성상 표류 시 북쪽으로 흘러갔을 것이다. 적대적 의도가 없었다면 잠수함 내부를 소각하지도 않았을 것이고 투항 혹은 구난요청을 했을 것이다. 침투공비는 도주과정에서 끝까지 저항하며 우리 민간인과 비무장 군인을 살해했다. 이는 북한 주민의 대남 적대감을 부추기고 내부결속을 다지려는 상투적인 심리전의 일종이다.

8. 제1연평해전

1999년 6월 15일 오전 9시경 서해 연평도 인근 해상에서 북한 해군의 도발로 벌어진 남북 함정 간의 해전이다. 북한은 6월 6일부터 15일까지 매일 북방한계선을 넘어와 몇 시간씩 한국 영해에 머물면서 반응을 살피고 돌아가고 있었다. 15일, 80t급 북한 경비정 2척이 꽃게잡이 어선 20척과 함께 NLL 남쪽 2km 해역까지 내려왔으며, 이어서 420t급 2척이 어뢰정 3척과 남하했다. 한국 해군은 고속정 초계함 10여 척을 동원하여 오전 9시 7분, 20분 두 차례에 걸쳐 선체를 충돌시키는 밀어내기식 공격을 감행했다. 충돌공격을 받은 북한 경비정은 소총으로 선제 사격을 하다가 25mm 기관포를 발사하였으며, 북한 어뢰정 3척도 공격에 가담했다. 한국 해군은 초계함의 76mm 함포와 고속정의 40mm 기관포 등으로 응사하여 북한 어

■1999년 제1연평해전

해군 고속정의 충돌작전

출처 : 중앙일보 보도자료('08. 6. 16.)

제1연평해전 전승비 제막식

뢰정과 경비정을 명중시켰다. 이 교전에서 북한의 어뢰정 1척이 침몰하였고, 420t급 경비정 1척이 대파되었으며, 나머지 경비정 4척도 선체가 파손된 채 퇴각했다. 북한 측은 20여 명이 사망하고 30여 명이 부상하였을 것으로 추정된다. 한국은 전사자는 없었으며 장병 9명이 가벼운 부상을 당했다.[54]

9. 제2연평해전

2002년 6월 29일 오전 서해 연평도 서쪽 해상에서 북한 경비정의 선제 기습 포격으로 시작된 남북 함정 사이의 해전이다. 제17회 월드컵축구대회의 마지막 날을 하루 앞둔 2002년 6월 29일 오전 10시 25분 무렵, 서해 북방한계선(NLL) 남쪽 3마일, 연평도 서쪽 14마일 해상에서 일어난 일이다. 1999년 6월 15일 오전에 발생한 제1연평해전이 벌어진 지 3년 만에 같은 지역에서 일어난 남북한 함정 사이의 해전으로 '서해교전'으로 불리다가 2008년 4월 '제2연평해전'으로 격상되었다. 교전에 앞서 북방한계선 북한측 해상에서 북한의 꽃게잡이 어선을 경계하던 북한 경비정 2척이 남한측 북방한계선을 침범하면서 계속 남하했다. 이에 한국 해군의 고속정 4척이 즉각 대응에 나서 초계와 동시에 퇴거 경고 방송을 하는 한편, 교전 대비태세를 취하고 있었다. 아무런 징후도 없이 북한 경비정이 갑자기 선제 기습 포격을 가해 해군 고속정 참수리 357호의 조타실이 순식간에 화염에 휩싸였고, 양

■ 2002년 제2연평해전

퇴각하는 북한 경비정

서해수호관에 전시된 참수리357정 피격흔적

출처 : 연합뉴스 보도자료('12. 10. 12.), 국방일보 보도자료('24. 3. 20.)

측 함정 사이에 교전이 시작되었다. 곧바로 인근 해역에 있던 해군 고속정과 초계정들이 교전에 합류했고, 10시 43분경 북한 경비정 1척에서 화염이 발생하자 나머지 1척과 함께 퇴각하기 시작해 10시 50분경 북방한계선을 넘어 북상해 교전은 25분 만에 종료되었다. 제2연평해전으로 한국 해군 6명이 전사했고, 19명이 부상당했다. 아군측 해군 참수리고속정 1척 침몰됐고, 북한 측 피해상황은 알려지지 않았으나 선제공격을 했던 경비정 1척이 대파되었고 30여 명의 사상자가 발생한 것으로 추정된다.[55] 교전 직후 국방부는 '북한의 행위가 명백한 정전협정 위반이며, 묵과할 수 없는 무력도발'로 규정하고 북한 측의 사과와 책임자 처벌, 재발방지를 강하게 요구하였으나 당시 북한 쪽의 답변은 듣지 못했다.

10. 천안함 피격사건

2010년 3월 26일에 백령도 근처 해상에서 대한민국 해군의 초계함인 PCC 772 천안함이 조선인민군 해군 잠수함의 어뢰에 의해서 격침된 사건이다. 사건 발생 직후 출동한 인천해양경찰서 소속 해안경비정에 의해 천안함에 탑승하고 있던 승조원 104명 중 58명이 구조되었으며 나머지 46명은 실종되었다. 이후 실종자 수색과 선체 인양이 진행되면서 2010년 4월 24일 17시 기준으로 실종자 46명 중 40명

■ 2010년 천안함 피격사건

인양되는 천안함 함수

천안함 46용사 추모비

출처 : 국방일보 보도자료('10. 12. 16., '24. 1. 22)

이 사망자로 확인, 6명이 여전히 실종상태였다. 수색과정에서 3월 30일, UDT 대원인 한주호 해군 준위가 작업 중 실신하여 병원으로 후송되었으나 순직하는 추가 희생이 있었다. 2010년 5월 20일, 민군 합동조사단 발표에 따르면 인양한 함수, 함미 선체의 변형 형태와 사고 해역에서 수거한 증거물들을 조사한 결과, 천안함은 북한에서 제조한 감응어뢰의 강력한 수중 폭발에 의해 선체가 절단되어 침몰하였다고 밝혀졌다. 민군 합동조사단은 한국측 10개 전문기관의 전문가 25명과 군 전문가 22명, 국회 추천 전문위원 3명, 미국 · 호주 · 영국 · 스웨덴 등 4개국 전문가 24명으로 구성된 전문가 집단이었다. 그러나 북한은 자신들과 무관한 사건이라고 주장하고 있다.

11. 연평도 포격도발

2010년 11월 23일 오후 2시 30분경, 북한이 아무런 선전포고도 없이 대한민국 인천광역시 옹진군 연평면의 대연평도를 향해 포격하자 대한민국 해병대가 피격 직후 북한의 영토를 향해 대응사격을 가한 사건이다. 당일 8시 20분, 북한은 남북 장성급군사회담 북측 단장 명의로 "조선민주주의인민공화국 측 영해에 대한 포사격이 이루어질 경우 즉각적인 물리적 조치를 경고한다."는 통지문을 발송했다. 대한민국 국방부에서는 훈련중단 요청을 거절하고 예정대로 훈련을 진행했다. 10

■ 2010년 연평도 포격도발

전투간 땅에 박힌 방사포 추진체

연평도 포격전 현장

출처 : 국방일보 보도자료('23. 11. 21.)

시 15분부터 14시 24분까지 4시간 동안, 연평도 주둔 해병대가 3,657발의 사격훈련을 실시했다. 연평도 해병대의 포격 훈련 종료 10분 후 14시 34분에 북한군은 76.2mm 평사포, 122mm 대구경포, 130mm 대구경포 등을 이용해 연평도 군부대 및 인근 민가를 향해 무차별 포격을 시작했다. 최초 포격 이후 해병대 자주포 부대는 K9 자주포들을 대피 시설인 포상 내부로 숨기고 나머지 해병들도 대피호로 대피했다. 적의 1차 포격이 잠잠해지자 K-9자주포를 재배치해서 첫 피격 13분 후인 14시 47분경부터 대응 포격을 시작했고, 북측의 무도 포진지 쪽에 50여 발, 개머리 포진지 쪽에 30여 발, 총 80여 발을 발사했다. 공군은 14시 38분에 KF-16 2대를 긴급 출격시키고, 이후 추가로 KF-16 2대와 F-15K 4대를 출격시켰다. 이후 15시 41분 북한군의 공격이 중단되었다. 북한은 총 170여 발을 발사한 것으로 파악된다. 이 사건으로 연평도 해병대원 2명이 전사하고 민간인 2명이 사망했다.[56]

12. 파주 목함지뢰도발

2015년 8월 4일, 경기도 파주시 1사단 예하 수색대대 부사관 2명이 비무장지대의 아군 추진철책 통로에서 북한군의 목함지뢰를 밟아 중상을 입은 사건이다. 당일 오전 7시 27분에 수색작전 병력 8명은 현장에 도착했다. 7시 33분 선두대원인 김모 하사가 통문을 통과 후 왼쪽 5미터 지점에서 전방경계를 실시했다. 7시 35

■2015년 파주 목함지뢰도발

목함지뢰 폭발 장면

임진각 평화의 발 조성물

출처 : 국방일보 보도자료('15. 8. 10., '23. 4. 25.)

분 2번째 대원인 하재헌 하사가 통문 통과 중 1차 폭발이 일어났고, 하 하사의 우측 무릎 위, 좌측 무릎 아래 절단되었다. 7시 40분 팀장인 정모 중사가 통문을 넘어가 전방경계하고 김 하사 등 3명이 하 하사를 통문 넘어 남측으로 후송하던 중 2차 폭발이 있었다. 두 번째 폭발로 김정원 하사의 우측 발목 절단이 절단되었다. 7시 50분 GP병력이 도착해 환자 2명을 후송했다. 사건 초기에는 얼마 전 있었던 폭우로 인해 지뢰가 유실되어 사고로 이어졌다고 분석되었다. 그러나 대한민국 국방부와 유엔군사령부 합동 진상조사를 통해 북한이 7월 26일에서 8월 2일 사이에 은밀하게 침투하여 의도적으로 목함지뢰를 매설한 것이 확인되었다. 북한은 역시 인정하고 있지 않으나 지뢰가 유실될 수 없는 지역에 목함지뢰를 매설하였고, 사전 침투하지 않고는 아군이 주기적으로 통과하는 소통문에 지뢰를 매설할 수 없다는 점에서 북한군의 소행임이 명백하다.[57]

13. 남북공동연락사무소 폭파

2020년 6월 16일 오후 2시 49분, 북한이 개성공단 내 남북공동연락사무소를 무단 폭파한 사건이다. 남북공동연락사무소는 2018년 문재인 대통령과 김정은 위원장 간에 열린 제3차 남북정상회담에서 채택된 4 · 27 판문점 선언에 근거에 마련된 남북 소통채널이다. 제7차 남북고위급회담 합의에 따라 대한민국 정부가 건설

비용 약 180억 원을 전액 지불하고 유지비와 사용료 포함 총 235억 원 상당을 들여 북한 개성시에 남북 공동연락사무소를 세웠다. 이 사무소는 남북간 교섭 및 연락, 당국 간 회담 및 협의, 민간교류지원, 왕래 인원 편의보장 등의 기능을 담당했으나 2019년 하노이 미북 정상회담 결렬 이후 북한은 상주인력을 철수시켰다가 일부 복귀시켰고, 남한은 코로나-19 확산으로 인력이 철수하면서 2020년부터 사실상 운영이 중단됐다. 이후 하루 두 차례씩 전화 연락을 하는 수준이었다. 남북 공동연락사무소를 북한이 폭파하겠다며 일방적으로 협박 통보한 지 사흘 뒤에 사건이 일어났고, 이는 북한이 판문점 선언과 9 · 19 군사합의를 사실상 파기했음을 의미한다. 폭약을 많이 사용하여, 연락사무소 바로 옆에 있는 2007년 참여정부 시기에 지어진 개성공단 종합지원센터도 심각하게 훼손되었다.58 북한의 남북공동연락사무소 폭파는 상징적 행위로 북한이 실제로 겨냥한 목표는 대북전단 살포 묵인, 북한 핵에 대한 남한의 국제공조 가담, 남북 경협에 대한 소극적 입장에 대한 불만 등 한국 정부의 대북정책에 대한 대응으로 평가된다. 또한, 대한민국의 국유재산에 등록된 재산에 대한 일방적인 침해의 성격과 국가차원의 테러리즘, 유엔헌장을 비롯한 국제법 위반, 무장행위에 해당되는 휴전협정 위반 등 명백한 위해행위로써 도발로 분류할 수 있다.59

■ 2020년 남북공동연락사무소 폭파

폭발 장면

붕괴된 남북 공동연락사무소

출처 : BBC코리아 보도자료('20. 6. 18.)

제6부

북한의 대외관계

제6부에서는 북한의 대외관계를 다각적으로 조명한다. 우선 북한의 외교정책이 가지는 특징과 결정과정을 살펴본 뒤, 김일성–김정일–김정은으로 이어지는 3대 세습의 기간 동안 변화해 온 북한의 외교정책 변천과정을 분석한다.

북한의 외교정책 목표는 한반도의 공산화 통일과 전 세계의 공산화였다. 이를 위해 외부적으로는 평화와 우호를 내세우면서 내부적으로 혁명과 해방의 입장을 고수했다. 북한의 노동당규약과 「사회주의 헌법」에는 외교정책의 기본이념으로 '자주 · 평화 · 친선'을 명시하고 있다. 탈냉전 이후 북한은 체제 생존을 위해 군사적 모험주의를 택하면서도 경제적 실용주의를 동시에 구사하는 이중적인 외교정책을 구사했다.

북한의 외교정책 결정과정은 당, 국가, 민간으로 구분된다. 당의 외교활동은 정당 간에 이뤄지며 북한 노동당 국제부가 담당하며, 의회 간 외교는 최고인민회의 산하 외교 위원회가 담당한다. 국가 간 외교는 외무성이 담당하며, 민간영역의 경우 당의 외곽단체인 조선아시아태평양평화위원회와 대외문화연락위원회가 담당하며, 사회주의 애국청년동맹, 조선직업총동맹도 역할을 수행한다.

김일성 시대 북한은 자주를 내세우면서 6 · 25전쟁 이후 소련, 중국 및 사회주의 국가들과 관계를 강화하는 사회주의 진영외교를 채택했다. 그러나 1970년대 맞이한 국제환경의 변화는 북한의 외교정책에도 변화를 불러왔다. 북한 역시 서방 자본주의 국가들과의 외교관계 개선을 시도해, 1970년대 이후 66개 국가와 수교를 시작하며 사회주의 진영외교 의존도를 낮추었다. 1980년대 제한적인 개방외교를 취하던 북한은 냉전의 종식과 함께 체제위기 극복을 위한 개방외교를 추진했다.

1994년 김일성 사망으로 북한은 국제사회에서 은둔형 국가로 전락하긴 했지만, 2000년대부터 김정일 정권은 경제난 극복을 위해 전방위 외교를 펼쳐 국제사회로부터의 지원확보에 총력을 기울였다. 그러나 미국 부시(Goerge W. Bush) 정권의 대북 강경노선과 지속적인 북핵위기로 인해 국제사회와 대립을 이어갔고 6자 회담을 통해 해결의 실마리를 찾는 듯했지만, 북 · 미 간의 갈등과 김정일의 사망으로 결실을 보지 못했다.

김정은 시기 북한은 기존 대외전략의 중심축이었던 미국과 한국에 대한 의존에서 중국에 안보와 경제를 의존하는 '병행전략'을 구사했다. 핵개발과 미사일 발사를 계속 진행하며, 결국 핵과 경제의 병진노선이라는 이중적인 대외정책을 추진하기에 이른다. 북한 비핵화 문제의 해결을 위해 2018년 역사상 처음으로 북미 정상회담이 이뤄졌지만, 양측의 견해차로 결렬되었다. 이후, 2021년 미국과의 관계에서 '강대강, 선대선' 원칙을 표명하고 중국을 사회주의 발전의 중요 축으로 재규정하는 등 사회주의 국가들과의 관계 개선 의지를 드러냈다.

북한의 주요 국가와의 관계는 미국, 중국, 대한민국, 일본, 러시아를 중심으로 김일성-김정일-김정은 시기로 나뉘어 살펴본다. 마지막으로 북한에 대한 국제사회의 제재는 1993년 발생한 제1차 북핵 위기 이래 현재까지 해결되지 않고 있는 북한의 핵문제와 이를 둘러싼 국제사회의 제재에 관한 내용을 위주로 분석한다.

제1장

북한 외교정책의 특징과 결정과정

1. 북한 외교정책의 특징

1) 북한외교정책의 이념과 기조

체제 수립 이후에 북한 외교정책 목표는 한반도의 공산화 통일과 전 세계의 공산화였다. 이를 위해 외부적으로는 평화와 우호를 내세우면서 내부적으로 혁명과 해방의 입장을 고수했다.[1] 6·25전쟁 이후 북한은 '전 조선의 공산화'를 목표로 삼았다. 해방과 혁명으로 외교정책을 정립한 북한은 노동당 규약과 사회주의 헌법에 이를 명시했다. 1960년대에 북한은 주체사상을 만들어 외교정책에서 '자주'를 내세웠다.[2] 1980년대까지 이러한 입장이 이어져온다. 제6차 당 대회 총화보고에서 김일성은 '자주, 친선, 평화'의 3원칙을 외교정책의 기본이념으로 삼으며 공산주의 국가들과의 단결 및 친선강화, 우호적인 서방국가들과 친선을 다하겠다는 의지를 내비쳤다.[3] 1989년 이후 냉전체제가 종식되면서 북한은 대외정책의 원칙을 수정하여 체제생존을 내세우게 된다.[4] 즉 북한은 전조선의 공산화라는 공세적인 외교정책 노선을 체제수호라는 수세적인 목표로 전환한다.[5]

북한의 노동당규약과 「사회주의 헌법」에는 외교정책의 기본이념으로 '자주·평화·친선'을 명시하고 있다. 특히, 노동당규약에는 "반제 자주력량의 단결 강화, 제국주의 침략과 전쟁책동 반대, 세계사회주의 운동의 발전"을 강조하고 있다. 1998년 노동당은 '마르크스-레닌주의와 프롤레타리아 국제주의 원칙'을 수정하여 '자주성을 옹호하는 세계인민들과의 단결, 자주 · 평화 · 친선'으로 대외정책의 원칙을 변경하였다.[6] 탈냉전 이후 북한은 체제위기 극복을 위해 이중적인 외교정책을 구사한다. 북한은 체제 생존을 위해 군사적 모험주의를 택하면서도 경제적 실용주의를 동시에 구사하는 이중전략을 추구했다. 즉 군사적 모험주의를 통해 내부결속, 체제유지, 그리고 대외적인 협상용 카드로 사용했다. 또한 경제난을 극복하기 위해 실용주의를 사용하는 이중전략을 취한 것이다.[7]

2. 북한 외교정책 결정과정

북한의 외교활동은 당, 국가, 민간으로 구분된다. 당의 외교활동은 정당 간에 이루어지며 북한 노동당 국제부가 담당하며, 외회 간 외교는 최고인민회의 산하 외교 위원회가 담당한다. 국가 차원의 외교는 1990년대를 기점으로 사회주의 체제 국가의 몰락으로 정당 간 외교 비중을 줄고, 국가(정부) 간 외교 비중이 증가하였다. 국가 간 외교는 외무성이 담당하며, 외국과의 외교관계 수립, 협정 체결, 재외공간 운영을 담당한다. 민간영역의 경우, 당의 외곽단체인 조선아시아태평양평화위원회와 대외문화연락위원회가 담당하며, 사회주의 애국청년동맹, 조선직업총동맹도 역할을 수행한다.[8] 북한은 일반적인 국가처럼 합리성과 정당성에 기반하여 외교정책에 관한 의사결정이 진행되지 않는다. 조선로동당과 김씨 일가에 의해 외교정책이 결정되는 것이다. 당 중심의 국가인 북한은 정책결정과정에서 당의 결정이 절대적이다. 당대회 5년에 1회 소집되며 당대회에서 당의 노선과 정책 및 전략전술이 결정된다. 당 전원회의는 6개월에 1회 이상 소집되며 당중앙위원회 위원 및 후보위원이 참석하여 중요 사안을 심의 · 결정한다.

당정치국회의는 전원회의와 전원회의 사이에 당정치국 위원(7명)과 후보위원(7명)이 참석하여 개최되며, 당중앙위원회 명의로 당의 모든 사업을 조직지도한다. 당 비서국 회의는 당중앙위 비서, 조직부 부장, 관련부서 부장 혹은 1부부장들이 참석하며 당 인사 및 당면문제를 결정한다.[9]

1994년에 김일성이 사망한 이후 유훈통치 기간을 거치게 된다. 1998년 9월 김정일은 국방위원장으로 공식적으로 권력승계를 하게 된다. 공식적으로는 최고인민회의 상임위원장이 북한(국가)을 대표했다. 최고인민회의 상임위원장은 형식상으로 다른 나라 사신의 신임장, 소환장을 접수하며 대외업무를 총괄했다. 하지만, 실질적인 외교정책은 김정일의 지시에 따라 외무성이 주관했다. 김정은으로 권력이 세습된 이후에도 얼마 동안은 최고인민회의 상임위원장이 대외적으로 국가를 대표했다. 2012년 4월 김정은은 국방위원회 제1위원장으로 추대되었다. 이후 국방위원회 대신 국무위원회 위원장이 신설되어 대외 대표권한을 갖게 되었고, 김정은은 2016년 6월에 국무위원회 위원장으로 추대된다.[10] 북한은 최고인민회의 상임위원장이 국가를 대표했으나, 1998년 헌법 개정을 통해 외교분야에서 국무위원장의 역할을 강화하였으며, 2016년 6월 헌법 개정을 통해 국무위원장이 국가원수의 권한(특사 파견권, 외국과 맺은 중요 조약의 비준 · 폐기권)을 행사하도록 하였다. 2019년 4월 헌법 개정을 통해 국무위원장은 국가를 대표하게 되었다. 2019년 8월에는 다른 나라 주재 외교 대표 임명 또는 소환권을 국무위원장이 가지게 되었다.[11] 외교정책을 결정하는 기구에는 당, 국무위원회, 최고인민회의가 있다. 김정은은 당대회, 당중앙위원회 전원회의, 당정치국 등 비상설 기구에서 토의를 한 후 주요 결정을 한다. 외교정책의 집행 측면에서는 국무위원회의 외무성이 주도하며, 인민무력성과 국가보위성이 협력하는 형태를 보인다. 북한은 외교정책의 집행 책임을 국무위원회 산하 외무성에 맡긴다. 외무성은 외국과의 국교 수립, 협정 체결, 재외공관 운영 및 사업지도를 담당하는 외무상 및 부상들이 30여 개에 이르는 지역국과 기능국을 분담해 업무를 관장한다. 이 외에 7개의 지역국과 2개의 연구소를 두고 있다. 북한은 민간외교 사업도 활발히 펼치고 있다. 대외선전을 통해 주한미군 철수를 주장하고 있으며, 속내는 한반도를 적화통일하기 위한 국제적 환경(한국고립, 사회주의 건설을 위한 국제협력 강화, 3대 세습 당위성 선전, 연방제 통일방안 정당성 선전)의 조성에 있다.[12]

북한의 민간외교의 계획은 당 선전선동부가 주도하며, 집행은 1994년에 설립된 외곽단체인 조선 아세아 · 태평양평화위원회와 대외문화연락위원회과 담당한다.

아 · 태평화위원회는 한반도 통일, 핵 · 군축, 분쟁, 환경, 경제, 문화, 관광 등 다양한 분야를 담당한다. 당중앙위원회 통일선전부는 조국평화통일위원회(조평통) 또는 아 · 태평화위원회를 통해 대남외교와 대미, 대일외교를 담당한다.[13]

제2장

북한 외교정책 변천과정

한반도의 지정학적 위치에 따라 북한도 주변국의 영향을 크게 받는다. 미국과 소련 간의 대립으로 점철된 냉전시대는 1989년의 동유럽 사회주의 국가의 민주화와 1991년 소련의 해체로 역사의 뒤안길로 사라졌다. 국제사회는 대립의 시대에서 화해, 협력의 시대로 전환되었다. 하지만 여전히 냉전시대의 시스템을 고수하고 있는 국가가 북한이다. 북한은 개혁 · 개방보다는 폐쇄적인 정치 · 경제 시스템을 유지하며, 남한을 여전히 공산주의 혁명을 위한 해방의 대상으로 바라보고 공세적인 외교정책을 취하고 있다. 사회주의 우호국인 소련과 중국이 개방화를 통해 경제 체제를 변화시키고 국제사회에 편입되려 시도하면 할수록 북한은 국제사회로부터의 고립을 해소하기 위해 극단적인 방식을 사용했다. 체제 유지와 생존을 위해 핵과 미사일 개발을 시도하는 강경한 노선을 취하고 있다. 북한의 외교정책의 변화는 김일성-김정일-김정은 시기로 구분하여 설명 가능하다.

1. 김일성 시대

1948년 9월 9일 북한은 조선민주주의인민공화국을 출범시켰고, 외교정책 목표로 자주를 내세우면서 6 · 25전쟁 이후 소련, 중국 및 사회주의 국가들과 관계를 강화하는 사회주의 진영외교를 채택했다.[14] 1948년 9월 정권 수립 초기에 북한은 소련에 거의 모든 분야(정치, 군사, 경제)에서 의존하였다.[15]

김일성은 남한을 무력으로 평정하려는 야욕을 가지고 있었다. 이를 위해 소련의 스탈린으로부터 남침계획을 승인받았고, 1950년 5월 13일에 중국 마오쩌둥의 동의를 얻어냈다. 1950년 6월 25일 새벽 4시를 기해 불법 무력남침을 자행한 북한은 개전 초 승기를 잡는 듯 하였으나, 미국을 중심으로 한 유엔군과 한국군이 인천상륙작전을 통해 북한군을 북한지역까지 몰아내었고, 1953년 7월 27일 정전협정이 체결되었다.[16] 북한은 전쟁 획책 이후 정전협정체제로 돌입할 때 까지 12개의 사회주의권 국가들과 수교를 맺었으며, 소련과 중국으로부터 무상원조를 포함한 대외경제지원을 확보하는데에 외교정책의 최우선 목표로 삼았다.[17]

이 시기 북한은 세계를 미국 중심의 '제국주의 진영'과 소련 중심의 '국제민주진영'으로 구분하고, 전 세계에 사회주의를 확산시키기 위해 소련, 중국 등 제국주의 진영에 치중하여 군사, 경제, 외교적 지원을 획득하기 위한 진영외교를 취했다. 6 · 25전쟁 이후인 1954년에서 1956년까지 북한은 전후복구 3개년 계획을 수립한다. 이를 위해 중국, 소련과의 군사, 경제 협력관계를 강화했다. 하지만 소련에서 새롭게 공산당 서기관으로 등극한 흐루시쵸프가 1956년 2월 제2차 소련공산당 대회에서 스탈린 격하발언을 하고 서방 진영과의 이른바 '평화공존' 정책을 추진하면서, 중국은 흐루시쵸프의 발언과 정책을 문제 삼아 중소분쟁을 야기하게 된다.[18] 소련과 중국 사이에서 많은 지원을 받아오던 북한은 이를 계기로 사회주의 국가에 치중한 진영외교와 동맹외교를 탈피하여 다변외교로 전환하게 된다.[19] 북한은 소련의 평화공존정책을 반대하며, 비동맹 외교노선을 채택한다. 1955년 4월 인도네시아 반둥에서 수카르노 대통령이 주도하여 "세계평화, 반식민주의, 아시아-아프리카의 연대 강화"를 표명한 '반둥 10원칙'을 발표하였다. 북한은 1956년 제3차 당대회에서 외교 다변화 방침을 내세웠다.[20]

■ 1955년의 반둥회의

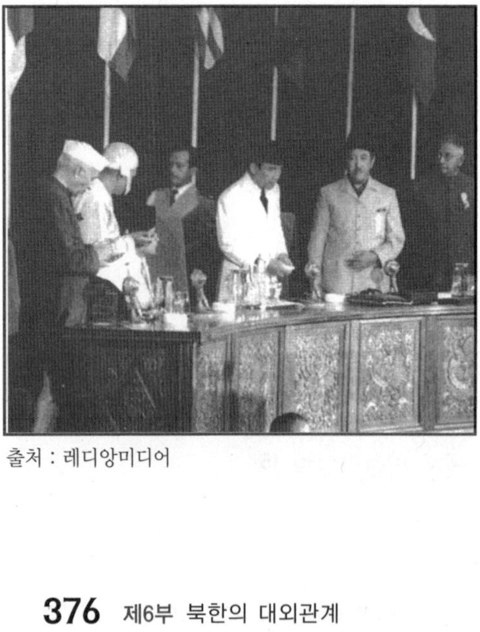

출처 : 레디앙미디어

1960년대에 북한은 중국과 소련 사이에서 등거리 외교를 추진하며 소련, 중국과 각각의 동맹관계를 맺었다. 1961년 6~7월에는 중국과 '조 · 소 우호협조 및 호상원조 조약'과 '조 · 중우호협조 및 호상원조 조약'을 통해 군사동맹관계를 확립하였다.[21] 1962년에 중국과 소련 간에 국경문제로 분쟁이 발생했을 때 북한은 중립을 취했다. 또한 1966년 8월에는 내정불간섭과 호상 평등을 표방한 자주노선을 채택하고 제3세계 국가들과의 비동맹 외교노선을 본격화하였다. 이러한 비동맹 외교노선을 통해 북한에 대한 국제사회의 지지기반을 넓히고, 한국과의 체제경쟁에서 우위를 확보하려고 하였다.[22] 북한의 다변외교는 대내외적으로 '자주노선'으로 발전한다. 대외적으로 중 · 소분쟁을 통해 소련, 중국 어디 편에도 치우치지 않는 등거리외교를 시작하여 자주노선을 걷게 되었으며 내부적으로는 중국, 소련의 지원을 통해 권력을 키우고 있던 김두봉, 허가이를 숙청하여 김일성의 권력을 공고화시켰다. 또한 '주체사상'을 창안하여 통치이념으로 내세우는데 자주노선을 활용하였다.[23] 1970년대에 국제환경은 변화를 맞이한다. 1971년 9월 중국이 유엔에 가입하고, 그동안 앙숙으로 여겨졌던 미국의 닉슨 대통령이 전격적으로 중국을 방문하여 관계 개선을 꾀하였으며,[24] 1979년 미 · 중 국교 정상화가 일어났다. 1970년대 초반 냉전을 완화시킨 데탕트가 시작되자, 중국과 소련 사이에서 등거리 외교를 추진하고, 대내외적으로 자주노선을 취했던 북한은 새로운 외교노선을 시작했다.[25] 북한은 외교노선의 다변화와 자주노선강화, 경제적 실리추구를 외교 목표로 삼았다. 이를 위해 1960년대 중반부터 1970년대 중반까지 북한은 서방 자본주의 국가들과의 외교관계 개선을 시도하였다.[26] 실리적인 외교노선을 구사하던 북한은 6개년 경제개발계획을 위해 자본과 기술도입이 필요했고, 이를 위해 서방 국가들과의 관계 개선에 나선 것이다. 1967년의 북한의 대서방 교역액은 6,800만 달러였으나, 1974년에는 8억 7,400만 달러로 급증했다. 1970년 중반에 이르러 북한은 미국에 대해 '인민외교'를 추진하였고, 1974년 3월에는 대미평화협정 체결을 제의했다. 이와 함께 비동맹 외교를 강화했다. 1975년 비동맹외상회의에 정식 가입하였고, 비동맹회의에서 북한에 대한 제3세계의 지지획득을 소호하였다. 북한은 비동맹회의에서 주한미군 철수, 평화협정체결, 고려연방제 통일방안을 주장하였다.

1970년대에 북한의 대서방 교역액은 점차 증가하였으나 북한은 완전한 개방경제정책을 취하지 않고 외자와 기술 유입을 통해 국내경제 발전에만 치중하였으며, 국내 산업 발전을 통한 수출 증대를 이행하지 않아 결과적으로 대서방 무역적자가 급증했다. 1975년 누적된 북한의 외채는 17억 달러에 이르고 경제난의 조짐이 보이기 시작했다.27 하지만 1970년대 후반 대남도발, 외채상환 문제, 위폐 및 외교관 밀수 사건 등으로 외교관계 개선은 실패로 돌아갔다.

북한은 서방자본주의 국가들뿐만 아니라 비동맹 국가들과의 외교강화를 꾀하였다. 1970년대 이후 66개 국가와 수교를 시작하였으며 사회주의 진영외교 의존도를 낮추었다. 1980년대 이후부터 북한은 대서방 실리외교를 추구하였다. 1980년대부터 사회주의 국가들의 급격한 체제 전환이 시작되었다. 소련과 동구권 국가들은 정치체제를 변화시켰으며, 중국, 베트남은 자본주의적 경제체제를 수용하였다. 북한도 국제사회의 변화에 대응하기 위해 사회주의 계획경제를 개선하여 자립적 민족경제 건설노선, 중공업우선주의, 경제 · 국방 병진노선을 수립하였다.28

북한은 1980년대에 북한은 제한적인 개방외교를 취했다. 1984년에 합영법을 제정하여 서방 국가의 기술과 자본을 유치했다. 북한의 합영법은 중국의 '중외합자경영기영법'을 모방한 것인데 중국의 대외경제협력 형태를 북한에 적용한 것이다. 하지만 북한의 합영법은 법체계의 미흡, 경제특구의 미설정, 개방의 대상인 미국, 일본과의 관계개선 실패로 수포로 돌아갔다.29 결과적으로 북한의 경제개선 노력은 실패했는데 그 이유는 북한은 서방 자본주의 국가들과 친선외교를 전개하는 동시에 기존의 사회주의 진영외교, 비동맹외교노선을 그대로 유지하였기 때문이었다. 또한 북한은 사회주의체제를 그대로 유지하며 오히려 공세적인 대남적화전략을 추구하여 1983년 아웅산 묘소 폭파사건과 1987년 KAL기 폭파사건을 자행하여 국제적으로 고립되었다.30

▬1983년 아웅산 묘소 폭발사건

출처 : 중앙일보 인터넷판

마침내 1989년 냉전이 종식되고 사회주의가 몰락하게 된다. 북한은 국제적인 고립과 경제난이 가중되어 체제 붕괴까지도 우려하는 상황에 내몰렸다.

또한 한국이 공세적인 북방외교를 통해 동유럽국가들과 수교 맺게 되어 북한은 국제적으로 더욱 고립되었다. 탈냉전기 이후 체제 위기 극복을 위해 1990년대 초반에는 실리주의에 기반한 유연하고 유화적인 외교정책을 모색했다.

탈냉전에 접어 들어 북한은 체제위기 극복을 위해 개방외교를 추진했다. 미국과 1988년에서 1992년까지 외교접촉을 진행했고, 일본과는 1991년에 국교정상회회담을 진행했다. 1990년대에는 남한과 고위급회담을 개최하였고, 1991년 말에는 '남북 사이의 화해와 불가침 및 교류 · 협력에 관한 합의서(기본합의서)'를 체결하였다. 1991년 12월에는 나진 · 선봉자유무역지대를 지정하고 개방정책을 추진했다. 1992년 10월 5일에는 외국인투자법을 제정하였고, 1994년 1월에는 합영법을 개정했다. 소련의 붕괴와 냉전종식에 따라 국제적으로 고립의 위기에 처한 북한은 1990년 5월의 최고인민회의 9기 1차 회의에서 외교이념을 '자주, 친선, 평화' 순서에서 '자주, 평화, 친선'으로 변경하였다. 즉 냉전 종식 이후 화해와 협력의 시대에 접어들어, 대외적으로 '평화'와 '친선'의 순서를 변경하여 호전적인 이미지를 개선하고자 했다.[31]

하지만 1990년대 초에 제1차 북핵위기가 발생한다.[32] 북한의 실리외교는 국제사회의 북한에 대한 불신과 북한의 불투명한 태도 및 핵과 미사일 개발로 인해 성과를 거두지 못하였다.[33] 완전한 형태의 개혁개방을 통해 국제사회에 편입될 수 있었던 기로에서 북한은 핵개발 노선을 선택하며, 국제사회에서 고립의 길을 걷게 된다. 1993년 NPT탈퇴를 공식 선언하며 시작된 핵개발 시도는 김일성-김정일-김정은 정권을 내내 지속적으로 추진되어 현재에 이르고 있다.[34]

2. 김정일 시대

1994년 7월 북한은 김일성의 사망으로 국제사회에서 은둔형 국가로 전락한다. 이후 3년간의 유훈통치를 지나며 김정일 체제가 확립된다. 김정일은 정권의 안정을 위해 '강성대국', '선군정치'를 내세운다.35 냉전종식 이후 체제위기를 타개하기 위해 북한은 개방정책을 취했으나, 여건이 북한에 불리하다고 판단하여 돌연 핵무기를 통한 강경정책으로 선회했다. 1993년 3월 핵확산금지조약(NPT) 탈퇴를 선언한 것이다. 미국은 북한의 NPT 탈퇴를 막으려고 모든 외교적 노력을 다하였으며, 핵개발 의혹이 불거진 영변의 시설을 군사공격할 계획까지 수립한 상태였다. 하지만, 한반도 전체로 확전되어 많은 피해를 야기할 것이라는 전문가의 우려에 폭격은 백지화되었다. 전면적인 경제제재 조치도 유엔안전보장이사회에서 상임이사국인 중국이 거부권을 행사하겠다고 압력을 가하여 사용할 수 없었다.

■ 북한 중앙통신 NPT 탈퇴선언 방송(1993년)

출처 : MBC뉴스 인터넷판

미국은 결국 북한과의 협상에 임하였다. 1993년 6월에 북 · 미간 에 차관보급회담이 시작되어 미국은 북한에 대해 체제인정, 내정불간섭, 북한에 대해 핵무기 불사용 및 불가침 약속을 제시하였고, 북한은 NPT탈퇴를 철회하였다.36 1993년에 시작된 제1차 북핵위기는 미국과 북한이 협상을 통해 제네바합의37가 도출되며 일단락되었다.38

2000년대부터 김정일 정권은 경제난 극복을 위해 전방위 외교를 펼쳐 국제사회로부터의 지원확보에 총력을 기울였다. 이를 위해 전통적인 우호국가인 중국, 러시아와의 외교관계 강화는 물론 미국, 일본과도 관계개선 시도를 하였다. 또한 유럽연합 25개국(독일, 영국, 이탈리아 등), 베트남, 라오스, 캄보디아 등과도 외교관계 개선에 주력한다. 2002년에는 대외 결제 수단으로 유로화를 사용하기로 하였다.39 2000년 이후 북한은 실용주의 노선으로 다시 회귀하여 아세안지역안보포럼(ARF)에 가입하고 호주, 캐나다, 필리핀, EU 15개국과 수교를 맺으며 다시 전방위외교를 추진한다. 또한 김정일은 두 차례에 걸쳐 중국을 방문하여 중국의 개방정책을 모델로 하여 개방정책을 취하려 하였다. 남북관계도 획기적으로 개선되어 남북정상회담을 개최하며 서서히 국제외교무대에 등장한다.

남북한정상회담 이후 북한은 미국에 대해서도 전향적인 정책을 취했다. 2000년 10월 북한 국방위원회 제1부위원장인 조명록 차수가 미국의 빌 클린턴 대통령과 회담을 가졌다. 이후 공동성명을 통해 적대관계 종식과 반테러에 합의하여 북 · 미간에 관계개선의 계기가 마련되었다. 북한은 신의주 특구를 통해 파격적인 대외개방 정책을 취했다. 하지만 중국의 비협조적인 태도로 무산되었다. 신의주 특구개발이 실패한 후 북한은 2000년에 남한과의 개성공단 건설을 추진하였다. 2004년 6월에 개성공단 시범단지가 조성되었고, 2004년에 기업의 입주가 시작되어 2014년에는 125개의 한국기업이 들어섰으며, 월 생산액은 4,006만 달러에 이르렀다. 신의주 개방과 개성공단조성이 실패로 돌아간 이후, 북한은 더 이상의 개방정책을 취하지 않고 있다. 이에 더해 북핵문제로 국제사회로부터 경제제재를 받고 있는 상황에서 대외적인 경제개방은 요원한 현실이다.[40] 북 · 미 간에 화해무드는 2001년에 미국의 공화당 출신인 부시(Goerge W. Bush)가 대통령에 당선되면서 균열이 생기기 시작했다. 부시행정부는 대북 강경노선을 취했다. 2002년 1월 국정연설에서 부시는 북한, 이란, 이라크를 악의 축(Axis of Evil)으로 규정하였다.

2002년 10월 17일 미국 동아태 담당 차관보가 방북 시에 북한은 고농축우라늄(HEU) 프로그램이 있다고 공식 시인하며 제2차 북핵위기가 시작되었다.

당시 부시 대통령은 김정일 체제를 불신하였으며, 북한에 대해서 완전한 상호주의정책을 추구하였다. 결국 북한은 2002년에 핵개발 카드를 통해 국제사회와 대립을 이어간다. 2002년 10월 25일 북한 외무성 대변인은 핵프로그램 중단조건으로 미국의 핵불사용과 불가침의 법적 보장을 요구했다. 이에 대해 미국은 악의 축, 핵공격 대상으로 압박하였고, 북한은 핵억지력 강화를 내세우며 양국은 팽팽하게 맞섰다. 강대강으로 치닫던 갈등은 북한이 2002년 12월 12일 핵동결 해제를 선언하며 극에 달했다. 북한은 국제원자력기구(IAEA)에 폐연료봉의 봉인과 감시카메라 제거를 요구했으며 IAEA 사찰단원의 추방을 선언했다. 2003년 1월 6일 IAEA가 봉인과 감시장비의 원상회복과 사찰단의 복귀를 요구하자, 북한은 1월 10일 마침내 NPT탈퇴를 선언하였고 2월 26일에는 영변 원자로를 재가동했다.[41] 따라서 1994년의 제네바 기본합의문은 파기된 셈이었다. 2002년의 제2차 북핵위기는 미국, 중국, 북한이 참여한 3자 회담을 거쳐 2003년 8월에 미국, 중국, 러시아, 일본, 한국, 북한이 참여한 6자 회담을 통해 해결의 실마리를 찾게 되었다. 6자 회담 초기에 북한은 미국의 대북 적대시 정책 철회와 핵동결에 따른 보상을 요구했다. 반면 미국은 '완전하고 검증 가능하며 되돌릴 수 없는 핵폐기(CVID: Complete, Verifiable, Irreversible, Dismantlement)'를 원칙을 고수하며 북한에 '선 핵포기 후 보상' 원칙을 주장했다.[42] 김정일 정권은 전방위 외교전략을 추구하면서도 핵·미사일 개발에 몰두하여 미국에 대한 협상카드로 활용하는 '벼랑끝 전술'을 펼쳤다. 제2차 북핵 위기가 발생하여 북미 관계는 더욱 악화되었다. 이후 북·미 간의 여러 회담이 열려 「9.19 공동성명」이 채택되었다.[43] 이렇듯 북·미 간에 입장차가 뚜렷한 가운데 북한은 2005년 2월 10일 자위를 위해 핵무기를 만들었다며 핵무기 보유를 대외적으로 공표했다(2·10성명). 6자회담은 초기에 뚜렷한 성과를 내지 못하다가 2005년 9월, 제4차 6자회담의 제2단계 회의에서 공동성명(9·19성명)이 발표됨으로써 새로운 전기를 맞게 되었다. 9·19성명에서 북한의 핵프로그램 포기, 미국·일본과의 관계정상화 추진, 북한에 대한 에너지 지원, 한반도 평화체제와 동북아 안보협력 증진 방안 모색이 담겨있었다.[44]

하지만 9·19성명은 미국의 대북금융제재로 무산되었다. 미국은 북한이 방코델타아시아(BDA)를 통해 위조달러를 유통시키고 돈세탁을 한 혐의가 있다고 발표하였다.[45] 이어 BDA에 있던 북한의 2,400만 달러를 동결시켰다. 이러한 여파로 중국 등 20여 개 금융기관의 북한과의 금융 거래를 중단하였다.

■ 북한 영변 원자로 냉각탑 폭파 (2008년)

출처 : 연합뉴스 인터넷판

비핵화의 진전을 위한 6자 회담 실무그룹이 형성되어 2007년 10월 3일 9·19공동성명 이행을 위한 2단계 조치(10·3합의)가 발표되었고, 6자 회담 참가국들은 북미·북일관계 정상화, 중유 100만 톤 상당의 대북 경제·에너지·인도적 지원 제공을 합의했다. 이후 8개월 간의 후속협상이 마무리되고, 2008년 6월 26일 북한은 핵프로그램관련 상세한 내용을 담은 핵신고서를 6자회담 의장국인 중국에 제출했다. 하지만 핵탄두 숫자, 핵폭발장치, 핵무기 제조시설 등의 내용은 신고서에 빠져 있었다. 미국의 부시 행정부는 북한을 테러지원국 명단에서 제외시켜 주겠다고 발표하였고, 다음날 북한은 영변원자로의 냉각탑을 폭파하였다.

북한은 핵실험과 미사일 발사를 지속적으로 감행하였다. 2009년 4월 5일에는 북한에서 위성이라 주장한 발사체로 인해 유엔 안보리 제재를 받았고, 2009년 5월 25일에 제2차 핵실험을 실시했다. 유엔안보리는 결의안 1874호를 채택하고 무기금수 및 수출 통제, 화물검색, 금융 및 경제제재를 시작하였다. 북한은 이에 강대강으로 맞서 플루토늄 전량 무기화와 군사적 대응을 선언했다. 즉 '제재에는 보복으로, 대결에는 전면 대결'로 맞서겠다는 벼랑끝전술을 취한 것이다. 2009년 7월에는 이집트에서 개최된 비동맹 정상회의에서 북한은 한반도 비핵화를 위한 6자회담은 종말을 맞이했다고 주장했다. 이후 2011년에 뉴욕에서 북 · 미 간에 협상이 진행되어 북 · 미관계 개선과 한반도 정세안정, 6자 회담 재개 등이 논의되었고, 같은해 10월 24일에서 25일에 제네바에서 제2차 회담이 개최되었다. 하지만 김정일이 사망하면서 양자회담은 결실을 맺지 못하였다.46

■ 북한의 핵개발 연표

1985.12.12.	• 핵확산금지조약(NPT) 가입
1991.12.31.	• 남북한 한반도 비핵화 공동선언 합의
1993.3.12.	• NPT 탈퇴 선언
1994.10.21.	• 미 · 북「제네바 합의」체결
1994.11.1.	• 핵 활동 동결 선언
1995.3.9.	• 한반도에너지개발기구(KEDO) 설립
2002.10.3.	• 켈리 미 국무부차관보 방북
2002.12.12.	• 핵 동결 해제 발표
2003.8.27.	• 제1차 6자회담 개최
2005.2.10.	• 핵무기보유 선언

2005.5.11.	• 영변 5MW(e)원자로에서 폐연료봉 8천개 인출 발표
2005.9.19.	• 6자회담에서 '모든 핵무기와 현존 핵계획 포기' 등 '9.19공동성명' 채택
2006.10.9.	• 1차 핵실험 실시
2007.2.13.	• 6자회담에서 영변 원자로 폐쇄 및 불능화 합의(2.13 합의)
2007.7.15.	• 영변 원자로 폐쇄
2007.10.3.	• 6자회담에서 모든 핵시설 불능화 및 핵 프로그램 신고 합의(10.3 합의)
2008.6.27.	• 영변 원자로 냉각탑 폭파
2008.9.24.	• 영변 원자로 봉인 해제
2009.5.25.	• 2차 핵실험 실시
2009.11.3.	• 사용 후 폐연료봉 8천개 재처리 완료 선언
2013.2.12.	• 3차 핵실험 실시
2013.4.2.	• 영변 원자로 재가동 발표
2016.1.6.	• 4차 핵실험 실시, 조선중앙TV '첫 수소탄 시험 성공적 진행' 발표
2016.9.9.	• 5차 핵실험 실시
2017.9.3.	• 6차 핵실험 실시, 조선중앙TV '수소탄두 시험 성공적 진행' 발표
2018.4.20.	• 핵 · ICBM 시험중지 및 핵실험장 폐기 결정
2018.5.24.	• 풍계리 핵실험장 폭파 · 폐기
2021.1.8.	• 제8차 당대회에서 핵무력 고도화를 위한 투쟁 선언
2022.9.8.	• 최고인민회의에서 핵 보유를 공식화하고 사용 원칙 등을 담은 법령 채택

출처 : 통일부, 북한정보포털

3. 김정은 시대

탈냉전과 체제위기는 북한으로 하여금 대미안보의존과 대남경제의존이라는 대외전략을 채택하게 만들었다. 김정은 정권이 출범 즈음에 미 · 중 간의 G2시대로 인해 체제를 안정시키기 위해 북한의 대외전략 변화가 필요했다.

북한은 선택적 병행전략을 취했다. 기존의 대외전략의 중심축이었던 미국과 한국에 대한 의존에서 중국에 안보와 경제를 의존하는 '병행전략'을 구사한다. 북한의 안전보장을 위해 미국의 담보가 필요하지만 전적으로 의존하지는 않겠다는 전략이다. 경제적 측면에서도 한국에 전적으로 의존하지 않고, 중국의 경제력을 활용하겠다는 전략이다. 즉 상황에 따라 안보는 미국과 중국 사이에서, 경제는 한국과 중국 사이를 '선택적으로' 병행한다는 전략이다. 북한은 이러한 전략에 따라 2009년 이후 북 · 중관계 강화에 나섰다. 6자회담의 중단과 북미협상이 교착상태에 빠진 이후 북한은 중국을 활용하여 미국으로부터의 안보위협을 막아낼 수 있다고 판단하였다. 2010년 천안함 사태가 발생하자, 미국은 한국과 서해상에서 합동훈련을 실시하려 하였으나 중국이 반대하여 훈련은 시작되지 못하였다. 북한의 3차 핵실험으로 북한의 핵전략은 큰 전환점을 맞이한다. 미국과 중국 사이에서 안보줄타기가 가능해진 북한은 핵무기를 통해 안보이익을 극대화하였다.[47] 2011년에는 김정일이 사망하여 김정은으로의 권력 승계가 진행되었다. 북한은 국내적으로 정치적 안정을 꾀하기 위해 공포정치에 의존하였으며,[48] 대외적으로 핵과 미사일 개발을 지속적으로 추진하여 국제사회와 대결적인 외교노선을 추구한다. 2013년 3월에는 핵과 경제를 동시에 추구하겠다는 병진노선을 당중앙위 전원회의에서 채택하였다. 2017년에 북한은 제6차 핵실험을 자행하였고, 이에 따라 유엔에서는 대북 석유 수출량 제한과 섬유 수입의 전면 중단이 포함된 대북제재 결의 제2375호가 통과되었다. 2017년 11월 29일에 북한은 국가핵무력 완성을 선언하였다. 2018년부터 북한은 국제사회에 유화적인 외교전략을 추구하였다. 비핵화와 체제안전 보장을 위해 미국과 협상을 진행하였다. 또한 중국, 러시아 등 한반도 주변국들과의 정상회담을 추진하였다. 정상회담에서 비핵화와 북한에 대한 체제 안전보장이 제기되었다. 2019년 북한은 '완전한 비핵화' 의지, '새로운 북미 관계 수립'에 대한 의지를 표명한다.[49] 김정은 체제가 확립되면서 핵개발과 미사일 발사를 계속 진행하며, 결국 핵과 경제의 병진노선이라는 이중적인 대외정책을 추진하기에 이른다.[50] 2018년 6월, 2019년 2월에 김정은 위원장은 미국의 트럼프 대통령과 북미 정상회담을 진행하였다. 또한 2018년부터 2019년까지 중국의 시진핑 주석과 5차례에 걸쳐 정상회담을 진행하였다. 2019년 4월에는 러시아의 푸틴 대통령과 정상회담을 하였다. 하지만 2019년 12월 이후 북한은 핵무력을 강화하는 강경노선을 택하였다.[51] 2019년 2월에 베트남 하노이에서 열린 북미 양자정상회담은 북 · 미 간에 비핵화 문제의 해결과정에 대한 입장차로 결렬되었다.[52] 2021년 1월 제8차 당 대회에서 전략적 대미관계를 재강조하여 '강대강强對强, 선대선善對善' 원칙을 표명하였다. 또한 사회주의 국가들과의 관계 개선을 위해 중국을 사회주의 발전의 중요 축으로 재규정하였다. 김정은 국무위원장은 2021년 6월 제8기 3차 전원회의에서 3차 전원회의에서 국가의 안전을 위해 대결준비를 해야 한다는 입장을 밝혔다. 한편, 2021년 9월 29일 최고인민회의 제14기 제5차 회의 시정연설에서 김정은은 북한의 자주권을 존중하는 나라와 우호관계를 맺어야 한다고 기존의 외교정책입장을 재차 확인하였다. 2022년에 북한은 최고인민회의 제14기 제7차 회의에서 「조선민주주의인민공화국 핵무력정책에 대하여」라는 법령을 채택하여 핵무기 선제사용의 조건을 명시하였고, 김정은 국무위원장은 핵을 절대 포기하지 않겠다는 의지를 천명했다. 2022년 2월 우크라이나를 침공한 러시아에 대해서 북한은 지지입장을 표명했다. 또한 러시아의 철군을 요구하는 유엔 총회 결의에 대해 반대하고, 러시아가 침탈한 우크라이나의 도네츠크와 루간스크 지역의 독립을 승인했다. 또한 북한은 미국의 회담제의를 거절하고 비판성명을 낸다. 일본에 대해서도 북한은 자위대의 부대운영 방식에 대해 비판한다. 반면 북한은 중국에 대해서는 지지입장을 표명한다. 대만문제에 대한 중국의 입장을 지지하며, 베이징 동계올림픽 및 국경절에 구두 친서를 교환하며 우호적인 외교관계를 유지한다.[53]

제3장

주요 국가와의 관계

1. 대미관계

1) 김일성 시기

냉전시대 공산주의 진영의 종주국인 소련과 중국 사이에 분쟁이 발생하여 북한은 자주외교를 통해 난관을 돌파하려 하였다. 이때 가장 어려운 상대는 미국이었다. 북한은 미국과의 관계에서 적대의식을 강화시켰다. 북한의 세계혁명 차원에서 대미 적대감을 시작하였다. 세계혁명을 위해 제국주의와 지배주의를 타도해야 하고, 패권국가인 미국을 적으로 돌려 대내외적 결속을 도모하였다. 북한은 조선로동당 규약 전문에 명시된 바와 같이 한반도 공산화 통일을 위해, 최대의 걸림돌인 주한미군을 철수시키고 한미 간의 안보협력 관계를 약화시키기 위한 전략을 수립하였다. 1960년대 들어 북한은 노골적이고 독자적인 반미노선을 정하였다. 즉 중 · 소분쟁의 여파에 따라 공산주의 진영에서 영향을 받은 예속관계를 탈피하여 독자성을 강화한 것이다.

1968년 북한정권 창건 20주년을 맞아 김일성은 미국에 대한 적대감을 강화하였고, 1968년 1월 23일의 푸에블로호 나포와 1969년의 미국 정찰기 EC-121기를 격추하는 강경한 행동을 취한다.[54] 1960년대 말까지 북한은 미국에 대한 적대의식을 강화하다가 1969년 닉슨 독트린 발표 1972년의 닉슨의 중국방문과 미 · 소 간의 데탕트 시대가 도래하자[55] 유화적이고 타협적인 태도로 전환하며 미국에 대해 정부와 인민을 분리하는 '대미인민외교'를 전개해 나갔다.[56]

미국은 사회주의 국가들이 남한을 국가로 인정하면, 미국도 북한과 접촉할 의사가 있음을 공식적으로 밝혔다.[57] 이에 북한은 경제침체 극복을 위해 미국에 적극적으로 접근하는 계기를 마련한다. 1974년에 북한은 6 · 25전쟁 휴전협정을 평화협정으로 대체하는 방안을 공식적으로 제기하며 미국과의 관계 개선의지를 보였다.[58] 북한의 제의 배경에는 1973년 베트남 주둔 미군이 철수하기 시작한 것에서 비롯되었다.[59] 즉 파리협정에 따른 베트남의 공산화를 한반도에 적용하려는 의도가 있었던 것이다.[60] 미국은 북한의 평화협정 제안을 거절하였다. 1974년에 미국은 중국과 소련이 남한을 승인하면 미국도 승인하겠다는 뜻을 밝혔다. 1975년 9월 제30차 유엔총회에서 미국은 남 · 북 · 미 · 중 4자회담개최와 한반도 주변국가의 남북한 교차승인을 요구하였으나, 북한은 이는 미국의 두 개의 조선 조작음모라며 평화협정 체결만을 요구했다. 미국 민주당 출신 카터(James E. Carter)가 대통령으로 당선되자, 북 · 미관계는 새로운 전환점을 맞이했다. 카터는 공산권 국가인 북한, 베트남, 라오스, 캄보디아, 쿠바 등과 우호관계 수립의 의지를 내비쳤고, 주한미군 철수를 주장하였다. 이에 북한은 적극적인 환영의 태도를 나타냈다. 하지만, 1979년 7월 카터의 한국 방문 당시에 주한미군 철수 동결조치가 발표되자, 북한은 이를 세계 여론을 기만하기 위한 교활한 술책이라고 비난하였다. 소련의 아프가니스탄 침공과 미국의 레이건(Ronald W. Reagan) 대통령이 당선되자, 세계적 데탕트는 급속히 냉각되었다.[61] 레이건 대통령이 미군 철수를 전면 취소하고 한반도에 대한 안보공약을 강화하자, 북한은 미국이 한반도 분단을 영구화한다며 맹비난했다. 이러한 와중에 미얀마 폭탄테러가 발생하였고, 북한이 배후로 지목되었다. 김일성은 테러국이라는 이미지를 개선하기 위해 다시금 북한에 화해정책을 추구했다. 1987년 11월에 북한 소행의 KAL858기 폭파테러 사건이 발생하여 북미관계는 급속히 냉각되었다. 폭파테러에 대한 북한에 대한 국제적 압력이 거세지자 미국은 1988년 1월 북한을 테러지원국가로 지정하고 제재를 강화하였다. 북한은 잇따른 국제테러에 대한 비난을 완화시키고 외교적 고립을 탈피하기 위해 미국과의 대화를 원하고 있었다. 1987년에서 1992년까지 북한은 미국과의 관계 개선을 위해 20여 차례에 걸친 회의를 진행하였고, 팀스피리트 훈련중지, 교차승인 포기, 참사관급 접촉을 위한 고위 실무급 접촉으로 격상, 미군 유해송환 문제 협의 등을 요구하였으나, 미국과의 협상에서 가시적 성과를 거두지 못하자 돌연 1993년 NPT 탈퇴라는 초강경 대응을 하게 된다.[62]

북한은 미국과의 관계를 개선하여 체제안전을 보장하고 국제사회(유엔과 미국 등)가 취한 제재를 해제하기를 원했다. 1962년에 북한은 남북 간 평화협정 체결을 원했으나, 1974년 이후부터는 미국과의 단독 협상을 원하였다. 미국과의 평화협정 체결은 북한 외교의 핵심사안이다.[63]

2) 김정일 시기

북핵문제가 불거진 1990년대 초부터 북한은 미국과의 직접 협상을 통해 핵문제 해결과 관계정상화를 달성하고자 하였다. 2003년부터 2008년까지 미국을 포함한 6자회담이 진행되었다. 하지만, 6자회담은 진행과 결렬을 여러 차례 반복한다. 북한은 2009년 출범한 미국의 오바마 행정부에게 북핵문제 해결을 위한 6자회담의 진전을 기대했으나, 미국은 북한의 비핵화에 대한 의혹이 해소되지 않으면 북한과의 관계 정상화가 어렵다는 입장을 취한다.[64] 2008년 10월 11일 미국은 북한을 테러지원국 명단에서 삭제시켜 주었다. 이후 북한은 6자회담에서 도출된 보상이 지연되고 있기에 핵시설 무력화와 핵신고서의 제출시기를 조절할 것이라고 엇박자를 내었다. 이후 2008년 11월 12일에는 핵검증관련 시료채취 거부, 군사분계선을 통과하는 육로통행을 제한 및 차단, 대남직통전화 중단을 선언하며 강경한 태도를 보인다. 이미 미국으로부터 테러지원국 해제라는 성과를 얻었기에 급할 것이 없다는 전략을 취한 것이다.[65] 북한은 북핵문제가 고착화된 가운데 지속적으로 핵실험을 하고 미사일 시험발사를 진행했다. 2009년 4월 5일 장거리미사일 발사, 2009년 5월 25일에는 제2차 핵실험을 진행, 2009년에는 폐연료봉 재처리 작업을 완료하였고, 2010년에는 우라늄 농축시설을 공개했다.[66] 2009년에 북한은 핵무기 보유국으로 인정받기를 원한다는 입장을 표명했다. 이후 미국과의 관계개선에는 나서겠으나 핵포기는 관계정상화 이후 군축차원으로 접근해야 한다며 핵무기 보유국으로 지위를 인정해달라고 주장하였다. 즉 핵프로그램과 핵무기를 별도로 분리하여 협상에 임하겠다는 속내를 드러낸 것이다. 북한은 이마저도 미국의 대북 적대시 정책 철회, 한국에 대한 핵우산 제거, 한미동맹 파기를 조건으로 내걸고, 핵무기 포기 의지가 없음을 드러냈다.[67]

3) 김정은 시기

북한은 핵과 미사일 시험을 지속했으며 미국은 이에 대해 강력한 대북제재를 취했다. 2012년 초 북미는 「2.29 합의」를 통해 핵과 미사일 개발 중단과 미국의 대북지원 재개에 합의했다. 하지만, 북한은 장거리 미사일을 발사하여 합의를 파기하였다. 유엔 안보리는 2013년 1월 22일 대북제재 결의 제2087호를 채택하였고, 2013년 2월 12일에 북한은 제3차 핵실험을 시행하였다. 유엔 안보리는 2013년 3월 7일에 대북제재 결의 제2094호를 채택하였고, 2016년에는 북한은 제4차와 제5차의 핵실험을 실시하였으며, 미국은 유엔이 대북제재 결의 제2270호와 제2321호를 채택하도록 주도하였다. 2017년 3월에 미국의 트럼프 행정부는 북한의 개인 및 정부기관에 대한 독자적인 대북제재를 진행했다. 2017년 5월에는 유엔안보리 결의 제2371호의 채택을 주도하여 북한의 석탄 및 철광석 등의 수출을 금지시켰다. 하지만 북한은 2017년 9월 3일 제 6차 핵실험을 실시했고, 유엔안보리는 결의 제2375호를 채택하여 원유공급 제한과 부한 섬유제품 수출을 금지시켰다. 반면 북한은 2017년 11월에 화성-15형 미사일 발사로 국제사회를 위협하였고, 이에 유엔안보리 결의 제2397호가 채택되어 대북 유류공급 제한 강화와 수출입 금지 품

■ 싱가포르 북미 정상회담 (2018년)

출처 : 연합뉴스 인터넷판

목 확대가 결의되었다. 2018년에 들어서 북한은 트럼프 행정부에 적극적인 비핵화 의지를 피력했다. 신년사를 통해 평창 동계올림픽 참가 의사를 밝히며, 4월 27일에는 남북정상회담, 이후 6월 12일에는 싱가포르 북미정상회담이 진행되었다.

북한은 미국에 대해 대북 적대시 정책 철회를 요구하며, 안보가 보장되면 비핵화 노력을 하겠다고 밝혔다. 6월의 북미 정상회담에서는 '평화와 번영에 부합하는 새로운 관계 설립', '지속 · 안정적 평화체제 구축', '판문점선언 재확인 및 조선민주주의 인민공화국은 한반도 비핵화'를 위해 노력하기로 하였다. 북한과 미국은 싱가포르 정상회담에서 합의한 조치들을 단계적으로 시행하였다. 북한은 북미정상회담 전인 2018년 5월 24일 풍계리 시험장을 폭파하였고 7월 27일에 미군 유해 55구를 송환했다. 미국도 한미합동군사훈련을 중단하여 이에 화답하였다. 하지만 2019년 2월 베트남 하노이에서 열린 제2차 정상회담은 별다른 성과없이 실패로 돌아갔다. 이후 판문점과 스웨덴에서 열린 일련의 협상은 성과없이 종료되었다. 최근까지 북 · 미관계는 교착상태에 빠졌다. 2021년 1월에 미국의 대통령으로 취임한 바이든은 북핵문제에 대한 새로운 전략과 대북정책의 전면적인 재검토를 제시하였다.68 2021년 4월 30일에 미국은 "조정된 실용적인 접근"이라는 새로운 대북정책 가이드라인을 발표하며 정책의 성공 여부는 북한에 달렸다고 언급한다. 5월에 미국은 성김을 대북 특별대표로 임명하며 한반도의 완전한 비핵화, 북한과의 외교모색, 싱가포르 합의와 판문점 선언의 존중을 발표하며 북핵 문제 해결을 위한 외교적 방침을 강조한다. 하지만 북한은 미국의 정책에 대해 조심스러운 입장을 표명했다. 2021년 6월의 당중앙위 제3차 전원회의와 최고인민회의에서 김정은은 미국과의 '대화와 대결에 다 준비되어 있어야 한다'라며 미국의 정책은 적대시 정책의 연장선에 불과하다는 입장을 밝혔다. 북한은 화성-8형 시험발사, 잠수함탄도미사일(SLBM)에 대한 미국의 유엔 안보리 비공개 회의 소집에 대해 강력히 반발하며 '주권침해', '이중기준 적용'이라 주장했다. 2022년에 북미관계는 교착상태에 빠지게 된다. 바이든 대통령은 '조건없는 대화'를 내걸고 북한과의 대화를 시도하였으나, 북한은 대화에 나서지 않고 오히려 30여 차례가 넘는 탄도미사일 발사 시험을 하였다. 이에 미국은 다국적 연합군사훈련(림팩, 피치블랙), 한미

연합군사훈련을 실시하였고, 북한은 미사일 시험발사와 우리 군의 특별 감시선 부근까지 위협비행을 실시하였다. 또한 북한은 미국의 한반도에서의 군사훈련을 비난하고 미국의 러시아 인권이사회 자격정지 결의를 비난하였으며, 우크라이나 전 이슈에서 미국에 책임을 전가하였다. 미국은 북한에 대해 테러지원국 지정 연장, 인신매매보고서 발간을 통해 고강도 제재를 유지하였다. 이에 북한은 내정간섭, 적대시 정책이라며 강력히 반발하였고, 2022년 8월 미국의 낸시 펠로시 하원 의장의 대만 방문에 대해 비난하였다.69

2. 대중관계

1) 김일성-김정일 시기

북한과 중국은 1920년대 항일투쟁의 역사에서부터 시작해서 북한 정권 수립 이후 약 75년이 넘도록 관계를 이어왔다. 현재 중국은 북한과 유일하게 군사동맹 관계를 맺고 있고 사회주의 이념으로 연결된 국가이다. '순치(脣齒)관계'로 불리는 북한과 중국의 관계는 1948년 북한 정권 수립이 수립된 지 얼마 지나지 않아 발생한 1950년 6 · 25전쟁과 1961년 북 · 중 우호협력 및 상호원조조약 체결을 체결하면서 동맹 관계를 유지해왔다.

중국과 북한의 관계는 혈맹(血盟)관계로 표현될 만큼 긴밀하게 유지되어 왔는데, 이는 일제 식민지 시기 만주지역에서 중국공산당과 조선 항일유격대가 함께 항일투쟁을 벌이는 과정에서 비롯된 동지애와 신뢰 관계에 그 토대를 두고 있다. 또한, 한반도와 지리적 인접으로 인해 북한과 중국의 국경에 사는 한족, 조선족, 북한 주민 사이에선 혈연적 관계가 형성되기도 했다.70 특히 우리 민족에겐 비극이었지만, 6 · 25전쟁은 중국과 북한의 관계가 더욱 밀착하게 되는 사건이었다. 3여 년의 전쟁 동안 양측이 희생한 많은 생명은 두 국가를 돈독한 관계로 인식하게 했다.

냉전시기 중국과 북한의 관계는 '반당 반혁명적 종파음모책동' 일명 1956년 '8

월 종파사건'과 1966년 중국의 '문화대혁명'으로 인해 관계가 악화한 적도 있었지만, 1961년 '조선민주주의인민공화국과 중화인민공화국 간의 우호, 협력 및 상호원조에 관한 조약' 그리고 1969년에 발생한 중 · 소 국경 분쟁으로 그 관계는 다시 회복되었다.[71]

그러나 1970년대 미국과 중국의 데땅트, 1979년 미국과 중국의 수교는 중국과 북한의 관계를 새로운 국면으로 끌고 갔다. 중국이 개혁 · 개방을 실시했고 1991년 소련이 붕괴함으로써 길었던 40여 년간의 냉전구도가 막을 내렸기 때문이다. 돈독했던 중국과 북한의 관계에 충격을 준 사건은 1992년 맺은 한국과 중국의 수교였다. 겉으로는 태연한 척했지만, 이후 8년간 최고지도자의 중국 방문은 중단되었고, 북한은 강한 배신감과 분노를 표출하며 자주노선의 의지와 함께 핵개발을 선택하게 되었다.[72]

1994년 김일성의 죽음으로 권력을 이양받은 김정일은 국제적 고립과 경제난 타개를 위해 중국과의 관계 정상화에 많은 공을 들였다. 북한과 중국의 관계개선에는 두 가지 요인이 작용했는데 첫째 요인은 무엇보다도 북한의 경제난이었다. 소련이 붕괴되던 시기 북한의 경제 역시도 내부자원 고갈이라는 위기가 심화되어 외부경제로부터의 지원을 받지 않으면 안 되는 상황이었다. 두 번째 요인은 1993년 북한이 핵무기 비확산 조약(NPT)을 탈퇴하면서 발생한 제1차 북핵 위기였다. 1994년 10월 미국과 북한 간 제네바 합의로 북핵 위기가 일단락되자 북 · 미 관계는 적대관계에서 협상과 공존의 새로운 관계로 이행되었다. 이에 중국이 북한과의 관계 회복에 적극적으로 나서면서 한 · 중수교 이후 냉각국면이었던 양측의 관계가 회복국면으로 전환되었다.[73] 2000년에서 2011년 동안 김정일은 중국을 무려 8차례나 방문하였고 중국의 장쩌민과 후진타오 두 명의 주석도 북한을 방문하였다. 이 시기를 전통우호관계와 전략적 협력의 복원기라고도 볼 수 있지만, 내막을 들여다보면 이 시기 북한과 중국의 관계는 관계개선 및 강화와 관계 이완 및 악화가 반복하면서 나타나는 특성을 보인다. 이 시기 북한은 2006년과 2009년에 걸쳐 두 번의 핵실험을 강행하였고, 2차 핵실험에서 중국은 공식성명을 통해 한반도의 비핵화와 핵확산 방지, 동북아의 평화와 안정을 위해 반대하고 북한의 정세

악화행위 중단 및 6자회담 복귀를 촉구하며 1차 때보다 더욱 강화된 대북제재 결의안(1874호)에도 찬성하였다. 이처럼 이 시기는 북한과 중국이 이념적 공감대나 혈맹, 사회주의적 특수관계보다 각자의 국익에 기반을 둔 전략적 협력관계가 이뤄졌고 전반적으로 협력이 갈등보다 우세했다는 점에서 한 · 중 수교 이후의 충격에서 어느 정도 벗어나 과거의 관계를 회복해 나가고 있다는 것을 보여주었다.[74]

2) 김정은 시기

2011년 12월 17일 김정일의 갑작스러운 죽음과 함께 김정은 체제가 새롭게 시작되었고, 중국 역시 2012년 11월 시진핑 체제가 새롭게 출범하면서 북한과 중국 양국은 내부 안정화에 집중하면서 '현상 유지' 수준에서 고위급 인사 교류, 친서외교 등의 형식으로 관계를 이어갔다. 김정은 시기의 북한은 중국을 상대로 '북중친선 우호 협력'의 목표 아래 대중외교를 추진해왔다. 북한은 '내부 체제 안정과 경제발전'이 가장 시급한 문제였고 이를 위해 중국의 정치적, 경제적 지원과 협력이 필요했기 때문이다.[75]

중국도 북한과의 정상국가 관계를 지향하면서도 중국의 경제발전을 위해 북한과의 우호적인 관계개선을 추구했다. 중국은 북한의 핵개발과 관련된 군사적 도발에 대해선 강경한 태도를 보이면서도 북한 체제에 불안정을 가져올 수 있는 대북제재에 대해선 미온적으로 참여하는 등 이중적인 태도를 보였다.[76]

이 시기의 북 · 중 관계는 표면적으론 전통적 우의관계를 유지하긴 했지만, 동아시아 정세의 급격한 변화 속에서 북한의 핵문제가 북 · 중 · 미 3국 간 상호 관계에 영향을 미치면서 경색 국면과 밀착 관계를 넘나들었다. 북 · 중 관계가 위험한 관계로 변하게 된 원인은 북한의 핵 도발과 친중 인사의 처형이었다. 미 · 중 간의 전략경쟁이 깊어지는 상황을 이용해 2013년 2월에 3차 핵실험을 단행하였고 동년 12월에 장성택을 처형하였다. 당시 중국은 미국과 신형대국관계를 이야기하며 미국과 새로운 협력관계를 형성하려던 시기로 북한의 핵실험은 중국을 딜레마에 빠지게 만들기에 충분했고, 장성택의 처형은 중국 내부에서 '북한부담론' · '북한포기론' 등의 여론을 불러오면서 북 · 중 관계를 최악의 지경으로 몰고 갔다. 최악의 상태로 경색된 양국의 관계는 쉽게 복원되지 않았고, 북한은 2016년 1월에 제4차 핵실험, 9월에 제5차 핵실험을 단행하였다. 트럼프 정부가 출범한 2017년 9월 북한은 제6차 핵실험으로 핵무력을 완성했으며 미 · 중 간의 전략경쟁이 본격적으로 시작되면서 북 · 중 관계에도 변화가 찾아왔다.77

2018년은 북한 김정은의 정상외교가 파격적인 행보를 보인 한해였다. 2018년부터 선보인 김정은의 전방위적인 정상외교 행보는 남북정상회담 3차례, 역사상 최초의 북 · 미정상회담 2차례, 중국과의 정상회담 5차례라는 성과를 남겼다.78 김정은은 2018년 3월 25일부터 27일까지 부인 리설주를 대동하고 중국을 방문했다. 이는 김정은이 중국을 방문했던 2011년 5월 이후 7년 만에 이뤄지는 정상회담이었다. 베이징에 머문 시간은 24시간에 불과했지만, 집권 이후 국제무대에의 첫 등장이었을 뿐 아니라 남 · 북, 북 · 미정상회담을 앞둔 시점이라는 점에서 세계의 이목을 집중시켰다. 중국은 최고의 환대로 '북한 끌어안기'에 치중했고, 양국 지도자는 관계복원에 대한 강력한 의지를 표명하면서 냉랭하던 북 · 중 관계는 급격히 개선되었다.

김정은의 두 번째 방중은 같은 해 5월에 1박2일의 일정으로 중국 다롄(大連)에서 이뤄졌다. 북한의 지도자가 단기간에 중국을 연이어 방문하는 것은 전례가 드문 것이었고 베이징이 아닌 지방도시에서 열렸다는 점에서도 매우 주목을 받는 방문이었다. 2차 정상회담에서는 1차 때보다 더 가까워진 북 · 중 관계를 확인할 수 있었다. 김정은은 "조 · 중 사이의 마음속 거리는 더더욱 가까워졌고 떼어놓을 수 없는 하나로 이어졌다"고 했으며, 시진핑은 "북 · 중 관계는 운명공동체"이자 "변함없는 순치의 관계"라고 화답하였다.79

2018년 6월에 이뤄진 북 · 중정상회담은 북 · 미 정상회담에서 완전한 비핵화를 약속하고 새로운 북 · 미 관계 정립을 약속받은 후의 만남이었다. 여기서 북한은 처음으로 경제사령탑인 박봉주 내각총리를 대동했고 세 차례의 북 · 중정상회담으로 양국관계는 점점 밀월관계로 발전해 나가고 있다는 점을 보여주었다.80 김정은의 4차 방중은 2019년에 이뤄졌다. 새해 1월부터 외교 분야의 핵심 참모들을 대동하고 중국을 방문하였다. 2019년은 북 · 중 수교 70주년이 되는 해이기도 했지만, 트럼프 미국 대통령과 2차 북 · 미정상회담을 예고한 직후 이뤄졌다는 점에서 또다시 세계의 이목을 집중시켰다. 4차 방중을 통해 김정은은 첫째, 2차 북 · 미정상회담이 '가시권'에 들어선 상황에서 중국과의 전략적 소통과 연대를 강화함으로써 대미 협상력을 제고하였고 둘째, 북 · 중 수교 70주년을 활용해 정치, 경제, 군사 등 다방면에서의 교류와 협력 기조를 다지고자 했으며 셋째, 기존 대북제재 국면을 완화하기 위한 기회를 엿보고자 했다.[81]

2019년 이뤄졌던 5차 북 · 중 정상회담은 6월 시진핑 주석의 평양 방문으로 이뤄졌다. 김정은이 무려 네 차례나 중국을 방문했다는 점에서 시진핑의 방북은 북한의 답방 요청에 대한 호응이었다. 또한, 2005년 10월 중국의 최고지도자 신분으로 북한을 방문한 후진타오(胡錦濤) 전 주석의 방북 이후 14년 만에 이뤄진 방문이었다. 이처럼 다섯 차례의 정상회담을 통한 북 · 중 관계의 개선 및 회복은 양국관계의 협력과 발전에도 매우 긍정적인 환경을 조성한 것이 사실이다.[82]

2018년을 기점으로 시작된 북 · 중 관계의 개선 및 회복은 민생과 경제 · 무역 분야에서 긍정적인 환경을 조성했다. 중국은 2018년 5월부터 10월까지 쌀 1천 톤, 비료 16만 2천 톤을 북한에 무상지원했을 뿐만 아니라 다섯 차례의 정상회담을 거치면서 중국의 대북한 무상원조가 집중적으로 이뤄졌음은 2019년 제13기 전국인민대표대회 2차 회의 기자회견에서 "중국은 북한이 새로운 국가전략을 구사하며 경제를 발전시키고 민생을 개선하는 데 집중할 수 있도록 전폭적으로 지원할 것"이라고 밝힌 중국외교부장 왕이(王毅)의 발언을 통해 짐작할 수 있다.[83]

그러나 2020년부터 시작된 글로벌 팬데믹의 영향으로 북한이 중국과의 국경을 폐쇄하면서 북한의 대중국 경제 의존은 여의치 않았다. 코로나 펜데믹은 북한의 자강력 제일주의를 더욱 심화시켰으며 중국으로부터의 경제 지원을 충분히 확보하기 어렵게 하였다. 그럼에도 불구하고 북한의 대중국 의존은 팬데믹 시기에 오히려 확대되었다. 2021년 1월 조선노동당 제8차 당대회를 갱최한 북한은 김정은 자신의 사상인 '인민대중제일주의'를 통치 사상으로 추가하면서 김정은의 유일지배 체제를 선언하였다. 중국과의 관계에 대해서도 "사회주의를 핵으로 하는 양국관계가 전략적 의사소통을 긴밀히 하고 있다고 평가하였다", 이에 중국 시진핑 주석은 김정은 총비서 추대에 대한 축전으로 "전 세계의 대변화 속에 양당 및 양국의 전략적 관계 강화"가 있었음을 강조하였다. 코로나 상황에서 북한의 대외관계는 중국 중심으로 추진되었다.84

2022년 10월 중국공산당 제20차 전국대표대회와 2023년 3월 제14차 전국인민대표대회를 통해 시진핑 3기 지도부가 새롭게 구성되었다. 김정은 위원장은 시진핑 주석의 3연임 안에 대해 "총서기 동지가 중국공산당을 영도하는 중임을 계속 지니게 된 것은 전체 당원들과 인민들의 변함없는 신뢰와 지지, 기대를 보여주고 있다"는 내용의 축전을 보냈고85, 시진핑 주석은 북·중 양국을 "강이 맞닿아 있는 친선적인 이웃국가"라고 표현을 통해 화답하였다.

시진핑 3기의 북·중 관계에 관한 전망은 '전략적 협력'이 지속될 것이란 가능성과 '전략적 균열'이 발생할 가능성 모두 존재한다. 과거 시진핑 1기와 2기 그리고 김정은 시기의 북·중 관계는 전략적 소통과 밀착으로 대표되는 '전략적 협력' 추세의 강화였다고 볼 수 있다. 이 시기 북·중 전략적 협력을 가능하게 했던 요인은 크게 3가지를 들 수 있다. 첫째, 미·중 전략경쟁으로 대표되는 국제 정세의 변화이다. 2008년 글로벌 금융위기 이후 급부상한 중국은 미국과의 관계를 안정적인 협력 기조로 유지하기 위해 북핵·북한 문제를 전략적 지렛대로 활용하였고, 북한 역시도 자국의 안보적·경제적 이익을 위해 미·중 관계를 전략적으로 활용하기 시작했다. 둘째는 북미 비핵화 협상으로 대표되는 북미 관계의 진전 여부가 북·중 관계에 영향을 주는 매우 중요한 외부 영향 요인으로 작용했다는 것이다. 2018년 남·북·미 3국이 주도하는 한반도 정세의 변화에 중국이 '소외'되는 상황이 발생했고, 북한과 중국은 연이은 세 차례의 정상회담을 통해 북·미 간 '비핵화 vs 체제 보장'이라는 기싸움에서 전략적으로 유리한 국면을 조성하고자 했다. 셋째는 국제사회의 대북 제재가 지속되고 있다는 점이다. 중국은 최근 미·중 전략 경쟁이 심화되는 과정에서 미국의 대중국 견제와 압력을 약화시키기 위해 대북 제재를 느슨하게 가져가는 방식을 사용하기 시작했다. 이상과 같은 요인이 시진핑 3기와 김정은 시기에도 유효할 경우 양국 간의 전략적 협력 추세는 지속될 것이다.86

반면, 북한과 중국 간에 오랫동안 남아있는 '전략적 신뢰'의 부족은 양국 간 전략적 협력을 제약하는 부정적인 요인으로 작용할 것이다. 과거 1992년 한중 수교는 북한이 중국의 불신을 확인하는 계기로 작용했고, 북한의 주체사상 고수 및 자력갱생에 대한 중국의 불신 또한 존재하고 있다. 2000년대 이후 북한의 핵 · 미사일 도발 및 대북 제재에 대한 중국의 적극적인 참여는 북 · 중 간 상호 전략적 불신을 야기했고, 중국의 국제적 지위 향상과 글로벌 리더 국가로서의 야심이 커지는 가운데 중국 내 악화하는 북한 핵보유 여론은 언제든지 북 · 중 관계를 경색시킬 수 있다.87 또한, 러시아-우크라이나 전쟁 이후 진행되고 있는 북 · 러 간의 밀착 행보에 대한 중국의 우려는 향후 북 · 중 관계에 있어 언제든지 경색 국면을 초래할 수 있는 요인으로 작용할 것이다.

3. 대남관계

1) 김일성 시기

북한은 남한에 대해 두 가지 측면의 인식을 가지고 있다. 첫째는 미 제국주의의 식민지로 보고 해방의 대상으로 인식하는 것이며 둘째는 남한정권을 파쇼정권으로 규정하고 타도의 대상으로 삼는 것이다. 즉 북한은 남한을 해방과 타도의 대상으로 삼고 있는 것이다.88 북한의 대남정책(외교정책)은 서방국가 특히 미국과의 관계에 영향을 받는다. 미국과의 관계 개선을 모색하는 국면에서는 남한과 화해정책을 추구하기도 하다가 미국과의 관계가 일정 수준으로 좋아지면 남한에 대해 적대적인 정책을 취했다. 또한 서방세계로부터 고립되고 적대적인 관계가 형성되면 우선 남한정부에 화해의 제스처를 취하기도 했다.89 따라서 북한은 국제사회와의 연결을 위해 남한 정부를 활용하고 있는 것이다.

북한은 1945년에서 1950년대에 민주기지론에 입각한 사회주의체제의 확대를 모색하며, 한반도 무력통일을 시도했다. 1950년 6.25 전쟁으로 실제 적화통일의 야욕을 드러낸 북한은 1953년 정전협정 이후 줄곧 남한에 대한 강경한 정책을 취하였다. 1960년대 과도적 연방안을 제시하며 지역혁명론에 입각한 남조선혁명론을 내세웠다. 1970년대는 표면적으로는 남북대화를 진행하였으나, 이면에는 민족해방인민민주주의 혁명을 추진하며 반미자주화, 반파쇼민주화 투쟁을 지속했다. 1980년대부터는 남한을 공산화 통일시키려는 목표를 현실적인 측면에서 수정한다. 즉 혁명전략에서 연방전략으로 수정하며, 일련의 테러(아웅산 묘소 폭파사건, KAL기 폭파사건 등)를 일으켜 남한사회에 혼란을 가중시켰다. 북한은 6 · 25전쟁 이전과 이후 남한체제를 인정하지 않으며 공세적 대남전략을 계속해왔다. 1970년대에 이르러 남북한 사이에 국력이 균형을 이루자 북한은 적화통일이 사실상 불가능하다고 인식했으며, 북한은 남한에 대해서 이중적인 유화정책을 전개한다. 1972년 7월 4일 남북고위급회담을 통해 '민족공동의 행동강령, 조국통일의 대원칙'인 자주, 평화통일, 민족대단결로 이루어진 '조국통일 3대 원칙'을 발표했다. 이러한 3대 원칙은 남한과 북한의 이견이 있었다. 북한이 제시하는 자주는 주한미군의 철수와 외세의 간섭 배제였고, 평화통일은 남한의 군사시설 보강, 장비현대화, 군사연습 등의 중지였으며, 민족대단결은 남한의 반공법(국가보안법)의 철폐였다. 1970년대 초의 조국통일 3대 원칙의 발표는 남북관계에 큰 진전이 있었음을 의미하지만 한편으로는 북한이 대남 혁명전략을 포기하지 않았음이 나타난 것이다. 북한은 지속적으로 남한에서 미군의 철수를 유도하고 있었는데 이를 통해 대남 혁명전략이 달성될 것이라 여겼기 때문이다.[90] 1972년 남북 간에 7 · 4남북공동성명이 발표되었다. 이 성명을 통해 남북은 군사적 해결방식을 포기한다고 선언했으며, 조국통일 3대 원칙(자주, 평화, 민족대단결)을 발표했다. 7 · 4남북공동성명에 의해서 남북조절위원회가 구성되었다. 이후 인도적 차원의 남북적십자회담이 진행되었다.

■ 1972년 7.4 남북공동성명 발표

출처 : 중앙일보 인터넷판

하지만 1973년 8월 28일 북한측이 일방적으로 회담을 중단했다. 1979년의 10 · 26과 12 · 12는 남한사회에 정치적으로 큰 혼란을 야기시켰다. 북한은 이러한 혼란을 활용하여 남북문제에서 주도권을 쥐기 위해 노력했다. 1980년 1월 12일 대남 편지 공세를 통해 남북총리회담을 제안했으나 북한의 이익을 얻기 힘들다고 판단하여 일방적으로 중단시켰다.91 1980년대에 북한은 대남강경노선을 수정하였다. 그동안의 '혁명전략'을 '연방전략'으로 점진적으로 대체했다. 북한은 고려연방제통일방안을 제시하였는데, 이는 공통의 사회제도에 의한 것이 아닌 단일민족이라는 공통성에 기초하여 이루어진 새로운 성격의 연방국가로 1민족 2제도의 연방제였다.92 1984년 9월에는 합영법을 제정하여 대외개방을 모색하였다.93 1983년 미얀마 아웅산 폭파테러사건이 발생했다. 전두환 대통령이 1983년 10월에 미얀마, 인도, 스리랑카, 호주, 뉴질랜드를 공식방문하기 위해 해외순방에 나선 것이다. 첫 방문국이었던 미얀마에 도착하여 10월 9일 아웅산 묘소에 헌화하기 위해 도착 직전 북한공작원이 설치한 폭탄이 터져 많은 사상자를 낳은 초유의 사태가 발생하였다. 아웅산 폭파테러 등 일련의 테러는 남북한 사이에 GNP 격차가 벌어지고 남한의 국력이 커져가는 가운데 한국이 86아시안게임 유치, 88올림픽 유치로 외교적 성과가 커지자 이러한 성과에 해악을 끼치기 위해 남한에 대한 폭력적인 테러를 자행한 것으로 분석된다.94 1983년 10월 아웅산 묘소 폭파사건을 일으킨 북한은 1984년에 한국, 미국, 북한 간의 3자회담과 대미 평화협정체결, 남북한 간 불가침선언 채택을 제의하였다. 또한 1984년 9월 8일에는 한국에서 발생한 수재에 대한 물자를 제공하기도 하였다. 하지만 1986년에 팀스피리트훈련을 이유로 1986년 1월 20일 모든 남북대화를 거부하여 남북대화는 전면 중단되었다. 북한은 태도를 바꾸어 1986년과 1987년에 남북고위급 회담개최와 무력감축 협상을 제의하다가 돌연 1987년 11월 KAL기 폭파사건(대한항공 858편 보잉 707기)을 일으킨다.95

하지만 1988년을 기점으로 남한과의 공존과 화해를 추진한다. 계급적 동기보다는 민족적 동기를 통해 민족대단결을 강조했다.96 1980년대 후반에 이르러 남북한 간의 국력격차는 심화되었으며, 소련의 붕괴와 한국의 동구공산권 국가와의 수교(북방정책) 등으로 북한은 국제사회에서 고립되었고, 체제위기에 봉착하였다. 체재경쟁에서 우위를 점한 남한 정부는 1988년 7월 7일 대통령 선언을 통해 '민족자존과 통일번영을 위한 특별선언(7 · 7선언)을 발표했다. 이 선언은 종래의 북한 고립화 외교정책에서 벗어나 남북한 화해 · 협력의 시대를 열고 북한의 동참을 유도한다는 의미를 지녔다. 7 · 7선언은 남북이 하나의 민족이라는 민족공동체 의식에서 북한 주민도 민족의 일원으로 포용하여 교류 · 협력을 통해 긴장완화와 평화통일로 나아갈 것을 제시했다. 1980년 후반부터 활성화된 남북 교역은 빠르게 증가하였으나, 남북한 간의 국력격차는 더욱 벌어졌다. 1990년 이후 냉전이 종식되면서 국제정세는 북한에게 불리하게 작용하였는데, 소련의 해체와 남한의 북방정책으로 인한 동구권 국가들과의 수교확대, 올림픽 개최로 남한의 경쟁력과 외교적 입지는 올라간 반면, 북한은 점차 고립의 길을 걷게 되었다. 북한은 국제사회로부터의 고립과 국내정치적 어려움을 극복하기 위해 테러행위를 자행하거나 핵 및 미사일 개발을 추진했다. 대량살상무기 개발과 동시에 남한에 대해서 평화공세도 강화하였다. 1989년 7월 9일 조국평화통일위원회(조평통)는 남북한 및 해외동포가 참가하는 '범민족대회'를 1990년 8월 15일 판문점에서 개최할 것을 제의했다.[97]

1990년대 초의 탈냉전의 시대가 열림으로써 남북 간에도 큰 변화가 수반되었다. 1991년 9월 17일 남북한 UN동시가입, 1992년 2월 19일 발효된 「남북 사이의 화해와 불가침 및 교류 · 협력에 관한 합의서」 및 「한반도의 비핵화에 관한 공동선언」은 남북한이 평화공존체제를 제도화했다는 점에서 획기적인 조치였다. 하지만 이후에 전개된 남북관계는 북한이 1990년대 초반에 핵과 미사일 개발에 치중했으며, 김일성 주석의 사망, 통미봉남 정책으로 교착상태에 빠진다. 김일성은 1990년 10월 18일 제2차 남북고위급회담 한국대표단과의 회견에서 연방제통일방안을 제시했다. 1993년에 북한은 핵확산금지조약(NPT)탈퇴선언이라는 초강수를 두었다(1993.3.12.). 한반도는 전운이 감돌았고 국제사회는 북한에 대해 압력을 강화시켰다. 1994년 6월 김일성은 불리해진 상황을 타개하기 위해 화해의 제스처를 취했다. 미국과 3단계 고위급회담, 남한과 최고위급회담(정상회담)을 제의했다. 김일성의 정상회담 제의에 대해 남한정부는 조건없이 수락하였고 1994년 6월 28일 예비접촉을 통해 김영삼 대통령이 평양을 방문하여 김일성 주석과 정상회담을 갖기로 조율했다. 하지만 1994년 7월 8일 김일성이 갑작스럽게 사망해 남북정상회담은 취소되었다.[98]

2) 김정일 시기

북한은 냉전종식에 따른 정체성의 위기와 식량난 · 에너지난 · 외화난 등을 겪으며 탈북자 증가와 내부의 동요를 타개하기 위해 해방의 대상인 남한과 6 · 15남북공동선언을 통해 공존에 합의했다. 김정일은 후계자로 부상한 이후 '사상이론의 영재'로 역할을 규정하며 김일성–김정일 부자세습체제를 공고히 하였다.

북한은 혁명역량 강화를 통해 남조선해방과 한반도의 공산화를 대남관계의 목표로 삼고 있다. 하지만, 냉전종식 이후 심각한 체제위기를 겪으며, 핵 · 미사일 개발에 치중하며 체제수호와 대외 협상용으로 활용하고 있다.99 김일성 사망 이후 북한은 통미봉남 전략을 통해 미국과 직접 대화를 하고 남한을 고립시키려는 전략을 취했다. 하지만 미국과의 관계개선이 북한이 원하는 만큼 진전되지 않았다. 김정일은 식량난, 에너지난, 경제난을 극복하기 위해 선군정치를 내세워 강성대국건설을 목표로 삼으며, 고난의 행군, 사회주의 강행군, 제2의 천리마대진군 등을 통해 난관을 극복하고자 했다. 하지만 내부자원의 부족과 폐쇄적인 경제시스템으로 원하는 성과를 얻지 못하였고, 2000년 6월 통미봉남 전략을 수정하여 남한에 대한 유화정책을 진행한다. 김대중 대통령과 2000년 6월 15일 남북정상회담을 통해 서방세계와의 대화의 물꼬를 트게 되었다. 김대중 대통령과 김정일 국방위원장은 남북공동선언을 통해 남북한은 화해협력, 공존공영의 시대를 열었다. 분단 이후 최초로 남북의 정상이 만나 공동선언문을 만들고 남북관계의 진전의 기틀을 마련한 점에서 의의가 있었다.

■ 2000년 6월 15일 남북정상회담

출처 : 중앙일보 인터넷판

6 · 15 남북공동선언에는 남북은 상호 간의 통일방안이 공통점이 있다는 점을 인정했다. 즉, 남한의 '한민족공통제 통일방안' 중 2단계인 남북연합 단계와 북한의 고려연방제 통일 방안의 1민족, 1국가, 2제도, 2정부의 낮은 단계의 연방제 사이에 공통성을 인정한 것이다. 김대중 정부의 햇볕정책 이후 이를 계승한 노무현 정부에 의해 남북관계는 진전되는 듯하다가 북

한이 지속적으로 핵프로그램을 가동하여 2004년에 이르러서는 당국자 간의 대화가 중단되었다. 남북대화가 중단된 이후 2005년 2월 10일 북한은 핵보유와 6자회담 불참을 선언하여 남북관계는 더욱 악화되었다.100 두 차례에 걸친 남북정상회담에도 불구하고 북한은 경제적 안정을 얻지 못했다. 남북관계는 북핵문제로 인해 긴장상태에 빠졌다. 남북정상회담 합의사항과 이행은 이명박 정부에서 백지화되었으며, 남북관계는 군사적 긴장고조와 전면적 대결상황으로 치달았다.101

3) 김정은 시기

김정은 시대에 이르러 2012년 12월에 은하 3호 발사, 2013년 3차 핵실험을 통해 한국에 의존하지 않더라도 체제를 유지할 수 있다는 자신감을 표출했다. 6.15공동선언과 10.4 공동선언의 정신을 계승하지만 민족대결과 대북압박에 대해서는 군사도발과 위협을 통해 체제를 결속하고, 중국으로부터 안보와 경제를 확보하겠다는 것이 김정은 정권 초기의 대남정책이었다. 북한은 중국과 미국 사이에서 저울질을 하는 선택적 병행전략을 취하면서, 대남정책을 하위전략으로 치부하기 시작하였다. 중국과 미국 사이에서 전략적 이익을 얻고, 남한에 대해 화해협력을 구걸하지 않겠다는 것이 김정은 시대의 선택적 병행전략이었다.102 2012년에서 2017년 사이의 김정은 정권은 남한에 대해 일시적으로 유화적 태도를 보였으나, 전반적으로는 대결과 도발을 자행하였다. 2012~2013년 권력 세습 직후에 김정은은 각종 빌미(최고 존엄 모독, 남한 정부의 대결정책)를 통해 정전협정 백지화, 판문점대표부 폐쇄, 개성공단 가동 중단을 선언했다. 또한 전방부대 시찰을 통해 전쟁을 준비할 것을 지시하고 미사일과 핵실험을 강행했다. 권력을 세습한 김정은은 군사적 대결태세를 통해 통치 기반을 강화하고자 하였다. 2014~2015년에 김정은은 공포정치를 펼치고 당 창건 70돌 행사에 집중하여 대북 전단살포, NLL도발과 미사일 시험 발사를 강행했다.

2016년에서 2017년은 북한의 일련의 핵실험과 미사일 발사로 인해 남북관계는 급격히 경색되었다. 2016년 4차 핵실험, 2017년 미국 본토를 위협할 수 있는 장거리 미사일 시험 발사를 통해 한국, 미국관계 모두 급격히 냉각되었다. 2018년에 김정은 정권은 남한에 대해 화해 · 협력의 유화정책을 취하였다.

북미정상회담과 3차례의 남북정상회담 개최를 통해 평화분위기를 조성하였고, 북한은 2018년 들어 핵과 미사일 도발을 멈추고 한반도 긴장완화에 적극적인 태도를 보였다. 2018년에는 평창 동계올림픽에 참가하여 남북 공동입장과 단일팀이 구성되었다.103 북한은 한국정부의 특사단 방북(3.5~6)을 허용했고, 군사적 위협 해소 및 체제 안정보장 조건부로 비핵화 가능, 북미대화 용의, 핵실험 및 미사일 발사 중지 의향을 밝혔다. 또한 미국 트럼프 대통령과의 조기 회담을 희망하며, 4월 중에 남북 정상회담 개최도 합의했다. 3차례의 남북정상회담(4.27, 5.26, 9.18~20)에서 판문점 선언(4.27), 9월 평양 공동선언, 9.19 합의가 채택되었다. 이후 남북 공동선언 이행을 위한 회담이 개최되고, 적대행위도 중지되었다.

▬ 판문점 선언(4.27)

출처 : MBC 인터넷판

2019년의 남북관계는 뚜렷한 성과없이 답보상태에 머물렀다. 합의되었던 남북공동선언의 과제도 해결되지 못하였고, 남북 당국 간 회담도 열리지 못했다.

2019년 2차 북미 하노이 회담이 노딜(no-deal)로 끝난 이후, 그 여파로 남북관계도 경색되었다. 북한은 단거리 미사일과 방사포를 발사했고, 대통령을 비방하며 금강산 남측 시설 철거를 요구했다. 또한 한국의 비핵화 중재 역할을 인정하지 않았다. 김정은은 2019년 내내 싱가포르 회담과 판문점 회동을 빌미로 한미연합 군사훈련을 무력화하려고 시도하였다. 2019년에는 13회에 걸쳐 단거리 발사체 도발을 이어나갔다. 김정은은 한국의 대통령에 대한 비방과 막말을 하였고, 무시하는 태도로 일관하였다. 북한의 대남정책의 변화는 강성기조를 통해 자신이 주도한 대미 협상 실패의 책임을 한국에 물어 희생양을 만들기 위함으로 해석된다.104 북한은 2021년 8차 당대회에서 국방력 강화를 당규약에 반영하며, 핵보유국으로의 위상을 명확히 하였다.105 2023년 7월에 이르러 북한은 남한 정부를 대한민국이라는 정식 국호로 부르기 시작했다. 이는 의도적으로 대남 관계를 '국가 대 국가'의 시각으로 보고 있다고 해석된다. 김정은 시기에 북한은 '우리 국가제일주의'를 강조하며 제8차 당대회에서 당규약 서문을 개정하면서 대남정책에 변화를 모색했다. 2019년 북미 하노이 정상회담에서 뚜렷한 성과를 얻지 못한 북한은 자력갱생 노선을 취하며 북미 및 남북 대화에 대한 기대를 접고, 한국 정부와의 대화를 단절하였다. 한미양국이 워싱턴 선언과 핵협의그룹(NCG) 등 가시적인 안보 성과를 거두자 북한은 안보상에서 위기의식이 고조되었다. 김정은은 '세계에서 가장 위태한 전쟁 발발 위험지역'이라고 언급하며, 안보의 심각성을 드러냈다. 한국을 제1의 적대국이라 칭하며, 적대의식을 드러냈다. 2024년 당중앙위원회 전원회의에서 김정은은 '전쟁 준비' 등의 호전적 표현을 쓰며, 한국은 '적대국가'로 공식화하며 대남정책의 근본적 전환을 선언하였다. 또한 대남사업 부문의 기구를 정리, 개편할 것을 지시하여 남북관계의 전망을 더욱 어둡게 하고 있다.[106]

4. 대일관계

1) 김일성 시대

1950년대 중반에 북한은 일본에 대한 접근을 시도했다. 1955년 2월 25일 남일 외상은 평화공존 원칙에 따라 일본정부와 무역, 문화 등 조일관계 수립에 용의할 뜻을 내비쳤다. 북한과 일본은 경제교류의 필요성을 제기하였다. 1955년 5월에 조총련이 조직되었고, 이를 기반으로 경제교류가 시작되었다. 1957년 9월 최고인민회의에서 김일성은 일본과의 수교가 아시아의 평화에 이바지 할 것임을 역설하였다. 1960년 일본은 북한과의 경제교류에서 정경분리 원칙을 내세웠으며, 1961년 4월에 북 · 일 간 직접무역을 인정하는 조치를 취하였다. 하지만 1965년 6월에 한국과 일본이 한일기본조약을 체결하자, 북한은 일본을 맹비난하였다. 한일협정 이후 일본의 대북 경제교류 중요성이 약화되었고, 대북 수출도 급감하였다. 1970년대에 이르러 북한의 일본에 대한 적대적 태도를 완화되기 시작하였다. 북한 경제에서 '대일청구권 유입'과 '조총련의 재산 환수'가 큰 역할을 할 것이라 판단하여 일본과의 관계정상화를 적극적으로 추진하게 되었다.[107] 데탕트 시기가 맞물려 북한과 일본은 활발하게 경제교류를 진행하게 되었다. 1971년 1월 '일 · 조 무역촉진에 관한 합의서'가 체결되어 무역이 크게 증가하였고, 1974년 양국 무역 총액은 1971년 대비 6배가 증가하였으며, 서방국가 중 일본은 북한의 최대 교역국이 되었다. 1989년 세계적인 냉전의 종식으로 북일은 관계정상화를 추진하게 된다. 양국은 국교정상화를 추진하여 1991년~1992년까지 8차례의 수교회담을 진행하였다. 북한 외교부 대변인은 핵문제를 일본과의 관계 개선 조건으로 내세우지 말 것을 협박하며, 민족적 존엄과 자주권을 침해하면서까지 일본과의 관계개선을 하지 않겠다는 입장을 취했다.[108] 1970년대 데탕트와 미중관계의 발전으로 북한과 일본의 관계는 서서히 개선되기 시작하였고, 1991년 1월부터 양국은 수교회담을 개최하였다.[109]

2) 김정일 시기

북한은 일본과의 관계 개선을 위해 다양한 시도를 하였다. 90년대 초 일본과 수차례에 걸친 협상을 진행하였으며, 1995~1996년 일본으로부터 식량 50만 톤을 지원받았다. 하지만, 1998년 8월 북한의 미사일이 일본의 영공을 통과한 사건과 1999년 8월 북한의 일본의 과거사(식미지배)에 대한 사과와 배상 요구로 북일관계는 냉각되었다.[110] 장기적인 경제위기와 북핵문제로 인한 국제사회의 제재로 인해 어려움에 처한 북한이 새로운 활로로 모색한 국가가 일본이었다. 일본이 국교정상화 조건으로 내세운 일본인 납북문제를 해결하여 수교자금 형태로 자본과 기술을 확보하고자 하는 것이 북한의 전략이었다. 일본 고이즈미 총리는 국내 지지율 향상과 일본의 존재감 확보를 위해 북한과의 관계 개선을 모색하였다.[111] 2002년 9월에는 김정일 위원장과 고이즈미 총리 평양 정상회담을 통해 「북일 평양선언」을 발표하였다.[112]

■ 북일평양선언(2002년))

출처 : 연합뉴스 인터넷판

평양 정상회담에서 일본은 식민지 지배에 대해 반성과 사과의 뜻을 전했고, 대북 무상자금 및 경제협력을 약속하였다. 이에 북한은 일본인 납치 문제에 대해 사과하였고, 재발방지를 약속하였다. 또한 북핵문제에 대한 국제 합의 준수와 미사일 발사 유예를 2003년 이후로 연장하기로 하였다. 2004년 5월에 김정일 위원장과 고이즈미 총리가 제2차 정상회담을 통해 수교회담 재개에 합의하였으나 북핵, 미사일, 납북자 문제 등 북·일 간에 이견이 좁혀지지 않아 회담을 결렬되었다.[113]

3) 김정은 시기

김정은은 일본과의 관계에서 경제적 실리를 모색하였는데 이는 중국에 대한 의존도를 탈피하려는 의도였다. 제3차 핵실험 이후 중국은 유엔의 대북제재에 적극 동참하기 시작하였고, 북한은 다원화된 외교를 추구하였다. 이러한 다원화의 일원이 일본과의 관계 개선이었다. 일본의 경우에도 북한과의 관계 개선을 통해 중국견제와 동아시아에서의 입지 강화를 꾀하였다.[114] 2012년 1월 김정은은 당 간부를 대상으로 일본과의 경제 협조의 강화를 통해 북한 경제를 발전시켜야 한다고 역설하였다. 이를 위해 필요 자본을 일본정부와 민간단체로부터 확보하고자 했다. 2012년에 북한은 일본과의 관계 개선을 적극적으로 모색하였다. 송일호 북일국교정상화 협상담당대사는 나카이히로시 민주당 납치문제대책본부 본부장과 중국에서 회담을 가졌다.[115] 북한은 아베정권 시절에 적극적으로 일본과의 관계개선을 꾀하였다. 2013년 5월 납북자 문제해결을 위해 이지마 내각관방참여(자문역)가 방북하였고, 2014년에는 국장급 회담이 여러 차례 열렸다.[116] 2014년 5월 북한은 일본과 5.28북일합의를 발표해 관계 개선을 시도하였다. 하지만 북한의 일본인 납북자 문제에 대한 조사가 진전이 없었고, 일본이 조총련에 대한 탄압을 강화하자 양국의 관계개선은 어려워졌다.[117] 2016년 8월 북한의 미사일이 일본의 배타적 경제수역(EEZ)에 떨어지는 사건이 벌어졌다. 또한 2017년 8월과 9월에 북한의 중거리미사일이 일본 상공을 통과했다. 이러한 일련의 도발에 대해 일본은 강력한 규탄 성명을 발표하며, 미·일 합동 군사훈련을 진행한다. 또한 유엔 안보리 대북제재 결의 제2375호와 제2397호의 채택에 적극 참여했다. 2018년 이후 북일

관계는 진전이 없었다. 북한은 일본이 한반도 정세변화에 배제될 것이라고 경고하였고, 2019년 9월 일본 자민당의 가네마루 신고가 단장으로 북한에 방문하였으나 양국 간의 외교관계 개선을 되지 않았다. 2019년 5월 아베 총리는 일본인 납북문제 선결을 요구하지 않는 조건없는 북한과의 대화를 시도하였으나 북한은 식민지 지배, 위안부문제, 독도영유권, 일본의 군비증강 등을 문제삼으며 일본의 제안을 거절하였다.[118] 2020년 9월에 출범한 일본의 스가 정부도 북한에 조건없는 대화를 제안하였으나, 북한은 이번에도 호응하지 않았다. 2021년 9월 24일에 일본 스가 총리는 유엔 화상 연설에서 북한의 탄도미사일 발사를 규탄하였다. 이에 북한은 일본을 비난하였다. 2021년에 북한은 도쿄올림픽 불참을 통보하였고, 국제올림픽위원회는 2022년까지 북한의 올림픽 참가 자격 정지를 결정하였다. 2021년 10월에 취임한 기시다 총리는 납북자 문제와 북핵문제를 포괄적으로 해결하겠다고 밝히며, 국교정상화를 위해 김정은 국무위원장과의 직접 만남을 언급했다. 하지만 북한은 납북자 문제는 이미 종결되었다며 일본의 식민지 지배에 대한 사죄와 배상을 요구했다. 2022년 2월 북한은 동해상으로 미사일을 발사하였다. 또한 일본이 우크라이나 지원을 명분으로 군사대국화를 꾀하고 있다고 비난하였다. 2022년 9월 20일 일본 기시다 총리는 유엔총회에서 조건없이 북한의 김정은 위원장과 만남 의사를 밝혔으나, 북한은 같은 해 10월 일본 영공을 통과하는 중거리 탄도미사일을 발사하였다. 이에 일본은 독자제재를 시행하였다. 2024년 5월 26일에서 28일에는 북일 국장급회담이 스웨덴에서 열려, 「스톡홀름 합의」에 이르렀다. 이 합의에서 북한은 일본인 납북 문제에 대한 적극적인 조사에 합의한다.[119]

5. 대러관계

1) 김일성-김정일 시기

2차 대전의 종결 과정에서 북한에 군을 진주시킨 소련은 북한 정권의 탄생에 결정적인 역할을 했고, 1948년 10월 12일 소련과의 국교를 수립한 북한이 사회주의 경제권의 중심지 역할을 하는 소련의 정부조직, 사회 및 경제 체제를 자체적으로 변형하여 도입함으로써 소련과의 관계는 본격적으로 시작되었다. 소련은 북한의 주요 교역국인 동시에 주요 공여국이었고 이후 정치적, 경제적, 군사적 측면에서 전략적 이해관계를 형성 및 유지해오고 있다. 그런 의미에서 북한은 소련을 계승한 러시아와 과학기술과 사회체제, 이념 측면에서 동질성을 보유하고 있다.[120]

1960년대 '조 · 소 우호협력 및 상호원조 조약', '조 · 소 군사원조 협정', '기술 및 경제 협조에 관한 협정' 등을 통해 소련으로부터 군사 원조와 경제 지원을 받는 등 냉전시기 북한과 소련은 전통적인 협력의 관계를 유지하였다. 그러나 1990년대 소련이 한국과 수교를 맺고 붕괴의 수순을 밟게 되자 이 관계가 틀어지기 시작하였다. 탈냉전기에 접어들면서 소련을 계승한 러시아는 대외적으로 실리를 추구하는 외교를 전개해 자본주의 국가와의 관계개선을 외교정책의 기조로 삼으면서, 북한을 버려두고 한국 편향의 정책을 펼쳤다. 1992년 서울을 방문한 옐친 대통령은 '조 · 소 우호협력 및 상호원조 조약' 폐기를 선언하며 한국과 '한 · 러 기본관계 조약'을 체결하였다. 95년에는 러시아가 '북 · 러 군사동맹조약'을 갱신하지 않을 것임을 선언해 96년 9월 10일자로 동 조약이 폐기되었다.[121]

그러나 러시아의 대 한반도 정책은 곧 변화를 맞이하게 된다. 이는 1990년 9월 한 · 소수교 이후 북한을 멀리하고 한국을 가까이하는 한반도 정책에서 변화가 필요하다는 주장이 러시아 내에서 공론화하면서 나타나기 시작했기 때문이다. 옐친 초기 러시아가 한국 편향 외교를 선택한 것은 당시 러시아의 외교 기조였던 친서방 외교 노선 및 한국으로부터의 대규모 투자와 경제 지원을 기대하고 이뤄진 것이었는데, 기대에 미치지 못한 한국의 투자와 북핵 문제 해결에서 한국의 김영삼 대통령이 러시아가 배제된 4자회담을 제안한 것이 러시아로 하여금 대북한 관계 인식을 새로이 하게 만들었다. 여기에 1995년 말 공산주의자들과 민족주의자들이 러시아 총선에서 득세하고 러시아의 친서방 외교를 이끌어 오던 안드레이 코지레프(Andrey Kozyrev) 외무장관이 경질되면서 북한과 러시아의 관계는 다시 정상화 국면으로 접어들었다.[122]

1996년부터 러시아는 그동안 축적되어 온 한국과의 우호 선린 관계를 유지하면서, 북한과의 관계개선을 모색하는 새로운 균형외교 정책을 추진하기 시작하였다. 1996년 북 · 러 경제공동위원회가 개최되는 등 경제협력에서의 관계가 본격화되면서 북한과 러시아 간의 정치 관계도 차츰 회복되기 시작하였다.

2000년대에 들어 푸틴 행정부가 출범하면서 북 · 러 관계는 이전과 다른 속도로 가까워졌다. 2000년 7월 러시아의 최고지도자로서는 처음으로 북한을 방문한 푸틴은 소원해진 북 · 러 간의 동반자 관계를 복원시키는 방안을 강구하였다. 96년 효력을 상실한 북 · 러 간 군사동맹 조약인 '우호협력 및 상호원조 조약'을 대체하는 신조약인 '조 · 러 친선, 선린 및 협력에 관한 조약'을 2000년 2월 9일 체결하였다. 비록 지난 61년에 체결된 '조 · 소 우호협력 및 상호원조 조약'에 포함되었던 자동군사개입 규정이 삭제되었지만, 한 · 소 수교 이후 소원해진 관계를 정상적인 관계로 회복하는 데는 충분하였다. 김정일은 러시아 푸틴의 방북에 대한 답방으로 2001년 7월부터 8월까지 러시아를 방문하였고 '한반도 종단철도와 시베리아횡단철도 연결 사업'에 관한 '북 · 러 모스크바 선언'에 합의하였다.

푸틴의 방문으로 북 · 러 간의 경색된 관계를 되살아나긴 했지만, 푸틴의 후임이었던 드미트리 메드베데프(Dmitri Medvedev) 대통령이 북한의 미사일과 핵실험을 규탄하는 유엔안보리 결의안을 지지했을 때를 비롯해 2006~2009년까지의 북 · 러 관계는 잠시 소원하였다. 이후 2011년 8월 김정일은 러시아를 방문해 메드베데프 대통령과 정상회담을 계기로 북 · 러 간의 경협은 재추진되었다.

2) 김정은 시기

2011년 12월 17일, 급성심근경색과 심장쇼크로 김정일이 사망하게 되면서 북한의 권력은 김정은에게로 승계되었다. 김정일 급사 이후 협력 무드에 있던 북 · 러 관계는 다시 소강상태에 들어갔다. 출범 2년여 동안 전반적으로 별다른 진전이 없던 이유는 김정일의 급사로 갑자기 이뤄진 권력 교체가 김정은을 내부 권력 기반 공고화에 집중하게 했고, 러시아에선 총리로서 실권을 행사하던 푸틴이 대통령으로 복귀한 시기였기 때문이다. 게다가 2013년 2월 강행한 북한의 제3차 핵실험에서 푸틴이 강한 어조로 비판하면서 양국관계는 소원해지는 듯했다.

2014년에 접어들면서 북한과 러시아의 관계는 빠른 속도로 가까워지기 시작했다. 소치올림픽 개막식에서 북한의 김영남 최고인민회의 상임위원장이 참석해 푸틴과 접견하고 러시아 정계의 주요 인사들을 만났는데 이는 북한의 요청에 따라 이뤄졌다. 2014~2015년의 기간 동안 북한과 러시아는 경제공동위원회를 개최하고, 북측 고위 인사들이 매년 러시아를 방문하는 등 북한과 러시아의 긴밀한 친선관계는 지속되었다. 양국은 2015년 3월 북 · 러 '친선의 해'를 선포하고 공동결의문을 채택하였다. 특히 2014년 3월에 갈루시카 극동개발부 장관이 북한을 방문해 양측 무역 규모를 2020년까지 10억 달러 규모로 확대하겠다고 발표했고, 4월에는 러시아 극동연방관구 대통령 전권대표이자 부총리인 트루트네프가 러시아 극동지역의 주지사들을 대동해 북한을 방문하여 경협과 무역을 강화하는 협약을 체결하였다.[123]

2016년은 북한의 김정은이 조선노동당 제1비서 직책을 폐지하고 조선노동당 위원장에 취임하면서 새로운 권력을 얻는 시기로 집권 2기라고 할 수 있다. 이 시기의 북 · 러 관계는 전방위적 협력이 중단된 상황에서 선린 · 우호 관계를 유지한 시기라고 볼 수 있다. 2016년에 북한이 연이어 핵실험을 감행하고 러시아가 대북 제재에 동참하면서 양국 간 협력과 교류는 위기를 맞이하기도 했지만, 제재 외 품목 교역, 고위급 인사 교류를 통한 경제협력 논의는 지속되었다.[124]

러시아와의 정상 채널이 가동된 것은 2019년이었다. 김정은은 북 · 미 정상회담이 아무 성과 없이 끝나게 되자, 러시아 블라디보스토크를 방문해 푸틴과 북 · 러 정상회담을 가졌다. 정상회담 이후 양국 간 첫 전략대화가 그해 11월에 개최되었다. 이 대화에서 북한은 국제사회 대북 제재 해제를 위한 러시아의 지원을 요청하였고, 러시아는 북핵 문제의 평화적 해결과 북 · 미 비핵화 협상 재개 등에 관해 논의하였다.[125]

2020년 들어 발생한 'COVID-19'의 상황은 북 · 러 관계의 활발한 교류를 막긴 했지만, 정치적으로 중요한 기념일마다 정상 간 축전을 발송하는 등 양측의 우호관계를 이어나갔다.

2022년 2월 24일, 러시아가 우크라이나를 침공하면서 북 · 러관계에도 변화가 생겼다. 북한은 러시아의 입장을 지지했고, 7월에는 러시아가 병합한 도네츠크인민공화국, 루한스크인민공화국의 독립을 승인하였다. 나아가 10월에는 러시아가 점령한 우크라이나의 자포리자, 헤르손을 포함해 러시아의 4개 점령 지역의 병합을 지지하였다. 이로 인해 북한은 러시아로부터 2022년 7월부터 곡물과 연료를 보상받았고, 다양한 식료품, 에너지 제품, 원자재, 상업용 제품을 공급받았다.[126]

2022년부터 적극적으로 러시아에 접근하는 모습을 보여준 북한은 2023년 9월 13일 러시아 극동지역 아무르주 보스토치니에서 러시아 푸틴과 4년 5개월 만에 또다시 북·러 정상회담이라는 결과를 가져왔다. 북한은 김정은의 두 번째 북·러 정상회담을 '새로운 이정표'라고 평가하였고 러시아도 '시의적절했고 유익'했다고 화답하였다. 북한은 정상회담을 계기로 러시아와의 안보 및 경제협력을 포함한 전면적 협력 확대의 기회를 마련했다고 평가받고 있다.[127]

북한은 2023년 9월에 있었던 북·러 정상회담을 계기로 고위급 인사 교류를 눈에 띄게 확대하고 군사, 경제, 보건, 교육 등 여러 방면에서 협력을 늘려가고 있다. 러시아는 북한을 '매우 유망한 파트너'라고 부르며 북한과 '가능한 모든 분야에서 더욱 관계를 발전시키고자 한다'는 의사를 내비치며 북한과의 우호적인 관계를 과시하였다. 북한 역시 기존 5주년 단위로 보내던 러시아 전승절 축전을 2022년 우크라이나 침공 후 해마다 보내고 있으며, 2024년 3월 대선에서 압승을 거둬 다섯 번째 임기가 확정된 푸틴에게 축전을 보내 양국 간 연대를 과시하였다.[128]

2024년 6월 19일 푸틴은 지난 2000년 이후 24년 만에 다시 북한을 공식적으로 방북했다. 이번 방북을 계기로 북한과 러시아는 「조선민주주의인민공화국과 로씨야련방사이의 포괄적인 전략적동반자관계에 관한 조약」('북·러 포괄적 전략동반자 관계 조약')을 체결하였고, 양국에서 비준되면 2000년 2월 9일에 채택된 「조선민주주의인민공화국과 로씨야련방사이의 친선, 선린 및 협조에 관한 조약」을 대체하게 된다. 이번 북·러 간의 조약 체결로 과거 냉전시대의 군사동맹 관계를 완전히 복원했는지에 관해서는 의견이 갈리고 있지만, 우크라이나-러시아 전쟁과 불안정한 국제사회의 흐름 속에서 북한과 러시아의 관계가 점점 가까워지고 있다는 점은 주목할 필요가 있다.

제4장

북한에 대한 국제사회의 제재

1993년에 제1차 북핵위기가 발발한 이후, 2003년 제2차 북핵 위기가 야기되며 현재에 이르고 있다. 그동안 국제사회는 북한의 핵과 미사일에 대해 다양한 방법으로 대응해왔다.[129] 북한에 대한 제재는 장기간 이루어졌으나, 북핵과 미사일문제에 대한 실효성이 떨어지는 것이 아니냐는 회의적인 시각이 있었다. 대북제재는 시기별로 나뉘는데 북핵문제가 불거진 1993년부터 3차 핵실험을 대응한 2013년까지를 1차 제재 시기로 볼 수 있으며, 2016~2017년 사이에 북한의 연속적인 도발에 대응하여 현재까지 제재가 진행 중인 2차 제재 시기로 구분된다. 1차 제재 시기에는 유엔을 중심으로 대북제재가 시행되었으며, 북한의 핵과 대량살상무기 실험, 생산, 수출활동을 통제하는 결의안이 채택되었다.

유엔안전보장이사회는 북핵위기가 시작된 1993년에 결의안 825호(1993.5.)를 통해 북한 핵사찰 수용 및 핵확산금지조약(NPT) 탈퇴 선언 철회를 요구하였다. 하지만 북한은 장거리 미사일인 대포동 2호를 발사하였고, 유엔안보리는 2006년 7월에 결의안 1695호를 채택하여 미사일 관련 물자, 상품, 기술 및 금융자산의 북한 이전 금지를 유엔 회원국들에게 요구하며 제재를 시작하였다. 2006년 10월 9일에 북한이 1차 핵실험을 시행하면서 유엔 안보리는 결의안 1718호(2016.10.)를 채택하여 북한에 대한 무기 관련 품록 및 사치품 공급, 판매 금지를 시행하였다.[130] 회원국들에게도 북한의 핵과 미사일 프로그램에 도움을 주는 품목 및 기술 등을 판매 또는 이전하지 못하도록 요구하였다. 이 결의안에 따라 북한의 외교적 고립은 심화되었고, 외화벌이 수단이었던 대외 무기 거래에 타격을 받게 되었다. 유엔안보리 제재는 제재 종류에 따라 포괄적 제재와 맞춤형 제재로 나뉜다. 포괄적 제재는 제재 대상국과 관련된 불특정 전체를 제재대상으로 삼는 것이며, 맞춤형 제재(스마트 제재)는 제재 대상국과 관련된 특정 개인이나, 단체를 특정하여 직접 제재를 부과하는 것이다.

유엔의 대북제재의 성공 여부는 북한경제에 미치는 영향에 달려 있다. 유엔제재의 성공에는 대체적으로 부정적인 견해가 지배적이었다. 하지만 2016년 3월의 안보리 결의안 2270호 이후 제재 성공에 희망적인 견해가 나타났다. 과거의 안보리 제재는 대량살상무기 이전을 통제하는 데 초점을 둔 스마트 제재였지만, 결의안 2270호는 북한경제에 전반적으로 영향을 미치는 포괄적 제재로 바뀌었기 때문이다. 또한 과거에 이른바 흑기사 국가로 중국이 북한을 경제적으로 도와 제재효과를 떨어뜨렸던 과거의 상황에서 탈피하여 중국이 2016년 11월의 2321호 결의안 이후 대북제재에 충실히 임한 점도 경제제재에 대한 낙관론이 나오게 된 계기이다. 이러한 낙관적 견해에도 불구하고 여전히 비관론이 존재한다. 특히 유엔 제재가 있지만 시장 물가와 환율이 안정적으로 유지되기 때문에 제재 효과가 없다는 견해이다. 또한 북한은 대외 의존도가 높지 않아 외부로부터의 경제제재에 큰 영향을 받지 않는다는 것이다. 하지만 2016년에서 2020년까지 북한이 추진한 경제개발 5개년 전략이 실패로 돌아간 점은 국제사회의 대북제재 효과로 볼 수 있다. 북한은 제재의 영향을 최소화하기 위해 여러 우회적인 방법을 사용했다. 북한은 석탄 밀수출, 어업권 판매, 사이버 금융공격, 정제유 밀수입 등을 이용했다. 유엔 안보리 결의에 위배되는 북한의 외화벌이 중 석탄 밀수출은 유엔 안보리 결의 2321호(2016년 11월)에 의해 연간 4억 달러로 제한되었고 결의안 2371호(2017년 8월)에 의해 전면 금지되었다.[131] 북한은 2018년에 어업권 판매를 통해 1억 2,000만 달러를 벌어들였다. 북한의 핵과 미사일 개발 저지를 위한 미국의 제재는 북한의 태도 변화를 이끌어내지 못하고 있다. 북한은 비핵화의 조건으로 미국이 유엔제재를 완화시켜 주기를 바라지만, 미국은 선 비핵화 이후 제재를 완화시켜 주겠다는 입장으로 양측의 협상은 평행선을 달리고 있다. 더욱이 2022년에 발발한 러시아의 우크라이나 침공과 이스라엘-하마스 분쟁으로 인해 미국 대 러시아, 중국의 유엔에서의 대립은 북한에 대한 제재 결의안에 러시아, 중국이 거부권을 행사할 가능성이 높아 북한에 대한 제재 효과에 악영향을 끼칠 것으로 전망된다.[132] 1차 시기의 북한제재는 효과성이 낮다고 평가받고 있는데, 그 이유는 2013년 이후에도 북한의 북핵문제는 해결의 조짐이 보이지 않고 있으며, 협상 및 독자제재가 결여된 유엔 제재의 한계성, 중국의 비협조적 형태 등을 꼽을 수 있다. 유엔의 대북제재 결의안 이행과정은 회원국들의 자발적 동기를 바탕으로 하며, 북한이 결의안을 위배하더라도 처벌을 부과하지 못하는 등 강제적 수단이 없다. 유엔의 대북제재 결의에 대한 회원국들의 이행상황을 보면 유엔 대북제재위원회에 제출되는 이행보고서를 보면 보고서의 내용도 부실하며 제출조차 제대로 이뤄지지 않고 있었다. 유엔 안보리 결의안이 느슨한 형태이며 특히 대북제재에 대해 비협조적인 행태를 보인 중국으로 인해 더욱 부정적인 영향을 끼쳤다. 중국은 유엔 결의안에 대해서 원칙적으로는 지지 입장을 나타냈으나, 우방국인 북한과 지속적으로 경제협력 관계를 유지해오고 있다. 즉 북한에 대한 조력국가 역할을 해오고 있는 것이다. 북한은 경제제재 기간에도 대중무역을 통해 경제적 타격을 최소화하기 위한 시도를 하였다. 특히 2010년 한국의 5.24조치로 현금자산의 유입이 어려워지자 중국으로부터 도움을 얻었다. 대중무역을 통해 북한은 무연탄 등 광물을 수출하였고, 노동력의 해외송출과 비상품 거래 확대를 통해 경제제재를 우회하여 경제 피해를 줄이기 위한 시도를 하였다. 북한의 대북제재의 와중에도 제재를 극복하기 위해 2000년 후반부터 시장을 공식적으로 허용했으며, 비공식적인 장마당을 통해 경제제재를 완화하기 위한 노력을 하고 있다. 북한은 시장을 일부 수용하여 경제력을 회복하면서 2013년 핵을 포함한 군사력과 경제력을 모두 포기하지 않겠다는 '병진정책'을 수립하였다. 북한은 해외에 값싼 노동력을 송출하여 외화벌이를 하였으며, 해외공관과 무역사무소를 통해 불법 금융거래를 지속하고 있다.[133] 2016년에서 2017년의 2차 제재 기간 동안에는 강력한 대북제재 결의안이 채택되었다. 이 시기의 결의안은 1차 제재 기간 동안의 빈틈을 메웠고, 구체적인 방법으로 시행되었다. 이 시기의 대북제재는 무역, 금융 및 투자(합작사업), 해외 송출 인력에 대한 제재에 집중되었다. 북한은 2016년 1월에 4차 핵실험 진행하였고, 유엔은 안보리 결의안 2270호(2016.3.)를 채택하여 북한의 석탄 및 철, 철광석 수출금지(민생용 제외)에 중점을 두고 북한과 유엔 회원국 간의 상호 금융거래를 금지했으며 북한과 관련된 화물에 대한 검색을 강화했다. 2016년 9월 9일에 북한은 5차 핵실험을 시행했으며, 유엔은 결의안 2321호(2016.11.)를 채택하여 대북 무역을 위한 금융지원을 전면 금지시켜 북한의 무역거래에 제재를 강화하였다. 2017년에는 유엔 결의안 4개(결의안 2356호, 2371호, 2375호, 2397호)[134]가 연이어 채택되었다. 4개의 결의안은 북한의 외화 수입과 원유, 정유제품 수입을 막는 것을 골자로 했다. 결의안 2371호는 북한산 석탄, 철, 철광석, 납 등 광물과 수산물에 대한 전면 수입 금지 조치를 내려 광물수출액 약 7억 5천만 달러, 수산물 수출액 3억 달러를 감소시켰다. 2017년 9월, 북한이 6차 핵실험을 진행하자, 유엔 안보리는 결의안 2375호를 채택하여 중국이 반대하던 원유 공급을 연간 200만 배럴로 제한하였다. 또한 금융 및 투자부문에서 유엔 회원국과 북한과의 상호 금융기관을 전면 폐쇄하고, 조선 무역 은행을 제재 대상으로 삼았으며, 북한과의 신규 합작 투자를 전면 금지하고 기존 사업들을 폐쇄하였다. 같은 시기에 미국과 EU도 제재를 강화하였다. 트럼프 행정부는 북핵에 대한 '최대 압박' 기조 아래 240여 건의 대북 제재 조치를 시행하였다. 이 시기에 김정은 국무위원장과 김여정 노동당 부부장뿐만 아니라 중국 및 러시아의 해외 기업들도 제재 대상에 올렸다. EU는 2016년 이후 독자적인 대북제재를 강화하여 개인 137명, 기업 84개를 제재하였다. EU는 경제자산을 모두 동결시키고 금융거래를 금지시켰다. 유엔과 미국, EU의 고강도 대북제재는 북한의 제1의 무역상대국인 중국에 대한 수출과 관련되었다. 결과적으로 북한의 대외무역 추이는 급격하게 감소한 반면, 중국에 대한 의존도는 90%대를 유지하였다.[135]

제7부

북한 관련 기타 지식

본 책은 북한에 대해 알기 쉽게 설명하기 위해 북한이 어떻게 탄생되었는지 그 역사에서부터 북한의 근간을 이해하기 위한 정치, 경제, 군사, 외교, 위협 등의 큰 주제로 책이 구성되었다. 다만, 북한에 대한 심도있는 이해는 집필진들의 노력에도 불구하고 한 개 국가를 구성하는 요소가 너무나도 풍부하고 크기 때문에 앞서 설명한 큰 주제별 설명만으로는 부족한 것이 사실이다. 또한 『알기 쉽게 풀어 쓴 북한학 입문서』라는 책의 제목에 맞게 구성하기 위해 세부적인 주제들은 다루지 못하였다.

이번 챕터는 이러한 아쉬움을 조금이나마 달래기 위해 구성을 하였다. 북한에 대한 거시적인 관점에 대한 이해 전에 북한 문제에 있어서 독자들이 알았으면 하는 내용을 3개 파트로 구성을 하였다. 먼저 1장에서는 북한주민에 대해서 되짚어보았다. 당 중심으로 소수 지배 아래에서 생활하는 북한 주민의 삶을 이해하는 것은 우리가 북한을 공부하는 가장 근본적인 이유이기도 하다. 특히 북한의 주민들은 당이나 근로단체와 같은 소속 조직을 매개체로 주, 월, 분기, 연별로 각자의 업무와 공·사생활을 반성하고 상호 비판하는 생활총화란 것이 있는데, 여느 국가에서 볼 수 없는 북한만의 특징이므로 알 필요가 있다.

2장에서는 국제적으로 문제가 되고 있는 북한의 인권문제에 대해 다루었다. 인권은 모든 사람이 인간으로서 가지는 기본적이고 보편적인 권리를 말한다. 인권은 개인의 존엄성을 보장하고 자유와 평등을 포함한 다양한 권리를 보호하는 것을 목표로 하지만, 북한에서는 이러한 인권이 보장되지 않고 있다. 2장은 2023년 통일부에서 공식 발간한 『북한인권백서』를 기본으로 하여 구성하였으며, 북한을 공부하는 모든 독자들이 북한 인권에 대해 진지하게 임할 필요가 있다는 바람으로 구성하였다. 특히 김정은 정권에 와서는 반동사상문화배격법, 청년교양보장법, 평양문화어보호법 등의 3대 악법이라 불리는 법을 통해 주민을 강압적으로 통제하고 있는 실정이다.

3장에서는 북한의 허위·조작 정보에 대해 다루었다. 이 장은 저자가 통일부 발주로 진행된 정책 연구과제 중 북한 파트만 추려서 새로 정리하였다. 북한과 관련된 허위 · 조작정보는 대한민국 안보에 지속적으로 영향을 끼쳐왔다. 북한은 정권수립 직후부터 심리전의 일환으로 대남선전선동을 지속해 왔으며, 최근에 들어서는 사이버 공간 등 온라인과 오프라인을 병행하여 무차별적인 대남선전선동을 구사하고 있다. 이러한 측면에서 허위 · 조작 정보에 대한 이해와 북한 사례를 공부하는 것은 북한의 실상을 이해하고 향후 협상전략을 구상하는데 있어서 필수적인 과정이라 할 수 있다. 비록 많은 내용을 담지는 못하였지만, 7부에서 다루는 내용은 북한학을 공부하는 독자들에게 큰 도움이 될 내용이다.

제1장 북한 주민

1. 북한의 사회체제

북한은 사회정책의 기조를 노동당 규약 서문에 명시되어 있는 바와 같이 "온 사회의 주체사상화와 인민대중의 자주성 실현"이라는 당이 추구하는 당면목적을 충실히 성취시키는 데에 두고 있다. 이러한 사회정책의 기본은 노동당 규약과 사회주의 헌법에 제시된 바와 같이 계급정책으로 기본계급을 노동자, 농민, 군인, 근로인테리 및 근로인민으로 분류하고 이들이 주권을 행사하는 주체이므로 이들의 이익과 인권을 보호한다는 것이다. 그리고 계급노선을 견지하면서 인민민주주의 독재사회를 지향하고 있다.

따라서 공산주의 사회정책은 목표달성을 위해 강력한 프롤레타리아 독재를 실시하며, 계급이 생성될 수 있는 물질적 토대를 없애는 계급 투쟁을 계속 전개할 것을 요구하게 된다. 이에 따른 구체적 수단으로 북한은 주민들에 대한 사상교양 사업과 함께 소위 '반당 · 반혁명 분자'에 대한 색출과 감시를 강화하여 전 주민을 '공산주의적 인간'으로 개조하는 데 주력해 왔다.

이를 위해 북한 당국은 전 주민에 대한 성분조사 사업과 계층구분 사업, 노동당의 조직적 지도사업과 함께 감시계통을 조직화함으로써 '온 사회의 주체사상화'에 모든 주민들의 노력을 최대한 이용하는 사회체제를 갖추고 있다.[1]

2. 북한 사회의 주민생활의 특징

사회주의 국가는 주민들에게 집단주의 성향을 강화시키는 방향으로 정책을 세우고 실행하는 성향을 갖는다. 북한의 주민들은 개인주의 성향을 드러내지 못하도록 유아 때부터 개별적으로 행동하거나 활동하는 것을 규제받으며, 집단주의의 이념을 지향하도록 교양된다. 개인행동의 규제는 주민들이 어린시절부터 맞이하게 되는 초급 교육과정이나 모든 공식 교육제도 및 사회단체, 근로단체 등 조직을 통해 이루어진다.

북한 주민들은 엄격한 배급체제에 의해 자원을 배분해 왔지만 최근에는 이익추구의 행동 경향이 높게 나타나고 있다. 당 중심으로 소수 지배 아래에서 배급제의 한계를 드러내면서 지하시장에서 물물교환이나 구매에 의한 교환행동이 일반화되고 있으며, 물질 중심의 사고가 강화되고 있는 추세이다. 정책적으로는 소련에서와 마찬가지로 남녀평등법을 도입하면서 가족주의를 지양하고 사회 집단의 생활을 중요시하도록 하였다. 그러나 경제적으로 어려움을 겪으면서 가족주의적 경향이 높아지고 있고 생활양식[2]도 변화하고 있다.

북한 당국은 주민들에게 일상생활에까지 사회주의적 생활양식을 확립하는 목적을 지니고 있으며, 이의 본질적인 목적은 온 사회의 혁명화, 노동계급화다. 즉, 미시적인 생활에 이르기까지 인간을 혁명적으로 개조하여 나가는 것을 당의 목적의식적인 투쟁으로 삼는다. 온 사회의 혁명화를 위해, 모든 근로자들이 사회주의적 생활규범과 행동준칙에 따라 행동하고 생활하는 것이 습관이 되게 함으로써 근로자를 공산주의적 생활기풍과 풍모를 갖춘 새 형의 인간으로 키운다. 공산주의적 인간으로 키우는 생활양식을 확립하기 위한 방도는 ① 낡은 도덕규범을 없애기 위한 사상교양과 사상투쟁을 힘 있게 벌리는 것, ② 국가적 · 사회적 통제사업을 강화하는 것, ③ 점차적으로 도덕규범을 창조해 나가기 위해 '사회운동'으로 풀어가는 것 등이다. 이에 따라, 북한 주민생활에서 주기적으로 이뤄지는 생활총화를 통한 사상투쟁이나 교양학습, 근로단체나 인민반 같은 조직과 배급을 통한 통제, 모범영웅 따라 배우기 등이 일상으로 이뤄지고 있다.[3]

이때 사회주의적 생활양식의 확립에서 중요한 두 가지 근본원칙이 있다. 첫째, '하나는 전체를 위하여, 전체는 하나를 위하여'로 명시되는 집단주의에 기초한다. 둘째, 민족적 형식에 사회주의적 내용을 담아 창조하는 것이다. 부르주아적 생활양식을 비롯해 제국주의적 사상문화의 침투를 막고 민족적 자주의식과 혁명정신을 고양하기 위한 생활양식을 강조하기 때문에 민족적인 풍습과 습관을 지키는 민족주의 원칙도 강조한다. 이와 같은 원칙 아래, 인민들은 조국과 민족의 번영을 위하여 헌신적으로 투쟁하는 참다운 애국자, 공산주의자들의 생활문화를 형성하도록 교육받는다.[4]

이러한 북한의 주민생활의 특징을 요약하면, 첫째, 사상 · 기술 · 문화의 3대혁명을 목표로 하는 사회주의적 생활과 행동준칙에 맞는 생활습관과 풍모를 갖춘 인간형을 요구받는다. 둘째, 공산주의 생활윤리의 기본원칙을 집단주의로 못 박고 있는 것처럼 모든 인민생활은 집단주의 가치를 중시하게 한다. 이때 집단은 수령, 당, 대중이 하나의 생명으로 결합되어 뭉쳐진 사회정치적 집단으로서 사회정치적 생명체론에 입각한다. 셋째, 배급제 등 생활을 국가가 보장하면서 국가통제가 심하고 개인의 자유가 제한된다. 하지만 고난의 행군 시기를 거치면서 지금은 주민생활에서 사적영역이 확대되고 있는 추세이다.[5]

1) 사회주의 대가정

'사회주의 대가정'은 북한 사회 전체를 하나의 가정으로 보고, 수령 · 당 · 인민의 관계를 아버지와 어머니, 자녀의 관계와 같다고 보는 개념이다. 북한은 사회주의 대가정론에 기초하여 수령이 은덕을 베풀면 모든 사회구성원은 수령을 향해 충성과 효성을 바치는 것이 당연하다는 점을 강조한다.

사회주의 대가정론은 국가의 이미지가 가정의 이미지로 확대된 것이라 할 수 있다. 북한은 이를 통해 '국가'라는 2차 집단을 '가정'이라는 1차 집단에 접목해 혁명의 최고 영도자인 '수령'이 각 가정에서 육체적 생명을 준 부모보다 더 중요한 구심점의 역할을 한다는 논리를 전개하고자 한 것이다. 북한은 이러한 '국가의 가정화'를 통해 수령의 대중에 대한 믿음과 사랑, 그리고 수령에 대한 대중의 충성과 효성을 강조한다. 특히 어린이와 청소년을 대상으로 수령에 대한 '충성동이'와 '효자동이'로 자라나야 한다는 것을 교육의 목표이자 공산주의 도덕의 규범으로 제시하고 있다. 이것은 각 가정의 가장 좋은 벽면에 김일성 · 김정일의 사진을 정성껏 모시는 생활방식을 통해 수령을 '진정한 아버이'로 인식시키고 있는 것을 통해 나타난다. 이로써 '수령-당-대중'의 삼위일체적 관계로 형성된 국가는 가부장제적이고 유기체적 성격을 갖게 되는 형태가 된다.

본격적인 사회주의 대가정 이념의 강조는 1990년에 들어서 이루어졌다. 북한은 1990년대 중반 대내외적인 어려움으로 인해 약화된 집단주의를 강화하기 위해 '수령-당-대중'을 하나로 묶는 '사회주의 대가정'을 강조하였다. 이는 전통적인 가족을 사회적 의미로 확대해 정권의 안정과 체제의 정당성을 구하려는 것이다. 즉 사회주의 대가정론은 1990년대 중반 김일성의 사망과 대내외적으로 어려운 상황에 처한 북한이 주민들의 동요와 이완을 막고 떨어진 수령의 권위를 회복하고 지배권력을 더욱 강화하여 수령을 정점으로 사회를 결속시키기 위한 것이다. 이는 사회 전반적으로 노동당 조직과 근로단체에서 김일성 · 김정일 · 김정은의 지시를 집행하는 당 간부가 절대적인 위치를 차지하고 대중 위에 군림하는 것을 당연하게 받아들이는 의식구조를 형성하는 요인으로 작용하기도 한다.6

출처 : 뉴스아이

2) 생활총화

생활총화란 북한 주민들이 당이나 근로단체와 같은 소속 조직을 매개체로 주, 월, 분기, 연별로 각자의 업무와 공 · 사생활을 반성하고 상호 비판하는 모임을 말한다. 초창기 생활총화는 한 달에 한 번씩 개최하고, 엄격하게 참가를 강제하지 않는 느슨한 의례였다. 그러나 1967년 이후 북한은 유일사상체계의 확립과 국제사회의 데탕트 분위기 등에 맞서 내부 단속을 강화하였으며, 이를 위해 당조직생활체계를 재정립하였다. 이 과정에서 가장 중요한 변화는 당생활총화제도를 만든 것이라고 할 수 있다. 김정일이 재정립한 '새로운 당생활총화제도'는 초창기 생활총화에 비해 강도가 훨씬 강했다.

새로운 당생활총화제도에서 생활총화는 10명 내지 15명씩 묶어 당세포와 같은 기층조직처럼 치밀하게 조직되었다. 북한 전체 주민이 빠짐없이 생활총화에 참가하게 된 것이다. 생활총화는 사소하고 일상적인 의례이지만 북한주민의 일상을 철저하게 장악하고 통제할 수 있는 수단이었다. 1974년 4월 '당의 유일사상체계 확립의 10대 원칙'에서 조직생활총화에 적극 참가하는 것을 명시하면서 이러한 주민통제는 더욱 강화되었다.

소학교 2학년 이상이면 정치조직에 의무적으로 가입하여야 하며, 이후 남녀노소를 불문하고 생활총화에 무조건 참여해야 한다. 당원들은 소속 당세포, 비당원인 경우 청년은 '김일성-김정일주의청년동맹' 초급단체, 소년단원은 소년단 조직인 분단에서, 여성은 조선사회주의여성동맹 초급단체, 직장인은 직업동맹 초급단체, 농민들은 농업근로자동맹 초급단체 등 각자 자신이 소속된 조직에서 생활총화를 한다. 대학생의 경우도 당원은 소속 당세포, 청년동맹원은 소속 초급단체에서 생활총화를 한다. 청년동맹에 가입한 학생들은 학급별 동맹 초급단체에서, 소년단 기간인 학생들은 분단(학급)별로 생활총화를 해야 한다.

해외 주재원이나 유학생들도 당생활총화에는 의무적으로 참가해야 한다. 각 대사관과 무역대표부에는 임시 당세포나 동맹 초급단체 등이 조직돼 있어 해외에 나온 북한주민이라면 누구나 이 조직에서 생활총화를 해야 한다. 생활총화는 자아비판과 상호비판을 통해 자신의 잘못을 비판하고 반성하는 방식으로 진행되며, 다른 사람의 잘못을 비판한다는 점에서 당조직이든 근로단체 소속이든 성격과 방식이 모두 같다. 당생활총화는 세포비서가, 동맹생활총화는 동맹 초급단체위원장이 집행하며, 각 개인이 차례로 일어나 비판을 하는 형식으로 진행한다.

생활총화를 하는 요일은 조금씩 다른데, 사무원이나 학생들의 경우 매주 토요일에 40~50분 정도 진행한다. 노동자, 농민 등 생산직 근로자들은 도별로 지정된 휴일 전날에 한다. 월 생활총화는 매달 마지막 생활총화 요일에 그 달에 나타난 결함을 종합적으로 분석 비판하는 방식이다. 분기 생활총화는 주 · 월 생활총화와 달리 기관 단위로 진행되며, 상급조직 간부의 참석 하에 당총회, 동맹총회 형태로 진행한다. 연간 생활총화는 12월 말에 하며 형식은 분기 생활총화와 같다.

김일성은 자아비판과 상호비판을 잘하는 것은 당성을 높이는 최고의 무기라며 비판사업을 강화할 것을 역설해왔다. 김정일은 후계체제 구축이라는 맥락 속에서 비판을 정상화하는 생활총화를 제도화시켰다. 이를 통해 생활총화는 주민들을 정치사상적으로 조직 속에 완전히 얽어매는 강력한 통제기제로 기능했다고 볼 수 있다. 현재 북한의 생활총화는 집단주의적 사회의 균열로 과거에 비해 형식적으로 진행되고 그 진정성도 퇴색되었다고 볼 수 있다. 그러나 북한 주민들이 평생을 강제로 생활총화를 비롯한 조직생활에 참석해야 한다는 점에서 북한 사회에서 생활총화가 갖는 의미는 여전히 유효하며, 전 주민을 통제하는 수단으로 활용되고 있다.[7]

■ 근로자들이 세포비서의 진행에 따라 생활총화에 참가하고 있다.

출처 : 중앙SUNDAY

3) 북한주민 계급

북한은 '3계층 64부류 주민성분제도'를 통하여 계급이 이루어져 있다. 기본적으로 노동당이 분류한 주민성분 3계층에는 핵심계층, 동요계층(일명 기본군중), 적대계층이 있다.

핵심계층에는 8.15 이전 노동자 고농 빈농, 당-정권-행정-경제-문화교육기관 사무원, 노동당원, 혁명가유가족, 애국열사유가족, 8.15 이후 양성된 엘리트, 6.25 전사자 가족, 후방가족, 영예군인 등이 속하는데 이들은 북한 사회의 중추를 이루고 있는 계층이다.

동요계층(일명 기본군중)에는 과거 중소상인, 과거 수공업자, 과거 소공장주,

과거 하층접객업자, 과거 중산층접객업자, 과거 중농, 과거 민족자본가, 과거 무소속, 월남자가족2부류, 월남자가족3부류, 중국 및 일본 귀화민, 8.15 이전의 엘리트, 안일-부화-방탕한 자, 과거 접대부, 미신숭배자, 과거 유학생 및 지방유지, 경제사범 등이 속한다. 월남자가족2부류는 노동자 또는 농민 출신으로서 6.24대범법행위를 하고 월남한 자의 가족이며, 월남자가족3부류는 노동자 또는 농민 출신으로서 범법행위를 하지 않고 월남한 자의 가족이다.

북한에서 동요계층은 주로 하위조직 행정간부, 기술자, 사무원, 노동자, 농민, 의사, 간호사 등 전문직에 종사하면서 제한된 수입, 식량배급, 기초생필품공급 외에는 특혜가 없는 생활을 하고 있다. 동요계층 자녀들은 아무리 공부를 잘해도 김일성종합대학 같은 곳에는 갈 수 없고, 뛰어난 수재인 경우 과학기술인재양성대학인 김책공업종합대학까지는 진학할 수 있다. 북한 노동당의 집단배치정책은 주로 이 계층 자녀들을 대상으로 시행되고 있다.

적대계층(일명 복잡군중)에는 과거 부농, 과거 지주, 출당자, 과거 자본가, 과거 적기관 복무자, 체포 및 투옥된 자의 가족, 간첩 연고자, 반당반혁명종파분자가족, 처단자가족, 월남자가족1부류, 6.25포로와 그 가족, 8.15 이전의 반동관료 및 친미친일분자, 과거 천도교청우당 당원, 과거 민주당 당원, 기독교신자, 불교신자, 천주교신자, 천도교인, 입북자, 출당자, 정치범, 정치범출소자 등이 속한다. 월남자가족1부류는 부농, 지주, 민족자본가, 친일친미반동관료배 출신으로서 6.25 때 월남한 자의 가족이다.

▬ 지주는 농민들의 피땀을 빨아낸 흡혈귀라고 적혀 있는 문구

출처 : 뉴스아이

적대계층은 구체적으로 독재대상, 감시대상, 교양-포섭대상으로 세분화되는데 독재대상에 속한 주민은 일반 주민사회와 격리되어 산간오지나 특별독재구역에서 대를 이어가면서 살아야 하

며, 감시대상에 속한 주민은 항시 사상동향과 언행을 감시받으면서 살아가야 한다. 교양-포섭대상으로 분류된 주민은 특별히 집요한 사상교양을 받으면서 개조과정을 거쳐야 하는데 간혹 그 결과에 따라 동요계층(일명 기본군중)으로 신분상승하는 경우도 있다.

북한 노동당이 규정한 주민성분 64부류는 다음과 같다.

1부류 노동자 → 출신 및 사회성분이 노동자였던 자는 핵심계층에 속한다.

2부류 고농(머슴) → 8대로 머슴살이한 자는 핵심계층에 속한다.

3부류 빈농 → 과거 자작농으로서 50% 이상 잡곡으로 생계를 유지한 농민은 핵심계층에 속한다.

4부류 사무원 → 당, 정권, 행정, 경제, 문화 및 교육 기관에서 근무하고 있는 자는 핵심계층에 속한다.

5부류 노동당원 → 모든 노동당원은 핵심계층이다.

6부류 혁명가유가족 → 항일무장투쟁에서 희생된 자의 가족은 핵심계층에 속하므로 대대로 당, 정권기관, 군 간부로 등용해야 하며 복무능력이 없는 대상에게는 최고의 사회보장 혜택을 부여해야 한다.

7부류 애국열사유가족 → 6.25 당시 비전투원으로 희생된 자의 가족은 핵심계층에 속하므로 당, 정권기관, 군 간부로 등용해야 하며 복무능력이 없는 대상에게는 사회보장혜택을 부여해야 한다.

8부류 8.15 이후 양성된 인텔리 → 이들 중 외국유학을 한 자는 감시대상에 속하며, 국내에서 교육받은 자는 핵심계층에 속한다.

9부류 피살자가족 → 6.25 때 피살된 자의 가족은 기본계층으로 분류한다.

10부류 전사자 가족 → 6.25 때 전사한 자의 가족은 기본계층으로 분류한다.

11부류 후방가족 → 북한군 현역장병의 가족은 기본계층으로 분류한다.

12부류 영예군인 → 모든 상이군인은 기본계층으로 분류한다.

13부류 : 소상인 → 과거 일정한 상업시설이 없이 장소를 이동하면서 영업하여 생계를 유지한 자는 자본주의사상을 내포하고 있는 대상으로 분류하며 포섭 교양대상에 속한다.

14부류 중상인 → 과거 일정한 거처와 상업시설을 소유하고 자립으로 영업하여 생계를 유지한 자는 동요계층으로 분류하며 설득-교양대상에 속한다.

15부류 수공업자 → 과거 소도구와 자체노력으로 생계를 유지하던 자는 포섭교양대상에 속한다.

16부류 소 공장주 → 과거 소 공장을 소유했던 자는 일반감시대상으로 분류한다.

17부류 하층접객업자 → 과거 소규모 서비스업으로 생계를 유지하던 자는 포섭교양대상에 속한다.

18부류 중산층접객업자 → 과거 자체 건물과 시설을 소유하고 약간의 고용인을 두고 생계를 유지한 자는 포섭교양대상에 속한다.

19부류 월남자가족3부류 → 노동자, 농민출신으로서 범법행위가 없이 월남한 자의 가족은 포섭교양대상에 속한다.

20부류 무소속 → 8.15 직후 어느 당에도 입당하지 않은 자는 포섭교양대상으로 분류한다.

21부류 농민 → 과거 개인소유농지로 겨우 생계나 유지하던 자는 동요계층으로 간주하고 포섭대상으로 분류한다.

22부류 8.15 이후 노동자 → 사회주의혁명과정에서 노동자로 전락한 과거 중소기업가, 상공업자, 접객업자, 인텔리, 부농은 과거의 출신성분과 현행에 따라 감시 및 독재대상으로 분류한다.

23부류 부농 → 과거 1명 이상의 머슴을 두고 농사를 지은 농민, 농번기에 임시 고용인을 두고 영농하던 자는 반항요소가 농후한 계층으로서 감시대상으로 분류한다.

24부류 민족자본가 → 민족자본에 의한 상공업자는 반항요소가 농후한 대상으로 일반감시대상자로 분류한다.

25부류 지주 → 1946년 토지개혁 당시 5정보 이상의 토지를 몰수당한 자, 3정보까지 경작했으나 정미공장 또는 상공업을 영위한 자는 특수감시대상으로 분류한다.

26부류 친일친미주의자 → 친일친미행위를 한 자는 철저한 감시대상으로 분류한다.

27부류 반동관료배 → 일제강점하에서 행정 및 권력기관에 종사한 자는 철저한 감시대상으로 분류한다.

28부류 월남자가족1부류 → 부농, 지주, 민족자본가, 친일친미반동관료배 출신으로서 6.25 때 월남한 자의 가족은 현행에 따라 일반감시대상 또는 특수감시대상으로 분류한다.

29부류 월남자가족2부류 → 노동자, 농민출신으로서 6.25 당시 범법행위를 하고 월남한 자의 가족은 일반감시대상으로 분류한다.

30부류 천도교청우당 당원 → 과거 천도교청우당 당원이었던 자는 당원시절 직책에 따라 일반 또는 특수감시대상으로 분류한다.

31부류 중국귀화민 → 1957년 이후 공산당원으로서 귀화한 자를 제외한 모든 중국귀화민은 감시대상으로 분류한다.

32부류 일본귀화민 → 북송된 재일교포 중에서 조총련계 친북분자는 노동당에 입당시키며 나머지는 감시대상으로 분류한다.

33부류 월북자 → 8.15 이후 월북자는 철저한 감시대상으로 분류한다.

34부류 8.15 이전 인텔리 → 일제하에서 고등교육을 받은 자는 일부만을 감시대상으로 분류한다.

35부류 기독교인 → 과거 기독교신봉자는 일반 또는 특수감시대상으로 분류한다.

36부류 불교신자 → 과거 불교신자는 일반 또는 특수감시대상으로 분류한다.

37부류 천주교신자 → 과거 천주교신자는 일반 또는 특수감시대상으로 분류한다.

38부류 유학자 및 지방유지 → 과거 유학자 또는 지방유지로 대우받던 자는 일반감시대상으로 분류한다.

39부류 출당자 → 당원자격을 박탈당한 자는 출당사유에 따라 일반 또는 특수감시대상으로 분류한다.

40부류 철직자 → 간부로 등용되었다가 직책에서 추방된 자는 책벌의 일종으로 경력란에 기재한다.

41부류 적기관 복무자 → 6.25 당시 치안대, 한국기독교청년회, 경찰 등에 복무하다가 자수한 자는 출당자와 같은 조치에 처한다.

42부류 체포 · 투옥자 가족 → 형벌을 받기 위해 투옥된 자의 가족은 출당자와 같은 조치에 처한다.

43부류 간첩연고자 → 침투 체포된 자 또는 간첩사건에 연루되어 적발된 자는 특수감시대상으로 분류한다.

44부류 반당반혁명종파분자 → 1953년 남로당파 숙청에 관계된 자와 기타 반김정일파로 숙청된 자는 특수감시대상으로 분류한다.

45부류 처단자가족 → 북한정권수립 이후 범법행위 또는 반당행위로 처단된 자의 가족은 특수감시대상으로 분류한다.

46부류 출소자(정치범) → 정치범으로 형기만료로 출소한 자는 출당자와 같은 조치에 처한다.

47부류 안일, 부화, 방탕한 자 → 계층을 불문하고 안일, 부화, 방탕한 자는 일단 유사시 반혁명계층으로 전환가능성이 있는 대상으로 판단되므로 일반감시대상으로 분류한다.

48부류 접대부, 미신숭배자, 무당, 점쟁이, 창녀, 기생 출신은 일단 유사시 반혁명계층으로 전환가능성이 판단되므로 일반감시대상으로 분류한다.

49부류 경제사범 → 절도, 강도, 횡령 등으로 복역 후 출소한 자, 기타 우범자는 일단 유사시 반혁명계층으로 전환 가능성이 판단되므로 일반감시대상으로 분류한다.

50부류 민주당 당원 → 과거 민주당 당원으로 활동한 자와 그 가족은 당원시절의 직책에 따라 일반감시대상 또는 특수감시대상으로 분류한다.

51부류 자본가 → 1946년 산업국유화 당시 개인 재산을 완전히 몰수당한 자는 철저한 감시대상으로 분류한다.

김정일은 1980년 10월, 기존의 주민성분 51부류에 '감시대상 13부류'를 더 첨부해서 주민성분 64부류를 확정지었는데 그 대상은 다음과 같다.

- 남한정부 반대행위 후 월북한 자
- 남한에서 북한으로 납북된 자
- 남한에서 북한으로 납북된 어부
- 다른 나라에서 북한으로 송환된 자
- 해외에서 북한으로 밀입국한 자

- 감옥에서 석방된 간첩연고자
- 6.25전쟁 시기 월북한 자
- 비밀 건설공사기관에서 해고된 자
- 중국에서 도망해 온 자
- 소련에서 도망해 온 자
- 중국인 거주자
- 일본인 거주자
- 자본주의 국가에서 들어온 자

위에 기술한 것이 김일성 일가가 비상식적이고 비정상적인 공산세습왕조의 유지-영구화를 꾀하면서 노동당을 내세워서 수립한(1997년까지의) 북한의 3계층 64부류 주민성분제도 분류도이다.[8]

제2장

북한 인권

인권은 모든 사람이 인간으로서 가지는 기본적이고 보편적인 권리를 말한다. 인권은 개인의 존엄성을 보장하고 자유와 평등을 포함한 다양한 권리를 보호하는 것을 목표로 한다. 여기에는 생명권, 자유권, 사상과 표현의 자유, 신체의 자유와 안전, 교육권, 노동권 등이 포함된다. 이러한 인권은 국제적으로 다양한 선언과 협약을 통해 보장된다. 대표적으로 1948년에 채택된 세계 인권선언(Universal Declaration of Human Rights)이 있다. 세계 인권선언은 모든 사람이 인종, 성별, 국적, 언어, 종교, 정치적, 경제적 또는 사회적 지위에 관계 없이 기본적인 인권을 누려야 한다고 명시하고 있다. 인권은 각국의 헌법과 법률을 통해 보호되며, 인권 침해에 대한 구제를 받을 수 있는 다양한 제도가 존재한다. 무엇보다 인권은 인간이 인간답게 살기 위한 필수적인 조건이며, 이를 존중하고 보호하는 것은 개인과 사회, 국가의 중요한 책임이라고 할 수 있다.

하지만 북한의 인권 상황은 매우 심각한 것으로 알려지고 있다. 북한의 인권 상황은 국제 사회에서 지속적으로 비판받고 있으며, 여러 인권 단체와 국제 기구들이 심각한 우려를 표명하고 있다. 북한은 국경통제를 강화했던 코로나 국면의 해제에 맞추어 반동사상문화배격법, 청년교양보장법, 평양문화어보호법 등의 제정을 통해 주민 통제를 더욱 강화하고 있는 실정이다. 국제 사회는 이러한 북한의 인권 문제에 대해 지속적으로 압박을 가하고 있으며, 유엔 인권이사회와 같은 국제 기구들은 북한의 인권 상황을 보사하고 보고서를 발표하고 있다. 그렇다면, 세부적으로 북한 내부에서 어떻게 주민들의 인권이 핍박받고 있는지 확인할 필요가 있다.

북한의 주민들은 인권 중 가장 중요하다고 하는 생명권이 여전히 보장받지 못하고 위협받고 있다. 2015년 북한 형법이 8개 죄목에 대해 법정 최고형으로 사형을 규정하였던 것에 비해 2022년 개정 형법은 11개 죄목에 대해 법정 최고형으로 사형을 규정하고 있다. 비상방역법, 반동사상문화배격법, 평양문화어보호법, 마약범죄방지법은 법규 자체에 최고 사형까지 처할 수 있는 규정을 두고 있다. 코로나19 시기 방역조치를 위반한 사람을 공개처형하는 것을 목격했다는 증언도 있다. 2010년을 전후로 공개처형이 감소하고 있다는 증언들이 수집되고 있지만, 이 같은 증언들이 실제로 공개처형이 줄었기 때문인지, 아니면 비공개 사형집행이나 비밀 즉결처형이 늘어났기 때문인지는 분명하지 않다.

북한에서는 형법 및 형사소송법 규정과는 다르게 사건 처리과정에서 고문 및 비인도적 처우가 여전히 발생하고 있다. 또한 북한에는 노동교화소, 노동단련대, 집결소, 구류장 등 구금시설에서 강제 노동 및 과도한 노동, 폭행 및 가혹행위가 일상화되어 있다. 구금시설 내 영양 · 위생 · 의료 상황도 매우 열악하며 이 같은 요인들이 복합적으로 작용하여 사망에 이르는 경우도 발생하고 있다. 북한은 2021년 11월 30일 구타행위방지법을 제정하였다. 2023년 탈북한 북한이탈주민은 구타행위방지법이 제정되었지만 법대로 되는 것은 없다고 증언하였다. 2023년 탈북한 다른 북한이탈주민은 구타행위방지법이 제정되었으므로 초반에는 구타가 줄어들겠지만 시간이 지나면 구타행위방지법이 잘 지켜지지 않을 것이라고 증언하였다.

■ 북한이탈주민이 북한인권조사위원회에 제출한 그림

출처 : 북한인권정보센터

또한 북한에서는 자의적이거나 불법적인 체포 · 구금이 지속되고 있다. 북한 형사소송법에 의하면 수사단계에서는 체포의 이유와 피의사실 고지에 관한 규정이 없고, 재판 전 구금 기간이 지나치게 길게 설정되어 있다. 법관에 의한 영장실질심사제도도 없다.

북한 주민들의 이동 및 거주의 자유 또한 심각하게 제한되고 있는데, 여행증제도 및 구간별 단속, 강제추방, 특정지역 접근제한 등이 대표적이다. 다만 2015년 이후 통행증이 뇌물로 대체 가능해지는 추세이며 여기에 더해 이동 수단의 증가로 다소 이동에 대한 통제가 이완되는 경향을 보였다. 문제는 뇌물을 지불할 경제적 여력이 되는 계층만이 당국의 통제를 피해갈 수 있다는 점에서 여전히 이동의 자유는 차별적 · 제한적으로 허용되고 있었다. 한편, 탈북 관련 강제추방은 줄어드는 것으로 보이는데, 추방자를 수용할 수 있는 당국의 여력이 부족하기 때문으로 보인다. 이는 결국 탈북을 사전에 방지하고자 국경통제를 강화하는 현상으로 이어지고 있다.

북한은 규정상 재판의 독립을 보장하고 있으나 실제 운영에 있어 재판의 독립을 허용하지 않고 있다. 재판 역시 불공정하고 형식적으로 진행되고 있을 뿐 아니라, 재판기관 이외 동지심판, 국가보위성 정치범 재판 등 유사사법제도가 운영되면서 공정한 재판을 받을 권리가 보장되지 않고 있다. 특히 최근 행정처벌법이 강화되면서 다양한 행정처벌을 통해 사회통제를 강화하고 있다. 공정한 재판의 필수 요소인 변호권 및 상소권 역시 형식적으로 운영되고 있다.

5호 담당제, 인민반, 생활총화 등 제도적 차원의 일상적 감시, 행방불명자 · 탈북자 · 한국에 거주하는 가족이 있는 주민, 장사나 밀수하는 주민, 해외 파견자 가족에 대한 감시와 도청, 불법 가택수색 및 통신 간섭 등을 통한 사생활 침해가 지속되고 있다. 특히 숙박검열을 가장하고 불시에 집에 들어와서 가택수색을 받았다는 다수의 증언은 주거 공간에 대한 불가침의 권리가 실제 생활에서 심각하게 침해당하고 있다는 것을 보여준다. 또한 다수의 증언자들은 김정은 정권에서 불법적 가택수색이 공안기관 종사자들의 금품 편취의 수단이 되었다고 인식하는 등 공권력에 대한 불신이 존재하고 있다.

사상 · 양심 및 종교의 자유에 대한 권리 침해도 계속되고 있다. 2019년 사회주의헌법 개정을 통해 주체사상을 김일성-김정일주의로 대체한 북한은 유일영도체계 유지 · 계승을 위한 주민의 사상통제 강화를 위해 관련 법규를 제 · 개정하였다. 특히 2021년 제정된 혁명사적사업법은 김정은을 혁명역사와 혁명업적을 계승 · 발전시켜야 하는 대상으로 명시하면서 북한의 체제유지를 위한 사상통제가 앞으로도 지속 강화될 것임을 명확히 하였다. 또한 북한에서 성경을 소지하거나 무리지어 기도를 할 경우 단속되어 정치범수용소에 보내지거나 처형을 당하기 때문에 사실상 북한 주민들이 종교를 가지는 것은 불가능하다. 대신 북한에서는 점이나 손금을 보는 것과 같은 미신행위가 성행하고 있는데, 이마저도 2017~2018년부터 단속이 심해졌고 총살 등 처벌수위가 높아졌다는 증언이 지속적으로 수집되고 있다.

■ 종교의 자유가 허락되지 않은 북한

출처 : 도서『박해』

컴퓨터와 휴대전화 보급률이 현저히 높아짐에 따라 외부문화 콘텐츠 또한 디지털 기기를 통해 유입되고 있다. 영상 및 음원, 국제전화 및 문자메시지에 대한 당국의 검열과 단속은 일상에서 광범위하게 벌어지고 있으며, 이에 대한 처벌도 강화되는 추세이다. 그러나 북한 주민들의 한국 드라마와 영화 시청은 세대와 성별, 지역을 막론하고 광범위하게 이루어지고 있으며, 영상물 시청이 외부세계를 동경하는 계기가 되는 것으로 조사되었다. 2020년 12월에 채택된 반동사상문화배격법이 시행된 실태가 2021년 탈북한 북한이탈주민 증언에서 확인되었다. 각 인민반에 반동사상문화배격법을 보급하여 처벌조항을 각 개인이 인지하도록 했으며, 북한 주민들은 강화된 처벌을 두려워 한 것으로 파악된다. 북한 당국은 외부문화 유입을 체제전복 의도로 규정하고 한국 영상물 단속과 처벌을 강화할 것으로 예상된다.

북한에서는 역시 집회 및 결사의 자유가 보장되고 있지 않으며, 주민들은 권리 증진을 위해 집회를 열거나 결사체를 구성한다는 생각 자체를 못 해봤다는 증언이 지속적으로 수집된다. 강제소집이나 조직 생활의 강제라는 측면에서 집회 · 결사 자유의 침해도 빈번한 것으로 보인다.

■ 굶주린 북한 아이들

출처 : 국가인권위원회 블로그

참정권은 입후보의 권리인 피선거권, 자율적 선거 참여, 투표 방법과 과정까지 다방면으로 침해받고 있는 것으로 보인다. 다수의 증언자가 선거권과 피선거권에 대한 인식이 부족했으며, 선거 참여시 비밀 · 직접 선거의 원칙이 침해되는 사례가 지속적으로 발생하고 있다.

무엇보다 경제적인 측면에서 북한 주민의 인권을 보장받지 못하고 있다. 북한은 여전히 만성적인 식량 부족상태에서 벗어나지 못하고 있다. 북한 당국은 식량 증산을 위해 포전담당책임제를 도입하는 등 정책적 노력을 하고 있지만 불공정한 운영과 영농 물자의 부족, 과도한 생산계획 등으로 인해 농업 증산 및 북한 주민들의 식량권 개선에는 크게 기여하지 못하고 있다. 식량 배급 역시 사회 권력층과 일반 주민들 사이에 불평등하게 이루어지고 있으며, 일반 주민들 사이에서는 식량 배급을 받지 못하는 상황이 확산되고 있다. 이에 따라 북한 주민들은 북한의 공식 식량 공급체계인 배급제가 붕괴 또는 무의미하다는 인식을 하고 있다. 북한 당국은 최근 들어 허풍방지법 제정과 신양곡정책을 펼치면서 식량의 수급과 공급을 중앙으로 일원화하려는 정책을 펼치고 있지만 식량 생산량에 대한 허위보고가 사회 전반에 만연해 있어 정책적 효과를 거두기 어려운 상황이다.

북한은 무상치료제를 표방하고 있으나 실제 의료서비스 제공과정에서는 환자가 대부분의 비용을 직접 부담하고 있는 실정이다. 또한 계층 혹은 경제력의 차이에 따라 의료서비서의 접근에서 큰 차이를 보이고 있다. 한편 주민들은 공적 의료기관을 크게 신뢰하지 않아 개인 의사를 찾아가거나 개인 약사로부터 직접 약을 사서 복용하고 있는데, 이는 오히려 오진이나 의료과실 등으로 이어지고 있다. 특히 주민들이 빙두나 아편 등 마약류를 치료용으로 사용하면서 북한 내 마약류의 오남용이 더욱 심화되고 있다. 코로나19로 인한 철저한 국경봉쇄의 결과 아동기 예방접종률이 크게 낮아졌는데, 이에 따라 이들이 성장과정에서 다양한 질병에 쉽게 노출될 수 있는 상황이다.

북한 노동자들의 노동권도 충분히 보장되지 않는 것으로 보인다. 직업의 배치에서 최근 대학 졸업장이 또 다른 중요한 요소로 등장했으나 여전히 성분이 중시되며 좋은 직장에 배정받기 위한 뇌물의 금액도 점차 커졌다. 이는 좋은 직업이 돈 있는 계층에게 집중되는 또 다른 불평등 문제를 초래했다. 한편, 무리배치에서 단적으로 드러나듯이, 직업선택의 자유는 보장되지 않고 있다. 또한 노동자들이 유리한 노동조건에서 노동할 권리, 정당한 노동의 대가를 받을 권리 또한 보장되지 않고 있으며, 노동조합을 결성 · 가입 · 탈퇴할 수 있는 자유 역시 주어지지 않아, 노동자들은 불합리한 대우에도 처우 개선을 요구하기 힘든 상황에 직면해 있는 실정이다.

■ 어린아이까지 강제노동에 참여하는 북한

출처 : VOA

북한 당국은 교육시설 투자, 교원 역량강화, 교육내용 개편 등의 정책을 시행해오고 있지만 북한이탈주민들은 북한의 교육환경이 여전히 열악하며 지역 간의 차이가 크다고 증언한다. 북한이 무상 교육제도를 표방하고 있지만 이는 유명무실해진 지 오래며 각종 명목의 과제와 비용들로 인한 재정적 부담이 학생과 학부모에게 이전되는 현상은 지속되고 있다. 학교가 부과하는 경제적 부담은 학생들의 학습의지를 저하시킬 뿐 아니라 학생들의 중도탈락과 학업중단의 요인이 되고 있다. 또한 북한 당국이 지속적으로 강조해 온 사상교육은 학생들의 학습 자율권 및 선택권을 침해하고 있다.

법제도적 차원에서 보면, 북한의 사회보장은 갖춰져 있는 것으로 보인다. 최근 사회보험 · 사회보장 관련 법제를 재정비하는 등의 법제도적 보완도 이루어졌다. 그러나 법규와 실제 지원 수준에 괴리가 있는 등 제도가 제 역할을 하지 못하고 있다. 연로연금은 아예 지급되지 않거나, 지급되더라도 고령층의 생계유지도

힘든 수준이다. 갑작스런 위기로 생계가 곤란해진 가정에 대한 국가 차원의 긴급 복지 지원 시스템이 적절히 마련되어 있지 않아 주민들은 자력에 의존하며 생계 위협에 노출되어 있다. 뿐만 아니라 질병 혹은 장애로 인해 경제 활동을 할 수 없는 주민에 대한 당국 차원의 지원도 매우 미흡하며, 산업재해로 노동능력을 상실한 자와 그 가족에 대해 적절한 보상도 이루어지지 않는다. 다자녀 가정이나 제대군관 관련 사회보장 또한 실질적인 수준으로 이루어지고 있는지는 불명확하다.

북한에서는 여성에 대한 고정된 성역할과 성차별의식이 잔존하는 것으로 나타난다. 그러나 한편으로는 여성의 경제력 향상과 남성의 의식 변화, 젊은 세대의 결혼관이 가정폭력 감소 및 가정 내 역할 분담에 영향을 주는 것으로 조사되었다. 또한 사회 전반에 여성이 진출해 있고, 여성 간부 등용이 늘었다는 증언도 수집되었다. 그러나 고위직뿐만 아니라 운전수 등 특정 직종에 진출하지 못하는 영역 제한은 남아 있으며, 여성에 대한 폭력 실태는 개선되지 않고 있는 것으로 파악된다. 경제적 빈곤, 외도, 음주 등의 이유로 가정 폭력이 빈번히 발생하고 있으며, 여성뿐만 아니라 아동도 가정폭력에 노출되어 있다는 증언이 수집되었다. 또한 성희롱, 성추행이 일상에서 자주 일어나며 인신매매에 대한 강한 처벌규정에도 불구하고 뇌물로 무마된다는 증언도 있다.

▬성폭력과 성희롱에 상시 노출되어 있는 북한 여성

출처 : 네이버 블로그(https://blog.naver.com/p9573198/222151609900)

북한 당국은 2019년 UPR 보고서, 2021년 VNR 보고서를 통해 아동 관련 정책의 진전을 강조하고 있지만, 실제로는 아동의 권리가 보장되지 않고 있다. 우선 코로나19 이후 북한의 국경폐쇄 조치는 외부세계의 취약계층 지원마저 중단되게 만들어 영유아를 위한 필수 백신접종이 이루어지지 못하고 있는 것으로 나타났으며, 상당수의 북한 아동은 여전히 영양 부족에 시달리고 있는 것으로 파악된다. 또한 북한의 아동들은 과도한 정치사상교육에 노출되어 균형 잡힌 교육을 받지 못하고 있으며, 정치행사 및 체제선전동원, 노동 동원 등에 강제동원되고 있어 육체적, 심리적으로 부정적 영향을 받고 있다.

북한의 일반 주민들은 장애인들을 거주지 주변에서 목격하기 어렵고 장애인들에 대한 회피나 무관심은 차별로까지 이어지고 있다. 북한 당국은 장애인과 영예군인에 대한 배려를 강조하지만 코로나19 기간 동안 장애인들은 더욱 고립되고 기본적인 재활, 치료, 경제 및 문화 활동 등이 어려웠을 가능성이 크다. 영예군인에 대한 지원은 정책적으로 진행되고 있으나 다양한 장애 유형을 갖고 있는 장애인들에 대한 인식 개선과 통합 조치들은 충분히 이루어지지 않고 있다. 북한이 2023년 9월 장애자권리보장법을 새롭게 채택한만큼 장애인들을 보호하기 위한 규정, 비차별과 포용조치들이 실질적인 권리 증진으로까지 이어질 수 있도록 해야 한다.**9**

제3장

북한의 허위 · 조작정보[10]

UN이 지정한 5월 3일 세계 언론자유의 날을 맞아 안토니우 구테흐스 사무총장은 2023년 5월 3일 언론의 중요성을 강조하면서 거짓 정보와 허위 정보를 중단해야 한다고 강조했다. 북한 정권이 정보를 철저히 통제하고 독립적인 언론을 엄격히 금지하고 있기에 북한 언론에 유일하게 허용된 역할은 당과 군, 최고 지도자 김정은을 찬양하는 내용을 전하는 것으로 한정되어 있다. 극히 폐쇄적인 특성을 보이는 북한에 대한 정보를 획득하는 것은 어렵다. 따라서 정보의 획득 자체가 북한에서 직접 발표하는 보도자료나 언론자료로 한정되어 있다는 점에서 북한의 언론을 통한 정보 취합은 중요한 부분이다.

하지만 북한의 언론은 언론이 지켜야 할 객관적 사실 보도의 기본원칙을 무시하면서 무책임한 보도 태도를 보이는 것은 뿌리 깊은 그릇된 관행이다. 북한이 의도적으로 생산한 허위 · 조작정보는 최근 들어 유튜브 등 뉴미디어의 등장과 SNS 사용 증가로 인해 빠른 속도로 광범위하게 확산되는 특징을 나타내고 있다. 앞서 개념 정의 부분에서도 논의하였듯이, 이런 북한발 허위정보의 전파와 확산은 정보(information)와 전염병(pandemic)의 합성어인 '인포데믹(infodemic)'으로 표현하기도 한다. 인포데믹은 미디어나 인터넷 등을 정보통신 매체를 통해 잘못된 정보나 악성루머가 급속히 확산되는 현상이 전염병의 확산과 유사하다고 만들어진 용어로 최근 북한 관련 가짜뉴스의 유포와 확산현상이 대표적 예라 할 수 있다. 북한 관련 허위 · 조작정보가 확산되면서 여러 대응방안이 논의되고 있지만, 아직이에 대한 제도적인 대응책이 마련되지 못한 상황이 마치 백신과 치료제가 없는 상태에서 퍼져나가는 전염병과 유사하다고 볼 수 있다.

이러한 북한과 관련된 허위 · 조작정보는 대한민국 안보에 지속적으로 영향을 끼쳐왔다. 북한은 정권수립 직후부터 심리전의 일환으로 대남선전선동을 지속해 왔으며, 최근에 들어서는 사이버 공간 등 온라인과 오프라인을 병행하여 무차별적인 대남선전선동을 구사하고 있다. 북한이 전개하는 대남선전선동의 내용은 흑색선전, 유언비어, 진상은폐, 역사날조 등으로 전형적인 허위 · 조작정보의 형태라고 할 수 있다. 양무진은 이러한 형태의 북한 허위 · 조작정보(가짜뉴스)의 유형을 최고지도자의 신변이상형, 로열패밀리 신변이상형, 최고지도자 측근 숙청형, 기타형 등 네 가지로 분류하였다. 최고지도자의 신변과 관련된 것은 파급력이 있고 대중적인 관심을 환기하기에 충분하며, 김정은 위원장의 고모인 김경희 독살설로 대표되는 로열패밀리 신변이상형 역시 북한 내부에 대한 모습을 검증되지 않은 정보에 의존해야만 하는 입장에서 권력 구도의 변화를 예측하는데 큰 영향을 미친다. 최고지도자 측근의 숙청 역시 같은 이유로 중요한 부분이라 할 수 있다. 본 연구에 맞는 북한의 허위 · 조작정보 사례를 분석하기 위해 조작적 정의를 내린 허위 · 조작정보의 개념에 입각하면, 허위 · 조작정보로 판단하기 위해선 정보의 진위와 정보의 조작, 악의적 의도, 유포자의 인지 여부 등을 설정하였다. 이러한 북한의 허위 · 조작정보와 일반적인 허위 정보 간 차이의 본질은 결국 '북한의 의도'가 가장 큰 중점이라 할 수 있다. 이렇게 북한의 허위 · 조작을 판단할 수 있는 의도성에 대한 실증적인 검증은 절차적으로나 이론적으로 복잡하고 어려운 문제이긴 하지만, 본 장에서는 허위 · 조작정보 개념의 조작적 정의를 바탕으로 북한에 적용하여 여러 사례를 분석한다. 결국 허위 · 조작정보는 북한의 의도라는 근본적인 문제에 근거하기 때문에, 정보를 조작하고 허위로 유포하는 북한의 의도를 파악하기 위해 대응하는 것이 가장 합리적인 해결책이라 할 수 있다. 북한의 허위 · 조작정보에 효과적으로 대응하기 위한 방책 및 향후 북한발 허위 · 조작정보 시나리오를 예측하기 위해 지금까지 있었던 북한의 허위 · 조작정보에 대한 사례를 되짚어 보는 것은 필수적인 과업이다. 따라서 본 장에서는 허위 · 조작정보라고 판명되거나 의심이 가는 북한 허위·조작정보에 대한 사례를 세부적으로 살펴보고자 한다.

1. 북한 유튜브 논란

2022년 8월부터 북한이 홍보를 위해 제작한 유튜브 채널 '유미'가 큰 논란의 중심이 되었다. 정확한 채널의 이름은 'Olivia Natasha-YuMi Space DPRK daily'이며, 영상 속 유미는 능숙한 영어로 스스로가 평양 출신이라고 소개한다. 북한 내에서 일반 북한 주민은 외부와 소통이 가능한 인터넷 접속이 불가하다. 그들이 접속할 수 있는 것은 북한 내에서 주민들만 사용할 수 있게 구축되어 있는 인트라넷뿐이다. 더욱이 북한 내 검열기관인 총정치국 등 모든 것을 검열하는 북한 내에서 일반인의 유튜브 접속은 불가능하기 때문에 유미의 유튜브 채널을 운영하는 단체는 북한 당국일 것이다. 이것은 정치적 의도와 목적을 달성하기 위해 북한이 기획하고 연출했다는 것을 뜻한다. 젊은 여성, 아동을 내세워 북한의 주요 관광시설 등을 소개하고 자유롭게 유원지를 찾는 북한 주민들의 일상생활 등을 소개해 온 채널은 비단 '유미'뿐만 아니라 '송아'도 있다. 흥미로운 사실은 북한 내부의 주민들은 접근할 수도 없는 유튜브에 북한이 채널을 개설하여 각종 영상을 올리고 있다는 사실이다. 이러한 채널과 업로드된 영상의 타깃층이 외부에 있다는 것을 의미한다는 대목일 것이다.

유튜버 영상 속 유미는 운동센터에서 운동을 하고 놀이공원을 가며, 북한식 불고기를 소개하는 먹방 영상 등을 찍어 올렸다. 이는 마치 모든 북한 주민들이 그러한 특권을 누리는 것처럼 포장하여 영상을 송출한 것이었다. '송아'는 영상에서 영국식 영어를 유창하게 구사하며 가장 좋아하는 책으로 영국의 유명작가 J. K. 롤링의 소설『해리포터』를 꼽는 등 북한 내에서 외국 서적을 마치 자유롭게 볼 수 있는 것처럼 선전하기도 한다. 하지만 이러한 유미와 관련된 영상들은 국가정보원의 요청에 따라 접근이 중단되었다. 방송통신심의위원회는 '송아'와 '유미'

'NEW DPRK' 등 북한 체제를 선전해온 유튜브 채널 3개에 대한 접속 차단을 23년 6월 23일 의결하였다.

해당 채널들은 북한 주민들의 일상을 알린다고 주장하지만, 일부 특권층만 누릴 수 있는 모습일 뿐이다. 인터넷 접속이 엄격하게 제한되어 있는 북한에서는 단순한 인터넷 정보뿐만 아니라 책이나 영화와 같은 해외 콘텐츠 접근도 금지되어 있기 때문에 송아와 유미 같은 유튜브 채널은 고도로 기획된 북한의 선전물이라고 볼 수 있다. 이는 대한민국에서 접속 제한 조치를 하자 채널이 자체 폐쇄되었다는 점에서도 알 수 있는데, 대한민국이 채널 선전의 주 목적이었다는 것을 증명한다. 유미 채널이 폐쇄된 이후 'North Korea Media Archive'라는 채널이 생성되어 동일 영상을 재업로드 하는 모습도 보였는데, 이 채널의 행위자는 현재로서 확인이 불가능한 상태이지만, 송아와 유미 유튜브가 큰 관심을 끌었던 것에 비해서는 관심과 영향력이 하락되었다.

이러한 북한의 최근 소셜미디어를 통한 선전은 폐쇄적인 국가라는 오명을 벗고 국제사회에 새로운 이미지 선전을 통해 그들 역시 다른 국가와 다르지 않은 보편적인 국가라는 모습을 알리는 목적을 지니고 있다고 볼 수 있다. 북한은 유튜브를 통해 다양한 방식으로 국제사회에 목소리를 전달하며 변화를 보이고 있지만, 실제 북한 인민이 배제된 대내 홍보 수단으로 전락한 북한의 유튜브 채널은 일방적이고 소통 없는 선전이라 할 수 있다. 일방향적 시선을 강요하는 유튜브는 폐쇄적인 북한과 연결되는 유일한 연결 창구이자 통제된 영역을 간접체험하게 할 뿐이다. 이러한 측면에서 북한에게 유튜브는 저비용으로 선전선동의 효과를 극대화할 수 있는 최적의 대외선전매체 플랫폼이라고 할 수 있다.

이는 최근 대두되고 있는 사이버 정치(cyberocracy)의 일환으로 볼 수 있다. 사이버로크러시는 사이버(cyber)와 크러시(cracy)의 합성어로서 권력에 기반하여 정보를 통제하거나 조작하여 정치에 활용하는 것을 말하며, 일부 학자들은 정치적 진화의 다음 단계로 여긴다. 즉, 이는 민주주의의 영어 단어인 데모크러시(democracy)와 사이버를 합친 것이다. 사이버로크러시의 근본적인 특징은 의도한 정보를 관련된 사람들에게 신속하게 전달하고 다양한 당사자가 접근할 수 있는 많은 양의 정보를 전송해 정치적 목적을 달성하려 하는 것이다. 사이버로크러시는 정치체제의 한 형태로 규정되긴 하지만, 모든 것을 국가의 검열을 받는 북한에서 원하는 정보를 대내적으로 공급하고, 대외적으로 송출하는 방식의 정보 통제는 정치적 목적을 달성하기 위한 용이한 방식이기 때문에 일부 적용된다고 볼 수 있다. 적어도 민주주의, 권위주의 등의 정치체제의 대안적인 진화형태로 사이버로크러시가 대두되긴 하였지만, 북한은 앞으로도 그 방법적인 측면에서 유미와 같은 조작된 정보를 정치적 목적을 달성하기 위한 사이버로크러시의 일환으로 유포할 가능성이 크다.

위에서 살펴보았듯이 최근 북한은 최고지도자 중심의 체제 우월성을 홍보하던 과거의 대외선전과는 다른 행보를 보이고 있다. 이전 시기에 비해 내용과 형식상 차이를 보이는 점에서 북한의 유튜브는 주목받고 있는데, 정보화를 강조하는 김정은 체제에서 해당 콘텐츠는 새로운 대외선전으로 볼 수 있다. 또한 대북제재와 코로나 사태 이후 줄어든 북한 내 관광객의 추이를 고려하면, 권위주의 체제 내에서 소셜미디어가 대외선전을 위한 실리적이며 전략적인 선택지가 될 수 있다. 북한 내로 외부의 정보가 유입이 되면 북한 체제의 근간을 흔들 수 있기 때문에, 북한은 정보의 검열을 중요시 여긴다. 따라서 이러한 소셜미디어의 양방향적인 소통을 불가하지만, 북한 내부 정보가 거의 공개되어 있지 않은 폐쇄적인 국가의 특성을 가지고 있다는 것을 적극 활용하여 일방향으로의 정보 송출은 북한에 대한 정보를 외부에 알릴 때 용이한 전략이 될 수 있다. 즉, 북한 내부 실태에 대한 것을 철저히 숨기고, 평양 내 특권층만 누릴 수 있는 생활을 마치 북한 인민이 전부 유미와 같이 생활하고 있게끔 믿도록 허위 · 조작하여 북한을 선전하는 전략으로 유튜브가 활용되고 있는 것이다.

2. 판문점을 통해 본 6 · 25전쟁과 조국해방전쟁

대한민국에서는 1950년 6월 25일 한반도에서 발발하여 1953년 7월 27일 정전된 전쟁을 6 · 25전쟁으로 기억하고 있으며, 민족상잔의 비극으로 인식하고 있지만 북한에서는 조국해방전쟁으로 기억하고 있다. 대한민국에서 6 · 25전쟁은 '승리'했다는 인식보다는 정전과 비극에 대한 인식이 강하지만, 북한에서는 5만 평 규모의 '전승기념관'에서 조국해방전쟁을 '승리'한 전쟁으로 선전하고 있으며 7월 27일을 조국해방전쟁승리기념일로 지정하여 매년 기념을 하고 있다.

대한민국에서 판문점이 현재까지 상징적인 위치로 자리잡을 수 있었고, 평화회담을 비롯한 각종 군사회담, 남북실무회담 등의 장소가 될 수 있었던 것은 6 · 25전쟁 내내 진행된 정전협상과 1953년 7월 27일 체결된 정전협정의 장소였기 때문이다. 대한민국에서는 일반적으로 6 · 25전쟁을 1950년 6월 25일 새벽에 북한 공산군이 당시 남북 군사분계선(MDL:Military Demarcation Line)이던 38선 전역에 걸쳐 선전포고 없이 기습 남침함으로써 발발한 전쟁으로 1953년 7월 27일 정전협정이 체결되기까지 3년 1개월 간 교전이 이어진 전쟁으로 인식하고 있다. 무엇보다 평화협정조약이 아직까지 체결되지 않았기 때문에 엄밀히 말하면 현재까지 진행 중인 전쟁이라고 할 수 있다.

이렇게 북한이 인식하고 있는 조국해방전쟁의 정체성은 그들이 말하는 조국의 민족을 미제로부터 해방하기 위한 전쟁이며, 이러한 전쟁의 정체성이 투여된 판문점 역시 대한민국과 같은 정체성을 형성하기는 힘들다. 무엇보다 정전협정이 이루어진 날인 7월 27일을 대한민국에서는 정전협정 기념일로 지정하고 있지만, 북한에서는 조국해방전쟁을 승리로 이끈 '전국해방전쟁승리기념일'로 지정한 것이 가장 큰 인식의 차이를 보인다. '승리'라는 것은 겨루어서 이긴다는 사전적 의미를 지니고 있는데, 전쟁에서 적용하기 위해서는 어느 한쪽이 패배를 인정하고 국제적으로 승리에 대한 인정이 있어야 쓸 수 있는 말이다. 하지만 북한에서는 판문점에서 진행된 정전협정일을 전쟁에서 승리한 날로 인식하고 있기 때문에 판문점이라는 장소는 북한 내에서 승전을 확정한 장소로 기억되고 있다.

북한에 있어서 전쟁 승리를 체결하였던 판문점이라는 장소는 정치적으로 큰 의미를 지닌다. 판문점을 통해 대외적으로는 체제의 우월성과 전쟁 승리를 선전하고 내부적으로는 체제의 결속력과 통합을 유지하기 위한 정당화의 장소로서의 판문점은 북한이 의도적으로 허위 · 조작한 정보를 대내외적으로 유포하고 있는 현실 장소이기도 하다. 현재까지도 대외 매체를 통해 조국해방전쟁을 '미제와 이승만 도배들이 도발한 침략 전쟁'으로 선전하고 있고, 방문자들에게 북한이 미국보다 우월하다는 인식을 보여주기 위해 관련된 선전물도 전시 및 판매를 하고 있다는 점에서 북한의 허위 · 조작정보의 행태를 가장 잘 보여주는 것이 바로 판문점과 그에 대한 기억이라고 할 수 있다.

3. 김정은 신변이상설

지난 2020년 4월에 제기된 북한 김정은 위원장의 신변이상설 해프닝은 본 연구의 개념적 정의인 허위 · 조작정보의 대표적 사례라 볼 수 있다. 이 사례는 앞선 논의에서 규정한 북한의 최고지도자 김정은의 신변 이상에 대한 오정보(misinformation)가 가짜뉴스(fake news)의 형태로 국내 · 외 보도가 확산되며 허위 · 조작정보(disinformation)로 판명된 사례라 볼 수 있다. 북한과 관련된 각종 사건과 허위정보 또는 조작된 정보들은 대한민국뿐 아니라 세계적으로도 많은 주목과 갈등, 영향을 끼쳐왔다. 북한과 관련된 허위 · 조작정보는 세 가지로 구분할 수 있는데, 첫째는 실재(實在)하는 사건을 왜곡하고 뒤틀어 새로운 정보를 생성하는 것이고, 둘째는 존재하지 않는 것에서 허위를 창조하여 진실을 날조하는 것, 마지막으로는 허위와 사실의 교묘한 접합을 통해 선전 · 선동하는 것으로 구분할 수 있다.

하나의 '해프닝'으로 끝난 김정은 신변이상설의 허위 · 조작정보 사례가 촉발된 요인을 정리하면 다음과 같다. 첫째, 김정은 신변이상설이 촉발된 요인의 최초 근원은 김정은의 태양절 금수산 태양궁전 참배 불참이다. 김정은은 2012년 집권 이후 매년 태양절 참배 행사에 참석해왔기 때문에 2020년 불참한 이유가 매우 이례적이었으므로 여러 가지 추측을 낳게 했다. 둘째, 김정은의 비만 체형으로 인해 늘 따라다니는 건강 이상설이다. 2020년 11월 3일 국정원의 국정감사 결과 브리핑의 보도에 따르면, "김정은은 집권 초기 2012년 8월 몸무게가 90kg였다가 2019년 130kg이었고, 2020년에는 140kg이다"라고 밝힌 바 있다.

따라서 점차 늘어가는 체중과 건강 이상설은 김정은 집권 이후 늘 제기되는 문제로 김정은 신변이상설을 더욱 신빙성 있어 보이도록 만들었다. 셋째, 당시는 코로나19 감염병이 창궐하던 시기로 전반적인 북한 동향 파악이 원활하지 않았다는 점도 있었다. 넷째, 정부의 공식적 발표가 무시된 채 허위정보가 인터넷과 소셜미디어를 통해 유포 · 확산되었다. NSC, 통일부 등 정부가 공식적으로 관련 내용이 사실이 아니라고 일관된 입장을 밝혔음에도 이미 확산된 가짜뉴스는 쉽게 사그라지지 않았다. 다섯째, 외신매체와 국내 언론이 한국의 탈북자, 정치인 등 사실 여부의 철저한 검증 없이 무분별하게 보도해 허위정보를 더욱 확산시켰다. 북한 관련 기사에 자주 등장하는 취재원인 "북한 전문가"와 "북한에 정통한 사람", "탈북자" 등은 구체적으로 정보의 신뢰성이 검증되지 않은 채 언론의 단골 취재원으로 등장하며 허위정보를 확산시켰다. 여섯째, 김정은 신변이상설과 관련된 조작된 동영상이 유튜브를 비롯한 소셜미디어에서 유포 · 확대되었다는 점을 들 수 있다. 일곱째, 김정은의 여동생 김여정이 김정은 신변이상설이 거론되자 차후 권력승계의 후보자로 거론되고, 북한의 첫 여성 지도자에 대한 관심과 추측성 보도 등이 증가하며 허위정보가 더욱 확산되는 특징을 보였다.

김정은 신변이상설 허위 · 조작정보 유통사례 분석을 통해 도출할 수 있는 시사점은 다음과 같다. 첫째, 미디어의 환경변화다. 포털사이트와 X(구 트위터), 유튜브 등과 같은 소셜미디어의 발달은 북한 허위 · 조작정보가 더욱 빠르고 광범위하게 확산할 수 있는 배경을 조성했다. 검증되지 않은 정보나 소문들이 소셜미디어를 비롯하여 언론보도까지 이어지고 사례가 주는 파급력에 따라 정부가 사실을 발표하더라도 그것을 믿지 않는 단계인 인포데믹 상황까지 확대된 것이다. 특히 비정상적 국가인 북한 관련 소식은 언제나 국내 · 외적으로 세간의 관심이 주목될만한 재미있는 가십거리라 볼 수 있다. 둘째, 북한 관련 정보나 내용의 신빙성과 검증의 문제다. 북한 내에서 사건이 발생할 경우, 정확한 확인과 검증이 매우 어려운 것이 물론이거니와 그러한 경우 자칭 '북한 전문가'나 '탈북자' 등의 증언에 의존하여 개략적으로 사실을 유추하거나 추정해 볼 수 있을 뿐이다. 셋째, 북한 허위 · 조작정보의 생산과 유통은 언론의 신뢰도 문제와 연결된다. 김정은 신변이상설 사례의 경우 국내의 인터넷 매체부터 시작하여 중앙매체까지 보도가 이어졌고, 그것에 대한 근거는 유력 외신 매체의 보도에 대한 인용보도였다. 따라서 북한 관련 보도는 추측성 기사나 과장, 왜곡 기사를 지양하고 이러한 기사가 국민들에게 주는 파급력을 인식하여 이를 막기 위해 명확한 보도 준칙을 마련할 필요가 있다. 넷째, 북한 관련 사안의 경우 올바른 팩트체크를 위해 정부기관의 적극적인 협조가 필요하다. 북한 관련 정보는 국가정보원을 비롯한 대응기관이 아닌 이상 언론사에서 팩트체크를 하기 매우 어려운 특징을 가지고 있다. 김정은 신변이상설 사례에서도 前 통일부장관이 사실에 근거한 공식 입장을 발표했지만, 그러한 대응이 조금 더 신속하게 이어지고 정부의 공식 입장을 재빠르고 권위 있게 발표해야 허위 · 조작정보의 무분별한 유포와 확산을 막을 수 있다. 따라서 북한 관련 중대 사안의 경우 허위 · 조작정보의 유포를 막기 위해서는 정부와의 적극적인 공조와 정보 공유가 필수적이다. 다섯째, 북한 관련 이슈는 대한민국의 안보 불안으로 작용하게 되므로 불필요한 경제적 낭비를 초래한다. 김정은 신변이상설 관련 외신 보도 직후 코스피지수가 장중 한때 2.99% 급락했으며, 원 · 달러 환율도 전날 대비 달러당 9.2원 상승했다. 따라서 다각적 수준에서 북한 허위 · 조작정보의 실태와 생성원인을 면밀하게 분석하고 우리 사회에 미치는 영향을 고려하여 이에 대한 대응책을 마련할 필요가 있다.

4. SkidSec 해커그룹의 대한민국 프린터 공격과 북한 선전물 유포 위협

2023년 11월 29일 14시 20분경 SkidSec 해커그룹은 그들의 텔레그램 계정을 통해 대한민국에서 사용 중인 프린터 일부에 대하여 해킹 공격을 실시한 후, 해킹된 프린터에서 북한의 선전물이 출력되도록 하겠다는 계획을 공표했다. 이는 해커그룹의 기술적 해킹과 허위 · 조작정보 유포가 결합된 하이브리드적 위협이다. SkidSec의 허위 · 조작정보 유포 위협은 크게 세 단계의 작전 형태로 이루어져 있다. 1단계는 텔레그램을 통한 공격 계획 유포이다. 본 해커그룹의 공격 계획 유포는 기술적으로 전 세계으로 사이버보안 업계를 긴장시킬 내용이다. 그들은 구체적인 공격 방법을 공유하고, 전 세계적으로 해킹과 선전물 유포에 참여할 행위자들을 모집했다. 심지어 그들은 참여 독려를 위해 그들이 제공한 북한 선전물을 출력한 사람에게 모네로(Monero)라는 가상화폐를 지급한다고 했다. 모네로는 탈중앙화에 큰 비중을 둔 비트코인과 달리 익명성에 중점을 두고 개발된 암호화폐였다. SkidSec의 1단계 공격 공포 작전은 흥미로운 기사거리가 되었다. SkidSec의 2단계 작전은 해킹 공격이다. SkidSec은 네트워크 및 시스템 보안 정보 수집 서비스 "Censys"를 이용하여 대한민국에 있는 HP 프린터를 해킹하겠다고 했다.

공격 대상은 전 세계 모든 HP 프린터는 아니다. 그들의 공격 대상은 물리적으로 대한민국에 있으면서 그 위협에 노출된 인터넷 인쇄 프로토콜(IPP)의 HP 프린터이다. 공격에 참여한 행위자는 Censys를 이용해 그 위협에 오픈된 인터넷 인쇄 프로토콜의 HP프린터를 찾아 연결하는 것이다. 즉, 해커 등 본 공격에 참여한 행위자가 다른 기관 또는 개인에 속한 대한민국의 일부 HP 프린터에 원격으로 접속하여 권한을 탈취하는 것이다. 마지막 SkidSec의 3단계 작전은 북한 선전물의 인쇄이다. 본 해커그룹은 그들의 텔레그램을 통해 많은 인원들의 참여를 독려했다. 그들은 가능한 많은 북한의 선전 포스터가 대한민국 내 프린터를 통해 출력되도록 참여자에게 모네로 암호화폐까지 주기로 공지까지 했다. SkidSec이 익명의 해킹 공격 참여자들에게 출력하도록 제공한 사진은 실제 그들의 텔레그램방에서 캡쳐한 다음 그림이다. 본 포스터 사진은 북한을 선전하는 허위 · 조작정보에 해당하는 것이다.

■ 북한의 선전 포스터

출처 : 텔레그램 채팅방 SkidSec Leaks에서 연구진 직접 캡쳐

해커그룹이 제공한 포스터의 정중앙에는 6 · 25전쟁을 일으키고, 한반도의 분단의 장본인인 김일성의 사진이 크게 있다. 포스터 우측에 있는 북한 주민들은 각기 김일성 선집 또는 김정일 선집을 들고 있었다. 그것들은 북한 주민들을 세뇌하기 위해 사용되는 대표적인 책들

이다. 김일성을 위대한 수령동지로 표현만 문구 역시도 선전에 쓰이는 것이다. 만약, 이러한 선전 포스터가 갑자기 대한민국 국민들이 사용하는 관공서 또는 개인 집 프린터에서 나온다면, 이걸 본 이들은 큰 충격을 받을 것이 분명하다. 특히, 대한민국에 잘 정착해 살고 있는 탈북주민은 그러한 해킹 공격에 이어 북한 선전 포스터를 두 눈으로 본다면 더 큰 충격과 공포를 느낄 것이다. 또한, 북한에 대하여 잘 모르는 대한민국의 젊은 세대 역시도 허위 · 조작된 북한의 선전 포스터를 통해 악영향을 받을 수도 있을 것이다.

5. 북한 허위 · 조작정보의 특성

이번 장에서는 북한과 해외의 허위 · 조작정보에 대한 구체적 사례에 대해서 살펴보았다. 북한의 허위 · 조작정보에 효과적으로 대응하기 위한 방책을 세우기 위해서 사례를 되짚어 보는 것은 필수적인 일이다. 북한과 관련된 허위 · 조작정보는 대한민국에게 지속적으로 영향을 미쳐왔다. 북한은 정권수립 직후부터 심리전의 일환으로 대남선전선동을 지속해 왔으며, 최근에 들어서는 사이버 공간 등 온라인과 오프라인을 병행하여 무차별적인 대남선전선동을 구사하고 있다. 북한이 전개하는 대남선전선동의 내용은 흑색선전, 유언비어, 진상은폐, 역사날조 등으로 전형적인 허위 · 조작정보의 형태이다. 본서에서 제시한 사례는 대표적으로 알려졌거나 명확히 북한의 허위 · 조작이라고 밝혀진 것들이다. 다만, 의증만으로 북한의 소행이라는 정보까지 취합하게 된다면 그 사례는 한 보고서에 정리하기 힘들 정도로 많아진다. 대표적으로 틱톡과 유튜브와 같은 소셜미디어를 통한 허위 · 조작정보를 사례로 제시하였는데, 이는 대한민국 국정원 등에서도 위험성을 알릴 정도로 북한이 의도성을 지니고 제시한 사례라고 할 수 있다. 이러한 북한의 소셜미디어를 통한 선전은 폐쇄적인 국가라는 오명을 벗고 국제사회에 새로운 이미지 선전을 통해 그들 역시 다른 국가와 다르지 않은 보편적인 국가라는 모습을 알리는 '의도'를 지니고 제작했다고 볼 수 있다.

하지만 대외적으로 의도를 지니고 정보를 허위 · 조작을 한 사례 말고도 대내적으로 정보를 허위 · 조작한 사례도 무시할 수 없는 부분이다. 대표적인 사례로 7월 27일에 대한 역사날조에 대한 내용을 사례로 제시하였다. 남북한 공히 헌법에서 제시하고 있듯이, '통일'의 대상으로 서로를 간주하고 있는 만큼 이러한 역사관과 사실에 대한 허위 · 조작은 평화통일에 큰 장애요소가 될 수 있기 때문에 중요한 부분이라 할 수 있다.

김정은 신변이상설과 로열패밀리 및 핵심계층에 관한 사례는 북한이 '의도'하지 않았더라도 유포자에 의해서 혼란을 야기할 수 있는 사례로 제시하였다. 앞서 허위 · 조작정보에 대한 개념 정의에서도 상술하였듯이, 허위 · 조작정보와 관련해서는 유포자의 책임도 무시할 수 없는 부분이다. 유포자가 누가 되었든, 그 정보의 수용자가 누가 되느냐에 따라서 큰 혼란을 야기할 수도 있기 때문이다. 따라서 통일부 차원에서 대응방안을 마련할 때, 유포자와 관련된 부분도 간과해서는 안된다. 또한 최근 이슈가 되고 있는 SkidSec 해커그룹의 대한민국 프린터 공격과 북한 선전물 유포 위협에 대한 사례는 해킹이라는 사이버 공격과 허위 · 조작정보의 유포를 결합한 하이브리드 위협으로서 주목할 필요가 있다.

이렇게 분석한 사례를 보았을 때 북한의 허위 · 조작정보의 특징은 다음과 같이 정리할 수 있다. 첫째, 북한의 허위 · 조작정보는 '북한의 이미지 선전'이라는 의도를 지니고 생성되며 국제사회에 전파되고 있다. 이는 최근 추세에 따라 틱톡과 유튜브와 같은 일반인이 쉽게 접근할 수 있는 소셜미디어 등의 플랫폼을 통해서 이루어지고 있다. 둘째, 북한의 허위 · 조작정보는 대외적인 이미지 선전 뿐만 아니라 대내적으로 체제 결속과 정권의 선전 목적으로 생성 및 전파되고 있다. 이는 정전협정일(7월 27일)에 관한 북한 내 역사 날조뿐만 아니라, 김씨 일가 신격화와 관련된 대내적인 교육에서도 확인할 수 있는 부분이다. 셋째, 북한의 허위 · 조작정보는 북한의 '의도'가 있지 않더라도 유포자에 의해서 전파되는 과정에서 큰 혼란을 야기시키기도 한다.

미주

제1부 북한 정권의 형성과 변화

제1장 해방 이후 북한 정치체제의 형성

1 Robert A. Scalapino, Chong-Sik Lee, Communism in Korea: The Society(University of California Press; 1st edition, 1973), pp.337~338.

2 김기호, 『현대 북한 이해』(서울: 탑북스, 2021), p.61.

3 소련의 대일전 참전 약속은 1945년 2월에 얄타회담에서 루즈벨트, 처칠, 스탈린 3거두가 비밀 협정으로 서명한 것에 근거한 것이었다. 얄타에서 스탈린은 육체적으로 병든 루즈벨트를 상대로 많은 양보를 얻어내었다. 즉 "소련은 독일의 패망 180일 이내에" 일본과의 전쟁에 참전하겠으며 그 대가로 영미 양국은 러일전쟁에서 잃어버린 러시아의 제 권리를 소련에 복구시킨다는 것을 약속하였다. 김기호, 위의 책, p.61.

4 소련군은 남과 북을 잇는 경의선을 끊고 전화와 통신도 끊었으며 심지어 사람과 물자의 왕래도 끊었다. 이 당시 한반도의 우리 민족은 남이건 북이건 분단을 전혀 생각하지 않았는데 소련 점령군은 이처럼 분단을 굳히는 조치를 취해 나갔다. 남한의 좌익세력들은 소련의 분단 조치에 대해서도 침묵하였다. 김기호, 위의 책, pp.61~62.

5 슈티코프 주북한 대사는 극동군총사령부 예하 제1태평양 함대 군사위원회 위원으로 중요한 정치문제의 결정과 실행 과정에서 중요한 영향력을 행사하였다. 김기호, 위의 책, p.62.

6 당시 북한 주민 940만 명 중 기독교 인구는 370만 명이었는데 비하여 공산주의자들은 불과 4,530명 정도였다. 김기호, 위의 책, p.63; 국토통일원, 『북한실태』(서울: 국토통일원 통일연구소, 1983), p.6.

7 김기호, 앞의 책, pp.63~64. 김일성, 김정일 시대에는 빨치산과 그 후손들이 개국공신과 같은 예우를 받았으나 김정은 집권 시부터 대부분 권력의 중심부에서 물러나고 있다. 당 군사부장을 지낸 오진우의 아들 오일정 상장 등이 대표적인 예이다. 그러나 최현의 아들 최룡해는 권력의 핵심부에 여전히 건재하다.

8 김기호, 위의 책, p.65. 소련군은 1945년 8월 9일에 대일선전포고를 하고 8월 평양에 진주하였으며, 미군은 이보다 1개월 후인 9월 9일에 인천에 상륙한다.

9 김기호, 위의 책, p.66. 북한은 후에 주체사상을 추진하면서 북한이 소련에 의한 외생적 공산주의 정권이 아니고 김일성에 의한 자생적 공산주의 정권이라고 북한군 창군일을 조작(1948년 2월 8일을 1932년 4월 25일로 변경)하였고, 당 창건일을 조작(1949년 6월 30일을 1945년 10월 10일로 변경)하는 등 소련 지우기를 하고 그 자리에 김일성 세우기로 역사를 조작하였다.

10 김기호, 위의 책, p.67.

11 김기호, 위의 책, p.68.

12 기광서, "해방 後 북한 중앙정권기관의 형성과 변화(1945~1948년)", 『평화연구』 19집 2호(서울 : 고려대학교 평화와민주주의연구소, 2011), pp.334~335.

13 기광서, 위의 글, p.336.

14 제25군 사령관 치스차코프 연해주 군관구 사령관 K.A.메레츠코프에게 민정기관의 창설 필요성에 대한 자신의 구상을 보고한 것으로 회고하고 있다. 기광서, 위의 글, p.336.

15 제25군 사령관 치스차코프는 개막 연설을 통해 "전 조선 인민의 열망을 반영하는 부르주아 민주주의 권력, 즉 모든 반일민주정당 및 조직의 광범한 연합을 기초로 한 권력 창설을 도와줄 것"이라고 하였다. 그의 연설은 경제와 문화생활을 관리할 북조선 각 도의 중앙을 창설할 필요성을 제기하는 것으로 끝맺었다. 기광서, 위의 글, p.338.

16 이에 따르면 이 위원회는 9개국으로 구성되고 소련군사령부의 통제를 받는 조직이 될 것이었다. 기광서, 위의 글, p.338.

17 조영암, 『고당 조만식』(부산: 정치신문사, 1953), p.60; 오영진, 『소군정하의 북한』(서울: 국토통일원, 1983), p.89.

18 『正路』, 1945년 11월 25일 자.

19 『正路』, 1945년 12월 5일 자.

20 행정 10국 국장의 명단과 소속 정당은 다음과 같다. 산업국장 정준택(무소속), 농림국장 이순근(공산당), 보건국장 윤기영(민주당), 교통국장 한희진(무소속), 교육국장 장종식(공산당), 사법국장 조송파(공산당), 상업국장 한동찬(무소속), 보안국장 최용건(민주당), 재정국장 이봉수(무소속), 체신국장 조영열(공산당). 최용건은 민주당 소속이나 사실상 공산계열의 인물로 판단할 때 공산계와 비공산계 비율은 5:5였다. 기광서, 앞의 글, p.340.

21 친일파에 대한 단죄가 본격화된 것은 1946년 3월 7일 임시인위가 "친일파, 민족반역자에 대한 규정"을 채택하면서부터이다. 『김일성저작집』 제2권(평양: 조선로동당출판사, 1979), pp.113~114.

22 기광서, 앞의 글, p.342.

23 『조선로동당 투쟁사에 대한 강의 속기 4』, 1957, pp.8~9; 기광서, 위의 글, p.343.

24 『북한관계사료집 V』, 국사편찬위원회, 1987, p.151

25 임시인위 인민위원 구성과 소속 정당은 다음과 같다. 임시인위 위원장 김일성(공산당), 임시인위 부위원장 김두봉(신민당), 임시인위 서기장 강양욱(민주당), 농민총동맹 북조선연맹 위원장 강진건(농총 공산당), 조선민주청년동맹 위원장 방수영(민청), 조선독립동맹 집행위원 방우용(신민당), 임시인위 사법국장 최용달(공산당), 임시인위 농림국장 이순근(공산당), 임시인위 교육국장 장종식(공산당), 임시인위 상업국장 한동찬(무소속), 황해도 인민위원회 위원장 김덕영(공산당), 북조선노동총동맹 간부 강영근(노총), 강원도 인민위원회 교육부장 이기영(무소속), 평남인민위원회 부위원장 홍기황(민주당), 임시인위 산업국장 이문환(무소속), 임시인위 교통국장 한희진(무소속), 임시인위 보건국장 윤기영(민주당), 임시인위 재정국장 이봉수(무소속), 여성동맹 북조선위원장 박정애(공산당), 조공북부분국 간부부장 무정(공산당), 임시인위 보안국장 최용건(민주당), 평남인민위원회 위원장 홍기주(민주당), 북조선노동총동맹위원장 현창형(노총, 공산당) 등 23명이다. 기광서, 앞의 글, p.345.

26 『북한관계사료집 V』, 1987, p.149.

27 기광서, 앞의 글, p.348.

28 『북한관계사료집 V』, 1987, p.147.

29 그러나 소련군의 지도체제는 변화를 겪었다. 한반도의 정세가 더욱 복잡해지고 북한의 행정 · 경제 기구의 규모와 사업이 팽창함에 따라 주북한 소련 민정기관의 조직과 체계를 확장시킬 필요성이 불거졌고, 이에 따라 소련 민정기관은 1947년 5월 주북한 소련 민정국으로 확대 · 개편되었다. 기광서, 앞의 글, p.350.

30 북인위의 직책과 위원 세부 명단은 다음과 같다. 위원장 김일성(북로당), 부위원장 김책(북로당), 홍기주(민주당), 사무장 한병옥(북로당), 외무국장 이강국(남로당), 내무국장 박일우(북로당), 산업국장 이문환(무소속), 농림국장 이순근(북로당), 재정국장 이봉수(북로당), 교육국장 한설야(북로당), 보건국장 이동영(민주당), 체신국장 주황섭(청우당), 노동국장 오기섭(1902), 사법국장 최용달(북로당), 상업국장 장시우(북로당), 교통국장 허남희(무소속), 인민검열국장 최창익(북로당), 기획국장 정준택(북로당), 선전부장 허정숙(북로당), 간부부장 장종식(북로당), 양정부장 송봉욱(북로당), 총무부장 김정주(청우당), 『로동신문』, 1947년 2월 23일 자, 기광서, 위의 글, p.352.

31 국방을 담당하는 조직은 미국 측을 자극할 수 있는 매우 민감한 문제였기 때문에 당시 설치되지 않았다가 1948년 2월 4일 민족보위국이 발족하였고, 국장은 북인위 부위원장인 김책이 겸임하였다. 기광서, 위의 글, p.351.

32 김일성, 『조국의 통일 독립과 민주화를 위하여』 (1)(평양: 국립인민출판사, 1949), p.334.

33 공산측은 수립되는 북한정부의 성격을 '임시정부'로 할 것인지 아니면 '통일정부'의 위상을 부여할 것인지에 대해 논의를 거쳤고, 결국은 후자의 길을 선택하였다. 기광서, "소련공산당 정치국의 대한반도 관련 「결정」과 북한정부의 성격 구상(1945-1948년)", 『東方學志』 제144집, 2008, pp.367~400.

34 윤경섭, "1948년 북한헌법의 제정배경과 그 성립", 성균관대학교 석사학위 논문, 1996.

35 중앙일보 특별취재반, 『비록 조선민주주의인민공화국』 하(서울: 중앙일보사, 1993), pp.391~401; 김광운, 『북한정치사연구 I 건당 · 건국 · 건군의 역사』 (서울: 선인, 2003), p.674.

36 북한 초대 내각의 조직 구성은 아래와 같다. 내각수상 김일성(북로당), 부수상 겸 외무상 박헌영(남로당), 홍명희(민주독립당), 부수상 겸 산업상 김책(북로당), 국가계획위원장 정준택(북로당), 민족보위상 최용건(민주당), 국가검열상 김원봉(인민공화당), 내무상 박일우(북로당), 농림상 박문규(남로당), 상업상 장시우(북로당), 교통상 주영하(북로당), 재정상 최창익(북로당), 교육상 백남운(근로인민당), 체신상 김정주(청우당), 사법상 이승엽(남로당), 문화선전상 허정숙(북로당), 로동상 허성택(남로당), 보건상 이병남(남민전), 도시경영상 이용(신진당), 무임소상 이극로(건민회), 기광서, 앞의 글, p.357.

제2장 김일성 정권의 북한

37 이상우, 『북한정치: 신정체제의 진화와 작동원리』 (서울: 나남, 2014), pp.54~63.

38 통일부 통일교육원, 『2019 북한이해』 (서울: 통일부 통일교육원, 2018), pp.30~31.

39 강인덕, 『북한전서 상권』, 1974, p.101; 류석렬, "김정일의 대두와 정권승계", 아세아연구, 30(2), 1987, pp.63~64.

40 류석렬, 위의 글, p.66.

41 북한연구소, 『북한총람』, 1986, pp.160~174.

42 김일성은 '백두산의 정기를 타고 나 천지조화를 다 알고 축지법을 써 하늘을 마음대로 날아다니며 모래로 쌀을 만들고 솔방울로 총알을 만들어 가랑잎을 띄우고 대하는 건너가는 만고의 영웅'으로 신격화되고 있다. 또한 김일성이 '한번 노려보면 사나운 원수도 가을풀같이 쓰러지며, 미소로 바라보면 마른 나무에도 잎이 돋고 꽃이 핀다'는 어처구니없는 말로 묘사되고 있다. 류석렬, 위의 글, pp.67~68.

제3장 김정일 정권의 북한

43 중공상해사서출판사, 『당대국제인물사전』, 1980; 류석렬, 앞의 글, p.73.

44 김기호, 앞의 책, p.73. 김일성과 김정숙은 김정일 외에도 귀국해서 딸 김경희를 낳았고 1944년생 '슈라'라는 남동생이 있었으나 수상 관저 연못에 빠져 익사한 것으로 알려져 있다.

45 『위대한 령도자 김정일 장군 략력』(평양: 평양출판사, 1996); 김기호, 앞의 책, p.73. 재인용.

46 『인민의 지도자 I』(평양: 조선로동당출판사, 1982), p.3; 와다 하루키, 이종석 옮김, 『김일성과 만주항일전쟁』 (서울: 창작과 비평사, 1992), p.495. 러시아에 거주하고 있는 김정일의 중·고교 동기동창들은 김정일이 남다른 지도력과 추진력을 갖고 있었던 것은 사실이나 학교성적은 중간 정도였다고 증언하고 있다.

47 황장엽, 『나는 역사의 진리를 보았다』(서울: 한울출판사, 1999), pp.126~127. 당시 김일성의 동생 김영주는 당 중의 당이라고 하는 중앙당 조직지도부 부장으로서 막강한 권력을 지니고 있었다.

48 김기호, 앞의 책, pp.74~75.

49 김기호, 위의 책, p.75.

50 로동신문, 1982년 2월 15일 자.

51 로동신문, 1983년 10월 17일 자.

52 류석렬, 앞의 글, pp.61~62.

53 당 관료로 김정일 세력의 기반을 이루는 당 지도층은 빨치산 출신으로 김정일이 어렸을 때부터 스승이며 부주석이었던 림춘추, 허담, 이근모, 김중린, 김영남, 홍시학, 현무광, 김환, 강성산, 서윤석, 전병호, 연형묵, 계응태 등을 들 수 있다. 류석렬, 위의 글, p.81.

54 만경대 혁명학원 출신으로 김정일 동기생은 오극렬, 김환 등이 있고, 동창생으로는 백학림, 김강환, 김두남, 박용석, 윤기정, 김병률, 최문선 등이 있다. 류석렬, 위의 글, pp.83~84.

55 김기호, 앞의 책, p.78. 북한은 김정일이 1960년 8월 25일 평양 근교 근위 류경수 땅크사단(조국해방전쟁시 서울 입성부대)을 현지 지도한 것이 선군영도절의 시초라고 선전하고 있다. 이때는 김정일이 대학생 신분인데 김정일 시대에 역사를 소급하여 조작하였다. 그래서 북한은 2017년 8월 25일은 선군절 57돌로 기념하였다.

제4장 김정은 정권의 북한

56 『중앙일보』 2013년 8월 9일 자. "김정은의 어머니 이름은 고영희 아닌 '고용희' 확인", 김정은의 생모 이름이 고영희 또는 고용희라는 주장이 있다.

57 김기호, 앞의 책, pp.81~82. 북한이 개정한 '유일영도체제확립 10대 원칙'은 서문 및 10조 65개 항에서 서문 및 10조 60개 항으로 축소 · 통합하였다.

58 국정원 국회 정보위 보고(2015. 7. 14.). 또한 '김정은의 이런 특징은 개인 성향, 현실 인식능력 부족, 갑작스러운 권력 세습과 깊은 관련이 있다'는 분석을 내놨다고 한다. 국정원은 국회 정보위에서 '권력유지의 불안감 속에서 사소한 잘못에도 간부들을 숙청하고, 극단적인 감정 표출로 예측하기 힘든 행태를 보이고 있다'면서 '대부분의 정책을 독단적으로 결정하고 성과에 집착해 만족스럽지 못할 때는 간부들에게 책임을 전가해 가혹하게 처벌하고 있다'고 보고하였다.

제2부 북한 정치 바로 알기

제1장 북한의 정치체제

1 Draper, H., Socialism from Below. (New Jersey: Humanities Press, 1997). p.97.

2 위의 책, p.98.

3 송병헌, 『왜 다시 사회주의인가』(서울:도서출판 당대, 1999), pp.43-45.

4 논술연구원, 『논술개념어 학습사전』(서울:학문사, 2012).

5 두산백과, "https://terms.naver.com/entry.naver?docId=1108255&cid=40942&categoryId=31433".

6 국민들의 직접적인 투표를 통해, 개개 법률에 대한 승인과 거부, 즉 정부 정책을 결정하는 정치 체제를 말한다. 즉 중간매개자나 대표자 없이, 개별 국민들이 의사결정을 하는 권력을 직접 행사하기 때문에 직접민주주의로 불린다. 이와 대비되는 대의민주주의는 국민들이 개별 정부 정책에 대해 직접적으로 투표권을 행사하지 않고 대표자를 선출해 정부나 의회를 구성해 정책문제를 처리하도록 하는 민주주의를 말한다. 대부분의 대의민주주의는 국민투표와 같은 직접민주주의의 요소를 포함하고 있다. 이종수, 『행정학사전』(2009).

7 M. Rejai, Democracy : The contemporary Theories(N.Y : Atherton Press, 1967). p.2.

8 John S. Dryzek, Patrick Dunleavt 지음, 김 욱 옮김, 『민주주의 국가이론』(서울: 명인문화사, 2018), p.24.

9 J.Bruce, Modern Democracies, Vol. 1,(N. Y: The MacMillan Co, 1921), p.20.

10 C. Becker, Modern Democracy(New Haven : Yale University Press, 1941), pp.4-5.

11 이극찬, 『민주주의』(서울: 종로서적, 1983), pp.33-37.

12 북한에서 우리식 사회주의라는 용어는 1990년 12월 〈근로자〉에 "위대한 주체사상은 우리의 사회주의의 사상적 기초"라는 글이 발표되면서 광범위하게 사용되기 시작하였다. 이것이 1995년 5월 5일에 김정일이 "인민대중중심의 우리식 사회주의는 필승불패이다"라는 담화를 발표하여 이론적으로 체계화되었다. 북한은 주체사상을 구현한 우리식 사회주의의 우월성을 주장함으로써 사회주의 국가가 붕괴되는 현실에서 다른 사회주의와 차별성을 부각함으로써 체제수호를 도모하고 후계자 구도를 정당화하고자 하였다.

13 유호열, 『북한의 사회주의 건설과 좌절』(서울:생각의 나무, 2004), p.18.

14 위의 책, p.19.

15 혁명적 노동운동과 마르크스-레닌주의 당의 정책과 이데올로기, 사회주의 공동체 내 국가 간 관계, 프롤레타리아 혁명가의 근본원칙.

16 이상우, 『북한 정치 변천 - 신정체제의 진화과정』(서울: 도서출판 오름, 2017), pp.76-77.

17 위의 책, pp.78-79.

18 이상우, 『북한 정치 변천 - 신정체제의 진화과정』(서울:도서출판 오름, 2017), p.109.

19 위의 책, p.109.

20 Carl Friedrich & Zbigniew Brzezinski, Totalitarian Dictatorship & Autocracy, 2nd ed.(New York: Praeger, 1965), pp.15-27.

21 최완규, 『북한의 국가성격 변용에 관한 연구 - 예외국가의 공고화』(서울: 한울 아카데미, 2001), pp.115-117.

22 서대숙, 『현대 북한의 지도자: 김일성과 김정일』(서울: 을유문화사, 2000), pp.222-231.

23 박재규 편, 『북한의 딜레마와 미래』, (파주: 법문사, 2011). pp.23-24.

24 Suzuki Masayuke, 유영구 역, 『김정일과 수령제 사회주의』(서울: 중앙 M&B, 1994), p.88-93.

25 박재규 편, 『북한의 딜레마와 미래』, (파주: 법문사, 2011). p.26.

26 SBS, "https://news.sbs.co.kr/news/endPage.do?news_id=N1007311381"(검색일: 24.03.25)

27 박재규 편, 『북한의 딜레마와 미래』, (파주: 법문사, 2011). pp.124-125. 재인용.

28 본 장은 저자의 다음의 연구를 수정 및 보완하였음을 밝힌다. 권지민, "북한 최고지도자의 권력 공고화 과정 연구", 『대한정치학회보』 32권 1호(2024), pp.45~64.

29 이종석, "박헌영과 김일성: 한국공산주의자운동의 두 지도자의 길", 『한국 현대사의 라이벌』, (서울, 역사비평사, 1992). pp.191-192.

30 이우정, "사회주의국가의 권력승계에 관한 이념과 사례", 『북한학연구』, 제23호, 동국대학교 북한학연구소, 1993. pp. 24-30.

31 Daniel N. Nelson, "Charisma, Control, and Coercion: The Dilemma of Communist Leadership", Comparative Politics, Vol. 17, No 1, 1984. p. 2

32 Herz. John H, "The Problem of Successorship in Dictatorial Regimes: A Study in Comparative and Institutions", The Journal of Politics, Vol.14(1), 1952. pp. 33-34

33 류길재, "1960년대 북한의 숙청과 술타니즘(Sultanism)의 등장", 『국제관계연구』 제9권 제1호, 고려대학교 일민국제관계연구원, 2004. pp.77-80.

34 스즈키 마사유키(Suzuki Masayuki), "북한 인민군의 유일사상체계 확립 - '군벌관료주의자' 숙청과 비대칭전략 완성", 『한일공동연구총서』, 연구총서7권, 고려대학교 아세아문제연구원, 2004. pp.142-145.

35 박형중 외, "수령독재 하에서 권력과 이권을 둘러싼 갈등 동학 그리고 장성택 숙청", 『북한연구학회보』 제18권 제1호, 북한연구학회보, 2014. pp.1-3.

36 김흥광, "숙청은 북한식 독재체제의 생존방식", 『통일한국』 361권, 평화문제연구소, 2014. pp.18-19

37 조한범, "잔혹한 피의 숙청 김정은 시대에도 대물림?", 『통일한국』, 380권, 평화문제연구소, 2015. pp.28-31.

38 김국후, 『비록: 평양의 소련군정-기록과 증언으로 본 북한정권 탄생비화』(파주: 한울아카데미, 2004). pp.109-115.

39 오기섭은 1947년 3월 13일자로 〈로동신문〉(第60호)에 「북조선 인민 정권하의 북조선 직업동맹」이라는 논문을 게시했는데, 이는 당 중앙상무위원회 제 28차 회의 결정서에서 파업과 태업을 조장했으며, 북조선의 국유화 조건 하의 산업기관들을 부르주아 제도의 개인소유 산업과 동일시하였으며, 소부르주아적 공심화 의혹을 발로하여 분쟁을 미리 예방하려 했고, 북조선의 발전과 부흥을 위해 헌신적으로 투쟁하는 애국적 기술자들을 멸시하여 그들의 민족적 각성을 인식하지 못했다고 비판당했다. 백학순, 『북한 권력의 역사』 파주, 한울아카데미, 2010. p.36.

40 백학순, 위의 책, pp.48-61.

41 안문석, "무정 숙청의 정치적 원인과 무정의 대응", 『통일정책연구』, 제24권 1호, 통일연구원, 2015. pp.150-151.

42 백학순, 『북한 권력의 역사』 (파주, 한울아카데미, 2010), p.119.

43 김덕홍, 『나는 자유주의자이다』 (서울, 집사재, 2015). pp.111-113.

44 종파는 사회주의체제에서 반당적, 반국가적, 반혁명적이라는 수식어로 쓰이며, 북한의 〈정치사전〉에 따르면 종파주의는 혁명의 이익에는 관심이 없고 개인 혹은 협소한 파벌의 이익만 노리면서 노동계급과 그 단체의 통일단결을 파괴하는 반당적이고 반혁명적인 부르주아 사상이다. 백준기, "8월 종파문제 재론: 종파, 분파, 그리고 당내경쟁", 『역사비평』,통권 74호, 역사비평사, 2006. p.330.

45 이신철, 『북한 민족주의운동 연구』 (서울, 역사비평사, 2008). pp.313-314.

46 정창현, "사진으로 보는 북녘 역사: 당내 갈등 '8월 종파사건'으로 폭발 천리마운동 추진결정", 『민족21』 2011년 8월호(통권 제 125호), 민족21, 2011. pp.138-141.

47 백학순, 『북한 권력의 역사』 (파주, 한울아카데미, 2010), pp.320-332.

48 고봉기 외, 『김일성의 비서실장: 고봉기의 유서』 (서울, 도서출판 천마, 1989). p.111.

49 백학순, 위의 책, p.561

50 림 일, "김씨왕조 3대 숙청사(上)", 『월간북한』, 2014년 3월호, 북한연구소, 2014. pp.115-116.

51 이상우, "김일성, 김정일, 김정은 3대세습", 『북한정치변천-신정체제의 진화과정』 (서울, 오름, 2014). pp.89-90.

52 김정일의 숙청에 관한 내용은 탈북작가 림 일이 기고한 내용 전체 중 일부를 줄여서 요약을 하였다. 림 일, "김씨왕조 3대 숙청사(中)", 『월간북한』, 2014년 4월호, 북한연구소, 2014. pp.106-113.

53 북한연구소 편집부, "북한 세습독재체제 숙청사", 『월간북한』, 2015년 7월호, 북한연구소, 2015. pp.6-10.

54 tv조선, http://news.tvchosun.com/site/data/html_dir/2014/09/12/2014091290271.html (검색일: 2023년 12월 13일)

55 이상우, "김일성, 김정일, 김정은 3대세습", 『북한정치변천-신정체제의 진화과정』 (서울, 오름, 2014). pp.91-93.

56 강철환, "북한 군부 권력투쟁과 리영호 숙청", 『월간북한』 2015년 11월호, 북한연구소, 2015. pp.102-107.

57 북한연구소 편집부, "북한 세습독재체제 숙청사", 『월간북한』, 2015년 7월호, 북한연구소, 2015. pp.10-12.

58 박주현, "숙청의 회오리바람, 피로 물드리다", 『월간북한』 2014년 1월호, 북한연구소, 2014. p.42.

59 림 일, "김씨왕조 3대 숙청사(下)", 『월간북한』, 2014년 5월호, 북한연구소, 2014. pp.102-103

60 북한연구소 편집부, "북한 세습독재체제 숙청사", 『월간북한』, 2015년 7월호, 북한연구소, 2015. p.12.

제2장 북한의 통치이념

61 통일부, 『북한지식사전』(서울: 통일부 통일교육원 교육개발과, 2016), pp.622-624.

62 김정일, "주체사상에 대하여", 『주체혁명 위업의 완성을 위하여』(평양: 조선로동당출판사, 1987), p.370.

63 박재규 편, 『북한의 딜레마와 미래』(파주: 법문사, 2011) p.24.

64 통일부, 『북한지식사전』(서울: 통일부 통일교육원 교육개발과, 2016), pp.448-450.

65 위의 책, p.25.

66 본 절은 다음의 저자의 연구를 수정 · 보완하여 작성했음을 밝힌다. 앞서 설명한 주체사상과 사회정치적 생명체론 등의 설명이 겹치는 부분도 있지만, 철학적 이념과 현실정치에서의 실제 정치라는 점에 입각해서 설명하기 위해 중복설명이 되고 있다는 점을 미리 밝힌다. 권지민, "플라톤의 국가론과 북한의 주체사상 비교 · 분석 -북한을 통해 바라본 현실정치에서의 플라톤의 이상국가-", 『사회과학 담론과 정책』 제11권 1호(2018), pp.19-37.

67 Sean Sayers(2008). Plato's Republic: An Introduction. Edinburgh University Press. 번역본, 김요한 역(2008). 『숀 세이어즈의 플라톤 『국가』 해설』. 서광사.

68 김비환, "플라톤 정치사상에서 철인지배와 법치의 상보적 통합성." 『법철학연구』 13권 3집: 153, 2010. pp.173-176.

69 문지영 · 강철웅, "플라톤 『국가』의 민주정 비판과 이상 국가 구상: '정치'와 '통치자'에 대한 새로운 전망." 『사회과학연구』 35권 1집:. 2011. pp.260-264, 255-257.

70 은은기. "플라톤의 『국가론』에 대한 새로운 접근." 『대구사학』 통권 115호. 2013.: pp.1-2.

71 칼 포퍼, 이한구 역, 『열린사회와 그 적들 Ⅰ』 (서울:민음사, 1982).

72 서영식. "플라톤의 전쟁론." 『동서철학연구』 77집 2015. pp.344-346.

73 임태평. "플라톤의 철인-통치자의교육." 『교육철학』 12권 1호 1994 p.247.

74 신귀현. "퇴계의 성군과 플라톤의 철인왕에 관한 비교 고찰." 『퇴계학보』 110집. 2001. pp,203-205.

75 정성장. “주체사상의 기원과 형성 및 발전 과정.” 『한국정치외교사논총』 21권 2호. 2000. pp.315-137.

76 차남희. “주체사상과 민족주의 -북한사회 통치이념의 항상성과 변용성-.” 『담론201』 15권 4호. 2012. pp.109-110.

77 양무진. “주체사상과 선군사상: 지배이데올로기의 변화 가능성.” 『한국과 국제정치』 24권 3집. 2008. pp.57-60.

78 부승찬. “주체사상과 선군사상의 상관관계.” 『사회과학연구』 19권 2호. 2011. p,108.

79 정우곤. “주체사상의 변용 담론과 그 원인 : ‘우리 식’ 사회주의, ‘붉은기 철학’, ‘강성대국’을 중심으로.” 『북한연구학회보』 5권 1집. 2001. p.5

80 이태건. “주체사상에 있어서 ‘사람’의 개념에 관한 연구.” 『국민윤리연구』 40집. 1998. pp.355-268.

81 Murray Forsyth, Maurice Keens-Soper. A guide to the political classics : Plato to Rousseau. Oxford University Press. 부남철 역, 『서양정치사상입문-플라톤에서 루소까지』. (서울: 한울출판사, 1997)

82 김비환. “플라톤 정치사상에서 철인지배와 법치의 상보적 통합성.” 『법철학연구』 통권 153권, 2010. pp.173-176.

83 문지영, 강철웅. “플라톤 『국가』의 민주정 비판과 이상 국가 구상: ‘정치’와 ‘통치자’에 대한 새로운 전망.” 『사회과학연구』 35권 1집. 2011. pp.255-257.

84 노동당이 분류한 주민성분 3계층에는 핵심계층, 동요계층(일본 기본군중), 적대계층이 속한다. 핵심계층에는 8.15 이전 노동자 고농 빈농, 당-정권-행정-경제-문화교육기관 사무원, 노동당원, 혁명가유가족, 애국열사유가족, 8.15 이후 양성된 엘리트, 6.25전사자 가족, 후방가족, 영예군인 등이 속하는데 이들은 북한사회의 중추를 이루고 있는 계층이다. 동요계층에는 과거 중소상인, 과거 수공업자, 과거 소공장주, 과거 하층접객업자, 과거 중산층 접객업자, 과거중농 등이 속하며, 동요계층 자녀들은 아무리 공부를 잘해도 김일성종합대학 같은 곳에는 갈 수가 없고 뛰어난 수재인 경우 과학기술인재양성대학인 김책공업종합대학까지는 진학할 수 있다. 북한 노동당의 집단배치정책은 주로 이 계층 자녀들을 대상으로 시행되고 있다. 적대계층에는 과거 부농, 과거 지주, 출당자, 과거 자본가, 과거 적기관 복무자, 간첩 연고자 등이 포함되며 일반 주민사회와 격리되어 산간오지나 특별독재구역에서 대를 이어가면서 살아야 하며, 항시 사상동향과 언행을 감시받으면서 살아가야 한다.(김덕홍, 2015: 138-140).

85 신일철, 『북한주체철학연구』. (서울: 나남출판사, 1993).

86 이상우. 『북한정치변천-신정체제의 진화 과정-』. (서울: 오름출판사. 2014).

87 양재인. 『북한의 정치이념 주체사상』. (서울: 경남대 극동문제연구소, 1990).

88 이상우, 『한국의 안보환경』. (서울: 서강대출판부. 1986)

89 황장엽, 『나는 역사의 진리를 보았다』. (서울: 한울출판사. 1999).

90 이상우, 2014, 앞의 책

91 서영식. “플라톤의 전쟁론.” 『동서철학연구』 77(0). 2015 pp.344-346.

92 통일부, 『북한지식사전』(서울: 통일부 통일교육원 교육개발과, 2016), pp.448-450.

93 최완규 엮음, 『북한의 국가성격 변용에 관한 연구』(서울: 한울 아카데미, 2001), pp.127-128.

94 통일교육원, 『북한이해 2023』(서울: 국립통일교육원 연구개발과, 2023), p.41.

95 『우리 민족끼리』, 2009년 2월 8일. 김광수, "북한의 선군사상에 관한 연구: 주체사상과의 비교를 중심으로", 경남대학교 박사학위 논문. p.83. 재인용.

96 위의 글. p.85.

97 통일교육원, 『북한이해 2023』(서울: 국립통일교육원 연구개발과, 2023), p.43.

98 2012년 4월 6일 발표했다는 김정은의 '로작'은 제4차 당대표자회(4.11)와 제12기 5차 최고인민회의(4.13)가 지나자 4월 19일 로동신문과 조선중앙통신을 통해 공개되었다. 『로동신문』 2012년 4월19일; 『조선중앙통신』 2012년 4월 19일, 진희관, "북한의 사상과 김일성-김정일주의 연구" 『북한연구학회보』 18(2), 2014, p.11. 재인용

99 위의 글, p.12.

100 김근식, "김정은 시대의 김일성-김정일주의 주체사상과 선군사상의 추상화" 『한국과 국제정치』 30(1), 2014, p.79.

101 김창희, "북한의 통치이념 '김일성-김정일주의' 분석", 『한국정치연구』 22(3), 2013, pp.197-198.

제3장 북한의 당-군관계

102 본 장은 저자의 학위논문(2017)의 일부를 발췌하여 재구성하였음을 밝힌다. 또한 학위논문을 기반으로 다음의 학회지에 일부 내용을 발췌하여 논문을 등재하였음을 밝힌다. 권지민, "북한과 중국의 당-군 관계 비교 연구", 『한국군사』 Vol.14 (2023), pp.157-185.

103 Suk Ho Lee, Party-Military Relations in North Korea : A Comparative Analysis (Seoul: Research Center for Peace and Unification of Korea, 1983), pp.31-32.

104 북한의 경우 조선로동당이 공식 당명이지만, 중국공산당과의 비교와 용어의 혼선을 없애기 위해서 공산당과 조선로동당을 병행해서 사용한다.

105 Dale R. Herspring, "Introduction," Studies in Comparative Communism, 11 (Autumn, 1978), pp. 207-212.

106 위의 책, pp. 210-211.

107 David Albright, "A Comparative Conceptualization of Civil-Military Relation," World Politics Vol. 32, No. 4 (July, 1980), pp. 553-576.

108 Jonathan R. Adelman, "Toward A Typology of Communist Civil-Military Relation," Jonathan R. Adelman (ed.), Communist Armies in Politics (Boulder, Colorado: Westview Press, 1982), pp. 3-5.

109 기존연구 검토를 하면 가장 많이 언급되는 것이 헌팅턴의 것이다. 즉, 사회주의 국가에서의 당-군 관계에 관한 주요 개념의 상당수는 헌팅턴으로부터 시작되었다고 할 수 있다. 헌팅턴의 민-군 관계에 관한 선구적인 저작은 Samuel P. Huntington, The Soldier and the State: The Theory and Politics of Civil-Military Relations, (Cambridge : Belknap Press of Harvard University Press, 1957)

110 위의 책. p. 7.

111 위의 책. pp. 83~84.

112 Roman Kolkowicz, The Soviet Military and the Communist Party (Princeton: Princeton University Press, 1967)

113 위의 책. pp.15~17.

114 위의 책. p.21.

115 군을 통제하기 위한 당의 장치는 북한과 중국에 있어서도 유효하다. 대표적인 것이 공산당의 세포조직인 정치총국 당조직이 인민군의 군단에서부터 중대에 이르기까지 편성되어 있는 것이라고 할 수 있다.

116 Ibid. p. 11.

117 William E. Odam, "The Party-Military Connection: A Critique" in Dale R. Herspring and Ivan Volgyes(ed.). Civil-Military Relations in Communist Systems (Colorado: Westview, 1978), p. 41.

118 콜튼의 주장에 관한 자세한 내용은 다음을 참조. Timothy J. Colton, Commissars, Commanders and Civilian Authority (Cambridge: Harvard University, 1979)

119 위의 책 p. 232.

120 콜코비츠 앞의 책, p. 21.

121 Perlmutter, Amos and William M.Leogrande, "The Party in Uniform: Toward a Theory of Civil-Military Relations in Communist Political Systems.", The American Political Science Review, Vol. 76, No. 4(December, 1982), p.778

122 위의 글, pp. 780~781.

123 조선민주주의인민공화국의 설립에 가장 큰 기여를 한 것은 신탁통치 때부터 북한에 공산주의 정권을 이식하려 노력한 소련이다. 하지만 북한은 항일운동을 했던 김일성과 예하 1세대 혁명분자들에게 그 공을 돌리고 있다. 2차 세계대전이 끝났을 때, 공산당의 한반도 이북 지역에서의 영향력은 극히 제한적이었지만, 소련군의 진주와 함께 공산당 운동이 북한 내 정치활동의 주류가 되었다. Suk Ho Lee, Party-Military Relations in North Korea : A Comparative Analysis (Seoul: Research Center for Peace and Unification of Korea, 1983). p. 70.

124 김일성의 일인지배체제에 결정적인 역할을 하게 된 사건은 8월 종파사건이다. 8월 종파사건 이후로 김일성은 반대파에 대한 숙청을 거의 완료하였으며 이후 김일성 유일사상으로 대표되는 주체사상을 강조하며 일인지배체제를 견고히 한다. 8월 종파사건에 대한 자세한 내용은 다음을 참조. https://ko.wikipedia.org/wiki/8%EC%9B%94_%EC%A2%85%ED%8C%8C_%EC%82%AC%EA%B1%B4 (검색일: 2016년 8월 17일)

125 조선인민군 창설과정에 대한 개괄적인 내용은 다음을 참고하여 작성하였음. 장준익, 『북한 인민군대사』 (서울: 한국발전연구원, 1991), pp.44-57.

126 해방정국하의 한반도는 신탁통치 논쟁에서 드러난 것처럼 남북한의 민족이 자주적인 의사에 따라 자신들이 원하는 정부를 창출하기 힘들 만큼 강대국의 이해가 상당히 개입된 구조적 제약이 존재하였다. 일제로부터의 조선의 해방과 북한정권 수립과정에 미친 소련의 영향은 대한민국 설립에 미국의 영향력과 비교하였을 때 절대적인 수준이었다고 볼 수 있으며

이러한 소련의 의한 영향력은 김일성 아래 북한의 조선인민군 창설에 있어서 절대적인 영향을 미쳤다고 볼 수 있다.

127 유영구, "북한의 정치-군사관계의 변천과 군내의 정치조직 운영에 관한 연구", 『전략연구』 11권. 1994, p.70.

128 북한에서 상호 독립적으로 성장하던 당과 군이 공식적이고 제도적으로 결합하기 시작한 것은 6.25전쟁을 겪으면서부터라고 할 수 있다. 노동당 중앙위원회는 1951년 7월 21일 정치위원회를 열어 '조선인민군 내에서의 로동당 단체 설치의 총화와 정치기관들의 사업정형에 관한 결정'을 내렸으며 1952년 7월 7일 당중앙위 정치위원회의는 군사위원회 활동을 강화, 매달 위원회를 개최토록 했다. 1952년 8~9월에는 중대 당세포에서 연대 당위원회까지 당지도기관 결산선거사업을 진행하는 등 인민군 내 당조직을 정비해 갔다. 이대근, 『북한 군부는 왜 쿠데타를 하지 않나』 (파주: 한울아카데미, 2009), pp.54-55.

129 이대근, 『북한 군부는 왜 쿠데타를 하지 않나』 (파주: 한울아카데미, 2009), p. 46.

130 "군대 내 당조직에 관하여-북로당 중앙상무위원회 제9차 회의 결정서 1946년 10월 21일", 『북한관계 사료집』 30, (서울: 국사편찬위원회, 1998), p. 37.

131 최태환, "6.25전쟁 발발의 실상을 밝힌다", 『역사비평』 계간 2호, 1998, p.375.

132 김일성, "조선인민군의 창건에 제하여, 1948.2.8.", 『김일성 저작선집 1』 (평양: 조선로동당출판사, 1967), p. 189.

133 이대근, 위의 책, p. 47. Suk-Ho Lee, Party-Military Relations in North Korea: A Comparaive Analysis (Seoul: Research Center for Peace and Unification of Korea, 1989), p. 161.

134 북한에서 공식적인 일당인 조선로동당의 창당은 조선공산당 북조선분국(1945년) → 북조선 로동당 창당(1946년) → 남조선 로동당 합당 및 조선로동당으로의 개칭(1949)년의 과정을 거쳐왔다. 이러한 전 과정은 소련의 후원과 정치적 계산 아래 이루어졌다. 남북 로동당의 합당이 정권 창건 이후에 이루어지기는 하였지만, 이는 북조선로동당이 남조선 로동당을 흡수하는 형식으로 이루어졌으므로 조선로동당의 공식 창당시기는 북조선로동당의 제1차 대회가 열린 1946년 8월 28일~30일로 간주되고 있다. 서대숙, 『북한의 지도자 김일성』 (서울: 청계연구소, 1989), p. 67.

135 이종석, 『조선로동당 연구- 지도 사상과 구조변화를 중심으로』 (서울: 역사비평사, 1995), p. 240.

136 대한민국 헌법에서는 북한 지역을 '한반도 내 미수복 지역'으로 정의하고 있어 실질적으로 북한을 국가로 인정하고 있지 않다. 하지만 본 연구에서는 중국과의 원활한 비교를 위해서 국제법상으로 국가로 인정받고 있는 하나의 '국가'로 전제하고 연구를 실시하였다.

137 세종연구소 북한연구센터 엮음, 『북한의 당 · 국가기구 · 군대』 (파주: 한울아카데미, 2011), p. 483.

138 북한 연구에서 당-군 관계를 봤을 때, 조선인민군은 '인민의 군대=당의 군대=수령의 군대'로 정의하는 것이 대부분이지만, 본 글에서는 6.25전쟁이 발발하기 직전까지의 관계까지로 통제한다.

139 이상우, 『북한정치입문-김정일정권의 특성과 작동원리』 (서울: 나남출판사, 1997), pp. 56~57.

140 최완규, 『북한은 어디로 : 전환기 '북한적' 정치현상의 재인식』(마산: 경남대학교 출판부, 1996), p. 151.

141 위의 책, p. 155.

142 이대근, 『북한 군부는 왜 쿠데타를 하지 않나-김정일 시대 선군정치와 군부의 정치적 역할』(파주: 한울아카데미, 2009), pp. 53~54.

143 종파는 사회주의체제에서 반당적, 반국가적, 반혁명적이라는 수식어로 쓰이며, 북한의 <정치사전>에 따르면 종파주의는 혁명의 이익에는 관심이 없고 개인 혹은 협소한 파벌의 이익만 노리면서 노동계급과 그 단체의 통일단결을 파괴하는 반당적이고 반혁명적인 부르주아 사상이다. 백준기, "8월 종파문제 재론: 종파, 분파, 그리고 당내경쟁", 『역사비평』 통권 74호. 2006, p. 330.

144 김일성, "인민군대 내에서 정치사업을 강화할 데 대하여(1960년 9월 8일)", 『김일성 저작집 14』(평양:조선로동당출판사, 1981), pp.345~383. 이대근, 『북한 군부는 왜 쿠데타를 하지 않나-김정일 시대 선군정치와 군부의 정치적 역할』(파주: 한울아카데미,2009), p. 61.에서 재인용.

145 북한이 1960년대 후반 급격히 군비를 증강하고 군사화하면서 빨치산 출신 군인들의 영향력을 증대시켰다. 이런 분위기에서 민족보위상 김창봉과 대남사업의 책임을 맡은 허봉학 등 군 강경파가 득세했다. 이들은 청와대 기습사건, 울진-삼척 사건 등 무리한 도발을 강행하며 한반도를 위험천만의 위기로 몰아갔다. 이들은 또 당의 통제를 받지 않는 특수부대를 설립하고 '군벌주의'를 했다는 비난을 받았다. 이들의 활동은 김일성, 김영주의 당지도부에 대한 도전으로 비춰졌고, 결국 김일성에 의해 숙청을 당한다. 이대근, 『북한 군부는 왜 쿠데타를 하지 않나-김정일 시대 선군정치와 군부의 정치적 역할』(파주: 한울아카데미,2009), pp. 63-64.

146 이대근, 위의 책, p. 66.

147 이종석, 『새로 쓴 현대 북한의 이해』(서울: 역사비평사, 2002), p. 504.

148 김정일의 권력 승계에 관한 개괄적인 내용은 다음의 글을 참조하여 작성하였다. 정성장, "김정은 후계계의 공식화와 북한 권력체계 변화", 『북한연구학회보』 제14권 제2호. 김갑식, "김정일의 선군정치: 당 · 군 관계의 변화와 지속", 『현대북한연구』 4권 2호(2001), 양정훈, "세습과정에서 본 북한 통치이데올리기의 변화 연구", 『통일전략』 11권 1호 (2011), 하정열, "북한 3대 세습과 군부의 진로(한반도 통일전략 관점의 조망)", 『전략연구』 통권 제52호(2011), 이종석, 『새로 쓴 현대 북한의 이해』(서울: 역사비평사, 2002).

149 김갑식, "김정일의 선군정치: 당 · 군 관계의 변화와 지속", 『현대북한연구』 4권 2호(2001), p. 65.

150 선군정치란 인민군대를 혁명의 강력한 기둥 · 주력군으로 하여 이를 바탕으로 사회주의의 전반적 위업을 달성하고자 하는 정치방식이다. 선군정치는 1995년 초에 처음 논의되기 시작하였으며, 1998년 김정일의 국방위원장 취임과 함께 북한의 핵심적 통치방식으로 정착하였다. 선군정치는 군의 영향력을 정치와 경제뿐만 아니라 교육, 문화, 예술 등에 이르기까지 북한사회의 전 영역에 투영시키고 있다. 『한국민족문화대백과』 http://terms.naver.com/entry.nhn?docId=572075&cid=46629&categoryId=46629. 참조.

또한 선군정치는 북한의 공식적인 규약인 조선로동당규약에도 규정되어 있다. 조선로동당규약 전문을 살펴보면 "조선로동당은 선군정치를 사회주의 기본정치방식으로 확립하고 선군의 기치밑에 혁명과 건설을 령도한다."라고 명시했으며, '선군'이라는 단어는 총 14번 등장한다. 『조선로동당규약』 2010년 9월 28일 본.

151 김갑식, "김정일의 선군정치: 당 · 군 관계의 변화와 지속", 『현대북한연구』 4권 2호(2001), p. 41.

152 김병로, 『북한, 조선으로 다시 읽다』 (서울: 서울대학교 출판문화원, 2016), p. 145.

153 위의 책, p. 146.

154 김정일, "당 사업을 강화하여 우리 식 사회주의를 더욱 빛내이자 (1992년 1월 1일)", 『김정일 선집 12』 (평양: 조선로동당출판사, 1997), p. 271.

155 김정일, "인민군대를 강화하며 군사를 중시하는 사회적 기풍을 세울 데 대하여 (1992년 2월 4일)", 『김정일 선집 13』 (평양: 조선로동당출판사, 1998), p. 5.

156 김정일, "위대한 수령님을 영원히 높이 모시고 수령님의 위업을 끝까지 완성하자 (1994년 10월 16일), 『김정일 선집 13』 (평양: 조선로동당출판사, 1998), pp. 437~438.

157 "혁명적 군인정신으로 우리식 사회주의 위업을 힘차게 전진시켜 나가자", 『로동신문』, 1997년 5월 19일자

158 김정일, "우리는 지금 식량 때문에 무정부상태가 되고 있다 (1996년 12월 7일)", 『월간조선』, 1997년 4월호, p. 307. 김갑식, 『김정일정권의 권력구조』 (파주: 한국학술정보, 2005), p. 136. 재인용.

159 고초봉, 『선군시대 혁명의 주체』 (평양: 평양출판사, 2005), p. 61.

160 위의 책, p. 70.

161 김갑식, 『김정일 정권의 권력구조』 (파주: 한국학술정보, 2005), p. 136.

162 김정일의 현지지도에 관한 자세한 내용은 다음을 참고하여 작성하였다. 통일연구원, 『김정일 현지지도 동향(1994~2011)』 (서울: 통일연구원, 2011). 군 부대 현지지도는 '조선인민군'과 관련된 모든 현지지도를 포함해서 작성.

163 김갑식, "김정일의 선군정치: 당 · 군 관계의 변화와 지속", 『현대북한연구』 4권 2호(2001), pp. 67~68.

164 김정일은 당중앙위원회에 들어간지 16년만에 후계자로 공식 인정받았지만, 김정은은 내정된지 22개월만에 사실상 북한 권력의 2인자로 급부상하였다. 한영진, "북한 김정은 후계세습 본격 가동," 『北韓』 12월호(2010), p. 118.

165 김정은, 2012년 4월 15일. 태양절 대중연설문. 경향신문 2012년 4월 16일자 종합 02면.

166 김일기, "김정은 시대 북한의 권력이동: 당 중앙군사위원회와 국방위원회를 중심으로", 『한국동북아논총』 제65호(2012), pp. 97~98.

167 김일기, "김정은 시대 북한의 권력이동: 당 중앙군사위원회와 국방위원회를 중심으로", 『한국동북아논총』 제65호(2012), pp. 99~100.

168 현성일, "북한의 노동당 규약 개정과 3대 세습", 『북한의 노동당 규약 개정과 3대 권력세습』 (국가안보전략연구소 학술회의자료집, 2011.2.7.) p.33.

169 제7차 노동당대회에 대한 자세한 내용은 다음의 기사등을 참조. 중앙일보 2016년 5월 13일자. 전수진기자, "북한 당대회 중앙위 절반 이상 물갈이, 김정은 사당화에 중점", ytn뉴스보

도 http://www.ytn.co.kr/_ln/0101_201605100056569383, 중앙일보, http://news.joins.com/article/19990520, 조선일보, http://news.chosun.com/site/data/html_dir/2016/05/10/2016051000312.html.

170 김정은 국무위원장 추대 관련된 내용은 다음을 참조. http://news1.kr/articles/?2712816.

171 김정일, "당 사업을 강화하여 우리 식 사회주의를 더욱 빛내이자 (1992년 1월 1일)", 『김정일 선집 12』 (평양: 조선로동당출판사, 1997), p. 271.

172 1990년대 중·후반 국제적 고립과 자연재해로 수백만 명의 아사자가 발생하는 등 북한이 경제적으로 극도의 어려움을 겪은 시기에 제시된 구호를 말한다. 원래 고난의 행군이란 말은 1938년 말~1939년 김일성 주석이 이끄는 항일빨치산이 만주에서 혹한과 굶주림을 겪으며 일본군의 토벌작전을 피해 100여 일간 행군한 데서 유래했다. 자세한 내용은 https://search.naver.com/search.naver?sm=tab_hty.top&where=nexearch&oquery=%EC%A4%91%EB%8C%80%ED%95%9C%EC%82%AC%EA%B1%B4&ie=utf8&query=%EA%B3%A0%EB%82%9C%EC%9D%98+%ED%96%89%EA%B5%B0(검색일: 2016년 11월 23일) 참조.

173 경남대학교 북한대학원 엮음, 앞의 책, p. 304.

174 한상복 외, 『문화인류학』 (서울: 서울대학교출판문화원, 2011), pp. 469-489.

175 임채완, "북한과 중국 체제의 정치문화 비교", 『국제정치논총』 제54집 4호(2014), p. 310.

176 김성주, "베트남과 캄보디아의 정치체제와 정책", 『사회과학』 37권 2호(1998), pp. 142~147.

177 베트남 군부의 역할에 대해 언급한 권숙도(2009)의 연구가 있지만, 단순히 베트남이 인도차이나 반도에서의 영향력을 행사하기 위해 군사력을 유지했다는 것에서 일종의 함의점을 발견하기는 쉽지 않다. 권숙도, "베트남의 체제전환 과정 연구: 1976~1990년대", 『대한정치학회보』 17집 1호. 2009. pp. 93-123.

178 모택동은 중화인민공화국이 설립되기 바로 직전은 1949년 9월 16일 다음과 같은 연설을 한다. "1917년 러시아혁명은 중국인을 각성시켰고, 중국인은 한 가지 새로운 것을 배웠다. 그것은 곧 마르크스-레닌주의였다. 이리하여 중국에 공산당이 탄생하였다. 이것은 유사 이래의 대사건이었다. 손중산도 '러시아를 스승으로 삼을' 것을 제창하고, '러시아와 연합하고 공산당과 연합하자'하고 주장했다. 요컨대 이때부터 중국은 방향을 바꾸었다. 모택동, 김승일 옮김, "관념론적 역사관의 파산(1949년 9월 16일)", 『모택동선집 4』 (파주: 범우사, 2008), p.439.

179 김태호, "중국의 당-군 관계와 군의 역할 변화," 유세희 편, 『현대중국정치론』 (서울: 博英社, 2005). pp. 214-215.

180 중국공산당은 1921년, 중국인민해방군은 1927년 창건.

181 김태호, "중국의 당-군 관계와 군의 역할 변화" 『현대중국정치론』 (서울: 博英社, 2005). p. 207.

182 중국공산당 중앙위원회 모택동선집출판위원회, "당내의 그릇된 사상을 시정할 데 관하여 (1929년 12월), 『모택동선집 1』 (베이징:외국문출판사, 1968) pp. 126~127.

183 중국공산당 중앙위원회 모택동선집출판위원회, "전쟁과 전략 문제(1938년 11월 6일), 『모택동선집 2』 (베이징:외국문출판사, 1968) p. 293.

184 모리 가즈코 지음, 이용빈 옮김, 『현대중국정치3판 -글로벌 강대국의 초상』 (파주: 한울아카데미, 2013), p. 281.

185 중국중앙공산당사연구실 지음, 홍순도 · 홍광훈 옮김, 『중국공산당역사 〈상〉』 (서울:서교출판사, 2014), p. 33.

186 이 선언에서는 당시의 국내 정치정세가 분석되고, '장개석을 타도하고 전 중국을 해방시키자'라는 슬로건이 제시되는 한편, 중국인민해방군과 중국공산당의 8개 항목의 기본정책이 공포되었다. 이 선언은 1947년 10월 10일에 공포되었기 때문에 '쌍십선언'이라 불린다.

187 모택동, 김승일 옮김, "중국인민해방군 선언(1947년 10월 10일)", 『모택동선집 4』 (파주: 범우사, 2008), p.146.

188 대장정이란 1만 5,000킬로미터에 달하는 중국 공산군(홍군(紅軍))의 역사적 대행군(1934~1935)으로, 이 결과 공산당의 혁명 근거지가 중국 동남부에서 서북부로 옮겨졌으며 마오 쩌둥이 확고부동한 지도자로 부상하였다. 홍군은 추격해 오는 장제스의 국민당 군과 계속 싸우면서 18개의 산맥을 넘고 24개의 강을 건너 서북 지방의 싼시 성에 도달하였다. 중국의 많은 청년들은 장정이라는 영웅적인 투쟁에 자극을 받아 1930년대 말과 1940년대 초에 걸쳐 공산당에 가담하였다. 대장정에 대한 자세한 내용은 다음을 참조. 조너선 D. 스펜서 지음, 김희교 옮김, 『현대중국을 찾아서 1』 (서울:이산, 2001), pp. 465~472.

189 군의 통수권에 관한 당규약과 헌법에 대한 내용은 다음의 글을 참조하여 작성하였다. 모리 가즈코 지음, 이용빈 옮김, 『현대중국정치3판 –글로벌 강대국의 초상』 (파주: 한울아카데미, 2013), pp. 286~287.

190 중국군이 정규군으로 움직이기 시작한 것은 한반도에서 휴전협정이 체결되고, 1953년 말부터 1954년 초까지 군사 분야의 전국 고급간부 회의가 열렸던 때이다. 이 회의에서 해방군의 지휘 계통, 편제의 근본적 재검토, 정규화, 무기장비의 현대화가 논의되었다. 또한 '당위원회의 통일적인 집단지도를 받는 아래 수장 책임제'라고 명시하면서 군대 내의 당위원회를 통해서 당의 지도를 강화하는 것을 결정했다. 위의 책, p. 283.

191 이 조례는 "인민해방군에 대한 당의 절대적 지도를 실현하기 위해서" 당위원회 제도를 강화하는 것을 목적으로 하고 있으며, 제2조에서 "부대 내의 모든 중대한 문제는 긴급의 상황에서 수장이 임기응변적으로 판단할 수 있는 것 이외에 모든 문제는 우선 당위원회의 토론으로 결정한다"라고 명시하면서 군 내부의 당위원회가 군 지휘관의 위에 서게 되었다. 위의 책, p. 284.

192 문화대혁명은 한때 만민평등과 조직타파를 부르짖은 인류역사상 위대한 실험이라고 극찬을 받았으나, 결국 실패로 끝났다. 이 운동으로 약 300만 명의 당원이 숙청되었고, 경제는 피폐해지고 혼란과 부정부패가 만연하였다. 1981년 6월 중국공산당은 '건국 이래의 역사적 문제에 관한 당의 결의'에서 문화대혁명은 당 · 국가 · 인민에게 가장 심한 좌절과 손실을 가져다 준 마오쩌둥의 극좌적 오류며, 그의 책임이라고 규정하였다. 문화대혁명에 대한 자세한 내용은 다음을 참조. 조너선 D. 스펜서 지음, 김희교 옮김, 『현대중국을 찾아서 2』 (서울:이산, 2001), pp. 190~207.

193 모리 가즈코 지음, 이용빈 옮김, 『현대중국정치3판 –글로벌 강대국의 초상』 (파주: 한울아카데미, 2013), p. 291.

194 이건일, 『中國共産黨의 人民軍隊 統制論』 (서울: 다다미디어, 1998), pp 375~377.

195 모리 가즈코 지음, 이용빈 옮김, 『현대중국정치3판 –글로벌 강대국의 초상』 (파주: 한울아카데미, 2013), p. 285.

196 제임스 왕 지음, 금희연 옮김, 『현대중국정치론 Contemporary chinese politics』(서울: 그린, 2007), pp. 206-207.

197 이창형, 『중국의 軍 - 중국군의 정치적 역할』(서울: 대한, 2001), p. 42.

198 楊得志, "堅定不利地堅持黨對軍隊的絶對導", 紅旗, 第13期, 1981. 위의 책 p.42. 재인용.

199 위의 책. p. 43.

200 위의 책. p. 45.

201 등소평, "군사위원회 확대회의에서의 연설문 (1985년 6월 4일)", 김승일 옮김, 『등소평 문선 上』(서울: 범우사, 1994), p. 182.

202 등소평, "수도계엄부대 군단장 이상의 장교들을 접견할 때 한 연설 (1989년 6월 9일)", 김승일 옮김, 『등소평 문선 下』(서울: 범우사, 1994), p. 160.

203 등소평, "중앙군사위원회 확대회의에 참가한 전체 동지들을 접견할 때의 연설문 (1989년 11월 12일)", 김승일 옮김, 『등소평 문선 下』(서울: 범우사, 1994), p. 199.

204 '6 · 4 천안문사태'는 1989년 6월 4일 북경시의 천안문 광장에서 민주화 요구 시위를 하던 학생 및 시민에게 중국 지도부가 무력진압 작전을 전개해 발생된 유혈 참극사건을 말한다. 북경소재의 대학생들의 시위에 지식인, 공무원, 도시 노동자들이 참여하고 북경뿐만 아니라 전국의 주요도시로까지 급속히 확산되어 나가자 중국지도부는 6월 4일 계엄군의 탱크와 장갑차를 동원, 시위군중을 무력으로 진압해 '피의 일요일'을 연출하였다. 1960년대의 문화혁명시 군의 개입으로 혼란이 수습되었던 것과 같이 또 다시 군이 정치적 상황에 직접 개입하는 사태가 발생한 것이다. 천안문사태에 관하여는 조너선 D. 스펜서 지음, 김희교 옮김, 『현대중국을 찾아서 2』(서울: 이산, 2001), pp. 336~349. 참조.

205 人民日報, 1989年 6月 28日. 이창형, 『중국의 軍 - 중국군의 정치적 역할』(서울: 대한, 2001), p. 161.에서 재인용.

206 解放軍報, 1990年 3月 23日. 위의 책 p. 163에서 재인용.

207 흔히 마오쩌둥을 1세대 지도자, 덩샤오핑을 2세대 지도자라 칭한다. 이는 덩샤오핑의 다음과 같은 연설에서도 알 수 있다. "제1세대 지도집단의 핵심은 모 주석이었습니다. 모 주석이 지도핵심으로 있었기에 '문화대혁명'은 공산당을 타도하지 못했습니다. 제2세대의 실제상의 핵심은 나였습니다. 이 핵심이 있었기에 두 지도자의 변동이 있었지만 우리 당의 지도에는 영향을 주지 못했습니다.", 등소평, "제3세대 지도집단의 급선무 (1989년 6월 16일)", 김승일 옮김, 『등소평 문선 下』(서울: 범우사, 1994), p. 166.

208 전문화된 군 지도자들의 군내에서 역할이 증대되긴 했지만 이것이 당내 역할 강화나 정치적 입지 강화로 이어진 것은 아니었다. 김태호, "강택민시대 중국의 새로운 당-군 관계", 『현대중국연구』제2호(1998), pp. 20-21.

209 중앙 군사위원회 주석 장쩌민은 1991년 3월 17일 국방대학을 시찰한 자리에서 "걸프 전쟁은 현대전이 첨단 과학전으로 낙후된 기술로는 승산이 없음을 보여주었다. 그러므로 중국은 국가를 보위하기 위해 과학과 기술을 중시하고 인재를 양성해서 군 현대화의 대계를 조속히 완성해야 한다"라고 말하였다. 解放軍報, 1991年 3月 18日. 오규열, 『중국군사론』(서울: 지영사, 2000), p. 98.에서 재인용.

210 오규열, 『중국군사론』(서울: 지영사, 2000), p. 74.

211 김태호, "중국의 당-군 관계와 군의 역할 변화," 유세희 편, 『현대중국정치론』(서울: 博英社, 2005). pp. 222-223.

212 중국사회과학원 옹걸명(翁杰明)외 편저, ㈜해강출판사업부 번역, 『강택민과의 대화』(부산: 해강출판사업부, 1997), p. 328.

213 위의 책, pp. 349-352.

214 김태호, "중국의 당-군 관계와 군의 역할 변화," 유세희 편, 『현대중국정치론』(서울: 博英社, 2005). p. 245.

215 김태호, "胡錦濤 시대 중국의 당-군관계 전망", 『中蘇硏究』 통권 100호(2003/2004), p. 68.

216 중국공산당 제16기 중앙위원회 위원중 군인사의 전체적인 세부명단은 다음을 참조. 김태호, "중국의 당-군 관계와 군의 역할 변화," 유세희 편, 『현대중국정치론』(서울: 博英社, 2005). pp. 230~231.

217 김태호, "중국의 신지도부 인사 분석", 전성흥 · 조영남 외, 『중국의 권력승계와 정책노선 - 17차 당대회 이후 중국의 진로』(파주: 나남, 2008), p. 73.

218 신생 중화인민공화국이 변방의 권력들과 잠복한 미래 위협을 제거하고 강력한 중앙집권을 완성한 마오쩌둥의 오마진경(五馬進京)을 빗대어서 표현한 말이다.

219 신경진, "시진핑 100일, 군부 재편과 반부패에 집중- 관료 부패 척결이 우선", 『CHINDIA Plus』 79권, 2013, pp. 12~13.

220 현영철의 숙청과 관련된 내용은 다음을 참조. http://sports.chosun.com/news/ntype.htm?id=201505140100144000009873&servicedate=20150513(검색일: 2016년 9월 3일), http://www.hankyung.com/news/app/newsview.php?aid=2015051364087 (검색일: 2016년 9월 3일), http://news.kmib.co.kr/article/view.asp?arcid=0009443666&code=61111111&cp=nv(검색일: 2016년 9월 3일)

221 라팔롬바라는 정부의 정책침투 능력 위기를 1) 통치력 공백지대 현상, 2) 지역적 불균형 현상, 3) 지방자치제의 실현과 함께 발생하는 중앙정부의 공권력 위기, 4) 농촌사회의 소외의식에서 연유하는 위기 등을 통해 설명하고 있다. 라팔롬바라, 민준기 · 신정현 공역, "침투: 정부능력의 위기", 『근대화와 정치발전: 정치위기의 극복』(서울: 법문사, 1994), pp.253~261.

222 이용필 외, 『위기관리론: 이론과 사례』(서울: 인간사랑, 1992), pp.373-375.

223 이석호, "북한체제의 변화전망과 군의 역할", 『북한체제의 변화: 현황과 전망』(서울: 민족통일연구원, 1991), p. 427.

제4장 북한의 정치조직

224 북한의 주요 정치조직에 관한 것은 통일부에서 운영하는 공식 정보 포털인 북한정보포털을 참고하여 작성하였다. https://nkinfo.unikorea.go.kr/

225 세종연구소 북한연구센터 엮음, 『북한의 당 · 국가기구 · 군대』(파주: 한울아카데미, 2007), p.113-114.

제1장 북한 경제의 특징과 시기별 기조

1 북한연구학회, 『북한의 경제』(서울: 경인문화사, 2006), pp.417-418.

2 위 내용은 다음의 자료를 참고하여 작성하였음. 북한경제포럼, 『현대 북한경제론-이론과 실제에 관한연구』(서울: 도서출판 오름, 2005), pp.13-49.

3 북한정보포털, "https://nkinfo.unikorea.go.kr/nkp/pge/view.do".

제2장 북한의 주요 경제 정책

4 통일교육원, "https://www.uniedu.go.kr/uniedu/home/brd/bbsatcl/nknow/view.do?id=46267&mid=SM00001155&limit=10&sc=T&sv=%EC%B2%AD%EC%82%B0%EB%A6%AC&eqViewYn=true&odr=news&eqDiv="

5 통일부, 『북한지식사전』(서울: 통일부 통일교육원 교육개발과, 2016), pp.642-645.

6 단일기업 또는 공장 · 사업부 등의 기업 내 경영단위가 자기의 수지(收支)에 의해 단독으로 사업을 성립시킬 수 있도록 하는 경영관리제도. 자유경제에서는 단일기업이 독립채산단위로 되는 것은 당연하므로 기업 내 경영단위에 있어서의 독립채산제만이 문제가 된다. 독립채산제(Khozraschyot)는 본래 소련에서 국영기업의 경영관리를 위하여 채택하였던 제도이다. 즉, 각 기업이 적자를 내지 않고, 또 계획의 한도 안에서 일정한 자주성 있는 경영을 할 수 있게 함으로써 능률의 향상을 기도하였다. 따라서 사회주의 내지 공산주의 경제체제에서는 단일기업까지도 독립채산제도의 대상이 된다.

7 통일부, 『북한지식사전』(서울: 통일부 통일교육원 교육개발과, 2016), pp.661-663.

8 통일교육원, "https://www.uniedu.go.kr/uniedu/home/brd/bbsatcl/nknow/view.do?id=46051&mid=SM00001155&limit=10&sc=T&sv=%ED%99%94%ED%8F%90&eqViewYn=true&odr=news&eqDiv="

9 북한정보포털, "https://nkinfo.unikorea.go.kr/nkp/pge/view.do"

제3장 북한 경제의 현재

10 북한정보포털, "https://nkinfo.unikorea.go.kr/nkp/pge/view.do"

11 통일교육원, "https://www.uniedu.go.kr/uniedu/home/brd/bbsatcl/nknow/view.do?id=46318&mid=SM00001155"

12 본 글은 저자의 다음의 논문을 참고하여 작성함. 권지민, "북한에서 '돈주'의 성장과 정치체제이행 고찰 - 근대화 이론을 중심으로", 『사회과학 담론과 정책』, 제13권 2호, 2020., pp.89-108.

제1장 북한의 군사조직

1 권양주, 『김정은 시대 북한 군사의 이해』(서울: 한국국방연구원, 2014), pp.26-38. 舊 소비에트 사회주의 공화국 연방(이하 소련)은 북한지역의 자생적인 무장단체들을 모두 해산시켰고, 1945년 10월 21일 김일성을 중심으로 보안대를 창설했다. 1946년 8월 15일, 김일성은 소련군정사령부와 협의 후 '보안간부훈련대대부'를 설치하였고, 이후 확장 과정을 거쳐 1947년 5월 17일에 '북조선인민집단군사령부'로 개편하였다. 당시 한국문제 해결을 위해 설치된 미·소 공동위원회가 결렬되고, 국제연합(United Nations, 이하 UN)을 통한 문제해결이 가시화된 상황에서 소련측과 김일성은 정규군 창설의 필요성에 공감하였고, 1948년 2월 4일 북조선인민집단군사령부를 조선인민군으로 개칭 후 2월 8일 평양 역전광장에서 창군식을 거행했다.

2 임재천, "'상시전비국가(Nation-in-Arms)' 개념의 북한 적용 가능성", 『북한연구학회보』 제19권 제2호, 2015, pp.264-266. 상시전비국가(常時戰備國家)는 벤-엘리저(Uri Ben-Eliezer)가 이스라엘의 국가성격을 분석하면서 제시한 개념으로, '상시적으로 전쟁이 가능한 상태에 있는 무장국가'를 의미한다. 벤-엘리저는 상시전비국가의 개념을 "군사와 전쟁 관련 문제들을 전 국민적 사업으로 만들고, 그러한 문제들이 국가의 주요 관심사가 되도록 만드는 군사주의적 정치(Militaristic politics)의 한 형태"라고 규정했다.; 류길재, "'예외국가'의 제도화: 군사국가화 경향과 군의 역할 확대", 최완규 편, 『북한의 국가성격 변용에 관한 연구: 예외국가의 공고화』(서울: 한울, 2001), pp.107-139. 류길재는 벤-엘리저가 제시한 'Nation-in-arms'를 군사국가로 인용하였고 "국가 운영을 위한 규범과 의식, 절차, 관행 등 제도적 틀이 군사문화 또는 병영문화에 토대하고 있는 국가"라고 정의했다.

3 Harold D. Lasswell, "The Garrison State", American Journal of Sociology, Vol. 46(4), January 1941, pp.455-468. Lasswell이 제시한 병영국가 개념은 국가의 성격을 일종의 요새화된 군사시설에 비유한 것으로, '위험의 사회화'를 통해 국민적 불안감을 조성하여 국가전체가 전쟁준비에 몰두하는 국가체제를 뜻한다. 병영국가의 특징은 지배엘리트를 중심으로 강압적인 통치 방식을 정당화하고 군사적 규율이 강조된다는 점이다. 특히 병영국가는 일반대중을 희생양으로 삼아 강제노동을 통해 국가에 봉사할 의무를 강요한다.

4 와다하루끼, 남기정 옮김, 『와다하루끼의 북한 현대사』(파주: 창비, 2014). pp.166, 256. 일본의 저명한 국제정치학자인 와다하루키(和田春樹)는 김일성 시대에 확립된 북한체제를 이른바 '유격대국가'로 정의했다. 유격대국가란 "유일사상체계의 확립과 항일유격대원의 모범화에 이어 주체사상이 확립되어 새로운 모습을 드러낸 국가체제"를 의미한다. 즉, 김일성을 사령관으로 하고 모든 인민들이 유격대원이 되는 국가를 뜻한다. 와다하루키는 김일성 시대의 유격대국가가 김정일 통치기에는 선군정치, 다시말해 군부가 공산당을 장악하는 '정규군 국가'로 변화되었다고 평가했다.

5 북한 '러시아에 무기 제공'...'컨테이너 1천 개' 분량, "https://www.voakorea.com/a/7310286.html"

6 北의 '적대적 두 국가' 선언, "https://news.kmib.co.kr/article/view.asp?arcid=0924340621&code=11171395&cp=nv" 이 보도자료에 따르면, 북한 김정은 국무위원장은 2023년 12월 제8

기 9차 조선노동당 전원회의에서 남북관계를 '적대적인 두 국가 관계'라고 규정했으며, 2024년 1월 15일 최고인민회의 시정연설에서는 남한을 '불변의 주적'이라고 표현했다.

7 2024년 2월 15일 최고인민회의 제14기 제10차 회의에서 김정은 국무위원장은 조국통일 3대 헌장, 즉 '① 자주, ② 평화통일, ③ 민족대단결'의 원칙을 헌법 조항에서 삭제하라고 지시했다. 조선민주주의인민공화국 사회주의헌법 제1장 정치의 제9조에는 "조선민주주의인민공화국은 북반부에서 인민정권을 강화하고 사상, 기술, 문화의 3대 혁명을 힘있게 벌려 사회주의의 완전한 승리를 이룩하며, 자주, 평화통일, 민족대단결의 원칙에서 조국통일을 실현하기 위하여 투쟁한다."라고 기술되어 있다. 세부 헌법조항은 국가정보원, 『북한법령집(北韓法令集) 상권』(서울: 국가정보원, 2022.10월), pp.34-35.을 참조하였다.

8 김용현, "북한 군사국가화의 기원에 관한 연구", 『한국정치학회보』 제37집 제1호, 2003, pp.183-184. 이 논문에서는 군사국가화의 개념을 "군대식 담론과 운영논리 및 방식이 국가의 정치 · 경제 · 사회 등 제 분야에 구현되고, 그 과정에서 구축된 군대식 질서안에 개인 및 집단의 의식과 행위 전반이 구조화되는 과정"으로 정의했다.

9 김동한, 『북한의 법제정비 동향과 특징』(서울: 통일부 통일교육원, 2007), p.29. 북한의 사회주의헌법은 1998년 9월 5일 최고인민회의 제10기 제1차회의에서 승인되었으며, 총 7장 166개 조문으로 구성되어 있다. 본 개정헌법은 김일성 사후 유훈통치를 헌법화한 것이며, 김정일로 이어지는 권력승계를 정당화하는 정치적 의미와 북한의 경제회생을 목표로 한 경제적 의미를 담고 있다.

10 국립통일교육원, 『북한지식사전』(서울: 국립통일교육원 연구개발과, 2021), pp.173-176.에서 재인용. 이 자료에서는 북한의 당규약을 다음과 같이 설명하고 있다. "북한에서 당규약은 조선노동당의 성격, 당조직 및 당원들이 지켜야 할 규범과 활동 원칙을 규정하고 있다. 또한 북한에서 조선노동당은 국가에 우선하므로, 노동당 규약은 북한의 헌법보다 상위규범이라고 할 수 있다. 당규약은 1946년 8월 28일 최초로 채택된 이후 당대회와 당대표자회의를 통해 10차례에 걸쳐 수정 · 보완되었다. 북한 정권은 헌법과 당규약을 통해 자신들이 표방하는 사회와 당대에 구축된 체제를 합리화해 왔다. 특히 당규약은 북한의 국가정체성 원칙을 명문화하고, 이 원칙에 기초하여 정치, 경제, 사회, 대외정책 등에 대한 사실상의 최고지침이라는 위상을 갖는다. 따라서 당규약의 개정은 새로운 당적 방침을 제시하는 것으로 북한 체제의 향방을 전망할 수 있는 지표가 된다."

11 김일기, "북한 헌법 개정의 특징과 의미", 『평화학연구』 제10권 제4호, 2009, p.106. 이 논문에 따르면, "헌법은 일반적으로 국가의 체계와 기구를 대외적으로 천명하고 정당성을 담보하는 최고의 법으로 볼 수 있다. 그러나 당-국가체제를 운영하고 있는 사회주의 국가에서는 당규약이 헌법에 우선한다."

12 김일기, "북한의 「개정 당규약」 분석과 시사점", 『INSS 전략보고』 제127호, '21.8월, p.1.

13 국가정보원, 앞의 책, pp.54-70.

14 김성주, "김정은 시대 북한군의 성격 변화 연구: '현대화 · 정규화된 혁명군대'의 추구를 중심으로", 『북한연구학회보』 제23권 제2호, 2019, pp.4-5.에서 재인용. 이 논문에서는 펄뮤터(Amos Perlmutter)와 바자니(Zoltan D. Barany)의 연구결과를 다음의 문헌에서 인용하였다. Amos Perlmutter, The Military and Politics in Modern Times: On Professionals, Praetorians, and Revolutionary Soldiers (New Haven: Yale University Press, 1977), pp.9-16, 78-

80.; Zoltan D. Barany, "Civil-Military Relations in Comparative Perspective: East-Central and Southeastern Europe", Political Studies, Vol. 41(4), December 1993, p.596.

15 백학순, 『북한정치에서의 군대: 성격 · 위상 · 역할(세종정책연구 제2011-4호)』(성남: 세종연구소, 2011), pp.1-82.

16 정성임, "북한의 민군관계: 군의 성격을 중심으로", 『북한연구학회보』 제16권 제1호, 2012, pp.25-59.

17 김성주, 앞의 글, pp.117-125.

18 권양주, 앞의 책, pp.184, 207.

19 고재홍, "김정은 집권 이후 북한군의 변화와 전망", 『INSS 연구보고서』 제2020-1호, '20.12월, pp.15-16.

20 국방부, 『2022 국방백서』(서울: 국방부, 2022), p.32.

21 국립통일교육원, 『2023 북한 이해』(서울: 국립통일교육원 연구개발과, 2023), pp.129-130.

22 국가정보원, 앞의 책, pp.44-45. 북한의 국무위원회는 2016년 6월 30일에 설립된 국가주권의 최고정책적 지도기관으로 '선군정치'의 종료 선언과 함께 폐지된 국방위원회를 대체하는 기구이다. 국무위원회의 주요 임무와 권한은 다음과 같다. "① 국가의 중요정책 토의 · 결정, ② 국무위원장의 명령과 국무위원회의 정령 · 결정 · 지시 관련 집행 정형(상황)을 감독하고 대책을 수립, ③ 국무위원장의 명령과 국무위원회의 정령 · 결정 · 지시에 어긋나는 국가기관의 결정과 지시를 폐지, ④ 최고인민회의 휴회 중에 내각총리의 제의에 의하여 부총리, 위원장, 상 그 밖의 내각성원들을 임명 또는 해임."

23 국가정보원, 위의 책, p.63. 조선노동당 중앙군사위원회는 당대회와 당대회 사이의 당의 최고군사지도기관으로 조선노동당 총비서가 당중앙군사위원회 위원장이 되며 주요 임무와 권한은 다음과 같다. "① 당중앙군사위원회는 당의 군사노선과 정책을 관철하기 위한 대책을 토의 · 결정하며 공화국무력을 지휘하고 군수공업을 발전시키기 위한 사업을 비롯하여 국방사업전반을 당적으로 지도한다. ② 당중앙군사위원회는 토의문제의 성격에 따라 회의성립 비율에 관계없이 필요한 성원들만 참가시키고 소집할 수 있다."

24 국방부, 앞의 책, p.26.

25 국방대학교, 『안보관계용어집』(서울: 국방대학교, 2006), p.83. 이 문서에서 정의한 군정과 군령의 개념은 다음과 같다. "① 군정(軍政, Military Administration)은 국방목표 달성을 위하여 군사력을 건설, 유지, 관리하는 기능으로서 국방정책의 수립, 국방 관계법령의 제정, 개정 및 시행, 국방자원의 획득배분과 관리, 군사작전지원 등을 의미한다. 양병으로도 통용되는 이 용어가 의미하는 것은 군이 용병(작전)의 임무를 수행할 수 있도록 지원하는 것을 주 업무로 한다. ② 군령(軍令, Military Command)은 국방목표를 달성하기 위하여 군사력을 운용하는 용병기능으로서 군사전략기획, 군사력 건설에 대한 소요제기 및 작전계획의 수립과 작전부대에 대한 작전지휘 및 운용 등을 의미한다."

26 사회과학출판사, 『조선말대사전 2권(증보판)』(평양: 사회과학출판사, 2006), pp.1568, 1602. 이 문서에서는 지도와 지휘의 개념을 다음과 같이 정의하고 있다. "① 지도는 혁명과 건설을 위한 모든 활동과 사업에서 가장 올바른 길로 이끌어 주는 것, ② 지휘는 일정한 성원을 거느리고 그들이 한 목적 아래 유기적으로 움직이도록 조직하고 지도하거나 또는 명령하고

지시하는 것.”; 김동엽, “북한의 군사지도 · 지휘체계: 당국가군 관계를 중심으로”, 『북한연구학회보』 제17권 제2호, 2013, pp.96-100.에서 재인용.

27 국립통일교육원(2021), 앞의 책, pp.769-770,

28 국립통일교육원(2021), 위의 책, p.773.

29 국립통일교육원(2021), 위의 책, pp.85-86.

30 북한 지식사전(2021), “https://nkinfo.unikorea.go.kr/nkp/knwldg/view/knwldg.do;jsessionid=CedT-ROTmY0udaBNAwhUE0ghzJhMzQTo2OxlhzE_.ins22?menuId=NK_KNWLDG_DICARY&knwldgNo=169”

제2장 북한의 군사력 현황

31 John J. Mearsheimer, 이춘근 옮김, 『강대국 국제정치의 비극』 (서울: 김앤김북스, 2019), pp.138-142.

32 국방부, 앞의 책, p.26.

33 Jane연감은 영국의 Jane 출판사가 발행하는 연감으로 군함, 항공기 등 각종 무기체계 현황과 세계 각국의 전문적인 군사정보를 수록하고 있다. 본 서에서는 국방기술진흥연구소에서 운영하는 국방기술정보통합서비스에서 제공하는 현황(Janes Defense Data Service)을 참조하였다.

34 The International Institute for Strategic Studies(IISS), The Military Balance 2024 (London: Routledge, February 2024), pp.281-284.

35 2024 North Korea Military Strength, “https://www.globalfirepower.com/country-military-strength-detail.php?country_id=north-korea” 세계 군사력 평가 단체인 Global Firepower는 매년 국가별 군사력과 경제력, 군수지원능력, 지리적 요인을 기준으로 특정 국가의 군사력 지수(Power Index)를 산정하여 발표한다.

36 John J. Mearsheimer, 앞의 책, pp.142-146.

37 국방부, 앞의 책, p.28.

38 북한의 주요 특수작전부대를 살펴보면, 육군의 각 군단에 배속된 경보병 여단, 해군사령부 예하의 해상저격여단, 공군사령부 예하의 공군저격여단, 정찰국 소속의 정찰대대, 특수기동/지원 임무를 수행하는 혼성여단 등이 있다. 이중 해상저격여단은 공기부양정과 고속상륙정 등을 활용해 주로 도서지역으로 형성되어 있는 서해안과 남해안에 기습 침투를 시도하는 부대이다.

39 한국군사문제연구원, “북한 로미오급 잠수함 개량과 위협”, 『KIMA News Letter』 제258호, ’18.4.12. 이 자료에 따르면, 최근 북한이 개량한 로미오급 잠수함은 “길이 76.6미터, 폭 6.7미터, 흘수 5.2미터로 배수량 1,830톤, 수중속력이 13노트이며, 작전 항속거리는 9노트로 항해 시 9,000마일(약 14,400킬로미터)로 한반도 주변 해역 전체를 포함하여 태평양까지 진출이 가능한 수중전력”이다.

40 북한은 상륙작전 수행능력을 획기적으로 강화하기 위해 주요 침투수단인 공기부양정 건조에 주력해왔다. 북한이 전력화하여 운용하고 있는 공기부양정은 약 50명의 병력을 수용할 수 있으며 고속으로 목표지역에 상륙시킬 수 있다.

41 권양주, 앞의 책, p.243.

42 John J. Mearsheimer, 앞의 책, pp.153-156.

43 국방부, 앞의 책, pp.28-29.

44 북한이 보유한 SA계열 지대공미사일은 舊 소련이 미국의 전략폭격기를 요격하기 위해 1950~60년대 이후에 개발하여 실전배치한 것으로, 북한은 교전거리와 교전고도가 상이한 SA-2, SA-3, SA-5 지대공미사일을 조합하여 중층 방공망을 구축하고 있다. SA-2의 사거리는 30km, SA-5는 150km로 추정된다.

45 권양주, 앞의 책, pp.243-245.

46 김보미, "김정은 시기 북한의 국방력 발전 계획: 억제력의 강화 과정을 중심으로", 『INSS 연구보고서』 제2022-02호, '23.2월, pp.37-43.

47 국방부, 앞의 책, pp.29-30.

48 A moment of historic danger: It is still 90 seconds to midnight, "https://thebulletin.org/doomsday-clock/current-time/" 美 핵과학자회는 1945년 맨해튼 프로젝트에서 최초의 원자폭탄 개발에 참여한 아이슈타인, 오펜하이머, 시카고 대학교의 과학자들을 주축으로 설립된 조직이며, 산하 과학안보위원회는 노벨상 수상자를 포함하는 후원 위원회와 협의하여 매년 지구종말시간을 산정한다. 美 핵과학자회에서 발표하는 지구종말시간은 인류의 첨단과학기술에 의해 야기된 세계적 재앙에 대한 취약성을 보여주는 지표로 활용되고 있다.

49 이강경 · 문은석 · 강소영 · 권지민 · 김현식, 『21세기 국가안보의 뉴패러다임』(대구: 황금소나무, 2024), pp.306-307.

50 문인철, "북한 핵무기 개발 및 보유의 인지심리학적 의미", 『한국동북아논총』 제23권 제2호, 2018, p.27.

51 Bruce W. Bennett, 차두현 등, "북핵 위협, 어떻게 대응할 것인가", 『RAND연구소 · 아산정책연구원 공동연구 보고서』, '21.4월, pp.34-36. 이 보고서는 북한이 향후 2027년까지 151~242개의 핵무기를 보유할 것으로 전망했다. 이는 2017년 美 정보기관의 추정치에 연간 핵물질 생산량, 핵무기 제조시설 등을 고려하여 보정한 것이다.

52 '9.8 핵법제화'는 핵무기 사용의 명분과 정당성을 확보하기 위한 것으로, 북한은 대륙간탄도미사일(ICBM) 등 다양한 투발수단을 확보하여 핵무력을 강화하겠다는 전략적 목표를 대내 · 외적으로 과시했다.

53 북한 제8기 제6차 당 중앙위원회 전원회의 분석 및 향후 정세 전망, "https://www.kinu.or.kr/pyxis-api/1/digital-files/9cf74a1c-7a5d-4434-ba55-10b78ffd8d58"

54 김보미, 앞의 글, pp.35-36.

55 이강경 · 문은석 · 강소영 · 권지민 · 김현식, 앞의 책, p.308.

56 Bruce W. Bennett, 차두현 등, 앞의 글, pp.1-111.

57 이강경 · 문은석 · 강소영 · 권지민 · 김현식, 앞의 책, p.309.

58 박창희, "비대칭 전략에 관한 이론적 고찰", 『국방정책연구』 제24권 제1호, 2008, p.183.

59 Bruce Bennett et. al., What Are Asymmetric Strategies? (Santa Monica: RAND Corporation, 1999), p.7.

60 국방부, 앞의 책, p.27.

61 김보미 · 오일석, "김정은시대 북한의 사이버 위협과 주요국 대응", 『INSS 전략보고』 제147호, '21.11월, p.4.

62 국립통일교육원(2023), 앞의 책, pp.128-129.

63 Microsoft Threat Intelligence, "Sophistication, scope, and scale: Digital threats from East Asia increase in breadth and effectiveness", September 2023, pp.1-19. https://query.prod.cms.rt.microsoft.com/cms/api/am/binary/RW1aFyW.

64 북한 제8기 제6차 당중앙위원회 전원회의 분석 및 향후 정세 전망, "https://www.kinu.or.kr/ pyxis-api/1/digital-files/9cf74a1c-7a5d-4434-ba55-10b78ffd8d58"

65 북한의 신형전술미사일의 일종인 KN-23은 북한이 자체 개발한 단거리 탄도미사일(SRBM)이며, 러시아의 이스칸데르 미사일을 모델로 제작된 것으로 알려져 있다. KN-23은 2018년 2월 북한군 열병식에서 처음 공개되었으며 사거리는 최대 900km에 달하는 것으로 평가된다.

66 북한군이 자칭 초대형 방사포라고 칭하는 KN-25는 600mm 구경으로 전술핵을 탑재할 수 있으며 최대사거리는 400km로 평가된다. 2022년 4월 열병식에 등장했던 KN-25의 발사대는 4연장이었으나, 2023년 1월 신형 방사포의 성능을 검열하기 위한 검수사격 시 확인된 발사대는 6연장으로 확인되었다.

67 북한의 장거리 전략순항미사일은 발사 이후 수백m 이하의 낮은 고도로 비행하기 때문에 아군의 레이더로 즉각적인 탐지가 제한되며, 대표적인 미사일은 '화살-1형'과 '화살-2형'으로 북한측 주장에 따르면 전술핵탄두를 탑재할 수 있는 것으로 알려져 있다.

68 김정은, 건군절 열병식 참석…신형 ICBM · 전술핵운용부대 등장, "https://www. yna.co.kr/view/ MYH20230209006500641"

69 김보미, "북한의 전술핵무기 개발과 안보적 함의", 『INSS 전략보고』 제182호, '22.9월 pp.3-7. 이 문서에서는 전략핵무기와 다르게 보편적으로 정의되어 있지 않은 전술핵무기의 개념을 다음과 같이 제시했다. "전술핵무기는 비전략핵무기, 저위력핵무기, 전장핵무기 등 다양한 용어로 사용되고 있으며 전략핵무기에 비해 저위력(Low-yield)의 사거리가 짧은 억제용이라기보다는 실제 전장에서 활용될 가능성을 잠재하고 있는 무기체계이다."

70 이스칸데르(Iskander)는 러시아가 개발한 단거리 탄도미사일이며 발사 직후와 종말단계에서 요격을 회피하기 위해 변칙기동(또는 회피기동)을 시도하여 비행경로를 변경할 수 있다.

71 풀업(Full-up) 기동은 일반적인 탄도미사일의 포물선 궤적과 다르게 발사된 미사일이 정점고도에 도달한 뒤 하강하고 다시 상승하는 변칙기동 방식을 뜻한다.

72 고재홍, 앞의 글, pp.59-65.

73 "전술핵 개발하라" 南 겨냥해 핵위협, "https://www.chosun.com/politics/north_korea/2021/01/11/DLQHX6G4DFDBVBZCMVR77HB4GM/"

74 김정은, "남, 동족 아닌 교전국...전 영토 평정 준비, "https://www.donga.com/news/Politics/ article/all/20240101/122847053/1"

75 북한 전략순항미사일, 미군 전력 억지…우주중심 미사일방어 개념 시급, "https://www.newspim. com/news/view/20240208001183"

76 막스 베버, 김진욱 외 옮김, 『직업으로서의 학문 · 정치』(서울: 범우사, 2002), pp.83-86.

77 정성장, "혁명전략," 세종연구소 북한연구센터 편, 『북한의 국가전략』(서울: 한울, 2003), p.25. 이 책에서는 국가전략의 개념을 "한 국가가 정치, 경제, 대외관계, 안보, 사회, 문화 등 제 분야에서 중장기적으로 추진해야 할 정책들에 대한 종합적이고 체계적인 계획과 구상"으로 정의했다.

78 이수석 · 안제노, "북한의 대외 · 대남전략 경로변경의 정치동학", 『INSS 연구보고서』 제2021-14호, '21.12월, p.25.

79 2000.11.18일자 로동신문에 따르면, 선군정치를 다음과 같은 통치이념이 담긴 사상으로 설명했다. "단순히 군사를 발전시키고 국방력을 강화하기 위한 정치가 아니라, 군사를 중시하고 선행시켜 국가활동의 모든 부분들을 빨리 발전시키고 나라의 전반적 국력을 최상의 높이로 끌어올리는 위대한 정치이며, 우리 혁명의 만능의 보검이다."

80 박헌옥, "김정일 정권의 국가전략과 군사정책", 『군사논단』 제38호, 2004년 여름, pp.135-136.

81 김보미 · 김일기, "김정은 시대 북한의 국가전략 변화와 군사분야 동향", 『INSS 전략보고』 제59호, '20.2월, pp.1-12.

82 홍민, "북한의 전략국가론과 핵무기 고도화", 『KINU 연구총서』 제22-24호, 통일연구원, '22.12.30, p.9.

83 이상숙, "북한의 대남 정책 변화와 2024년 대남 · 대외정책 전망" , 『IFANS 주요국제문제분석』 제2024-02호, '24.1.5, pp.3-4.

84 최지영 · 김갑식, "북한 최고인민회의 제14기 제10차 회의 분석과 함의: 대남정책 전환과 예산 · 경제정책을 중심으로", 『통일연구원 Online Series』 CO 24-08, '24.1.16, pp.1-3.

85 북한은 김정은 국무위원장은 최고인민회의 시정연설에서 북방한계선을 허용할 수 없다고 천명했다. "대한민국이 우리의 영토, 영공, 영해를 0.001mm라도 침범한다면 그것을 곧 도발로 간주"할 것이라고 강력한 대남 경고메시지를 보냈다. 이에 따라 향후 북방한계선과 비무장지대(DMZ)를 중심으로 군사적 충돌이 발생할 수 있는 개연성이 높아졌다.

86 로동신문, "조선로동당 중앙위원회 제8기 제9차전원회의 확대회의 관한 보도", '23.12.31.; 이상숙, 앞의 글, pp.3-4.; 최지영 · 김갑식, 앞의 글, pp.1-3.에서 재인용.

87 이강경 · 설현주, "9.9 군사합의서의 구성주의적 함의 고찰", 『융합보안논문지』 제20권 제2호, 2020, pp.103-104. 이 논문에서는 구성주의 이론의 핵심가정에 대해 다음의 논문을 참조하였다. Alexander Wendt, "Anarchy is what States Make of it: The Social Construction of Power Politics", International Organization, Vol.46(2), 1992, pp.394-406.; Alexander Wendt, "Constructing International Politics", International Security, Vol.20(1), Summer 1995, pp. 73-81.; Alexander Wendt, "Collective Identity Formation and the International State", The American Political Science Review, Vol.88(2), June 1994, p.386.

88 이강경 · 신진, "3차 남북정상회담의 동인에 관한 전망이론적 분석", 『통일전략』 제18권 제3호, 2018, pp.186-187.; Chip Heath, Richard P. Larrick and George Wu, "Goals as Reference Points", Cognitive Psychology, Vol.38, 1999, p.82. 준거점(Reference point)은 의사결정 과정에서 기준이 되는 개념으로 '이익 또는 손실영역(Regions of gain and loss)'으로

구분되며, 이는 국제관계에서 '현재의 상태(Status quo) 또는 요망수준(Aspiration level)'이 될 수 있다.

89 이강경 · 김금률, "국방혁신 4.0과 연계된 육군의 혁신전략", 『국방정책연구』 제39권 제4호, 2023년 겨울호, p.70.

90 빅터 차 "러, 유엔 대북제재 체제 완전 해체 의도", "https://www.rfa.org/korean/in_focus/nk_nuclear_talks/nkurissia-04022024085456.html" 이 보도자료에 따르면, 美 전략국제문제연구소(CSIS)의 한국석좌인 Victor Cha 박사는 러시아의 거부권행사가 유엔의 대북제재 시스템을 완전히 해체하기 위한 절차라고 분석하고 다음과 같이 3단계 과정을 제시했다. "① 첫 번째 단계는 안보리 대북제재 결의안의 이행을 중단하는 것이다. ② 두 번째 단계는 대북제재 이행을 감시해 온 전문가 패널의 임기연장을 막는 것이다. ③ 세 번째 단계는 대북제재 결의의 일몰 조항, 즉 특정 시한이 지나면 효력이 자동으로 사라지게 하는 조항을 추가하도록 요구하는 것이다."

91 북, '글라이더형 극초음속미사일' 첫 성공...요격 어려워 위협적, "https://www.yna.co.kr/view/ AKR20240403052400504"

92 한 · 미, 북핵 쏘기 전 사전차단...김정은 '지시체계' 끊는다, "https://www.joongang.co.kr/article/ 25239615" 이 보도자료에 따르면, 한 · 미 연합군사령부에서 추진하고 있는 '북핵 네트워킹 무력화 훈련'은 '발사의 왼편(Left of Launch)' 개념을 적용한 것으로 사이버공격과 전자기펄스(EMP) 공격 등을 통해 사전에 북한의 미사일 발사를 무력화하는 방식이다. 한 · 미 양국은 북한의 핵 · 미사일 발사 징후를 포착하여 선제적으로 타격하는 '킬체인(Kill Chain)' 시스템이 요격 시차 발생 등으로 대응에 실패할 경우 이러한 허점을 보완하기 위해 이 훈련을 도입할 계획이다.

93 연합뉴스, 『북한용어 400선집』 (서울: 연합뉴스 민족뉴스 취재본부, 1999), pp.73-74. 북한이 주장해 온 '우리식 사회주의'는 여타의 사회주의와 달리 북한의 지도이념인 주체사상을 기초로 하여 북한의 현실에 적합하게 만든 북한 특유의 사회주의를 일컫는 것으로 탈냉전 이후 소련, 동유럽 국가들이 사회주의를 포기하고 자본주의에 기초한 민주국가로 변화된 시기부터 본격적으로 사용되기 시작했다. 북한이 '우리식 사회주의'를 지속적으로 표방해 온 배경은 사회주의 진영의 붕괴에 따른 대응으로 볼 수 있다. 특히 소련의 해체로 사회주의 이데올로기가 가치를 상실하게 되면서 북한은 체제를 유지하기 위해 자신들이 지향하는 이념적 지향점으로서 '우리식 사회주의'를 고수했다고 볼 수 있다.

94 양정윤, "북한의 사회주의사상의 전개와 북한헌법에의 영향: 이른바 주체사상 및 선군사상에 관련하여", 『고려법학』 제68호, '13.3월, p.327. 이 논문에서는 주체사상의 분야별 내용을 다음과 같이 제시하였다. "① 사상에서의 주체는 중국과 소련을 모방하지 말고 '우리식으로 하자는 것'을 강조한 것이었고, ② 경제에서의 자립은 북한이 중국과 소련에서의 실제적인 경제적 자립을 뜻하며, ③ 정치에서의 자주는 스탈린 사후 흐루시초프의 스탈린 격하운동에 대한 반감에서 시작되었고, ④ 국방에서의 자위는 소련으로부터의 군사적 원조 없이 자체 역량으로 국방력을 강화하자는 것이었다."

95 유판덕, "북한의 '혁명전쟁이론'으로 본 북한 '핵 무력'", 『접경지역통일연구』 제2권 제1호, 2018년 여름호(통권 제3호), pp.150-151.

96 김태현, "북한의 '독자적' 군사 사상의 역사적 기원과 변화", 『軍史』 제124호, '22.9월, pp.215-262.

97 김광수, "북한의 선군사상에 관한 연구: 주체사상과의 비교를 중심으로", 경남대학교 박사학위 논문, 2012, pp.88-95.

98 국립통일교육원(2023), 앞의 책 p.93. 이 문서에 따르면, 4대 군사노선 중 '전군 간부화', '전민 무장화', '전국 요새화'는 1962년 12월에 개최된 당중앙위원회 제4기 5차 전원회의에서 '경제 · 국방 병진노선' 발표와 함께 제시되었고, 1966년 10월 제2차 당대표자회에서 '전군 현대화'가 제시되었다. 또한 4대 군사노선은 1970년 제5차 당대회에서도 제시되었으며, 이후 1992년 개정헌법에서 명문화되었다. 특히 북한은 4대 군사노선을 중심으로 병력 증강과 주요 장비의 독자적인 개발을 추진했다.

99 국립통일교육원(2021), 앞의 책, p.394.

100 국가정보원, 앞의 책, p.40.

101 국방부, 앞의 책, p.25.

102 허백윤, "4년차 맞은 北국방력 발전 5개년," 서울신문, '24.1.30. https://www.seoul.co.kr/news/ newsView.php?id=20240130006003&wlog_tag3=naver(서울신문 홈페이지).

103 北 국방력 강화 속도… '5대 핵심 과업' 2년여 만에 실현 눈앞, "https://www.segye.com/newsView/20230509519685"

104 최용환, "북한 군사력 강화 정책의 딜레마", 『INSS 전략보고』 제173호, '22.8월, p.3.

105 조남훈, "북한경제의 회생을 위한 북한군의 조치", 『KDI 북한경제리뷰』, '21.8월호, pp.1-6.

106 U.S. Department of Defense(DoD), 2022 Nuclear Posture Review (Washington D.C.: Headquarters, Department of Defense), October 27, 2022, pp.7-10. https://www.defense.gov/News/News-Stories/Article/Article/3202438/dod-releases-national-defense-strategy-missile-defense-nuclear-posture-reviews/. 2022년 10월 美 국방전략서와 함께 발표된 핵태세검토보고(Nuclear Posture Review, 이하 NPR)는 미국의 핵무기를 적의 핵공격을 억제하는 용도로만 사용한다는 '단일사용 목적(Sole purpose)'과 '선제불사용(Non First Use) 원칙'을 명시하지 않았다. 특히 2022 NPR에서는 핵무기의 역할을 '① 적국의 전략적 공격 억제, ② 동맹국과 파트너국가의 안전보장, ③ 억제 실패 시 미국의 목표 달성(필요시 핵사용 등 유연한 대응옵션 유지)'으로 명시하였다. 즉, 미국은 자국과 동맹국의 핵심이익을 수호하기 위해 '극단적 환경(extreme circumstances)'에서 핵무기를 사용할 수 있도록 명문화하였다.

107 전봉근, "북한 '핵보유국법'과 '핵무력정책법'의 비교 평가와 한국의 대응책 모색", 『IFANS 주요국제문제분석』 제2022-28호, '22.10.18, p.3.

108 이상택, "북한 군사전략의 역사적 고찰", 『軍史』 제112호, '19.9월, pp.133-135. 이 논문에서 제시한 군사전략의 개념적 정의는 다음의 참고문헌에서 인용되었다.; Julian Lider, Military Theory: Concept, Structure, Problems (Aldershot, England: Gower Pub., 1983), pp.192-193.; Colin S. Gray, Modern Strategy (Oxford: Oxford University Press, 1999), p.17.; John Garnett, "Strategic Studies and It's Assumption", in John Baylis, et. al(eds)., Contemporary Strategy and Policies (New York Holms & Meier Pub., 1976), pp.4-5.; 국방대학원, 『안전보장이론』 (서울: 국방대학원, 1991), p.399.; Robert E. Osgood, The Entangling Alliance (Chicago: The University of Chicago Press, 1962), p.5.; Joint Doctrine Note 1-18, Strategy (Washington D.C.: U.S. Department of Defense, 2018), p.I-7.; 국방대학교, 『안보관계용어집』 (서울: 국방대학교, 2010), p.88.; 남만권, "핵무장 전 · 후 북한의 대남 군사전략 비

교", 『군사학연구』 제5호, 2007, pp.173-199.; John P. Steward and Arther F. Lykke, Jr., Military Strategy: Theory and Application (Carlisle Barracks, PA: U.S. Army War College, 1982), p.311.

109 국방부, 앞의 책, p.25. 『2022 국방백서』에 따르면, 북한군은 핵 · 미사일 등 대량살상무기(WMD)와 장사정포, 잠수함, 특수전부대, 사이버 · 전자전부대와 같은 비대칭 전력증강, 선별적인 재래식 무기체계의 성능 개량을 추진하고 있다. 특히 최근에는 핵미사일 능력을 고도화하기 위해 각종 미사일을 연이어 시험발사하고 있으며, 약 6,800여 명의 사이버전 인력을 운영하여 최신 기술에 대한 연구개발을 지속하는 등 사이버전력 증강을 위해 노력하고 있다.

110 박용환, "북한 군사전략에 관한 연구: 핵개발 이후를 중심으로", 『북한학연구』 제6권 제1호, 2010, pp.121-126. 이 논문에서는 김일성 시대의 주체전법을 다음과 같이 설명하고 있다. "김일성은 1970년 11월 2일 노동당 제5차 당대회에서" 우리나라는 산과 하천이 많고 해안선이 긴 나라이다. 이와 같은 지형조건을 이용하여 산악전과 야간전투를 잘하고 대부대작전과 소부대작전, 정규전과 유격전을 옳게 배합하면 비록 최신군사기술로 발톱까지 무장한 적이라도 얼마든지 격멸할 수 있을 것이다"라고 강조한 바 있다. 이러한 김일성의 교시에 따라 북한군은 산악전과 야간전, 갱도전, 기동전, 기습전, 배합전을 주체전법이라고 제시하고 있다."

111 이상택, 앞의 글, pp.156-160.

112 박용환, 앞의 글, pp.129~136.

113 北 해커들, 러 주요 미사일업체 해킹, "https://www.segye.com/newsView/20230807517194?OutUrl=naver"

114 Microsoft Threat Intelligence, 앞의 글, pp.1-19.

115 송세관, "북한 군사전략의 변화와 한국군의 대응전략에 관한 연구", 조선대학교 박사학위논문, '18.4월, pp.38-45, 89-109.

116 김태현, "북한군 군사전략 변화에 대한 연구: '전략불균형'에 대한 '위험관리'를 중심으로", 『전략연구』 통권 제66호, '15.7월, pp.167-204.

117 임철균 · 손한별 · 류의연, "김정은 시기 북한의 미래전 구상 연구", 『한국국가전략』 통권 제23호, '23.11월, pp.62-66.

118 본 항에서 제시한 핵확산 관련 역사적 논쟁과 핵전략 관련 이론은 다음의 논문에서 발췌하였다.; 이강경 · 설현주, "중국 핵전략 변화의 군사적 함의 고찰", 『통일전략』 제19권 제4호, 2019, pp.83-88.

119 Andrew Futter, 고봉준 옮김, 『핵무기의 정치』 (서울: 명인문화사, 2017), p.88.

120 Kenneth Waltz, "The Spread of Nuclear Weapons: More May Better", Adelphi Papers, Number 171 (London: International Institute for Strategic Studies, 1981), pp.34-35.

121 Scott Sagan and Kenneth Waltz, The Spread of Nuclear Weapons: A Debate Renewed (London: W. W. Norton & Co., 2005), pp.47, 158.

122 Scott Sagan, "Why Do States Build Nuclear Weapons? Three Models in Search of the Bomb", International Security, Vol.21(3), 1996-1997, pp.54-55.

123 Vipin Narang, "Strategies of Nuclear Proliferation: How States Pursue the Bomb", International Security, Vol.41(3), 2016/2017, pp.116-125.

124 Vipin Narang, "Nuclear Strategies of Emerging Nuclear Powers: North Korea and Iran", The Washington Quarterly, Vol.38(1), Spring 2015, pp.75-79.

125 U.S. Congressional Research Service(CRS), "North Korea's Nuclear Weapons and Missile Programs", CRS In Focus 10472, Updated December 19, 2023, pp.1-3. 美 의회조사국(U.S. Congressional Research Service)은 의회예산처와 연방회계감사원, 기술평가원 함께 미국 의회의 4대 입법보조기관에 속한다. 1914년 초당파적인 독립 연구기관으로 설립되었으며 연방의원들과 상임위원회의 등의 요구에 따라 각종 조사와 연구, 분석활동을 실시하며 관련 자료를 의회에 제공한다.

126 National Intelligence Council(NIC), "North Korea: Scenarios for Leveraging Nuclear Weapons Through 2030", National Intelligence Estimate, January 2023, pp.1-2. 美 국가정보위원회(NIC)는 1979년에 설립된 정보분야 연구기관으로 중앙정보국(CIA), 연방수사국(FBI), 국가안보국(NSA) 등 미국의 주요 정보기관들이 조사한 정보를 평가 · 분석하여 관련 보고서를 발간한다.

127 Mark S. Bell, Nuclear Reactions: How Nuclear-Armed States Behave (Ithaca, NY: Cornell University Press, 2021), p.13.; 이병철, "북한의 핵전략 변화가 한국에 주는 함의", 『경남대 극동문제연구소 북한연구시리즈 63』, '23.2.7, pp.26-28.에서 재인용.

128 유기현, "AI는 전쟁의 양상을 어떻게 바꿀 것인가?: 알고리즘 전쟁을 중심으로", 『KIDA 국방논단』 제1938호, '23.3.28, pp.1-10. 알고리즘 전쟁(Algorithmic Warfare)은 AI에 의해 구성된 알고리즘을 바탕으로 무인 · 로봇체계들을 활용하는 전쟁의 일반적인 모습을 형상화한 개념이다.

129 유병후 · 박보라, "소프트 타겟 테러대응을 위한 민관협력에 관한 고찰", 『한국테러학회보』 제9권 제3호, 2016, p.159. 소프트 타겟은 "적절한 수준의 보안이 결여되어 있거나, 본래의 목적을 위한 설계상 일반대중에게 개방되어 있기 때문에 해당 대상을 보호하거나 방어하기 어려운 주요 시설 또는 주요 자원"을 뜻한다. 대표적인 소프트 타겟으로는 쇼핑센터, 호텔, 종교시설, 대중교통수단 등이 있다.

130 박일송 · 나종남, "하이브리드 전쟁(Hybrid War): 새로운 전쟁 양상?", 『한국군사학논집』 제71집 제3권, 2015, p.13. 이 논문에서는 호프만이 제시한 하이브리드전의 개념을 다음의 참고문헌에서 인용함.; Frank G. Hoffman, Conflict in the 21st Century: The Rise of Hybrid Wars (Arlington, Virginia: Potomac Institute for Policy Studies, 2007), p.58.; Frank G. Hoffman, "Hybrid vs. Compound War: The Janus Choice" , Armed Forces Journal , October 2009.

131 윤정현, "정보심리전의 진화 양상과 대응방안," 『INSS 전략보고』 제 196호, '22.11월, pp.3-8. 이 문서에서는 정보심리전, 인지전의 개념을 다음의 참고문헌들을 인용하여 제시했다.; Bernal et al., "Cognitive Warfare: An Attack on Truth and Thought", 2021. https://www.stratagem.no/cognitive-warfare-and-the-use-of-force/.; 윤민우, "우크라이나 전쟁과 사이버 인지전", 2022 하계학술대회, 한국국제정치학회, '22.6.30, pp.57-104.; Leonid Savin, "NATO developed new methods of cognitive warfare", Nournews, November 14, 2021.

132 박지영 · 김선경, "하이브리드 전쟁의 위협과 대응", 『아산정책연구원 이슈브리프』 제 2019-28호, '19.12.5, p.3

133 오일석 · 최용환, “북한 열병식 무인기 등장의 함의”, 『INSS 이슈브리프』 제454호, '23.8.4, p.3. 이 자료에서는 북한이 무인기 개발에 집착하는 이유를 “① 높은 가성비(도발의 지속성 담보), ② 탐지 · 요격의 어려움으로 한국군의 작전에 혼선을 주고 군사적 레버리지를 높일 수 있다는 점, ③ 남남갈등 유발로 정치적인 이점이 크고, ④ 한 · 미 연합군에 비해 열세인 감시 · 정찰 능력을 제고하기 위한 목적”이라고 분석했다.

제4장 북한의 군사제도

134 국립통일교육원(2023), 앞의 책, pp.115-118. 이 자료에 따르면 시대별 북한군의 복무제도 세부 현황은 다음과 같다. “① 1958년 내각 결정 제148호에 의거 육군은 3년 6개월, 해 · 공군은 4년으로 정했으나 실제로는 육군은 5~6년, 해 · 공군은 8년, 기술병과 요원은 8~9년을 복무하였다. ② 1993년 4월 이후 시행된 '10년 복무연한제' 하에서는 징병남성의 경우 10년, 지원여성은 7년으로 군복무기간을 공식화했다. ③ 1996년 군 복무조례 개정에 따라 복무연령제를 실시한 이후에는 남성은 만 30세까지, 지원여성은 만 26세까지 복무하는 것으로 전환되었다. ④ 2003년까지 초모제를 시행하였으며, 이에 따라 북한의 모든 남성은 만 14세가 되면 초모대상자로 등록 후 두 차례의 신체검사를 받게 되었고, 고급중학교 졸업 후 사단 또는 군단에 입대하였다. 신체검사 합격 기준은 신장 150cm, 체중 48kg 이상이었다. 이후 북한의 경제상황이 악화되고 식량난으로 인해 청소년들의 체격이 왜소해지자 1994년 8월부터는 신장 148cm, 체중 43kg 이상으로 기준을 조정했다. ⑤ 2003년 이후 시행 중인 전민군사복무제도는 남성의 복무기간을 10년, 여성을 7년으로 규정하고 있다.”

135 북한 지식사전(2021), “전민군사복무제”, 통일부 북한정보포털, https://nkinfo.unikorea.go.kr/nkp/knwldg/view/knwldg.do. 이 자료에 따르면 북한이 전민군사복무제를 시행하게 된 배경을 다음과 같이 제시하였다. “① 북한은 식량난 및 군 기피 풍조 등으로 병력 자원이 감소함에 따라 일부를 제외하고 예외 없는 군입대를 실시하고, 이를 통해 병력의 세대교체를 단행해 군의 일탈행위를 억제하고자 전민군사복무제를 시행하였다. ② 북한은 2003년 이전까지 모병제와 유사한 '초모제'(招募制)를 시행해 왔다. 북한에서 초모란 '군대에 지망하는 사람을 모집하여 뽑는 것'을 의미하며, 이는 형식상으로 볼 때는 지원병제에 해당한다. 그러나 실제로는 초모 연령이 되면 신체 불합격자, 사회 중요직 근무자 및 산업 필수요원, 성분 불량자, 대학생 등을 제외하고는 대부분 군복무를 하였다. ③ 탈북자들에 따르면, 1990년대 중 · 후반의 '고난의 행군' 이전까지는 군대에서 복무한 뒤에야 노동당 가입도 가능했기 때문에 입대에 대한 인기가 높았다고 한다. 그러나 '고난의 행군'이 어느 정도 마무리된 뒤 북한 주민들은 '먹고사는 것'을 가장 중요한 문제로 인식하기 시작했고, 먹고사는 것에 별다른 도움이 되지 못하는 경력은 별로 중요하지 않게 인식하면서 과거처럼 입영에 대한 인기가 높지 않게 되었다고 한다. 이로 인해 북한은 사실상의 징병제인 전민군사복무제를 채택한 것으로 보인다.”

136 고재홍, “북한군 복무기간의 변화와 향후 전망”, 『INSS 전략보고』 제2018-21호, '18.12월, p.4.

137 고재홍, 위의 글, pp.10-15.

138 국립통일교육원(2021), 앞의 책, pp.100-102.

139 고재홍, “김정은 집권 이후 북한군의 변화와 전망”, 『INSS 연구보고서』 제2020-1호, '20.12월, pp.71-86.

140 박계호, 『총력전의 이론과 실제』(성남: 북코리아, 2013), pp.54, 617. 이 책에서는 전쟁사를 통해 확인할 수 있는 총력전의 교훈을 다음과 같이 제시하였다. "6.25전쟁을 포함한 현대전에서 어느 나라도 군사력이나 예비전력, 경제력 등 몇 가지 분야에서의 우위만으로 승리하였거나 또는 유리하게 전황을 이끌어 나간 것은 아니었다. ① 지도자의 강력한 리더십으로부터 극한의 고통을 이겨내면서 승리를 쟁취하기 위한 국민의 결연한 의지, ② 외국의 지지와 지원을 획득하기 위한 외교활동, ③ 국민을 통합하기 위한 정치, ④ 상대국보다 우위의 재정 및 경제력, ⑤ 군사력과 전쟁지속을 위해 동원할 수 있는 예비전력의 상대적 우위, ⑥ 과학기술 능력, ⑦ 노블레스 오블리주를 핵심으로 하는 사회문화 등이 상호 유기적으로 연계되고 복합적으로 작용해야 전쟁에서 승리할 수 있음을 전쟁사는 잘 보여주고 있다."

141 김태현, "북한의 국경독재체제와 핵전략", 『국방정책연구』 제33권 제3호, 2017, p.33. 이 논문에서는 '국경독재체제'의 개념을 "국경이라는 경계를 통해 외부세계와 철저히 단절되어 고립된 환경에서만 생존할 수 있는 폐쇄적 독재체제"라고 정의했으며, "북한정권은 국경을 유지하고 확장하기 위해 핵무기의 역할을 규정하고, 다자 핵 게임으로 구성된 북한의 핵 지정학을 이용하여 국경독재를 유지 · 확장하기 위한 핵전략을 구상하고 있는 것"으로 분석하였다.

142 권양주, 앞의 책, pp.266-278.

143 고재홍, "북한군의 비상시 · 평시 군사 지휘체계 연구", 『통일정책연구』 제14권 제2호, 2005, p.130. 이 논문에 따르면 전시사업세칙은 "2004년 4월 7일 당중앙군사위원회 김정일 위원장 명의로 지시된 문건으로, '전시상태의 선포와 해제 명령권'이 명백히 최고사령관에게 귀속되어 있음을 밝히고 있다."

144 연합뉴스, 앞의 책, pp.346-347. 이 책에 따르면, "북한은 비상사태 선포 시 전역에서 대남 군중집회를 열고 대한(對韓) · 대미(對美) 적개심을 고취시키는 한편, 대내적으로는 김일성 · 김정일 · 김정은을 중심으로 단결을 촉구한다."

145 국립통일교육원(2021), 앞의 책, pp.103-104.

146 Flavius Vegetius Renatus, 정토웅 옮김, 『군사학 논고』(서울: 지식을만드는지식, 2011), pp.26, 97. 베게티우스는 「제2권 로마 군단의 조직」에서 훈련의 중요성을 다음과 같이 강조했다. "정규 군단의 병사들이나 원군(援軍) 병사들은 끊임없이 목재 절단, 짐 운반, 도랑 건너기, 강과 바다에서의 수영, 완전무장 행군 및 구보 등 강한 훈련을 통해 평시에 힘든 일에 단련됨으로써 전쟁 시 힘든 일들을 어렵지 않게 감당할 수 있다. 잘 훈련받은 병사는 열심히 작전에 임하고 그렇지 못한 병사는 그것을 두려워하기 때문이다. 전쟁에서는 군기(軍紀)가 병력(兵力)보다 우세하다. 만일 군기를 소홀히 하면 군인은 농부와 아무런 차이가 없을 것이다. 기술의 본질은 끊임없는 연습에 있다는 옛 금언은 확실히 지당한 말이다."

147 Flavius Vegetius Renatus, 정토웅 옮김, 위의 책, p.109.

148 남만권 편, 『북한 군사체제: 평가와 전망』(서울: 한국국방연구원, 2006), pp.160-164.

149 서춘식, 『북한전략사상신론』(서울: 한원, 1990).; 남만권, 위의 책, p.160에서 재인용.

150 연합뉴스, 앞의 책, p.340. 이 책에 따르면, 김정일 시대에 제시되었던 4대 훈련원칙은 '① 주체성의 원칙, ② 정치사상성의 원칙, ③ 전투성의 원칙, ④ 과학성의 원칙'이며, "당시 북한군은 김일성의 5대 훈련방침과 김정일의 4대 훈련원칙 제시일에 기념보고회를 개최하여 관련 원칙들을 철저히 준수하도록 강조했다."

151 남만권 편, 앞의 책, p.161. 이 책에 따르면, 북한군의 군관 양성과정은 "① 일반간부 외에도

당 · 정 · 군 고위 간부들의 자제 중 선발하여 정치대학에 입교하는 정치군관, ② 민간인 기술자와 예능 보유자 중 발탁하여 단기교육과정을 밟는 민간발탁군관, ③ 대학교 졸업 후 예비역으로 임관하는 군관 등이 함께 편성된다." 또한 군관 양성과정에서 공통적으로 적용되는 자격조건으로는 "① 해당 병과 현역하사로서 2~5년 이상 군에 복무한 자(단, 혁명유자녀학원 출신은 2년), ② 연령 만 21세에서 24세까지인 자, ③ 당성이 강하고 성분이 양호하며 열성적인 자로서 근무성적이 탁월하고 모범적이며 책벌을 받지 않은 자, ④ 신장 158cm 이상의 심신이 건강한 자, ⑤ 고등학교 이상 또는 민간기술대학 졸업자 등이다."

152 남만권 편, 위의 책, p.163.

153 Jack L. Snyder, "The Soviet Strategic Culture: Implication for Limited Nuclear Operations", RAND Corporation Report, September 1977, p.6.

154 Alastair I. Johnston, "Thinking About Strategic Culture", International Security, Vol.19(4), 1995, pp.45–47.

155 Kerry M. Kartchner, "Strategic Culture and WMD Decision Making", In Strategic Culture and Weapons of Mass Destruction: Culturally Based Insights into Comparative National Security Policymaking(New York: Palgrave Macmillan, 2009), edited by Jeannie L. Johnson, Kerry M. Kartchner and Jeffrey A. Larsen. ; 황일도 · 한인택 · 고정선 · 강지혜, "전략문화 이론의 소개와 북한에 대한 적용: 최근 상황과 관련한 시사점", 『JPI 정책포럼』 제3013-6~8호, 2013, pp.44–45.에서 재인용.

156 홍용표, "북한의 전략문화와 안보정책", 『통일연구원 연구총서』 제2000-34호, '00.12월, pp.11–24.

157 박명림, 『한국전쟁의 발발과 기원 I : 결정과 발발』(서울: 나남, 2023), pp.91–101. 이 책에 따르면, 김일성은 1948년 9월 10일 8개조로 구성된 조선민주주의인민공화국 정부의 정강을 발표했다. 이 중 첫 번째 정강에서 "국토의 완정(完整, 완전한 정비)과 민족의 통일을 보장하는 가장 절박한 조건으로 되는 량군(미군과 소련군) 동시철거에 대한 소련정부의 제의를 실천시키기 위하여 전력을 다할 것"을 강조했다. 특히 국토완정론의 등장은 해방 이후 김일성이 추진했던 초기혁명이론이었던 '민주기지론'에 입각한 것이었다. 민주기지론은 스탈린 시기의 '일국 사회주의론(확보된 한 지역에서의 사회주의 구축)'을 북한체제에 적용한 것으로 김일성은 민주기지론을 통해 북한지역에서의 혁명에 그치지 않고, 남한을 포함해 한반도 전역에 혁명기지를 구축하기 위해 국토완정론을 제기했다고 볼 수 있다.

158 황일도 · 한인택 · 고정선 · 강지혜, 앞의 글, p.46. 이 논문에서는 김일성의 항일무장투쟁 시기를 다루고 있는 자서전 『세기와 더불어』에 대해 다음과 같이 소개하고 있다. "1991년 구술이 시작되어 1992년 4월 제1권이 발간되었으며, 1998년 6월까지 총 8권이 출간되었다. 이 책은 국가적 역량을 총원해 성문화시킨 문서로 주요 내용들은 최고지도자의 권위에 기반하여 북한의 각종 정책문서와 정치적 담론에서 반복적으로 인용되고 있다. 특히 이 책의 특징은 무력사용의 문제나 전쟁의 종류, 안보를 다루는 과정에서 선호되는 수단 등 군사분야의 핵심 쟁점들을 집중적으로 논의하고 있다는 점이다."

159 황일도 · 한인택 · 고정선 · 강지혜, 위의 글, p.47.

160 김태현, "북한의 '공세적 전략문화'와 '지정학': 촉매적 방어확증을 중심으로", 『한국국가전략』 통권 제9호, '19.3월, pp.219–228.

161 국립통일교육원(2021), 앞의 책, pp.98-99.

162 북한용어사전, "정치사업", 통일부 북한정보포털, https://nkinfo.unikorea.go.kr/nkp/word/nkword.do. 북한용어사전에에 따르면 당-국가체제인 북한에서 총정치국이 관장하는 업무인 정치사업은 다음과 같이 3가지 개념으로 정의되어 있다. "① 당 정치사업은 노동당의 노선과 정책을 당원과 대중 속으로 보급하고 보직을 동원하기 위해 당 조직이 벌이는 정치사업이고, ② 대중정치사업은 대중을 주체사상으로 무장시키고 국가 정책에 동원하기 위한 정치사업이며, ③ 지하정치사업은 대중을 혁명 투쟁에 동원하기 위하여 비합법적으로 진행하는 정치사업이다."

163 남만권 편, 앞의 책, pp.164-165.

164 황의정, "북한군의 비사회주의적 행위 유형과 북한군의 대응", 『한국군사』 제3호, 2018, pp. 151-178.

165 한국국방연구원, 『국방정책 개론』 (서울: 한국국방연구원, 2020), pp.496-497. 이 책에서는 오가르코프의 정찰-타격 복합체 이론을 다음과 같이 소개하고 있다. "오가르코프는 첨단 군사과학 기술을 활용하여 새로운 제어체계(New Control System)와 높은 정확도의 장거리 정밀타격무기를 결합하면 새로운 차원의 정밀-타격 복합체를 창출해 혁신적 전투효과를 달성할 수 있다고 주장함."

166 Vladimir I. Slipchenko, "A Russian Analysis of Warfare Leading to Sixth Generation", Field Artillery, October 1993, pp.38-41.; 황진환, "북한의 군사혁신: 패턴과 전망", 『육군사관학교 화랑대연구소 연구보고서』, '00.12.31, p.6.에서 재인용.

167 Andrew Krepinevich, "From Cavalry to Computer: The Pattern of Military Revolutions", The National Interest, No.37, Fall 1994, p.30. 크레피네비치는 군사혁신의 4가지 요소를 다음과 같이 제시했다. "① 기술적 변화(Technological change), ② 시스템 개발(Systems development), ③ 작전적 혁신(Operational innovation), ④ 조직의 적응(Organizational adaptation)." 특히 군사혁신의 4가지 요소와 적대세력과의 군사적 경쟁 수준에 따라 군사혁신이 발생한다고 보았다.

168 Richard O. Hundley, "Past Revolution, Future Transformation: What can the history of revolutions in military affairs tell us about transforming the U.S. military?", RAND's National Defense Research Institute, 1999, pp.59-73, https://www.rand.org/pubs/monograph_reports/MR1029.html.

169 Richard A. Bitzinger, "The Revolution in Military Affairs and the Global Defence Industry: Reactions and Interactions", Security Challenges, Vol.4(4) Summer 2008, p.2, https://www.academia.edu/11905968/The_Revolution_in_Military_Affairs_and_the_Global_ Defence _Industry_Reactions_and_Interactions. 비트징어는 군사혁신이 군대의 구조적 · 제도적 · 개념적 변화를 가능하게 하는 요소라고 보았다.

170 홍민, "북한 정전협정일 70주년 기념 열병식 분석", 『통일연구원 현안분석』 제23-18호, '23.7.29, pp.1-9.

171 황진환, 앞의 글, pp.22-93.

172 강석율, "미국의 3차 상쇄전략 추진 동향과 시사점", 『KIDA 연구보고서』 안보2021-4658호, '21.11월, pp.1-18. 이 보고서에서는 상쇄전략의 개념을 "경쟁의 조건을 자신에게 유리

한 방향으로 구축해 우위를 담보하는 전략"으로 정의했다. 또한 시대별로 미국이 추진한 상쇄전략을 다음과 같이 제시했다. "① 1차 상쇄전략은 서유럽에서 소련의 재래식 전력이 미국을 압도하는 상황을 극복하기 위해 1950년대 초반 아이젠하워 행정부가 추진한 대량보복(Massive retaliation) 전략을 지칭한다. ② 2차 상쇄전략은 군사혁신의 논리에 따라 정밀유도무기(PGM) 기반의 장거리 정밀타격능력과 네트워크화된 지휘통제 체계에 기반한 전쟁수행개념을 발전시키는 방향으로 추진되었다. ③ 3차 상쇄전략은 오바마 행정부에서 국방전략의 차원에서 공식화되었으며 국방조직과 작전개념, 국방기술의 혁신을 통해 중국 · 러시아의 반접근/지역거부 전략 및 군사위협을 상쇄하기 위한 혁신전략이다."

173 임철균, "북한의 군사혁신과 전략변화 가능성이 주는 함의: 북 · 중 군사혁신 간 유사성을 중심으로", 『한국군사학논집』 제79집 제1권, '23.2월, pp.123-154.

174 임철균 · 손한별 · 류의연, "김정은 시기 북한의 미래전 구상 연구", 『한국국가전략』 통권 제23호, '23.11월, pp.48-66.

175 판가리 결전 전략이란 '생사존망을 결판낸다'는 의미의 북한용어이며, '사생결단식 전쟁을 통해 남조선을 통일한다'는 김정일 시대에 남침전략을 뜻한다.

176 Scott D. Sagan, "Why Do States Build Nuclear Weapons?: Three Models in Search of a Bomb", International Security, Vol.21(3), Winter 1996-1997, pp.54-86.

177 이상민, "2022년 북한 핵미사일 개발 전망 및 군사적 대비방향", 『세종정책브리프』 제 2022-05호, 2022, p.8.

178 U.S. Defense Intelligence Agency(DIA), "North Korea Military Power: A Growing Regional and Global Threat", September 2021, p.13. https://www.dia.mil/Portals/110/Documents/News/North_Korea_Military_Power.pdf. 1961년에 창설된 美 국방정보국은 해외 군사정보를 담당하는 정보기관으로 1981년 소련의 군사력 관련 보고서 생산을 시작으로 2017년 이후부터는 북한을 포함하여 미국의 안보를 위협하는 국가들에 대한 국방정보서를 발간하고 있다.

179 C-SPAN, "Defense Department Briefing", February 12, 2002, https://www.c-span.org/video/?168646-1/defense-department-briefing.

180 홍민, "북한 김정은, 중요 군수공장 현지지도 분석", 『통일연구원 Online Series』 제23-22호, '23.8.17, pp.1-8.

제5부 북한의 대남도발

제1장 북한의 대남도발 개념

1 국방부, 『2022 국방백서』 (서울: 국방부), 2023, p. 352.

2 이영규, "북한의 대남 국지도발 행태 변화에 관한 연구," 대전대학교 박사학위 논문, 2021, p. 14.

3 Hall, Todd H, "On provocation: outrage, international relations, and the Franco-Prussian War," Security Studies 26.1 (2017), p. 1.

4 문순보, 『북한의 도발 환경 비교 분석: 1968년과 2010년의 주요 사건을 중심으로』 (서울: 세종연구소), 2012, pp. 8-9.

5 김성우, "북한의 대남 도발 사례분석," 『융합보안 논문지』 14.3, 2014, pp. 86-87.

6 육군본부, 야전교범 0-3 『국지도발대비작전』 (대전: 육군본부), 2017, pp. 1-4.

7 합동참모본부, 『합동 · 연합작전 군사용어사전』 (서울: 합동참모본부), 2014, p. 70.

8 육군본부, 야전교범 1-1 『군사용어』 (대전: 육군본부), 2017, p. 27.

9 육군본부, 『국지도발대비작전』, pp. 1-12.

10 국방부, 『국방백서』 (서울: 국방부), 1967, pp. 59-60.

11 이영규, 앞의 글, pp. 13-14.

제2장 북한의 시대별 도발 양상

12 육군본부, 『대침투작전사1 38선 경비와 공비소탕작전 (1945~1960)』 (대전: 육군군사연구소, 2018), pp. 27-37.

13 이윤규(a), "북한의 도발사례 분석," 『군사』 91, 2014, pp. 74-75.

14 이호령 등, "북한도발 양상 변화와 남북관계 연구," 『한국국방연구소 연구보고서』 2018-4070, 2018, p. 27.

15 1969년 7월 25일 미국 대통령 닉슨이 괌에서 발표한 외교정책으로 베트남 전쟁 같은 군사적 개입을 피한다는 것과 아시아 각국에 대해 아시아의 방위는 아시아의 힘으로 해결하라는 내용을 주요 골자로 한다. 베트남에서의 철군과 주한미군의 철수로 실현되었다.

16 육군본부, 『대침투작전사2 대지상침투작전 (1961~1970)』 (대전: 육군군사연구소, 2018), pp. 21-24.

17 이호령 등, 앞의 글, pp. 31-32.

18 이윤규(b), 『북한 대남 침투도발사』 (경기 파주: 살림, 2014), pp. 27-31.

19 육군본부, 『대침투작전사2 대지상침투작전 (1961~1970)』, pp. 28-32.

20 육군본부, 『대침투작전사5 군사정찰 거부 및 격멸작전 (1971~1980)』 (대전: 육군군사연구소, 2018), pp. 22-26.

21 이호령 등, 앞의 글, pp. 32-34.

22 이윤규(b), 앞의 글, pp. 40-43.

23 1983년 9월 1일 뉴욕발 서울행 대한항공 여객기가 사할린 상공에서 소련 전투기에 의해 격추되어 승객과 승무원 269명이 사망한 사건이다.

24 육군본부, 『대침투작전사6 침투 및 국지도발작전 (1981~2017)』 (대전: 육군군사연구소, 2018), pp. 22-23.

25 이호령 등, 앞의 글, pp. 34-38.

26 1994년 7월 9일 북한 최고지도자 김일성의 사망으로 조문단 파견의 적절성을 둘러싸고 한국 내 벌어진 논쟁이다. 당시 남북한은 남북정상회담을 결정하고 준비하는 중이었는데, 김일성의 갑작스런 사망으로 그의 조문 여부를 둘러싸고 한국사회 내에서 격렬한 논쟁이 벌어

졌다. 한쪽에서는 정상회담을 준비 중에 있었기 때문에 북한 최고지도자의 권위를 인정하여 조문을 해야 한다는 주장이 있었고, 다른 한쪽에서는 한국전쟁을 일으킨 장본인에게 조문을 하는 것은 부당하다는 주장이었다. 북한은 논평을 통해 "남조선 당국이 조문단 파견을 가로막고 조전 · 조의는 고사하고 애도의 뜻조차 표시하지 않은 것은 상식 이하의 불손하고 무례한 행위"라며 비난했으며, 남북관계는 일체의 접촉이 끊어진 채 다시 냉랭한 관계가 형성되었다. 또한 북한에 대한 비난 여론이 확대되면서 남북정상회담은 무산되었다.

27 이윤규(b), 앞의 책, pp. 56–58.

28 이호령 등, 앞의 글, pp. 38–42.

29 육군본부, 『대침투작전사6 침투 및 국지도발작전 (1981~2017)』, 앞의 책, pp. 30–31.

30 이윤규(b), 앞의 책, pp. 65–67.

31 육군본부, 『대침투작전사6 침투 및 국지도발작전 (1981~2017)』, 앞의 책, pp. 24–27, 31–33.

32 이호령 등, 앞의 글, pp. 43–45.

제3장 주요 도발 사건

33 이신재, 『한권으로 읽는 북한사』 (서울: 오름, 2016), pp. 237–239.

34 육군본부, 『대침투작전사4 내륙지역 대침투작전 (1961~1970)』 (대전: 육군군사연구소, 2018), pp. 169–170.

35 이신재, 앞의 책, pp. 239–240.

36 위의 책, pp. 243–248.

37 한국 해군은 60년대 미군의 소해함 MSF(Minesweeper)급을 양도받으며, 호위초계함으로 도입했다. PCE(Patrol Craft Escort) 함정은 국내지명을 부여했고 크기와 무장 면에서 기존 초계함보다 우수했다. 60년대 북한의 무장간첩선 침투가 증가하면서 한국 해군은 경비함의 해상 경비를 강화하고 대간첩작전 능력을 보강했다.

38 위의 책, pp. 261–262.

39 한국 해군은 50년대 미군으로부터 PCS(Patrol Craft Sweeper)급 4척을 인수하고 수성, 금성 등 별이름을 명명했다. PCS급 구잠정은 잠수함 공격을 만든 함정이었으나 해군 1함대 동해 전대에 배치돼 다양한 해상 대침투작전에 투입되었다.

40 위의 책, pp. 263–267.

41 United States Ship 직역하면 미합중국 함선으로 미국 군함에 붙는 명칭이다. AGER(Auxiliary Environmental Research Ship)은 환경조사선으로 직역되지만, 당시의 첩보 임무를 띤 함선의 경우 직접적인 목적보다는 일반적 용어로 표현되곤 했다.

42 이윤규(b), 앞의 책, p. 34.

43 이신재, 앞의 책, pp. 256–259.

44 위의 책, p. 260.

45 김차준, "EC-121기 사건과 미국의 한반도 위기에 대한 대응," 『통일정책연구』 31.1, 2022, pp. 146–149.

46 이신재, 앞의 책, pp. 270–275.

47 김차준, 앞의 글, pp. 160-168.

48 이윤규(b), 앞의 책, pp. 44-45.

49 정성윤, "미국의 대북 군사 강압 성공에 대한 연구,"『국제관계연구』19.2, 2014, pp. 24-30.

50 이신재, 앞의 책, pp. 282-285.

51 이상숙, "1980년대 초 외교 환경 변화와 북한의 아웅산 테러,"『담론201』19.3, 2016, pp. 96-106.

52 이윤규(b), 앞의 책, pp. 61-62.

53 배수 톤수 290t 미만의 소형잠수함

54 육군본부,『대침투작전사 ⑥ 침투 및 국지도발작전 (1981~2017)』, 앞의 책, pp. 555-560.

55 위의 책, pp. 560-562.

56 위의 책, pp. 570-573.

57 위의 책, pp. 527-531.

58 제성호, "[긴급 현안] 남북공동연락사무소 폭파의 위법적 성격,"『북한』583, 2020, pp. 19-20.

59 제성호, "북한의 남북공동연락사무소 폭파 : 국제법적 위법성과 한국의 대응방안."『법학논문집』45.1, 2021, pp. 313-327.

제6부 북한의 대외관계

제1장 북한 외교정책의 특징과 결정과정

1 김계동 등, (2022),『현대외교정책론』제4판, 명인문화사, p.288.

2 국립통일교육원, (2023),『2023 북한이해』, p. 132.

3 홍석훈, (2015), "김정은 정권의 신대외전략 분석",『정치 · 정보연구』, 제18권 2호, p.67.

4 국립통일교육원, 앞의 책, p. 133.

5 김계동 등, 앞의 책, p.288.

6 국립통일교육원, 앞의 책, pp.132-133.

7 김계동 등, 앞의 책, p.289.

8 국립통일교육원, 앞의 책, p.135

9 김계동 등, 앞의 책, p.285.

10 김계동 등, 앞의 책, p.285.

11 국립통일교육원, 앞의 책, p.134.

12 김계동 등, 앞의 책, pp.286-288.

13 위의 책, p.288.

제2장 북한 외교정책 변천과정

14 김도민, 2020, 『1948~1968년 남 · 북한의 '중립국' 외교 연구』, 서울대학교 대학원 박사학위 논문 pp.27-28.

15 국립통일교육원, 앞의 책, p.136.

16 김계동 등, (2022), 『현대외교정책론』 제4판, 명인문화사. pp.291-292.

17 이유진, 2010, "북한과 국제사회의 상호의존도를 중심으로 살펴본 북한인권개선연구", 『국제정치논총』 제50집 1호, p.150.

18 김보미, 2014, "북한 4대 군사노선의 완성에 중소분쟁이 미친 영향(1962-1966)", 『국제정치논총』 제54집 3호, p.216.

19 김계동 등, 앞의 책, pp.291-292.

20 국립통일교육원, 앞의 책, pp.137-138.

21 김계동 등, 앞의 책, p.292.

22 국립통일교육원, 앞의 책, p.138.

23 김창희, 2013, "북한의 통치이념 '김일성-김정일주의' 분석", 『한국정치연구』 제22집 제3호, p.191.

24 마상윤, 2014, "미중관계와 한반도 : 1970년대 이후의 역사적 흐름", 『역사비평』, 통권 109, p.292.

25 김계동 등, 앞의 책, p.292.

26 국립통일교육원, 앞의 책, p. 139.

27 김계동 등, 앞의 책, p.292.

28 국립통일교육원, 앞의 책, pp.139-140.

29 김계동 등, 앞의 책, p.293.

30 정기웅, 2010, "남북한 교류에서 스포츠의 도구적 유용성에 대한 검토", 『OUGHTOPIA』, p.398.

31 김계동 등, (2022), 앞의 책, pp.280-294.

32 황지환, (2006), "전망이론을 통해 본 북한의 핵 정책 변화 : 제1,2차 북한 핵 위기의 분석", 『국제정치논총』 제46집 1호, p.88.

33 국립통일교육원, 앞의 책, p.133.

34 김계동 등, 앞의 책, p.293.

35 조영국, (2006), "'강성대국론'과 '선군정치'에 대한 정치 · 경제적 접근", 『현대북한연구』, 9권 1호, p.72.

36 김계동 등, 앞의 책, pp.280-296.

37 제네바합의의 주요 내용은 다음과 같다. 1) 북한이 현재와 미래의 핵동결 (플루토늄 추출이 가능한 흑연감속로 원자로 폐기 2) 미국의 경수로 2기 건설지원, 매년 중유 50만톤 제공 3) 정치 · 경제적 관계의 정상화 추구이다. (윤태영, 2003, "북한 핵문제와 미국의 '강압외교' : 당근과 채찍접근을 중심으로", 『국제정치논총』 제43집 1호, p.282)

38 김계동 등, 앞의 책, p.296.

39 국립통일교육원, 앞의 책, pp. 143-144.

40 김계동 등, 앞의 책, pp. 280-295.

41 윤태영, (2003), "북한 핵문제와 미국의 '강압외교' : 당근과 채찍접근을 중심으로", 『국제정치논총』 제43집 1호, p.288.

42 김계동 등, 앞의 책, pp.290-296.

43 국립통일교육원, 앞의 책, p.143.

44 김계동 등, 앞의 책, p.297.

45 임종식, 구갑우, (2019), "미국의 세컨더리 보이콧 금융제재의 의도와 실행전략 : 방코델타아시아 사례의 제재 효과와 메커니즘", 『통일정책연구』, 제28권 1호, pp. 230-231.

46 김계동 등, 앞의 책, pp.297-299.

47 김근식 (2013), "김정은 시대 북한의 대외전략 변화와 대남정책: '선택적 병행' 전략을 중심으로", 『한국과 국제정치』 제29권, 제1호, pp. 209-214.

48 김계동 등, 앞의 책, p.280.

49 국립통일교육원, 앞의 책, pp.144-145.

50 김계동 등, 앞의 책, p.290.

51 국립통일교육원, 앞의 책, p.146.

52 김민성, (2020), "대이란 경제제재 효과성 검토와 북한에의 함의", 「국제관계연구」 제25권 제1호. p.111.

53 국립통일교육원, 앞의 책, pp.146-148.

제3장 주요 국가와의 관계

54 김계동, (2013), 앞의 책, pp.271-273.

55 김계동, (1994), "미국의 대외안보정책 기조 : 봉쇄정책과 동맹외교," 서정갑 외, 『미국정치의 과정과 정책』 (서울 : 나남), pp.444-448.

56 김계동, (2013), 『북한의 외교정책과 대외관계 : 협상과 도전의 전략적 선택』, 명인문화사. p.274.

57 Gye-Dong Kim, "South Korea's Nordpolitik and Its Impact on Inter-Korean Relations," East Asian Review, Vol.4, No.1, Spring 1992, p.47.

58 김계동, (2013), 앞의 책, p.274.p.274.

59 제성호, 『북한연방제안의 분석 및 평가』, 연구보고서 91-02 (서울 : 민족통일연구원, 1991), pp.10-11.

60 민족통일연구원, "북한의 대미평화 협정 체결 전략 : 내용 · 의도 및 문제점," 『한반도평화체제 구축방안 모색』, 1995년 7월, p.5.

61 김남섭, 2011, "고르바초프의 '신사고'와 냉전 체제의 종식", 『역사비평』, p.22.

62 김계동, (2013), 앞의 책, pp.276-281.

63 국립통일교육원, 앞의 책, p.149.

64 위의 책, p.150.

65 김계동 등, 앞의 책, p.298.

66 국립통일교육원, 앞의 책, p.150.

67 김계동 등, 앞의 책, p.299.

68 국립통일교육원, 앞의 책, pp.150-154.

69 국립통일교육원, 앞의 책, pp.154-156.

70 이기완 외, 『동북아국제질서와 한반도 통일』(경남: 글서림, 2023), p.168.

71 지해범, 『중국은 북한을 어떻게 다루나』(서울: 기파랑, 2020), pp.20-33.

72 이기완 외, 앞의 책, p.171.

73 이종석, "탈냉전기의 북한-중국 관계: 지속성과 변화", 『아세아연구』 통권 제102호, 1999, p.111.

74 이기현 외, 『한중수교 이후 북중관계의 발전: 추세분석과 평가』(서울:통일연구원, 2016), pp.23-30.

75 최장호 외, 『김정은 시대 북한의 대외관계 10년: 평가와 전망』(세종:대외경제정책연구원, 2022), p.111.

76 국립통일교육원, 『2023 북한 이해』(서울: 국립통일교육원, 2023), p.162.

77 이상만 외, 『북중관계: 1945-2020』(서울: 경남대학교 극동문제연구소, 2021), pp.21-23.

78 차두현, "최근 북한의 對중국 및 對러시아 관계: '북방 3각관계'의 부활?", 『The ASAN INSTITUTE for POLICY STUDIES-ISSUE BRIEF』 2022-32, 2022, p.4.

79 『조선중앙통신』, 2018년 5월 8일.

80 박병광, 『정상외교로 바라본 북중관계: 김정은의 중국방문을 중심으로』(서울: 국가안보전략연구원, 2018), pp.11-12.

81 박병광, "중국의 대북정책과 최근 북중관계의 변화", 『KDI 북한경제리뷰』 2019년 9월호, 2019, pp.48-49.

82 박병광, 위의 글, pp.50-53.

83 『新華通信』, 2019年 3月 8日.

84 이상숙, 『김정은 시기 북중관계와 북한의 대중(中)정책(2012-2021)』(서울: 국립외교원 외교안보연구소, 2022), pp.42-43.

85 『조선중앙통신』, 2022년 10월 23일; 『노동신문』, 2022년 10월 24일.

86 신종호, "시진핑 3기 한반도 정책과 북중관계", 『성균차이나브리프』 11권 3호, 2023, pp.110-111.

87 신종호, 위의 글, p.112.

88 이윤식, (2013), "북한의 대남 주도권 확보와 대남전략 행태" 「통일정책연구」, 제22권 1호, pp.214-216.

89 김계동, 앞의 책, p.197.

90 고유환 (2006), "북한의 대남 · 통일정책의 기조와 전개과정"『북한의 통일외교』, 경인문화사. pp.20-26.

91 김계동, (2013), 앞의 책, p.198.

92 고유환 (2006), 앞의 책, pp.26-28.

93 정규섭, (2004), "1980년대 북한의 외교와 대남정책", 「현대북한연구」, 7권 1호, p.10.

94 김계동, (2013), 앞의 책, pp.198-199.

95 정규섭, (2004), "1980년대 북한의 외교와 대남정책", 「현대북한연구」, 7권 1호, pp.20-21.

96 고유환 (2006), 앞의 책, pp.20-21.

97 김계동, (2013), 앞의 책, p.201.

98 고유환 (2006), 앞의 책, pp.29-32.

99 위의 책, pp.11-33.

100 고유환 (2006), 앞의 책, pp.37-43.

101 김근식 (2013), "김정은 시대 북한의 대외전략 변화와 대남정책: '선택적 병행' 전략을 중심으로", 『한국과 국제정치』 제29권, 제1호, p.199.

102 김근식 (2013), 앞의 글, pp.218-219.

103 한기범 (2020), "김정은 정권의 대남정책 평가 : 2020년 6월 '대남위협행동'의 특징 및 배경 분석을 중심으로" , 『북한학보』 45집 1호, pp.11-15.

104 한기범 (2020), 앞의 글, pp.15-22.

105 이상숙, (2024), "북한의 대남 정책 변화와 2024년 대남 · 대외정책 전망", 『주요국제문제분석 2024-02』, 국립외교원 외교안보연구소, p.7.

106 이상숙, 앞의 글, pp.1-11.

107 김계동, 앞의 책, pp.345-348.

108 김계동, (2013), 앞의 책, pp.348-352.

109 국립통일교육원, 앞의 책, p.156.

110 위의 책, p.142.

111 신정화, (2015), 앞의 글, p.135.

112 국립통일교육원, 앞의 책, pp.156-157.

113 국립통일교육원, 앞의 책, pp.156-157.

114 위의 책, p.157.

115 신정화, (2015), 앞의 글, p.141.

116 국립통일교육원, 앞의 책, pp.157-158.

117 신정화, (2015), 앞의 글, p.132.

118 국립통일교육원, 앞의 책, pp.158-159.

119 위의 책, pp.157-160.

120 이정균, 김번환, "'북 · 러 관계' 70주년 평가와 전망", 『KIEP 기초자료 18-24』, 2018, p.5.

121 현대러시아 연구회 편, 『현대 러시아의 이해』(서울: 퇴설당, 2001), pp.302-303.

122 이기완 외, 앞의 책, pp.259-260.

123 『2023 북한 이해』(서울: 국립통일교육원, 2023), p.167.; 장덕준, "최근 북러관계의 변화:현황, 동인, 전망 및 한국의 대응", 『러시아연구』 제24권 제2호, 2014, pp.287-288.

124 이정균, 김범환, 앞의 글, p.6.

125 최장호 외, "북한의 대외관계 평가와 2020년 전망: 북중 · 북러를 중심으로", 『KIEP 오늘의 세계경제』, 2020, p.17.

126 The Diploimat, "https://thediplomat.com/2023/06/will-russia-commit-to-north-korea-connections/"

127 이태림, 이상숙, "2023년 러북 정상회담 평가와 향후 지역 정세 전망", 『IFANS FOCUS』, 2023, p.6.

128 『연합뉴스』, 2024년 5월 9일.

제4장 북한에 대한 국제사회의 제재

129 김계동 등, 앞의 책, p.303.

130 김민성, (2020), "대이란 경제제재 효과성 검토와 북한에의 함의", 『국제관계연구』 제25권 제1호, p.104.

131 김계동 등, 위의 책, pp.303-305.

132 앞의 책, p.306.

133 김민성, 앞의 책, pp.105-107.

134 2017년에는 4개의 결의안 을 순차적으로 통과시키는데, 핵실험 및 장거리 미사일 발사에 대한 2356호(2017.6)에 이어, 화성14호 발사 계기로 채택된 2371호(2017.8), 6차 핵실험에 대한 2375호(2017.9) 그리고 화성15호 발사를 계기로 채택된 2397호(2017.12)가 있다.

135 김민성, 앞의 책, pp.108-110.

제7부 북한 관련 기타 지식

제1장 북한 주민

1 김웅수, 『21세기 북한의 이해』(서울: 북코리아), pp.259-260.

2 생활양식이란 사회적 존재인 사람들이 생활하는 방식, 활동하는 방식으로 주로 사회제도와 사람들의 사상의식수준에 따라 서로 다르게 나타난다. 북한은 모든 근로자들이 국가사회 재산을 공동으로 관리하면서 사회질서를 지키는 공동체적 생활관습을 가지고 있다. 생산수단이 사회화되고 노동계급과 협동농민, 근로 인테리들의 단결과 협조가 사회관계의 기본을 이루는 사회주의제도에 기초한 생활방식이다.

3 세종연구소 북한연구센터 엮음, 『북한의 사회 문화』 (서울: 한울아카데미, 2006), pp-312-320.

4 위의 책, p.320.

5 위의 책, pp.320-321.

6 통일교육원, 『북한지식사전』 (서울: 통일교육원, 2016), pp.390-391.

7 통일교육원, 『북한지식사전』 (서울: 통일교육원, 2016), pp.415-417.

8 김덕홍, 『정치망명자 김덕홍의 회고록, 나는 자유주의자이다』 (서울: 집사재, 2015), pp.138-146.

제2장 북한 인권

9 북한 인권에 관한 대부분의 내용은 정부기관에서 공식 조사하여 발간한 다음 자료의 서두 부분의 요약부분을 인용하였다. 통일연구원, 『북한인권백서 2023』 (서울: 통일연구원, 2023), pp.14-22.

제3장 북한의 허위 · 조작정보

10 이 장의 내용은 저자가 2023년 공동연구로 참여한 통일부 정책연구과제 "북한 관련 허위조작정보와 대응방안"과 2024년 5월 등재된 다음의 논문에서 저자가 작성한 부분을 발췌하여 구성하였음을 밝힌다. 권지민 등, "북한의 허위조작정보와 대응방안 연구", 『통일연구』, 28권 1호,(2024).

저자소개

■ 이강경

- 육군사관학교 일본어학과 졸업
- 한국방송통신대학교 경영학사
- 고려대학교 생명공학원 이학석사
- 충남대학교 일반대학원 군사학 박사

現) 육군3사관학교 정치외교학과 조교수

■ 문은석

- 육군사관학교 일본어학과 졸업
- 일본방위대 총합안전보장대학원 안전보장학 석사
- 고려대학교 일반대학원 정치학 박사

現) 육군3사관학교 정치외교학과 부교수

■ 강소영

- 서울시립대학교 공간정보공학과 졸업
- 서강대학교 국제대학원 정치학 석사
- 경남대학교 일반대학원 정치학 박사수료

現) 육군3사관학교 정치외교학과 강사

■ 윤희철

- 육군3사관학교 국제관계학과 졸업
- 고려대학교 일반대학원 정치외교학 석사
- 美 앨라배마대학교 정치학 박사

現) 육군3사관학교 정치외교학과 부교수

■ 권지민

- 육군3사관학교 군사사학과 졸업
- 연세대학교 일반대학원 정치학 석사
- 연세대학교 일반대학원 정치학 박사

現) 육군3사관학교 정치외교학과 조교수
연세대학교 통일연구원 전문연구원

■ 정호경

- 경북대학교 정치외교학과 졸업
- 경북대학교 일반대학원 정치학 석사
- 중국사회과학원 국제정치학 박사

現) 육군3사관학교 정치외교학과 조교수

알기 쉽게 풀어 쓴 북한학 입문서

2024년 7월 20일 초　판 인쇄
2024년 7월 31일 초　판 발행

저　자 이강경 · 문은석 · 강소영 · 윤희철 · 권지민 · 정호경
발행인 한인환 · 한재성
발행처 도서출판 **기문사**
등　록 1978. 8. 9. NO. 6-0637
주　소 서울시 동대문구 안암로 50-1(용두동) 홍신빌딩 3층
전　화 02) 2265-7214/922-8662~8663
팩　스 02) 922-8772

homepage : www.kimoonsa.co.kr
e-mail : book@kimoonsa.co.kr

ISBN : 978-89-7723-987-6 93390

저자와의 협의하에 인지생략

정가 : 39,000원